世界电力
市场化改革二十年

本书编审委员会
国家电投中央研究院 编著

20

中国计划出版社

图书在版编目（CIP）数据

世界电力市场化改革二十年 / 《世界电力市场化改革二十年》编委会，国家电投中央研究院编著. -- 北京 : 中国计划出版社，2016.12
ISBN 978-7-5182-0537-0

Ⅰ. ①世… Ⅱ. ①世… ②国… Ⅲ. ①电力市场－市场改革－研究－世界 Ⅳ. ①F416.61

中国版本图书馆CIP数据核字(2016)第280315号

世界电力市场化改革二十年

本书编审委员会
国家电投中央研究院 编著

中国计划出版社出版发行
网址：www.jhpress.com
地址：北京市西城区木樨地北里甲11号国宏大厦C座3层
邮政编码：100038 电话：(010) 63906433（发行部）
廊坊飞腾印刷包装有限公司印刷

787mm×1092mm 1/16 35.75印张 720千字
2016年12月第1版 2016年12月第1次印刷

ISBN 978-7-5182-0537-0
定价：98.00元

本书编审委员会

主　任：黄少中

副主任：李悠勇　赵风云

委　员：（按姓氏笔画排序）

马　历　王冬容　王永干　户　平　石　峰
史连军　朱　泽　刘广一　孙红星　华志刚
杨立兵　李　英　李成仁　李兆春　吴大明
张粒子　陈　臻　陈宗法　欧阳昌裕　周　波
周正道　周章贵　郑武生　赵　峰　胡军峰
胡荣权　夏　清　袁　德　高玉樵　韩　放
董　军　曾　鸣　雷金娥　雷宪章　雷晓蒙
魏　玢

本书编写组

主　编：赵风云

副主编：韩　放　华志刚

参　编：（按姓氏笔画排序）

马　历　王冬容　刘广一　户　平　朱　泽
孙红星　杨立兵　李成仁　陈　臻　周正道
周章贵　胡军峰　胡荣权　董　军　雷宪章
雷晓蒙　魏　玢

前　言

电力市场化改革已经成为国际上电力发展的趋势，英国、欧盟、法国、北欧、德国、俄罗斯、美国、加拿大、澳大利亚等国家和地区都在不断积极探索适合本国国情的电力市场化改革之路。随着《关于进一步深化电力体制改革的若干意见》（中发〔2015〕9号）的印发，我国启动了新一轮电力体制改革，着力解决制约电力行业科学发展的突出矛盾和深层次问题，促进电力行业又好又快发展，推动结构转型和产业升级。结合我国国情学习国外先进的市场机制和管理模式，已成为研究和发展我国电力市场的重要内容。

实行电力市场化改革的既有发达国家，也有发展中国家，各国的国情不同，改革的背景也不尽相同，推进改革的方法也有差异，但却有着共同的方向，那就是按照市场经济的一般规律和电力工业的基本规律，实行电力工业的重组，充分发挥市场在资源配置方面的基础作用，实现电力与社会的协调发展。

本书对世界电力市场化改革的进展及重大事件进行了细致的跟踪和分析，研究电力市场化改革的发展趋势和规律，为进一步深化我国电力体制改革提供参考。本书分别针对英国、欧盟、法国、北欧、德国、俄罗斯、西班牙、葡萄牙、美国、加拿大、巴西、阿根廷、澳大利亚、新西兰、韩国、日本、印度、南非等重点国家和区域电力市场，从电力发展、市场概况、市场价格、政策法规、政府监管等方面的进展和相关事件进行了分析，对世界电力市场改革发展进行了研究，总结了各种模式的特点，并选取典型模式进行了分析。最后，从产权模式、电价模式、电力组织结构、电力市场模式、市场容量机制、电力市场用户、可再生能源、电力监管等方面，对世界电力市场化改革趋势进行了分析。

他山之石，可以攻玉，有关国家电力市场化改革的经验和教训，是世界各国电力改革的共同财富，我们应吸收国外的先进经验，为我所用。本书的出版正是顺应了我国电力体制改革发展的形势，值得从事有关电力市场工作的各界同仁和学者参考。

国家能源局刘宝华司长、向海平司长对本书的编写提出了明确的要求并给予大力支持。编审委员会经过反复讨论，提出书稿的编写主题、内容和结构框架，明确每个章节的执笔人和审稿人。编写过程中，编写组成员参阅了大量的文献和资料，力求思路清晰、内容详实，不仅引用了丰富的当地社会经济、能源资源数据，还对各国电力运营模式、监管措施等方面加以介绍。为确保编写质量，编审委员会邀请行业内知名学者和专家，多次组织书稿的讨论审查，历经三年，最终完成书稿。衷心希望本书能够为我国电力体制改革的健康推进提供有益参考，同时，希望本书能够为关注电力市场化改革进程的行业人士及读者提供借鉴。

本书编写组

2016年7月于北京

目　　录

第一章 英国电力市场

第一节 电力市场建立历程及发展

英国是最早实施电力市场化改革的国家之一。自 20 世纪 80 年代末起，英国推行的以打破垄断为主要特征的电力行业重组和电力市场建设，为许多国家所效仿，继而掀起了世界电力市场化改革的浪潮。20 多年来，英国仍在不断地探索，随着环境形势的变化及时对市场机制做出调整。

一、电力工业概况

（一）电源情况

截至 2012 年底，英国总装机容量为 8924.1 万千瓦，其中：燃煤机组 3097.0 万千瓦，占 35%；燃气联合循环机组 3532.0 万千瓦，占 39%；核电 994.6 万千瓦，燃机 165.1 万千瓦，常规水电 154.9 万千瓦，抽水蓄能 274.4 万千瓦，风电 382.2 万千瓦，其他可再生能源 323.8 万千瓦[1]（如图 1.1 所示）。总装机容量中，公共发电机组 8174.2 万千瓦，占 91.6%，自备电厂 749.8 万千瓦，占 8.4%。

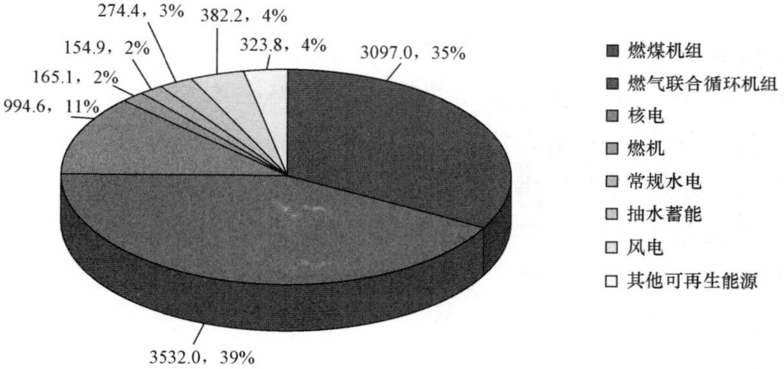

图 1.1 2012 年底英国发电装机构成（单位：兆瓦）

2012 年，英国发电量为 3640 亿千瓦时，其中：燃煤发电占 39.4%，燃气发电占 27.5%，核电占 19.4%，水电占 2.3%，风电和光伏发电共占 5.7%，其他可再生能源占 4.2%，燃油和其他占 1.6%。与 2011 年相比，总发电量降低 1%，天然气发电比重降低近 12 个百分点，煤电比重上升 9 个百分点，可再生能源发电比重上升 1.9 个百分点，主要原因是 2012 年天然气价格大幅度上升，气电机组减少了发电量。

2012 年英国全社会电力消费 3762 亿千瓦时，其中能源转换消费电力 297 亿千瓦时，约占 5%，终端用户消费电力 3175 亿千瓦时。2012 年净进口电力 120 亿千瓦时，占电力消费的 3.2%，所占比重达 2000 年以来最高值。

[1] 数据来源于英国能源与气候部（DECC）统计数据。

（二）电网情况

英国输电网和配电网基本按照电压等级划分，不同地区标准不同。在英格兰和威尔士地区，132 千伏以上为输电网；在苏格兰地区，66 千伏以上为输电网。截至 2012 年底，英国国家电网公司共有 400 千伏输电线路 11913 公里，其中 271 公里为电缆；275 千伏输电线路 6077 公里，其中 476 公里为电缆[1]。

英国配电网线路长度为 83.57 万公里（包括架空线和电缆），电网覆盖面积为 32.8031 平方公里，向 2900 万用户供电。

二、改革背景及驱动因素

20 世纪 80 年代末，作为撒切尔政府推行的整体经济体制变革的一部分，英国电力工业实施了私有化和市场化改革，成为世界电力行业改革的先驱。其改革模式被许多国家效仿。

（一）改革前的电力工业

1989 年改革前的英国电力工业是政府拥有的垂直垄断的公用事业。在英格兰和威尔士共有 14 个公有电力部门。中央发电局管辖所有的发电厂和输电线路（400 千伏和 275 千伏），12 个地区供电局负责 132 千伏及以下的配电网建设运行，并向管辖地区的用户提供售电服务。电力委员会（行业协会）负责供电和用户之间的协调工作。在苏格兰，两个垂直垄断的电力局——苏格兰水电局和苏格兰南方电力局分别负责苏格兰北部和南部的电力生产、输配、销售一体化服务。北爱尔兰电力局管理和运行北爱尔兰地区的电力供应。

在英格兰和威尔士地区，中央发电局在政府各项能源政策的指导下，根据资源自由分配原则制定电力发展规划；根据运行成本最小化原则调度发电厂，按照发输电系统长期边际供电成本（LRMC）制定趸售电价，向 12 个地区供电局售电。12 个地区供电局按照政府批准的价格向终端用户售电。

（二）改革驱动力

英国的电力市场化改革不是一个孤立事件，是撒切尔政府推行新自由主义经济体制改革的一个重要组成部分。20 世纪上半叶，以凯恩斯主义为代表的国家干预主义占据了西方国家理论和政策的主流地位。英国在这一时期建立了大批国有企业，其中 80%集中在投资大、回收慢、现代经济发展不可缺少的基础部门，如电力部门。然而，20 世纪 70 年代出现的经济滞胀，使得长期占据支配地位的国家干预主义开始失去其主流作用，新自由主义经济理论和政策主张的地位和作用开始上升。作为新自由主义经济的信奉者，自 1979 年起，撒切尔政府推动了英国历史上规模最大、范围最广泛的经济体制改革，实施经济私有化和市场化。1989 年，在相继对英国石油公司、宇航公司、电信公司、钢铁公司等国有企业实施了有计划、分期分批的私

[1] 信息来源于英国国家电网公司（National Grid）网站。

有化改造后，开始出现带有自然垄断性质的企业，如自来水公司和电力公司，英国电力工业改革应势而生。

从电力行业自身来看，英国政府期望通过改革改变国有电力企业效率低、投资过度、价格高的局面。20世纪80年代后期，英国经济和电力增长都开始进入缓慢增长时期。统计数据显示，1986～1990年期间，英国年均GDP增长率为3.3%，发电量年均增长率为1.5%。由于国有电力企业的过度投资，发电装机容量大量富余，1990年发电装机的备用率达到35%左右（按照当时电力规划要求，达到24%为合理备用水平）。同时，英国煤炭工业机构臃肿、效率低下、煤炭工会势力大、长期高价垄断本国市场等问题，一直困扰着英国政府。政府决心通过电力体制改革来促进煤炭工业的改革。

1988年英国出台了政府白皮书《电力工业私有化》。白皮书指出："竞争是用户利益的最好保证；建立监管机制来促进竞争，在保持自然垄断的领域中监管价格，保护用户的利益；必须保证电力安全供应。"总体来看，英国对电力工业实施改革的目的是，通过促进市场竞争降低成本和价格、提高效率和服务质量。

三、电力市场建设进程

英国政府强调建立电力改革的"自愈"机制。改革20多年来，英国政府不断地评估市场运行状况、分析能源形势带来的挑战和要求，及时调整市场机制。截至2013年10月，英国电力市场建设主要经历了以下四个阶段：

（一）第一阶段（1989～2000年）：行业结构重组、私有化和电力库模式建立

1989年，英国议会通过了《电力法（1989）》，开始了英国的电力市场化改革。电力改革方案是开放发电市场，引入竞争机制，引进外资和重组，改革的主要特点是行业重组、私有化以及竞争市场建设同步进行，同时成立了电力监管办公室对电力工业依法进行监管。

1. 行业结构重组和私有化改造

根据《电力法（1989）》，在英格兰和威尔士，原中央发电局拆分为3个发电公司和一个输电公司，三个发电公司分别是国家电力公司（NP）、电能公司（PowerGen）和核电公司。NP和PowerGen于1992年实行私有化，核电公司于1996年实行私有化。国家电网公司（NGC）负责输电业务，先由12个地区电力公司共同拥有，1995年12月成为上市公司。原有的12个地方电力局改组为12个地区配电公司（REC），于1990年12月实行私有化，但是政府对每个配电公司都持有一股"金股"（Golden Share），即对重大事项享有一票否决权，以保护这些公司不会马上被其他公司兼并，直至1995年。

苏格兰南方电力局和苏格兰水电局在民营化后售出全部股份，成立了苏格兰电力公司和苏格兰水电公司，统一经营发、输、配、售电业务，各部门独立核算。北爱尔兰电气服务部在1992年私有化改革中将所属的4个发电厂出售给一家美国和比

利时的合资企业及不列颠煤气公司，同时成立了北爱尔兰电网公司，经营输电、配电和零售业务。北爱尔兰电网公司在 1993 年变成股份制公司。

2. 电力库（POOL）模式建立

在进行电力重组的同时，英国电力工业开始实行市场机制，建立了竞争性的电力库（POOL）。英国的 POOL 模式实质上是一种复杂交易机制的简称，是提前一天确定的电力现货交易市场。电力输出超过 5 万千瓦的电厂必须持有发电许可证，并在电力库进行公开交易，通过竞争形成价格。供电公司、批发商、零售商也必须通过电力库来购买电力。电力库运营和系统调度紧密融合在一起，由国家电网公司负责管理。

POOL 的基本交易原则是按照提前一天组织的现货交易，实行发电厂竞价上网。由发电商报价，调度交易机构根据发电厂的报价排列优先序列，并与预测的负荷需求进行匹配，能够满足各竞价时段需求的价格最高的机组报价，作为各时段系统的边际价格（SMP），也是用于制定 POOL 付给所有发电厂的买进价格（PPP）的基础。调度交易机构在此价格基础上，加上调度运行服务费等，形成 POOL 的卖出价（PSP）。POOL 有几个特点：

（1）强制成员制。向电网输出电力超过 5 万千瓦的电厂、供电公司、批发商、零售商必须通过电力库来买卖电力。发电侧竞价，负荷不参与竞价。

（2）市场竞争采用全电量竞价模式。电力库组织提前一天的电力现货交易市场，要求所有市场成员只能通过电力库买卖电力。

（3）市场成员通过签订差价合约（CFD）来避免价格波动的影响。改革的最初几年，在政府保护国产煤炭、强制发电商购买国产煤政策的影响下，大部分煤电机组与供电商签订了 CFD，1991 年 POOL 电量中的 95%是根据合同价格结算的，随着上述煤炭政策的逐步取消，CFD 成为规避风险的工具，每年大约 75%～85%的电量签有 CFD。

1990 年启动改革的同时，开放了用户选择权。用电容量 1000 千瓦以上的用户可以自由选择供电商买电，投资者可以进入市场成立售电公司，向具有选择权的用户卖电，从而形成了供电公司之间的竞争。

（二）第二阶段（2001～2004 年）：新电力交易制度（NETA）建立

1997 年英国工业大臣要求当时的电力监管委员会（OFFER）对 POOL 交易制度开展评估总结，根据评估结果，英国决定改革交易制度。主要原因有：

（1）电力库是强制性成员交易制度，既抑制了市场参与者在电力库外开展创新性的交易活动，也削弱了电力库提供各种服务和创新的积极性。

（2）电力库在定价过程中缺少需求侧的参与。

（3）价格缺乏有效竞争，由于许多发电企业通过 CFD 防范风险，实际上不影响边际价格竞争，价格制定权基本控制在最大的 3 家发电集团手中。

（4）价格机制复杂、透明度低，价格容易受到人为操纵。

（5）天然气交易市场和电力库市场之间产生不协调，发电商在天然气市场套利，影响了电力市场的可用容量和价格。

鉴于以上问题，英国在新的《公用事业法（2000）》指导下实施了第二轮改革，提出了“新电力交易制度”。法案在 2000 年 7 月 28 日得到议会批准，2001 年 3 月开始实施。新一轮改革的主要内容是：建立了新的电力交易机制 NETA；引入了新的经营执照标准，重新规定了所有市场参与者的责任、权利和义务；合并成立天然气和电力市场监管办公室（OFGEM）。

新的电力交易机制主要在英格兰和威尔士实施。以双边合同为主的 NETA 模式完全取代了集中交易的 POOL 模式。双边交易可通过面对面的方式或在任意一个电力交易中心 PX 中进行，交易的数量、方式、时间、地点非常灵活方便。同时为了保障交易和系统调度的需求和衔接，建立了平衡市场和不平衡结算机制。在设计方面，NETA 有以下几个方面的特点：

（1）建立了有负荷侧参与的双边市场，有利于抑制价格过高、控制市场操纵力。

（2）市场参与者有多样化的交易方式和交易品种选择，并以长期双边合同交易为基础，有利于抵御风险、降低成本。

（3）电力交易所的报价简单，提高了市场透明度，降低了交易费用。

（4）NETA 的核心是自由协商的双边合同，而不是市场调度机构统一管理的集中竞价市场，这在某种程度上增大发电商的竞争压力，增强了负荷侧用户对市场的影响力。

（5）市场监管简单，可以针对市场变化做出快速响应。

（6）集中安排平衡和结算服务，有效降低维护系统平衡的成本，形成公平分摊机制。

（三）第三阶段（2005～2013 年）：BETTA 模式建立

1990 年以来的改革，主要是在英格兰和威尔士地区，苏格兰和北爱尔兰地区没有建立有竞争性的电力市场。2005 年 4 月开始，英国政府决定将 NETA 模式推广到苏格兰地区乃至全国，称 BETTA 计划。BETTA 的主要特点包括以下两点：

（1）在全国范围内建立统一的竞争性电力市场，统一的电力贸易、平衡和结算系统。

（2）实现全国电力系统的统一运营，由国家电网公司（NGET）负责全国电力系统的平衡，保障供电质量和系统安全。

为使苏格兰地区成为英国电力市场中的一部分，苏格兰两个电力公司将系统调度权交由英国电网公司，仅保持输电资产的所有权和经营权。

（四）第四阶段（2014 年至今）：实现低碳发展的新一轮改革

2009 年以来，为了应对全球气候变化和能源供应安全的挑战，英国能源部制定了低碳减排路径，提出需要建立与低碳发展相适应的电力市场机制。2011 年 7 月，英国能源部正式发布了《电力市场化改革白皮书（2011）》，主要内容包括针对低碳电源引入固定电价和差价合同相结合的机制、对新建机组建立碳排放性能标准、构建容量机制等，准备启动新一轮的电力市场改革。2013 年 10 月 10 日，英国能源气候部（DECC）发布了《电力体制改革实施草案》，计划于 2014 年初正式实施。新一轮电力市场化改革的主要措施包括以下四点：

1. 对低碳电源建立差价合约机制（CFDs）

政府确定各类低碳电源的合同价格（strike price）并设立相应机构，与发电商签订差价合同，确保低碳能源在参与市场竞争过程中仍能以合同价格获得收入；同时与售电商签订售电合同，按售电量收取低碳费（SO）以分摊对发电商补贴而产生的成本支出。

2. 建立发电容量市场

目的是促进英国供电安全，缩小预期可用容量与需求的差距。在政府授权下，英国国家电网公司将对未来电力需求做出评估并组织容量招标，新建和已有电源、需求侧资源、储能设施均可参加，由英国国家电网公司代表售电商购买容量，并在所有售电公司中分摊，以保障电力长期供应安全。2014 年将为 2018 年至 2019 年冬季的可用容量举办第一次招标。

3. 设立排放绩效标准（Emissions Performance Standard，EPS）

主要是为防止新建高污染燃煤电厂。将新建化石燃料电厂的二氧化碳排放标准设定为 450 克/千瓦时，高于这一标准的电厂被限制建设。

4. 引入最低碳价机制（Carbon Price Floor)

按照税收机制来运行，目的是解决欧盟碳交易机制低估碳价格的问题。为使碳价格处在合理水平以促进低碳发展，政府设定最低碳价，由政府补贴，并将费用纳入政府年度预算，财政部进行管理。计划 2014 年为碳交易设定每吨 15.7 英镑的底价，而到 2020 年这个数字将增至 30 英镑，2030 年进一步增至 70 英镑。

四、电力市场改革成效

（一）电价变化

英国自 1989 年实施电力改革以来，电价变化呈现两个阶段性特征。1989～2004 年间呈逐步下降趋势，2005 年至今总体呈上升趋势、逐年波动，详见图 1.2 和图 1.3。由于英国电源以火电为主，电价变化与天然气价格和煤炭价格密切相关。英国电力改革后的 10 多年中，燃煤发电机组逐渐被天然气发电机组所替代，得益于北海低价的天然气，电价呈现逐步下降的趋势，但比天然气和煤炭价格下降的幅度小。数据显示，1990 年改革后英国新增机组大部分为天然气联合循环机组，从无到有，到 2001 年发电量比重达到 36%，2010 年达到 47.3%。2004 年起，随着一次能源价格的上升，尤其是天然气价格的骤升，电价也开始逐年上升，且上升幅度高于燃料价格上升幅度。从电价变化看改革的成效，主要体现在两个方面：一是合理反映成本，给出正确引导电力消费的价格信号；二是通过市场机制选择发电技术，促进技术进步和成本降低。

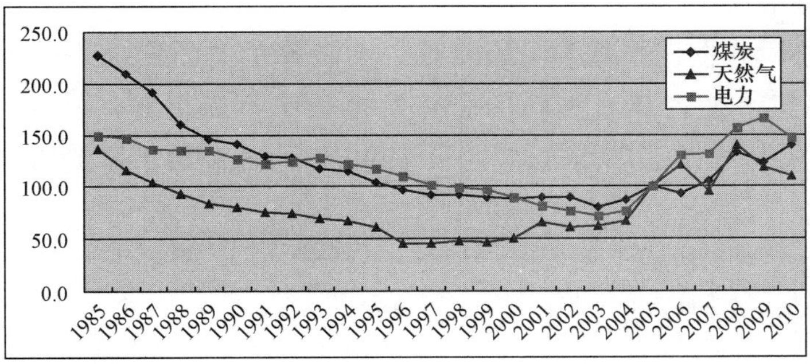

（real term，2005 年=100，不含气候变化税）

图 1.2 1985～2010 年英国工业用户能源价格指数

资料来源：英国能源与气候部（DECC）

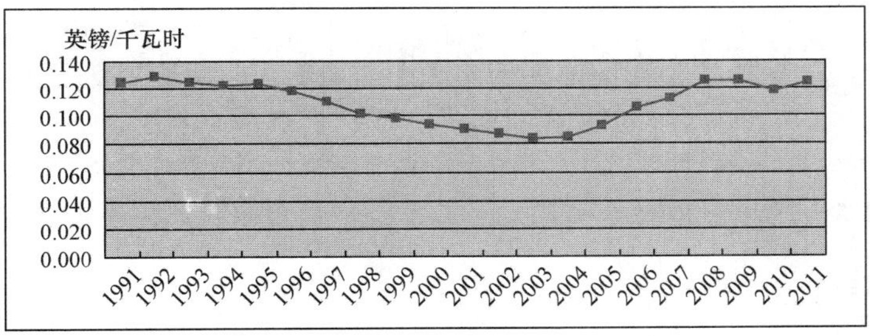

图 1.3 1991～2011 年英国居民用户能源价格

（二）供电可靠性

英国电力改革中注重对配电业务实行有效监管，配电企业为用户服务的可靠性逐年下降。其中，用户年平均停电时间从 1990/1991 年度的 111 分钟下降到 2010/2011 年度的 70 分钟。2001～2010 年的供电可靠性如图 1.4 所示。

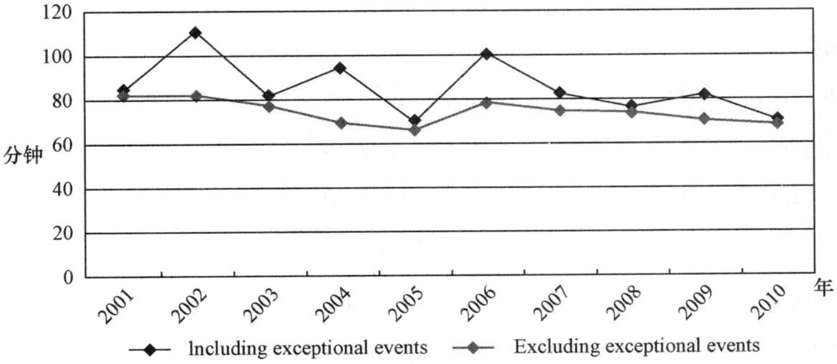

图 1.4 2001～2010 年英国供电可靠性变化情况

资料来源：OFGEM《配电年度报告 2010～2011》

（三）生产效率

1. 发电效率逐步提高

英国电力改革促进了电源结构的变化，高效率的CCGT天然气联合循环机组取代了旧的燃煤机组，使得化石燃料的总体发电效率不断提升，从1990年的33.8%，提高到2011年的39.52%，厂用电率也从1990年的6.13%下降到2011年4.47%（如图1.5所示）。

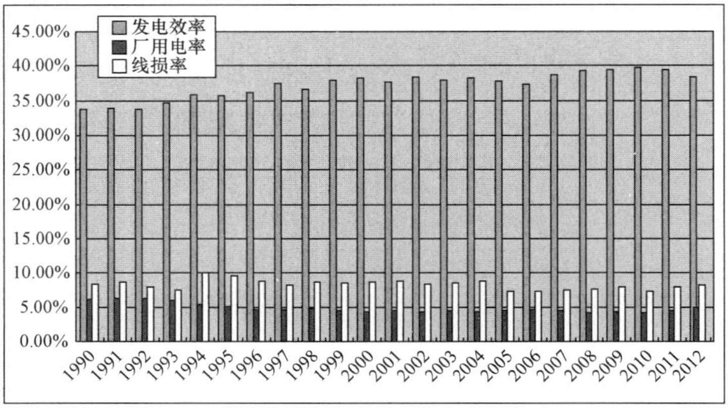

图1.5　1990～2012年英国发电效率、厂用电率及线损率变化情况

2. 输电损耗略有下降

输电损耗与输电线路自身效率和输电利用水平相关。总体来看，英国在电力市场改革之前，输电能力较为富裕，改革后新建输电线路较少，自由市场交易对提高输电利用率没有明显影响，输电损耗一直保持在8%～9%。2005年以来，随着电网更新改造的推进，英国输电线损略有降低，2010年为7.36%，2011年为7.92%。

3. 劳动生产率大幅提高

英国电力市场改革后的10年内，从事电力业务的职工人数呈持续下降趋势。造成这种情况的原因，一方面是业务环境不断变化，电力企业面临着市场竞争的压力，同时也面临着必须降低成本和提高运营效率的管制压力，无论是发电，还是输电、配电和售电的职工都有大幅度的下降，特别是在发电侧，由于高效的CCGT机组替代老旧的燃煤机组，直接推动了职工人数的减少；另一方面，电力公司开展了多元化业务发展，例如从事天然气供应、自来水甚至电信等其他业务的人员日益增加，电力公司内部的一部分职工转职于其他业务。1989～1990年英国电力行业员工为15.05万人，1998～1999年电力从业职工人数为7.54万人，下降了约50%。

（四）用户服务及更换率

1998年，英国放开了全部用户的选择权，随着竞争和监管机制的不断完善，售电公司之间形成了有效竞争。由于OFGEM不断出台政策促进售电公司简化价格形式、信息公开透明、缩短转换时间等，英国电力用户选择售电商的换手率保持较高水平，在近五年内更换比例达到 50%以上，高于电信、保险等（如图 1.6 所示）。

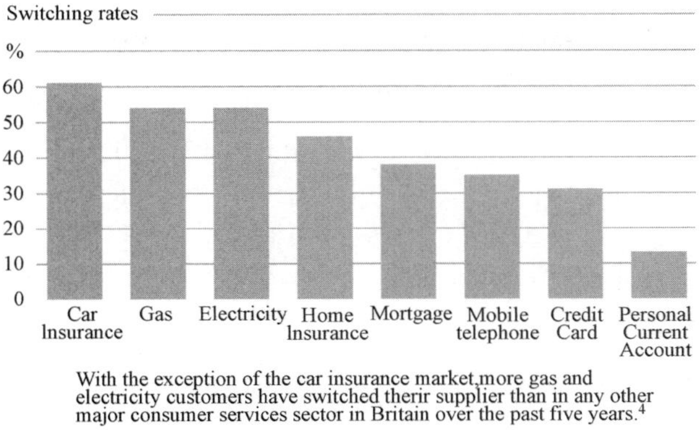

图 1.6 近五年内英国用户更换供应商情况（电力与其他商品比较）

资料来源：《2012 年英国零售市场调查报告》

（五）发电装机备用裕度

自 1989 年英国电力改革以来，市场是否能够确保电力长期供应安全，一直是英国政府和监管机构关注的问题。

根据英国 DECC 公布的统计数据，按照英国可用净容量与同期最高负荷的比来计算（见图 1.7），1989 年英国发电容量备用率为 25%，随后逐步下降，2005 年降到 16.5%。随着近年来可再生能源迅速发展，以及金融危机后电量需求降低，2012 年发电容量备用率达到 29%左右，其中风电等可再生能源占了 7%左右。

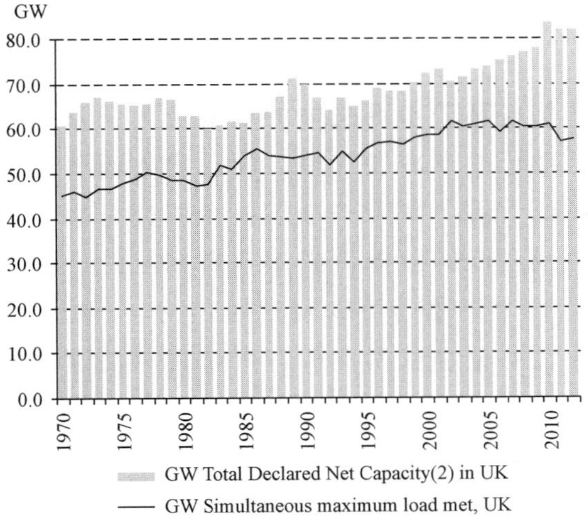

图 1.7 英国各年可用净发电容量与同期最高负荷的对比图

资料来源：英国 DECC“electricity-since-1920-historical_data”

2010年起英国DECC开始对现行电力市场机制进行评估，其中重要的一项是评估现有机制对发电投资的吸引力，预测未来发电容量备用率，评估供电安全。评估报告指出，在现有市场机制下，英国为实现低碳发展目标，供电安全会受到挑战，未来发电容量备用率将逐年下降，到2024年左右可能出现容量短缺，详见图1.8。为了保障低碳发展情况下的电力长期供应安全，2013年12月13日英国电力改革计划已经获得议会和王室的批准。

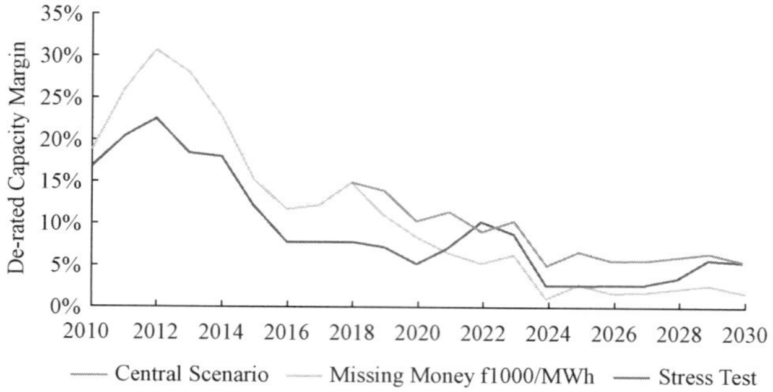

图1.8　英国2010～2030年发电容量备用率预测（三种情景）

资料来源：英国DECC Electricity market reform capacity mechanism

第二节　电力工业组织结构

英国从1989年开始实施行业重组和私有化改革以来，经过20多年的不断并购、重组，基本按照竞争和自然垄断环节相分离的原则，形成了适应竞争的多元电力企业格局，明确了政府、市场、企业在行业发展中的定位，同时建立了政监分离的管理构架。

一、发、输、配、售各环节市场主体的功能及其关系

当前，英国电力行业已经形成发、输、配、售各环节业务分离的市场结构。英国对电力企业实行许可证管理，除一些小规模企业拥有豁免权外，任何企业从事发电、输电、配电、售电或者联网业务，必须获得相应的许可证。同时，根据《公共事业法（2000）》规定，一个集团内可以同时拥有发电、配电、售电业务，但必须为集团内的独立法人企业，并分别获得业务许可。目前英国各环节的市场结构如下：

（一）发电环节

目前有30多家独立发电公司和7大发电集团，包括经营核电的公司英国能源（British Energy），以及六大电力集团（以下简称“六大”）。“六大”同时从事发电、售电业务，部分还从事配电业务。

从产权上来看，英国的发电企业早在改革之初就实行了私有化，经过20多年来的并购重组，大部分英国发电公司成为了国际化公司，由大型国际能源集团控股。

英国能源的最大股东目前是法国电力公司（EDF）。“六大”公司分别是德国 RWE、法国 EDF、德国 E.ON、苏格兰电力、苏格兰和南方电力（SSE）以及英国燃气公司（Centrica）集团。西班牙 Iberdrola 公司和法国 GDF-SUZ 公司也在英国拥有大量发电资产。

从运行和正在建设的发电容量看，发电容量排序前 6 家公司的容量占总容量的 70%以上，前 10 家占 85%以上，基本形成了竞争的市场格局。

（二）输电环节

英国输电业务实行区域垄断经营。电力市场改革前，英格兰和威尔士地区的输电业务由中央发电局负责，配电业务由 12 家地方电力局负责。目前有三家电网公司获得输电业务许可，在监管机构规定的陆上地区拥有、开发、建设和运营维护电网的业务，英国国家电网公司（National Grid），负责英格兰和威尔士地区电网运营，苏格兰输电公司（由苏格兰电力集团拥有）负责苏格兰南部地区，苏格兰水电输电公司（由 SSE 拥有）负责苏格兰北部地区和苏格兰群岛（如图 1.9 所示）。英国对于海上电网实行了许可招标制度，由中标的项目公司负责电网的建设、运营维护，如 Greater Gabbard OFTO 有限公司，运营 3 回 132 千伏输电线路和相关变电站，将 50.4 万千瓦的海上风电与大陆连接。

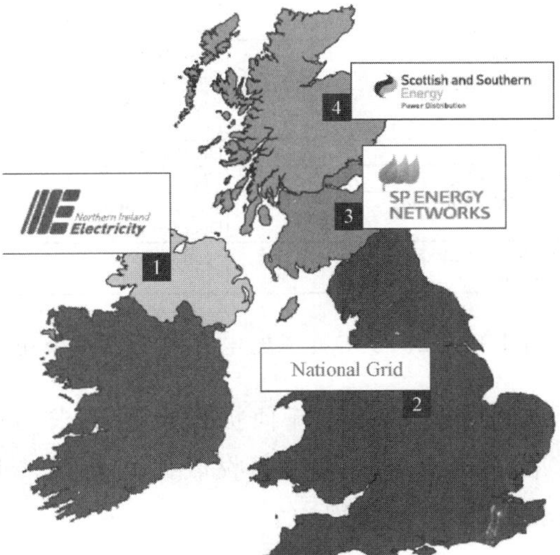

图 1.9 英国各输电网公司经营领域示意图

英国与邻国联网资产基本由国家电网公司和邻国电网公司共同拥有。目前与法国通过直流联网，输电能力 200 万千瓦；与荷兰直流联网 100 万千瓦；与爱尔兰联网 50 万千瓦。

从产权来看，三个输电公司目前均为上市公司，股权分散，大股东主要为信托等金融机构。

（三）配电环节

英国电力市场在改革之初，共形成了 14 个配电公司（包括英格兰和威尔士地区 12 个、苏格兰地区 2 个）拥有并运营配电网络。随着市场发展，14 家公司合并为 7 家公司，分别为 SSE、苏格兰电力公司（SP）、UK 电力网公司（李嘉诚旗下公司，近年来从法国 EDF 手中购买了三家地区配电网）、西部配电公司（Western Power Distribution）、北方电网公司（Northern Powergrid）和西北电力公司（Electricity North West company），各公司经营范围见图 1.10。2009 年以来，受欧盟第三法案的影响，EDF、RWE 和 E.ON 等大型能源集团纷纷转让了英国配电业务，目前只有 SSE 和 SP 两家苏格兰公司仍从事发电、配电、售电一体化业务，同时拥有输电资产。

地区	公司
North Scotland	Scottish & Southern Energy
South Scotland	Scottish Power
North East England	Northern Powergrid
North West	Electricity North West Ltd
Yorkshire	Northern Powergrif
East Midlands	Western Power Distribution
West Midlands	Western Power Distribution
Eastern England	UK Power Networks
South Wales	Western Power Distribution
Southern England	Scottish & Southern Energy
London	UK Power Networks
South East England	UK Power Networks
South West England	Western Power Distribution
North Wales,Merseyside and Cheshire	Scottish Power

图 1.10　2012 年英国配电网及其经营公司

根据法律规定，配电公司有义务为任何提出接网请求的用户（发电商或个人）提供接网服务，按照标准条款和公开的费率收取接网费用，具体技术要求在《配电规范》（Distribution Code）中有详细规定。

（四）售电环节

英国有 20 多个售电公司，但是市场主要由“六大”公司分割，总市场份额占 90%以上。售电公司在获得许可证的前提下从事电力买卖业务，不从事物理性电力买卖业务的公司为金融性公司（如银行等），不需要获得售电业务许可。

在北爱尔兰，实行了厂网分开体制，发电公司实现了私有化和多元化，输电网和配电网由北爱尔兰电力公司（产权属于 Viridian Group）拥有并负责运营，该公司负责购电、输送和售电。

二、电网、调度与市场交易机构的功能及其关系

电网、调度机构与市场交易机构是保证市场公平竞争的重要平台。在英国，电网、调度与市场交易机构的关系随着市场的发展而相应变化。

（一）三者关系的演化

在 POOL 阶段，市场采用强制参与、全电量竞价的模式，电网、调度、市场交易机构的业务紧密耦合在一起，共同保障电力系统安全前提下的公平竞争。因此，三项业务均由国家电网公司负责。进入 NETA 阶段，市场模式鼓励双边自由交易，市场交易机构成为提供标准交易管理的服务性机构，英国逐步形成了电网和调度合一、交易机构分离的模式。进入 BETTA 阶段，新交易制度实施的范围从英格兰和威尔士地区扩大到苏格兰地区。为适应不同体制的要求，苏格兰两大电力公司保持了一体化业务的产权关系，将输电调度运行权移交给国家电网公司，建立全英国统一调度（除北爱尔兰）的体制和统一的交易制度，形成了苏格兰地区调度和输电业务分离的格局，英格兰和威尔士地区的电网运营和调度运行仍由国家电网公司管理。

（二）调度机构现状

英国电网调度机构分为两级，输电网和配电网各设一级调度，分别称为大不列颠系统运营机构（GBSO）和配网运营机构（DNOs）。在输电网层面，英格兰、威尔士以及苏格兰地区实行全国统一调度，调度机构隶属于英国国家电网公司。在配电层面，配电调度机构隶属于该地区的配电公司（如图 1.11 所示）。

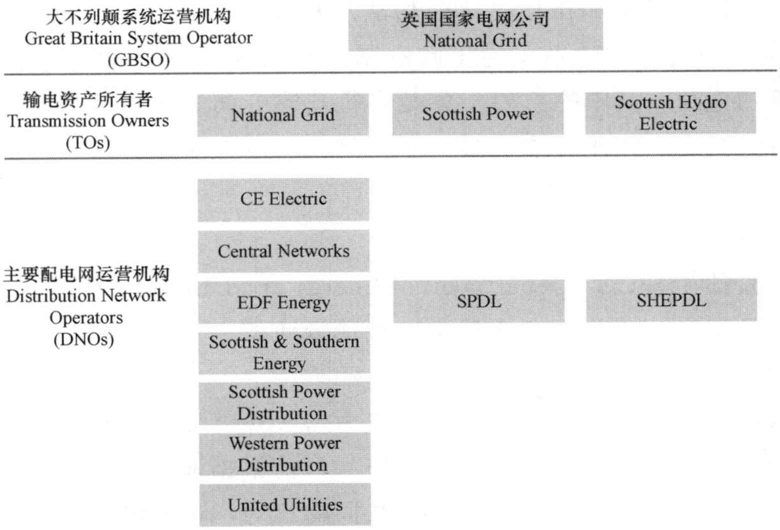

图 1.11 英国两级电力调度模式

英国国家电网公司负责全英电力系统的统一调度，主要工作为确定电网设备的运行与检修计划、维持系统平衡、保持系统安全等。为保持系统平衡，英国国家电网公司建立了平衡机制，管理平衡市场。

（三）交易机构现状

目前英国实行以双边交易为主、集中交易为辅的电力交易模式。主要的交易形式是发电商和供电商或用户通过双边协商，形成合同交易，属于交易所之外的交易（场外交易 OTC）。电力交易所以月内短期交易和金融交易为主。主要的电力交易所是隶属于 APX-ENDEX 集团的英国电力交易所（APX Power UK），成立于 2000 年，是英国第一个独立电力交易所（前身名称为 UKPX）。APX 集团由 TenneT Holding BV 控股 70.84%，TenneT Holding BV 同时也是丹麦输电公司的大股东，29.16%股份由比利时输电公司 Elia NV 拥有[1]。该集团在阿姆斯特丹（总部）、布鲁塞尔、伦敦和诺丁山设有办公室。此外还有建立于 2010 年 1 月的 N2EX 市场（N2EX 并不是一个真正的法律实体，而是 NASDAQ OMX 和北欧电力现货交易所有限公司所运营的英国能源市场的名称）。买卖双方可自愿选择这些交易所进行电能或其相关产品的交易，交易所之间存在一定程度的竞争。交易所的营利的主要来源是交易费用，包括两项费用：会员费和交易费（每笔交易按兆瓦小时收费，每兆瓦小时收取 5.25 英镑），对非会员的数据服务收取服务费。

英国电力平衡结算管理公司（ELEXON）负责按照《平衡和结算规范》对发电商、售电商的实际发电量或消费电量与登记交易电量之间的不平衡电量进行计量和结算。目前，ELEXON 是英国国家电网公司的一个子公司，但是按照法律规定建立了较为完善的治理委员会，与电网公司其他业务相分离。

三、政府、监管机构和市场主体的功能及其关系

1989 年英国电力工业改革确定了政府制定宏观政策、监管机构依法监管、市场主体自主决策的定位，其中的重要一条是实行政监分离。1990 年建立了电力监管机构，随着市场的发展，1998 年合并成立了天然气和电力权力机构（GEMA），监管办公室（OFGEM）是具体执行机构。

（一）政府部门

能源与气候部（DECC，Department of Energy and Climate Change)是英国电力和天然气行业的政府主管部门，负责制定宏观能源政策。

（二）天然气和电力监管办公室

天然气与电力市场监管办公室是英国电力与天然气监管部门，独立于政府，受议会监督，同时监管天然气和电力两个市场。目前根据《竞争法（2000）》的规定，在天然气和电力市场领域与竞争委员会有共同的权力，同时根据《电力法（1989）》、《公司法（2002）》、2004 年以来的能源法等规定行使职责。主要负责保护用户利益、促进市场竞争、实行价格监管、管理业务许可，具有一定的处罚权。

[1] 输电公司拥有能源电力交易所产权，这在许多欧洲国家普遍存在，主要动机是，输电可用容量的最优化需要考虑市场条件、物理特性和阻塞。这也与西北欧洲独立输电公司担负促进高效、透明活跃的能源市场的职责相适应。同时，这种所有权结构能保障电力交易所的完全独立运作。

（三）其他监管机构

按照竞争法案，一些相关部门对电力市场运行和运营行为也具有监督管理权力，从不同角度对市场行为进行监管：一是公平交易办公室OFT（Office of Fair Trading），依据反垄断法、竞争法及公平交易法对操纵市场、企业并购等行为进行监管；二是竞争委员会CC（Competition Commission），主要应OFGEM和OFT的要求对纠纷处理进行详细的调查，仲裁市场成员的投诉和纠纷。

第三节 市场模式

一、批发市场

（一）批发市场总体情况

英国的批发市场是发电商和供电商或售电商以及交易商之间开展大宗电量交易的市场。从2001年开始执行的“新电力交易制度”，建立了一个高度自由化的批发市场，主要有四个核心内容：

（1）以发电商与售电商、交易商之间的双边物理合同交易为基础，称为OTC（场外交易）。这些合同可以提前一年甚至若干年签订，并具有物理交割义务，不同于过去的财务性质的“差价合约”。

（2）交易所组织自愿参与的短期交易，这些交易一般规定标准条款，包括提前一天或提前几个月的各种短期交易，为各市场参与者提供更多的调整交易需求和风险防范手段。

（3）建立了平衡市场。为了保证电力系统的实时平衡，设计一种接近实时的平衡机制，系统调度机构通过组织竞价的方式，选择调用各种发电侧或需求侧资源，实现电力系统实时平衡。

（4）建立了平衡结算机制。根据合同的实际执行情况和平衡机制中招投标执行情况，与实际计量的电量做比较，对不平衡电量计量、计费并结算。

目前，批发市场95%左右的交易电量为双边物理合同交易，不到5%的电量通过电力交易所APX完成，这主要是因为发电商、用户对天气等原因预测偏差的部分而进行的短期交易；不到2%的电量在平衡市场中进行交易，主要是保证系统的实时平衡。

（二）场外交易（OTC）

场外交易是指由交易主体之间自主谈判形成的物理交易。实际上，市场中的双边合同不仅局限于发电商和供电商之间，中间商或电力经纪公司（通常为银行等金融机构）也被允许作为签订电力双边合同的一方，这些电力中间商既不发电也不售电，只是通过交易获得利润。

目前英国有4家主要的电力经纪公司。与电力交易所相比，电力经纪公司更像是中介公司，为购售电双方提供交易信息，按照成交电量收取佣金。和电力交易所最大的不同在于，电力交易所在交易的全过程中都是匿名交易（类似股票交易），而交易双方通过电力经纪公司交易达成交易意愿后，需要按照实名签订合同。

双边交易合同的时限比较自由，有提前多年签订的，也有提前几天签订的。合同中明确了电量、价格、计量点以及基本负荷曲线。负荷曲线根据提前时间的长短，决定精细程度。合同签订时不需要系统运营机构进行安全校核❶，合同履行时双方协商形成发电/用电计划曲线，并按照《平衡和结算规范》（BSC）和《电网交易主要协议》（Grid Trading Master Agreement，GTMA）要求，将合同交易电量和交易计划在规定时间内上报负责平衡和结算的 ELEXON 公司，以及系统运营机构。所有获得业务许可的电力公司都必须签订 BSC 协议，该协议要求发电商和售电商在 ELEXON 公司建立能源账户，并将各种合同交易结果通知 ELEXON 公司，ELEXON 负责对各市场主体合同电量和实际电量之间的差额进行计量、计费和结算。

对于一些小规模的市场主体，由于其没有安装相关的信息系统，在签订双边交易后，通常选择通过电力经纪公司或电力交易所向系统运营机构和结算公司申报交易电量，用于系统调度和不平衡结算。

（三）电力交易所的交易

英国目前有 2 个电力交易所：APX Power UK 和 N2EX 市场。

以 APX 为例介绍电力交易所的交易方式。

英国 APX 电力交易所主要开展拍卖式交易、现货交易、到期合约市场交易等。英国电力期货交易主要是在 N2EX 交易所开展。目前，主要开展两类交易：基荷交易和峰荷交易，时间段为半年、季度、月度和周。

1. 拍卖式交易（Auction）

拍卖式交易（Auction）是提前一天的电量拍卖交易市场。市场成员在每天 10：50 前通过电子操作方式向电力交易所提供交易申请，交易所根据市场成员提交的价格和电量匹配供需，形成第二天每半小时的交易量和价格，并将交易结果在 11：50 之前反馈给各市场成员，12：00 前将交易结果提交给结算公司 ELEXON，12：30 计算并在网上公布拍卖价格指数。APX 作为所有交易的居中方，与所有的市场成员进行结算。

2. 现货市场（Spot Market）

现货市场（Spot Market）是 7 天 24 小时的短期交易，为市场成员调整电力并开展交易服务。主要包括以半小时为基础的电力产品，以及以半小时为交易基础组

---

❶ 系统运营机构主要在日前开展安全校核工作，分析系统调整能力；在运行当日，通过启动平衡市场、调度其他辅助服务资源处理交易计划引起的系统阻塞问题。英国市场结构和电网结构决定了阻塞并不频繁。一是大部分发电和售电业务集中在几个大型集团内部，形成长期交易的基础；二是电网结构较强，发电能力和负荷变化小。

成的、分散的不同段组合交易，包括四周前到日前的各种时段交易。

3. 即时市场(Prompt Market)

即时市场（Prompt Market）提供由基荷、峰荷、工作日、周末等基本要素组成的标准产品，交易方式与现货市场相同。

即时市场和现货市场均在 Eurolight 电子交易平台上，交易产品都是标准化产品，规定了交易时段和最小交易电量，市场出清采取撮合交易的方式。在交易所的交易平台上，交易者可以看到所有可交易的产品，可以选择交易品种，申报某个交易产品的购买或售出价格。当购买者和出售者成交价格相同时，自动达成交易。电力交易必须在交易关闸前 90 分钟内完成。电力交易按周结算。交易平台上的交易自动由 APX UK 负责出清、结算，并将交易结果通知平衡电量结算机构 ELEXON 和调度机构。

英国电力交易所实时与短期交易品种情况如表 1.1 所示。

表 1.1 英国 APX 电力交易所的主要交易品种

产品	交易开始时间	交易截止时间
半小时	在开始送电前 49 个半小时（在两天内任何时间）	开始送电前 90 分钟
2 小时块	在开始送电前 49 个半小时（在两天内任何时间）	开始送电前 90 分钟
4 小时块	七天滚动	开始送电前 90 分钟
1+2 块	七天滚动	开始送电前 90 分钟（前一天 21：30）
3+4 块	七天滚动	开始送电前 90 分钟（5：30）
高峰时段	七天滚动	开始送电前 90 分钟（5：30）
扩展的高峰时段	七天滚动	开始送电前 90 分钟（5：30）
非高峰时段	七天滚动	开始送电前 90 分钟（前一天 21：30）
每天基荷	七天滚动	开始送电前 90 分钟（前一天 21：30）
每周末基荷	每周末开始于任一时段	开始送电前 90 分钟（前一天 21：30）
每周基荷	每四周滚动	开始送电前 90 分钟（前一天 21：30）
周高峰时段	每四周滚动	开始送电前 90 分钟（前一天 21：30）

（四）实时平衡市场与偏差结算机制

在新交易制度（NETA）下，市场交易的基本原则是买卖双方可以按照自身的意愿协商开展双边交易（场外交易），或者通过电力交易所（一种交易服务平台）进行交易。由于电力的特殊属性，市场买卖双方的实际发电/用电量与合同规定的电量总会存在偏差，因此需要建立相应机制解决不平衡电量的问题：一是要对所有市场主体的发电量和用电量进行有效计量，并对实际电量和合同电量进行比较，计算出差异；二是要建立财务结算机制对这些差异电量进行计费结算，按照系统运营机构在实时平衡市场买入或卖出电量的平均值，对各市场主体的差异电量计价；三是输电公司为了保证系统实时平衡，需要建立实时市场，采用按照报价结算的方式，根据市场主体的报价，集中买卖电力，解决实时电量与计划电量的差异以及输电阻塞等其他制约系统安全运行的问题。

《平衡和结算规范》（The Balancing and Settlement Code，简称 BSC）规定了平衡机制的核心内容，是英国批发市场运行的核心规则。在 BSC 下，规定了 ELEXON 是 BSC 的管理公司，负责平衡和结算机制的运行，提供或购买相关服务。根据 BSC 和电力业务许可证规定，拥有发电、配电、输电、售电业务许可的机构必须签订平衡结算协议框架，并在框架下履行职责。同时，根据 BSC 规定，存在结算、数据收集、合同电量集合、合同电量上报、计量数据上报等一系列代理服务机构，目的是方便市场主体有效交易并履行数据处理、提交、传送、确认等义务。根据 BSC 规定，市场主体的双边交易以及电力交易所的交易，均作为合同电量分解到以半小时为基础的时段交易量，并提交给 ELEXON 和输电公司。代理机构根据规则向 ELEXON 或市场主体申请并得到授权，才能实施相关业务。

二、零售市场

英国目前在发电领域和售电领域已经形成了完全自由竞争的市场，所有用户都可以自由选择售电公司为其供电。

（一）用户开放选择权进程

英国放开用户选择权分为三阶段进行。第一阶段：1990 年 4 月至 1994 年 3 月，允许 1000 千瓦以上的用户（共约 5000 户）自由选择售电商。第二阶段：从 1994 年 4 月至 1998 年 8 月，将范围扩大到 100 千瓦以上 1000 千瓦以下的中等用户（共约 6.7 万户）。第三阶段：从 1998 年 9 月起，用 8 个月左右的时间将范围分三步扩大到 100 千瓦以下的所有小型用户和全部居民用户（共约 2690 万户）。

（二）售电业务许可与开放

英国在改革之初就开放了发电侧市场，并逐步在售电侧引入竞争，输配电环节仍然保持自然垄断，并接受监管。根据《电力法（1989）》要求，发、输、配、供电业务必须单独申请业务许可证，输电业务必须从产权上与其他竞争业务分离，输电网和配电网必须无歧视地向第三方开放；配电业务和供电业务的分离需要做到财务上独立和法律上独立（《公共事业法（2000）》要求）。

在售电环节，只有持有电力供应许可证的公司可以从事电力销售业务。2000 年以前，电力供应许可证分为两种：公用电力供应许可证和第二类售电许可证。2000 年以后，电力供应许可证统一为供电许可证。

公用电力供应许可证是对既有供电公司的许可，由英国 14 个公用电力供应商持有，并允许其向专营地区内的所有用户售电，包括向指定用户（即用户开放过程中未获得选择权的用户）售电的相关权利和义务。同时，英国允许第二类售电商（持有第二类售电许可证的公司）向其他地区电力公司专营区域内的用户售电，但不能向指定用户售电。第二类售电商包括地区电力公司、主要发电公司及一些新的售电商。

2000年以后，任何个体都可以申请供电许可证，成为平等的供电商，经营售电业务，向英国任何客户供电，该制度一直延续至今。

（三）售电市场竞争机制

1. 配售一体化公司内部业务的分离

售电公司可以分为两类：含配电资产的配售一体化公司，以及不含配电资产的独立售电公司。根据《公用事业法（2000）》的要求，同时拥有配电和供电业务的公司必须分别申领配电和供电许可证，并在法律上分离配电与供电业务，成立相互独立的子公司。两个公司在人员上分离，在财务上独立核算。

根据售电许可证的规定，售电商的本地供电、向区外供电等业务必须分列，分别进行核算。每个分列业务的会计记录，包括收益、成本、资产、负债、储备金或准备金，在售电商（和任何分支机构或关联企业）的记录中应可以从任何其他业务中的相应部分分离。售电商应准备每个会计年度的财务报表，包括损益表、资产负债表、现金流表连同其备注，并就每个分列业务以合适的细节分别说明任何收益、费用、资产、负债、储备金或准备金的金额情况，是从其他业务收取的，还是向其他业务支出的。同时，也可说明这些金额在任何分列业务和任何其他业务之间是否是按比例分配的，并说明分配的基础。

2. 供电服务多样化

随着售电市场的放开，售电商认识到靠低电价吸引用户占领市场，在短期内效果明显，但当电价降到一定程度后，因发、输、配、售的成本所限，各售电商的价格基本趋于一致，而对用户的服务水准、可靠性及供电质量，将是市场竞争和用户选择的首要条件。因此，各售电商不断改进用户服务的水准是长期的市场观念。目前，各售电商向用户提供了一系列新的服务，主要包括表计、电费查询、断电通知、预估收费、报装接电、停电后恢复供电、故障处理、电能质量服务。

从用户支付电费的方式来看，用户缴费方式多种多样，非常灵活方便。用户可以按周、半个月、月、季采用现金或支票支付，也可以采取转账、长期订单、信用卡、网上银行、付款卡直接划账等方式。用户也可以随时随地到用户中心、售电商办公室、电力收费站，或者邮局、银行付款而无需手续费。这些付费方式的改进既节约了用户的时间，避免了额外的费用，也降低了售电商的营业费用，对双方都有利。

目前一种叫“付款点”的全国性付款网络正迅速发展，很多售电商开始使用这个网络来回收电费。该网络的网点包括报亭、便利店、超市、服务站和其他离家庭用户更近的地点或购物中心，用户无需手续费即可通过该网络方便地支付电费。

预付款表计设备也在英国得到了大面积推广，受到了用户的欢迎。此外，售电商还提供其他服务，如帮助大用户管理批发市场价格上升和大幅波动的风险，改进能源管理等。

一些售电商还向用户免费提供多种咨询服务，如电费管理、电价形式选择、用电效率热线帮助、用电安全指导、表计读数等，用户可以通过免费电话或电子邮件等途径获得售电商的咨询服务。

3. 服务关系的处理

ELEXON公司负责《平衡和结算规范》的管理，具体负责实现、管理和运行在批发市场和零售市场中有关系统平衡和偏差结算的服务和系统管理。该公司负责批准、认可有关数据采集（包括抄表）、数据处理和数据汇总服务的程序及支持系统的相关规定。所有希望提供这些服务的机构必须经过该公司鉴定合格。其供电服务中心可以提供供电商所要求的计量点的数据采集和数据汇总服务。售电商必须为用户的每一个计量点指定合格的服务代理机构，并对代理机构的有效运行承担最终的责任。

目前，表计和数据服务既可以由售电商自己负责，也可以由配电商提供，还可以由第三方服务商提供。目前，计量点管理服务仍然由配电商负责。原先的地区电力公司通过配电许可证获得了计量点管理服务资格，从而可以提供数据服务。尽管几个原先的地区电力公司仍然是主要的数据服务商，但是自从1994年以来，在半小时计量电力市场上，供电商已经可以获得其他服务商提供的计量和数据服务。售电商可以通过合同获得服务商提供的表计和数据服务。

4. 家庭用户转换供电商的程序

为了登记用户的位置、容量等用电信息，英国建立了用电计量管理点系统，在电力系统中设置了编号唯一的用电计量管理点（简称计量点），每一个计量点可能对应着一个或几个家庭用户，一个非家庭用户可能有几个计量点。为了维护用户和其他售电商的正当利益，配电公司必须提供计量点的管理服务，以登记向用户售电的详细情况并进行电力数据传递。当一个家庭用户希望转换供电商时，完成转换过程可能需要6个星期。

5. 保底供电商

由于所有的用户都可以自由选择供电商，并通过合同获得所需的电力供应，为了保障用户的供电安全，如果某一个供电商破产，而且其所持有的供电许可证被撤销，OFGEM有权力为该公司供电的用户指定一个最后的供电商，由这个供电商向这些用户供电。例如，OFGEM曾经提出几个指定要求：2005年12月2日，指定NPOWER公司为TGC公司的用户供应燃气与电力；2006年1月19日，指定伦敦能源公司为ULL公司的用户供应电力；2006年2月4日，指定英国燃气贸易有限公司为ZEST4电力公司的用户供应电力。

6. 安全保证金

根据需要，供电商可以要求用户提供安全保证金，金额可以是在用户建筑物处预计的平均每季电量电费的 1.5 倍，合理时可以更多一些。但是，供电商不能要求使用预付款表计设备的用户提供安全保证金。供电商必须向用户支付保证金的单利，利率根据当时巴克莱银行的基本利率或监管机构指定的利率确定。

在下列两种情况下，供电商应当返还用户的保证金及其利息：第一，用户在以往的 12 个月里，每次在书面通知要求的 28 天之内付清了电费，供电商应在 14 天内返还保证金的本息；第二，当供电商已经停止向用户供电，而且用户已经付清了全部电费后，供电商应在 1 个月内返还保证金的本息。

第四节 调度和平衡服务

一、调度和交易机构的关系

如前所述，英国目前采用分散交易模式，交易所为独立的机构，是可以竞争的领域。目前存在两个交易所，通过交易服务吸引市场参与者，组织物理交易和金融交易，将交易结果通知平衡结算公司（ELEXON）和调度机构。

二、调度职责与管理

国家电网公司既是系统运行机构，即调度机构，又是输电系统所有者。输电资产所有者的职能是对输电系统进行维护，负责电网长期发展和投资。系统运营机构的职能是保持系统平衡和保障在安全限度下运行的一切短期运营活动。

系统运营机构的主要职责包括：负责系统负荷预测、系统安全平衡分析；负责制订电网设备的运行和检修计划；根据市场参与主体提供的交易计划，制订系统运行计划并执行；负责维持系统平衡，管理平衡市场；负责电力系统实时运行安全。

系统调度工作分为计划、实时调度前和实时调度三个阶段。

在计划阶段，主要开展系统分析和预测工作。以年前、9 星期前、日前为分析周期，基于自身对于负荷、系统与市场状态的预测，对系统的运行方式进行分析；结合所分析的平衡裕度、输电阻塞等情况，调整线路的停运计划与传输限值；根据系统预测结果，定期组织签订辅助服务合约；必要时，可事先签订其他交易合约（联络线、必开机组等）。在计划阶段，无论是市场主体场外形成的长期双边合同，还是电力交易所形成的短期交易，都不需要调度机构进行安全校核，只需要按照规定在实时调度前将交易计划提交给调度机构。发电企业和用户自行按照合同将电量按照每半小时为一个时段分解成发电曲线，并提交调度机构。

在实时调度前一天，调度机构需要开展以下工作：

（1）负荷预测（系统、阻塞地区、无功）。

（2）公布市场信息。

（3）计算系统的平衡裕度，发布不平衡警告。

（4）要求市场主体申报修改的 PN（交易计划通报）。

（5）修改线路停运计划。

（6）计算阻塞成本，决策调用各类辅助服务（主要是备用、无功支撑）。

（7）进行短期的电能交易（PGBT 等）。

（8）制定次日分时段 PNs 与系统/分区平衡裕度分析（16：00）。

在实时调度期间，调度机构的主要工作包括以下几点：

（1）决策调用平衡市场中各市场主体提供买电和卖电资源，以平衡系统，消除阻塞。

（2）监视系统的频率响应情况，发现频率偏离时，可投入 Contracted Capacity（0.07 赫兹，5 分钟）。

（3）控制并调整跨国、跨区联络线的运行曲线。

（4）调用快速启动、短期备用、安排燃机启停。

（5）紧急运行控制（Emergency Instruction）。

（6）切负荷、紧急提高机组出力、机组解列、黑启动、外部紧急支援等。

三、平衡机制管理

如前所述，英国批发电力市场由电场外合约（OTC）交易、电力交易所集中交易、调度机构运行的平衡市场三部分组成。如图 1.12 所示，其中平衡机制是设计最复杂的电力交易制度，是保障系统平衡的“最后市场机制”。

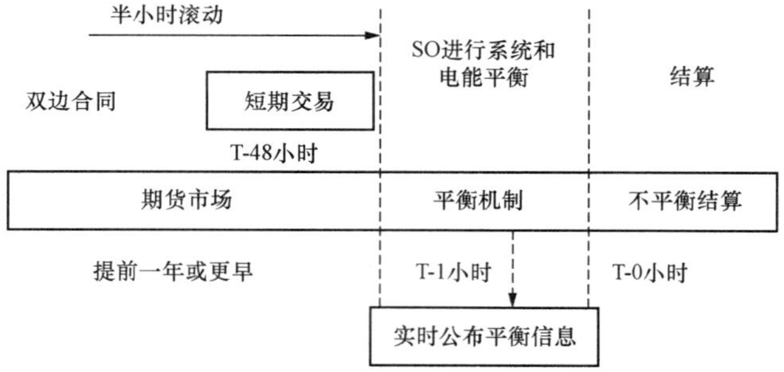

图 1.12　英国电力市场平衡机制时序图

根据《平衡和结算规范》，参与平衡机制的物理个体称为平衡机制单元（即 BM 单元）。平衡机制单元一般由一组发电机或负荷组成。发电平衡机制单元一般由单台机组构成，但对于特殊的机组，如联合循环燃气轮机，则由两台机组一起构成一个平衡机制单元。负荷平衡机制单元需要根据负荷大小及负荷接入电网的地点确定，容量大且直接接入输电网的负荷单独构成一个平衡机制单元，对于配电网的大量用户负荷，则根据所属售电商的关系以及配电网接入点组成一个平衡机制单元，该负荷平衡机制单元的电量测量值由诸多的用户电表测量值总和确定。

在某些情况下，需要一些平衡机制单元联合在一起（例如同一个遥测开关范围下，一个 GSP 组内的供电 BM 机组），这样的平衡机制单元组合只能联合提供平衡服务。

当“签约方”所拥有的平衡机制单元大于 5 万千瓦（平衡机制单元最大输入或输出超过 5 万千瓦），则它们必须在市场“关闸”前向系统调度员提交初始交易通报和最终交易通报。

根据《输电网技术规范》（Grid Code）的要求，所有的发电商和供电商，都必须向系统调度员提交发电和用电计划，称为“初始交易通报”（IPN）和“最终交易通报”（FPN）。

IPN 的内容包括全天所有时段的期望运行水平，这个通报必须在交易日前一天 11：00 前提交给系统调度员。

FPN 是平衡机制单元某半小时交易时段的计划发用电曲线，需在交易时段关闸前一个小时提交给系统调度员，否则将采用缺省的 FPN。如果在提交 FPN 之前，平衡机制单元未签订新的交易合同，或运行状态发生较大的变化，则半小时交易时段的 FPN 一般等于 IPN。

与 FPN 类似，平衡机制单元的合同信息也须在“关闸”前提交给市场结算机构。与 FPN 不同之处在于，合同信息通报给结算系统以计算电能不平衡量，而 FPN 则是提交给系统调度员进行平衡调度。FPN 可以与合同量不同。

FPN 申报每个结算时段相应的发电平衡机制单元或负荷平衡机制单元的每分钟计划电力输出和消费量。申报数据格式约定电力输出为正值、电力输入为负值，因而发电平衡机制单元的 FPN 为正值，而负荷平衡机制单元的 FPN 为负值。

第五节 电价形成机制

一、总体情况

英国目前已经形成发电、售电价格自由协商机制，输电价和配电价由监管机构按照价格上限制管制方法进行核定。批发市场价格包括：双边协商的价格，一般为单一制电量电价；电力交易所价格，主要是由买卖双方报价，出价相同时自动达成交易；平衡市场中的价格形成机制较为复杂，根据参与平衡市场的市场主体报价排序，调度机构按照经济最优原则调度发电侧或需求侧资源，并按照报价对这些资源进行付费（Pay as bid），系统按照调用的资源以及市场主体的不平衡电量，制订实时不平衡电量的付费价格，由 ELEXON 进行结算。这种不平衡电量的结算带有惩罚性质，激励市场主体尽量按照交易计划发电侧或用电，避免不平衡电量的产生。

用户售电价由发电批发市场价、输电价、配电价、环境税、增值税和其他成本构成，从2012年的价格构成来看，批发成本和零售成本占58%，输电价占4%，配电价占16%，环境税占11%，增值税占5%，其他成本占6%。

二、输配电价形成机制

（一）价格管制方式

英国电网价格实行收入上限管制方式。实施方式为*RPI-X*，其主要原理是：在特定的监管周期内，对电网企业电量设置初始价格，并在期满后进行调整；允许企业调整每年的价格，增减比率等于上一年的通货膨胀率（*RPI*，零售价格指数）与企业效率扣减因子（*X*）的差值。其中，初始价格（P_0）、效率扣减因子（*X*）、成本转移因子（*Y*）都需要在事前（Exante）确定。

作为投资回报率管制有效替代方法的价格上限管制（更多的是“*RPI-X*”管制），是由英国第一任电力监管办公室（OFFER）主任李特查尔德（Littlechild）于1983年提出的，被认为是管制上的一种创新，被广泛应用于许多国家公用事业的管制实践中，并以英国运行得最为成功。“*RPI-X*”管制是指企业垄断生产的商品束的平均价格上涨率不能超过外生给定的零售价格指数（Retail Price Index）上涨率减去企业的生产率增长率，用公式表示如下：

$$(P_t - P_{t-1})/P_{t-1} \leqslant RPI - X$$ [1]

式中：P_t为本期的价格；P_{t-1}为上一期的价格；“*RPI-X*”为“价格上限指数”，它与企业的实际成本变化无关。

左边的部分表示价格的上涨率，由于零售物价指数*RPI*–1为零售物价指数的上涨率，因此，右边的部分是管制规定的价格上涨的上限。

可以看出，价格上限取决于零售物价指数和给定的生产率增长率。也正因为如此，管制经济学称这种类型的价格限制为“*RPI-X*管制”。这种管制制度允许企业在任何一年随着通货膨胀水平的变化而改变价格，因此它能够适应通货膨胀的变化。此外，*X*包含了成本降低的因素，它旨在通过*X*激励企业降低成本，提高效率。企业只要通过努力使自己的效率提高超过*X*的水平，就可以获得相应的收益。企业价格的上涨幅度不超过（*RPI-X*），如果（*RPI-X*）的值为正数，则企业可以涨价，如果是负数，则应当降价。因此，这种管制方法管制的是企业的价格而不是企业的利润，它有利于激励企业提高生产效率和促进创新，因为任何成本降低可能获得的利润都将归企业自己所有。

与投资回报率管制间接控制价格不同，“*RPI-X*管制”将直接控制产品价格，使管制价格和零售价格指数与生产率有机地结合在了一起，这正是该管制方式的创新之处。

---

[1] 理论界关于“*RPI*”的含义有不同的看法。有的将“*RPI*–1”看成是零售价格指数的上涨率（如杨君昌，2002），这里，我们将*RPI*直接理解为是零售价格指数的上涨率，但其实质是一样的。

（二）输配电价体系

按照天然气及电力管理办公室的规定，英国国家电网公司根据其职能收取网络使用费和系统运营费。网络使用费由接网费和输电网使用费组成，系统运营费主要是网络的平衡服务费用。接网费是对任何直接与输电系统相连的用户征收的，主要用于回收变电站等设备的固定成本，是由接网资产的基建和维修费加上合理利润组成的费用，采用邮票法分摊给连接在该设备上的用户。

输电网使用费由连接并使用网络系统的供电商和发电商支付。主要用长期边际成本方法计算出 12 个不同地区的用户需要支付的用电费，以及 16 个不同地区的发电公司需要支付的发电费。为简便起见，该网络使用费以峰值负荷为基础计算，采用线性运输模型计算出每个节点的边际成本，加权平均后得到各个地区的边际成本，一般每季度校核一次价格。对发电商收取的系统使用费根据发电机组的登记容量来决定。对供电商收取的输电网使用费有两种方式：第一种是按容量计费，对于安装了半小时表计设备的供电商采用三时点计费法，计费容量根据该供电商的三个确定时间点的平均负荷需求而定，这三个时间点指 11 月至次年 2 月之间半小时系统负荷最高的三个时间，其中每个最高负荷点至少间隔 10 天；第二种是按电量计费，对于没有安装半小时表计设备的供电商，按全年的每天 16 时至 19 时时段的电量累计之和计算。

在英格兰和威尔士地区，发电容量所在地和负荷中心之间存在不平衡现象，北部和中部的发电厂靠近燃料来源地，南部有最大负荷中心伦敦，但发电厂相对较少。因此，必须从北部地区输送大量电力到南部地区。

为了显示与发电地点和负荷地点相关的成本，在不列颠地区划分了发电区和负荷区，不同地域的输电网使用费也不同，但在每个分区之内是相同的。为了鼓励南部地区增加新的发电厂，向发电厂收取的系统使用费呈现“北部高、南部低”的特点。同样，为了限制负荷中心区的负荷增长，向供电商收取的系统使用费呈现“北部低、南部高”的特点。各地区输电网使用费标准见表 1.2。

表 1.2 各地区发电和负荷的输电网使用费标准

发电区域	发电价目（英镑/千瓦）	负荷区域	容量价目（英镑/千瓦）	电量价目（便士/千瓦时）
北苏格兰	21.59	苏格兰北部	1.45	0.18
彼得黑德	19.23	苏格兰南部	6.36	0.83
西部高北和斯凯	19.86	北部地区	9.88	1.29
中央高地	16.44	西北部地区	13.65	1.73
阿盖尔部	14.68	约克郡	13.62	1.75
斯特灵郡	14.03	北威尔士和墨西	14.08	1.81

续表

发电区域	发电价目(英镑/千瓦)	负荷区域	容量价目(英镑/千瓦)	电量价目(便士/千瓦时)
南苏格兰	13.02	东中部地区	16.37	2.13
Auchencrosh	10.14	英格兰中部地区	17.81	2.30
享伯、兰开夏郡、苏格兰西南部	5.88	东部地区	17.06	2.24
英格兰东北部	9.25	南威尔士	21.54	2.71
安格尔西岛	6.41	东南部地区	20.08	2.59
迪诺威克	9.28	伦敦	22.16	2.71
约克郡南部和威尔士北部	4.00	南部地区	21.10	2.74
英格兰中部地区	1.97	西南部地区	23.77	3.00
南威尔士和格洛斯特郡	−2.46			
伦敦市中心	−5.71			
西南地区	0.91			
牛津和科斯特	−0.27			
威塞克斯	−4.10			
英伦半岛	−8.57			

为确保各方了解使用电网系统的相关成本，输电系统的收费是公开发布，并且是非歧视性的。

配电价格管制也采用价格上限制。配电费用对电厂和用户收取，电厂为其享受接入配电网的服务支付接网价，用户除了接网费，还需支付配电网使用费。配电网使用费由固定电费、电量电费、无功平衡等其他费用构成（如表 1.3 所示）。

表 1.3 OFGEM 配电价表

用户类别	固定费用		电量电价 1（便士/千瓦时）	电量电价 2（便士/千瓦时）	电量电价 3（便士/千瓦时）	需量电价[英镑/(千伏安·月)]	无功电价（便士/千乏时）
	单位	费率					
居民（无限时类）	便士/天	3.82	1.03				
居民（经济类）	便士/天	4.69	1.2	0.21			
居民（敏感类）	便士/天	5.44	1.63	1.05	0.08		
居民（预付款无限时类）	便士/天	7.48	1.03				

续表

用户类别	固定费用		电量电价1（便士/千瓦时）	电量电价2（便士/千瓦时）	电量电价3（便士/千瓦时）	需量电价[英镑/（千伏安·月）]	无功电价（便士/千乏时）
	单位	费率					
居民（预付款经济类）	便士/天	8.35	1.2	0.08			
非居民（无限时类）	便士/天	7.21	1.02				
非居民（经济类）	便士/天	7.8	0.94	0.08			
低压最大需量表计用户	便士/月	1200	0.41	0.08		1	0.56
中压最大需量表计用户	便士/月	1700	0.3	0.08		0.94	0.5
高压最大需量表计用户	便士/月	8500	0.17	0.06		0.92	0.36

（三）新一轮输配电价监管制度改革

2010年9月，英国天然气与电力市场办公室（Office of Gas and Electricity Market，简称OFGEM）公布了《*RPI-X@20*》征求意见稿以及相关的政策咨询文件，对包括电网在内的网络型公用事业提出了一系列特别引人瞩目的、具有革命性的监管改革措施。根据相关文件，这次改革的目的在于构建新型的“可持续网络监管”（Sustainable Network Regulation）模式，以适应低碳经济与“更灵活监管”（Smarter Regulation）的发展趋势。这种新的监管模式要求电网企业在维持安全性、可靠性与经济性的同时，降低碳排放量，实现社会与自身的可持续发展。这一新型监管框架集中体现为RIIO（收入-激励-创新-产出）模型，即电网公司收益（Revenue）的设定基于高质量的激励（Incentives）、创新（Innovation）和产出（Outputs）。尽管OFGEM此次公布的《*RPI-X@20*》是长期以来实施的*RPI-X*（价格上限监管）模式的改进，但它却呈现出全新的精神内核和基本特征（如图1.13所示）。

RIIO管制体系的主要框架体现以下变化：

（1）加强与股东的协调。在价格上限的设置过程中，必须征询股东的意见，据此加强了股东对OFGEM及网络公司决策的影响力。

（2）更加注重公司产出。明确规定网络公司的产出应达到的目标，如用户满意度、可靠及可用性、安全性、对环境的影响程度、社会责任等，并将其纳入价格上限设置的参考指标。

（3）延长价格监管周期。价格监管周期由5年延长至8年，每8年对企业核定一个价格上限，在中期重新核定一次企业产出的成本需求。

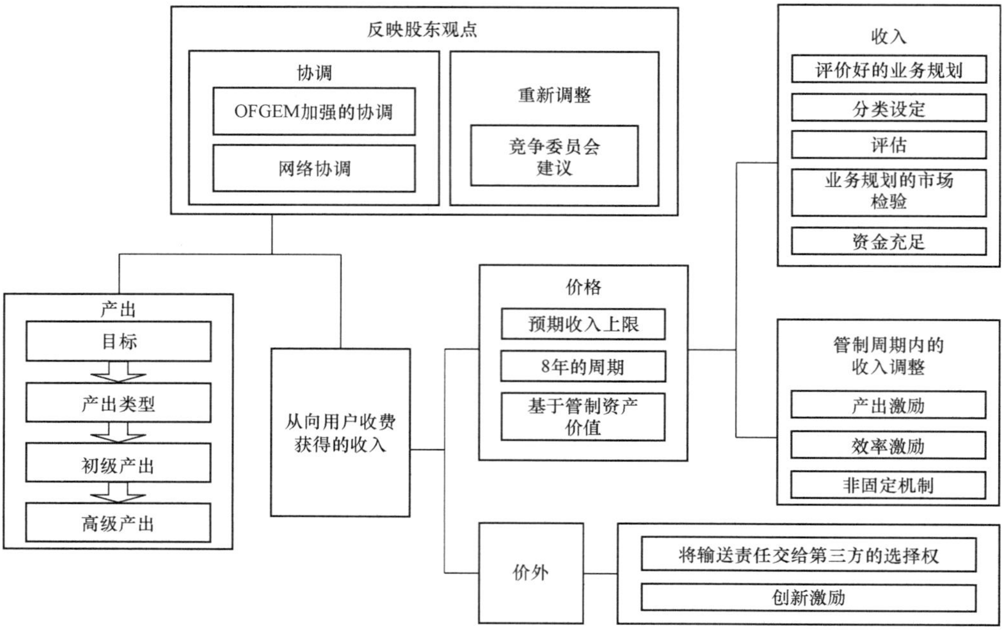

图 1.13　英国电网价格管制 RIIO 体系示意图

（4）设置具有时限性的创新激励机制。政府设立奖励基金，其资金通过向用户提高系统使用费获得，对企业在促进网络低碳输送、提高安全可靠性等方面创新的项目给予奖励，但每 2～3 年对是否继续保留创新激励，以及奖励的创新类型与范围进行重新核定。

（5）给予网络公司将输送责任交给第三方的选择权。允许网络公司将部分输配资产移交给第三方运营或由第三方投资建设并运营部分输配项目，以实现运营成本更低而运营绩效更好的目标。

（6）充分激励长期经济的发展。实施产出激励，通过增加（降低）公司管制收入，对高（低）目标产出的公司予以经济奖励（惩罚）；对经营进步（退步）的企业向社会公开表扬（批评）。实施效率激励，设置效率激励因子，对每年企业实际成本低于或高于管制成本的部分按效率激励因子在企业与用户之间分摊。对于长期没有产出的企业，将撤销其执照。

（7）更有效地保障网络公司高效运营所需的充足资金。定价折旧率按资产经济寿命周期考虑，加快资产折旧。债务成本在价格管制周期内将视与被管制企业信用等级相同的英币债券的实际收益率而定。资产负债率视各企业实际情况分别取值。

（8）采用分类评估法对不同类别的网络公司设定不同的价格上限。对网络公司过去的业绩、未来业务规划的质量及成本对标进行详细评估，根据评估结果将网络公司分成三类，对每一类公司在价格监管过程中实施不同的审核程序，并且制订不同的管制收入。

三、用户侧价格——分时电价，分类电价

（一）用户电价构成

一般来说，用户的电价由7部分构成，包括竞争形成的批发成本、售电成本及利润，监管机构制定的输电价和配电价，环境税、增值税以及其他费用。

（1）批发成本。售电商的购电费用，可以直接从发电商处或从批发市场中购买，一些售电商本身就是发电集团的一部分。欧洲执行ETS（碳排放交易机制）以来，批发成本中也包含了碳排放成本。

（2）售电成本及利润。主要是结算、销售、用户服务以及构成零售服务的其他成本。

（3）输电价和配电价。如前所述，输配电价是由监管机构负责监管控制，目前按照最新的RIIO管制方法，促进电网公司高效、创新以及关注用户需求。用户输配电价由监管机构公布。

（4）环境税。英国为了促进低碳发展，资助了一些项目，通过这项税收来补偿。主要项目计划包括碳减排项目计划、社区节能项目计划、可再生能源义务、对于小型分布式能源项目的固定上网电价机制。

（5）其他成本。包括智能电表投资和维护、平衡服务费及社会普遍服务等方面的成本（如为低收入用户取暖耗能价格打折）。

（二）用户电价形式

2011年OFGEM对零售市场进行调查评估后，提出了零售市场改革，主要是规范了用户电价的形式和信息公开要求，提出了标准电价和合同电价两类。

1. 标准电价

没有固定终止时间的电价，售电商提前30天通知用户在价格变动情况下可以调整。每个用户可以选择直接支付、预付费、信用卡支付等方式，用户价格包括标准化的电量电价和监管机构核定的备用费用。监管机构要求售电商提供透明的竞争价格信息。标准电价根据用户表计功能不同，分为标准计量、经济7计量和经济10计量三类用户电价。其中标准计量用户的电量电价为不分时固定价格，经济7计量和经济10计量用户的电量电价分为白天和夜间分时电价。对每个用户都收取备用费用（Standing charge），主要包含了与电量无关的各种费用，只要用户与电网连接，即收取备用费用，在目录表中将备用费用转换成为日费率。

2. 合同电价

除了标准电价外，售电商可以提供一些创新性的特殊合同供电。合同的条款，包括价格等，在合同制订初始明确，在合同执行期间不能改变，合同期结束时不自动转入下一个合同期，需要与用户协商签订新的合同，或自动转为标准价格。表1.4

给出了 EDF 能源 2013 年 11 月开始执行的标准电。同时，EDF 能源还为用户提供了 Blue+promise April 2015、Blue+freeze March 2017 两类特殊价格。OFFER 要求所有售电商以规定的形式公布对所有用户的价格，以便于用户及时比较。

表 1.4　EDF 能源（英国）的用户标准电价表

电价（含增值税）									
供电区	交付方式	标准计量		经济型（7）计量			经济型（10）计量		
		日固定价	电量电价（千瓦时）	日固定价	日间电价（千瓦时）	夜间单价（千瓦时）	日固定价	日间电价（千瓦时）	夜间单价（千瓦时）
中东部	自动转账 其他	18.90p 18.90p	13.55p 14.58p	18.90p 18.90p	16.47p 17.68p	5.99p 6.46p	18.90p 18.90p	16.16p 17.37p	7.68p 8.15p
东部	自动转账 其他	18.90p 18.90p	13.60p 14.63p	18.90p 18.90p	15.48p 16.69p	7.11p 7.59p	18.90p 18.90p	15.91p 17.12p	8.26p 8.73p
伦敦	自动转账 其他	18.90p 18.90p	13.93p 14.96p	18.90p 18.90p	17.09p 18.30p	6.27p 6.75p	18.90p 18.90p	16.92p 18.13p	6.98p 7.45p
中部	自动转账 其他	18.90p 18.90p	13.69p 14.96p	18.90p 18.90p	16.92p 18.13p	6.16p 6.63p	18.90p 18.90p	16.35p 17.56p	6.21p 6.68p
东南部	自动转账 其他	18.90p 18.90p	13.78p 14.81p	18.90p 18.90p	17.01p 18.22p	6.20p 6.67p	N/A N/A	N/A N/A	N/A N/A
北苏格兰	自动转账 其他	18.90p 18.90p	14.90p 15.93	18.90p 18.90p	18.88p 20.09p	7.43p 7.90p	18.90p 18.90p	17.14p 18.35p	9.14p 9.61p
北威尔和默西塞德郡	自动转账 其他	18.90p 18.90p	14.61p 15.64p	18.90p 18.90p	18.40p 19.61p	6.46p 6.93p	18.90p 18.90p	18.25p 19.46p	7.59p 8.06p
西北部	自动转账 其他	18.90p 18.90p	13.95p 14.98p	18.90p 18.90p	17.04p 18.24p	6.44p 6.91p	18.90p 18.90p	17.30p 18.51p	6.56p 7.03p
东南部	自动转账 其他	18.90p 18.90p	14.14p 15.17p	18.90p 18.90p	17.50p 18.71p	6.37p 6.84p	18.90p 18.90p	17.25p 18.45p	7.48p 7.95p
南苏格兰	自动转账 其他	18.90p 18.90p	13.29p 14.98p	18.90p 18.90p	16.57p 17.78p	6.29p 6.77p	18.90p 18.90p	15.73p 16.94p	7.46p 7.93p
南威尔士	自动转账 其他	18.90p 18.90p	14.38p 15.41p	18.90p 18.90p	17.62p 18.83p	6.21p 6.68p	18.90p 18.90p	18.05p 19.26p	6.27p 6.75p
西南部	自动转账 其他	18.90p 18.90p	14.94p 15.96p	18.90p 18.90p	18.00p 19.21p	6.77p 7.24p	18.90p 18.90p	20.54p 21.75p	6.68p 7.16p

第六节　政府管理与监管

一、政府管理

（一）立法

英国电力改革一直坚持立法先行。《电力法（1989）》启动了英国电力体制改革。随后，《竞争法（1998）》《公共事业法（2000）》《企业法（2002）》《能源法（2004）》

《能源法（2008）》《能源法（2010）》等法律对电力市场化改革的内容不断进行调整。除以上法律外，监管机构 OFFER 还制订了一系列条例规范，如《电网规范》（Grid Code）、《配电网规范》（Distribution Code）等。这些法律法规明确了政府、监管机构、市场以及各市场主体的功能和职责，明确了各市场主体之间的法律和经济关系。

英国的立法程序比较复杂，一般由政府部门提出立法申请。首先提出政策提议，作为绿皮书在社会公开征求意见，经过讨论修改后形成政府政策白皮书。根据白皮书形成法律草案，提交给上下议院（即议会），讨论通过后，再由王室批准，最终形成英国法律。新一轮电力改革计划于 2011 年 7 月提出白皮书，2013 年 12 月才获得王室批准，形成《能源法（2013）》。

（二）政府管理

英国能源与气候部（DECC）是能源主管部门，负责保障英国能源的安全、清洁，以用户可承受的价格供应，促进国际社会共同开展减排行动，主要通过制定政策、提出立法申请、形成法律的形式，确保政策的执行。具体职责包括：

（1）能源安全方面：保障英国工业和居民用户在电能、供热以及交通方面的能源安全供应。

（2）气候变化方面：通过国际活动和英国自身的减排行动，成为气候减排方面具有领导力的政府。英国的减排目标是，到 2050 年温室气体减排 80%，2020 年至少 15%的能源来自可再生能源。

（3）可支付的能源价格：以最小成本的模式发展安全、低碳能源，使用户、纳税人及整体经济共同受益。

（4）能源供给公平：确保能源政策成本效益的公平性，既能保护弱势群体和贫困居民用户，又有利于解决耗能行业面临的竞争力下降问题。

（5）促进经济增长：制定的政策要最大限度支持经济增长、提供就业、促进投资，包括有效利用现有的油气资源，抓住绿色经济的发展机遇。

二、政府监管

（一）监管机构职责

英国天然气与电力市场办公室（OFGEM）负责天然气和电力市场的监管。OFGEM 是一个独立的全国监管机构，而非政府部门，该监管机构受 EU 法律认可和保护。OFGEM 在英国政府和欧盟制定的法律框架内，既独立于政府、能源工业及其利益相关者，又与这些机构密切合作。OFGEM 的主要职责是保护电力用户，包括现在的用户，也包括未来的用户。具体的职责表现在以下几个方面：提升投资价值促进供电安全和可持续发展、监督并发展市场竞争、监管并执行政府计划。

OFGEM 由天然气和电力市场权力机构（GEMA）管控。这个机构由执行和非执行董事与一个非执行董事主席组成，非执行董事主要是来自工业、经济、用户和社会政策、科学和环境、财政和投资、欧洲能源问题等几个领域的专家。GEMA 主席由能源与气候部（DECC）任命。

OFGEM 通过从许可公司中收取许可证年费获得运营收入。许可证的年费主要是按照补偿 OFGEM 运营成本的水平制定。OFGEM 运营经费按照 5 年一个期限控制，成本支出增长率低于实际物价指数 3 个百分点，当前的成本控制期到 2015 年截止。

（二）监管内容和方式

OFGEM 监管的核心是保护用户，OFGEM 制定的主要决策，通常需要进行成本效益对比、社会和环境影响分析来辨别。OFGEM 监管的主要形式包括以下几点：

（1）开展调查工作。根据职责，按照 OFGEM 履职指引的规定，当 OFGEM 认为一些企业违反了许可证规定，或者违反了用户保护和竞争法，OFGEM 将对这些公司展开调查。对相关违法行为进行罚款，并强制执行整改措施。

（2）要求信息披露。

（3）监管售电商行为，保护用户。主要包括：处理用户投诉，督促售电商履行社会责任，为弱势群体提供支持等。OFGEM 开展广泛的研究并出版调查报告和数据。

（4）许可证、规范和标准管理。按照 1989 年电力法规定，电力相关业务需要获得许可证。OFGEM 负责决定许可的内容、接受申请、根据公开的标准评价申请者条件并为符合条件的申请者授予许可证。在许可证中规定了必须遵循的行业规范和标准。这些规范和标准建立了市场运行规则以及接网和使用网络的条件与规则。

（5）管制网络业务价格。包括输电价格和配电价格（具体见“第五节　二、输配电价形成机制”）。将输电网进一步分为三种类型：陆上电网，通过审定电网公司在管制期的投资规划和成本规划，制定价格上限政策；海上电网，通过招标确定项目公司，对项目公司的成本评价并制定价格；跨国输电网线路主要是按照商业方式驱动。表 1.5 描述了目前英国输电网规划和投资监管的方式。

表 1.5　英国输电网规划和投资监管方式

	系统规划	资产投资
陆上电网	电网公司根据电网用户的需求制定规划，并和调度机构协商制定一些战略性规划项目。	由垄断的电网公司投资资产，并通过价格监管进行控制。
海上电网	由发电商推动海上电网规划，及配套的陆上电网项目，调度机构通过管理交互式的报价，按照 CIONh 程序进行协调	海上输电（OFTO）许可实行竞标制。海上风电商可以选择通过竞标成功投资建设资产，或者自行建设资产，并移交给一个 OFTO 所有者。
跨国联网	单独立项，根据市场机会规划项目，在设计联网报价时，国家电网公司作为调度机构，发挥作用不大。	商业驱动的开发商，或者实行价格上下限监管。（正在制定相应方案）

第二章　欧盟电力市场

第一节 欧盟统一电力市场进程及发展

一、欧洲电力系统概况

欧洲电力系统包括34个国家，其中27个国家是欧盟成员国。来自这34个国家的41个输电公司组成了欧洲输电公司联合会（European Network of Transmission System Operators for Electricity，ENTSO-E）（如图2.1所示）。

截至2012年底，欧盟发电装机总净容量9.9149亿千瓦，各成员国发电装机构成如表2.1所示。

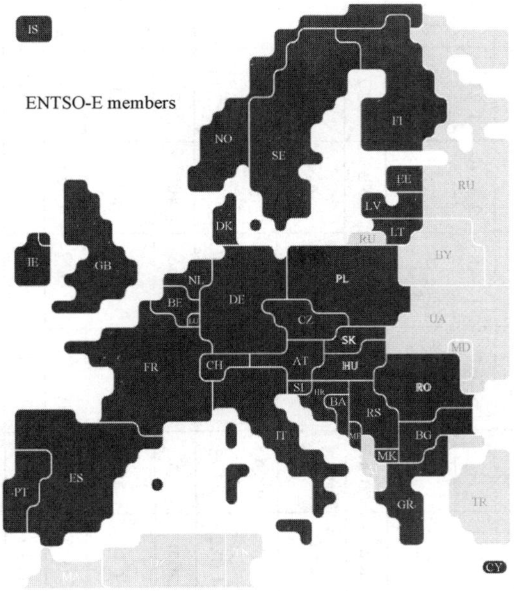

图2.1 欧洲输电公司联合会的成员国

欧洲电力系统中的27个欧盟成员国包括：英国（GB）、法国（FR）、德国（DE）、意大利（IT）、荷兰（NL）、比利时（BE）、卢森堡（LU）、丹麦（DK）、爱尔兰（IE）、希腊（GR）、葡萄牙（PT）、西班牙（ES）、奥地利（AT）、瑞典（SE）、芬兰（FI）、马耳他（MA）、塞浦路斯（CY）、波兰（PL）、匈牙利（HU）、捷克（CZ）、斯洛伐克（SK）、斯洛文尼亚（SL）、爱沙尼亚（EE）、拉脱维亚（LT）、立陶宛（LV）、罗马尼亚（RO）、保加利亚（BG）。

7个非欧盟成员国包括：非欧盟国家：挪威（NO）、冰岛（IS）、瑞士（CH）、塞尔维亚（RS）、克罗地亚（HR）、波斯尼亚（BA）、马其顿（MK）。

各成员国的发电装机构成见表2.1。

表 2.1　各成员国 2012 年发电装机构成

单位：MW

	核电	化石燃料	其中褐煤	其中煤炭	其中天燃气	其中石油	其中复合燃料	可再生能源（不含水电）	其中风力发电	其中太阳能发电	其中生物质能发电	水电	其中可再生水电	未归类能源发电	总净容量	可代表性
奥地利	0	7 834	0	1 171	5 119	360	497	1 906	1 307	172	427	13 350	13 350	74	23 164	100
波斯尼亚	0	1 506	1 506	0	0	0	0	0	0	0	0	1 971	0	0	3 477	100
比利时	5 926	8 385	0	533	7 542	310	0	5 080	1 348	2 501	1 231	1 422	114	0	20 813	100
保加利亚	2 000	6 731	4 177	1 760	794	0	0	1 713	677	1 013	23	3 161	2 131	0	13 605	100
瑞士	3 278	394	n.a.	n.a.	n.a.	n.a.	n.a.	557	45	192	320	13 770	12 386	210	18 209	100
塞浦路斯	0	949	0	0	0	949	0	144	144	0	0	n.a.	n.a.	n.a.	1 093	100
捷克	3 800	10 960	0	0	1 168	0	9 792	2 349	263	2 086	0	2 216	0	0	19 325	100
德国	12 068	81 945	21249	25 476	26 965	4 082	4 173	70 900	31 300	33 100	5 700	10 800	4 413	0	175 713	100
丹麦	0	8 844	n.a.	n.a.	n.a.	n.a.	n.a.	5 148	4 166	407	575	9	0	44	14 045	100
爱沙尼亚	0	2 303	n.a.	n.a.	245	n.a.	n.a.	343	266	n.a.	n.a.	4	0	0	2 650	100
西班牙	7 573	47 293	1 344	9 908	32 556	3 358	127	29 940	22 522	6 364	1 054	19 290	16366	63	104 159	100
芬兰	2 692	9 363	0	3 129	2 525	1710	1 999	2 418	287	0	2 131	3 172	3 172	44	17 689	100
法国	63 130	27 826	0	7 914	10 527	9 386	0	12 310	7 513	3 405	1 087	25 407	23 679	0	128 673	100
英国	9 726	58 324	0	26 686	28 290	3 348	0	5 915	5 111	0	804	3 889	992	n.a.	77 854	89
希腊	0	9 739	4 456	0	4 585	698	0	2 934	1 466	1 424	45	3 231	213	90	15 994	100
克罗地亚	0	1 788	0	315	0	320	1 153	184	165	4	15	2 110	2 110	0	4 082	100
匈牙利	1 892	6 673	740	274	5 248	410	0	519	329	0	189	56	56	0	9 140	100
爱尔兰	0	6 132	346	855	4 120	811	0	1 678	1663	0	0	508	n.a.	272	8 590	100

续表

	核电	化石燃料	其中褐煤	其中煤炭	其中天燃气	其中石油	其中复合燃料	可再生能源（不含水电）	其中风力发电	其中太阳能发电	其中生物质能发电	水电	其中可再生水电	未归类能源发电	总净容量	可代表性
冰岛	0	52	0	0	0	52	0	661	0	0	0	1 860	1 835	0	2 573	100
意大利	0	77 104	0	6 393	35 750	16 920	18 041	25 250	8 102	16 420	n.a.	21 880	n.a.	0	124 234	100
拉脱维亚	0	2 691	0	0	602	144	1945	337	275	8	54	877	117	0	3 905	100
卢森堡	0	509	n.a.	n.a.	n.a.	n.a.	n.a.	142	n.a.	n.a.	n.a.	1 128	n.a.	12	1 791	100
立陶宛	0	905	0	0	820	0	85	110	58	0	52	1553	1553	0	2 541	100
黑山	0	223	n.a.	n.a.	n.a.	n.a.	n.a.	0	0	0	0	660	10	0	880	100
马其顿	0	1 157	718	0	250	189	0	0	0	0	0	503	n.a.	0	1 660	100
北爱尔兰	0	5 880	0	2284	3 695	1	5 879	1 094	1 027	0	68	12	n.a.	0	6 986	100
荷兰	504	22 265	0	5 035	17 230	0	0	2 628	2 509	71	48	38	n.a.	987	26 422	100
挪威	0	1 166	0	0	1 166	0	0	730	730	0	0	30 819	30 918	0	32 715	100
波兰	0	29 420	8 814	19 829	777	0	0	3 169	2 562	1	606	931	931	0	34 933	100
葡萄牙	0	8 269	0	1 756	4 739	1 356	412	4 614	4 194	220	179	5 653	5 653	0	18 536	100
罗马尼亚	1 300	9 460	3 885	1 179	1 957	0	2 439	1 801	1 753	21	27	6 196	426	0	18 756	100
塞尔维亚	0	5 507	5 171	0	336	0	0	0	0	0	0	2 888	2 274	0	8 395	100
瑞典	9 363	4 666	0	225	914	3 387	140	7 151	3 745	24	3 036	16 203	16 203	0	37 383	100
斯洛文尼亚	696	1 280	603	223	84	0	370	n.a.	n.a.	n.a.	n.a.	1 098	918	n.a.	3 074	100
斯洛伐克	1 940	3 190	599	440	1 540	210	401	767	3	524	168	2 534	1 617	0	8 431	100
欧盟	125 888	470 730	53 608	115 385	199 544	48 001	47 453	192 492	103 530	67 957	17 839	200 612	141 338	1 796	991 490	
总计	125 888	473 268	53 608	118 385	199 544	48 001	49 991	192 499	103 530	67 964	17 839	200 640	141 338	1 796	994 063	

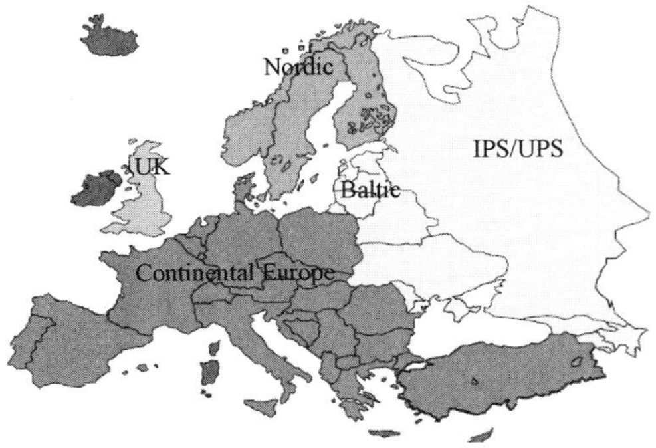

图 2.2　欧洲互联电网示意图

目前，欧洲有 5 个同步运行的电网（如图 2.2 所示）：欧洲大陆、北欧（Nordic）、英国、波罗的海（Baltic）、爱尔兰电网。冰岛以及一些其他岛屿的电网各自独立运行。5 个同步电网之间以直流（异步）方式联网：英国—欧洲大陆、英国—爱尔兰、北欧—欧洲大陆、北欧—波罗的海。此外，欧洲电网还与邻近国家同步联网，主要有：欧洲大陆和非洲国家突尼斯、摩洛哥和阿尔及利亚，欧洲大陆和土耳其，波罗的海和独联体及部分东欧国家。2011 年，总净发电量达 3.3474 万亿千瓦时，冬季峰荷 5.18949 亿千瓦，夏季峰荷 3.94813 亿千瓦（如图 2.3 所示）。

2011 年，ENTSO-E 成员国间电能交换达 3707.86 亿千瓦时，加上与非成员国的电能交换，总计达到 4119.34 亿千瓦时。欧洲不存在像我国这样大容量远距离输电的问题，输电网主网架电压等级以 400 千伏级为主。欧洲电网经历了长期的发展，无论交流还是直流，均没有确定统一的电压等级。输电网电压有 380/400、330、300、220～285、220 千伏等。其中：380/400 千伏线路和电缆长度 149105 公里、220～285 千伏线路和电缆长度 141214 公里（均含直流）。各电压等级直流电缆长度 5368 公里。

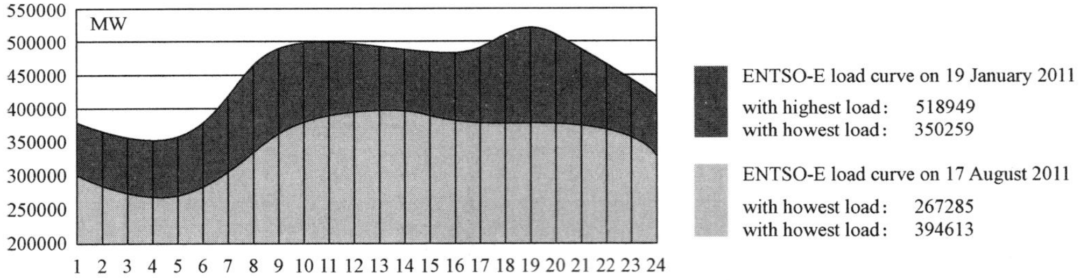

图 2.3　ENTSO-E 冬夏季典型负荷曲线

二、第三能源法案及演变

欧盟国家从 20 世纪 80 年代英国电力市场化改革起步，2000 年前后，欧盟各国相继推进电力市场化改革。欧盟各国最初选择的改革路径和方式各不相同，英、德、法、北欧几国、中东欧各国都有区别。经过多年的探讨，各国在核心问题上达成共识，即把竞争性业务（发和售）和垄断性业务（输和配）分离。2009 年欧盟第三能源法案形成，最终统一了欧盟各国电力体制改革的主要框架。相对于第一和第二能源法案，第三能源法案的形成过程反映了欧洲能源市场化改革循序渐进和协调统一的过程。

1996 年的第一能源法案（96/92/EC 指令）开启了欧盟范围市场化改革的进程。

第一能源法案要求对垂直一体化（完全或部分）公司进行发、输、配、售电业务的账户分离；对于垄断环节——电网（输配电），允许电网公司为单一购买者模式和TPA 模式并存；发电业务放开；对三分之一用户开放售电商选择权；跨国电力交易由原来的垄断方式改为企业间商谈方式；对成立独立监管机构未作规定。

第三方准入（Third Party Access，TPA），广义上指买方和卖方通过第三方平台直接交易。在电力工业中，发电的是卖方，用户或售电公司就是买方，通过电网进行交易，电网就是第三方平台。天然气领域也是如此。因此，实现 TPA 也是指实现竞争环节（发售电）和垄断环节（输配电）的分离。监管的 TPA（rTPA）是指过网费由监管机构确定，商定的 TPA 是指过网费由多家商定。

2003 年第二能源法案（2003/54/EC 指令）在总结经验的基础上，进一步促进市场化改革。第二能源法案要求对完全或部分垂直一体化公司进行发、输、配、售电业务的法律意义上的分离：分拆为独立的子公司（有限或上市公司）；对于电网（输配电）垄断环节，统一采用监管的 TPA 模式；2004 年对除居民用户外的所有用户开放售电商选择权，2007 年对所有用户开放售电商选择权；对跨国电力交易实施监管；各国成立监管机构；建立欧洲电力和天然气监管组（European Regulators Group of Electricity and Gas，ERGEG）。

按照欧盟确定的 2020 年可再生能源“占能源供给 20%，占运输领域能源消耗 10%”的目标，相应分解到各成员国。按照这一目标估算，可再生能源占总发电量的比例要达到 34%。各国能够在第三能源法案形成过程中达成共识，主要是由于以下原因的推动：欧盟成员国之间可再生能源资源分布极不平衡，必须在更大范围内才可能消纳预计增加的可再生能源电力；提高可再生能源比重还要关闭一些常规化石能源发电项目，增加了发电成本，改变了电源和负荷的分布；为满足发展欧洲内部电力市场和可再生能源电力消纳的目标，到 2020 年需要新建 330 千伏及以上交流输电线路和直流线路 44000 公里；为缓解电价上涨的压力，更需要提高促进发电和售电环节的竞争，强化对垄断环节（输配电）的监管等。

第三能源法案组成如下：

（1）内部天然气市场通用规则［Directive 2009/72/EC concerning common rules for the internal market in natural gas（Gas Directive）］；

（2）内部电力市场通用规则［Directive 2009/73/EC concerning common rules for the internal market in electricity（Electricity Directive）］；

（3）接入天然气输送网络条件条例［Regulation（EC）No 715/2009 on conditions for access to the natural gas transmission networks（Gas Regulation）］；

（4）接入输电网进行跨国电力交易条件条例［Regulation（EC）No 714/2009 on conditions for access to the network for cross-border exchanges in electricity（Electricity Regulation）］；

（5）建立能源监管机构合作局条例［Regulation（EC）No 713/2009 establishing an Agency for the Cooperation of Energy Regulators（ACER Regulation）］。

三、第三能源法案要点及实施目标

（一）第三能源法案要点

1. 垂直一体化公司的拆分

主要是将垂直一体化公司的垄断业务拆分出来，允许成员国根据各自的国情采用拆分程度不同的方案。例如，对于输电业务，所有权的拆分是最彻底的拆分；根据不同国情也可以仅采用输电业务委托或独立的做法，同时加强监管等。对配电业务只进行法律意义上的拆分。以上内容在下节详细介绍。

2. 各国建立独立的监管机构

第三能源法案明确提出各成员国必须建立独立的监管机构，主要职能包括监督认证发、输、配、售的拆分是否符合要求，监管市场的有效性和公开公平性，防止操纵市场和价格，制订和监管垄断业务成本价格规则，监管垄断业务规划和投资准入，监管电网公平接入和开放、电能质量等。

建立欧盟能源监管合作局（Agency for the Cooperation of Energy Regulators，ACER）和欧洲输电公司联合会（ENTSO-E）。

为促进监管的有效性，加强各国监管机构的合作，促进欧洲内部电力市场的形成，第三能源法案还规定成立欧盟能源监管合作局（ACER）。电力市场的有效性与市场范围和容量相关，在不存在网络阻塞的情况下，市场范围和容量应尽可能放大。为此，第三能源法案规定成立欧洲输电公司联合会（ENTSO-E），根据其 10 年电网发展规划（2012 年版），为推动成员国间电力市场融合专门规划的新建输电项目占全部新建输电项目的 47%。

3. 制定协调一致的电力市场和电网运行规则

第三能源法案要求制定各国通用的电网运行规则，包括运行安全与可靠性、容量分配、阻塞管理及并网要求等，以消除瓶颈；制订协调一致的电力市场规则，以促进电力市场融合和跨国电力交易。

4. 加强用户保护

电力用户拥有售电公司选择权。售电公司要给用户提供信息，要制定完善的用户投资处理程序。要对弱势群体具有专门的保护措施等。

（二）实施目标

2011 年 2 月 4 日，欧洲理事会正式宣布 2014 年完成内部欧盟能源市场。由于在实施进程中，仍存在不同程度的障碍，为此欧盟建立了通告制度，公布进展情况，促进实施进程。最近的通告在 2012 年 11 月 15 日，欧盟委员会宣布了欧盟内部能源市场的进展情况，要求 2014 年完成欧盟内部能源市场的建立。通告敦促各成员国进一步努力，实现内部能源市场，为公民和商业创造效益。通告也强调了用户保护、严格执行规则、对能源基础设施现代化投资的必要性。

四、第三能源法案实施计划进展

（一）垄断业务和竞争业务的拆分

如前所述，第三能源法案规定了将垂直一体化公司的输配电业务从发售电业务中拆分出来的几种模式，前三种是输电业务的拆分，最后一种是配电公司的拆分。

1. 所有权拆分（Ownership Unbundling）

是最为彻底的拆分。发电或售电公司只允许拥有输电企业少量股份，不允许拥有投票权，无权任命输电公司的董事会成员。因此，垂直一体化公司必须卖掉输电业务的股份，可自由选择买方及价格。欧盟国家大多数大型垂直一体化公司已经成功实施。例如，E.ON 和 Vattenfall Europe 剥离了各自在德国的高压电网业务，Endesa 剥离了在西班牙的输电资产。

2. 经营权拆分（Independent System Operator，ISO）

垂直一体化公司只允许拥有输电网资产，但需要把运行维护和投资决策权力交给指定的独立电网运营公司。该运营商资质要经欧盟委员会批准认定。垂直一体化公司本身的输电业务要在法律上，即至少在组织机构和决策机制方面与输电以外的业务独立，负责输电业务管理的人员不得直接或间接参与发电、配电和售电等业务，要采取措施保证这些人员的独立性。由于仍然拥有输电资产，公司要按监管部门要求提供对其输电业务年度报告并向社会公布。这种模式需要监管机构实施较强的监管。

3. 管理权分割（Independent Transmission Operator，ITO）

垂直一体化公司允许拥有并运行输电网资产，但需要把全部输电运营业务交给其子公司，子公司在财务、技术和其他决策权方面与母公司独立。要求在母公司建立独立的，由母公司、第三方股东以及由成员国法律规定的其他利益群体等组成的监督机构。这种模式下，监管机构的任务最重。

4. 对配电业务的拆分

配电业务从售电中拆分的难度较大，不需要将配电资产所有权拆分，只要求垂直一体化公司的配电业务实施法律意义上的分割，成立配电运营公司（Distribution System Operator，以下简称配电公司）。成员国要确定监管机构对配电公司实施监管，配电公司要向监管机构提供年度报告并向社会公示。用户数小于 100000 户的配电业务，或在孤立小电网情况下，配电业务可不必拆分。

（二）实施计划概要

为实现 2014 年的目标，欧盟在颁布第三能源法案的同时制订了详细的实施计划。

1. 强制执行（5 条）

（1）2 个指令——电力和天然气市场通用规则到本国法律的转换，3 个条例的实

施。（欧盟委员会/成员国/监管机构，2011 年 3 月）

（2）“弱势用户群体”指导性定义。（欧盟委员会，2013 年）

（3）内部市场和竞争规则的严格执行。（欧盟委员会/成员国/监管机构/竞争局，继续）

（4）激励各区域对内部能源市场整合的积极性和贡献。（欧盟委员会/成员国/监管机构/ACER，继续）

（5）环境保护国家援助导则修改。（欧盟委员会，2013 年底）

2. 用户权益保护 4 条

（1）努力鼓励用户参与用户权益保护。（欧盟委员会/成员国/监管机构/消费者协会，2013/2014 年）

（2）支持成员国对能源零售市场的数据采集、研究、形成报告。（欧盟委员会/成员国/监管机构/消费者协会，2013 年）

（3）改进用户信息获取渠道，制订价格比较和账单导则，保护弱势群体。（欧盟委员会/成员国/监管机构/消费者协会，2013 年）

（4）对弱势用户群体定向支援，保证其在市场环境中的能源需求。（欧盟委员会/成员国/监管机构/消费者协会，2013 年）

3. 欧盟能源系统对将来的适应 8 条

（1）制订和实施网络规则（电网的气网）。（ACER/ENTSOs/欧盟委员会/成员国/监管机构，2013/2014 年）

（2）加紧实施能源基础设施一揽子计划。（欧洲理事会/欧洲议会/成员国/监管机构，2012 年 12 月）

（3）通过提交欧盟第一批项目清单。（欧盟委员会/成员国，2013 年）

（4）建立市场和激励机制促进智能家电广泛应用。（欧盟委员会/欧洲标准化组织，2014 年）

（5）准备抓紧制定智能电网国家工作计划。（欧盟委员会/成员国，2013 年）

（6）配电公司任务、需求响应、智能家电、分布式电源、节能等方面的研究分析。（欧盟委员会/成员国，2013 年）

（7）内部能源市场对节能的效果分析。（欧盟委员会，2013 年）

（8）新技术对能源市场发展的联系分析研究。（欧盟委员会，2013 年）

4. 确保适度的国家干预 5 条

（1）考虑到普遍服务和弱势群体保护因素，对管制价格的逐步消除。（欧盟委员会/成员国，2009 年及以后）

（2）分析现行体制下投资动机及电源充足性。（欧盟委员会/成员国，2013 年及以后）

（3）通过可再生能源支持导则。（欧盟委员会，2013 年 3 季度）

（4）建立电力协调组。（欧盟委员会，2013 年及以后）

（5）逐步消除对环境不利的补贴，如直接和间接对化石能源的补贴。（欧盟委员会/成员国，最晚到 2020 年）

（三）垄断业务拆分的进展及所有权

1. 各国垄断业务拆分的进展情况

（1）对输电业务的拆分。

大部分国家实现了最彻底的拆分——所有权的拆分（Ownership Unbundling），建立了独立的输电公司。捷克、爱沙尼亚、芬兰、英国、意大利、挪威、波兰、葡萄牙、罗马尼亚、斯洛伐克、斯洛文尼亚、西班牙、瑞典和荷兰这 14 个国家实现了所有权拆分；法国和奥地利采用 ITO 模式；希腊和拉脱维亚采用 ISO 模式；其他国家的拆分正在进行。

（2）对配电业务的拆分。

尽管第三能源法案对配电业务只要求进行法律上的拆分，但由于配电公司众多、配售之间的拆分难度很大，各国进展情况差别很大。目前，完全实现法律上拆分的有荷兰、瑞典、西班牙、比利时、英国、丹麦、保加利亚、匈牙利、立陶宛、斯洛伐克和斯洛文尼亚这 11 个国家。其他国家正在进行，进展程度不同。

大部分输电公司由国家控制，12 个国家的输电公司完全由国家拥有，只有德国、英国、北爱尔兰和马耳他的输电公司全部由私人拥有，3 个国家的输电公司由私人控股。详情见表 2.2。

表 2.2 欧盟国家垄断业务拆分进展

国家	输电公司数	国有股比（%）	配电公司数	法律拆分数	小配电公司	拥有资产	输电公司拆分模式
奥地利	2	75.6	128	11	117	2	ITO 模式
比利时	1	47.9	27	27	12	27	
保加利亚	1	100	4	4	1	0	
塞浦路斯	1	100	1	0	0	1	
捷克	1	100	312	3	309	3	所有权拆分
丹麦	1	100	74	74	69	74	
爱莎尼亚	1	100	37	1	36	1	所有权拆分
芬兰	1	53.1	85	50	76	41	所有权拆分
法国	1	84.48	148	5	143	5	ITO 模式
德国	4	0	883	103	780	NA	
英国	7	0	20	20	6	19	所有权拆分
希腊	1	76	1	0	0	0	ISO 模式
匈牙利	1	0.01	6	6	0	6	
意大利	11	29.9	142	10	132	142	所有权拆分
拉脱维亚	1	100	11	1	10	2	ISO 模式
立陶宛	1	97.5	1	1	5	1	

续表

国家	输电公司数	国有股比%	配电公司数	法律拆分数	小配电公司	拥有资产	输电公司拆分模式
卢森堡	1	57.3	5	1	4	1	
马耳他	0	0	1	0	0	0	
北爱尔兰	2	0	1	1	0	1	
挪威	1	100	157	42	149	42	所有权拆分
波兰	1	100	84	6	78	6	所有权拆分
葡萄牙	3	51	13	11	10	11	所有权拆分
罗马尼亚	1	58.7	41	8	33	8	所有权拆分
斯洛伐克	1	100	3	3	148	3	所有权拆分
斯洛文尼亚	1	100	1	1	0	0	所有权拆分
西班牙	1	20	349	349	344	349	所有权拆分
瑞典	1	100	171	171	167	171	所有权拆分
荷兰	2	100	8	8	3	8	所有权拆分

2. 法律转换及监管机构独立情况

按照实施计划，欧盟要求成员国第三能源法案的 2 个指令转换为本国法律，如不执行，欧盟会启动对欧盟法律的侵权程序（Infringement Procedure），首先欧盟要进行调查并将结果进行通告。2012 年 11 月 15 日就此事进行了通告（见图 2.4 左图）。欧盟也通告了监管机构独立性的情况。

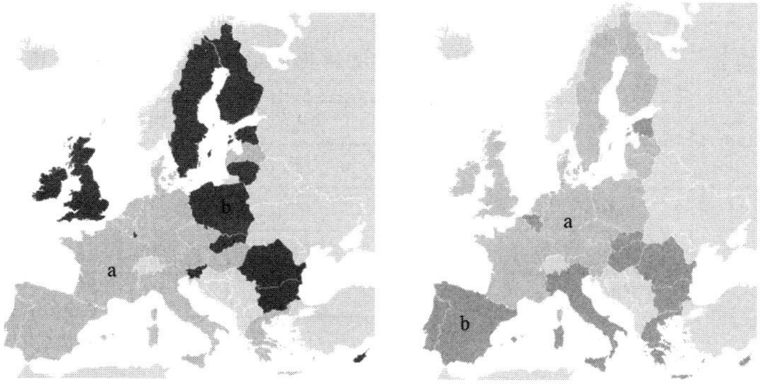

图 2.4 法律转换及监管机构独立性示意图

（左图：a——完全转换，b——部分转换；右图：a——监管机构独立，b——正在考虑独立）

第二节 电力工业组织结构

一、发、输、配、售各环节市场主体的功能及其关系

如前所述，欧盟国家的电力市场化改革经历了执行第一、二能源法案的阶段，

按照第三能源法案的要求，垄断和竞争业务的拆分正在逐步进行。电力体制改革前，欧盟国家中垄断和竞争业务未进行拆分的电力公司可分为两类：完全垂直一体化公司，同时拥有发、输、配、售业务；部分垂直一体化公司，同时拥有部分竞争业务（发或售）和垄断业务（输或配），这类公司较普遍的类型是拥有发、配、售业务。第三能源法案并未要求对发、输、配、售业务进行最彻底的分离，即所有权的分离，因此，发、输、配、售业务之间的关系呈现不同的模式。

第三能源法案只要求对配电业务进行法律上的拆分，由此形成了很多同时拥有发、配、售业务的公司，例如 Vattenfall 公司。截至 2012 年 11 月 1 日，Vattenfall 拥有发电部和配售电部，其业务范围主要在德国、荷兰和法国。2012 年发电 1704 亿千瓦时，售电 962 亿千瓦时。按照第三能源法案的要求，配电业务应以法律形式拆分出来。

二、电网所有者、电网运营者、系统运行者（调度中心）、市场运行者（交易中心）的功能及其关系

上文中表 2.2 所示的是 2012 年 10 月欧盟专家介绍的情况，目前统一市场化改革仍在进行阶段。按照第三能源法案进行的改革，目前又有了一定进展。法国电网公司 RTE 对最近的进展进行了归纳。

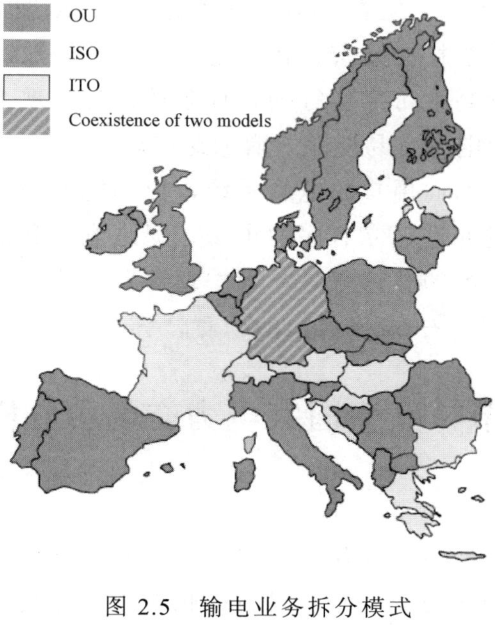

图 2.5　输电业务拆分模式

如图 2.5 所示，大部分国家实行了对输电业务最彻底的拆分（OU），成立了独立的输电公司（TSO）。在这种模式下，输电公司拥有资产并负责运行，拥有调度中心。

采用经营权拆分（ISO）模式的国家和地区有爱尔兰、英国的北爱尔兰、拉脱维亚。在这种模式下，调度中心独立。公司仍拥有输电资产，将调度、检修及投资建设等功能委托或租赁给独立系统运营公司。

采用管理权分割（ITO）模式的国家有法国、瑞士、奥地利、爱沙尼亚、罗马尼亚、保加利亚、希腊。在这种模式下，调度中心不分离。法国电网公司 RTE 是法国电力公司 EDF 的子公司。

大多数曾经选择调度中心独立的国家又逐渐将调度中心回归输电公司。例如，意大利 2000 年选择调度中心独立，2005 年回归输电公司；瑞士和西班牙的独立调度中心也选择回归输电公司；希腊 2012 年将 ISO 模式转换为 ITO 模式。

德国有 4 个输电公司，采用的模式既有 OU，也有 ITO。

交易中心则是完全独立的，欧洲有近 20 个交易中心，详见第四节。

三、政府部门、监管者的功能及其与市场主体的关系

第三能源法案对监管机构的独立性、总体目标和职责做了明确规定。

第三能源法案第 35 条——监管机构的设立和独立性：设立唯一的国家级监管机构；为确保其独立性和执行公务的公平透明，法律和职能上独立于任何政府和私人机构，其人员的执法要独立于市场利益且不接受任何政府机构和私人的指令；为保证其独立性，监管机构自主决策，独立于任何政治团体，拥有独立的预算和使用权、充足的人力和财务资源。

第三能源法案第 36 条——监管机构的总体目标：与欧盟委员会、欧盟监管机构合作局、其他成员国的监管机构紧密合作，建立竞争、开放、安全和环境可持续的统一电力市场，确保电网高效可靠运行的合理条件；为实现上述目标，开发竞争有效的区域电力市场；消除电力交易壁垒，增加跨国输电容量；促进建立安全、经济、可靠、高效、非歧视性、面向用户的电力系统，提高能源效率，促进可再生能源和分布式能源的并网；通过促进建立有序的市场、促进竞争和消费者保护方面实现用户的利益；帮助实现高标准的普遍服务，保护弱势群体等。

第三能源法案第 37 条——监管机构的职责，详见第八节。

第三节　欧盟国家电力交易中心概况

一、交易中心类型

各国的市场化改革进度和市场建立差别很大，欧洲逐步建立了十几个规模不同的电力交易中心，各自的交易规则和交易品种也有很大差别。简要归纳如下：

（一）电力交易分类

（1）按时段划分：现货交易，通常是日前市场和日内市场交易；远期合同交易（Forward），任何长于现货交易时段的交易都是远期合同交易。

（2）按市场地点划分：场外交易（OTC），双边批发交易，通常是标准化的，通过经纪人或不通过经纪人；商品交易所（Commodity Exchange），标准化的批发交易。

（3）按交割方式划分：金融交割，根据现货指数（相对于交易所交易的期货）进行现金结算；实物交割，有现货合同和场外远期合同，但也有部分交易所交易的期货合同。

（二）交易中心运营

（1）所有权：通常，现货交易中心属于电网公司，金融衍生品交易中心由私人拥有。

（2）交易规则：有的依据国家制定的交易规则，有的交易中心自己制定交易规则。

（3）经营模式：既有通过与其他交易平台（如经纪人）开展竞争而获利的交易中心，也有因具有垄断特点而接受监管的非赢利性质交易中心。

二、主要交易中心介绍

根据欧盟委员会颁布的研究报告，简要介绍以下9个欧洲主要的交易中心。图2.6所示的是欧洲主要电力批发市场及流动比率。

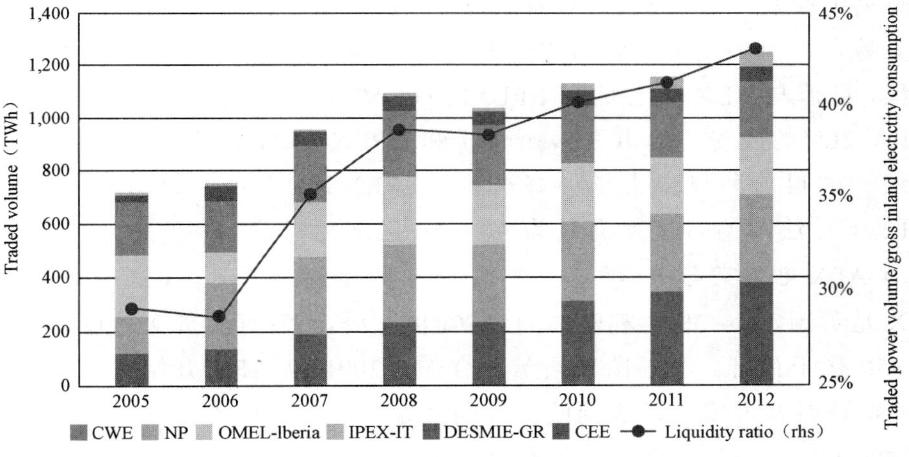

图2.6 欧洲主要电力批发市场交易量及流动比率

（一）北欧交易中心（Nord Pool）

北欧交易中心（Nord Pool）是欧洲最大的电力交易中心。原有的开展电力远期合同、期货、期权交易的电力金融交易中心Nord Pool ASA，于2010年3月17日被纳斯达克（NASDAQ）OMS集团收购，成为该集团的商品交易所（NASDAQ OMS Commodities）的一部分。2010年1月，Nord Pool Spot和NASDAQ OMS Commodities在英国建立了N2EX能源交易所，开展能源（含电力）现货和期货交易，电力现货交易由Nord Pool Spot负责。2010年6月，与APX、ENDEX、Belpex建立了以Elbas为基础的区域日内市场。目前的Nord Pool Spot是电力现货交易中心，运行北欧国家和德国等周边国家参与的Elspot日前市场和融合后的区域日内市场Elbas。

Nord Pool Spot 是欧洲最大的电力现货交易中心，2012 年 Elspot 交易量为 33～40 亿千瓦时，Elbas 交易量为 32 亿千瓦时。

（二）欧洲能源交易中心（EEX）

欧洲能源交易中心（EEX）是欧洲最重要的能源交易中心之一。拥有 EEX Power Deliveries（电力衍生品交易中心）98.5%的股份、EPEXSPOT 50%的股份和 ECC 欧洲商品清算中心 98.5%的股份，开展电力现货和期货交易。EEX 是欧洲品种最丰富的交易中心，有日前和日内市场的现货，还有最长至 6 年到期的期货。2011 年，EPEXSPOT 的电力交易量达 3140 亿千瓦时。

EEX 总部还提供参与天然气、煤炭和排放现货和期货交易市场的服务。

（三）意大利电力交易中心（IPEX）

意大利电力交易中心（IPEX）于 2004 年成立，是电力现货交易市场。2012 年月度交易量为 110～150 亿千瓦时。

（四）法国电力交易中心（Powernext）

法国电力交易中心（Powernext）于 2001 年成立并开始现货交易，2004 年开展期货交易。目前的交易品种有电力和天然气现货和期货。经过一系列的发展和并购过程，目前与 EEX 各自拥有 EPEXSPOT 50%的股份，同时还拥有 EEX Power Deliveries 20%的股份。合并 Powernext 和 EPEXSPOT 的现货市场，目的是为实现欧洲统一的日前和日内市场做好准备。EPEXSPOT 的大部分交易量发生在德国，2012 年在法国的月度交易量为 40～50 亿千瓦时。

（五）APX 电力交易中心

APX 是英国、荷兰和比利时共同建立的电力和天然气现货交易市场。2012 年交易量约 850 亿千瓦时。其与欧盟委员会合作，2004 年 APX 开始实施法国、荷兰和比利时的市场融合方案，即 3 国的供求曲线合一，市场成员在同一平台竞价，以跨国联络线输电容量为约束条件。运行结果显示：跨国交换潮流更加合理，联络线容量也得到更充分利用；价格差别减小，当联络线无约束时，甚至接近零。

（六）比利时电力交易中心（Belpex）

比利时电力交易中心（Belpex）于 2002 年 11 月 22 日成立，目前完全属于 APX。其主要特点是与邻近的荷兰 APX 和法国的 Powernext 实现了日前市场融合。据有关分析显示，其价格融合度达 90%，是所有交易中心中最高的。目前没有期货交易，只为其他交易中心期货市场公布其不同时段的平均值。2012 年交易量约为 150 亿千瓦时。

（七）ICE 欧洲能源衍生品交易中心（ICE Endex）

原欧洲能源衍生品交易中心（Endex）成立于 2002 年。2013 年 3 月 27 日，IntercontinentalExchanges Inc.（ICE）收购 Endex，更名为（ICE Endex）。主要提供电力（比利时和荷兰）和天然气（荷兰和德国）期货交易、天然气现货和平衡市场（英国、比利时和荷兰）交易。

（八）伊比利亚电力交易中心（OMEL）

2004年10月1日，西班牙和葡萄牙签订协议，建立伊比利亚电力交易中心（OMEL，原名OMI），由两国共有。2011年6月1日，委托给西班牙电力交易中心（OMEL）管理并运行伊比利亚电力市场，OMEL由此也独立为各相关方参股的股份公司。OMEL主要提供两国电力现货交易。2012年OMEL月度交易量为130～190亿千瓦时。

（九）奥地利电力交易中心（EXAA）

奥地利电力交易中心（EXAA）于2002年10月成立。EXAA在德国和奥地利提供电力现货交易。2012年电力交易量为93.46亿千瓦时。

第四节 欧盟统一电力市场的实施

欧盟统一电力市场的建立是一个市场融合的过程，需要循序渐进地进行。欧盟国家的市场融合首先经历了从单一市场融合为区域跨国市场的过程。根据第三能源法案规定的目标，目前正在进行从区域跨国市场到欧盟统一市场的融合，以期最终实现统一竞价（Price Coupling）。实现欧盟统一市场融合，需要确定跨区和跨国输电容量，即长期输电权、日前和日内市场跨区域输电容量的计算和分配，以达到容量的充分利用；需要制定统一的市场和电网运行规则体系；需要制定欧洲范围的电网规划，以消除影响市场融合的瓶颈；需要加强对统一市场的监管并保证其透明度。目前，ACER正在主导实施市场融合工作和配套规则的制定，ENTSO-E负责配套规则的起草。这一切都需要交易中心和输电公司的密切配合。

ACER的前身，ERGEG（European Regulators Group of Electricity and Gas，欧洲电力和天然气监管机构合作组）在2006年制定了区域融合方案（Regional Initiatives，RIs），确定把分散的电力市场融合为7个区域市场，为实现欧盟统一电力市场做准备（RIs也包括类似的天然气市场融合方案，本书不拟介绍）。在此基础上，ACER进一步更新RIs，把市场融合的目标确定为实现欧盟统一电力市场。ACER制定了实施方案ERIs（Electricity Regional Initiatives）并加以执行，按季度公布进展情况。

一、欧盟国家市场融合的经验回顾

欧盟委员会委托咨询机构所做的一篇研究报告总结回顾了市场融合的经验，并提出了建议。

ERGEG制定的区域融合方案是采用自下而上并自愿的方式，召集各成员国监管机构、输电公司、交易中心、发电公司和其他相关主体，研究问题并协调解决障碍，促进区域电力市场的形成。ERGEG市场融合方案的7个区域电力市场分别是波罗的海、中东、中南、中西、北、西南、英法爱区域电力市场（如图2.7所示）。这些电力市场的一些区域是重叠的。

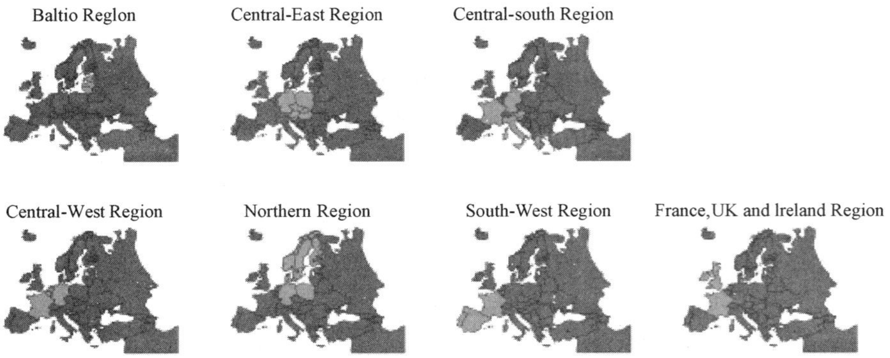

图 2.7　ERGEG 市场融合方案的 7 个区域电力市场

在建立区域市场的过程中，各方形成共识要解决的问题有长期、日前和日内市场跨国输电容量的分配和计算，平衡市场的运行、信息透明等。

市场融合主要名词解释

隐式竞价（Implicit Auctions）：在阻塞管理机制中，不直接对联络线容量竞标，而是在考虑联络线容量约束条件下对电力电量进行统一竞价，中标者竞得的电力电量已经隐含了对联络线容量的占用。即市场融合和市场分裂都属于隐式竞价的范围。

市场分裂（Market Splitting）：对于存在联络线或输电线路容量限制的某电力市场，该电力市场只有唯一的交易中心，首先统一竞价，加入联络线或输电线路容量约束条件并使容量充分利用后，再分裂形成该电力市场的若干价区。此过程称市场分裂。例如北欧（Nordpool）和伊比利亚（MIBEL）。

市场融合（Market Coupling）：类似于市场分裂，融合后的结果是一样的。若干区域各有交易中心，遵循统一的规则进行市场融合。具体有以下两种方式。

基于交易量的方法（Volume-Based）——市场融合的算法是首先计算各区域购售竞标量的差额，以此来确定跨区域的电力流。根据本区域购售竞标和融合算法确定的电力流，各区域按各自的规则进行竞价。实践证明，该方法确定的跨区域电力流向有时和经济性背离，也不能充分利用联络线容量。

基于价格的方法（Price-Based）——在考虑各联络线约束条件下，各区域进行统一竞价，以此确定价格和联络线电力流。等同于市场分裂的方法。

（一）容量计算

各方认为，对高度网格化的欧洲电网采用基于潮流的方法计算跨国输电容量是可行有效的，也符合第三能源法案的要求。特别是存在环流的地区，更倾向于采用这种方法。然而采用这种方法的关键在于方法要有一致性，应全面考虑各种情况。比如，不存在环流情况的区域，采用双边协商的方式更有效，存在环流时需要复杂的计算。总之，计算和确定容量过程中足够的透明度对促进市场互信、交易和投资十分重要。

（二）容量分配

1. 长期容量分配

各区域方法差别大：Nord Pool 不进行年度和月度容量拍卖，是为了保证日前市场具有更好的流动性，而长期的金融衍生品交易可以解决此类问题；有的区域则建立了区域容量拍卖公司。欧盟委员会主导的有关研究报告指出，按照政治边界确定的区域容量拍卖公司可能不符合市场成员的利益，也很难在制定适应于欧洲范围的参考模式上达成一致。报告建议，采用顶层设计的方法制定一个可行的参考模式，可能是非常有益的。

2. 日前市场容量分配

北部、中西部、西南部 3 个区域的日前市场在融合多年经验的基础上，形成了以下共识：基于价格的市场融合方法，比基于交易量的市场融合方法更合理。其他 4 个区域进展缓慢，既有技术原因也有管理因素。需要采用顶层设计的方法，制定参考模式，指导日前市场融合。

3. 日内市场容量分配

一般来说，日内市场融合的重要性远小于长期和日前市场。但大规模新能源的并网使日内市场融合日趋重要。解决问题的建议同上。

4. 平衡市场容量分配

日内市场的交易量已经远小于日前市场，平衡市场则更小，且是对日内市场的补充。解决问题的建议同上。

（三）建议

根据实施的经验和存在的问题，报告提出了以下建议：

1. 各区域建立相关国政府组成的指导机构

研究解决政策性和战略性问题，指导各区域实施市场融合工作。欧盟委员会在更大范围内协调各区域政府机构制定的政策，促进各区域政府指导机构的建立，批准各区域实施计划，统一各区域的实施进度。

2. 提供全面的政策性指导

解决欧盟范围的跨区域问题需要制定更完善的方案，因此需要顶层设计的指导。对于局部问题，例如跨国联络线的建设、离岸风电并网等问题，仍需要采用自下而上的方法，适当加以政策的指导。

3. 重新划定区域市场融合范围

随着电网和区域市场融合的发展，区域市场的范围发生了变化，需要重新划定。根据实际情况，可分别采用顶层设计或自下而上的方法来重新划定区域市场。

4. 加强项目管理和利益主体的参与

实施计划充分听取利益主体的意见，并监督计划的实施。任务和项目要加强管理、控制成本，保证成本在各成员国之间的合理负担。

二、欧盟统一电力市场融合方案

综上所述，始于 2006 年的区域市场融合过程，采用的是顶层设计法，建立区域协调委员会、执行小组和市场成员小组，以试点项目为依托并逐步推广，取得了一定经验，并在一些关键问题上形成了共识，例如：实现市场融合的核心问题是要有效管理和利用跨区域联络线的容量，具体是容量分配、阻塞管理和电力实时平衡。

（一）新实施方案的基本原则

为加快欧盟统一能源市场的融合进程，ACER 对原区域融合方案（Regional Initiatives，RIs）进行了修订。修订基于以下原则：

（1）采用项目管理的方法，把方案分解为具体的实施项目，使各相关方的目标、任务更加明确。

（2）在欧盟范围内进行整体协同，使各成员国能够积极参与并为实现 2014 年总体目标贡献资源。

（3）在实施过程中，要保证各相关方深度参与和互信。

（4）建立更强有力的管理机构以改善决策过程。

（二）实施路线图

实施方案确定了 4 个主要实施项目，并确定了负责单位。每个项目均制定了详细的实施路线图。

1. 欧洲日前市场统一竞价

目的是优化利用欧盟范围跨区域输电容量，实现日前市场统一竞价，减少价格波动，改善期货市场对所提供的参考价格的信任度。该项目由德国和意大利监管机构（BnetzA 和 AEEG）共同领导。

2. 欧洲统一日内市场的连续隐式交易机制

日内市场主要是用于平衡由于负荷波动、机组故障、线路停运所造成的日前市场竞标结果误差。近年来间歇性新能源的大量并网，使日内市场更加重要。日内市场的融合采用两步走的方案。

首先实施过渡方案。参考北欧 Elbas 日内市场连续隐式的竞价方法，日内市场交易先在本国或本区域进行匹配，其余交易再到 SOB（Shared Order Books）跨国（区域）平台上进行匹配，输电公司对联络线输电容量进行实时更新，保证日内市场交易的连续性。

2014 年实现目标方案。全部交易品种在欧盟统一的 SOB 平台上进行匹配，并遵循统一的交易规则。目标方案的内容更加详细，仍采用连续隐式竞价，在欧盟交易平台上分配联络线容量，容量价格更合理反映阻塞成本，设立合理的标段和精细的交易品种，实现竞标的自动匹配等。

英国监管机构（OFGEM）领导该项目实施。

3．欧盟长期输电权分配平台

主要目的是保证市场成员能够平抑阻塞成本及日前市场容量成本。主要任务包括制定统一的联络线输电容量分配规则；建立统一的联络线容量分配平台；统一输电权的确立程序；实施金融输电权（FTR）。法国（CRE）和瑞典（EI）监管机构领导该项目实施。

4．输电容量分配计算方法

采用基于潮流的方法计算可用输电容量，对于联系紧密的输电网是十分必要的。潮流法和市场融合方需要充分协调，需要统一数据和计算模型。比利时（CREG）和奥地利（E-Control）监管机构共同领导该项目实施。

（三）欧盟统一电力市场规则体系

欧盟统一电力市场规则体系的制定是在欧盟委员会的组织下进行的。首先，欧盟委员会组织讨论确定规则体系的基本范围，再请 ACER 起草规则体系框架导则（Framework Guidelines，FG），FG 确定需要制定的规则种类及基本原则。欧盟委员会对 FG 组织审核通过后，请 ENTSO-E 起草具体规则（Network Codes，NC）。ACER 对 NC 进行审核并提出意见，而后提交欧盟委员会，最后由欧盟委员会专家批准通过。批准后的规则具有法律效力。

规则体系符合 FG 的基本原则。规则体系的目标是，促进跨区域和跨国联网及电网使用者并网，促进输电公司的合作，允许保留国家规则或区域专项规定。

欧盟电力市场的规则体系分为 4 大类，每类各有 1 个框架导则，以下详细介绍。

1．容量分配与阻塞管理

（1）该框架导则的要点包括输电容量计算应是高效和透明的，各输电公司间应进行充分协调，紧密联系的输电网应采用基于潮流的方法，联络薄弱的输电网应采用净容量法；根据运行情况对竞价区域的调整划定有利于提高市场效率；输电容量分配的原则是日前市场统一竞价、日内市场连续交易和金融长期输电权力；日前和日内市场要求输电容量具有实物确定性，而长期输电容量要求具有金融确定性。

（2）主要规则包括日前和日内市场容量分配和阻塞管理；长期市场容量分配和阻塞管理；容量计算。

2．并网

（1）该框架导则的要点包括并网的基本标准和要求；减损原则；适应现行规则；合规性检验、监督和实施；促进信息交换。

（2）主要规则包括发电机并网；配电公司及大用户并网；直流输电（HVDC）

并网。

3. 运行

(1) 该框架导则的要点包括运行安全；运行计划；负荷频率控制；人员培训和认证；紧急状态和事故处理；新技术应用。

(2) 主要规则包括运行安全；运行计划；负荷频率控制及备用容量。

4. 电力平衡

(1) 该框架导则的要点包括间歇性电源和负荷的定义、作用和职责；平衡所需备用；调用备用的结算；利用联络线容量进行实时平衡。

(2) 主要规则包括电力平衡。

(四) 欧盟统一电力市场实施进度

ACER 总裁 Alberto 在 2013 年 10 月 8 日的能源风险欧洲峰会（伦敦）上通报了欧盟统一能源市场的进展。

1. 统一电力市场的规则体系

欧盟委员会制定了详细的时间表，规则体系的制定在按预定的计划进行。除电力平衡和 HVDC 并网这两个规则正在起草阶段，已经完成其余规则的起草；发电机并网、配电公司及大用户并网、日前和日内市场容量分配和阻塞管理 3 个规则已经出具审核意见并报欧盟委员会。预计 2014 年完成规则体系全部规则的审定和批准执行工作。

2. 跨区域市场融合

实现统一电力市场的最主要标志包括长期输电权由实物转为金融；日前市场由实物输电权和市场分裂转为统一竞价；跨区域日内市场从无到有，实现连续竞价交易。按照实施路线图，目前进度如下：

(1) 日前市场。

进展顺利，以北部的西部欧洲（占欧盟市场的 75%）作为市场融合的试点项目，目前已经运行。2014 年再扩展其他区域。

(2) 日内市场。

由于各交易中心意见不统一，已经影响实施进度。2014 年是否完成目标取决于政府的政治干预。

(3) 长期输电权分配平台。

各方于 2013 年拟定了意愿书（Wish List）。容量分配服务公司（Capacity Allocation Service Company，CASC）和中部分配署（Central Allocation Office GmbH，CAO）已经签订谅解备忘录（MoU），CASC 和 CAO 的长期输电权交易占欧盟国家的 75%。2014 年有望形成一致的竞价规则。

(4) 基于潮流的输电容量计算方法。

中西欧区域试点预计于 2014 年开始，随后中东欧区域逐步开始实施。

第五节　欧盟电网调度及运行

一、欧洲电网的运行协调组织

长期以来，欧洲电网没有统一的电网调度中心和统一的运行规则。ENTSO-E 成立前，5 个同步运行的电网各自有由相应各国电网公司组成的规划和运行协调合作组织，即欧洲大陆（原 UPTE）、北欧（原 NORDEL）、波罗的海（原 BALTSO）、英国（原 UKTSOA）、爱尔兰（原 ATSOI）。5 个区域运行合作组织制定规则并协调本区域内的运行和发展规划。ENTSO-E 成立后，5 个区域组织加入 ENTSO-E。5 个区域电网各自同步运行，各区域内部运行中需要密切合作，因此这 5 个区域电网是作为 ENTSO-E 运行委员会下的 5 个常设的区域合作组（Regional Group）。

市场开放和体制改革的深化，使实时运行和运行计划的不确定性增加，大量新能源的接入，使运行面临更严峻的挑战。电网公司要从更大范围考虑安全、电力平衡、电压控制、事故处理、辅助服务等方面的问题。跨国交换增加并穿越电网公司的控制区，导致联络线甚至内部线路阻塞，这要求电网公司不仅要在本身的运行计划中考虑，而且要按照输电容量分配规则与电力市场密切联系。原有的 5 个区域组织已经不能满足要求，这也是 ENTSO-E 成立的原因之一。

ENTSO-E 的运行委员会负责欧洲电网的运行协调，其主要职能为制定欧洲电网运行标准、统一电网计算模型及边界条件、电网极端条件下的运行协调、制定运行备用容量规则、事故分类及调查、促进加强电网运行协调和服务等。

5 个区域合作组的工作为运行协调、频率偏差分析、电网计算模型及预测工具、电网特性及动态分析、内部及区外联网等。

二、欧洲电网的调度管理

欧洲没有统一的电网调度中心。各输电公司都有各自的调度中心和依电压等级形成的分层调度体系，大部分输电公司的最高一级调度中心都是国家级的。

跨国电能交易、新能源、更加灵活的日内市场等原因，使运行的不确定因素增加，需要对跨境潮流加强协调管理以保证电网运行安全，为此，欧洲中西部区域的 5 个电网公司（比利时 Elia、法国 RTE、英国 NGC、意大利 Terna 和德国 50Hertz）成立了第一个区域运行协调中心——Coreso（Coordination of Electricity System Operators）。Coreso 于 2009 年 6 月 29 日正式运行，18 位调度员 7 值 24 小时值班。电网公司提供第二天的元件参数、接线方式（含停运）、负荷预测、发电计划、风电预测、电力交换计划等数据。此外，电网公司还需每 15 分钟提供接近实时的快照，由 Coreso 合并后进行安全分析。

Coreso 的主要工作包括日前和日内以及接近实时的安全分析、为防止风险提出电网公司间的运行协调建议、安全措施协调、事故分析等。

第六节　电价形成机制

欧盟国家的电价差别很大，欧盟相关机构对近年来的电价情况进行了总结。

一、发电电价

欧盟各国发电电价主要由市场竞价和双边合同形成，但不同国家的差异很大。长期以来的市场化改革，使市场的流动比率逐步提高，市场竞价形成的电量比重逐步提高。根据 2012 年 ACER 的市场监测报告，尽管双边合同仍为主要部分，但市场的流动性正在增加（如表 2.3 所示）。例如，德国的市场交易电量比重从 2004 年的 11%增加到 2010 年的 40%。2011 年市场交易电量占比最高和最低的国家分别为：丹麦占 94%，爱沙尼亚占 0.01%。

表 2.3　各国市场交易电量占全部用电量的百分比

年份 地区	2004	2005	2006	2007	2008	2009	2010	2011
欧洲中西部	6%	7%	8%	11%	13%	14%	18%	22%
比利时	0%	0%	1%	8%	NA	12%	13%	NA
法国	3%	4%	6%	9%	10%	11%	10%	13%
德国	11%	15%	16%	21%	26%	25%	40%	NA
英国		4%	4%	5%	3%	4%	6%	15%
奥地利	3%	3%	3%	4%	4%	8%	10%	12%
荷兰	12%	14%	17%	18%	21%	25%	29%	32%
北欧	43%	49%	66%	72%	73%	77%	75%	75%
瑞典	41%	36%	70%	85%	86%	85%	85%	NA
丹麦	55%	73%	96%	99%	96%	91%	88%	94%
挪威	37%	41%	54%	57%	61%	63%	71%	67%
芬兰	38%	46%	42%	46%	50%	54%	56%	55%
爱莎尼亚	0%	0%	0%	0%	0%	0%	0%	0.01%
伊比利亚电力市场	45%	47%	26%	51%	72%	85%	74%	67%
葡萄牙	0%	0%	0%	44%	93%	81%	64%	67%
西班牙	91%	94%	52%	59%	51%	89%	83%	67%
捷克	1%	1%	1%	1%	2%	4%	8%	14%
匈牙利							2%	10%
意大利	21%	61%	58%	65%	69%	67%	61%	58%
立陶宛	15%	25%	19%	22%	38%	39%	88%	84%
波兰	1%	1%	1%	2%	1%	2%	5%	13%
罗马尼亚	12%	9%	8%	9%	9%	13%	16%	16%

续表

地区＼年份	2004	2005	2006	2007	2008	2009	2010	2011
斯洛伐克	0%	0%	0%	0%	0%	0%	0%	31%
斯洛文尼亚	2%	0%	0%	0%	1%	0%	2%	11%

根据欧盟能源局 2013 年第二季度市场报告，2013 年欧洲 7 个区域发电电价呈明显下降趋势。意大利和英国 2013 年第二季度的平均发电电价约为 5.6 欧分/千瓦时，高于其他区域、究其原因是天然气发电比例较高和大量进口电力；而中西部（CWE）和中东部（CEE）2013 年第二季度的平均发电电价约 3 欧分/千瓦时，较高比例消纳可再生能源是其电价降至 4 年以来最低的主要原因（如图 2.8 所示，通常 baseload price 是指平均发电电价）。发电公司提供的辅助服务和价格在日内市场和平衡市场形成，本章不予介绍。

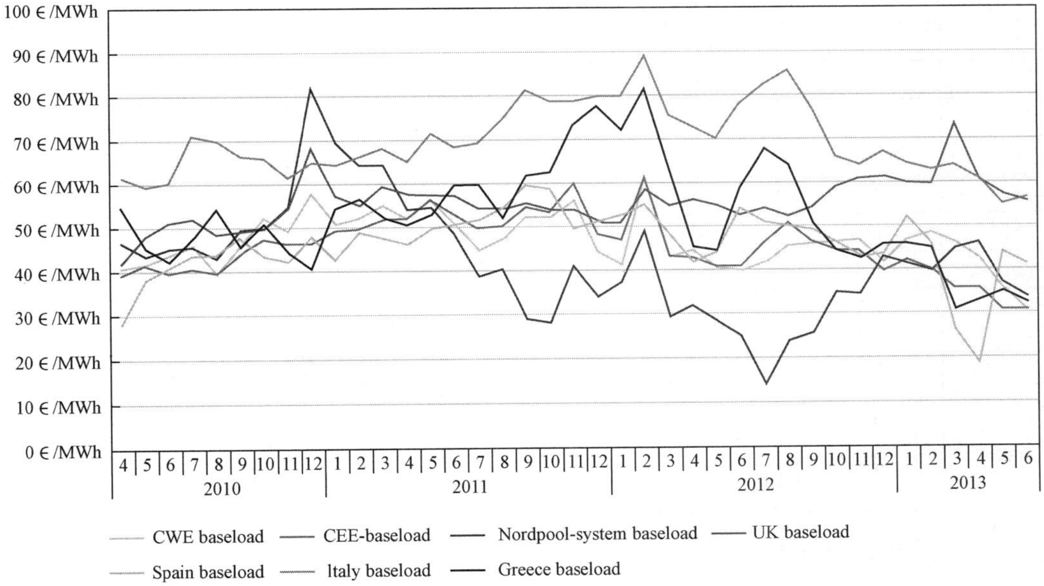

图 2.8 各区域市场月平均电价的比较

二、输配电价

（一）输电价格

输电成本包括投资建设、运行、系统服务、调度、网损、专项费等各种成本，有的由用户承担，有的由发电公司全部或部分承担，不同国家的情况差异很大，不可能制定统一的规则，输电价格也缺乏可比性。ENTSO-E 每年都要发布调研报告，介绍分析各国输电电价的有关情况。报告以欧元/兆瓦时为输电价格单位，并做了一些必要的假设，以便对各国情况进行分析比较。有的输电公司只拥有 EHV（220～400 千伏）电网，电源和负荷（大用户或配电公司）都接在 EHV 电网上；有的输电公司不仅拥有 EHV 电网，也把 50～150 千伏作为输电网；因此，只应对同类公司进行比较。

由表 2.4 可见，ENTSO-E 的 34 个成员国中，19 个国家的输电费全部由用户承担；电源和负荷接入位置均与输电费有关的国家是英国、挪威、瑞典和罗马尼亚；电源接入位置与输电费有关的国家是爱尔兰；大部分国家的输电费都包含了网损和系统服务费。

表 2.4　各国输电费基本情况

国家	输电网费用占比		价格信号		电价是否含线损	系统服务是否含在输电公司电价中
	发电	负荷	季节/分时	位置信息		
奥地利	20%	80%	否	否	是	是
比利时	9%	91%	×××	—	不包括≥150千伏的网络	辅助服务费
波黑	0%	100%	—	—	否	否
保加利亚	0%	100%	—	—	是	是
克罗地亚	0%	100%	×	—	是	是
捷克	0%	100%	—	—	是	是
丹麦	4%	90%	—	—	是	是
爱莎尼亚	0	100%	×	—	是	是
芬兰	15%	85%	×	—	是	是
法国	2%	98%	—	—	是	是
德国	0%	100%	—	—	是	是
英国	27% 输电费 50% 衡服务费	73% 输电费 50% 衡服务费	××	输电费考虑位置，平衡服务费不考虑位置	否，在电量市场中获得	包含在平衡服务费中
希腊	0% 0%	100% 100%	×	—	否，在电量市场中获得	包含在加价中
匈牙利	0%	100%	—	—	是	辅助服务费
爱尔兰	25%	75%	—	仅发电考虑	否，在电量市场中获得	是
意大利	0%	100%	—	—	否	是
拉脱维亚	0%	100%	—	—	是	是
立陶宛	0%	100%	—	—	是	是
卢森堡	0%	100%	—	—	是	是
马其顿	0%	100%	—	—	是	是
荷兰	0%	100%	—	—	是	辅助服务费
北爱尔兰	25%	75%	负载有 4 个季节/分时电价	发电价体现	否，在电量市场中获得	辅助服务费
挪威	34%	66%	通过网损反映在平衡服务中	考虑	是	是
波兰	0%	100%	—	—	是	是

续表

国家	输电网费用占比		价格信号		电价是否含线损	系统服务是否含在输电公司电价中
	发电	负荷	季节/分时	位置信息		
葡萄牙	7%	93%	××	—	否，包括在电量价格内	否，包括在电量价格内
罗马尼亚	18%	82%	—	发电与符合输电费依地区不同。发电分为6区，负荷分为8区	是 包括在输电费里	是 （辅助服务费）
塞尔维亚	0%	100%	×	—	是	是
斯洛伐克	0%	100%	—	—	专项收费	专项收费
斯洛文尼亚	0%	100%	××	—	是	电网公司单收辅助服务费
西班牙	13%	87%	×××		否，在电量市场中获得	否，包括在电量价格内
瑞典	25%	75%	—	Location	是	是
瑞士	0%	100%	—	—	网损单独收费	单收辅助服务费

注：“×”表示分时。1个“×”表示分时1次（“白天—夜晚”，“夏—冬”或其他形式）。2个“×”（或更多）表示2次（或更多次）分时。

第二能源法案已经要求对输电费实行监管（rTPA），第三能源法案在第37条第1款国家监管机构职责中明确规定：依据透明的标准，制定或批准输配电的收费或其计算方法。对输电费的监管方法各有不同，有成本加成、回报率、价格上限、收入上限等。尽管2007年ERGEG规定了一些基本原则，但各国仍然差异很大，主要体现在三个方面：

首先是方法。例如，英国的RIIO监管模式（Revenue = Incentive + Innovation + Output）体现对改善输电网使用者服务的贡献、技术革新和长期成本的降低、对提高生产率的激励等因素；意大利对输电费用采用准许回报率的方法，对运营成本采用收入上限法，对商品交易费采用价格上限法等。

其次是对资产的估值。对监管资产（Regulated Asset Base，RAB）的估值方法、参数和边界条件的选取都有很大差别。

最后是监管周期，即核价周期。有的仅1年，大部分国家是4～5年，英国的RIIO模式是8年。核价期的适当延长利于监管的稳定性，更利于投资决策。

因此，各国输电价格及构成差别也非常大（如图2.9所示）。

综上所述，欧盟没有对输电价格的核定做出统一规定，但第三能源法案提出建立对因承担跨区域电力交易的有关输电公司进行补偿的机制。ENTSO-E的年度调研报告只是提出经验会使将来输电定价的方法达到一定程度的协调一致。

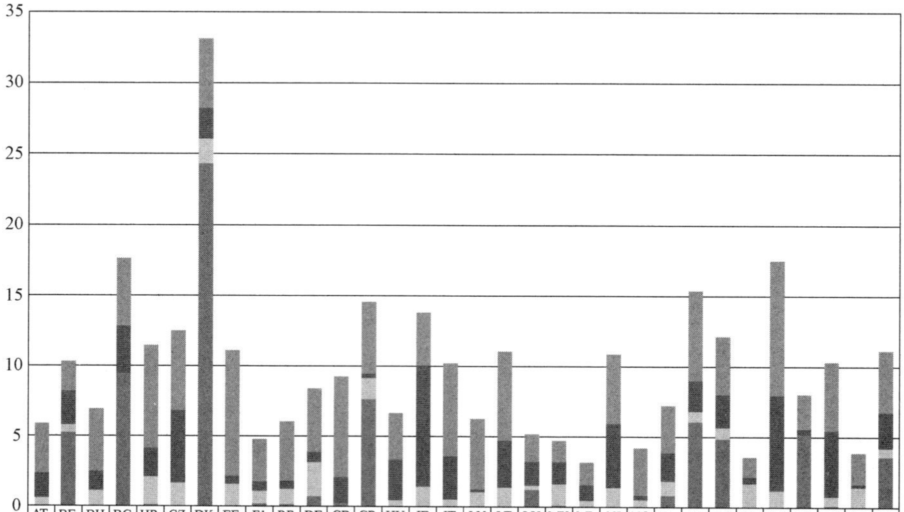

	AT	BE	BH	BG	HR	CZ	DK	EE	F1	RR	DE	GB	GR	HU
■	0.00	5.33	0.00	9.60	0.01	0.00	24.51	0.00	0.19	0.18	0.75	0.29	7.69	0.00
■	0.51	0.60	1.16		2.01	1.58	1.66	1.70	1.90	1.10	2.49	0.00	1.57	0.51
■	0.79	2.37	1.39	3.34	1.99	5.26	2.18	0.50	0.71	0.61	0.75	1.85	0.20	2.98
■	0.79	2.37	1.39	3.34	1.99	5.26	2.18	9.00	2.95	4.17	4.41	7.14	5.14	3.19

	IE	IT	LV	LT	LU	MK	ML	NI	NO	PL	PT	RO	RS	RX	SI	ES	SE	CH
■	0.00	0.00	0.00	0.00	1.25	0.21	0.00	0.00	0.00	0.83	6.24	4.91	0.02	0.00	5.28	0.12	0.00	3.73
■	1.45	0.524	1.07	1.38	0.24	1.49	1.53	1.39	0.52	1.06	0.69	0.76	1.59	1.26	0.00	0.57	1.47	0.58
■	8.78	3.05	0.19	3.44	1.82	1.56	1.11	4.59	0.32	2.04	2.23	2.46	0.50	6.85	0.42	4.77	0.18	2.57
■	3.60	6.68	5.03	6.28	1.90	1.47	1.58	4.89	3.38	3.32	6.32	4.02	1.42	9.53	2.37	4.87	2.20	4.34

图 2.9　各国输电价格及构成（单位：欧元/兆瓦时）

（二）配电电价

配电价格的监管情况和输电价格类似，也存在无绩效激励的成本加成法和回报率法，以及具有绩效激励特点的价格上限法和收入上限法等方法。核定基准配电成本的方法主要基于两个方面：确定行业有效率配电公司的实际成本，对具体某配电公司的成本和行业成本进行比较。根据 Wik-Consult 公司 2011 年的研究报告，9 个国家采用无激励核价方法，其中有 2 个国家制定了成本基准核定的方法，18 个国家采用有激励核价方法，其中有 11 个国家制定了成本基准核定的方法。

综上所述，同输电价格监管一样，欧盟对此没有做出统一规定。无论采用任何核价方法，或者制定任何成本基准核定方法，均由各国自行决定。

三、用户电价

（一）价格管制

据 ACER 为欧盟 27 国和挪威的范围内统计，2011 年对居民用户价格实施管制程度达 80%以上的国家有 15 个，其中 7 个国家管制程度达 100%，价格管制电量约占居民用户总量的 50%；2011 年，12 个国家仍对相当比例的工业用户实施价格管制，价格管制电量约占工业用户总量的 14%。价格管制明显不利于售电市场。对终端用户的价格管制在逐步放开的过程中，希腊、葡萄牙、立陶宛于 2013 年解除管制；罗马尼亚于 2013 年全部放开工业用户价格管制，居民用户价格逐年放开，预计至 2017 年全部开放。

（二）电价水平

据 ACER 统计，2011 年用户电价见表 2.5。德国在价格无管制的国家中用户电价最高，达 25.3 欧分/千瓦时，高出芬兰 63%，主要原因是由于德国的税费为芬兰的 2 倍。

同样，在实施价格管制的丹麦，居民用户电价达 29.42 欧分/千瓦时，其中 55%是税费，电能量价格仅占 25%。有些国家用户电价较高主要是由于税费高，或与周边国家没有联网而成为电力孤岛导致。居民用户电价最低的国家是保加利亚，仅为 8.5 欧分/千瓦时。

欧盟 27 国居民用户平均电价为 16.91 欧分/千瓦时。总体上，居民用户电价明显高于工业用户。

表 2.5 各国税后终端用户电价

国家	家庭管制价格	家庭用电价格（欧分/千瓦时）		工业用电价格（欧分/千瓦时）	
		2010 年	2011 年	2010 年	2011 年
奥地利	否	19.49	19.76	NA	NA
比利时	是	19.67	21.28	11.37	12.03
保加利亚	是	8.22	8.50	7.05	7.05
塞浦路斯	是	19.40	22.32	17.32	19.99
捷克共和国	否	13.69	14.81	11.46	11.78
丹麦	是	26.89	29.42	19.06	23.77
爱莎利亚	是	9.87	10.08	8.34	8.68
芬兰	否	13.48	15.57	8.25	8.95
法国	是	13.17	14.03	7.82	8.60
德国	否	24.07	25.30	13.76	15.28
希腊	是	11.96	12.44	9.48	10.20
匈牙利	是	16.38	16.18	11.72	12.19
爱尔兰	是（截至 2011 年 4 月）	18.40	19.94	9.51	10.26
意大利	是	19.43	20.26	14.04	15.03
拉脱维亚	否	10.49	12.55	10.14	11.55
立陶宛	是	11.86	12.18	11.74	12.39
卢森堡	否	17.37	16.70	8.35	7.75
马耳他	是	17.00	17.00	16.80	16.80
荷兰	否	17.00	17.91	11.06	10.31
挪威	否	19.67	20.02	10.48	10.77
波兰	是	13.62	14.11	10.44	10.15
葡萄牙	是	16.25	17.68	8.41	10.05
罗马尼亚	是	10.42	10.84	8.62	9.16
斯洛伐克	是	15.79	16.96	12.76	13.99
斯洛文尼亚	否	14.14	14.67	10.27	10.16
西班牙	是	17.90	20.35	10.67	10.94
瑞典	否	18.996	20.68	9.08	9.35
英国	不包括大不列颠，包括北爱尔兰	14.18	15.09	10.33	10.94

（三）电价构成

各国的电价构成差别也很大，如图 2.10、图 2.11 所示。以下仅分析居民用户电价构成。

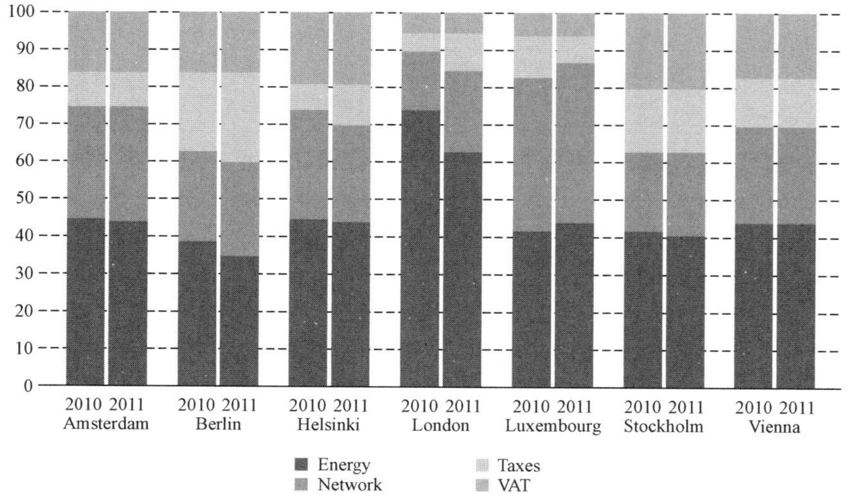

图 2.10　非价格管制国家的样本城市居民用户电价构成

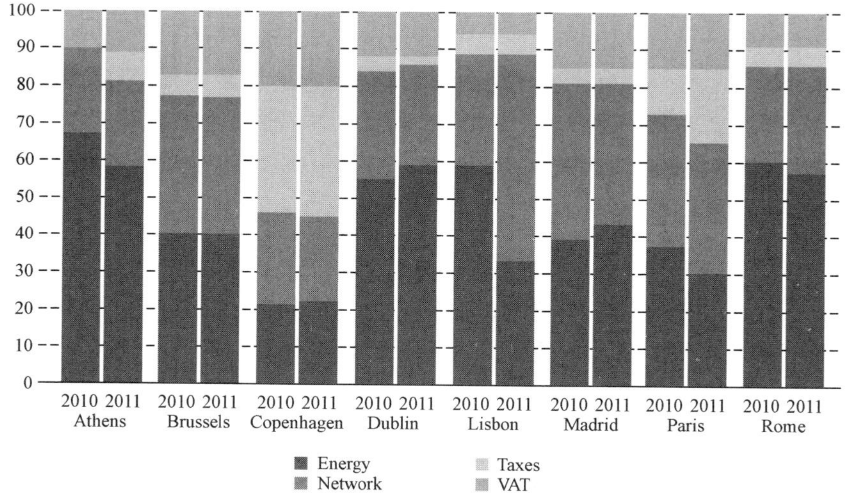

图 2.11　价格管制国家的样本城市居民用户电价构成

在非价格管制国家的样本城市中，除卢森堡外，电能量占比与上年相比均有下降或持平。有些城市税费的增加主要是由于对可再生能源的支持，如伦敦、赫尔辛基和柏林。总体上，欧盟 15 国（2004 年前的欧盟成员国）范围内电价构成占比的平均值为：电能量 45%，输配电 30%，税费 11%，增值税 14%。

在价格管制国家的样本城市中，税费和增值税最高的城市是哥本哈根，高于 50%。

第七节 欧盟政府管理、行业管理与监管

一、政府管理

（一）欧盟机构

欧盟的决策、立法和执行机构主要由欧洲理事会、欧盟理事会、欧洲议会和欧盟委员会构成。

欧洲理事会是欧盟最高决策机构，也被称为欧盟首脑会议、欧盟高峰会或欧洲高峰会，是由成员国的国家元首或政府首脑与欧盟委员会主席共同参加的首脑会议，是欧盟事实上的最高决策机构，但不列入欧盟机构序列当中。欧洲理事会通常一年举行两次，以决定欧盟的大政方针，尤其是外交方面的决策。每隔5年，由欧洲理事会任命新的欧盟委员会主席。

欧盟理事会是欧盟两院制立法机关的上议院，是由来自欧盟各成员国政府部长所组成的理事会。和能源相关的下设部门是“交通、通信和能源分会”。

欧洲议会是欧盟两院制立法机关的下议院，唯一的一个直选议会机构。和能源相关的下设部门是“工业、科研和能源委员会”。

欧盟委员会是执行机构，负责贯彻执行欧盟理事会和欧洲议会的决策。欧盟委员会可以通过行使其主动权就法律规定、政策措施和项目提出建议。和能源相关的下设部门是能源司。

（二）欧盟委员会能源司（以下简称欧盟能源司）

欧盟委员会（European Commission）能源司（DGs Energy）的主要职责是制定能源政策并组织实施，主要任务包括建立能源市场，为公民和企业提供实惠的能源、竞争性价格、先进的服务；为实现2020年欧盟目标和2050年低碳愿景，促进能源生产、输送和消费的可持续发展；加强成员国间的合作，实现能源供应安全。

5个主要业务部为能源政策、市场、可再生能源、核安全和燃料循环、核保卫。局长负责前3个部门，副局长负责后两个部门。欧盟能源专员Gunther Otinger（欧盟委员会委员）代表欧盟委员会负责能源司的工作。

二、行业管理

（一）欧洲输电公司联合会（ENTSO-E）

ENTSO-E依据第三能源法案的Regulation（EC）No 714/2009，于2009年成立，取代了原来的5个区域运行协调组织。其主要使命是欧洲统一电力市场及跨区交易的建立和运行；实现欧洲输电网的安全协调运行、管理的优化和技术先进性。其主要任务是编写欧盟统一电力市场规则；建立输电网通用运行模型和分析工具；编制输电网十年滚动发展规划；编写年度报告、冬季和夏季运行分析报告、输电网运行

监视等。

（二）欧洲电力协会（EURELECTRIC）

欧洲电力协会是一个合作范围广泛的国际组织，常设机构在布鲁塞尔。32个欧洲国家电力行业协会或政府机构是完全成员，17个附属成员来自欧洲、地中海和世界其他地区，和几个重要国家电力行业协会（包括我国的中电联）建立了长期合作关系，此外还有很多大型制造企业加入其中成为其商业会员以获取信息。欧洲电力协会的工作涉及能源工业可持续发展、能源政策、新能源、常规电源、配电网、智能电网、电力市场、经济与社会等方面的重要问题，并按年度进行欧洲电力工业统计工作。

欧洲电力协会有5个主要业务部门：能源政策和发电、配电网、电力市场、环境和可持续发展政策、企业管理。

欧洲电力协会主要以建立工作组和召开研讨会的方式开展工作。每年完成大量很有价值的研究报告。

（三）欧洲能源D4监管机构理事会（CEER）

为促进欧洲电力和天然气市场的建立，各国监管机构自发成立CEER，正式成员是27个欧盟成员国与冰岛、挪威，两个观察员是马其顿和瑞士。CEER的主要工作是研究提出政策性建议、研究分析各国能源方面的特定问题、和其他行业协会的联系和合作等。CEER成立了6个工作组：天然气、电力、售电及用户、市场公正及透明、标准实施及检查、国际合作，各工作组可根据需要再成立若干课题组（Taskforce）。CEER的常设机构在布鲁塞尔，工作人员很少，以各国选派专家参加工作组的方式开展工作。除配合ACER工作外，CEER还开展能源领域其他方面的研究工作。

三、监管

欧盟能源监管机构合作局（ACER）是独立机构，依据第三能源法案的Regulation（EC）No 713/2009条例于2011年3月3日在斯洛文尼亚首都卢布尔雅那成立。27个欧盟成员国监管机构组成监管委员会（Board of Regulators），是ACER的决策机构，其职责和任务已在第三能源法案中详细规定。

（1）欧盟能源监管机构合作局的使命是协调各国监管机构的工作；分号建立欧盟国家统一的电力和天然气市场。

（2）欧盟能源监管机构合作局的任务是审定能源输送网络和市场相关规则；协调促进跨国能源市场的建立；监督欧洲输电公司联合会和欧洲天然气输送公司联合会的工作并审批其跨国能源输送网络规划；对电力和天然气市场（包括零售环节）进行监管。

ACER下设4个部门：电力、天然气、行政、市场监察。

第八节　欧洲电网十年发展规划

本节简要介绍欧洲电网十年电网发展规划（2012 版）概要。

ENTSO-E 的十年发展规划每 2 年更新一次。2010 是基准年，规划水平年是 2020 年，规划还要进行 2030 年展望。欧盟提出的 2020 年的 20—20—20 目标是规划最主要的依据：可再生能源在能源消费总量的 20%；温室气体减排 20%；能源效率提高 20%。20—20—20 目标是确定水平年电源结构和负荷的重要依据。

规划首先确定了各年度至水平年电源结构和负荷基本场景预测（Scenarios），在此基础上进行市场分析，预测跨国电力流，分析可能出现的瓶颈，再进行电网分析，提出规划的目标网架、项目清单和投资。

一、两个基本的预测场景

预测场景 1 采用自上而下的方法，以 20—20—20 目标和欧盟确定各国的可再生能源份额为依据；预测场景 2 采用自下而上的方法，以市场成员本身的规划和项目投资信息为依据。

两个场景都要在以下几个方面满足欧盟目标：

（1）电力需求预测要同时考虑增长和降低的因素。经济危机和节能措施降低需求，而用户使用从化石燃料转向直接用电以及电子设备的发展会增加需求。场景 1 预测 ENTSO-E 范围 1 月高峰负荷到 2020 年增长 8%。

（2）到 2020 年，以风电和光伏为主的可再生能源占用电比例达 38%。

（3）根据燃气和燃煤电厂占总发电容量的比例，场景 1 预测到 2020 年，该类电源二氧化碳排放占发电总排放的比例将从 26%上升到 57%，2020 年可再生电源达 5.36 亿千瓦，高峰负荷 5.67 亿千瓦，用电量 3.6 万亿千瓦时。

二、跨国电力流

十年间（2011～2020 年），发电容量新增 2.5 亿千瓦，其中 2.2 亿千瓦是可再生能源发电，一些不满足排放标准的化石燃料电厂逐步退役。新建约三分之一的发电厂，而且大多离负荷中心更远，风电中大多是大型风电场。电源结构的变化导致电源重新布局，随着大型风电及光伏的接入，使潮流更加多变，对电网建设提出了更高的要求。

意大利、英国、波兰和波罗的海国家仍保持作为电力进口国的现状；法国和斯堪的纳维亚国家的电力出口明显增大，电力交换也同时增大；德国、西班牙和葡萄牙将会有非常高的电力交换，最高的交换值发生在欧洲核心地区。市场研究揭示，更大、更为多变、更长距离的电力流将发生在欧洲电网。

三、电网规划项目规模

大约存在 100 个瓶颈需要增加或加强线路，约 60%是市场融合的需要，约 30%

是发电项目并网的需要，约10%是供电可靠性的需要。所有的瓶颈中，约80%与可再生能源发电接入有关。

规划新建线路44000公里，改造线路8300公里，需要投资总额约1000亿欧元。新建线路中有直流输电线路12500公里（含海底电缆9000公里），330千伏及以上电压架空线路28400公里。

2020年后规划的主要问题是欧洲北海离岸风电并网、扩大和东欧国家联网、北非太阳能电源接入欧洲大陆等。

第三章 法国电力市场

第一节 概　　述

一、电力工业概况

法国煤炭、石油、天然气等资源匮乏，主要依靠进口，因此化石能源发电量较少。但法国拥有丰富的天然铀资源，是世界上最大的核电生产国。2013 年，法国总发电量为 5510 亿千瓦时，其中核电发电量 4040 亿千瓦时，占 73.3%，化石能源发电 450 亿千瓦时，占 8.2%，水力发电 754 亿千瓦时，占 13.7%，其他可再生能源发电 266 亿千瓦时，占 4.8%（如图 3.1 所示）。总装机容量 1.16 亿千瓦，其中核电占 54.4%，化石能源发电占 23.5%，水力发电占 22.1%。

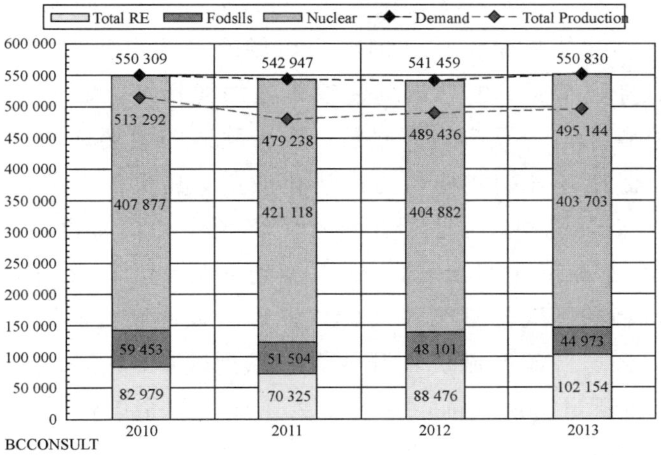

图 3.1　2010～2013 年法国电力生产和消费量

法国全国统一电网以 400 千伏网架为主，电压等级包括 400、225、150、90、63 千伏等。法国电网以巴黎为中心，呈辐射状向外延伸，有以下特点：

（1）与西欧电网（UCPTE）联网运行。有 20 条交流 400 千伏线路、13 条交流 225 千伏线路和一条直流±270 千伏线路分别与比利时、德国、瑞士、意大利、西班牙、英国的电网互联，能保证全国 7 个地区（北区、诺曼底•巴黎区、东区、罗讷•阿卑区、地中海区、西南区和西区）电网间的平衡，各地区内的电力供需也基本保持平衡。

（2）电网结构有很强的抗事故能力。以 400 千伏输电线路为网架，以巴黎为中心，形成了双层网和 3 层网，发生重大事故的可能性较小。

（3）变电设备的设计裕度较大。变电站多回路接入（最少 2 回），并装有备用变压器，可自动切换。

法国电力工业在欧盟国家中具有以下特殊性：一是核电比重大，与相邻国家（瑞士、意大利、德国）的电源结构有互补性，例如瑞士的水电和抽水蓄能电站较多，有利于核电的平稳运行，因此参与欧洲市场对法国是有利的。二是法国电价较低、且大部分是管制电价，核电比例大是法国电价较低的主要原因，燃料成本也相对较低，按照目前的改革目标，政府对电价的管制从2015年起将逐渐减弱。三是与其他欧洲国家电力市场主体较为分散相比，法国电力市场集中度较高，法国电力公司（EDF）在法国电力工业占有主导地位，它实行发、输、配、售在法律上相分离的一体化经营，输电公司兼系统运行者RTE和配电公司ERDF都是EDF的子公司，而EDF由国有资本控股。

二、电力工业改革背景、进程和效果

法国实施电力改革的动因主要来自于欧盟的压力，其次也和法国内部国有垄断企业资本开放的影响有关。首先，欧盟统一电力市场建设、共同能源政策和共同能源监管等制度方面的一体化措施是推动法国电力市场改革的主要动因。欧盟出台了多项有关放松电力管制、打破垄断、电力市场建设等方面的指令，要求成员国按照欧盟统一电力市场建设的进程采取一系列改革措施。作为欧盟的主要成员国，法国受到了来自欧盟的较大压力，促使其开始实施电力市场化改革。其次，从法国国内来看，从1981年开始，很多银行、金融机构以及大批工业企业经历了先国有化后私有化的改革过程，到2004年，国有企业占工业GDP的比例下降到9%。此外，在EDF实施资本开放之前，法国电信公司和法国天然气公司（GDF）这两大垄断公司均已实施了资本开放，这也促使法国电力公司开始实施资本开放等一系列改革。

在2000年颁布新电力法之前，法国电力工业实行全国性垂直一体化垄断的公有电力公司体制。随着欧洲其他国家逐步放开了电力市场，欧盟希望法国政府开放本国电力市场、重组电力公司，以便实现欧盟电力市场的一体化。因此，2000年起法国开始进行电力改革，制定并实施了《关于电力公共服务事业发展和革新的法律》，即新电力法。新电力法明确了电力公司的公共服务义务及其资金来源，设立公共服务基金并加入电力价格中由用户负担，确定售电市场开放时间表，建立生产许可证制度，设立一个电力监管委员会，成立独立于发电的输电网运行管理机构，法国电力公司实行发、输、配、售财务分开，扩大法国电力公司的经营领域，允许其对有选择权的用户提供供热、供气等服务。新电力法的实施，迈出了法国电力市场改革的第一步。2000年，在用电量1600万千瓦时以上的拥有选择权的1200个用户中，有20户更换了供电商。2000年7月，法国开始对垂直垄断的EDF逐步实施重组：发电业务、配电业务及供电业务仍然保留在EDF集团内部，但实行财务独立核算；完成了发电公司的股份制改造，成为国家控股的发电股份有限公司，并计划2005年将30%资产在股票市场交易；将输电业务与EDF的其他业务分离，输电资产部分组成了输电网公司RTE，2001年3月正式实行财务独立核算，负责运营法国高压输电网，确保各发电厂公平接入电网。2005年，法国电力公司进行了资本开放，但国家仍对整体改制上市后的

EDF绝对控股。2005年7月，对RTE实施法律性分离，成为EDF的全资子公司，其输电资产被划分为400千伏和225千伏的互联输电网络及225、150、90、63千伏的区域性输电网络。EDF在法国占据了供电市场的绝对份额，管理63千伏及以上电压等级的输电网资产并负责电网运行调度。在零售环节，从2000年6月开始，年用电量在1600万千瓦时及以上的用户具有选择售电商的权利，2003年2月，年用电量在700万千瓦时的用户具有选择权。2006年，除居民用户外的所有用户都享有选择售电商的权利，占市场总量的68%。从2007年7月1日起，包括居民用户在内的所有用户都可以自由选择售电商。EDF的电价是管制电价，由政府确定，EDF也可以提供一个自由电价。用户的默认售电商是EDF，默认电价为管制电价，除非用户另外选择售电商，然而用户一旦选择了其他的售电商，就不能再由EDF供电。除了EDF以外，主要的售电商有Alterna，Direct Energie，Enercoop等，GDF Suez，Planète UI，Poweo等售电商可以自己定价。

法国电力改革的主要历程如表3.1所示。

表3.1 法国电力改革的主要历程

时间	主要历程
1998年	法国电力公司成立了独立的市场营销部，职责为扩展新用户和用电宣传
2000年	法国颁布了新《电力法》，确定了售电市场开放时间表，建立了电力生产许可证制度，设立了电力监管委员会，法国电力公司的发电、输电、配电、售电财务分离，扩大EDF的经营范围，对有选择权的用户提供供热、供气服务，成立输电公司
2001年	法国在发电侧和零售侧引入了竞争，建立了批发市场Powernext
2002年	确定了配电过网费原则
2003年	正式颁布实施《法国电力天然气法》，将电力监管委员会的职能扩大到天然气市场，同时更名为能源监管委员会（CRE）
2004年	从法律上分离出输电系统运行者TSO（RTE EDF Transport），从管理上分离出配电公司（EDF distribution）、发电和工程公司、售电公司。法国议会通过法律，确认对EDF实行“资本开放”，并规定开放后国家至少应持有70%股份。出台了新的改革办法：a.配电网负责抄表，并负责把计量数据传递给售电单位，售电单位既可是EDF，也可以是其他售电公司；b.售电单位开具电费发票，并负责管理拖欠电费，承担其风险；c.配电网可在售电单位的要求下拉闸限电；d.如果一个用户从一个售电单位过户到另一个，配电网负责2个售电单位间的协调。非居民用户可自由选择售电商
2005年	法国政府与EDF签订《公共服务合同》，EDF及其子公司输电网公司承诺无限期提供优质公共服务，以保证法国能源安全。法国电力公司资本开放，成立有限责任公司，国有资本控股占87.3%，引入私人股东占12.7%
2007年	所有用户均可自由选择售电商；输电和配电部门实现法律上的分离
2010年	法国议会颁布“能源市场新组织法”（NOME），强制要求法国电力公司（EDF）以政府规定的固定价格向其他电力供应商出售核电电量，以促进电力市场竞争。售价每年由各部部长根据能源监管委员会（CRE）的意见来商定，主要考虑核电生产的经济性指标，新法案有效期将持续至2025年

电力体制改革为法国电力行业注入了新的活力，也为法国电力公司带来了新的

活力。法国为发展核电进行了大量投资，这些投资除了大规模发展核电以外，对其他工业领域，特别是对建筑、机械和电气仪表等领域的发展，也起到了推进作用，同时还为法国提供了大量就业岗位。法国电力工业对保持法国贸易平衡和发展外贸也发挥了重要作用。由于使用核电，法国省去了购买化石燃料的费用，同时，通过向国外出售电力和出售核燃料循环产品及服务，也能赚取大量外汇，使得法国能长期保持贸易顺差。法国较早实现了核电机组标准化和设备国产化，因此核电的建造成本相对较低。此外，由于法国核电站建成投运后运行性能优良，各种体系较为健全，使得核电站运行维护费用和燃料费用受到了严格控制，因而法国核电站的运行成本较为低廉。这些因素都增加了法国电力和法国企业的竞争力。目前，法国已成为欧洲主要的电力出口国，核电工业的大规模发展，也使得法国的能源安全得到了很大保障，法国 90%的电力来源于核电和水电，使其不会受到国际市场化石燃料价格变化的影响。另外，法国的核电对温室气体减排也做出了重要贡献。近几年法国电力市场价格相对稳定，还有所下降，主要原因有竞争机制的引入与电价机制改革以及大力发展核电技术，使电力生产的经济性得到了提高。

第二节　电力工业组织结构

法国电力工业已按照法律性分离的形式进行了重组。法国电力公司（EDF）仍然是发、输、配、售垂直一体化公司，但各环节在法律上相分离，同时在发电侧和售电侧分别引入了独立发电商和独立售电商，输电网和配电网保持垄断并由政府管制。法国电力工业组织结构如图 3.2 所示。

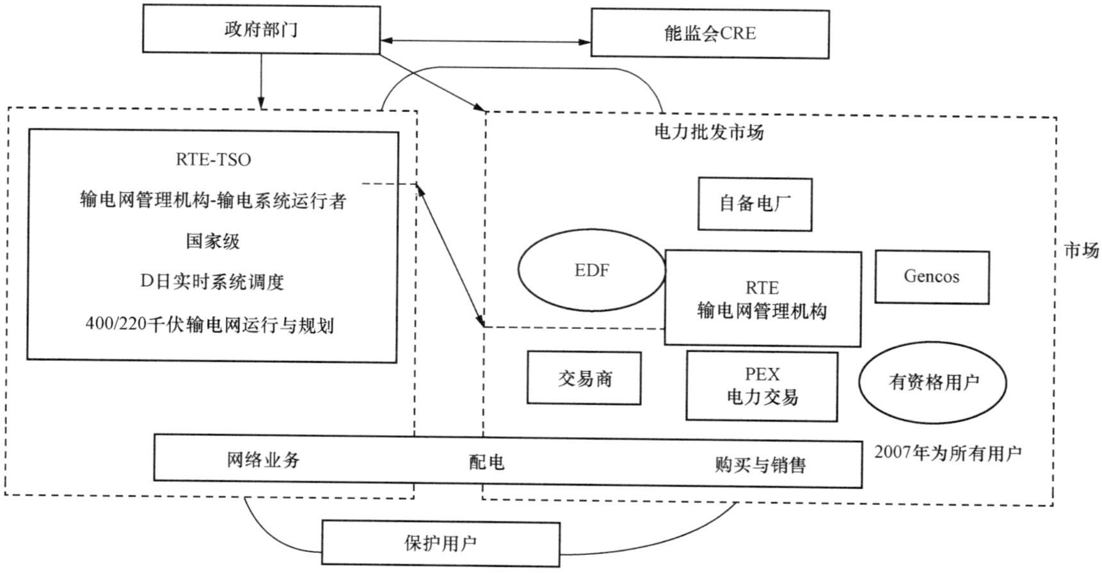

图 3.2　法国电力工业组织结构

发电侧市场主体有 EDF 所属发电厂、独立发电商、企业自备电厂等，这些发电商能够公平接入电网，参与电力批发市场竞争。EDF 的发电量占总发电量的 80%以上（其中的 87%是核电），其他主要发电商有以水电为主的 GDF Suez、E.ON France、和 Direct Energie 等。

输电网由 EDF 的全资子公司——法国输电网公司（RTE）运营，RTE 同时也是输电系统运行者，即调度机构，负责 400、225、90、63 千伏输电网的调度运行。RTE 于 2004 年 7 月成为独立企业法人，其总裁由法国工业部长任命，并直接向能源监管委员会汇报工作，能源监管委员会负责监督 RTE 的公正性。RTE 将原来直接管理的抽水蓄能电站移交给发电商，不再直接管理电厂，RTE 在业务上和信息上独立于 EDF。RTE 的运营管理费用全部计入输电费，保证电网补偿全部成本，并得到合理的投资回报（投资回报率为 6.5%，每年降低运营费用 3%）。RTE 的主要职责包括电网发展与完善，制定统一的电力传输和技术规范，保证自由竞争和公平开放电网，采取有效的技术手段保证电力平衡、电力系统可靠性、安全性和电力系统运行效率，负责电力的输送和调度、电网维护和运营，建立辅助服务系统，保证必要的备用容量。

配电网（20/0.4 千伏）资产属于地方政府所有，由法国配电网公司 ERDF 运营，ERDF 与地方政府签订公共服务合同。ERDF 是 EDF 的全资子公司，运营范围占法国配网的 95%，另外 5%由地区配网运营商（ELD）运营。

售电侧于 2007 年 7 月 1 日全部放开，共有 19 个售电商，其中 9 个售电商为居民用户提供售电服务（如图 3.3 所示）。

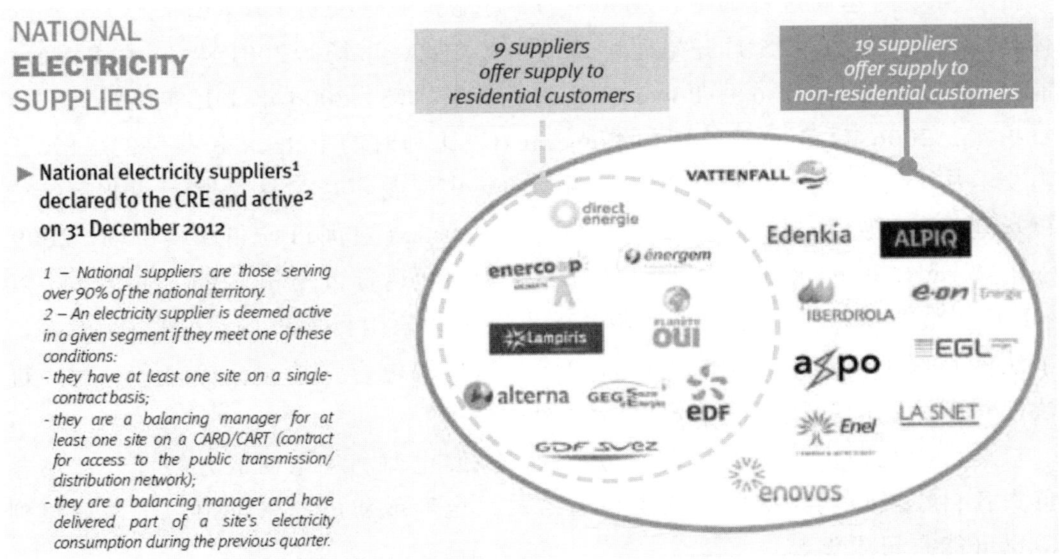

图 3.3　2012 年法国售电商构成

随着电力市场逐步放开，出现了多个电力市场参与者，各电力企业相互收购、股权掺杂，处于你中有我、我中有你的状态。为了协调电力市场主体，2000 年成立了法国电力协会，会员包括法国电力公司、罗纳河水电公司等，共有 700 多家，分别属于发电、售电和商业流通领域。协会下设 5 个委员会，分别是生产、网络、商业销售、社会事务和经济委员会，其中，生产和网络委员会以法国电力公司为主，负责所属发电成员的电力生产和上网等事务，社会事务委员会是劳资双方对话的平台，经济委员会主要承担电力改革筹划、促使用户节约电能等任务。法国电力协会的主要任务是维护各成员的权益，代表业界与政府沟通，促进用户节约用电，研究法国电力市场的竞争能力和开放尺度，协调电力市场主体的竞争秩序，研究绿色能源的配套政策，负责协调资方、劳方，解决劳资纠纷，代表法国电力参与欧盟电力联合会事务。

第三节　市　场　模　式

（一）批发市场

法国于 2001 年建立了电力交易中心（Powernext），市场交易以双边合约交易为主，也开展市场主体自愿参与的日前集中竞价交易，后来该交易中心又增加了期货交易和碳交易。所有双边交易、现货交易和期货交易都需要明确交易的不平衡电量负责方，并向电网公司 RTE 提交交易计划。RTE 建立了市场化的平衡电量机制，保证系统实时平衡，买卖不平衡电量。

批发市场的建立过程如下：2000 年 11 月能源监管委员会 CRE 制定了平衡责任主体合同草案，2001 年 5 月开始运行远期市场（OTC 市场），2001 年 11 月 Powernext 日前市场启动，2004 年 6 月 Powernext 期货市场启动，2006 年 1 月实施跨国联网的容量拍卖，2006 年 11 月将法国的 Powernext、比利时的 Belpex 和荷兰的 APX 三个电力交易中心进行整合，建立了三个国家的集中交易市场，这是欧洲西北部统一电力市场建设的重要步骤；2007 年 7 月启动 Powernext 日间市场和连续市场，2009 年 4 月 Powernext 和 EEX 市场合并，启动 EPEX Spot 现货市场和 EPD 期货合同，2010 年 11 月，整合了法国、比利时、荷兰、卢森堡和德国日前市场；2012 年 1 月，进行了法国和瑞士间跨境长期输电容量拍卖和日间输电容量拍卖；2012 年 6 月，进行了法国和意大利间跨境日间输电容量拍卖。

双边合同是自由交易的物理双边合同，由发电商和售电商双方签订，市场参与者负责各自在当日的平衡，平衡责任通常由发电商或售电商来承担，平衡调整到日前，也可能有日内调整。

电力交换是指法国的市场主体参与国外电力交易，在实时之前的不同时段参与电力、电量交换，考虑发电成本、平衡机制附加成本与电力交换价格后，实现优化。

平衡机制是由输电公司负责当日的系统平衡，市场参与者向输电公司报出平衡调节电量价格，如果是被输电公司调度则以报价结算，输电公司负责安排调频、调压和备用、系统安全与恢复等辅助服务。

（二）零售市场

零售市场中的售电商分为两类：一类是保底售电商（the incumbent suppliers），由EDF所属的配电公司ERDF和七个区域供电公司组成，运行着法国98%的配电网，只在特许经营区内供电；另一类是自由售电商，用户可以选择留在原来的供电公司由保底售电商提供电能服务，其价格是由政府管制的，叫做TRV价格，对于工业用户该管制价格将在2015年取消，但对于居民用户将保留。用户也可以选择按市场价格购电，叫做OM价格，可以与售电商协商该价格，由保底售电商或其他售电商供电。到2013年6月，包括七个区域供电公司在内，法国共有160个售电商。

ERDF的交易模式有两种：一种是由ERDF和区域供电公司一同供电给终端用户，其中ERDF与用户签订供电合同，区域供电公司与用户签订配电网使用协议。另一种是ERDF供电给区域供电公司，区域供电公司供电给终端用户，其中ERDF和区域供电公司签订配电网使用协议，而区域供电公司与用户签订供电合同。

不同的交易模式采用不同的合约形式。GRD-F合约方式中，售电商代表用户与配电网运营商签订合约以取得配电网的准入权和使用权，根据2005年6月通过的法令，由配电网运营商向售电商出具账单。单一合约方式中，售电商与用户签订合约，汇总后与配电网运营商签订单一合约以取得配电网的准入权与使用权，售电商向终端用户出具账单，并承担由用户欠费或拒绝缴纳费用所带来的经营风险。

用户类型主要包括大型非居民用户（包括大型工业、医院、超市以及大型建筑等），其报装容量应达到250千瓦以上，年电能消费约100万千瓦时；中等规模非居民用户，容量应达到36千伏安及以上，年电能消费约15～100万千瓦时；小型非居民用户，容量在36千伏安以下，年电能消费低于15万千瓦时；容量低于36千伏安的居民用户，年电能消费低于1万千瓦时。

第四节 调度运行

法国电网是一个联合多级电网。一级输电网是覆盖整个法国国土、环网运行的400千伏电网，单机容量为600兆瓦及以上机组直接接入400千伏电网。与英国通过直流±275千伏海底电缆相联，与相邻的其他六国（比利时、卢森堡、德国、瑞士、意大利、西班牙）采用400千伏交流线路相联。二级输电网覆盖各区域的225、90、63千伏电压等级，相邻区域网有联络线，联络线只在紧急情况下使用。三级配电网采用20千伏电压等级，每个用户的供电方式是采用一回供电、一回备用，当运行线路掉闸时，自动将备用线路投入运行，以提高供电可靠性。

RTE 的调度系统分为三级：国家电力调度中心、区域电力调度中心以及地区配电调度中心。国家电力调度中心（NCC）管辖范围是 400 千伏及以上电网，主要任务是电网运行管理、电力电量平衡、网损管理以及与其他国家联网的协调调度；区域级调度由 7 个区域调度中心负责，管辖范围是 63～225 千伏的电网，主要任务是运行管理（如电压控制）以及协调发电和用电间的关系；地区配电调度中心由 76 个地区控制中心（DCC）管理，负责 63 千伏以下地方电网的运行和维护。

法国发电、输电、配电公司根据欧洲统一电网组织 UCTE 制定的规则履行在电网运行中的相应职责，依据公司间签署的协议进行调度业务往来，所有的调度业务都需要服从于规则和协议。

第五节　电　　价

法国电价体系中，管制价格和市场价格同时存在，批发市场中的双边合同价格是自由定价，而系统服务、输配电价和公共服务的电价则是管制电价。

批发电价是发电商与售电商签订的双边合同电价，是市场形成的，既有金融交易也有物理交易，既有现货市场交易也有长期合约。2010 年的一项法律规定，对核电在批发市场的准入进行监管。因为核电是由 EDF 一家所有，为了削弱 EDF 在批发市场上的垄断优势，该法律规定，为法国本土用户供电的售电商可以以管制价格购买核电电量，这个机制叫作 ARENH，管制价格由 CRE 建议，由经济部和能源部批准，按照 2011 年 5 月 17 日发布的规定，从 2012 年 1 月 1 日到 2025 年，该价格为 42 欧元/兆瓦时。能够以管制价格购买的核电电量是有限制的，经济部和能源部规定，每年这个电量不超过 1000 亿千瓦时。ARENH 机制将于 2025 年终止，在 2015 年底以后每 5 年进行修订。

法国电力公司发电和输配电业务在法律上分开，财务独立核算，输配电价由能源监管委员会制定，由经济部和能源部监督，输配电价相对稳定，采用邮票法，不考虑地区和时段，按照不同电压等级确定，根据电网改造和扩容投资的需要，补偿电网的所有合理成本，包括电网维护成本、投资成本、系统服务、线损管理等系统运行成本，另加政府规定的 6.5%投资回报率，采用容量/电量两部制输电电价，按申报容量支付容量输电费，对过负荷有处罚，按容量与用电时段支付电量输电费。配电价中业扩增容安装接线材料费及施工费由用户承担，电表产权归属电力公司。输配电价是管制的，在互联网上公开，每四年修订一次，每年按物价指数进行调整，最新的输配电价从 2013 年 8 月 1 日起执行。

零售电价方面，为了避免电价的过度波动，制定了受管制的零售电价，如果一个用户和 EDF 签订有供电合同，他可以选择支付管制电价，也可以和 EDF 或其他售电商签订一个新的合约，支付一个自由电价；如果一个用户以市场价格和售电公司签订了合约，他可以维持这个合约，也可以以管制价格由 EDF 供电，或者以市场价格由其他售电商供电。对于容量大于 36 千伏安的用户，管制电价的有效期至 2015 年，对于容量小于 36 千伏安的用户，管制电价长期有效。

法国的销售电价由约 46%的上网电价、48%的输配电价和 6%的其他部分构成，需要指出的是，其他部分是平衡性基金，作为法国电力公司的收入，用于弥补欠费损失、绿色电力损失以及公共用电服务损失等。这一销售电价结构表明法国上网电价所占比例较低，这是因为发电侧成本相对较低，因而发电侧批发电价也就相应较低。法国销售电价分类结合了用户容量和电压等级，分为蓝色电价、黄色电价和绿色电价三种。蓝色电价适用于容量为 3 千伏安到 36 千伏安的低压用户，由年度固定电费和电量电费构成，并按居民与农业用户、市政和小工业等不同类别分类而制订不同的收费标准，主要包括简单电价、分时电价、避峰日电价。黄色电价适用于容量在 36 千伏安到 250 千伏安的用户，按用电时间分设电价，供用户选择。绿色电价适用于容量大于 250 千伏安的中压、高压和超高压用户，并由用户预定需量，按照用电季节和用电时间分设电价：冬季实行严冬高峰、严冬正常、严冬低谷、冬季正常和冬季低谷电价，夏季实行夏季正常、夏季低谷和盛夏电价。

法国电价中有一些需求响应措施，其中“避峰电价”将一年中高峰小时总数定为 396 小时，分布在每年 11 月至第二年 3 月之间的 22 天里，用户可以选择在这些天里不用电或少用电。避峰电价经国家批准，是正常时期的 10 倍，具体时间根据电网的实际情况，由电网调度中心决定，并在前一天 15 时前通知大用户。对家庭用户实行避峰电价前，需向用户发信号提醒用户节约用电。“季节用电”电价是蓝色电价制度的补充，适用于居民、农业和中小工商业用户。有固定的季节分时电价，分成冬季和夏季，冬季为每年的 11 月至第二年 3 月，共 5 个月；夏季为 4 月至 10 月，有 7 个月。

第六节 行业管理与监管

法国电力行业管理方面与欧盟总体要求保持一致，管理目标一方面是市场自由化和引入竞争，另一方面强调公共服务责任。能源法强调，能源政策要保障国家战略的独立性并促进市场竞争，具体政策目标是保障能源供应安全、保持电力价格的竞争力、保护人民健康、保护环境、应对气候变化等。

2000 年，根据欧盟电力市场化改革的要求，法国成立了电力监管委员会，并于 2003 年更名为法国能源监管委员会（CRE），同时被赋予了天然气市场监管的职能。CRE 是独立的行政权力机构，为保持其独立性，其委员不得同时从事其他职业或参加竞选，并可拒绝接受来自政府或其他地方的任何指令。

CRE 的电力监管职责主要包括两方面，一是监管输配电网，二是监管电力市场。

在输配电网监管方面，CRE 的电力监管职责是保证输配电网透明和无歧视开放，监督输电系统运行者 TSO 和配电系统运行者 DSO 的独立性，监管电网基础设施的发展和运行，每年批准输配电投资计划，提出输配电价，监控以成本为基础的输配电价，处理电网用户和 TSO、DSO 等在电网准入等方面的纠纷。在电力市场监管方面，CRE 的电力监管职责主要是保证有效竞争，保证批发市场的良好运行，向经济部和能源部提出电力市场中的管制价格建议。CRE 有一个 5 人委员会，包括 1 个主席，2 个由法国总统任命的委员，1 个由参议院议长任命的委员和 1 个由国民议会议长任命的委员。这个委员会是 CRE 的决策机构。CRE 还有一个仲裁委员会 CoRDiS，负责处理 TSO、DSO 和电网用户之间在技术和财务等方面的纠纷，它独立于 5 人委员会，由 2 位来自国民委员会的顾问和 2 位来自最高法院的顾问组成。

另外一个相关监管机构是“竞争委员会”（FCA），依据欧盟和法国的竞争法，负责监督市场主体的竞争行为，包括公司并购等行为，有权调查和终止反竞争行为，CRE 也有部分监督市场竞争行为的功能，主要是对于输配电网的公平准入进行监督。CRE 主席可以要求 FCA 调查电力行业的反竞争行为。CRE 和 FCA 都是独立的行政机构，独立公平地行使职能，不接受政府部门或其他方面的指令。FCA 由 17 个成员组成，包括 1 个主席、4 个副主席和 12 个非永久成员，主席由总统根据国民议会和参议院的提名任命，副主席和非永久成员也要任命，任期是 5 年。

在电力规划和投资方面，法国采用政府指导和市场决策相结合的方式，由工业部每年出台滚动的长期电力供需平衡预测、新增发电容量需求及技术政策等信息，指导发电投资者进行投资。发电投资项目由能源部批准，批准的依据是安全、效率、技术经济指标和环境社会等准则，当预计可能出现电力短缺时，由能源部对新增容量建设采用招标的方式，保障长期电力供应安全。对于水电和核电设施有特殊的要求，水电采用特许经营和政府审批的方式，核电要经过核能安全委员会审核和公众听证。

在电网接入方面，遵循公平和无歧视准入原则，由系统运营者 TSO 负责，考虑电网技术约束，并需要支付入网费，入网费公开，由能源监管委员会监管。要求电网公司允许可再生能源发电入网，电网公司要与可再生能源发电商签署购售电协议 PPA。电网要无歧视地对所有用户开放，由系统运行者与电网使用者签订合同，如果这一合同是与垂直一体化公司，如 EDF 签署的，需要由 CRE 审核。如果拒绝用户接入电网，必须对用户和 CRE 说明原因，例如，如果发电商或者售电商不遵守电网安全和技术方面的规则，应拒绝其入网。电网安全和技术方面的规则由 RTE 负责编制。

在电网规划方面，RTE 是唯一的输电网运行者，它每年需要向 CRE 上报一个未来十年的电网发展规划，列出未来十年输电设施的发展规划和未来 3 年的投资项目，该十年规划在 CRE 批准以后还要报能源部批准。RTE 负责电网运行和扩展，政府在电网投资扩展方面没有额外的激励政策，RTE 每年要将其投资计划报 CRE 批准。

在售电准入方面，2010年以前，一个主体如果想从事售电业务，只需要向经济部登记即可。2010年的一项法律规定，一个主体如果想从事售电业务，必须提前得到政府部门批准，政府将考虑售电业务申请者在技术、经济和财务方面的能力，以及申请者的供电方案是否与电力供应义务相容，来选择售电商。地区配电公司的经营也要获得政府部门批准。

在公共服务义务方面，规定只有EDF和地区配电公司可以以管制价格为用户提供普遍服务和保底服务，公共服务的费用能够得到完全补偿，该费用额每年由CRE提出，由能源部确定，由全体用户承担，如果用户购买了可再生能源，可以申请退回所承担的这部分公共服务费用。

能源法没有对外国公司进入电力行业进行特别限制，唯一受限制的是外国公司和法国本国公司占EDF的股权。能源法规定，法国政府至少持有EDF 70%的股权和表决权，另外对于核电等关系到国家安全的设施，外国企业进入要得到法国政府经济部的批准，也会听取国防部的意见。

在跨国联网和交易方面，TSO（RTE）负责跨国联络线的规划建设和运行。目前，法国电网与六个相邻国家的电网相联，包括英国、比利时、德国、意大利、西班牙和瑞士，目前的联网容量不能满足跨国交易的要求，存在阻塞风险，CRE被授权负责跨国联络线的容量分配，容量分配采用招标的方式。

在电力公司内部交易控制方面，没有禁止电力公司的发电商与其分支机构进行交易，但是两者之间的合同也应该是透明的和无歧视的。电力市场参与者必须保证财务分开核算并分离发电、输电、配电和售电各项业务行为，每年向CRE提交各自的财务报表。

法国政府分两个层次对电力工业进行管理。第一层次是政府对EDF的管理，由国家部长会议任命EDF的董事长及三分之一的董事会成员（董事会成员18人，6人由国家任命，6人为专家，6人由职工选举产生）；财政部调控EDF的预算、电价、工资总额和投资；工业外贸部调控EDF的能源政策、电能质量、核电安全以及科技与开发；环境部负责EDF的环保工作；劳动部负责EDF的职工权益等事宜。EDF要与政府签订公共服务合同，明确各自的权利和义务。合同的主要目标分为财务目标和电价目标，此外还对核电安全、服务质量、电网建设、环境保护、国际业务、商业政策、社会政策等方面做出规定。由财政部长、经济部长、能源部长等代表国家与EDF的董事长和总经理在合同上签字，合同期为4年。国家和地方政府以合同形式规定了EDF应达到的目标，但不干预EDF的自主经营。EDF每年向政府提交一份经营报告，接受政府和用户的监督。第二层次是地方政府对配电公司ERDF的管理，由地方政府与ERDF签订为期20～30年的合同，合同对供电责任、用户特殊服务、电网建设等做了规定。地方政府在不满意配电公司工作时，有权收回本地区的配电业务经营权、自组公司经营，但不得转让给第三者。

在零售价格方面，法国目前管制价格和市场价格并存。具有选择权的用户，可以选择市场价格或者管制价格，前者可以选择供电商并与其协商价格，后者仍保留由 EDF 供电并接受政府规定的管制价格。在输配电价制定方面，法国能源监管委员会以 EDF 的配电业务成本作为标准制定配电价格，这使得一些地方小供电公司由于客观和历史原因，成本高于 EDF 平均成本而受损，政府通过公共服务基金来补偿这些公司的损失，公共服务基金是向所有用户收取的附加费。

第七节　未　来　趋　势

法国 2009 年颁布的一项法令规定，到 2020 年可再生能源消费量占总能源消费比重应达到 23%，要求输电公司 TSO 和配电公司 DSO 制定有利于可再生能源接入的电网扩展规划。为了响应欧盟指令 Directive 2009/28/EC 关于促进可再生能源发展的要求，法国在 2012 年建立了一个绿色证书机制。绿色证书是可交易的，绿色证书交易由一个实体 Observ'ER 发布，该实体由包括能源部和环境署在内的政府部门，以及主要发电商、独立发电商和贸易商组成。另外，还建立了一个叫作能源经济证书的机制，用以鼓励企业在节能方面采取行动，这个证书也可以交易。另外，法国根据欧盟 2003/87/EC 法令，还建立了一个温室气体排放限额的交易机制，对一些能源设施运行者分配了一定数量的二氧化碳配额，这些配额也是可以交易的。

虽然在法国核电一直占据着主导地位，但是对于今后核电是不是还应该大力发展也始终存在争议。2012 年，法国总理在议会讲话中提出，到 2025 年法国核电比例将从现在的 75%降低到 50%，但是核电仍将在法国发挥重要作用。法国政府还设立了发展新能源的长远目标，包括发展海洋能源和储能技术。

法国总理府于 2009 年 9 月发表声明，宣布将改革国内电力市场，加快引入竞争机制，打破法国电力公司一家独大的垄断地位。（见《中国能源报》2009 年 9 月 21 日第 9 版）

法国电力公司为了适应市场自由化的趋势而确定的发展战略是，巩固在欧洲的领导地位，保证电力，特别是核电安全可靠，确定的重点方向是：

（1）继续实施国际化战略，集中精力在重点国家的重点业务上发展，重点区域是欧洲和亚洲，中国是重点国家之一，在中国的重点是核电。

（2）努力在电力市场竞争中取得成功，保证较高的市场占有率，国内市场占有率在 85%以上，努力提高效率与效益。

（3）要在高度垄断模式和极端自由化模式之间寻求第三条道路，在市场竞争中既要提高企业的效益又要兼顾公共服务，对困难用户给予扶持，丰富与用户的关系，提高用户的满意率，提高公共服务水平。

（4）调动企业内部员工，共同实现企业目标。

（5）加快科技开发进度，为企业未来的发展做好准备，向多能源多服务的方向发展，研究开发新的核反应堆，建设新的核电项目。

（6）塑造法国电力公司文化。企业文化的主要内容有尊重个人、尊重环境保护、重视效益与效率的提高等。

第四章 北 欧 电 力 市 场

第一节　北欧电力市场概况

一、电力工业概况

北欧地区包括挪威、瑞典、芬兰、丹麦、冰岛五国。除了冰岛外，其他四个国家均实现了电网互联，形成了统一的北欧电力市场。如表 4.1 所示，在统一运营的北欧四国电力市场范围内，截至 2012 年底，总装机容量为 100832 兆瓦，其中：按地区分，挪威占 32.2%、瑞典占 37.0%、芬兰占 16.8%、丹麦占 13.9%；按机组类型分，核电占 12.0%、火电占 29.5%、水电占 49.7%、风电及太阳能占 8.8%；按机组股权分，占比超过 1.5%以上的大发电集团占有市场总容量的 62.0%，其他发电企业占 38.0%，市场份额占据前四位的发电集团依次为 Vattenfall、Statkraft、Fortum、E.ON，其拥有容量分别占 13.7%、13.3%、6.7%、6.1%（如表 4.2 所示）。

表 4.1　北欧四国装机情况　　单位：兆瓦

	丹麦	芬兰	挪威	瑞典	总计
装机容量	14020	16947	32512	37353	100832
核电	—	2732	—	9363	12095
火电	9848	10765	1108	8018	30025
水电	9	3164	30700	16203	50076
风电	4163	286	704	3745	8898
太阳能	0	0	0	24	24

表 4.2　截至 2012 年底北欧四国发电集团容量

	发电集团	容量（兆瓦）	市场份额
丹麦	东能源公司	6137	6.1%
	瀑布能源公司	1816	1.8%
芬兰	富腾公司	5040	5.0%
	PVO 电力公司	3514	3.5%
	赫尔辛基公共能源公司	1483	1.5%
挪威	挪威国家电力公司	13384	13.3%
	Energi 电力有限公司	2800	2.8%
	海德鲁公司	1958	1.9%
瑞典	瀑布能源公司	13803	13.7%
	E.ON 瑞典公司	6721	6.7%
	富腾公司	5870	5.8%
其他发电企业		38306	38.0%
总计		100832	约 100.0%

北欧四国的电源结构具有明显的地域分布特性，水电大部分集中在北部挪威和瑞典地区，火电则主要集中在南部芬兰和丹麦地区。北部地区人口较少、负荷较低，而南部地区则人口稠密、负荷较大。在丰水期，北欧北部地区大量的水电以低成本优势输送至南部地区，现货市场价格下降；在枯水期，南部地区较高成本的火电输送至北部地区，导致现货市场价格上扬。因此，北欧四国内部具有资源互补的天然优势与水火互济的内在需求，这也是北欧电力市场形成的内在推动因素。

北欧四国 2012 年发电总量为 3990 亿千瓦时，其中市场份额占据前四位的发电集团 Vattenfall、Statkraft、Fortum、E.ON 的发电量分别占总发电量的 18.8%、13.6%、12.1%、7.0%。

北欧四国 2012 年用电总量为 3866 亿千瓦时，其中挪威占 33.2%、瑞典占 36.7%、芬兰占 21.4%、丹麦占 8.7%；最高用电负荷一般为冬季负荷（12 月至次年 2 月），在负荷高峰期间需要从相邻的俄罗斯、德国、波兰等国购买电能，2012 年最高用电负荷为 68837 兆瓦，其中挪威为 24333 兆瓦、瑞典为 26517 兆瓦、芬兰为 14304 兆瓦、丹麦为 6142 兆瓦。北欧地区近几年用电需求增长相对平缓，因从 2012 年经济危机中有所复苏，用电量和负荷均同比增长 2%（如表 4.3 所示）。

表 4.3　2012 年北欧四国用电量及负荷情况

	丹麦	芬兰	挪威	瑞典	总计
用电量（亿千瓦时）	338	829	1282	1417	3866
最高用电负荷（兆瓦）	6142	14304	23443	26517	68837
最高用电负荷出现日期	2 月 6 日	2 月 3 日	12 月 5 日	2 月 3 日	

如表 4.4 所示，北欧四国的输电网电压等级为 110～400 千伏，包括 110 千伏、132 千伏、150 千伏、220 千伏、300 千伏和 400 千伏多个电压等级，以 220～400 千伏为主网架。截至 2011 年底，220～285 千伏线路总长度达 8148 公里，380/400 千伏线路总长度达 24902 公里。此外，北欧电网与德国、波兰、爱沙尼亚、俄罗斯以及荷兰通过直流或交流联网。丹麦东部与西部电网通过直流相联，东部电网与北欧电网为同步电网，而西部电网与欧洲大陆电网形成同步电网。

表 4.4　截至 2011 年底北欧四国电网建设情况　　单位：公里

	220～285 千伏	380/400 千伏
丹麦	702	1508
芬兰	2601	4331
挪威	445	8355
瑞典	4400	10708
总计	8148	24902

二、市场发展历程简述

北欧电力市场始于 1991 年。1991 年 1 月 1 日，挪威能源法案颁布，挪威国家电力市场建立；1996 年 1 月，瑞典能源法案颁布，挪威和瑞典建立共同市场；1998 年 6 月，芬兰加入；1999 年 7 月，丹麦西部加入；2000 年 10 月，丹麦东部加入；2001 年，北欧电交所同时获得交易所与清算所许可证；2003 年，北欧电交所在合同清算中正式启用欧元；2004 年，北欧电交所开发了新的清算平台；2005 年，北欧电交所成为欧洲首个欧盟排碳配额（EUA）交易的电力交易所；2006 年，在北欧电力金融市场中，远期合同的最长时间跨度从 4 年被扩展为 6 年；2007 年，北欧电交所成为欧洲首个开展核证减排量（CER）交易的电力交易所；2009 年 11 月，北欧与德国联合运作启动日内平衡市场；2010 年，NASDAQ OMX 收购了 NordPool ASA，包括电力金融交易、清算、咨询三块业务，与 NordPool Spot AS 合作在英国启动 N2EX 电力市场；2010 年 4 月，对爱沙尼亚开放报价区；2011 年荷兰、比利时加入日内平衡市场；2012 年 6 月，对立陶宛开放报价区。

三、市场组织机构与市场主体

（一）市场组织机构

北欧电力市场组织机构包括监管机构、物理和金融市场交易机构、电网公司等。各组织机构及其关系如图 4.1 所示。

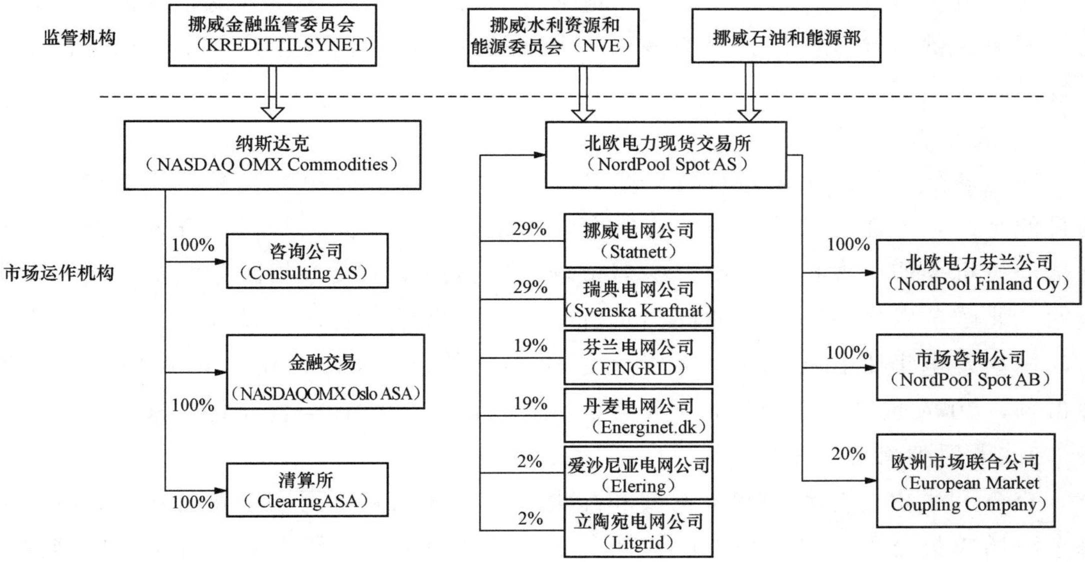

图 4.1 北欧电力市场组织机构及其股权关系

北欧电力现货交易所（NordPool Spot AS，以下简称“北欧电现所”）负责组织电力现货市场交易。2012 年 8 月前，北欧四国挪威、瑞典、芬兰、丹麦电网公司分别持有北欧电现所 30%、30%、20%、20%的股权。2012 年 8 月爱沙尼亚、立陶宛参与北欧电力现货市场，通过股权转让其电网公司各获得 2%的股权，北欧四国电网公司分别出让 1%的股权。北欧电现所全资拥有北欧电力芬兰公司（NordPool Finland Oy，负责日内平衡市场）、市场咨询公司（NordPool Spot AB，负责市场推广、市场分析及咨询），并与西北欧其他四个电网公司及交易所共同建立欧洲市场联合公司（European Market Coupling Company），负责各国之间的联络线输电阻塞管理，占有 20%的股权。北欧电现所于 2012 年 12 月将所持的北欧燃气公司 50%的股份出售给丹麦电网公司。

NASDAQ OMX Commodities Europe 是北欧唯一的电力金融市场，负责组织电力金融市场交易，2010 年前名称为“北欧电力交易所 Nordpool ASA”。NASDAQ OMX 在 2007 年至 2010 年间，先后收购了北欧电力清算所、北欧电力市场咨询公司和北欧电力交易所金融市场部分，2010 年 11 月北欧电力交易所 Nordpool ASA 正式更名为 NASDAQ OMX Oslo ASA。

北欧电力清算所提供交易所和所外标准交易金融合同的清算服务。

挪威石油能源部监管挪威电网运行，挪威水利资源和能源委员会（NVE，隶属于挪威石油能源部）监管电力现货市场，挪威金融监管委员会（KREDITTILSYNET）监管北欧金融市场。

（二）市场主体类型及其职责

北欧电力市场主体包括发电商、电网拥有者、大用户、零售商、投机商、做市商、服务提供商等。值得一提的是，一个市场主体可能同时作为多个市场角色参与市场。

1. 发电商

发电商除在物理市场进行售电交易外，也可参与金融市场交易，其参与金融市场目的是：一方面对部分发电量进行套期保值，另一方面在根据自身风险偏好，开展部分投机操作。发电集团统一参与市场，中标结果由发电集团分配至下属各发电企业。北欧各发电集团由专业部门负责参与电力市场交易，并投入了大量的人力物力，例如发电集团 Statcraft 总部有一支 40 多人的市场交易队伍，其中 15 人负责物理市场，20 人负责金融市场，4 人负责风险控制，另外有 4 名外聘专家。

2. 电网拥有者

TSO 和供电商分别拥有主网架和配电网，必须保障电网安全稳定运行，保证对每个市场成员公平开放，另外电网拥有者必须在市场上购买负责运行电网的网损。

3. 大用户

大用户必须购电以保证自身用电需求，可利用金融市场锁定购电价格，也可进行部分投机操作。

4. 零售商

零售商在市场中购电以满足市场需求，可以是拥有配电网的公司，也可以是不具有任何电网资产但已获得资格的市场成员，零售商必须保证客户的用电需求，可以利用金融市场进行套期保值和部分投机。

5. 投机商

投机商没有发、输、配电资产和用户，纯粹在金融市场上开展投机。为控制风险，操作过程中通常设定风险可承受范围。

6. 做市商

为促进金融市场的流动性，由 NVE 指定做市商成员。通常，做市局由一些规模较大的市场主体担任，目前期货和远期市场中有 2 个，差价合约市场中有 1 个。做市商每天至少进行一对购售交易（一买一卖），购售价差空间、交易量都有最小值限定，目前规定价差最小为 2 欧元/兆瓦时。

7. 服务提供商

服务提供商为市场成员提供服务，如投资组合管理、结算服务等。同时，为市场成员降低风险，获得更多效益。

第二节 电力市场运行

一、市场组织结构

北欧电力市场体系较为完善，电力运行的多个环节采用市场竞争机制，包括发电、电力实时平衡、系统辅助服务、售电等。北欧电力市场从交割方式的角度可分为物理市场和金融市场。物理市场包括日前市场（Day-ahead Market，也称为“Elspot”）、日内平衡市场（Intra-day Market，也称为“Elbas”）、实时平衡市场（Real-time Market，也称为“BPM”）和备用容量市场（Reserve Market）。金融市场交易品种包括远期合同（Forward contracts）、期货（Futures）和期权（Options）合同、差价合约（CfDs）、备用期权（Tertiary reserves – option market）、排放权（Emission rights）；从组织方式角度可分为集中交易（交易所组织的交易）、双边交易（Bilateral）和柜台交易（OTC）。北欧电力市场各类交易组织情况如图 4.2 所示。

由图 4.2 可见，NordPool 电力现货交易所负责组织物理市场交易，包括日前市场和日内平衡市场，并负责物理市场合同结算。NASDAQ OMX Oslo ASA 负责组织金融市场交易，交易品种有电力远期、期货、期权、差价以及排放权远期和期货金融市场交易以日前现货市场价格作为参考价格，在 NASDAQ OMX 清算所进行结算。各国 TSO 负责联合组织实时平衡市场和日内备用容量市场，同时开展备用容量期权等属于辅助服务的金融交易；负责自身组织交易品种的合同结算，同时还负责交易与执行偏差电量结算。

市场主体可以自愿参与交易所组织的集中市场，也可以选择开展双边、柜台方式的物理交易和金融交易。

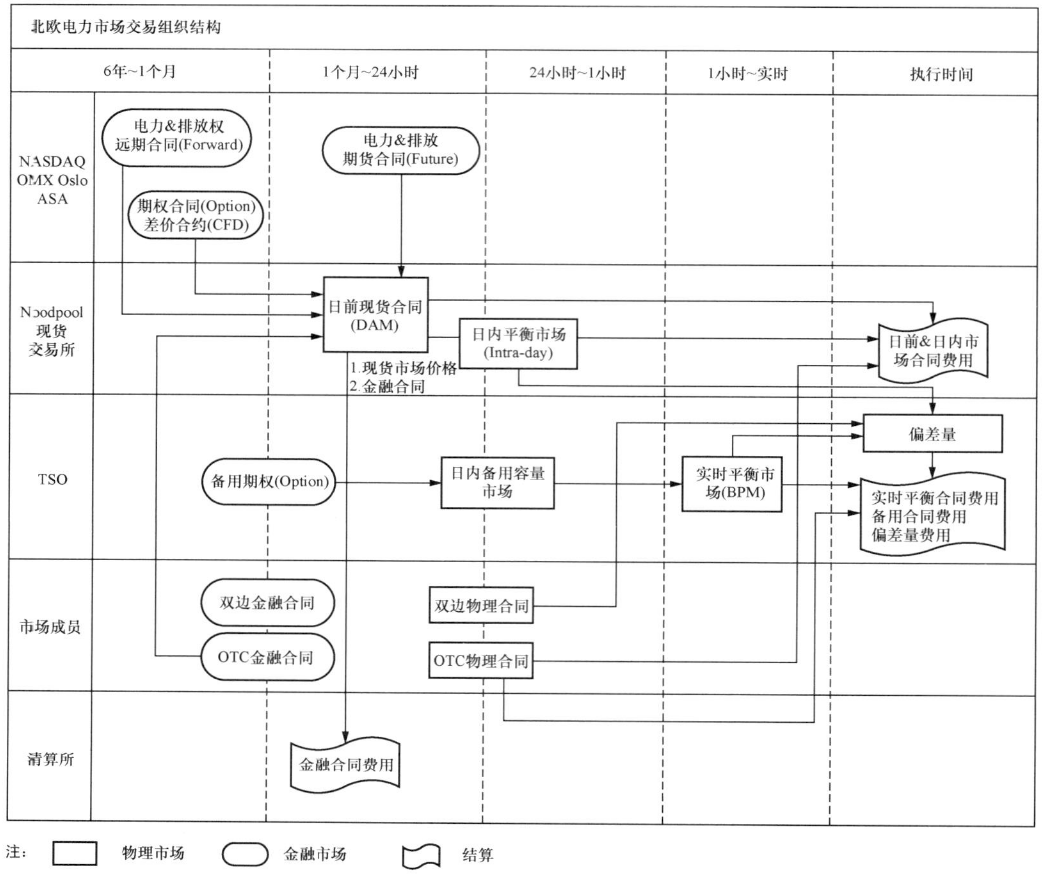

图 4.2　北欧电力市场交易组织结构

双边交易由交易双方协商，合同没有固定的格式，而柜台交易有标准格式。金融市场和物理市场的双边及柜台交易都必须报送至相应的集中交易组织方。双边及柜台交易方可以选择结算方式，但为规避风险，交易方一般都选择到相应的集中交易组织方的结算机构进行结算。双边和柜台物理交易不能跨价区开展，这也意味着用户不可以选择其他价区或国外的电力供应商。

在北欧电力市场中，日前市场与实时平衡市场是物理市场中运行最为活跃、市场地位最为突出的两个市场，远期、期货交易是金融市场中交易量最大的两个交易品种。

二、电力物理市场

电力物理市场运行主要是满足电力供需平衡，保障系统安全运行。日前、日内、实时、备用容量等市场分别从事前、事中以及备用方面全过程保障，分别由 NordPool 和 TSO 负责组织。

图 4.3 所示的是 1997～2012 年北欧电力现货市场交易电量占总用电量比重的走势。截至 2012 年底，北欧电力现货市场共有 20 个国家的 370 个市场成员。2012 年

现货市场中，北欧四国交易电量为 3230 亿千瓦时，占总用电量的 83.5%，比 2011 年所占比上升 6 个百分点，其余为双边及 OTC 交易电量。如果计入爱沙尼亚、立陶宛、德国等日前、日内平衡市场交易电量，2012 年交易电量为 3371 亿千瓦时，其中日前市场交易电量 3339 亿千瓦时，日内平衡市场交易电量仅为 32 亿千瓦时。此外，与 NASDAQ OMX 合作的英国 N2EX 市场 2012 年交易电量达 1333 亿千瓦时。

市场成员需向电现所缴纳交易费用和结算费用。交易费用缴纳有两种模式可选：一是分每年固定费用和电量交易费用的两部制模式；二是仅缴纳电量交易费用的一部制模式，单位交易电量费用较高，适用于交易量较小的市场成员。在每年年初缴纳年固定交易费用之前，市场成员可申请交易费用缴纳模式变更。目前，两部制交易费用中年固定交易费用为 15000 欧元，电量交易费用为 0.04 欧元/兆瓦时；一部制电量交易费用为 0.13 欧元/兆瓦时。电量结算费用为 0.005 欧元/兆瓦时。

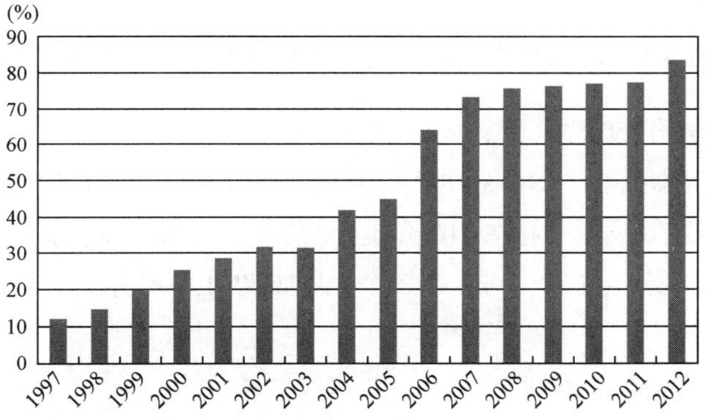

图 4.3　1997～2012 年北欧电力现货市场交易电量占总用电量比重走势

（一）日前市场

日前现货市场建立于 1993 年，是北欧电力物理市场的主要组成部分，由北欧电现所负责运营。目前，日前市场有 360 个市场成员，大部分每天参与市场交易，一天产生大约 2000 份交易合同。

日前现货市场采用多买方下分区边际定价的竞价模式。电能买卖双方对第二天每小时时段申报量价曲线，售电曲线单调上升，购电曲线单调下降。电现所依据市场成员申报曲线进行交易计算，将买电和卖电曲线交汇于一点，形成系统电价（System Price），如图 4.4 所示，并以系统电价作为买方和卖方的共同交易电价；如遇网络约束时将分割为更小的市场，产生

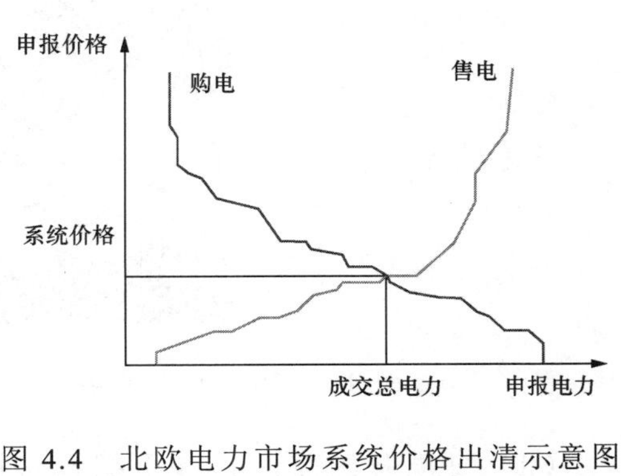

图 4.4　北欧电力市场系统价格出清示意图

不同的分区电价（Area Price），如图 4.5 所示，电力送出区域相比独立运行时，因电力送出使得整个区域电力需求增加，区域价格有所提升，而电力受进区域相比独立运行时，因电力受进使得整个区域电力需求下降，区域价格有所下降，但电力送出区域价格将低于电力受进区域价格。

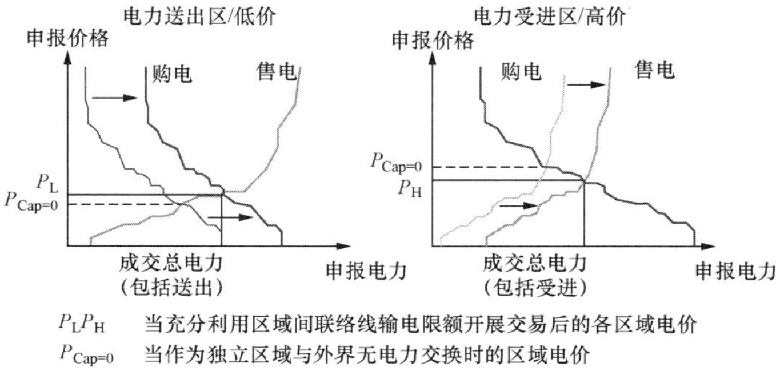

图 4.5　北欧电力市场输电受阻时区域价格出清示意图

日前市场主要运作流程如下：

（1）每个季节开始前，TSO 根据电力市场及电网运行实际情况，确定市场分区和各区间的线路输送限额。根据 2012 年运行情况，北欧市场分为 12 个市场分区（挪威 5 个、瑞典 4 个、芬兰 1 个，丹麦 2 个），如图 4.6 所示。

图 4.6　2012 年北欧电力市场分区情况及区域间联络线输送限额

（2）每周开始前，TSO 根据设备检修安排对各分区间线路输送限额进行复核。

（3）每天 8：00～12：00，买卖双方市场成员通过交易系统（SESAM）向电现所提交申报量价曲线，市场成员最多可提前 12 天申报，到交易日 12：00 前均可修改。

（4）每天 10：00 前，TSO 向市场提供各市场分区间线路输送限额。

（5）每天 12：00～12：45，电现所基于市场申报量价、输电限额计算次日每小时成交的电量和电价，其中包括无约束出清和带网络约束的分区出清。

（6）每天 12：45，电现所向市场成员发布成交结果。

（7）每天 12：45～15：00，电现所根据成交量价向买卖双方开具发票，其间，市场成员可在收到交易结果 30 分钟内向电现所提出质疑，如确有错误，电现所需重新发布正确结果，然后基于最终结果开具发票，14：00 为质疑截止时间。

（二）日内平衡市场

日内平衡市场是日前市场的延续，是一个高效市场的重要补充。当负荷预测产生偏差、跳机、检修计划改变、电网设备故障等不可预计因素发生引起系统不平衡时，日内平衡市场提供调整手段，实现系统平衡；从经济性角度考虑，也可规避风险或者提高收益。日内市场由 NordPool 芬兰公司组织，在 14:30 日前电力市场关闭后开启，在执行时间点前一个小时关闭，遵循“先来先得、高低匹配”的交易原则。由于大部分市场成员不愿意投入高额的成本开展少量的交易，目前日内平衡市场开展的交易量很少，2012 年交易电量为 32 亿千瓦时（包括与德国和爱沙尼亚的联合日内平衡市场）。

日内平衡市场运作流程较为简单。每日日前市场结束后，14:00 至执行时间前一小时，市场成员通过基于网络的交易系统针对次日每小时向各自 TSO 申报量价曲线，跨国交易和结算由电现所处理。

（三）实时平衡市场

北欧 TSO 需负责系统平衡，实时平衡市场是由北欧四国 TSO 共同运作的实时平衡调节市场，它为北欧电网一小时内的实时电力平衡提供了市场平台与调节手段，同时根据实时平衡市场电价为各市场成员在实际运行中产生的不平衡电量进行结算。参与实时平衡竞价的市场成员主要是发电商和能迅速对负荷作出较大调整的电力用户。2012 年实时平衡市场交易电量 44 亿千瓦时。

日内平衡市场运作主要流程如下：

（1）每天下午日前市场结束后，15:00～19:30，市场成员针对次日 24 小时各时段向 TSO 申报量价曲线。

（2）每天 19:00 前，参与次日现货市场的所有发电商根据在现货市场中的出清结果编制次日发电计划，并报送给 TSO。

（3）每天 22:00 前，TSO 完成次日负荷预测，做好相关的潮流分析，并将各发电商报送的次日发电计划与明日的负荷预测情况进行比对分析，得出次日 24 个小时各时段的预计不平衡量，据此估算出次日实时平衡市场的各时段的市场空间。同时，对各市场成员的实时平衡市场报价进行优化排序，得到增出力报价（包括增加发电出力和减少用电负荷）序列与减出力报价（包括减少发电出力和增加用电负荷）序列，最终形成次日24小时报价序列表。

（4）TSO在电网实时运行过程中，根据频率波动情况按照各市场成员在实时平衡市场中的本时段报价排序表进行依次调用。

（5）在结算过程中，将参与实时平衡市场的市场成员每小时的表计实测电量数据与在现货市场中已出清的该小时的合同电量成交数据进行比较，两者偏差值为不平衡电量，这部分不平衡电量将参照该小时的实时平衡市场电价进行结算。

北欧各国对于不平衡电量的结算有不同的规定。在挪威，用户正的不平衡电量将给予退费，而负的不平衡电量将要被收费，收费的价格按照当时的每小时电力价格执行。也就是说，依赖于现货价格和实时价格的大小，参与者可能由于不平衡电量获得利润或者遭受损失。在瑞典、丹麦和芬兰，对不平衡电量的处理按如下原则：一是对于为了使整个电网电力平衡而产生的不平衡电量，参与者如果将这些电量在现货市场上交易不应该受到损失，也就是说这些电量应该按照现货市场的价格收取或退还费用给参与者；二是对于那些使整个电网发生电力不平衡的不平衡电量(比如和输电系统运行商调节行为相反的行为)，输电系统运行商将基于实时价格按照对于参与者最不利的条件收取或退还电费。

（四）辅助服务市场

为保障系统运行安全，TSO另外组织了辅助服务市场，包括备用容量市场、调频市场等。

当电网系统频率波动较小时，电网主要是利用发电机组的一次调频等辅助服务来保证频率质量与电网稳定。当电网系统频率波动较大时，TSO将启动实时平衡市场，根据市场成员（包括发电方与购电方等）的报价排序在发电方调用机组的备用容量（正备用及负备用），或在购电方增加或减少电网负荷，以保证系统的实时发用电平衡。当出现输电阻塞影响系统平衡时，TSO通过对销交易（Countertrade）来消除阻塞，即同时在送电侧减少电力供应（减少发电出力或增加用电负荷）和在受电侧增加电力供应（增加发电出力或减少用电负荷）。需要指出的是，为了确保能有足够的市场成员和充足的调节容量参与实时平衡市场，北欧电网引入了第三级备用期权市场（Tertiary Reserve Option Market，简称TROM）。

日前调频备用容量市场由TSO组织，是TSO组织的金融交易品种调频正常运行备用（FCNOR）、调频扰动备用（FCDR）的物理延伸，日前调频备用交易容量约占需求容量的三分之一。

（五）平衡与阻塞管理

北欧电力市场的各物理市场相互衔接，组织机构、市场成员协调配合，加上有效的阻塞管理机制，保障电力供需平衡和市场良好运转。

如图 4.7 所示，北欧电力市场平衡与阻塞管理流程如下：

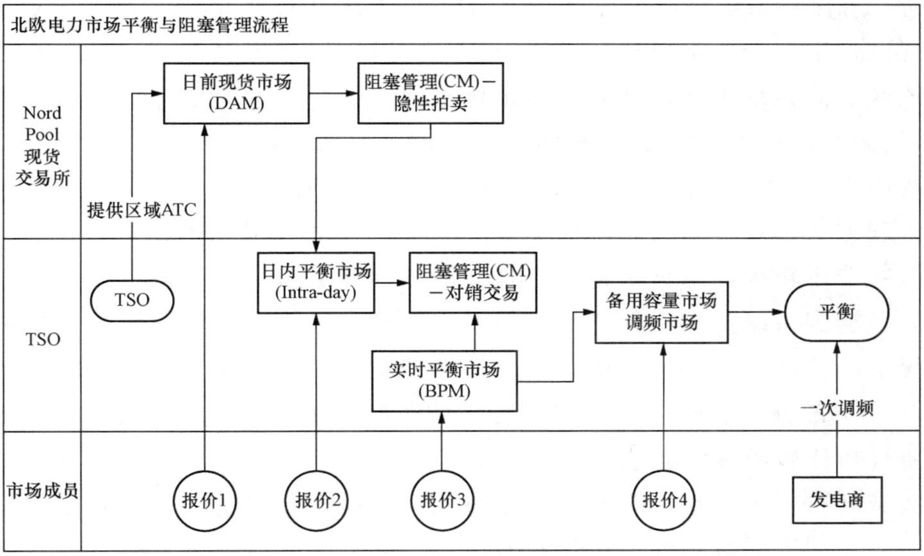

图 4.7　北欧电力市场平衡与阻塞管理流程

（1）TSO 提前一周向北欧电现所提供区域间可传输容量（ATC），并在每天 10:00 前对第二天联络线可传输容量进行复核。

（2）发电商和用户根据预计，在每天 12:00 前向日前现货市场提交报价。

（3）北欧电现所根据报价进行无约束市场出清，得到系统电价。

（4）根据 TSO 提供的联络线可传输容量，如遇区域间输电阻塞，北欧电现所开展阻塞管理。此时，以联络线为界分割成两个区域：假设区域 A 通过联络线输送电力至区域 B，为消除阻塞，则相对无约束出清结果；区域 A 依据价格从高到低调减区域内机组出力，B 区以价格从低到高调增区域内机组出力，区域 A、区域 B 价格为各自区域内的边际价格，导致区域 B 价格高于区域 A 价格，联络线传输电力则从低价的区域 A 输送至高价的区域 B，这样就形成了阻塞收益。这一阶段的阻塞管理方式称为“隐性拍卖”。北欧电力市场规则规定，阻塞收益归电网公司（TSO）所有，而阻塞产生的额外费用也由电网公司承担。北欧各国电网公司不会故意利用阻塞赚取额外收益，因为电网公司投资回收主要依靠输电费的收取，监管机构每年 8 月开始核定各输配电网公司次年输电价，电网的运行及利用情况是核定时需考虑的重要因素，如某公司电网利用率低，则该公司核定的收益将相应降低，具体将在下文输配电价中说明。

（5）日前现货市场结束后，14:00 日内平衡市场开启，市场成员开始报价，有效时间持续至合同执行前一小时；19:30 之前，市场成员向次日实时平衡市场报价，为一小时内平衡调节所示用。如系统发生特殊情况，引起平衡偏差，TSO 利用日内平衡市场、实时平衡市场报价调节平衡，进行阻塞管理。当区域A向区域B输电产生阻塞时，为保持系统平衡，TSO将调增区域B机组的出力，调减区域A机组的出力。而规则规定市场成员向日内平衡市场、实时平衡市场报价时，调增出力报价必须大于该区域的系统价格，调减出力报价必须小于该区域的系统价格，这样就导致了TSO从购买区域B的高报价机组出力，同时以低价出售区域A机组出力，其中的调节费用由TSO承担。这种交易行为称之为“对销交易”（Counter Trading），这种阻塞管理方式也被称为“显性拍卖”。与“隐性”拍卖获得的阻塞收益相比，TSO支付的阻塞费用较少，总体来说，TSO将获得阻塞收益。

（6）当遇到系统扰动引起不平衡量时，首先由机组一次调频作用，同时调度员根据系统实际情况通过各类备用容量市场调节电力供需平衡，保障电能质量。

TSO可用部分阻塞收益维护和建设区域间输电线路，扩大区域间可传输容量，但这需要分析比较阻塞与投资的经济性，确保投资的必要性。北欧电力行业普遍认为，在区域间电网中存在合理的阻塞是系统经济运行的表现。北欧电力市场自从运行以来，充分利用区域间通道优化资源配置，并且引入用户侧报价，增强需求侧弹性，使电网得以充分利用，整个区域新增装机速度明显减慢，社会效益显著。

（六）市场运行情况

1. 批发市场

2012年北欧电力市场没有新增价区，全年75%的时间市场出清时分解成不同价区，实际运行中利用率最高的线路33%～35%的时间存在阻塞现象；价区SE1-FI联络线年平均利用率最高，为最大容量的86%，其余利用率较高的联络线为价区SE3-SE4、NO2-DK1、SE3-FI，年平均利用率分别为最大容量的73%、71%、67%。利用率高的线路通过长期预测综合评估扩容必要性后将被纳入规划。

相反，2012年北欧电力市场价格有25%的时间相同，低于2011年的26%，这主要是因为输电阻塞增加导致。瑞典首次将全年分为四个价区，但其仍有83.3%的时间保持国内相同价格，最南部的价区SE4均价最高，达34.21欧元/兆瓦时，越往北价区均价越低，价区SE1均价达31.72欧元/兆瓦时。

2012年北欧地区为丰水年，北欧电力市场平均系统价格由2011年的47.05欧元/兆瓦时下降至31.20欧元/兆瓦时；最高月平均系统价格发生在冬季2月份，未超过2011年同期的高价49.06欧元/兆瓦时，仅比2011年平均价格略高；7月份平均系统价格13.70欧元/兆瓦时，创2000年8月以来月平均价格的历史新低。最高平均价格价区（DK2）与最低平均价格价区（NO5）的差价由2011年的3.56欧元/兆瓦时提升至8.61欧元/兆瓦时。丹麦价区DK1和DK2全年分别由33和31小时出清价为负价格，圣诞节期间低谷负荷调峰压力大，价格最低降至–200欧元/兆瓦时，中标机组得以保持开机状态。

2. 零售市场

零售市场价格主要包括增值税、其他税收、配电价格等。2012年，北欧电力市场零售价走势与一般情况走势相同，呈下降趋势，下半年则呈上涨趋势。瑞典和挪威的平均零售价格由 2 月份的 6.37、5.41 欧分/千瓦时分别下降到 7 月份的 2.37、1.69 欧分/千瓦时，而到 12 月份分别又上涨到 5.44、4.76 欧分/千瓦时。2012 年北欧各国电力零售价格走势如图 4.8 所示。

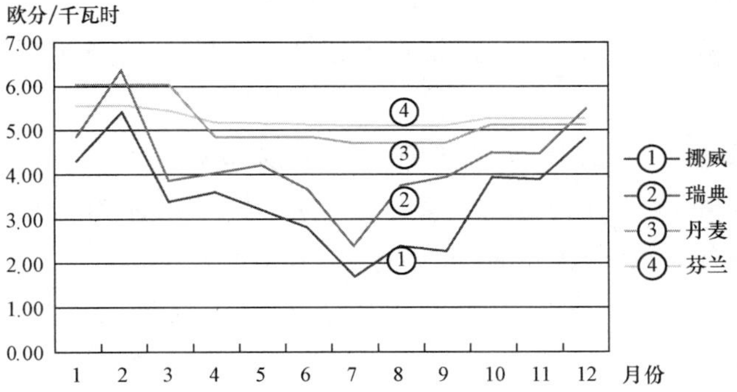

图 4.8 北欧电力零售市场各月均价走势

三、电力金融市场

北欧电力金融市场为发电商、零售商、大用户等市场成员提供了价格对冲和风险管理的手段。目前，北欧电力金融市场交易品种主要包括：基荷、峰荷的期货、远期合约、期权合约以及差价合约。以现货市场价格为参考，采用现金结算模式，不需要交割；关于辅助服务的备用容量期权、关于碳排放的 EUAs 和 CERs 期货及远期合约，到期需要物理交割。电力金融交易品种从地域范围角度上看，除北欧外，已扩展至德国、荷兰和英国；从交易期时间跨度角度上看，最长可达 6 年，包括日、周、月度、季度以及年度合同。其中，除备用容量期权市场由 TSO 负责组织外，其余交易品种均由 NASDAQ OMX 负责组织。下面对北欧电力金融交易市场主要发展历程及品种做简要介绍。

（一）电力金融市场发展简要历程

（1）1993 年，挪威建立了电力远期合约市场，揭开了北欧电力金融市场的序幕。这个市场使用竞价交易系统，要求参与者进行物理合约的交易，交易品种有基荷合约（每周 168 小时）、峰荷合约（每周 60 小时）和非峰荷合约（每周 108 小时），交易期为 6 个月以内的 1 周、4 周的块状合约。

（2）1993～1994 年，因市场流动性低，逐步取消了峰荷合约和非峰荷合约，让市场专注于提高基荷合约的流动性。为促进流动性，当金融合约到期时，使用现金结算替代了物理交割合约。合约的参考价格为现货市场的系统电价，交易期延长至 3 年。

（3）1996 年，引入自动电子交易系统 PowerCLICK。

（4）1997 年，电交所将远期合约标准化以适应 OTC 交易的需求，其时间期限增加至 4 年，而期货合约的时间期限缩短至 8～12 个月。

（5）1999 年标准化期权合约在北欧电力金融市场开始交易。

（6）2000 年，北欧四国形成统一的物理市场后，差价合约被引入电力金融市场，为市场成员提供规避系统电价与分区电价之间的差价风险。

（7）2003 年开始将期货合约的期限缩短为 8～9 周，并进一步缩短为 6 周，而远期合约的时间期限则延长至 5 年，最后延长至 6 年。

（8）2004 年，瑞典绿色电力证书市场建立，其目的是为了促进市场对可再生能源发电的投资。

（9）2005 年 2 月，欧盟排放权（EUA）交易市场建立。

（10）2006 年开始，所有金融合约在交割期都以欧元为货币单位结算，这使得跨区域交易更为方便，使金融产品和交易更为标准化。

（11）2007 年 6 月，北欧电力金融市场引入了标准化的碳排放合约（CER），同时恢复了峰荷合约。

（12）2008 年 1 月，德国、荷兰电力金融市场建立。

（13）2011 年 1 月，基于 N2EX 日前现货市场，NASDAQ OMX 启动了英国电力期货市场。

目前，NASDAQ OMX 组织或在其中结算的北欧电力金融市场的市场主体有 420 个，2012 年金融市场的交易量为 16620 亿千瓦时，其中 NASDAQ OMX 交易所集中交易电量为 9271 亿千瓦时，占总交易量的 55.8%，总交易量同比下降 3.5%，是现货市场的 5 倍，是北欧总用电量的 4.3 倍且已连续两年下降；交易合同总量为 14.34 万个，同比下降 11.0%；总成交金额 570.30 亿欧元，同比下降 22.0%。2012 年来，由于北欧处于丰水期，使得发电市场价格相对较低，加之近两年经济温和复苏，市场成员在电力市场交易中规避风险意愿有所下降，电力金融市场交易量较往年有所下降，但金融市场仍对整个北欧电力市场良好运行起着至关重要的作用。1998 年至 2012 年北欧电力市场金融交易电量走势如图 4.9 所示，其中，2002 年交易量最大，是当年总用电量的 10 倍以上。

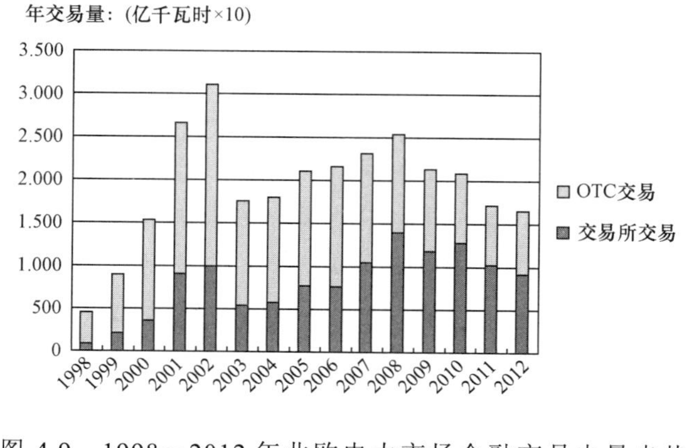

图 4.9　1998～2012 年北欧电力市场金融交易电量走势

从多年运行效果来看，市场成员在选择规避风险的方式上，购买集中或双边金融合约的同时结合在现货市场购买物理合同的方式大部分取代了原有的依靠传统双边物理合同的避险模式。

NASDAQ OMX 除负责组织各类金融交易外，其全资拥有的清算所负责交易所交易合同及 OTC 交易合同的清算。从 1993 年金融市场建立至今，交易量不断扩大并保持着较大的交易规模，NordPool 收取的平均交易和清算费用下降明显，中等规模交易的市场成员交易与清算平均费用从开始的 0.12 欧元/兆瓦时下降到目前的约 0.008 欧元/兆瓦时。根据不同类型的市场成员，交易与清算费用收取方式也分两部制和一部制两种模式。较小交易规模的用户可选择一部制单位交易费用较高的模式。较大交易规模用户选择年固定费用与单位交易费用相结合的模式较为经济，交易规模越大，两部制中单位交易费用越低。

（二）主要交易品种说明

北欧期货市场（包括远期交易与期货交易）是北欧电力金融市场中最重要的部分，其参考价格为日前电力现货市场的无约束出清价格，即系统价格。市场主体可用于规避电力市场系统价格波动带来的风险，是目前 NordPool 金融市场中交易量最大的品种。

电力远期交易以月、季度、年为周期的标准合约为标的，包括月合约、季合约和年合约，最长周期为 6 年；而期货交易以日、周为周期的标准合约为标的，包括日合约、周合约和块（Block）合约(由四周合约组成)。

1. 期货合约

自 2003 年秋季起，周期货合约由 8 个连续的周合约组成，滚动循环上市交易。与此同时，月度的期货合约被月度远期合约所取代。在 2005 年，为了保证流动性，北欧电力金融市场将周合约的个数由 8 个减少至 6 个。2007 年，北欧电力金融市场重新引入峰荷期货合约，格式如 ENOPLWww-yy，交易周期为最近的 5 周。

期货合约结算包括两个阶段：第一阶段是从期货合约成交后到该合约到期前的每日结算，对期货成交价与日前现货市场系统价格之间价差产生的损益进行日结算，称之为每日无负债结算；第二阶段是在合约到期的交割期，以合约履行日现货市场价格为参考进行现金结算。

下面对期货合约的整个结算过程及套期保值功能做说明：

如图 4.10 所示，某市场成员以 30 欧元/兆瓦时的价格签订期货合约，在第一阶段合约到期前的交易期，市场价格最终上升至 55 欧元/兆瓦时，因此，如果该市场成员选择在第一阶段的最后交易日出售此期货合约，则赢利 25 欧元/兆瓦时；在第二阶段合约交割期，假设以图中标识小时的系统价格为参考（58 欧元/兆瓦时），则该小时在第一阶段的基础上又赢利 3 欧元/兆瓦时。如果该市场成员纯粹以赢利为目的买卖期货合约，则期货合约交割后净赚 28 欧元/兆瓦时；如果该市场成员还选择在对应的现货市场购买电能，以标识小时为例购买价格为 58 欧元/兆瓦时，而他已在期货市场上赢利 28 欧元/兆瓦时，则该市场成员购买净成本为 30 欧元/兆瓦时，从而实现了套期保值功能，这正是购买期货合约的价格。

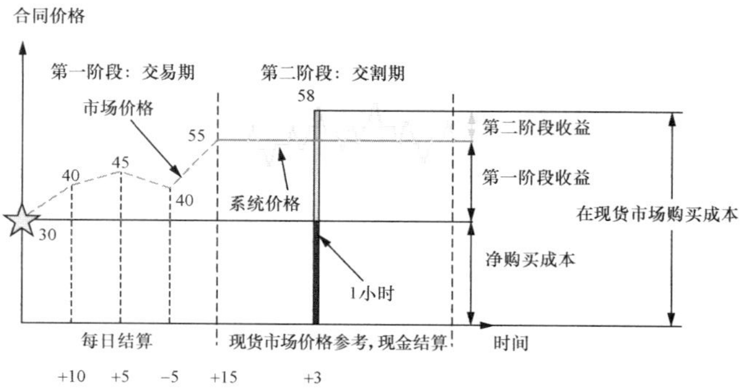

图 4.10　期货合约结算示意图

2. 远期合约

北欧电力金融市场的远期合约经历过很多次调整。之前的远期合约主要包括三个季节的基荷合约（冬季 1 号合约、夏季合约、冬季 2 号合约），以及年度合约。2004 年经过调整，新的产品结构为基荷的月度、季度和年度合约。

月度合约以连续滚动的 6 个月为基础，且不允许拆分；季度合约可以拆分为月度合约；年度合约也可以按相应规则拆分为季度合约。

峰荷远期合约的目标时间为周一至周五（含国家节假日）每天 8:00～20:00，交易期为最近的 5 周（ENOPLWww-yy）、2 个月（ENOPLMmmm-yy）、最近的 3 个季度（ENOPLQx-yy）或最近的 1 年（ENOPLYR-yy）。

远期合约与期货合约不同的是，在合约到期日前的第一阶段交易期，不需要每日无负债结算，而仅需每日计算累计损益，只清算（Clearing），不进行现金结算（Settlement）。交易期结束进入第二阶段交割期后，市场交易成员或清算成员就需在账户中存入足量现金，整个交割期的结算将与期货合约完全相同，如果没有现金保证，就必须出具银行担保。

如图 4.11 为例，数据与图 4.10 相同，在第一阶段合约到期日市场价格涨至 55 欧元/兆瓦时；在第二阶段交割期的最后结算期内，以图中标识小时为例，该市场成员总计收益为：58−30=28（欧元/兆瓦时），为第一阶段交易期收益与第二阶段交割期收益之和，而交易期收益在交割期实现。与期货合约一样，远期合约最终也实现了套期保值的功能，最终将现货市场购电成本锁定在 30 欧元/兆瓦时。

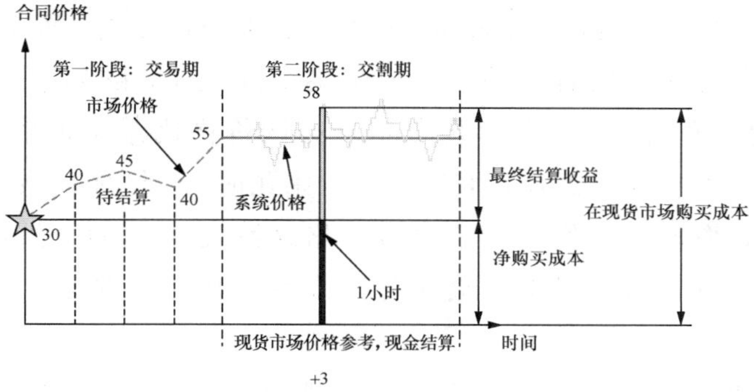

图 4.11 远期合约结算示意图

3. 差价合约

差价合约以月、季度、年为交易周期，其中“差价”为系统价格与不同市场分区价格之间的价差，市场主体可用来规避因阻塞产生的价差风险。差价合约实质上是一种以现货市场的分区电价和系统电价差价作为参考电价的远期合约，差价合约的成交价格反映了人们对这种差价的预期值。差价合约市场中合约价格可以为正（预期该分区价格高于系统价格，也就是说该区域为电力净受进区域）、负（预期该分区价格低于系统价格，也就是说该区域为电力净送出区域），也可以为零。

因此，如果一个市场成员既要规避系统价格变化风险，又要规避阻塞引起的系统价格与分区价格间价差风险，可以采用远期或期货合约加差价合约的方式。使用差价合约实现完全套期保值的操作步骤如下：第一步为要套期保值的物理交易电量购买等量的远期或期货合约，以规避系统价格变动风险；第二步购买同一时段同等量的差价合约，以规避阻塞引起的分区价差风险；第三步在相应的现货市场中购买等量的物理交易，实现套期保值。

北欧电力市场也曾经考虑过将金融交易品种的参考价格由现在系统价格统一改为分区价格，简化市场成员避险操作，但是这种方法因各分区价格不同需要分区交易，大大降低了市场的流动性，所以未被采用。

下面以图 4.12 为例，对差价合约结算作说明。

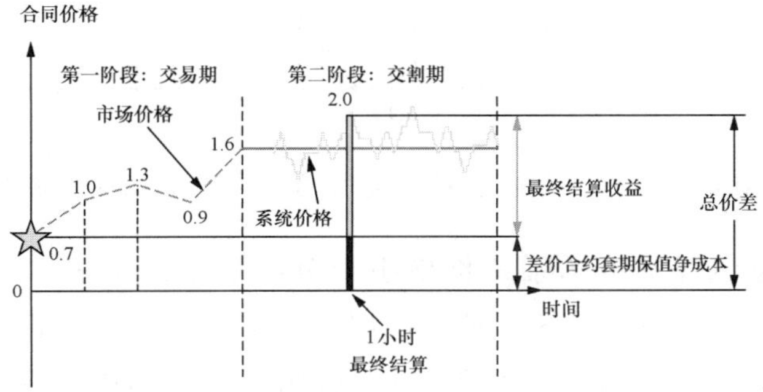

图 4.12 差价合约结算示意图

如图所示，某市场成员以 0.7 欧元/兆瓦时购买差价合约，而未购买期货/远期合约。在第一阶段交易期结束时，差价合约价格上涨至 1.6 欧元/兆瓦时；在第二阶段交割期，以某小时为例作说明，此时现货市场分区价格比系统价格高 2 欧元/兆瓦时，则该市场成员获得收益为：2−0.7=1.3（欧元/兆瓦时）。此时，该市场成员在所属分区现货市场购买的物理合同价格高于系统价格 2 欧元/兆瓦时，而购买差价合约获得收益 1.3 欧元/兆瓦时，则其规避风险的对冲成本为其购买的差价合约价格 0.7 欧元/兆瓦时。

图 4.13 所示的是同时购买差价合约、远期/期货合约完全规避风险的两种情况。某市场成员按上文说明分两步操作：第一步以 35 欧元/兆瓦时购买期货/远期合约，规避了现货市场系统价格波动的风险；第二步以 1 欧元/兆瓦时购买差价合约，对冲系统与分区价差风险。这样，总对冲成本为 36 欧元/兆瓦时。

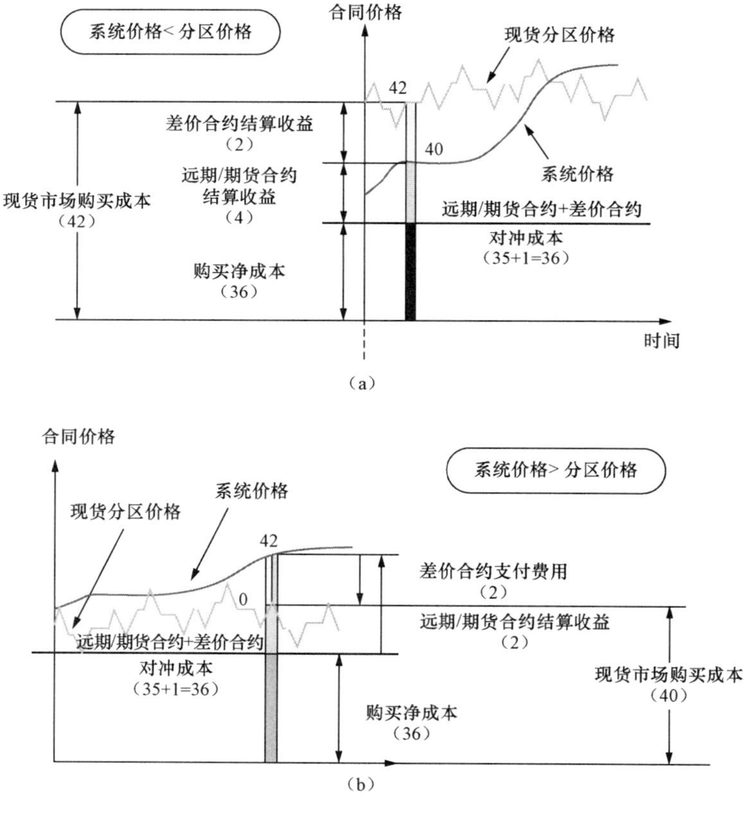

图 4.13　差价合约与期货/远期合约完全套期保值说明

图 4.13（a）为当现货市场系统价格小于分区价格的情况，系统价格为 40 欧元/兆瓦时，分区价格为 42 欧元/兆瓦时。此时，期货/远期合约在交割期结算收益为 4 欧元/兆瓦时，而差价合约结算收益为 2 欧元/兆瓦时，总收益为 6 欧元/兆瓦时。因

此，该市场成员在该市场分区购买现货的净成本为：42−6=36（欧元/兆瓦时），恰好等于其之前购买期货/远期、差价合约的价格。

图 4.13（b）为当现货市场系统价格大于分区价格的情况，系统价格为 42 欧元/兆瓦时，分区价格为 40 欧元/兆瓦时。此时，期货/远期合约在交割期结算收益为 7 欧元/兆瓦时，而差价合约结算中因价格方向判断错误需支付 3 欧元/兆瓦时，总收益为 4 欧元/兆瓦时。因此，该市场成员在该市场分区购买现货的净成本为：40−4=36（欧元/兆瓦时），也恰好等于其之前购买期货/远期、差价合约的价格。

4. 期权合约

期权赋予了其持有者在规定时间以预定的价格买进或者卖出某电力合约的权利，往往同远期合约和期货合约捆绑在一起形成操作策略，规避交易中的潜在风险。

期权合约分为两种：认购期权（Call Options，也称为“看涨期权”）和认沽期权（Put Options，也称为“看跌期权”），认购期权的持有者可以在规定时间以预定的价格买入其对应的电力合约，而认沽期权的持有者可以在规定时间以预定的价格卖出其对应的电力合约。北欧电力金融市场的期权合同为欧式期权，只能在到期日行权，并且是对应于以年、季为交易周期的远期合约。期权购买方需向出售方支付权利金（the Premium）。

图 4.14 为认购/认沽期权合约损益情况说明。

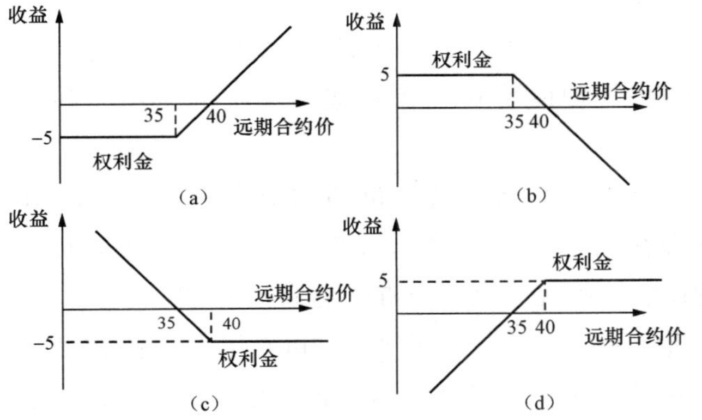

图 4.14 认购/认沽期权合约损益说明

图 4.14（a）、（b）为认购期权损益情况，某市场成员 A 以 5 欧元/兆瓦的权利金价格从市场成员 B 手中购入认购期权，期权的行权价格（Strike Price）为 35 欧元/兆瓦。期权合约到期时，当对应的远期/期货合约价格为 35 欧元/兆瓦，则市场成员 A 损失了 5 欧元/兆瓦的购买权利金，而 B 则收益了 5 欧元/兆瓦的售出权利金；当对应的远期/期货合约价格为 40 欧元/兆瓦，则市场成员 A、B 收益都为 0；当远期/期货价格继续上涨，A 将获得正收益，B 为履行期权合约，必须以当时价格从市场购买远期/期货合约兑付，将进入亏损状态。同样原理适用于认沽期权的损益分析，

见图 4.14（c）、（d）。因此在理论上，期权购买者（无论是认购期权还是认沽期权）因只有权力而无义务兑付合约，其最大风险是有限的（亏损最大值为权利金），但获利是无限的；期权售出者（无论是认购期权还是认沽期权）因只有义务兑付而无权力选择，他的风险是无限的，但收益是有限的（收益最大值为权利金）。

5. 碳排放交易

排放权市场起源于 1997 年签订的京都议定书（Kyoto），当时有 176 个成员国，（目前为 181 个）协议要求与 1990 年相比，工业化国家在 2008～2012 年间减少 5% 的排放量。2000 年，欧洲气候转变项目（ECCP）开始启动，2005 年欧盟排放交易计划（EU ETS）先于 Kyoto 实施。因此，2005～2007 年为第一阶段，也称为“前 Kyoto 期”；2008～2012 年为第二阶段，也称为“Kyoto 期”；2013～2020 年为第三阶段，也称为“后 Kyoto 期”。第三阶段采用欧盟委员会新的气候和能源法案，2013 年起电力企业不再能免费获得排放权，必须通过 EUA 拍卖平台购买。

目前，碳交易主要品种有 AAU（国家排放总量）、ERU（减排单位）、EUA（欧盟排碳配额）、CER（核证减排量）。其中：AAU 由联合国分配，只可在各国政府之间交易，在欧盟国家，AAU 必须转化为 EUA；ERU 获得渠道为直接在缺乏现代技术的国家投资减排项目，如俄罗斯、乌克兰等；EUA 为欧盟发放的核准减排指标量；CER 来源于清洁发展机制（CDM），可直接在发展中国家投资减排项目获得 CER，中国、印度为实施 CDM 项目最多的国家。

1 单位（AAU、CER、ERU、EUA）均相当于排放 1 吨二氧化碳。一般来说，EUA 比 CER、ERU 贵，但欧盟规定市场成员购买的 CERs 和 ERUs 最多只能占总 EUA 的 10%。

NASDAQ OMX 组织的北欧排放权市场的交易品种有：CER 金融交易（远期、期货、期权）及物理交易（日前现货），EUA 金融交易（期货、期权）和物理现货交易。同时，NASDAQ OMX 也提供 OTC 交易清算服务。

在第一阶段（前 Kyoto）执行过程中，2006 年参与国在开始时报送的总排放量过多，市场分配排放指标超额，导致 2007 年 EUAs 现货市场价格几乎为零。第二阶段加强了管控，期货市场运行稳定，价格在 15～30 欧元/吨，此时燃煤机组发电边际成本将高于燃气机组发电边际成本，燃煤机组将处于市场竞争劣势地位，引导了能源行业的节能减排。

目前，北欧碳排放市场中有来自 15 个国家的 130 多个市场成员，2012 年北欧排放权市场交易量为 5037.5 万吨，平均交易价格为 7.42 欧元/吨，其中：NASDAQ OMX 交易所交易量占 86.1%，其余为 OTC 交易；EUA 交易 4439.1 万吨，CER 交易 598.4 万吨。

6. TSO 组织

TSO 组织的金融市场交易品种有：第三级备用容量期权市场（TROM）、调频备用容量期权市场。

第三级备用容量期权市场由TSO在2000年建立，以周、月、季度、年为交易周期，一般在冬季运行，保证系统有充足的备用，以保障系统平衡，需要的容量约为200万千瓦，以实时平衡市场的价格为参考。在第三级备用容量期权市场中报价的市场成员必须保证在实时平衡市场中报价，确保实时平衡过程中能够调用。从运行情况来看，用户参与第三级备用容量期权市场往往比发电商报价低，需求侧备用容量一般占整个备用容量的70%。

调频备用容量期权市场包括调频正常运行备用（FCNOR，对应于系统频率49.9赫兹，约60万千瓦）、调频扰动备用（FCDR，对应于系统频率49.5赫兹，约116万千瓦），以周为交易周期，实时平衡市场交易价格为参考电价。期权市场交易容量约占需求容量的三分之二。

第三节 电价形成机制

北欧电力市场电价由以下几部分组成：电能价格、输配电价、税金。对于发电企业、大用户（一般指33千伏及以上用户）、普通用户（一般指22千伏以下用户），各部分电价形成都有差异。

一、电能价格

发电商、大用户在北欧电力市场中的电能价格由其参与的物理市场价格决定。由前所述，市场成员最终电能价格最多可包括日前现货市场价格、日内平衡市场价格、实时平衡市场价格、调频价格、第三级备用价格和不平衡量价格。

在日前现货市场中，根据各市场成员的报价，北欧电力现货交易所首先进行无约束市场出清，得出系统价格；当出清结果引起区域间传输阻塞时，则分成不同的价区，市场成员的电能价格为各分区的分区电价。

普通用户不能直接参与市场竞价，可在本区域内选择电力零售商，但不能跨国选择。电力零售商一般提供三种不同类型的电能价格合同：标准可变电价合同（SVP，价格周期性变化）、跟踪现货市场价格合同（SP，价格与现货市场价格一致）、固定价格合同（FP，价格不变）。

发电商、大用户都安装了24小时分时表计。小用户暂未安装分时表计，如小用户选择了跟踪现货市场价格的合同，其所选电力零售商将根据该类型用户的典型负荷曲线把用户的用电总量分解至每小时进行结算，用户可根据自己的实际用电情况向电力零售商申请调整自己的典型负荷曲线。

用户也可以选择可中断合同，根据中断时间的长短，用户获得相应费用。

二、输配电价

（一）输配电价核定

北欧四国先后建立了基于节点的输配电价机制。各国的政府和监管机构在欧盟统一框架之下，制定颁布了相应的法案和规则对电网和市场运行进行管理。下面以挪威为例阐述输配电价管理。

挪威输配电价由市场监管机构——挪威水利资源和能源委员会（NVE）负责管理并核定。NVE 管理目标是保障电网公司合理的投资收益、激励整个系统高效运行、电网得以充分利用和科学发展。挪威输配电价管理根据 1990 年 12 月 7 日颁布的 No.959 规定执行，其中包括发电、输变电、交易、配电和用户等环节的管理；目前采用的输配电价定价具体方案是根据 1999 年 3 月 11 日颁布的 NO.302 规定的收益上限（Revenue Caps），采用加权平均资本成本法计算（WACC）得来；2001 年为激励电网公司提高供电质量，核算收益上限过程中引入了中断成本（CENS-Cost of Energy Not Supplied）因素；2007 年 1 月 1 日修订完善规定并延续至今。根据能源法案规定，收益上限主要计算原则需定期重新评估，但确定模型后必须至少使用 5 年以上。

NVE 在核定监管电网公司收益时采用四六法则，包括系统运行成本（System Operations，主要组成部分是：购买调节电网阻塞费用、一次调频及第三级备用容量费用，以及购买无功等系统辅助服务费用）和电网运行成本（Network Operations Cost，与电网设备运行相关）的核定：即 40%的收益基于运行实际成本（根据账面反映成本确定），也称为基本成本（Cost Base）；60%的收益基于标杆成本（Cost Norm）来核定。核算采用对标分析法（配电网公司互相对标，TSOs 与欧洲其他 TSOs 对标），依据历史成本（目前以 5 年为期）结合未来几年发展成本估算确定。一般来说，低成本、高效率的电网公司，利润指标高于平均值，高成本、低效率的公司，利润指标低于平均值。挪威各输配电网公司平均资产收益率为 7%～8%。

挪威输配电价管理模型称为“事前收益上限模型”。主网、区域网、配网拥有的公司每年 9 月向 NVE 提交次年的预算收益和输配电价。NVE 对每家输配电网公司收益上限进行核算，其他用户有权向 NVE 提出异议。每个年度以前，各电网公司根据 NVE 核定的允许收益上限确定具体输配电价定价。NVE 设置年度盈亏平衡账户，管理控制实际收费的与允许收费偏差费用，多余收益补偿用户，而亏空资金需要回收，长期目标是保持账户结余为零。

NVE 鼓励电网公司提高输供电质量。在核定电网公司输配电价收益上限的模型中，将预先设定的停电参考标准（依据历史平均停电水平确定）与实际停电水平相比较，即预计电网供电中断成本以 60%的权重纳入计算；而允许收益计算需扣除实际中断成本（所有中断供电均纳入计算，不计长短，如停电长于 12 小时，电网公司需直接付费补偿用户）。依此原则核算，实际停电率相对较高的电网公司允许收益将低于之前核定的收益上限，实际停电率相对较低的电网公司允许收益将高于之前核定的收益上限，监管机构以此方法来激励电网拥有者提高供电可靠性。

NVE 激励电网公司合理投资运行电网。电网公司的实际收入包括用户缴纳电价电费、阻塞收益和系统运行获得的收益，当电网公司从阻塞管理中获得收益时，在NVE核算输配电价模型中将会相应减少用户缴纳的基本电价电费；另一方面，电网公司消除阻塞的费用也是核算输配电价的基础成本。这种处理阻塞收益和费用的方法间接激励电网公司把这部分收益用户电网投资以减轻电网阻塞，同时避免了电网公司利用阻塞获得额外收益的可能。

图4.15所示的是NVE核算电网公司收益的简要流程。

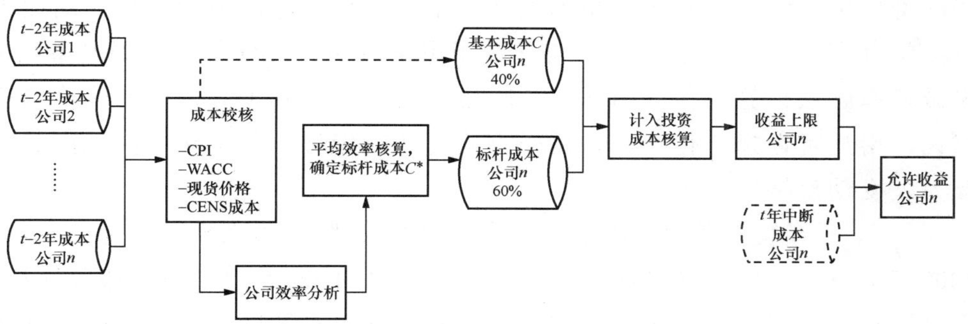

图4.15　NVE核算电网公司收益简要流程

计算收益上限的公式如下：

$$RC_t = \underbrace{0.4C_t + 0.6C_t^* + 0.6CENS^*}_{\text{电网运行成本}} + \underbrace{0.4SO_t + 0.6SO_t^*}_{\text{系统运行成本}} \quad (4\text{-}1)$$

式中：RC_t为收益上限；C_t为与电网设备运行成本相关的基础成本；C_t^*与电网设备运行成本相关的标杆成本；$CENS^*$为预计电网供电中断成本；SO_t为系统运行相关的基础成本；SO_t^*为系统运行相关的标杆成本。公式中标杆成本衡量着竞争程度，其权重设定为0.6。

收益上限核算的主要目的是向各电网公司在确定输配电价时提供大致的参考。根据NVE规定，为能在每年度以前核算完成每个电网公司收益上限，核算基于电网公司两年前的运行成本（即2012年的收益上限基于2010年的成本状况），以及次年WACC、CPI、电能损耗及系统运行成本相关的参考价格的预计，到次年结束才能确切知道模型预测部分的实际参数，此时NVE再次根据实际参数确定最终的收益上限。

电网公司计算允许收益的公式如下：

$$AR_t = RC_t + PT_t + TC_t - 0.6CENS_t + [(DEP_t - DEP_{t-2}) + (RAB_t - RAB_{t-2}) \times WACC_t] \quad (4\text{-}2)$$

式中：AR_t为允许收益；RC_t为NVE核定的收益上限；PT_t为资产税收；TC_t为其他电网的关税成本；$CENS_t$为实际电网供电中断成本，计算允许收益时将从收益上限中扣除；中括号中的内容是使用两年前运行成本核算的等价折算，DEP为折旧成本，RAB为受监管资产的基础成本，$WACC_t$为加权平均资本成本。

$$t\text{年盈亏平衡账户}=t\text{年实际收益}-t\text{年允许收益} \quad (4\text{-}3)$$

当每年相关数据（收益上限、实际收益、允许收益等）就绪后，NVE就能确定该年盈亏平衡账户，也就是在收益上限确定大约一年之后，所有公司报送各自实际成本。平衡账户资金通过后续年份电价变动实现返补，最终实现零结余。

（二）输配电价结构

北欧电力市场中输配电价分为变动和固定价格两部分，即变动价格和固定价格。

1. 变动价格

变动价格用于回收电网运行短期边际成本，包括边际网损和其他变动成本，与电网节点位置有关，收取/支付费用与其发用电量有关。TSO每年根据典型潮流，采用网损微增率方法计算网损，因此，各阶段电网运行方式不同，变动价格也不同。一般来说，用户可选择支付冬季、夏季不同的变动价格。从主网、区域网到配网，网损变大，变动价格依次提高。

$$\text{变动价格}=\text{现货市场系统价格}\times\text{边际网损系数} \tag{4-4}$$

2007年以来，TSO每周以周典型潮流分别计算白天、晚上的节点边际网损系数，用户也可选择跟踪周变化、分昼夜的网损系数，网损系数区间为［−10%，+10%］。这样的价格信号反映了电网实际运行情况，可激励用户和市场成员充分利用电网资源、优化运行方式、减少网损。

2. 固定价格

电网成本主要依靠固定的输配电费回收，电网接入用户的收费与其所在的电网位置相关，主网用户只需要支付主网的使用费，区域网用户需要支付主网、区域网的使用费，配网用户需要支付主网、区域网和配网的使用费。

所有发电商都支付相同的基本输配电费（Basic G），与其所在电网节点位置无关。

$$\text{发电商基本输配电费}=\text{过去十年平均年发电量}\times\text{固定输配电价} \tag{4-5}$$

用户支付的基本输配电费（Basic L）与其所属类型相关，相对终端用户，大工业用户基本电价较低；另外，与电厂联系紧密的用户基本电价也较低。

一般来说，用户输配电费中变动部分约占20%，小用户承担这部分比例更大。发电商支付的总输配电费比用户支付少50%。

北欧电力市场中，用户支付电费由三部分组成：税金，等于能源税加上增值税，占销售电价的32%左右，其中：能源税占13%左右，增值税占19%；电能价格，即上网电价，占销售价格的35%左右；输配电服务价格，即过网费，占销售电价的33%左右，其中：主干网的过网费占4%，地区网占10%，配网占19%。

第四节　电力市场的清算与结算

目前，北欧电力物理市场、金融市场的清算和结算业务分开运行。物理市场清算与结算业务由北欧现货交易所负责，金融市场清算与结算业务由NASDAQ OMX

清算所负责。交易所进行的交易和标准的 OTC 合同交易均可参与物理、金融交易所的清算与结算业务。物理和金融市场都引入了保证金制度，减少结算风险，保障市场成员利益；两者结算方式与保证金制度设计有所不同，但原理基本一致。下面以物理市场为例做主要阐述。

一、清算与结算规则

根据物理市场清算规则，清算成员参与清算必须向北欧电力现货交易所申请，现货交易所根据规则审查申请者是否符合要求，并签订双方清算协议。现货交易所清算业务成员主要分为三类：清算成员、清算客户代表（代理小用户开展结算业务）、清算客户。清算客户必须与被批准的清算客户代表签订有效的客户协议。清算成员必须符合下列条件：

（1）履行清算责任。

（2）至少开展一个交易投资组合，日前市场和平衡市场交易。

（3）至少建立一个用于结算的抵押或非抵押现金账户。

（4）至少建立一个清算账户。

（5）建立保证金现金账户或开设见票支付保函（On-Demand Guarantee）以满足保证金支付要求。

每个清算账户与一个或多个交易投资组合相关联，同时与一个或多个现金账户相关联。对于每个清算账户，保证金支付费用和现金结算独立计算。

现货交易所有权在任何时候获取清算成员的信用信息，可监管清算成员的财务稳健状况、竞争力以及与交易所认为与成员合规性相关的必要信息。清算成员、清算银行和其他信息拥有者需配合提供信息，不得以涉密为由拒绝提供。在交易和结算过程中，清算成员如发现不遵守规则或对现货交易所建设有害的行为，应及时报送现货交易所。

二、保证金

保证金是市场成员为保障安全交易的一种形式。所有市场成员必须保证其拥有支付交易合同费用的能力。保证金缴纳采用保证金账户现金方式或见票支付保函形式支付。

现货交易所将计算出每个市场成员所需支付的最少保证金，最小保证金由交易所根据不同情况酌情调整。对于新加入交易所结算的市场成员，交易所将根据其预计购买电量计算保证金缴纳要求。市场成员在开始交易之前必须支付最少保证金，并始终保持满足保证金额度要求。当市场成员支付的保证金满足要求后，结算银行将向现货交易所发送信用确认信息。每个清算日，交易所将根据其确定的规定期限内的净购买量计算保证金要求。规定期限可提前两天通知更改。

目前，规定期限定为 7 天，最少保证金设定为 30000 欧元，相当于一般市场成员日前市场和日内平衡市场一周的交易费用，包括增值税，不包括交易费用，只有挪威清算增值税，北欧其他地区则在国内自行处理。

对于仅作为净售电的市场成员，所需支付保证金额为最小保证金；对于仅作为净购入的市场成员，所需支付的保证金额为其最近 7 天的购电费用（包括增值税），但要大于等于最小保证金。如果某市场成员某一天由净售电变为净购电，那么该市场成员应缴纳保证金以 7 天计算对应该缴金额，继续购电，则每日调整；如果此市场成员又转为净售电，则仍需执行对应 7 天的保证金要求，随着每日调整相应减少，直至最少保证金。

在特殊情况下，现货交易所有权要求市场成员提交特别保证金以规避特殊电力市场环境下的风险。

三、结算流程

所有现货市场交易采用日结算方式，结算过程中没有节假日，结算支付费用为净值。下面以日前现货市场为例说明结算流程。图 4.16 以日前电力现货市场结算为例说明结算与保证的金执行方式。

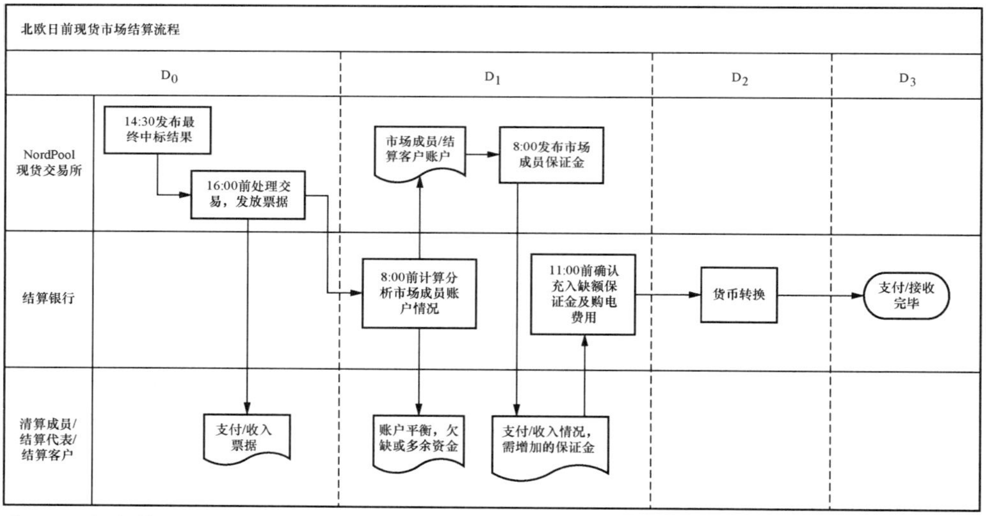

注：D_0 为交易日，D_1 为执行日。

图 4.16　北欧日前电力现货市场结算流程

流程说明如下：

（1）D_0（交易日）市场出清结果发布后，14:00 为市场成员提交质疑的截止时间，14:00～16:00 现货交易所处理物理市场交易和结算、计算交易费用，16:00 前向市场成员发放票据。

（2）D_1（执行日）7:30～8:00，结算银行向市场成员、交易和清算代表发布安全报告，包括账户平衡、账户多余/欠缺情况以及清算客户的信息；8:00 前，现货交易所从结算银行接受并发布清算客户现金账户欠款及信用信息。

（3）D_1（执行日）11:00 前，市场成员确认自己结算账户现有保证金和支付费用是否充足，同时结算银行向现货交易所发送确认信息，如保证金达不到交易所规定要求，则当天不能继续交易。

（4）D_2 日，银行处理费用接收、支付和货币转换，确保市场成员接收、支付时货币与之前申报的一致，这期间存在的汇率风险可通过合适的外汇交易消除。

（5）D_3 日，市场成员接收、支付费用完毕。

日内平衡市场（Intra-day）D_1 日运行完毕，因此从交易开始到支付完毕比日前市场多一天，D_2 日出账单，D_4 日支付完毕。

金融市场交易结算由 Nasdaq Omx 清算所负责。NASDAQ OMX 收购后的清算所负责的清算与结算业务不仅包括北欧电力金融交易、排放权交易和燃气交易结算，也涉及与德国、荷兰联合市场的金融交易，同时包括后期建立的英国电力市场（N2EX）物理和金融交易。

期货市场在交易期和交割期每天进行结算，交易期的参考价格为每天期货市场收盘价，账户金额随着市场价格的波动而变化，交割期参考价格为日前现货市场每天平均系统价格。

远期市场在交易期不结算，只清算。因为交割时价格不确定性较大，到交割期每天结算，参考价格为日前现货市场每天平均系统价格。

金融市场保证金由交易所软件（芝加哥期货所开发的 Span 软件）自动计算而得。保证金组成分为三部分：首先考虑隔夜风险，保证金必须满足第一天价格波动引起费用支付需要；其次要考虑第二天期货市场价格波动；第三，如遇特殊情况，NordPool 有权要求市场成员追加保证金。

2003 年因规模较大的市场成员之一——美国安然公司突然陷入财务危机，金融市场交易量比 2002 年下降超过 40%，当时 NordPool 立即要求其追加保证金，安然公司未及时追加而被强制清盘、退出了北欧电力市场，因此 Nordpool 几乎未受到损失。

第五节 市 场 监 管

北欧电力市场的监管主要分为两个层面：一是外部监管，由政府负责监管；二是内部监管，由市场内部相对独立的机构进行监管。监管方式有两种：一是直接监管，即直接监控市场交易行为及信息发布等是否符合市场规则和国家法律；二是间接监管，即通过对信息和数据的分析、对比和评估，从结果间接监管市场成员的行为。监管内容主要分为三方面：一是对电网公司的监管，包括电网电价结构、超额利润、收入上限等内容；二是对市场运营的监管，包括市场运行和各种交易行为；三是对系统运行的监管，包括辅助服务、计量及电能质量等。

一、监管模式

（一）外部监管

挪威石油和能源部在国家能源法的框架下开展工作，对挪威水利资源和能源委员会进行指导，任命其主席并颁发执照。挪威水利资源和能源委员会对北欧电力物理市场运行和清算、输配电系统运行进行监管，除评估电力市场和系统运行效率外，还考虑环境和经济因素，以提高能源系统运营的综合效率。

挪威金融监管委员会依照挪威国家金融机构监督法对北欧电力金融衍生品交易市场进行监管。

国家竞争性管理局依照竞争法对电力批发市场和零售市场的企业兼并、市场控制等市场行为进行监督。

（二）内部监管

北欧电力市场的物理和金融市场均有市场规则约束市场中的所有成员。交易所专设了市场监督部门依据这两个市场各自的规则对市场成员的行为进行监督，包括电交所自身。该市场监督部门的主要职责是：监控市场交易行为，定期向政府监管机构提供监管报告。该部门虽设于北欧电交所内部，但具有相对独立性，在业务上同时受政府监管和部门指导。为保证该监督部门的公正性，电交所内部另设投诉部门，市场成员可就市场交易中的有关工作向投诉部门进行投诉。

二、市场运行指标

北欧电力市场监管机构建立了一套市场监管指标，定量地评估市场运作，以监管市场发展。主要指标包括以下几点：

（一）零售市场的供电商数量

一般来说，供应商数量反映经济规模和范围、供应商选择转换成本，同时也将影响消费者行为、市场力利用等情况。理论上，如果一个市场没有进入和退出壁垒、没有供应商转换成本，那么市场只需要一个供应商。因此，确定供电商最优数量必须综合考虑进入壁垒、服务成本和供电商转换成本。在衡量供电商数量对竞争影响的程度上，规定只计入服务覆盖全国的供电商，因为如果计入所有供电商，将导致区域间竞争不平等。在统计发布符合规定供电商数量的同时，也将发布这些供电商的全部市场占有率。具体评价时，供电商数量大于 10 个得满分 5 分，只要有一个供电商就得 1 分。

（二）零售市场供电商转换率

在完全竞争市场中，消费者对他们的选择有着清晰的认识。零售供电商转换率反映消费者市场意识，被看作是用户市场意识和市场活跃度的重要指标，同时也反映了市场其他一些方面，如大众的一般性选择、合同创新以及市场行为动态。高转换率被视为用户拥有充分信息的标志，但低转换率有时不一定表示较低的用户市场意识。用户转换障碍或价差较小也可能导致低转换率，转换障碍体现了进入壁垒，而价差较小可能是市场良好运转的一种表现。因此，转换率指标需要结合价差指标综合考虑。具体评价时，转换率大于 12%得满分 5 分。

北欧各国零售用户差别较大，2012 年丹麦 6.7%，芬兰 7.7%，瑞典 9.9%，挪威 13.0%。2009～2012 年北欧电力零售市场用户供电商转换率情况如表 4.5 所示。总体来说，挪威、丹麦用户市场参与度逐步增强，而瑞典、芬兰用户活跃度呈下降趋势，挪威用户市场意识、活跃度最强。北欧各国有足够的供选零售商数量，以确保市场有效竞争，挪威有 30 个，瑞典有 100 个，芬兰有 28 个，丹麦有 25 个；各国零售用户不得跨国选择供电商。用户选择与其所在地区的价格透明度、市场信息、经济刺激以及用户对电价模式的偏好有关。

表 4.5　2009～2012 年北欧电力零售市场用户供电商转换率　　单位：%

国别＼年份	2009	2010	2011	2012
挪威	8.0	10.2	11.2	13.0
瑞典	11.0	10.0	11.3	9.9
芬兰	8.1	7.6	7.6	7.7
丹麦	6.1	4.2	3.5	6.7

（三）零售市场价格差异指标（Price Spread）

零售市场低价差被视为高竞争性环境的标志，在自由市场中普通商品的价差比较是衡量一个市场竞争环境的惯用手段。因为竞争市场将导致同质商品缩小价差，消费者总是选择价格最低的商品，如果将来能把诸如绿色等电能的相关属性加入其中，那时电能就是个异质商品，消费者不一定选择价格低的电能。

市场价差指标用零售市场中的规定供电商的最低价和最高价的比例来计算，不包括义务供电的价格。具体评价时，价差率≤10%得满分 5 分，≥50%仅得 1 分。

（四）批发市场集中度（HHI）

如上所述，零售市场供电商数量能体现竞争的有效性。另一方面，批发市场如不是竞争市场，批发市场成员将可能区别对待零售市场成员，最终限制零售市场竞争。因此，批发市场的健康运转将直接影响零售市场竞争环境，而集中度指标可衡量批发市场的竞争环境。发电市场是一个资本密集型的市场，容易引起市场的高集中度，风电、太阳能等新能源市场份额的逐步增加能有效降低发电市场集中度。市场越集中就越可能影响其健康运转，从而导致高价格和用户市场意识薄弱。理论上说，HHI 指标越高，市场竞争性越弱，反之则表示竞争性强；不足之处在于，其只反映了市场静态结构。北欧监管机构分国家评估计算 HHI 指标；如计算整个北欧电力市场的 HHI 指标，必须考虑输电阻塞因素。具体评价时，HHI≤1000 得满分 5 分，＞2200 仅得 1 分。

北欧监管机构经过四年的监测评估发现，北欧四国的各项指标较为平稳，变化最大的是价格差异和批发市场集中度指标。横向比较各国指标需考虑各国市场的结构性差异，这将影响比较结论。2012 年北欧电力市场各国主要监管指标统计情况如表 4.6 所示，根据此评估结论，2012 年北欧电力市场竞争环境排名依次为：挪威、瑞典、芬兰、丹麦。

表 4.6　2012 年北欧电力市场主要监管指标统计情况

监管指标	挪威	瑞典	芬兰	丹麦
零售市场供电商份额占比（%）	25.0	80.0	37.0	55.0
得分	5	5	5	5
零售市场供电商转换率（%）	13.0	9.4	7.7	6.7
得分	5	4	3	2
零售市场价差率（%）	11.1	8.6	37.3	19.4
得分	4	5	3	4
发点侧集中度（HHI）	945	2028	1102	1651
得分	5	2	3	2
总得分	19	16	14	13

第六节　北欧电力市场特点

北欧电力市场是目前世界上采用市场化方式有效运作的重要电力市场之一，其建设及运行特点简要总结如下。

一、以市场机制为手段有效优化能源结构、提高运行效率

市场机制在北欧电力工业运行各环节中得以充分运用，并发挥着关键作用：利用电力金融市场交易促进资源流动性、发现价格，有效引导合理的长期投资；通过物理市场竞价，充分调动市场成员、用户的决策能力，实现社会福利最大化和电能供需平衡，提高短期用电的效益和效率；采用市场拍卖方式有效消除输电阻塞，实现对网络资源充分利用；通过备用和调频市场保障电网安全稳定运行和电能质量；建立排放权交易市场，实现总体节能减排，提高排放效益。20 年的运行结果显示，相比电力市场化建设前，电力市场建设取得了明显成效：推动了各国之间资源互相流动，促进了电力资源在更大范围内的优化配置；合理引导了电力行业投资，提高了投资效率，北欧区域间电网传输容量逐渐扩大，整个电力投资增长趋于平缓；电力用户满意度明显上升，电能质量得到提高；使能源结构得到优化，清洁能源建设加快发展。

二、以"公开透明、简单易行"为设计理念，市场广泛推行

"公开透明、简单易行"的设计理念体现在市场交易的各个环节。一是北欧电力市场信息公开透明，发布内容全面，市场设计让市场成员代表参与了信息发布内容

的讨论和确定，乃至市场规则的设计，保证公平性；实施过程中市场成员、交易所、TSO等信息联动，通过紧急市场信息系统(Urgent Market Message System，UMMS)向所有市场成员同时发布一切可能影响市场价格的信息，并且规定在信息未审核通过并向其他市场成员发布前，信息拥有者不允许进行任何市场操作。二是北欧电力市场交易未考虑网损因素，在电网运行方面仅考虑了区域间传输容量，其他与电网运行相关的因素在电价机制中考虑，尽可能地使电能交易接近于一般商品交易模式，简化了电能交易方式，大大提高了交易效率。三是北欧电力市场运行过程直观易懂，提高了市场成员和用户的参与热情，大量非电力行业的组织机构参与其中，活跃了交易，增强了市场的生命力。

三、以物理市场为基础，同步发展电力金融市场，相互促进

北欧电力市场设计主要市场交易品种均以电力物理市场为基础，尽量同步发展与之相对应的电力金融交易品种。电力金融市场为物理市场成员提供了规避风险的工具，同时吸引了金融机构和另外一些非电力行业机构参与电力市场，活跃了市场交易，通过金融市场与现货物理市场的相互作用，提高了市场的流动性，使得电力交易的价格信号更趋有效，促进电力投资更加理性。为促进流动性，市场交易中引入做市商制度，赋予选定成员权利与义务，增加市场交易活跃度。

四、以价格为信号引导市场成员，促进市场效率提升

北欧电力市场始终以合理的价格信号引导市场成员行为，促进资源优化配置和效益提升。市场中的电能价格体现市场竞争、网络阻塞；引入可中断电价和需求侧竞价增强了电力需求弹性，提升了用户参与平衡的主动性；输配电价充分回收电网投资成本，促进电网建设投资，同时也激励电网公司提高电网运行和供电质量；用户侧电价根据不同的用户类型区别对待，激励用户对电网资源的充分利用。

五、以完善的风险防范机制保障市场健康运转

完善的风险防范机制为北欧电力市场运营者和市场参与者都提供了较好的保护。北欧电力市场保证金和结算制度对市场运行起到了很好的风险防范作用，市场成员必须严格遵守，否则将不能开展交易。市场成员除支付规定的保证金之外，交易所有权根据市场情况要求指定的市场成员支付额外的保证金，以规避特殊风险。北欧电力市场交易活跃，尤其是电力金融交易，虽然同时也蕴藏着风险，但运行至今从未出现严重的金融和财务问题。

六、以排放权交易与电力交易的有效结合促进节能减排

北欧电力市场引入了排放权交易，通过对限定的排放指标交易，提高了单位排放效益，额外的排放成本叠加于电能交易成本，导致排放需求大的发电企业成本增加、竞争力下降，促使其开展节能减排改造或调整能源消耗结构。政府部门根据各阶段实际情况制定排放总量控制目标，逐步加强排放指标控制，排放成本逐步上升，对能源企业的排放约束力也随之加强。

第五章 德国电力市场

第一节 德国电力市场化改革历程

一、德国电力市场概况

德国电力市场因其众多的市场成员和发电容量（较大的装机容量）而成为欧洲大陆最大电力市场，位于整个欧洲的中心区域，拥有众多与欧洲其他国家相连接的电力网络。德国的电力市场的开放始于1998年。虽然英国和斯堪的纳维亚半岛部分地区电力市场开发得更早一点，但各国专家仍然普遍认为德国是欧洲最先开放的电力市场之一。

在德国，电网电压等级380千伏和220千伏为超高压电网，主要用于远距离输电和国际间电力交换；110千伏高压电网用于从超高压电网至负荷中心的输送电任务；20～10千伏为中压配电网，通常直接联结某些中小电厂和工业用户；220伏低压电网联结大多数用户。图5.1简要显示了德国的电力系统构成。

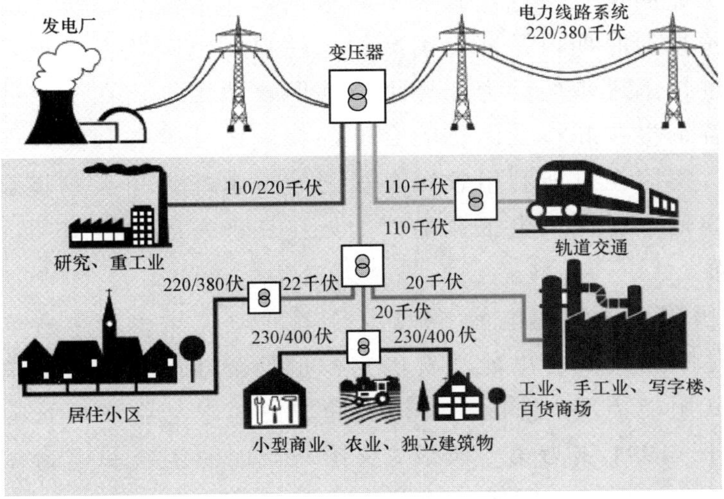

图5.1 德国电力系统示意图

德国国内发电量从1991年以来逐年走高，在2008年达到峰值5983.974亿千瓦时，随后因金融危机影响发电量迅速下降。2011年德国全国的发电量为5755.534亿千瓦时，位居全球第七位。其主要构成为褐煤发电24.9%，无烟煤发电18.6%，核电17.6%，天然气发电13.7%，新能源发电合计19.1%（包括风电、水电、生物质、光伏发电）。2011年德国发电量构成如图5.2所示。

近几年来，德国电力工业发生了较大变化，可再生能源比重得到极大提高。特别是风电，近几年以52%的速度增长，已经成为德国电力工业的重要力量。2000年德国政府正式颁布了《可再生能源法》，标志着德国可再生能源发展特别是风电发

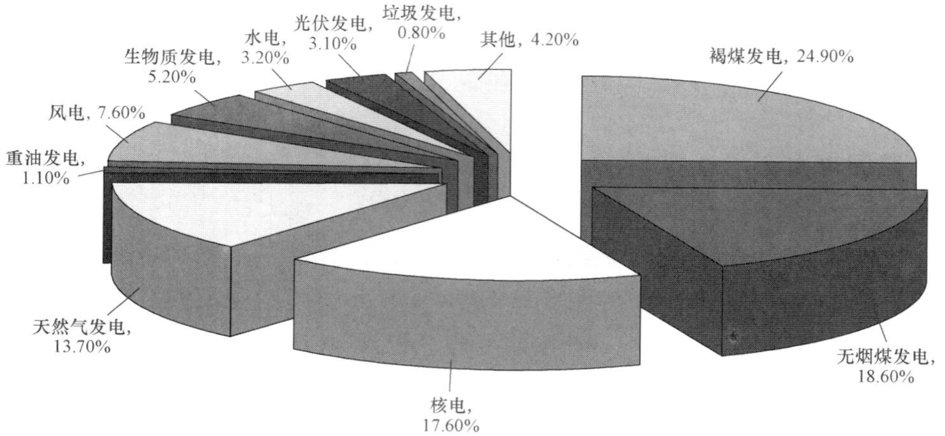

图 5.2　德国 2011 年发电量构成

展进入新阶段。《可再生能源法》首先规定了风力发电量必须强制入网消纳；其次，通过电价补贴政策，风电行业在起步伊始就得到顺利发展，特别是生产研究机构的经费得到了保证；第三，德国政府不断根据具体情况制定合适的补贴，并且其补贴政策在可预见的时期内是逐步削减的，使得发电企业在风电发展之初就具有非常强烈的促进技术进步的动力和要求；第四，德国不仅在法律层面，还在公众层面通过中介咨询机构和社会团体的合作，使风电技术和利用风能的公众意识得到提高。因此，德国在风能利用领域有很强的技术基础和工业基础，再加上政府的正确引导和规范，使得风电工业整体上处在良好发展的轨道上，对传统电厂的竞争力不断加强。

2010 年德国国内净消费电能 5491 亿千瓦时，位居全球第六位。不包括俄罗斯在内，德国是欧洲最大的电能消费国家，也是全球第七大能源消耗国，需要进口能源来满足其用能需要。德国能源消费和电力需求与经济增长的关系可以分为三个阶段：1971～1991 年为第一阶段，德国一次能源消耗和电力需求随着国民经济的增长而增长，甚至电力需求的增长率大于经济增长率。1991～1997 年为第二阶段，经济增长与能源消费同步增长的状况发生了改变。一方面，由于不断进行的生产过程合理化改革使得能源消耗相对降低；另一方面，由于经济结构的改变，这主要是指从高耗能工业转向现代化工业，也使得能耗降低，从而导致了一次能源消耗平均增长率为负值。1997 至今为第三阶段，国民经济和能源及电力消费增速缓慢。

二、德国早期电力市场

德国电力工业起步于 1890 年。早期德国的电力市场无法与天然气市场开展价格竞争。随着地方公共交通业迅速发展，客观上需要有稳定的电力供应，因此，很多大城市为满足交通需要建设了数量众多的发电厂。截至 1910 年，在德国几乎所有大城市都拥有自己的发电厂。

19世纪后半叶，随着输电网络的建成，很多城市的角色迅速从发电电源点向配电商转变。1898年，德国莱茵集团RWE作为第一家超大型的区域电力供应商正式成立，其业务范围在短时间内几乎占据了整个德国西北部。

第一次世界大战期间，德国政府战争能源资源管理局开始监管德国电力市场，并通过接管发电商伊瓦格公司EWAG进入电力供应行业（后来被称为维尔格公司VIAG）。在20世纪20年代中期，VIAG和REW两家公司所发电量占据了整个德国发电量的50%，其余的电力由当地一些工矿企业的自备电厂提供。但是1935年颁布的《能源工业法案》改变了整个德国电力行业。

《能源工业法案》引入了国家对经济进行宏观调控的模式，在这种体制下无论是新建或者是扩建发电机组，他们的企业管理以及对电力套餐用户的价格都受到政府的监管。这其中最重要的监管内容是在电量供应领域，实施政府强制许可证管理。如果电力供应商不能保证电力系统安全，或没有提供经济性电价的话，其许可证将被取消。

1958年，德国议会通过了《竞争性法案》。德国联邦卡特尔办公室负责监管大型电力企业之间签订的内部协议所可能产生的潜在违法行为。由于德国电力市场具有特许经营和分界合同这两种特征，因此这种监管是非常必要的。

特许经营合同是指在一个城市和配电商网络运营商之间的协议，这项协议排他性地只给予某个配电网络运营商以建设、维护电网的权利，保证在一个确定的时间段内、在一个确定的供电范围中，能够提供可靠的电力供应。当地政府收取特许经营费用，按照法律这项收费是封顶的，其费用是基于这个直辖市中电力消费的总量计算出来的。

分界合同由两个电力供应商之间相互签订，以确定在一个城市建筑物之间如何划分这两个电力供应商业务经营的区域范围。一个区域的电力供应由一个电力供应商负责，在这个区域中没有其他的零售商。

三、市场化改革第一阶段

20世纪80年代，欧洲共同体把第三方接入问题提上议事日程。1988年3月2日，欧盟议会第一次出台了关于内部能源市场的相关文件，指出其成员国的电力市场垄断行为与欧盟相关法律不相吻合。1991年，一个由德国政府组成的关于讨论对电力市场管制的委员会出版了一份电力行业分析报告，呼吁废止垄断的能源市场供给，实现电力市场竞争。进一步讲，政府开始担心因为由于垄断引起的高电价会影响经济发展，因此着手提高德国电力市场的竞争性。

德国电力市场放松管制的过程起源于欧盟指令96/92/EC，该指令要求对电力市场中产品、人员、服务和资本以及规则的自由流动，不得出现卡特尔和市场力滥用。通过使工业终端用户收费的透明化，达到使其成员国电网的接入向第三者开放的目的。该指令强制电网运营商透明、无歧视化地许可发电企业和用户能够接入电网进行交易。至于如何向第三方开放其网络，该指令给成员国三个选择：一是通过谈判接入、二是受监管的第三方接入、三是单边购买者模式，要求电力供应商独立分开核算其发电成本、输电成本和配电成本，目的是避免歧视、交叉补贴和扭曲竞争。

1998 年 8 月，德国通过发布《能源工业法案》来执行欧盟指令 96/92/EC。第一，德国电力市场向所有批发用户开放。其次，对电力行业拆分的最低要求虽然也被写入法律，但是不具备强制性。最后，德国采用了一个很松散的监管方案并选择了通过谈判方式的第三者接入方案，这使整个欧洲都感到意外，因为绝大多数的欧盟成员国都选择了严格监管的第三者接入方案模式。谈判式第三者接入方案指的是：不管电网的垄断属性，电力行业没有特殊的监管和调解机构，由市场新进入成员与原有市场成员通过自愿性的相互谈判，来确定新进入者接入电网的条件和方式。这种方式无疑使原有市场成员在谈判过程中具有绝对的市场发言权，从而事实上局限了市场竞争。德国政府一度认为可以通过德国联邦卡特尔办公室来控制自愿性的谈判接入方式，能够很好地解决电网第三方接入和输电费等相关问题。

在德国，关于接入电网的经济方面的非官方规则称为“协会协议（AA）”。这个协议是一揽子合同，将“能源工业协会”成员、发电企业和德国联邦工业联系起来。前后出现过三个版本的协会协议,前两个是关于对电网接入费用标准协议的监管规则，但是仅是在德国工业能源与发电协会 VIK 和德国联邦工业协会 BDI，以及德国电力协会 VDEW 之间协商谈判形成的，居民用户消费者、小的商业用户，以及新的电力零售商被排除在这个协议出台过程之外。这些协议的结果是不同网络运营商仅仅开展自我监管，没有体现消费者的呼声。因此，第三个关于对电网接入费用以及如何接入电网有关规定的协会协议，其谈判形成过程就有了更多的参与者。一方面，德国联邦经济局在 2001 年专门组建了一个专案组,与其他小的消费者联盟一起参与了谈判的全过程；另一方面，电力工业拆分为四个部分，产生了三个新的市场成员：电网运营商联盟 DVG、当地电力供应商联盟、城市配电商联盟。第三份协会协议的结果是强化了大众零售业的第三方接入及其更加透明的接入费用，以及不同的网络结构的第三方接入。尽管如此，电网收费仍然是由不同的电网拥有者来商定的。在这段时期内，主要的约束方式就是卡特尔办公室。

尽管这些对电网接入的监管以及对相关收费标准的计算办法，是在基本未向公众公布的情况下产生的，但是仍然对电网接入有一定的控制力。《消费者法案》与 1998 年的《基本设施规则》一道，赋予卡特尔办公室监管职责，要求无歧视性并且按照公平且有依据的收费标准接入电网。

在实际运行过程中，卡特尔办公室的约束力并不是很强，而电网接入费用事实上也一直很高。原因之一是由于现存市场成员滥用其支配地位的市场力，导致了大多数索赔和案件，同时，因为传统干预机制都是事后的，这意味着相对那些没有雄厚经济支撑的新市场成员而言，现存市场成员拥有既成事实的市场力和耐心，并故意拖长整个案件诉讼。鉴于这些垄断性案件的审判均是按照个案处理，并不采信于先例，因此在法庭上，卡特尔办公室不断遇到现存支配地位市场成员的挑战；原因之二是卡特尔办公室的人员编制严重不足；原因之三是尽管《竞争性法案》非常适合于解决歧视行为，但是很多问题并不直接表现为歧视性拒绝接入电网，而是表现为更高的接入电网的费用问题，而这样的问题很难用《竞争者法案》来进行处理。

1998年，德国电力市场开始放松管制之后，国外投资者对进入德国电力市场表现出了浓厚兴趣。尽管德国发电市场相比其批发市场的价格而言，还远不如欧盟其他成员国有吸引力，但是很多国外公司认为，由于德国需要增加发电容量，以及可以预期的电力消费的增长，因此德国的电力市场是一个成长性市场，进入德国这个欧洲最大电力市场具有战略重要性。但是，仅过了几年时间，这种投资的热情就淡灭了。这其中有几个原因：

一是德国电力市场对新进入者充满敌意，第一个协会协议对第三方充满偏见。在那段时间里，一直都有人持续表现出对第三方的歧视。二是找到一个新建电厂的厂址非常困难。三是整个德国电力批发市场的价格确实缺乏吸引力。因此，很多新建电厂项目要么是被迫放弃，要么就不得不寻找那些愿意继续保留这些项目而等待更佳时间的新投资者。新公司的加入，主要是通过并购来实现进入德国市场。

除发电市场外，国外进入者在零售市场上也遭遇挫折。在1998～2002年间，很多电力零售商起步得非常成功，但随后都由于高额的营销费用和利润下降而一个接一个地退出。这是因为德国竞争性业务和垄断性业务垂直一体化的模式，通常能够使得原有垄断者创造条件，通过使垄断业务的利润极高而让竞争性业务的边际效益极低，来阻碍竞争性业务市场的竞争和新的市场成员的加入。换言之，在经过电力市场化改革的第一阶段后，德国庞大的输电网络系统运营商并不从发电或者零售环节盈利，而是在输电环节通过不透明的价格来进行赢利。初步估计，占有支配地位垂直整合的电力供应商虽然关闭了至少40%的零售店业务，以放开给新的市场成员，但却以这种方式迫使新的市场成员最终退出市场竞争。

四、市场化改革第二阶段

电力市场化改革第一阶段后，德国电力市场结构仍然保持高度垂直整合的状态，是一个占着有支配地位寡头垄断者的电力市场，主要的四个私人电力供应商拥有运营着整个德国的输电网络和绝大多数发电企业。这些企业既是输电网络运营商，同时又是占有支配地位的发电商。在第一次对电力市场放松管制过程期间，这些大的企业集团数量从原来的八个减少为四个。这些从 1998 年起就对电力行业管制放松的兼并和重组，增加了发电市场以及零售电市场的集中度。这些寡头垄断者采用各种各样的方法，来维持其在德国电力市场中的强有力位置。

2003 年，德国国家经济局出版了关于电力行业协会协议对企业和市场竞争影响的监管报告,讨论其关于对电力网络接入以及市场竞争监管是否真正起到改善作用。该报告指出，对电力市场管制放松和引入市场竞争，并没有带来明显的电力价格下降，其原因是发电市场集中度的提高，以及这些寡头垄断者不断增强的垂直整合度，另外，缺乏广泛采用透明化电网使用费用计算程序这一点，也备受批评。这份报告尤其批评了协会协议根本就不关注电力市场运行的效率问题。报告认为德国联邦卡特尔办公室对网络接入及其费用的控制权限还远远不够。另外，一些其他原因也阻碍新市场成员进入电力市场，包括高额输电费用、更换售电商的合同，以及程序不是标准性合同和程序带来更换售电商的时间成本极高。报告指出应该提升监管力度，尤其是对电网接入费用的计算，需要有一个透明的机制，以引导产生更具竞争性的电价，同时也更有利于保证电力供应安全。

欧盟议会不满意缺乏监管的电力市场，于是发布欧盟法案 2003/54/EC 来加速电力行业市场化。指令要求在 2004 年 7 月前，寡头垄断者要将零售电业务向所有非居民电力消费者开放，并最终在 2007 年 7 月之前向所有用户开放。同时，设立国家层面的独立监管机构，并将垄断业务和竞争性业务分离。因此，德国选择的谈判式第三方接入模式，不得不让位于欧盟其他成员国采用的受监管的第三方接入模式。

值得一提的是，在这些内容中，德国已经成功地影响了法案，监管机构仅仅有权许可计算电网费用的方法，但对具体收费的计算过程无法监管，相关收费情况仍然处于事后监管状态。具体到对电网运营商的拆分，欧盟指令要求成员国可以决定不对垂直一体化的电力企业进行拆分，如果这些企业的用户低于一百万户，对于德国电力市场而言，这意味着几乎 85%的电力供应商被排除在强制拆分的范围之外。

2005 年，德国《能源工业法案 2005》出台。该法案采纳了欧盟指令 2003/54/EC 中的很多内容，主要目的是建立一个安全、无歧视、价格合理、用户界面友好、富有效率，同时又能持续发展的电力供应体系。新法案的关键要素如下：第一，加强了关于拆分的规则，尽管这也就仅仅达到欧盟指令的最低要求。第二，虽然没有出台关于事前批准和事后控制相结合的监管方案，但是产生了一个清晰的对电网使用费用的事前监管步骤。第三，产生了电力行业具体的监管机构——联邦管网署 the Federal Network Agency（BNA - Bundesnetzagentur）。《能源工业法案（2005）》

遵循欧盟指令2003/54/EC中对电网拆分的相关要求内容，要求采用法律分离方式拆分输电商和配电商，但是对财务信息和结算信息进行保密。欧盟指令要求至少在第三方进入之前，修改或者批准对电网适用费的计算方法，在该法案出台之前，德国坚持在事后对电网使用费进行控制，是对成本的监管。在《能源工业法案（2005）》出台后，转换到以激励为基础的监管方式，这种方式是对价格进行封顶或者对利润进行封顶。

联邦管网署BNA有权对包括电力、天然气、电信、邮政在内的行业进行监管。BNA负责对在不限于一个州里、不少于一百万个用户的电网拥有者进行监管，中心任务是在上下游市场中，通过对电网拆分和对能源供应网络监管，来为建立一个竞争性市场创造先决条件。其监管任务包含从确保无歧视的电网接入，到由电力供应商征收电网使用费率的有效控制，以及对反竞争性行为监督和对电网运营商维护系统责任的监管。保护终端用户遭受过度价格盘剥的责任则留给了联邦州政府，在全国范围内经营的零售商的定价，仍然由卡特尔办公室控制。

五、市场化改革第三阶段

2005年7月，关于接入电网的条例《电网接入条例》（StromNZV）和关于接入电网费用的条例《电网收费条例》（StromNEV）开始生效。《电网接入条例》（StromNZV）具体落实《能源工业法案（2005）》，要求电网无歧视条款地向任何人开放，以使得不同的电力供应商能够公平竞争终端用户，从而使终端用户真正拥有自主选择零售商的机会。为达到该目的，就必须设置平等条款。条款一方面体现公平支付电网接入费用，另一方面详细定义接入电网的必备条件。

2006年11月，《配电网络的接入条例》（NAV）以及《终端电力用户基础性供电普遍条件条例》（GVV）开始生效。NAV要求电网运营商有义务开放配电网络及其接入，内容包含电网接入及其费用、电网接入的形式和数量、对原有规则的取消、对土地使用、电能计量和接入权利的阐述等。同时，NAV界定了市场成员的义务（NAV的第十八章以举例的方式描述了在停电状态下电网运营商的必须的义务）。但是，鉴于相互连接的电网以及高度发达的线路非常容易受到干扰，条例对电网运营商的义务进行了非常严格的限制，没有对其无限放大，对赔偿的最大金额，以及由于电网运营商的疏忽所带来的责任进行了限制。《终端电力用户基础性供电普遍条件条例》（GVV）提出了配电商在供电过程中必须遵循的普遍要求，提供了基本电力供应合同样本，重点强调了配电商的告知义务。GVV的规定包含电力供应程度、计量和付费方式，包括允许电网运营商在非常严重拖欠电费状态下，有对终端用户断网的权利。

2007年7月，《发电企业接入电网规则条例》（KraftNAV）生效，目的是为新建电厂接入电网提供便利。该条例要求电网运营商有义务在技术可行条件下，提供方便的电网接入。如果接入方案在技术上是可行的，电网运营商授权同意电网接入并收取一定的接入费用。当同一个点收到多个接入申请时，按照申请的时间顺序来进行接入安排。

2007 年 10 月，《对电网基于激励机制的监管规则条例》（ARegV）生效，但是一直到 2009 年才被正式应用。德国政府摈弃了基于成本的监管方案，最终选择了基于激励机制的监管方案，其目的是让受监管的企业提高收益来使整个行业的效率提高。企业不需要采用事前批准的降价提量方式，而是在一段时间内保持价格不变下，通过降低成本获利，只有成本占优的企业才更容易获得利润，而不是依靠规模垄断。条例强调了对关键时间点平均利润的事前封顶测算，控制周期是五年一次，相关的效率可以通过与可对照的标杆企业进行对比来进行测算。

六、市场化改革第四阶段

2009 年 7 月，欧盟通过了一揽子能源市场改革法案，被称为欧盟第三能源包。第三能源包由两个内部市场指令（天然气市场和电力市场）和三个条例（天然气输送网络的接入、电力跨境交换的接入以及能源监管合作署的建立）组成，主要目的是，进一步在欧盟范围内开放能源市场，并推动建立单一的欧盟能源市场。

第三能源包的主要条款包括：能源业务分拆方案、建立更强的监管体制，以及建立协调统一的单一内部能源市场规则。欧盟委员会起初提议采用最激进的所有权分拆方式，要求所有的垂直一体化能源公司，出售其天然气和电力输送系统。然而，该提议遭到德国、法国等一些国家的强烈反对，最后欧盟做出了妥协，提供了三种拆分方案供成员国选择。

（一）所有权拆分（TSO）

在 2012 年 3 月之前，输送系统的所有者要成为输送系统运营商，并且满足以下要求：

（1）同一实体不能同时既对有生产、销售业务的实体实施直接或间接的控制，又对传输系统运营商或传输系统实施直接或间接的控制或享有任何权利。

（2）同一实体不能同时既对传输系统运营商或传输系统实施直接的或间接的控制，又对有生产、销售业务的实体实施直接或间接的控制或享有任何权利。

（3）同一实体对有生产、销售业务的实体实施直接的或间接地控制或享有任何权利的同时，不能向传输系统运营商或传输系统委派高级管理人员（监督会、董事会等成员）。

（4）同一人员不能同时承担传输系统运营商或传输系统的高级管理人员和有生产、销售业务的实体的高级管理人员。

此处的“权利”主要是指投票委任高级管理人员的权利、控股权。此处的“控制”是指事实上或法律上赋予的能行使决定性影响的的权利、合同或其他方式，主要是指所有权或使用全部或部分资产的权利、赋予对一个机构组成、投票或决策有决定性影响的权利或合同。

（二）经营权拆分（ISO）

输送系统由垂直一体化实体拥有，但是必须在法律形式、组织机构、决策机制方面与垂直一体化实体的其他业务独立，并且其经营权必须转让给一个指定的独立系统营运商（ISO），该营运商的组织机构独立、人员独立、商业和投资决策独立。

（三）管理权拆分（ITO）

输送系统成为一个独立输送运营商（ITO），由 ITO 拥有、管理输送网络业务。该营运商的组织机构独立、人员独立、商业和投资决策相对独立。垂直一体化实体对 ITO 的控制仅限于委派部分监督委员会（Supervisory Board）成员。

欧盟要求成员国在 2011 年 3 月前将第三能源包指令转化为国内法，从 2011 年 3 月开始实施；要求拥有能源输送资产的实体在 2012 年 3 月前经过认证成为 TSO；要求对第三国控制的实体、不是垂直一体化的实体，其认证可延至 2013 年 3 月 3 日，由欧盟成员国能源监管机构或其他有认证资格的实体进行认证。

德国作为欧盟成员实施了相关的欧盟指令。在机制上，德国改变协议第三方接入为受监管的第三方接入，立法框架规定了对于输电和配电网建立第三方接入的监管系统。在体制上，输电网拆分出来 Amprion 公司、TenneT 公司、EnBW 传输管网公司和 50Hertz 传输管网公司负责运营，它们是从四个现有运营公司 RWE、E.ON、EnBW 和 Vattenfall Europe 中分离出来的。其中，E.ON 将其电网卖给了荷兰公司 TenneT，Vattenfall 将其输电网的 60%卖给了比利时电网的运行者 Elia，40%卖给了 50Hertz 传输公司输电网的运行者澳大利亚工业基金管理委员会。RWE 卖掉了其大部分股权，但是仍保留了 25.1% Amprion 公司的股份。EnBW 仍然拥有它原来的综合输电网并将其作为一个独立的运营商。

除了对输电网进行拆分外，德国对配电网的反垄断力度也在加强。以前区域或当地配电网，由大量垂直一体化公用事业公司负责运营，而四大供电商 RWE、E.ON、EnBW 和 Vattenfall 持有很多这些公共设施的股权。针对此情况，联邦卡特尔办公室在不久前已经阻止了大型运营商对地区运营商股权的收购整合，并强调，区域市场中类似由大型运营商进行利益收购的行为，会加强市场力。现在市政当局和其他大型公用事业公司，也就是所谓的“城市公共事业”，不仅保持了对于本地电网运营商的控制力，而且继续通过独立经营或与其他公用事业公司合作并购，来增加它们在发电和电网运营市场中的份额。

第二节 市 场 成 员

德国的电力经济是多元化结构。属于电力经济部门的有公用电力公司、工业自备电业、德国铁路电力公司、私营发电公司。

在总的电力拥有量中，公用电力公司供电量占 4/5 以上，因此公用供电代表德国电力经济的最主要部分。所有向第三方工业家庭、商业和中外生产企业、公用设施（交通和农业）供电的公司都属于公用供电。德国总计大约有 900 家公用供电公司。这类公司从其规模、供电任务、一体化程度和资产结构来看，相互之间是有很大差别的，按照供电任务可划分为三种类型公司：发输配售一体化公司、区域供电公司、地区供电公司。随着欧盟第三能源包文件的实施，发输配售一体化公司被分拆出来，输电网独立。

一、公用电业公司

德国公用电业公司的一个特点表现在非集中型和多元化结构上，与法国的区别在于历来没有中央供电规划，参与电力市场活动的各个公司自己负责建设自己的发电和供电设施，以及在现行法律法规和能源政策基本条件框架内，建立供电商与购电者之间的合同关系。

德国公用电业公司的另一个特点是，官方机构（联邦、各州、乡镇联合体或乡镇）高度参与供电公司的股份投资。在大约 870 家供电公司中，有 20%左右为混合经济公司，这类混合经济公司主要是跨区域大面积覆盖供电的公司。纯私营公司（私人资本占 75%以上）仅占 15%。

（一）发输配售一体化公司

发输配售一体化公司可定义为作为发电和输电设备所有者和运营者，拥有输电网络，具备输电、配电、发电职能，主要是参与联合电网频率和功率调节，及保持跨区备用，以及与国内和国外同类型供电公司进行跨区域基本电力交换的供电公司。德国的发输配售一体化公司负责计划、推动和协调其供电区域内发电厂和超高压电网的建设和投用。除建立包括由各地区电网发展起来的供电网和外国交换电力的大范围联营体外，这种公司的另一项任务，是向区域和地区供电公司供电。

在 2000～2001 年间，RWE 和 VEW 合并成为一家公司即 RWE 公司，VEBA 和 VIAG 合并成了另一家公司即 E.ON 公司。在德国的东北区域，Swedish Vattenfall Energy Group 兼并了 VEAG 公司，HEW 和 BEWAG 将原本三个不同的供电范围合并成了一个供电范围。在这些并购重组之后，这四家大的电力运营商（RWE，E.ON，Vattenfall 以及之前已经提到的 EnBW）占有着整个德国发电容量 80%以上的份额和整个输电网络。不仅如此，这四家单位同样也占有配电网络市场和零售店市场的最大份额。2002 年 RWE 和 E.ON 两家单位在 800 个不同的城市自有电力企业中，占有接近 25%的股份，而这 800 家企业负责本地区的配电业务和零售电业务。德国输电商控制区域如图 5.3 所示。

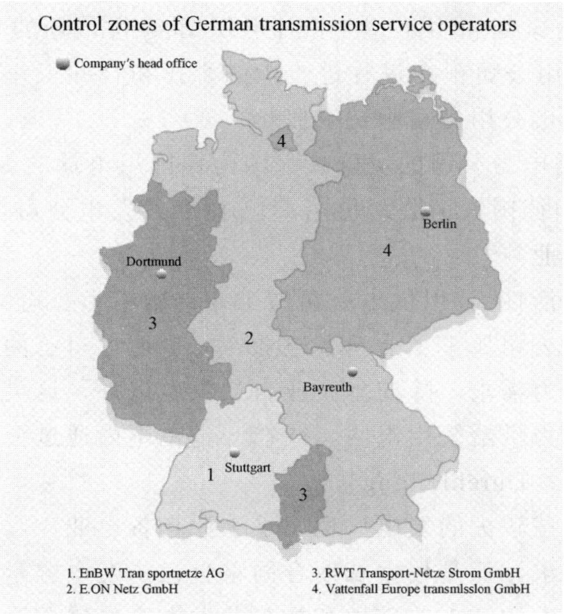

Source: Federal Association of the Enerov and Water Industries(BDEW)

注：以上文字为四家公司的名称

图 5.3　德国输电商控制区域示意图

上述发输配售一体化公司的供电范围覆盖德国全境，其发电量所占市场份额为 78%，其中 E.ON 和 RWE 两家公司占 54%。输电 100%通过发输配一体化公司，其配电份额占 30%，向终端客户售电份额占 29%。与之相比，E.ON 联网公司的直接活动主要限于发电和向地区二级配电公司（Weiterverteiler）和大工业客户供电。这些联网公司组成了德国联网协会（DVG），总部设在海德尔堡（Heidelberg）。

随着欧盟第三能源包文件的实施，发输配售一体化公司被分拆出来，输电网独立，成为了 TSO 模式。

（二）区域供电公司

二级供电是通过区域供电公司高压和中压电网完成的。在过去几年期间，区域供电公司数由 60 多家合并到目前的 44 家，输配电运营商几乎参与了所有区域供电公司的股份投资。

区域供电公司的发电量占德国用电量的 10%，配电量份额占 33%，向终端客户售电量份额为 36%。区域供电公司组成了区域供电公司工作联合会（AREeV），总部设在汉诺威。全国大约有 1/3 的人口是由区域供电公司直接供电。

（三）地区供电公司

地区供电公司（城市公用公司）发电量所占份额为 12%，目前大约有 820 家地方供电公司，它们主要拥有热电联产设备，在配电量中所占份额最大，为 36%。在向终端客户（主要是家庭和中小型生产企业）即零售市场的售电量中所占份额为33%。不过，城市公用公司正在进行进一步的合作和合并工作。输配电运营商和区域供电公司在很多城市公用公司中持有股份。

1999年，这三类电力公司的发电量大约为德国用电量的88%，另外9%由工业自备电厂供电，2%由德国铁道公司供电，1%由私营发电公司供电。

二、工业自备电业

为了提高供电灵活性，公用供电公司与工业自备电力公司网络紧密联系在一起。原西德大约有200家公司属于工业自备电业，它们通过自己的发电厂全部或部分满足本企业的电力和热力需求。除向本企业自己供电以外，这类公司一般还向公用电网购电，也将剩余电力供给公用电网，或在一定范围内通过公用电网向其他公司或企业供电（所谓托送：Durehleitung）。

除此之外，有一些较大的发电厂也属于工业自备电业，它们并不是专门为了满足工业本身的电力需求，而是根据长期合同将自己的发电容量交由公用电网支配的电厂。在原西德，有大约1/3的矿山和加工业发电容量属于这种情况，特别是无烟煤煤矿发电厂（例如STEAG公司的电厂）。

工业自备电业公司组建了工业能源和电力联合会（VIK）。相关的联合会或协会（VIK，DVG，ARE）之间缔接了各种原则协议。工业自备电业剩余电力送入公用电网时，发生补偿的有关细则的协调也属于这一范围。

关于水电或风电等可再生能源电力公司向公用电网的供电，自1991年初就有了明确的法律规定。

三、用户

（一）电力套餐用户

电力套餐用户（Tariff customers）包括居民用电，以及年消费电量不足10000千瓦时的家庭作坊、工业和商业用电。这类用户群体占据整个德国电力消费市场份额的25%左右。这类用户的电价构成由每月固定的基本电费，加上按照实际月度耗电量计价的电度电费构成。电网费用由德国联邦管网署进行监管，价格须遵守《竞争法规》的相关要求。消费者不能与电力供应商就其电价进行议价。但是为了确保获得更合算的电价，消费者可以自由选择不同的供电商，这样就对电力供应商施加了影响。

2008年，这类用户的平均电价为5.92欧分/千瓦时。

（二）非电力套餐用户

非电力套餐用户（Non-tariff customers）的年用电量超过10000千瓦时，并且有自己专用的多费率电度表。这类用户可以就其用电价格与电力供应商进行议价，在考虑到全年用电量、其用电功率在一天内的分布情况等诸多方面因素后，单独确定自己的用电价格。这类用电合同的内容包括其合同执行期限和价格，并且都是基于双方的信用进行签订的，价格根据双方约定而不同，其中用电量大的客户，通常可以参照《热电联产法案》以及《电力税法案》，依据其用电曲线的具体情况，而获得用电价格优惠。

这类用户大都可以依据《可再生电力电源法案》、《热电联产法案》以及《电力税收法案》，通过双方协商获得可观的用电优惠。其中，按照《可再生电力电源法案》可以享受每千瓦时 0.05 欧分的优惠；按照《热电联产法案》，如果用电量超过 10 万千瓦时的话可以享受每千瓦时 0.05 欧分的优惠；这类用户在税费方面也会享受相关优惠；《特许经营收费条例》也给这类用户很大的帮助，可以享受每千瓦时 0.11 欧分的优惠；《电网接入费用条例》（Strom-NEV）允许这类用户相对于普通的电网接入费用有高达 50%的接入费用折扣，如果消费者年度用电量达到 10 吉千瓦时，并且其年度在网时间超过 7500 小时的话（也就是说其用电量大而且稳定）。

德国联邦统计局统计 2007 年这类客户的用电价格平均为 8.6 欧分/千瓦时。

第三节 产 权 模 式

德国的电力经济是多元化结构。属于电力经济部门的有公用电力公司、工业自备电业、德国铁路电力公司、私营发电公司。

一段时期内，德国在电力市场化建设过程中，采用法律分离的方式将发电和电力零售业务从电网中分离出来。因此，在那段时期里，德国的电力市场具有浓重的垂直一体化色彩。随着欧盟第三能源包文件的实施，输电网被拆分出来，德国的电力产业产权模式进一步向欧盟的整体要求靠拢。

第四节 调 度 交 易

一、调度

德国电力市场是一个分散的市场，因为市场成员主要考虑本单位合同交易，而非整个电网的物理约束。根据市场成员本单位的合同，电网运营商负责约束物理性的电网传输，保持发售之间的电力平衡。

在德国，电力调度的优先级顺序是低热值的褐煤电厂、热电联产机组、新能源等必须优先运行于其他类型的发电设备，剩下只有不足 50%的电力市场才是具有竞争性的。在协会协议条款之下，只有在褐煤机组影响到电网安全时，才能被拒绝接入电网；热电联产法律给予热电联产厂（CHP）优先照顾，对在 2000 年之前建成的热电联产电厂电源，提供一个固定的销售价格，其价格随着时间的推移逐步、分阶段下降。电网将这些额外的成本部分转嫁到过网费用的提高上。但是，分配额外费用的程序是不透明的。按照所处的位置不同，对热电联产机组额外征收的这些费用是不同的，从在柏林地区的 0.0217 欧元/千瓦时高价格，到黑森林地区 0.0024 欧元/千瓦时的低价格；另外，按照新能源法，新能源也是优先采购的，并且有固定的溢价收益，距离新能源最近的电网运营商必须接入新能源，并对新能源商进行补偿。

总之，按照法律规定，占据整个德国电力市场份额 40%左右的前东德地区五个州的电源是优先的。剩下的市场中，新能源所占比为 7%，并在逐年上升。热电联产机组所占比为 10%，只有最后余下的 43%的电能，是按照市场进行定价并进行调度的。

二、交易

随着市场开放，德国出现了电力交易。较大的公司都增设了电力交易部门、设立电力交易公司或与伙伴一起进入电力交易活动。除此之外，还有独立的电力交易商，他们既没有电厂，也没有自己的电力线路，甚至本身也没有电力负荷需求。德国的电力批发交易包括：发电商与采购者（例如零售商或者大用户）之间的长期双边场外交易：以及通过欧洲能源交易所的场内交易两种形式（发电商按照时段对电力需求的电能进行投标）。

（一）场内交易与场外交易

场外交易：德国电力交易主要采用双边交易。只要区域供电公司或城市公用公司运营有自己的电厂，它们就可以自备发电满足自己需求，其余部分则向当地优先供电商购买。大型输配电一体化公司虽然与供电商之间是相互支援的，但一般不付钱给供电商，而是相应地回供。电价可能是短期或长期、大幅度或小幅度的变动，变动时间越短、幅度越大，相应商品的价格越不稳定。

结算有两种方式：其一，用户只与发电公司签订用电协议，发电公司与配电公司签订网络使用协议，配电公司与输电公司签订输电网络使用协议，并分别进行结算。其二，用户与发电公司签订用电协议（不含网络使用费），用户还需与配电公司签订总的网络使用协议，配电公司与输电公司签订输电网络使用协议，并分别进行结算。

场内交易：1998 年 3 月德国能源法案出台后，将德国电力市场引向竞争。第一家电力交易所是莱比锡电力交易所，于 2000 年 6 月 16 日正式成立，主要交易品种是按小时计算、成批成交的电力商品竞价拍卖。莱比锡电力交易所通过六家签署了交易协议的企业开展现货市场交易，远期市场交易的运作始于 2001 年 7 月，主要运作模式是 NordPooL。位于法兰克福的欧洲能源交易所于 2000 年 8 月正式运行。欧洲能源交易所提供一个日前市场按小时分割的交易合同，而成批成交的电力商品，是以拍卖的形式单独进行的。其远期市场的交易始于 2001 年 3 月。在 2001 年颁布关于物理电能量交易的信息披露准则后不久，上述两家电力交易所（莱比锡电力交易所以及欧洲能源交易所）最终合并成一家新的欧洲能源交易所，位置在莱比锡，主要业务包括电能量现货市场和金融衍生品市场（包括期权和期货），以及天然气和碳排放限额等相关同类产品。在 2008 年 4 月披露的信息上，交易所共有 25 家公司在此注册。

2005 年，德国大约有 10%的批发市场电能量通过电量交易所成交，而剩余 90%的份额是在场外市场以双边交易的方式成交。尽管以双边交易成交的电量市场份额在逐年下降，但到目前为止，这仍然是整个批发市场的主要交易形式。通过交易所注册成交的电量，从 2005 年到 2006 年增长了 200%，有 4%的家庭、大约 150 万户家庭已经采用这种变换供电商的方式。

因此可以说，德国的电力批发市场是由场外双边交易和标准产品的场内交易混合组成。

（二）市场分类

德国的电力市场分为四个部分：日前市场或者现货市场、日内市场、远期市场及备用市场。远期市场、日前市场和日内市场都是由欧洲能源交易所 EEX 和欧洲负荷交易所 EPEX 组织，而备用市场是由电网运营商自己组织。除了上述这些标准市场之外，市场成员也可以就备用市场以外的其他三个品种进行双边交易（场外交易）。图 5.4 表述的是一天的交易流程。

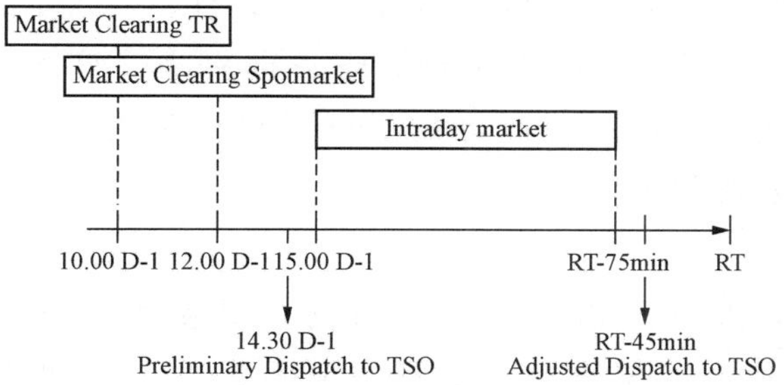

注：preliminary dispatch to TSO：对 TSO 的初步调度；adjusted dispatch to TSO：对 TSO 的调整调度；market clearing spotmarket：现货市场出清；intraday market：日内市场

图 5.4 每日德国电力市场交易流程

现货市场是次日在 1 个小时或几个小时内的短期交易，这里指 60 分钟时间档次的供电交易，即在交易所登记的电力公司今天购入或售出、明天 24 小时中每 1 小时的电力。价格决定于供应与需求，短时间的供应过剩导致在电力市场上降低价格销售。日前市场或者现货市场由欧洲能源交易所组织，这个标准产品有一个集中的每日拍卖，该市场出清时间为 12：00，对第二天所有时点的电力交易进行出清，需求和发电之间进行匹配，按照小时出价匹配成功。在这个流程中不考虑国内的电网网络约束，而国际之间的电量交易需要考虑交易国之间的净传输能力限制。市场成员没有义务一定要在交易所进行交易，也可以通过场外双边交易进行。基于日前交易以及双边交易的合同义务，发电商必须将第二天的调度时间表在14：30前告知相关输电运营商。

日内市场：开始于15：00。市场成员既可以通过交易所提供的交易平台，也可以通过双边交易来形成日内交易。日内市场的场内交易必须在实际交易的75分钟之前达成，发电商必须就其调整后的调度时间表，在实际交易的45分钟之前告知电网运营商，告知频率为每15分钟一次。与前一日现货市场出清后发布的原始调度时间表相反，输电网络运营商有权根据网络情况拒绝本日日内市场交易申请。在拿到电厂最终的调度时间表之后，输电网络运营商通过拥堵缓解方法，来负责管理电网物理网络限制。为了实现这一点，输电网络运营商有物理手段和市场手段两种控制选择来疏导电网拥堵其一，通过调整电网拓扑结构（例如切换动作）或者根据电网特性（例如变压器分接头的变化）来进行有源负载流量管理；其二，以市场为基础的电网拥堵疏导管理方法，包括用市场方式调整节点的发电量或者负荷。在德国这种方式被称为对发电厂基于成本的再调度方法。当地富余发电能力的发电厂，必须降低其出力以降低输电网络的拥堵。另一方面，在盈余地区减负荷的发电厂，必须通过增发赤字地区发电厂的出力来进行补偿，以确保需求和供应的匹配。这些增发和减发的电厂，通过被称为拥堵管理费用的费用方式而相互关联起来。

期货市场：这种交易指较长时间，即日、周、月、季或年的交易。选择权交易，购电者有权在确定的时间点，按确定的价格进行交易。这就是说，购电者在有效期内可以决定是否交易。这时要区分购买选择权（购买者获得购买权）和销售选择权（购买者获得销售权）。

（三）备用市场

备用市场也称辅助服务市场。由于目前很难做到采用一个合理的成本来储存电能，因此保持发电侧与需求侧的即时相互匹配显得非常重要。但是，由于例如风电这样的突然上网带来的波动或需求的突然波动，使电力供应与消费不是恒定不变的。因此，必须组织负荷的相互平衡。这种相关的机制被称为负荷平衡系统。

在电力系统输配电网中，上网和下网称为正信号和负信号。正信号表明消耗的能源大于生产的能源，导致在输电电网中频率的下降。在这种情况下，需求超过了生产。相反，负信号表明输配电网络的频率过高，这时候生产的电能量超过需求。在预测的和实际运行中的上网和下网之间的波动实现平衡，可以通过“负荷平衡群”或区域的输配电运营商来实现。参与这些平衡的电力，被称为“平衡电力”。平衡电力可以由三种具备不同特点、不同质量的储备电力来提供，称为一级、二级和三级控制。一级控制是在30秒内由整个欧洲范围内的输电运营商和发电商来提供。二级控制可以被认为是时间较晚一点的一级控制的替代品，必须在5分钟之内得到提供。三级控制，或称为分钟储备，用于替代二级控制并显示在负有相关义务的发电侧的再次修正的调度时刻表中。在德国,三级控制是基于每 15 分钟修改一次,并且在随后 15 分钟内实现的调度计划很容易在德国四家主要的输配电运营商之间采用招投标方式进行采购。

2006 年,德国出台了一个激励性质的分钟储备及三级控制的采购程序基于互联网拓标平台。在这个平台上,系统运营商每日提交其三级控制。为了与重新调整的结构保持一致,德国监管者设置了统一的相关条款和公开发布的相关义务。这种采购被分为正向的、负向的三级控制,在每日分为六个时段进行操作。其操作是在工作日的前一天(日前)提供报价曲线,而在周末或节假日采用其前一天的报价策略进行拍卖。这套程序在每天 8:00～10:00 先于现货市场开展,是一个按照竞标价结算的拍卖交易。该方式相对于以前的机制而言,最大的变化在于在互联网平台上联合投标平台以及招投标时间的不同。以前,德国四家输电运营商之间的三级控制投标是在日前开始的,而现在,联合投标是在现货市场开始前开展的。

第五节 价 格

一、电价构成及走势

德国电价在整个欧洲处于较高水平,并且电价逐年走高。销售电价构成主要分为四个部分:一是采购和营销费,二是对新能源的补贴电价,三是各种税费,四是各种需要支付的费用。如果进一步划分,包括发电成本、输电费、配电费、计量费、用电曲线附加费、电力税、用电折扣优惠以及增值税等。随着核电逐步被淘汰,二氧化碳排污许可费、电力交易平衡费的征收、关停核电后新建其他相对发电成本较高的电厂来加以替代,造成电价上升(如图 5.5 所示)。

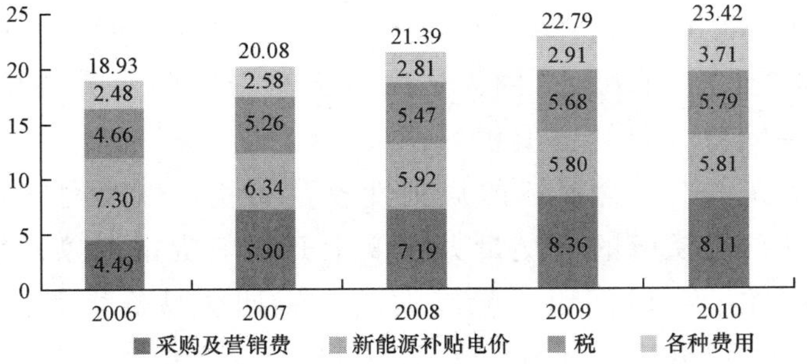

图 5.5 2006～2010 年德国的电价走势图

新能源补贴电价:在德国主要用于鼓励可再生能源,例如风电、生物质发电、水电、地热发电、太阳能光伏发电等。这种收费机制是用来加快对可再生能源技术进行研发的,根据采用的每种技术的发电成本而不同,风电的补贴电价相对较低,而光伏、潮汐能发电的补偿就相对较高。例如，2012 年 2 月对超过 50 兆瓦水电的补偿费用为的 3.4 瑞士分/千瓦时，对容量超过 30 千瓦的屋顶太阳能的补偿费用为 24.43 瑞士分/千瓦时。

德国消费者和电力生产者（例如在电力批发市场）的价格在近期经历了一个不同的发展情况。居民用电价格在 1991～1998 年是下降的。从 1998 年之后，居民用电价格开始上升。2010 年上半年居民用电的平均价格为 23.75 欧分/千瓦时（虚价，包括增值税）。其间，工业电价很低，工业电价直到 2000 年都是逐年下降的。德国的电价水平整体较大幅度高于欧洲平均水平，尤其是居民用电价格。德国 1991～2010 年消费者电价如图 5.6 所示。

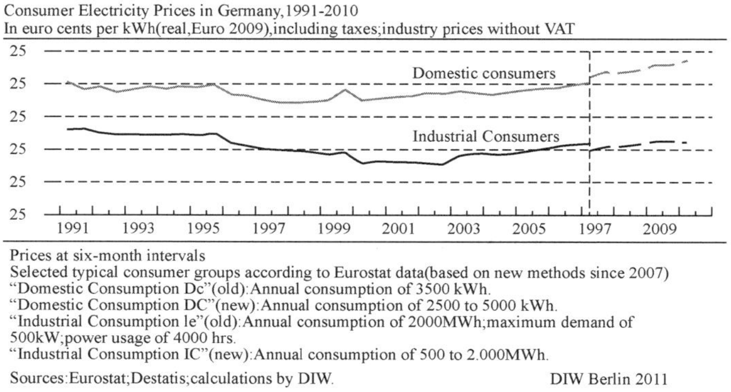

图 5.6　德国 1991～2010 年消费者电价

分析其原因，主要是由于一些规章性收费占据了消费者用电价格的很大份额。2010 年，居民用电价格中约 40%属于电力税、增值税、特许经营费，以及按照《可再生电力电源法案》和《热电联产机组法案》收取的费用。2010 年，可再生能源分摊的费用为 2.05 欧分/千瓦时，占据整个电价的 8.8%。可再生电源补偿分摊费在 2011 年上升至 3.53 欧分/千瓦时，占据了居民用电价格 14%的份额，包括增值税在内，这个分摊大约为 4.2 欧分/千瓦时，约为居民电价的 1/6。这上升的 1.5 欧分包括 2010 年追溯增加的 0.29 欧分（包括增值税）。

相反，发电商价格不包含前述的规则性收费和税，以及网络费用和结算费用。电力批发交易在电力交易所的成交量大幅度上升（现货市场以及期货市场）。日前平均现货市场价格在一些时间内大幅度波动。短期交易价格取决于市场供需状况以及风电、太阳能的发电量。其价格长期以 15 分钟为单位时间大幅度波动。这种波动三要是源于燃料价格和二氧化碳的排放许可成本变化。在过去 5 年之间，现货市场平均价格在 3～7 欧分/千瓦时之间波动。2010 年平均电价达到 4.4 欧分/千瓦时。2010 年批发市场的电价是居民用电价格的 19%。2010 年德国家庭电价构成如图 5.7 所示。

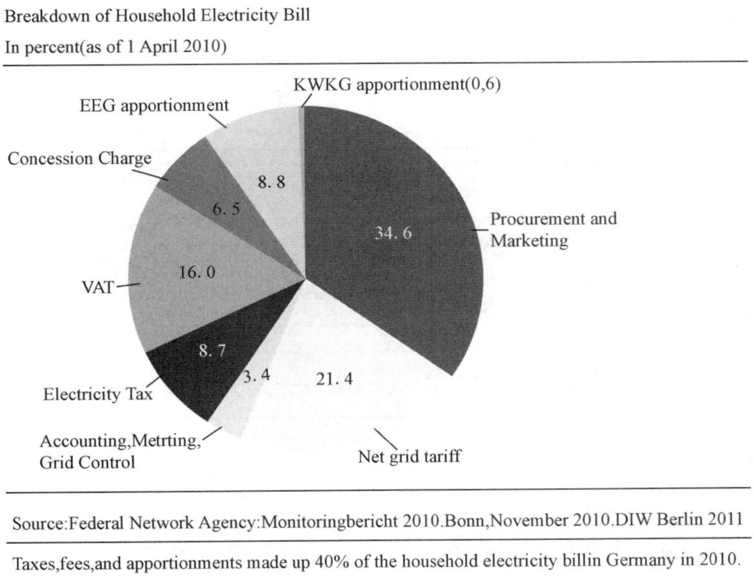

注：concession charge 特许权费；VAT 增值税；electricity tax 电力税；accounting、metering、grid control 结算、计量、电网调度费；ner grid tariff 电网净收费；procurement and marketing 采购及营销费；KG 千瓦热电联产电价分摊；EGG 新能源分摊

图 5.7　2010 年德国家庭电价构成

近年来，德国消费者电价有很大幅度上升。部分原因是由于可再生能源的迅猛发展。《德国可再生电力电源法案》要求对可再生电源的分摊以及相关的增值税几乎占据了居民用电费用的 1/6。但是，可再生能源的增长带来了电力批发市场价格的下降。政策制定者认为如果是竞争性的市场中的话，两因素品迭后对消费者的净负担整体来说应该是下降的。按照德国经济研究所的计算模型，在不考虑燃料价格以及二氧化碳排放成本上升因素，通货膨胀调整后的批发市场电价从 2010 年到 2020 年预期将仅上升 11%，达到 0.49 欧元/千瓦时。在未来预期没有更大规模的可再生能源投产的情况下，预期价格可能上升 20%。虽然可再生能源电量在 2020 年预期将翻一倍，但是对消费者而言产生的影响只有 0.364 欧元/千瓦时。也就是说，比现在的价格有轻微的上调。导致电价轻微上升的原因是对新建可再生能源的补贴是一年一年递减的。另外，这种补贴随着通货膨胀而被稀释。数学模型表明立法者应该注意对光伏发电的过度投资。正是由于光伏电源的造价大幅度下降，因此对其的补贴才能加速下降。经过一长段时间，整个补贴的水平会有所下降。

此外，德国未执行丰枯季节电价和丰谷时段电价。

2000～2010 年每季度德国 EPEX 电力现货市场均价如图 5.8 所示，2012 年德国居民终端用户价格如图 5.9 所示。

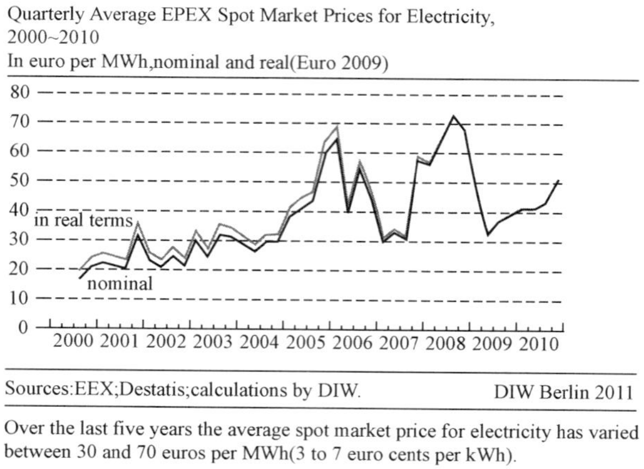

图 5.8　2000～2010 年每季度德国 EPEX 电力现货市场均价

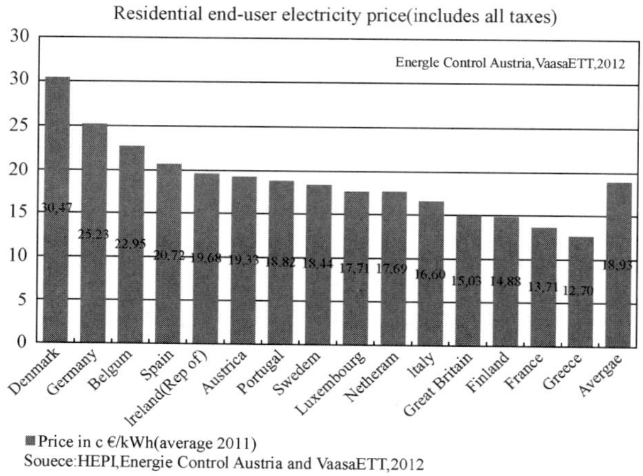

图 5.9　2012 年德国居民终端用户价格

二、两类用户的价格简介

按照德国现行法律，只有居民、农业和小经济性质用户（即电力套餐用户 Tariff customers）电价是需要联邦各州的价格监督检查机构在 1989 年 12 月 18 日生效的《联邦电费法规》的要求下进行审批的。这些价格收费标准必须事前获得价格监管机构的许可，保护用户免受过高电价，确保售电机构有合理的利润，并通过这部分售电侧响应来达到保护环境和生态资源的目的。

为保证终端消费者的安全供电，德国法律要求售电商向区域内终端消费者为其低电压电力销售产品和电网接入提供出版的《一般条款及细则》《一般收费明细》，并按照这些条款和明细提供服务，前提是售电商认为这些电力接入在经济上是可行的（如果售电商认为不可行，这需要售电商承担举证义务）。如果证明确实有合理的理由，针对不同城市不同地区的收费可以差异化，但是这种价格歧视不得导致所有消费者价格提高，同时对所有客户的价格差异是适当的。但是，自愿选择第三方接入供应的用户不能享受上述保障权利。

非电力套餐客户即双边交易的客户，其用电条款和价格完全是因人而异的，由双方自由达成。

（一）居民电价

居民用电价格由一个固定的基础收费，以及与实际消费电能相关的电度电费构成。关于电网接入费用的有关细则由2005年联邦管网署颁布的相关条例以及由当期物价部门制定的收费细则进行界定。这些价格均必须遵守竞争法的相关要求，《限制竞争法案》引入了在2012年之前对能源行业严格的价格监控。消费者虽然不能随意就其居民用电价格与电力商进行谈判，但可以更换不同的售电商。居民可以在网络上查询不同的售电商提供的电力价格套餐。关于电能量电价部分，其价格根据用电量的升高而降低，即反向的阶梯电价。对于居民消费者而言，接入系统费用高于电能产品本身。典型的家庭电力花费的80%以上是用于电网接入费和优先级能源和税收，例如电网运营商为配电线路收取特许权交易征费、新增增值税和生态税，2013年平均价格为0.26527欧元/千瓦时。

电价构成：包括电量电价、容量电价和结算电价。电量电价是按每销售1千瓦时电计算。结算电价是将管理和计量费用计算在内。容量电价是提供电功率的费用，按照电价表中规定的每一时段客户最大用电量确定，按照电价表中规定的每一时段客户最大用电量确定。

用户分类：当居民用电未超过10000千瓦时执行目录电价，超过时可以与供电方议价。

用户选择：由于引入了直接竞争（放开的市场），消费者可以在所在地电力公司和其他竞争公司之间进行选择。尽管用户具有100%的选择权，但自1998年以来，相比英国的30%，德国只有2%～3%的家庭更换供电方，主要是由于对供电商而言，家庭用户年用电量少，其优先级是靠后的，当地配电商对更换客户没有动力，所以往往办事拖拉，居民用户需要花费4～5个月的时间来申报更换供应商的手续；其次，对于当地的配电商而言，居民更换输电商需要重新交纳用于所谓处理数据的入网费。

（二）工业电价

德国工业电价相互偏差极大，2013年包含所有附加及电力税在内的平均电价为0.11567欧元/千瓦时，采用中压供电。如果消费者年度用电量达到10吉千瓦时并且其年度在网时间超过7500小时的话（也就是说其用电量大而且稳定），《电网接入费用条例Strom-NEV》允许这类用户相对于普通的电网接入费用有高达50%的接入费用折扣。

德国上网电价通常采用双边交易、交易所交易形成。德国发电侧不承担输配电价。2009年德国的批发市场的电价平均为68.80欧元/兆瓦时，2010年为52.60欧元/兆瓦时。

燃料价格和污染物排污许可费的下降反映在德国电价上。2009年一季度欧洲能源交易所EEX现货市场，其基础负荷合同交易电价平均为47欧元/兆瓦时，而尖峰负荷电力合同平均价格为61欧元/兆瓦时，相比2008年同期分别下降16%和15%。德国的远期电力交易价格也同步下降。2009年销售2010年的一年期远期合同交易平均价格中，基础负荷价格达到49欧元/兆瓦时，尖峰负荷价格达到72欧元/兆瓦时。

三、上网电价

德国批发市场电力现货价格走势如图5.10所示，德国一年期远期电力交易价格走势如图5.11所示。

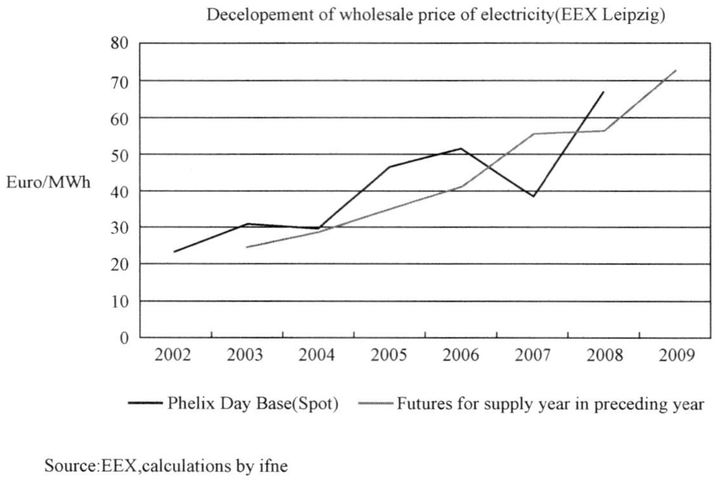

图5.10　德国批发市场电力现货价格走势（单位：欧元/兆瓦时）

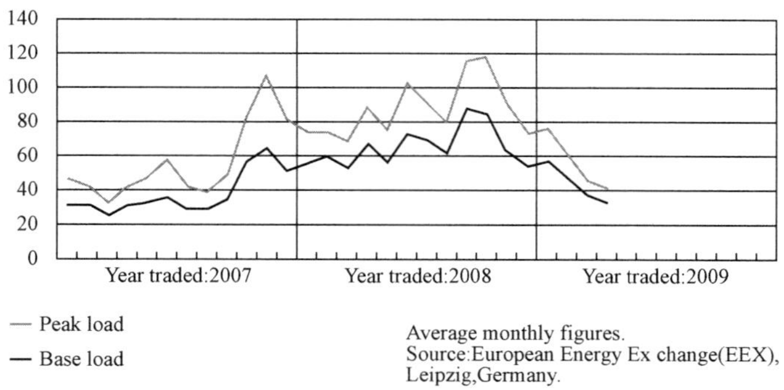

图5.11　德国一年期远期电力交易价格走势（单位：欧元/兆瓦时）

四、输电价格

（一）电价体系

按照《输电费率协定》，德国的输电费率根据各州经济部的费率局所规定的“总括成本算定总则”进行计算，具体包括以下三个部分：系统利用率、变电设备利用率、辅助服务费。

各项年间费用作为实际输电服务的费率算出的基础，由电网运营商给出具体计算，然后将年间费用除以年间最大电力所得出的“同时率”加以修正。

1. 系统利用费率

按照电压等级来决定系统的年间利用费率。这个费率又分为输电系统利用费率和配电系统利用费率。

（1）输电系统利用费率。

由与输电距离无关的设备利用费率（邮票法）和与距离成比例的费率构成。设备利用费率按照将输电线相关的年间费用除以最大电力求得。而距离比例费率则按照对于超过 100 公里的输电以 0.125 德国马克/（千瓦・公里・安）的输电费率计算。进一步讲只对以下两种情况征费：一是电力供应点或受电供应点直接使用输电系统（380/220 千伏），二是配电系统的输电距离超过一定的边界值时。

（2）配电系统利用费率。

按照电压等级分别确定。具体地讲，即按照高压、中压和低压三个等级，将产生的成本所分配的现存系统的年间费用处于所属电压等级的最大电力而确定。这种费率由电网运营商自己算定。

2. 变电设备利用费率

按照在计算系统利用费率时采用的电压等级区分，各个变电电压等级的年间平均费用为基准确定，以适当的方式予以公布。

3. 辅助服务费率

辅助服务费率以频率控制服务、电压控制服务、系统复旧服务和管理费用等费用为对象。这些费率按照其服务发生的地点，向发电方或者售电方征收。另外，公布各电压等级等价的平均输电耗损，按照系统运行着的平均电力购入费为基准对这种平均输电损耗进行补偿。对于电力系统者，也可以以追加相当于网损部分的发电，来代替上交网损费用。

1999 年时德国被划分为两个电力交易区域。北方区域包括五个输电网络营运商（VEAG，Preussen Elektra Netz GmbH 和 Company KG，VEW EnergieAG，HEW，以及 d Bewag AG）。而南方区域仍然保持垂直一体化供电商组成（EnBW、Transportnetze AG、RWE Energie AG、Bayernwerk Netz GmbH）。每一个输电网络运营商在其营业区以内都有一种输电费用称为输电网络使用费（GUC），用于对输电网络的接入和使用。GUC 不仅包含传输电能所需要的成本，也包括辅助服务和线损。每一个营业区域的GUC主要取决于整个输电网络的费用以及所接入的电压等级，而与供应商与接入点之间的距离无关，即邮票法或者是节点电价。原则上，将电网运营年度费用除以电网的尖峰负荷就得出了每年每千瓦的GUC（单位：千瓦年），然后再乘以具体的消费数据就能够得到消费者需要支付的输电费用。为了方便潜在客户，并考虑到德国电网是由几百家电力企业拥有的，因此，每家电网运营商都出版公告其每个电压等级的、每一个开关设备的每年/千瓦时的GUC费用。不仅如此，鉴于主电网的运营成本主要是由传输给次级电网的电能所产生的，因此，相关的费用也就从高电压等级的电网传递到低电压等级的电网。这种计算消费者总的GUC的费用传递程序需要三个参数：消费者接入电网的电压等级或者开关设备，消费者年度最高负荷，消费者年度在网时间，这其中在网时间是通过将消费者年度电能消费量除以其最高负荷算出来的。不是所有的传输费用都向下一级电网传递，其中未传递部分由直接使用本等级电网或者开关设备的消费者承担。

与此同时，对于边界交易实行一种称之为传输费用的额外收费，这种费用无论是在两个供电营业区域之间，或者某个营业区域与欧盟相邻其他国家之间的电能交换时都会产生，在联络线上每15分钟计量一次。将电力输入营业区的电力输入商，必须向拥有该区域输电网络并为当地用户服务的垂直一体化运营商支付传输费用。

除了支付输电费用GUC之外，消费者还需要向电网运营商支付计量和结算等相关费用。如果消费者申请接入当地电网，或者现有电网进行扩建，电网运供应商也会向消费者全额征收相关费用。最后，在其中存在一些最低资费。在某些特定情况下，电网运营商甚至会拒绝其他方接入其电网。

（二）电价水平

1. 用户费用

在德国，无论是400～380千伏等级还是220～150千伏等级的用户费，都是6.72欧元/兆瓦时。

不含联合循环发电机组，德国输电电价加权平均为：基础设施费用3.05欧元/兆瓦时，其他监管费用0.5欧元/兆瓦时，线损0.75欧元/兆瓦时，系统服务费2.42欧元/兆瓦时。

2. 与输电网络运营商活动有关的费用

包括基础设施费（本金及运行费用）、线损、系统服务费、网络拥堵费等在内，合计为6.2欧元/兆瓦时。

其他与输电网络运营商活动没有直接关联的费用（标准成本、公益事业捐赠、新能源及其他）合计大约0.5欧元/兆瓦时。这其中包括：按照《德国热电联产推进法案修订案》收取的额外费用（这项费用至少0.25欧元/兆瓦时，在所有运营时间内无论什么电压等级都要进行收取）；按照《德国电网收费监管条例》收取的额外费用（这项费用至少 0.25 欧元/兆瓦时，在所有运营时间内无论什么电压等级都要进行收取）。

德国的输电费用加权平均为 2009 年 8.02 欧元/兆瓦时，2010 年 6.31 欧元/兆瓦时，2011 年 6.16 欧元/兆瓦时，2012 年 6.22 欧元/兆瓦时。

3. 其他特殊收费的规定

（1）月度价格。

对比事前的购电合同，对临时有高电量需求、临时用电量有明显下降或者甚至不用电的终端客户，将采用月度电价来替代原本合同约定的年度用电价格。

（2）单独定价。

对那些相对于整个电网的用电曲线而言，有不同时段尖端用电负荷的最终用户，需要单独定价。这种单独定价不能低于公众化价格的 20%。

（3）电网费用豁免。

对于年用电量超过 10 吉瓦时并且用电时间超过 7000 小时的用电密集型用户（典型的例如工业用电客户），可以对电网费用进行豁免。当然，这类用户与电网营运商之间的合同需要事前得到监管部门的许可。

第六节 新能源政策及其发展

在 20 世纪 70 年代，德国联邦协会（BDI - Bundesverband der Deutschen Industrie e.V.，Berlin），工业能源和电力联合会（VIK - Verband der Industriellen Energie und Kraftwirtschaft e.V.，Essen），以及德国电力协会（VDEW - Vereinigung Deutscher Elektrizita：tswerke e.V.，Frankfurt/Main），一致同意对可再生能源上网应该予以补偿，并规定了一个最小补贴率。随后十年间德国成立了绿色组织，呼吁提高对消纳可再生电能的补偿，其目的是提高电力市场中可再生电能的份额。

一、电力接入法案

可再生能源发展不平衡，德国不同地区电网运营商经济负担是不均衡的。过高的风电比例带来了问题，诸如在德国北部风电富饶地区的电网运营商相对于德国其他区域而言，将面临更高的经济负担。但是法律启动了这些补贴，并极大地刺激了风电的发展。在 1990～1991 年之间几乎有 7500 家新风力发电厂投运。《电力接入法案》要求电网运营商有义务采购低于 5 兆瓦的、垄断电力供应商所持股份低于 25%的水电、风电、太阳能电源、垃圾发电，并为可再生能源的采购付费。水电、垃圾填埋气电（即沼气发电）、污水处理厂的沼气和生物质发电收到终端用户支付的约为平均电价 75%的补贴。太阳能发电和风电收到的补贴标准是 90%。截至 1995 年，根据《电力消纳法案（1991）》的统计，总共有 2.5 亿美元额外费用支付给可再生电力电源，这其中有差不多 50%是风电。

1998 年 8 月，与《电力工业法案（1998）》一道，《电力接入法案》进行了同步的修订。修订的重点在于，如果区域供电商可再生电力销售份额超过 5%时，输电运营商应该对区域供电商给与补偿。输电网络运营商对区域供电商补偿的责任也是封顶的，补偿比例上限不超过 10%。如果达到这个封顶线，那么就暂停一年对新建电厂的补贴。这些条款事实上降低了发电企业对可再生能源的投资热情，上述这些修订内容遭到了德国环保组织的强烈抗议。

二、可再生电力资源法案

《可再生电力资源法案（2000）》确定了可再生能源电力调度的优先顺序，具体阐明了在国内电力市场中，按照欧盟指令的设想来实现可再生能源优先调度的机制。这项法案的目标是在 2010 年之前，实现可再生能源的比重达到 12%（2000 年的可再生能源的比重仅为 6%）。向可再生能源开放电网接入，以及按照高价采购可再生能源的义务，从售电商转到了电网运营商身上。这些费用根据每一个可再生电力电源实际采用的技术方案的不同而不同。在原来《电力接入法案》中补贴费率是按照用户平均配额的百分比来进行定义的，而新办法是补贴费率在新机调试运行后 20 年内是不变的。风电补偿因风电所处的位置而异，每个运营商都至少会享受五年可观的补偿率。光伏电源、海上风电和生物质发电的补偿尤其可观。与此同时，对所有可再生能源，其补偿每年都会有所下降，而且在其上网的那一年进行核算，当然这是指新投产的电源而不是指已经投产的电源。

该法案还规定有关电网连接费用。电厂运营商现在需要在付费后才能接入电网，但是电网运营商在电网需要加强时必须承担电网相关费用。配电电网运营商必须消纳可再生能源，并把这些可再生能源传输给与其配电网络相连接的那几家大的输电电网运营商。该法案同时解决关于对经济负担不平等疏导的问题：新能源消纳费用由所有终端用户承担。这几家输电电网运营商平等地将这些可再生能源进行分配，并计算出整个国民范围内均摊的补偿费用；然后按照比例将这些费用传给区域供电商，这些区域供电商反过来支付可再生能源补偿费用，并转手将这些费用转移到终端用户的电价上。可再生能源电价构成如图 5.12 所示。

2001 年又发布了一个附加条例，这个条例明确了哪些生物质发电或者其他发电技术能够按照《可再生电力资源法案（2000）》享受到补贴。例如，装机容量超过 350 兆瓦的光伏发电不再享受补贴资格，在 2002 年这个封顶线提升到了 1000 兆瓦。2003 年对光伏发电的补贴标准又进一步按照电源点所在的具体位置进行了差异化的补贴。

每隔两年，德国议会与德国环保部和德国农业部一道，根据德国经济技术部做出的分析报告对《可再生电力资源法案》进行重新评估。

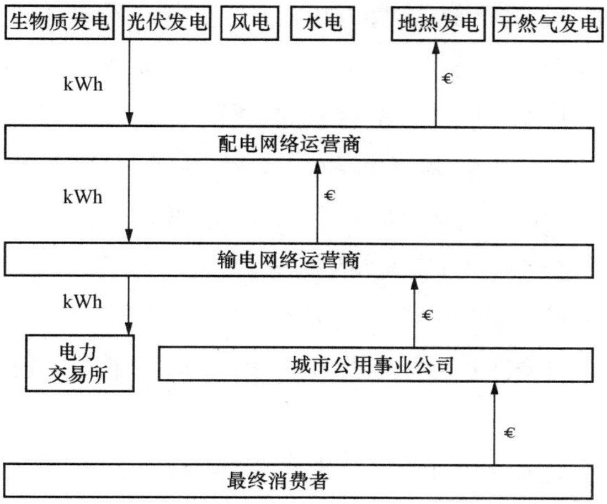

图 5.12 可再生电源电价

三、红绿联盟新能源政策

（一）生态税

1999 年 8 月到 2000 年 1 月，电力消费税逐渐升高。可再生电源并没有从“税率”这一环节直接受益，因为无论使用何种发电技术都是统一征税的，而生态税改革强化了可再生能源技术在供热和交通市场上的竞争优势。来自于可再生电源的生态税收入被用于一些特定项目的财政支持。1999～2000 年，每年有大约 2 亿欧元被用于可再生能源补贴，尤其是资助了 10 万个屋顶太阳能项目，支持了对光伏电源的建设以及扩建。这些项目获得低于市场利率、实际达到 4.5% 利率的信贷支持。在 2003 年该程序结束后，一共资助了 5500 户总容量达到 261 兆瓦的光伏发电。之后对光伏电源容量建设的支持转向为通过费用方式。生态税赞助的另外一项程序就是市场刺激计划，于 1999 年开始启动，其每年预算额度达到大约 2 亿欧元，用于可再生电源技术研发。个人、小型、中型商业用户可以申请资金支持获得低息信贷用于光伏电源、生物质锅炉以及由可再生电源驱动热泵的开发。

（二）逐渐淘汰核电

德国《核电逐步淘汰法案》反对在未来建设核电机组，确定核电厂运营寿命为 32 年，这意味着按照这项计划大约在 2020 年核电将逐渐被淘汰。核电公司可以选择将某些电厂资金转移到效率更高的电厂中以获利。在日本福岛核电站泄漏事故前，德国 20 家核电中只有 3 家核电厂关停。受日本福岛核电站泄漏事故的影响，德国政府对所有的 17 座核电站强制进行安全检查，并将逐步淘汰核能发电。17 座核电站中的 8 座已经关闭，剩下的 9 座核电站也将于 2022 年之前退役。

对德国发电结构的最新研究表明，2011 年核电在德国仍然是最重要的电源并且占据整个德国发电量 17.6%的份额。因此，围绕未来核电的走向以及德国是否需要核电厂超期服役以满足电力供应，还有很激烈的争论。

（三）对可再生电源、热电联产机组以及终端客户用电效率的支持

《可再生电力资源法案（2000）》以及《热电联产机组法案 CHP Act》均支持可再生电源以及热电联产机组（CHP）。依据该法案，可再生电源电厂根据其技术以及电厂所处位置收取固定补偿的不同，其补偿也是不同的。法案要求电网运营商采购热电联产机组的电能，并按照市场成交电量的最高价格支付给热电联产机组相关的补偿费用。

在对电力市场放松管制后，由于寡头垄断者采用低发电利润、低销售电价利润，同时提高输配电利润这样的策略，使得发电价格降低，即使按照发电成交电价的最高电价执行时，热电联产机组还是不能盈利。为此，德国政府给予一个标准的补偿费用来代替以前的做法。《热电联产机组法案》仅适用于在法案生效之后仍然在役和准备退役的热电联产机组，以及那些上大压小或者以新代旧的新建热电联产机组，对热电联产机组扩建的激励作用很有限。

德国采取与欧盟政策保持完全一致的措施来促进终端用户提高用电效率。2002 年 2 月，《电能节约条例》正式生效，要求新建建筑物电能需求水平要比当前建筑物平均用电水平低 30%；对于老建筑物，需要加装或者更新其加热系统。

四、可再生电力电源法案

2000～2004 年间，在《可再生电力电源法案（2000）》支持下，可再生电力电厂发电量几乎翻了 3 倍。其中风电和生物质发电翻了 1 倍，光伏发电量增长了 9 倍。由于有较低的银贷利率和风险，《可再生电力电源法案》促使可再生能源成本下降，从而也在很大程度上保证了投资的安全性，保障了可再生电力电源投资的投资回报，使得可再生电力电源效率提高。

《可再生电力电源法案（2000）》要求，随着时间推移，未来对可再生电力电源的补偿费用将逐步降低。这预示着其上网电价在未来也可能下降。这被称之为“递减”的方式产生了积极的影响：1999 年到 2004 年之间，建造光伏发电的投资成本下降了 25%。风电涡轮机在 1993 年到 2003 年十年间，其投资成本下降了 30%。这种“递减”的方式对投资者而言，也促进了可再生电力电源装机容量在初期的迅猛增长以获得更高的投资回报，并且防止了投资者持币观望造价下降带来的投资迟缓的可能性。

《可再生电力电源法案（2004）》的目标是进一步提升可再生电力电源的技术水平，以及在 2010 年之前使可再生电能份额至少达到 12%，在 2020 年至少达到 20%。此次修订的另一个原因是需要执行欧盟指令、完成关于 2002 年《可再生电力电源法案》提出的目标。法案同意电网运营商与发电商通过协商新的发电条款获得双赢，

从而对发电厂进行激励，这尤其与电网的升级换代和备用电源有关。这样的条款使电力企业由放任电力供应波动，转变为思考如何避免这些状况而付出的电网升级改造、储备、旋转备用支出费用。该法案规定电网运营商采购可再生电源必须付出固定的费用，制定了对不同电力类型的最低付费标准。政府承诺提供补贴的运营时间是 20 个日历年度，但水电享受的时间是 15 或者 30 年（根据其装机容量确定）；对海洋风力发电场第一阶段固定补贴费率补贴时长调整为 12 年；对于那些远离海岸线矗立在深水中的海上风电场而言其补贴时长还进一步延长；陆上风电的补贴要稍微低一点。此外，法案还取消了对没有达到设计产能 60%的陆地风电的补贴。法案提供了一个更差异化的补贴费结构，使结算效率提高，尤其是明显改善了对地热发电和生物质发电的付款条件。已经投运的大型水力发电厂的现代化改造及扩建，其产生的额外发电量也可以享受补贴。

法案要求电网运营商有义务披露电能数量和补贴费用。为了改善关于可再生能源运用的信息披露水平，法案启动了新建发电设备注册程序，允许授权的组织发布可再生能源电厂关于其可再生电力确实是由自己原始产地生产的而不是购买来的所谓原产地保证。这有助于提高消费者对信息的了解并强化对消费者的保护。法案载明详细措施来禁止可再生电力被多次销售或传输，以防止重复享受补贴。

五、电力和环保一体化程序 IECP

欧盟议会为整个欧洲气候与能源一揽子政策设定框架，包括宏伟的环境保护目标、可再生能源的发展以及整个能源使用效率提高。2007 年 8 月，德国政府推出了能源和环保计划，包含 29 项关键内容。2007 年 10 月，又发布了一个包括 14 个法案及其条例的综合政策包，2008 年 4 月再次出台一个相对较小的政策包。德国政府通过国家层面具体措施，即下面阐述的关于能源与环境保护一揽子计划的关键内容，来实现这些目标。这些措施的三个主要原则是安全可靠的电力供应、环境保护、用能效率提高。这些措施包括以下几点：

一是 2009 年修订《可再生电力电源法案 2004》，目标是“继续加快可再生能源的发展，并将其在德国电力消费总量的份额在 2020 年之前提升到 25%～30%”，强调需要建立更为积极的海洋风电场扩建机制以及对旧陆地风电重新运营的激励机制，同时也进一步激励生物质发电的发展。方案特别要求提高对小规模生物质发电的补偿，以及对热电联产机组、生物质发电厂的经济奖励。例如对于钻井风险，要通过更高的补偿费用和投资补贴，来加快推进地热发电的发展。另外，法案要求电网运营商改善并优化可再生电源接入，加强规划以避免由于电网网络阻塞带来的可再生能源电厂关停。

二是通过联邦交通部发布的对特殊用途区域，尤其是海洋风电场的划分规则，来进行德国专属经济区空间规划，主要是指定优先开发区域。所有与指定优先发展区域不相匹配的用途都不会被政府当局采信，因此，实际上这些区域等同于被划定为保护区。政府当局战略性地开发海洋风电场，以期在 2030 年能够实现累计安装 25000 兆瓦装机容量的风力涡轮发电机组的目标。

三是在国家发展规划和区域规划框架下，德国当局与地方当局和协会合作，实现重新启运已经停运的风电机组的目标。旨在通过支持风电机组的重启程序，例如对小风电、旧的效率低的风电、20 世纪 90 年代建造的风电进行替代，代之以更大容量更先进的风电机组和涡轮发电技术、更优化的风电场选址和规模化建设，以利于对陆地资源的保护，实现风电从陆地向海洋发展的目标。

四是推出《能源管网扩建法案》，允许择优性优先建设电网，新建高压输电网络，包括优先建设连接海洋风电的海底电缆，完成扩建风电的输送，同时也实现其他新能源发电厂接入电网、处理增加的跨境电力交易的目标。

五是在电网审批程序中引入了典型设计，称为司法简化，能够简化对优先发展项目的审批流程，使得在联邦法院的审核程序得以省略，只需在所在州高法院进行审核即可，这将使项目机构更容易通过其项目申报。法案确保电网运营商有义务承建用于可再生能源消纳的电网项目，如果电网运营商认为该电网建设项目在经济上不可行而拒绝建设，电网运营商承须担举证责任来证明自己的观点。

2012 年 4 月，可再生能源法案重新修订了其关于太阳能的部分。新的太阳能费率制度仍然支持小型生产单位高达 90%的电量通过法定上网补贴电价获利，而另外 10%则属于自我供电或受制于股票价格水平的较低市场费率；地面安装的太阳能发电厂在最大装机容量不超过 10 兆瓦的情况下享受法定入网电价，超出的产能将只能用于自身供应或股票交易或基于市场情况的第三方销售。

第七节　行业管理与监管

一、行业管理

（一）政策制定者

德国联邦环境部（Federal Ministry for Environment）、德国自然保护及核安全协会（Nature Conservation and Nuclear Safety，BMU）、德国联邦经济和技术部（Federal Ministry of Economics and Technology）负责德国的电力政策制定。

（二）政策执行者

欧盟层面：2010 年在斯洛文尼亚的卢布尔雅那，成立了能源监管者协会（Agency for the Cooperation of Energy Regulation，ACER），旨在协调欧盟不同国家监管当局之间的行动。为了针对能源批发市场交易及其透明化制定更加严格的监管规则，欧盟于 2011 年底采用了能源市场批发完整性和透明性规则（Regulation on Wholesale Energy Market Integrity and Transparency，简称 REMIT），ACER 负责对这项规则在各成员国实施的情况进行观察，防止由于能源批发市场内部信息使用或者对市场权利的滥用导致扭曲能源批发价格。

国内方面：德国联邦管网署向德国联邦经济和技术部负责，具体负责电力市场规则的出台、电力行业监管政策的执行，可以提起对电网运营商的诉讼。它还负责对分拆的请求、跨国电力交易、对于私人用户供电通知等的监督，对任何电网运营商在电网接入和使用方面出现的违法行为予以公告。在州一级，州监管当局有资格向配电网运营商发放许可证并且监督电网的安全运行。此外，各州竞争监管局实施竞争法监管。

联邦卡特尔办公室负责保护竞争。这是一个专门针对能源行业的独立单位，位于波恩，主要根据反托拉斯法对电力供应和生产以及并购实施监管，是具有较高权威的竞争政策顾问机构。联邦卡特尔办公室执行竞争法令，尤其是与并购控制和滥用支配地位相关的法令。

目前联邦管网署正准备在德国实施 REMIT。依据法律，联邦管网署被赋予为推进 REMIT 规则所必需的检查和执行的权力。尽管如此，针对电力和燃气方面批发贸易市场透明度具体实施监管的部门是在联邦管网署和联邦卡特尔办公室的共同监管下运转的。

所有监管当局是完全独立于相关商业业务的。联邦管网署和联邦卡特尔办公室都是联邦经济部门的组成单位。在这些机构中，多个决策办公室维持了一定程度的自主权。

（三）仲裁者

监管者的决策有很大可能会遇到申诉。区域行政法庭负责受理大部分针对州一级监管机构所作决定的申诉。联邦管网署和联邦卡特尔办公室所作出的决定会主要受到杜塞尔多夫（德国南部城市）高级法院的审理，其设有专门的审理此类案件的机构。

二、行业监管

（一）历史情况

历史上，在整个欧洲，德国的能源市场（不管是电力还是天然气）始终是唯一一个没有监管机构的市场。然而事实上，在众多现存能源法律，尤其是被称为协会协议的支持下，一种自我监管的体制一直运行在德国的能源市场中。由三大工业联合会起草并通过的自我监管机制，其本质是自发的，适用于电网及天然气行业各种经济合同中，这些条款是自律条款，不具有法律强制性。德国联邦协会（BDI）、工业能源和电力联合会（VIK）以及德国电力协会（VDEW - Vereinigung Deutscher Elektrizita：tswerke e.V.，Frankfurt/Main），这三大协会组织代表着德国的主要工业性用户和电网运营者（或者其拥有者），但是并不代表不同利益诉求的其他企业或者居民的利益，尤其不代表新进入市场者的利益。

由于没有一个中央性质的监管中心，所以很多决定或预案都无法在事故发生前做出。德国联邦卡特尔办公室（The Federal Cartel Office，FCO）也许会对此作出干预，但这些干预都是事故之后才发生的，并且这些干预都是基于个案进行的，不具有普遍意义。从这个意义上讲，这些事后措施都是缓慢和不灵活的。德国公用事业还是垂直整合，没有政策来加以拆分。

（二）当前情况

1. 发电行业

（1）发电设施建设和运营准入。

发电设施建设和运营需要授权，要服从规划和建设法的要求，遵守环境法规，特别是联邦污染控制法案（BImSchG）。

（2）并网政策。

2007 年 6 月 27 日开始生效的发电并网接入电网联邦指令，要求电网有义务负责接入系统的建设。

（3）可替代能源。

可再生能源和热电联产优先接入输电网，电网运营商有义务在从开始发电起持续 20 年内（当然也有例外）以固定价格购买这些厂商生产的电力（通常是高出竞争价格的水平）。在强制购电（对可再生能源的补贴）定价结束后，可再生能源发电仍将获得电网的优先接入权。德国通过特定的可再生能源成本再分配机制来保证对可再生能源支持所增加的收购成本的补偿。

（4）气候变化。

能源利用效率是德国气候政策中重要的一环。从 2013 年起，只有引入了能源管理系统的电力企业才可以获得电力和能源税的减免。德国联邦经济与技术部设立了一项每年总量为 5 亿欧元的效率基金，用以鼓励消费者、企业和市政某些提高能源利用效率的行为。德国还推行排放配额交易以平衡气候变化的影响。

2. 输电行业

（1）建设和运营输电网准入。

输电网的建设和运营需要联邦当局主管部门的许可。建设和运营 110 千伏甚至更高电压等级的架空线路需要取得行政规划审批程序许可。这一行政程序是“一站式”服务，能够将申请者从必须获得有关各种规划和环境法规的许可的困境中解脱出来。

（2）第三方接入。

德国要求输电网运营商无歧视地向第三方提供接入其电网设施的服务。只有由于运行、容量、技术或商业等原因导致这一接入不合理或不可能时，才可以拒绝该并网接入。

（3）规划与建设。

政府制定联邦电网规划，且电网扩建规划由电网运营商来实施。2012 年 1 月 1

日，电网激励规则引入了鼓励投资的因子。这个新的质量因子是通过对系统运营商的收入上限进行调整，从而对电网运行的可靠性（电网运行的质量）进行监管，比如作为红利调增上限，或者调减上限。质量监管系统的目标是达到收益的中性化，意味着对所有的系统运营商实施这一规则后，所有的奖励红利和惩罚能够相互抵消。联邦管网署对相关数据进行收集和审核以确定在 2014～2016 年第二个监管周期中的质量因子。

（4）输电服务监管。

德国政府出台了关于电网接入费用的联邦法案。德国行业监管机构通过鼓励电网运营商来使其提高效率，包括前文提及的质量因子。根据这一措施，输电网或配电网运营商的价格和收入，不仅仅只取决于其成本，还会由于公司高效运营而获得更高收入。为了使联邦电力局能够判断哪些运营商更加高效，每个电网运营商都要将其成本信息提交给监管部门。通过审计这些成本信息，联邦管网署可以判断出哪些运营商相对更加高效。联邦管网署通过对每个电网运营商的成本审计和相关效率分析，来决定费率的整体水平。在此情况下，高效的运营商将获得更高的回报，迫使每个电网运营商都尽力提高效率，从而促进竞争，实现更高的效率和更低的费率。

（5）电网可靠性保证与责任。

保证输电网的可靠性是电网运营商的主要职责之一，配电也是如此。运营商有义务按照需求加强对电网的运行、维护、扩建的管理，并且与其他运营商合作保证输电系统的安全性和可靠性，在应急状态下，电网运营商必须采取电网相关和市场相关的措施，包括电厂管理、从传统电厂或可再生能源电厂采购平衡电力或需求侧管理。从 2012 年起，若在这些方面有失职行为将导致失去运营电网的准入和根据质量因子估算的收入上限的降低。在事故处理过程中如果可再生能源电厂被迫停运，将依据可再生能源法案进行赔偿。

联邦管网署负责监督输电网的可靠性。

3. 配电行业

（1）建设和运营配电网准入。

配电网运营需要获得联邦主管部门授权。

（2）配电网的接入。

像输电网一样，每一个配送网的运营商都拥有无差别待遇的第三方接入权益。电网运营商和其客户的协议包含有关连接和电网节点的使用细节。2006 年低压电网连接联邦法令（NAV）要求当地配电电网运营商有义务将所在区域的任何设备连接至当地电网，申请连接的客户需要支付部分相关费用。

（3）配电服务的费率。

配电网络同样采用激励性的电网接入费用的联邦法案。此外，当配电网的运营商的客户少于10000小时，管网接入费将由监管其运转的电网运营商所在的政府监管机构决定。然而，一些联邦政府已将他们的责任授予德国联邦管网署，这有助于德国相关法令的统一应用。

4. 电力销售

（1）电力销售准入。

电力销售商需要向联邦管网署提交备案，证明其具备提供此种服务的技术和商业能力。当其缺乏此种能力或供应商的管理部门被证明为不可信时，可取消此供应商的资格。

（2）公共服务义务。

法律规定当地现有的供应商有义务为相关区域的家庭用户供应电力。相关条款、条件和价格需要在网上公布。根据2006年11月8日生效的关于低电压电网接入的联邦法令，地方电网运营商有义务将区域内任何电力设施连接到电网上。

5. 收购和兼并重组控制监管

联邦卡特尔办公室负责审核德国境内的企业并购，实现市场集中度监管。联邦卡特尔办公室通常在一个月以内完成对并购交易档案内容的审核。当有重大问题需要彻底调查时，它可将其审核时间延伸至四个月。在联邦卡特尔办公室弄清楚交易之前，交易将不能完成。企业可以针对联邦卡特尔办公室的决定提起申诉。

当满足以下三个条件时，企业间股权转让交易需要向联邦卡特尔办公室报告：

（1）在全球范围内实现目标的收益总和达到5亿欧元，包括收购者和及其附属公司。

（2）在德国范围内实现目标收益达到2500万欧元，包括收购者及其附属公司。

（3）交易的另一参与方在德国的收益达到500万欧元。

在电力行业中发生被国外公司收购时，德国联邦经济和技术部可能会对来自欧洲和欧洲自由贸易区外的投资者针对德国公司的兼并展开审查，并以国家安全或公共政策来阻止这些收购。

6. 跨境电力销售监管

欧盟已经统一了跨国电力供应入网的标准，德国也是欧盟成员国。条例（EC）No.1228/2003包含了入网定价、阻塞管理和互相输电系统运营商补偿机制等方法规定。

2011年3月3日，这一条例被条例（EC）No.714/2009所替代，新条例在欧盟市场国际化的背景下，旨在强调跨国供电和第三方接入在整个欧盟市场上的重要性。新条例的主要内容是关于电价、容量分配和建立欧洲输电网系统运营商（ENTSO）。为了确保欧盟整个输电网的透明性，ENTSO将草拟、发布一个无国界的10年电网发展计划，并进行滚动更新。

欧盟所有的输电网都要互相连接。当欧洲输电网建立后，这一互相接入的作用更重要地体现在电网暂时性互相援助，其重要意义超过了自由贸易的意义。由于互相接入容量不足，跨国输电依然受限。欧洲法律框架和欧盟各成员国不同的电价促进了统一欧洲电网的想法，力图实现“同一个电网，同一个电价”。在实现这一目标的过程中，市场融合迈出了实质性的一步。

第六章 俄罗斯电力市场

第一节 概 述

一、俄罗斯电力工业概况

2011年，俄罗斯电力装机容量2.3亿千瓦，发电量9960亿千瓦时，装机容量中燃气发电比例最大，占47%，燃煤发电占21%，水电占21%，核电占11%。俄罗斯统一电力系统由七个大区组成，分中央、联合电网和地区电网三级调度。俄罗斯各区域电源分布不均匀，不同地区电源结构差别也较大：西伯利亚水电比重最大，约占全国水电装机容量的49%；核电集中在西北、中部和中伏尔加3个联合电网中；火电则集中在中部、乌拉尔、西北、西伯利亚和远东联合电网。不同地区发电燃料也有明显差别，欧洲区部分和乌拉尔地区约80%使用天然气，而在西伯利亚和远东地区约85%使用煤炭，各地气候情况不同也造成发电状况不同，在北方和远东地区，采暖需求使热电厂占有较大比重。

俄罗斯电力需求增长较快。根据俄罗斯电力部门预测，2030年装机容量将达到3.24亿千瓦。根据国际能源署的资料，俄罗斯经济是能源密集型，与其他新兴经济体相比能源效率的改善较为缓慢，因此，未来俄罗斯电力工业需要大量投资来满足电力需求。

俄罗斯的电力工业沿袭了前苏联电力体制的特点，从整体来看，俄罗斯电力体制改革是俄罗斯经济转轨的一部分，但是由于牵涉到错综复杂的利益关系，俄罗斯电力体制改革一直落后于经济体制改革的步伐。

20世纪80年代起，俄罗斯电力工业出现停滞，新增发电容量低于需求增长。20世纪90年代在经济危机影响下，电力需求减少，缺乏新增容量和设备更新，在1998年金融危机之后，俄罗斯经济逐步恢复，电力需求增长迅速，然而90%以上发电设备是1991年以前投运的，70%的发电资产已折旧完毕，发电容量不足、电网老化问题严重，无法满足经济发展和电力需求增长的要求。从发电效率、设备使用效率和电厂运行等方面来看，俄罗斯也落后于同类国家，常常发生电力中断事故，电力欠费情况普遍，电力企业信息缺乏透明度，新的独立发电商无法进入市场，对电力行业提高效率、节能和合理规划的激励不足，这些问题使得俄罗斯电力改革迫在眉睫。

由此可见，俄罗斯电力改革的主要目的是，提高电力生产和消费的效率，提供可靠电力，创造条件吸引私有投资，促进电力工业发展。

二、电力工业改革进程和效果

（一）改革前期：1992～2000年

1992年，俄罗斯对电力工业进行了股份制改造，成立了俄罗斯统一电力系统股份公司（RAO UES，以下称RAO），由国有转变成股份制，RAO拥有100万千瓦以上火电厂、30 万千瓦以上水电厂以及输电网 100%的股份，还拥有地区电力公司 51%的股份。电力系统的科研单位、设计单位和建设单位等也完全属于 RAO。政府控股比例占 52.5%，外国投资者、国内公司、个人分别持有 30.6%、11.4%、5.5%的股份；地区电网公司重组为股份制的地区电力股份公司，主要负责配电；核电仍然属于国有核电公司。按照最初的改革方案，RAO 运营 2～3 年以后，在其所属电厂基础上，组建若干个独立法人发电公司，并引入竞争上网机制，但该计划未能实施。2000 年 6 月，出台了一个新的改革方案，计划打破 RAO 的垄断地位，组建独立的发电公司（核电除外）：国家只保留电网和调度控制权，吸引国内外私人投资，政府停止干预电价，在发电和售电环节引入竞争，促进发电企业竞价上网等。但对放开电价是否会引发通货膨胀，资产对外出售是否危及国家电力安全、造成国有资产流失等问题仍有不同认识。2000 年 12 月 15 日，俄罗斯政府为电力工业改革召开了专门会议，讨论下一步改革道路。

（二）改革准备阶段：2001～2002 年

2001 年 1 月 7 日，俄罗斯总统普京成立了电力工业改革工作组，指定托穆斯基州州长为工作组组长，工作组成员代表不同利益集团，任务是在现有改革基础上，吸取国外经验，最终形成一个改革方案。此外，还成立了一个总统顾问委员会。普京总统委托科学院、州政府、电力工业部、原子能工业部等 11 个单位，提出 11 个改革方案，并在此基础上，讨论形成最后的方案。工作组在有些问题上达成了一致，在某些问题上仍存在分歧。达成一致的意见包括成立独立的联邦电网公司、调度中心、交易所，成立独立的地区电力公司，电网公平开放，在电力工业各环节成立彼此独立的核算单位，提高财务透明度，国家的控制作用不能削弱，特别是对电价的调控和对电网公司、交易中心的控制等。不同意见在于是否保留垂直、集中管理的电力公司，国家应如何对电价进行调控，是否完全由市场定价，电价形成机制如何，采取激进还是渐进式的改革等。2001 年 4 月 15 日，工作组向普京总统提交了包括电力现状、改革目标和原则、国际经验、改革方案建议等在内的报告。2001 年 5 月 19 日，俄罗斯政府通过了电力改革基本方针草案，确定了在国家控制下“平稳地”向竞争性电力市场过渡的方案，其思路是：统一电力公司放弃垄断地位，将所属发电厂重组为发电公司后出售；开放电力市场，吸引国内外私人投资；发展竞争机制，自由定价，国家只保留对电网和调度的控制。

在改革准备阶段，还完成了其他工作，包括 RAO 和 AO-Energo 公司的资产登记、电力企业技术审查、建立发输配售业务财务分开核算系统、进行主辅业务分离、重新规范财务、实施费用管理、简化业务程序、提高业务效率、人员审计、人员培训等。2001 年 11 月成立了交易中心（ATS），主要职责是管理现货交易。2002 年 2 月成立了联邦输电公司（FGC）和调度机构（SO），均为 RAO 的全资子公司。FGC 只负责管理高压线路和主干电网，而地区配电网仍保留在配电公司内。

（三）改革时期：2003～2012 年

2003年，俄罗斯通过了《电力法》，电力改革正式启动。《电力法》将2008年7月1日确定为机构改革过渡期的结束时间，同时规定2008～2011年是电力市场开放的3年过渡期。从2011年起，电力市场实现全面开放。启动了RAO发电资产重组，将其改为竞争性部门并向国内外出售，火电形成批发发电公司和区域发电公司，批发发电公司私人股份可以占至51%～60%，区域发电公司私人股份可以占至75%～85%。水电站合并成一个水电公司，水电公司私人股份可以占至48%。电网资产重组，成立联邦输电公司（FGC），购入原区域电力公司的高压输电资产（220千伏及以上电压）。在11个区域配电网公司基础上形成联邦配电控股公司。成立联邦调度机构，纳入原区域电力公司的7个区域调度和57个地方调度机构，政府控制联邦输电公司和调度机构75%以上的股份和配电公司52%以上的股份。由市场成员出资成立非营利的交易机构，负责组织批发市场交易和结算。成立独立的售电公司，由地区电力公司改组而成或引入新的售电商，主要负责购售电力。

2008年7月1日前完成了拆分RAO和垂直一体化区域电力公司AO-Energos的过程，形成相互分离的发、输、配、售业务；发电资产私有化，促进竞争，吸引投资；分离电网所有权和系统运行功能，联邦输电公司管理输电网，系统运行者（SO）负责电力调度、协调电厂和电网的运行和检修；独立的交易机构（ATS）负责管理电力批发市场交易。自然垄断环节由政府控制，电网对所有用户公平开放，售电环节解捆成为独立售电商，以及为管制用户供电和承担普遍服务任务的保底售电公司。

2003年出台了监管条例，制定了俄罗斯电力批发市场过渡期方案，主要方式是发电方和购电方可以根据市场需求协商并浮动电价，双方签订用电协议，最终形成批发市场。在2003年11月启动了“5—15”模式的批发市场，意为解除5%～15%的管制。批发市场首先在经济相对发达的欧洲区和乌拉尔区开始运行，发电公司计划电量的15%在批发市场上交易。2006年，俄罗斯法律确定了电力批发市场和零售市场的建设规则和步骤，按照渐进式原则推进竞争，从5%～15%自由交易电量起步，每年增加10%～15%的市场份额。2010年俄罗斯政府重新修订电力法，保留政府对批发市场价格的部分控制力，管制价格依据成本和合理投资收益确定，建立了保证有效竞争的法规体系，规定了市场参与者向市场监管者提交信息的强制性义务，以公共合同的形式保证电网公平开放。联邦反垄断服务机构（Federal Antimonopoly Service，FAS）负责监控竞争行为、电网公平开放和交易中心行为，在批发市场价区内限制发电容量份额，对竞争行为和电网公平开放进行监督。

为了提供稳定的电力投资激励，2007年俄罗斯开始建立容量机制，由系统调度机构对新增容量进行招标，并支付容量费用（该费用作为系统使用费在全体用户电价中分摊）。2011年启动了长期容量交易市场，进行发电容量的自由交易。

零售市场是将批发市场价格传导给用户的市场，俄罗斯电力改革设计时就十分重视售电侧放开，并制定了开放时间表。目前，大规模工业和商业用户都属于非管制用户，可以任意选择售电公司，各类售电公司从批发市场买电后再卖给用户。每个地区都存在一个保底售电公司，按照政府定价从发电公司买电，并向经营区居民用户以及未选择其他售电公司的用户供电。根据改革方案，居民用户将在2014年后放开电价管制。

在2010年又进行了“对电力行业长期竞争能力安排的决议”和“对交易价格参数测定的决议”等一系列的政策完善，以便推行下一阶段改革。计划在2011～2014年形成一个辅助服务市场和一个自由的零售电力市场；在输配电方面推行收益率制度，以提高整体效率，保障输配电公司的投资效益。

目前，俄罗斯电力体制改革已经基本完成了结构性重组，并在吸引社会投资方面产生了显著成效，无论发电装机容量还是输电容量都明显增加。截至2008年7月1日，俄罗斯批发发电公司和地区发电公司通过招标或上市的方式，完成了私有化改造，募集资金超过8370亿卢布。主要的发电资产仍属国有，俄罗斯政府对输配电网有绝对的控制权，电网建设发展相对缓慢，电力设施老化的局面尚未彻底扭转，非居民电价上升较快。据统计，在市场化改革之后，2006年起电价以每年14%的速度增长，基本等同于其通货膨胀的速度。俄罗斯在2012年11月将输配电重新整合，将跨区域的配电公司（IDGC）与联邦输电公司（FGC）合并，组建输电和配电一体化的国有电网公司，期望通过一体化管理提高运营效率和供电可靠性，促进电网发展。

俄罗斯电力市场化改革历程如表6.1所示。

表6.1　俄罗斯电力市场化改革历程

时　间	主　要　事　件
1992年	电力行业开始实行股份制，成立了政府控股的“统一电力系统股份公司（RAO UES）”
1997年	提出了打破垄断的电力工业改革方案，但因为1998年金融危机而未实施
2001年7月	俄罗斯政府发布了526号文件《俄罗斯联邦电力工业重组》，明确了改革的各项目标
2003年3月	《俄罗斯联邦电力法》批准生效
2003年5月	统一电力公司提出2003～2008年的发展战略，明确了2003～2008年五年间的电力工业改革方案，提出电力批发市场规则
2005年3月	七家批发发电公司成立
2005年8月	四家跨区配电网公司成立
2006年9月	新的批发和零售电力市场规则开始生效，电力市场开始运行
2008年1月	完成火电批发发电公司和地区发电公司的重组，开始水电批发发电公司的组建。通过对地区电力公司的重组，组建了56家主干电网公司
2010年	俄罗斯政府重启了国有企业私有化改革，计划出售联邦电网公司4.1%的股份，以减少政府的财政赤字
2011年	继续推进电力行业的私有化改革，但对战略性电力企业保持国有控股，三年改革过渡期结束，但实际上并未完全放开市场
2012年11月	普京颁布1567号总统令，提出要将配电公司IDGC和输电公司FGC合并，组建俄罗斯电网公司，以提高电网的综合效率，协调电网管理，抑制用户电价上涨

第二节 电力工业组织结构

一、发电环节

俄罗斯目前有 5 个火电发电公司（OGKs）、14 个区域发电公司（TGKs）、1 个核电发电公司和 1 个水电发电公司（RusHydro）。发电公司可以跨区经营，主要参与批发市场竞争。为避免市场力，各公司起始条件基本相同，其所属电厂分布在不同地区。核电 100%国有，水电国有股份占 52%，火电国有股份少于 35%，14 个区域发电公司（TGCs）主要是从原来的地区电力公司 AO-Energos 分离出来的热电厂，也出售给了私人投资者，国有股份占 25%。发电公司由大的国外公司参股或控股，如芬兰的 FORTUM、意大利的 ENEL、德国的 E.ON 和法国的 EDF 等，也有国内公司如 GAZPROM 控股。

二、输电环节

在输电环节，联邦输电公司 FGC 拥有全部输电资产（包括原来 AO-Energo 所有的 220 千伏以上输电资产），联邦股份不低于 75%。截至 2012 年 6 月 30 日，FGC 拥有 12.57 万公里输电线路和 858 座变电站，FGC 负责输电网的规划建设和运行，FGC 按电网区域下设 7 个输电子公司。

三、配电环节

电力工业重组后配电网络整合成跨区域配电网公司 JSC IDGC Holding，该公司有 11 个跨区配电公司（IDGCs）和 5 个区域配电公司（RDGCs），国有控股占 54.52%。IDGC Holding 运行电压等级从 0.4 千伏到 220 千伏的电网。2012 年 11 月 22 日，俄罗斯总统普京签署法令，将配电网公司（IDGC Holding）和输电网公司（FGC）合并成立新的俄罗斯电网公司（OJSC）。

俄罗斯电力改革前的行业组织结构如图 6.1 所示。2005 年、2008～2009 年电力工业结构分别如图 6.2 和图 6.3 所示。2012 年电力工业结构如图 6.4 所示。

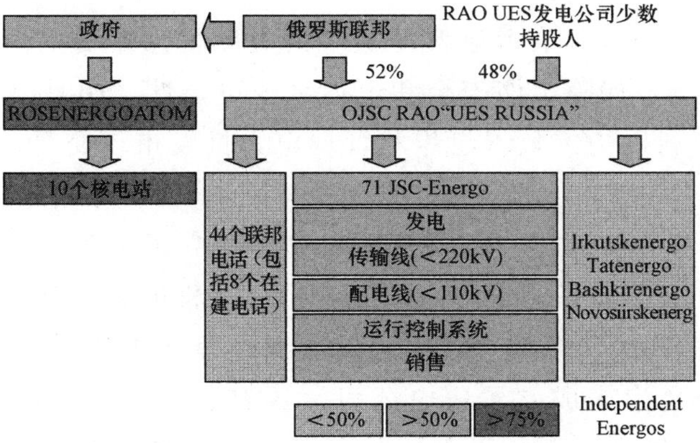

图 6.1 改革前的俄罗斯电力工业结构

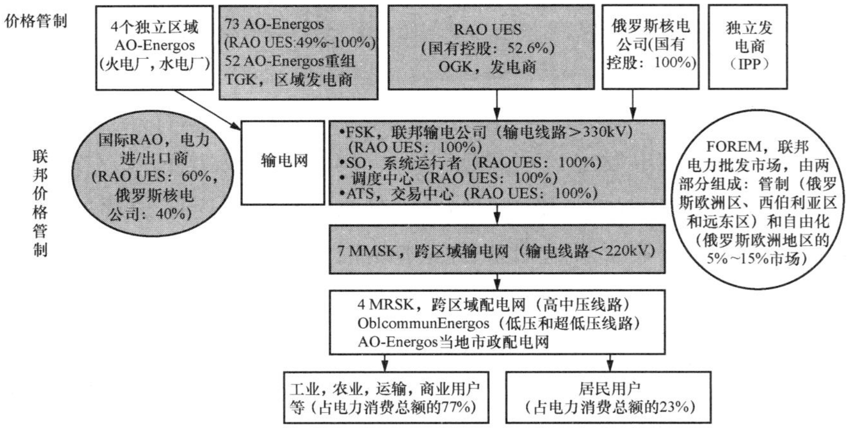

图 6.2　2005 年俄罗斯电力工业结构

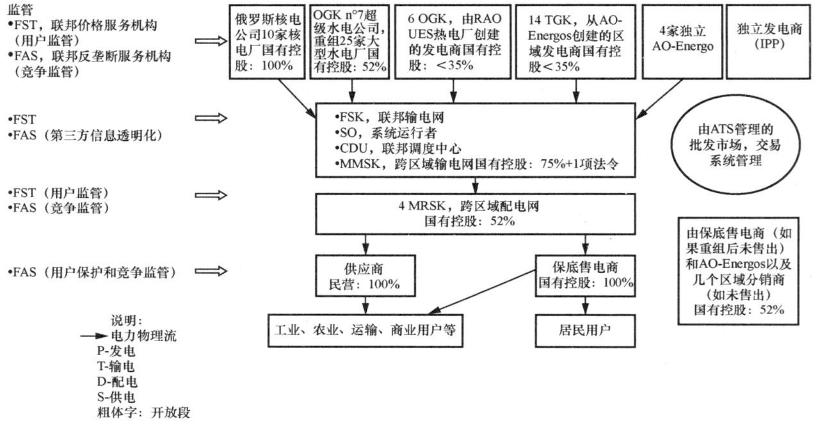

图 6.3　2008～2009 年俄罗斯电力工业结构

四、系统运行和市场交易环节

系统运行者 SO-UES 拥有跨区和区域电网调度权，负责电力系统实时平衡，负责运行辅助服务市场，保障电网安全和电力系统可靠性，100%由联邦政府所有；交易中心 ATS 是非营利机构，负责组织和管理电力批发市场交易。

五、售电环节

售电环节市场主体有大用户、保底售电商、独立售电商、发电商、地区电网公司等。2003 年电力法明确了售电公司的法律地位，售电公司从批发市场买电，向零售用户售电。2006 年 9 月开始在售电环节引入竞争，将地区电力公司 AO-Energos 的售电业务部门分离出来成立了售电公司，还有一些独立售电商进入售电市场。目前，有大约 120 个独立售电商在批发市场买电、在零售市场售电。逐步开放大用户选择权，大用户可以直接与售电商签合同，这部分用户逐渐增加，目前除了

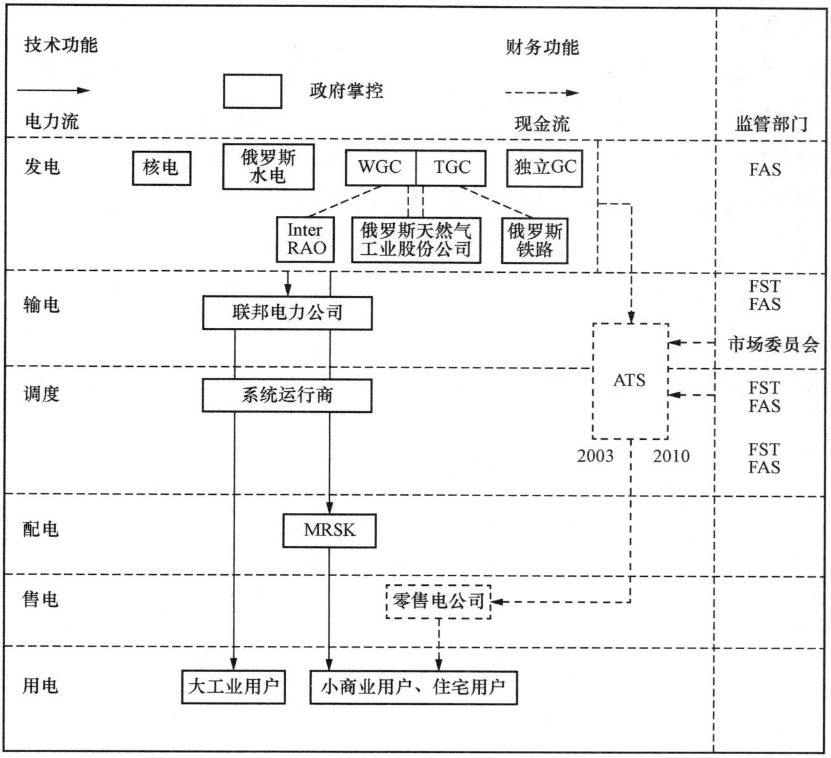

图 6.4 2012 年俄罗斯电力工业结构

居民用户以外所有用户都可以选择售电商。另外，每个地区都有地方政府指定的保底售电商，为辖区内没有选择权或没有行使选择权的电力用户提供供电服务，这些保底售电商也兼有电力普遍服务职责，执行监管价格，并且实行地区特许经营。在一个地区只能有一家保底售电商。保底售电商也可以和独立售电商竞争，给有选择权的自由用户供电，目前欧洲区 68%、西伯利亚区 45%的自由用户由保底售电商供电。

第三节 电力市场交易模式

俄罗斯电力市场主要包括批发市场、零售市场、容量市场、期货市场和辅助服务市场。电力市场成员包括市场委员会、发电商、系统调度机构、电网企业、批发商和用户等。

电力市场的管理者是市场委员会（Market Council）。市场委员会是非营利组织，其下属机构交易中心（ATS）负责管理批发市场交易，按照标准规则安排购售电双方在电力市场进行交易，ATS 服务费受政府监管；结算中心负责交易结算，从属于市场委员会和 ATS。

一、批发市场

俄罗斯电力批发市场包括管制合同、日前市场、平衡市场、金融市场和辅助服务市场。批发市场 2003 年从经济相对发达的欧洲区和乌拉尔区开始建立，分为管制价格部分和自由竞争价格部分（如图 6.5 所示）。2006 年正式建立批发和零售电力市场。在批发市场建立初期，电力交易以受监管的合同交易为主，日前集中竞价交易和自由交易为辅。卖方（发电商）与买方（用户、售电商）签订合同，价格由联邦电价服务机构（FTS）监控，按照电力市场建设的规划，日前集中竞价交易和自由交易的电量将逐步扩大，并最终取代受监管的合同交易。2010 年，受监管的合同交易约占 35%，日前集中竞价交易约占 40%，平衡市场交易约占 7%，自由交易约占 18%。

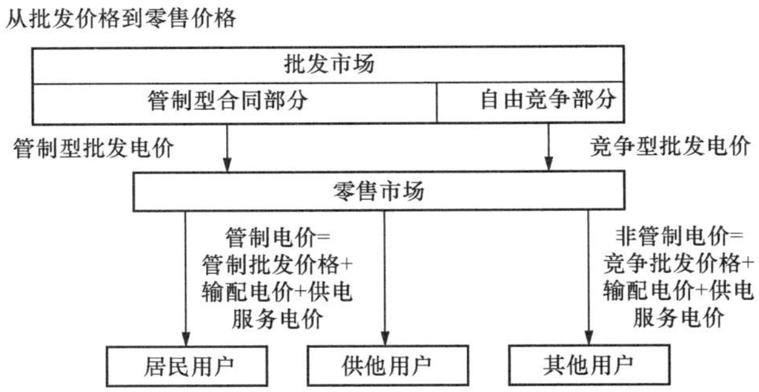

图 6.5　批发和零售电力市场

现货交易包括日前交易和平衡交易。日前市场由交易中心负责，采用竞价方式，发电公司于交易前一天向交易中心提交报价，交易中心根据报价和输配电容量确定结算电价，采用节点边际电价。交易中心是市场运营管理机构，是一个非营利机构，国家股份少于 50%，金融结算中心是其全资子公司，负责组织批发市场的合同交易。平衡市场由调度中心负责，处理日前市场实际需求和发电的偏差。由联邦反垄断服务机构（FAS）监控日前市场以防止行使市场力的行为。从 2006 年以来，FAS 确认了 4 起市场成员行使市场力操纵价格的情况。联邦电价服务机构（FTS）负责确定居民支付的管制价格，电力金融市场由“莫斯科能源交易所”负责监控，系统运行者负责每年组织一次辅助服务提供商的招标。

二、容量市场

俄罗斯电力市场没有专门设置备用容量支付，也尚未建成以长期合同为主的成熟电量市场，短期电量市场不足以使发电商补偿固定成本，因此需要设立容量市场，保证发电公司有一定的容量收入，由容量价格来引导电源投资和现有机组的更新改造，避免发电装机容量周期性地过剩或短缺。2011 年 1 月 1 日，俄罗斯建立了容量市场，其参与者包括发电商和系统运行者等，监管者包括电价管理部门和市场委员会等。容量市场交易模式有四种，包括管制合同、容量拍卖、容量金融衍生物和政府批准的新容量长期合同。对于管制合同，由 FTS 确定容量的数量和价格，由系统运行者在有容量市场的29个地区组织提前4年的竞争性招标。

三、零售市场

零售市场建立于2006年，其成员主要包括用户、保底售电商（SLR）、独立售电商、发电企业等（如图6.6所示）。零售市场中，售电价格分为市场价格和管制价格。市场价格主要随批发市场价格的波动而变化，设有最高价格和最低价格。管制价格主要由政府根据批发市场价格制定，零售管制电价反映批发电价、输配费用、服务费用和销售利润。在目前的零售市场中，居民用户仍不能自由选择售电商，而是以管制价格接受售电服务。俄罗斯政府计划在2014年全面放开用户自由选择权，在每个地区保留一个保底售电商，以便保障用户的用电权利，保底售电商（SLR）有义务与用户签订标准合同，独立售电商可以自由选择用户。2006年改革初期成立了69个保底售电商，后来数量不断增加，截至2012年，注册的保底售电商达到1000多个。

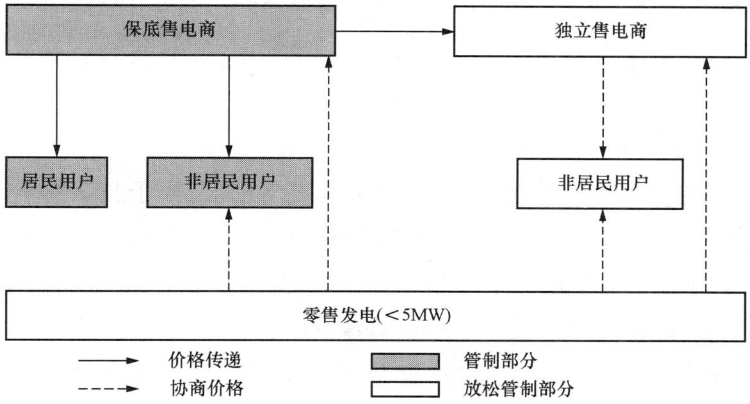

图6.6 零售市场模式

（一）零售市场中的保底服务

俄罗斯电力改革开始后，保底售电服务功能被赋予从原来的地区电力公司AO-Energo分离出来的售电公司、年售电量超过5000万千瓦时且为居民用户供电的售电公司、为地区铁路电网用户供电的售电公司以及远东孤立地区的发电公司权利，2006年有69个从AO-Energo分离出来的售电公司成为保底售电商。SLR有不间断供电义务，相应的权利是辖区特许经营和以管制价格补偿全部成本。随着电力市场自由化进程，SLR对非居民用户的管制电价逐渐取消，但SLR的功能仍然是将批发市场价格加上一个受管制的加价再传递到终端用户，所以SLR是有稳定收入的。按照改革计划，地区SLR应该是通过竞争确定的，应该由地方政府每3年选择一次，但是改革以来没有组织过这类竞争，2010年底N1241号联邦法律取消了定期选择SLR的规定。SLR的合同是公开的，与同一个电压等级下的其他售电商相同，每年年底非居民用户向SLR报送下一年度每月预计电量和容量需求，当年每月按实际消费量结算。用户在月中向SLR预付费用，预付的和实际消费的不平衡部分在下个月补齐，多消费的部分要受到惩罚。

容量超过 750 千伏安的用户定义为大用户，大用户用电按小时计量，中小用户和居民用户按月计量。居民用户有单一电价和峰谷电价两种电价，配电费用包含在这两种电价里。SLR 的非居民用户也有两种选择：一个选择是分时电价，电价中包含了容量费用；另一个选择是把容量电价和电量电价分开的两部制电价。与 SLR 签订了供电合同以后，用户每年只能改变一次电价种类。

（二）零售市场中的独立售电商

独立售电商与 SLR 的区别是不给居民用户供电，独立售电商的经营不受地域限制，可以同时在多个区域经营。2008 年底，有 8 个主要的独立售电商在超过一个地区为用户供电，最多的一个为 30 多个地区的用户供电，但是有的地区还没有独立售电商，所有用户都由当地 SLR 供电。独立售电商和用户之间的合同是协商确定的，规定了服务条款和结算规则，例如：有的合同不对超额用电进行惩罚，有时分别签署供电合同和配电服务合同，用户也可以赋权给售电商，由售电商与配电公司签订网络服务合同。在这种情况下，独立售电商与地区配电公司签订配电网服务合同，同时向用户收取电能服务费和网络服务费。

（三）零售市场中的发售一体化公司

在俄罗斯，有一部分大型售电公司（主要是 SLR）属于批发发电公司或石油和天然气公司。例如，2011 年，Inter RAO UES，Gazprom Energoholding 和 RusHydro 三大公司分别拥有 6 个、2 个和 4 个售电公司。意大利电力公司 Enel 是 Enel WGK-5 的控股公司，它同时拥有售电公司 Rusenergosbyt 近一半的股权，而 Rusenergosbyt 占有 4%的俄罗斯售电市场。大型批发发电公司 SJSC 是 6 个 SLR 的主要股东，这些 SLR 和该发电公司的电厂在同一区域运营，发电公司 Rosenergoatom Concern 成立了自己的售电公司，主要向核工业用户供电。

四、金融市场

莫斯科能源交易所自 2010 年开始提供电力期货交易。电力期货的交易周期是 3 个月，结算周期是 1 个月，采用双边竞价的方式，截至 2011 年 7 月，电力期货市场的成交额为 10170 亿卢布，成交电量为 1141 千瓦时。

第四节 调 度 运 行

俄罗斯电力系统运行采用三级调度，自上而下分别为中央调度（System Operator-Central Dispatch Administration of the Unified Energy System，SO-CDA UES，简称 CDA）、联合调度（Integrated Dispatch Administrations，IDAs）和地区调度（Regional Dispatch Administrations，RDAs），有中央、西北、中伏尔加、北高加索、乌拉尔、西伯利亚和东部 7 个联合调度平台（如图 6.7 所示）和 57 个地区调度机构。CDA 除管辖下属电网外，还管辖装机容量 100 万千瓦以上的直调电厂，负责联合电网间联络线的调度。其下一级为 IDA，联合电网 IDA 负责调度所属的容量 30 万千瓦以上的直调电厂，以及地区电网间的联络线，下一级为 RDA，负责调度地区内的电厂。CDA 与 IDA 联合负责电力长期规划和短期运行计划，规范现有的调度体制，实现常规操作和对于紧急事件的自动处理。CDA 的职责包括调度、继电保护自动化、收集运行信息等，CDA 的主要目标是确保电网安全和推动电力市场发展。CDA 在 2007 年设计了辅助服务市场，并负责辅助服务市场的运行。

图 6.7 区域调度平台分布示意图

第五节 电　　价

俄罗斯电价包括管制电价和市场电价，在国家层面由联邦能源委员会监管，在地方层面由地区能源委员会监管。联邦能源委员会管制统一电力系统中电厂的发电价格、输电费和地区间的电力交易价格，地区能源委员会设定当地的电价，包括居民电价。管制价格有按电压等级分类电价格、按年负荷率分类电价和日分时电价。电压等级分为高压（110 千伏及以上），中压一（35 千伏），中压二（1～20 千伏）和低压（0.4 千伏及以下）。

2006 年，俄罗斯在欧洲区和西伯利亚区建立批发电力市场，95%的电量实行政府管制电价，其余电量通过现货市场进行交易。发电商与售电商每年签订双边合同，合同价格由政府根据发电成本加上不高于 10%的收益率核定，并可根据燃料成本变化和通货膨胀进行调整。2007 年以后，新建电厂可自由签订双边合同，5%的电量参与电力现货市场竞争，随后逐渐增加竞价比例。

由于售电商按照市场价格签署容量和电量合同，有选择权的用户的零售电价反映了在该用户节点处的批发市场电价，例如西伯利亚水电较多，批发电价比俄罗斯西部和乌拉尔地区低，零售电价也较低。居民用户电价仍受管制且存在交叉补贴，没有完全反映电力生产成本，FTS 和地区政府每年调价，SLR 必须以政府定价向居民用户供电。2011 年居民平均电价欧洲区和乌拉尔区为 2670 卢布/兆瓦时，西伯利亚区为 1600 卢布/兆瓦时。预计在 2014～2017 年逐步放开居民电价，在此之前，SLR 必须在批发市场中与发电商签订管制电价合同。从 2011 年起，为非居民用户供电的售电商以市场价格从批发市场和容量市场购电，在现货市场竞价时，SLR 只报电量，而独立售电商同时报电量和电价，交易中心每个月为每个 SLR 制定一个加权平均的电量和容量市场价格，这个过程叫做“电价转换”，再加上配电费用、交易中心和调度中心的服务费用等，就构成 SLR 的电价，独立售电商可以与用户自由商定价格。因为俄罗斯实行节点电价，售电商在不同的地理位置支付不同的电价，不同地区的容量电价也不同，平均来说，零售电价中竞争部分约占 60%，输配电费等垄断部分约占 40%。2011 年，欧洲区和乌拉尔区的平均批发电价为 1406 卢布/兆瓦时，西伯利亚区为 805 卢布/兆瓦时，2010 年底 FTS 确定的执行 5 年的配电价根据电压等级不同，为 566.5～2488 卢布/兆瓦时。

第六节　行业管理与监管

俄罗斯没有独立的电力监管机构，电力行业的主要管理者有：联邦政府，负责制定政策；联邦能源部，负责能源行业的发展和技术与经济相关问题；联邦价格服务机构 FTS，负责制定和监管垄断行业价格，包括管制价格、电价上限、输配电价等；联邦反垄断服务机构 FAS，保证电网无歧视准入，监控价格；俄罗斯联邦环保技术核能监督局（Rostekhnadzor），主要负责环境保护、工业安全和核能方面的监管。

一、电力市场法律和监管框架

俄罗斯的电力改革做到了立法先行，对电力市场化改革中可能遇到的问题，都先制定相应的法律制度。2002 年 10 月，俄罗斯政府向议会提交了一揽子电力改革法案，包括《电力法》、《供电法》、《联邦能源系统法》、《能源安全法》和《自然垄断法》等，提出了改革的目标、路径、步骤，排出了时间表，还对政府行为做出了明确规范，为新一轮改革提供了法律保障。俄议会表决通过后，普京总统于 2003 年 4 月正式签署了上述法令。《电力法》将 2008 年 7 月 1 日确定为电力改革的结束期限，同时规定电力改革重组完成后将有 3 年的过渡期，从 2011 年起电力工业将实现完全市场化，在实施过程中还对《电力法》进行了修订。

俄罗斯电力市场法律和监管框架如图 6.8 所示，电力法律体系中有联邦电力法、节能和能效法、供热法等，其次有电力市场规则、电网无歧视开放规则、信息发布标准、电价形成机制等，还有行业和部门的规定，包括能源部、反垄断机构、价格管理机构、经济发展部等，最后还包括电力市场的具体规则等。

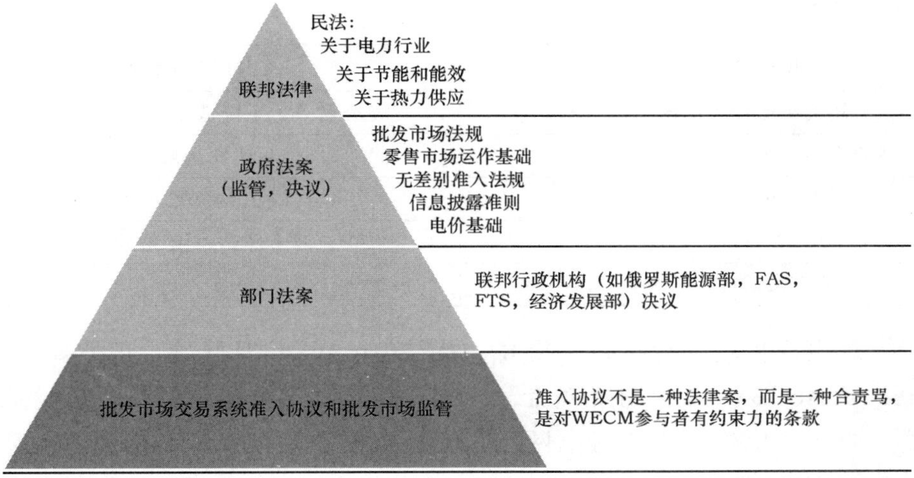

图 6.8　俄罗斯电力市场法律和监管框架

价格监管机构主要包括联邦价格服务机构 FTS、区域能源委员会 REC、地方政府机构，以及市场自治管理机构，包括市场委员会、交易系统管理者等。FTS 的职责是监管垄断行业价格，特别是电力、石油和天然气行业，成立于 2004 年，替代了联邦能源委员会。FTS 的职责还有，参与制定市场规则、制订监管办法、垄断环节（包括输电网、配电网、系统调度、市场交易中心和电力普遍服务）等定价，监督区域监管机构和市场主体行为。FTS 没有区域分支机构，由区域能源委员会 REC 行使监管职能，其职责有制定配电价格和零售价格（2011 年后只对居民用户和普遍服务用户）。FTS 的运行费用来自联邦财政，FTS 主席由政府任命。对市场主体行为的监管由联邦反垄断服务机构 FAS（Federal Anti-Monopoly Service）负责。FAS 成立于 2004 年，主要监控市场主体行使市场力操纵价格的行为，以及电网是否无歧视开放等。市场委员会是个非营利机构，负责保证批发市场规则的执行。

二、对输配电环节的监管

对各种经营活动进行财务分开核算是输配电价格监管的基础。《电力法》规定电力公司的以下活动在财务上都应该分开核算：发电、供热、通过国家电网输电、通过配电网送电、电网扩容和运行相关活动、批发市场交易、保障电力系统可靠性、调度管理、售电等。2003 年以来对联邦输电公司 FGC 的监管变化如表 6.2 所示。

表 6.2　对联邦输电公司 FGC 的监管变化

2003～2009 年	2010 年至今
价格监管	价格监管
成本加成	基于 RAB（Regulatory Asset Base）的价格监管

续表

2003～2009 年	2010 年至今
缺乏降低成本的激励	促使公司致力于降低成本，追求成本有效性
较高的利率，难以预测未来现金流	建立金融战略
缺乏清晰的金融策略	基于 RAB 建立股息和信用政策
没有参与金融市场	2011 年 3 月 FGC 在伦敦证交所上市
缺乏长期贷款策略	

为了促进电网投资和运行效率提高，从 2010 年 1 月开始，俄罗斯引入 RAB（Regulatory Asset Base，管制资产监管）监管模式，根据电网投资、运营成本和合理回报确定收入和电价，强化对电网运营和投资的激励，以最小的成本提高电网绩效。同时 RAB 监管模式还根据融资来源制定清晰的长期投资规划，增加负债优化资本结构。RAB 监管的要点包括输电成本中包括合理的资本回报，资本回报率以国际最佳实践为标杆；以资产定价模型 CAPM 和可实现的资本结构确定资本回报；以 5 年为监管期，努力提高电网运营效率；根据宏观经济因素和可靠性要求等每年对监管收入进行调整。RAB 监管从 2008 年开始试点，试点结果证明该监管方式是有效的，促进了电网建设投资的增加，2009～2011 年经过 3 年过渡期推广到所有电网公司，过渡期后每 5 年为一个监管期。2010 年，联邦输电公司开始实施新管制定价模式，并根据管制前和管制后形成的资产分别确定回报率，使管制收入逐步到位，避免价格大幅度上升（如表 6.3 所示）。2011 年，该管制模式在高压配电网资产中采用。

表 6.3　RAB 监管模式下的资产回报率

年份	2010	2011	2012	2013	2014
现有资产的回报率	3.9%	5.2%	6.5%	7.8%	9.1%
新增资产的回报率	11%	11%	11%	10%	10%

三、电厂投资和电网规划方面

新建电厂要经过若干部门批准，主要包括电厂设计要经过区域发展部的批准，要从区域或联邦机构获得建设许可，还要从上述机构获得投产许可。根据电厂类型不同，还有其他的审批程序。建设和运行核电站需要特殊的许可。

电网投资建设的审批程序和电厂相同，设计要得到批准，建设和投运也要得到许可。输电网规划过程如图 6.9 所示。第一，制定总的电力发展规划并由联邦政府批准，包括制定未来 15 年的发展目标和发展重点，进行电力需求预测，规划电力设施布局；第二，进行电网规划并由能源部批准，包括电网布局和发展规划、电网更新改造规划、电网和电厂在建设和运行方面的协调规划，进行区域电力工业规划并

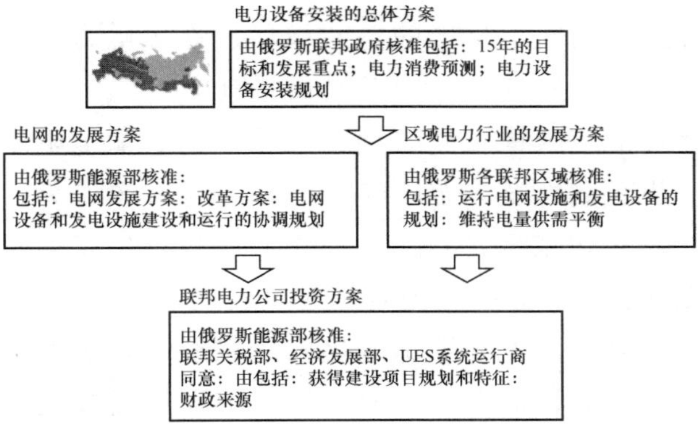

图 6.9　输电网规划过程

由区域政府批准，包括区域电网和电厂运行计划安排，电力供需平衡；第三，输电公司制定投资计划，由能源部批准并征得 FTS、经济发展部和系统运行者 SO 同意，包括建设项目注册和融资等。

按照俄罗斯电力改革计划，2008 年基本完成电力工业重组，2011 年全面实现电力自由竞争。但从 4 年来的运行效果看，预期的改革目标尚未达到，出现的一些问题仍困扰着行业发展，俄罗斯政府也在不断制定新规则对改革进行修正。

第七节　未　来　趋　势

（1）电价持续飙升，俄罗斯政府不得不控制电价，全面自由竞争的市场短时间难以形成。2007 年以来，俄罗斯平均电力价格上涨了 2 倍多，2008～2010 年连续 3 年电价年均上涨幅度超过 20%，远高于 CPI 上涨幅度。其中，非管制价格部分上涨幅度高于管制部分。如 2010 年，管制部分电价上涨 12.4%，非管制部分电价上涨 25.5%。2011 年，受到价格管制进一步放开、燃料价格波动等因素影响，电价进一步大幅上升，部分州上升幅度达到 40%以上（阿斯特拉罕州上升 46.5%）。

（2）发电行业重组频繁，国有能源巨头在市场中形成了新的寡头垄断，竞争效率下降。从 2005 年开始，俄罗斯对发电企业进行了重组和出售，初衷是保持各发电企业在装机容量和资产额等方面基本均衡，促进发电环节竞争。但是，随着发电企业的重组和出售，俄罗斯能源巨头——俄罗斯天然气工业公司（Gazprom）逐步控制了发电市场，并与西伯利亚煤炭公司（SUK）和俄罗斯能源投资企业 IES 结成了战略联盟。该战略联盟拥有 6810 万千瓦装机，约占俄罗斯电力总装机的 1/3，在市场中形成了新的国有企业寡头垄断。

（3）俄罗斯批发电力市场交易以火电为主，由燃料价格决定的短期边际成本往往是市场定价的基础。目前，俄罗斯天然气发电在火电机组容量中的比重达到 60%，而俄罗斯天然气市场未有效开放，Gazprom 在俄罗斯天然气市场中的占有率达 75%，这样就形成了从燃料生产到发电生产的垄断格局，许多电力用户认为过去几年电价上涨的原因之一就是由于天然气公司的垄断所推动。

（4）从俄罗斯批发市场结构和交易规则来看，受到输电阻塞的限制，市场通常被分为不同价区，一些区域内发电垄断结构比较明显。政府为了防止电价飙升，制定了批发市场价格上限（35 美元/兆瓦），但这同时也抑制了新投资的进入。

（5）电网环节效率低，投资面临困难。在过去的 20～30 年内，俄罗斯电网，尤其是配电网领域的投资很少。电网设施老化问题已经严重影响电网的运行绩效，包括高线损率、输电能力下降、供电中断增加等。俄罗斯需要及时、足够的电网投资来改善电网运营效率，同时支撑电力市场的有效运作。为了促进电网投资和运行效率提高，促进输电网和配电网协调发展，2012 年 11 月，普京签署 1567 号总统令，将俄罗斯区域配电控股公司（IDGC Holding）与联邦输电公司（FGC）合并，组建集输电和配电于一体的 OJSC 俄罗斯电网公司（OJSC Russian Grids）。根据 1567 号总统令，也按照 2012 年 3 月举行的 IDGC 特别股东大会的决定，IDGC 已经更名为 OJSC 俄罗斯电网公司。目前，OJSC 俄罗斯电网公司是俄罗斯最大的电力输配公司，也是世界上最大的电力输配公司之一[1]。输配合并的主要目的有：一是促进输配电网统一规划、统一技术标准，实现科学、协调发展；二是促进建立统一的投资、金融、人力资源政策，实现资源共享，提高电网投资能力和经营潜力，降低成本；三是通过技术和管理规则的统一，提高对用户接入的透明度和服务效率，提高供电质量。

俄罗斯还要继续放开电价管制。目前，大规模工业和商业用户都属于非管制用户，可以任意选择售电公司，各类售电公司从批发市场买电后再卖给用户。根据改革方案，居民用户将在 2014 年后放开电价管制，并解决交叉补贴的问题，同时，政府需要采取措施，将电价水平控制在平均物价上涨幅度内。

[1] http://www.rugrids.ru/eng/about/history。

第七章　伊比利亚电力市场

第一节 电力市场建立历程及发展

一、电力工业概况

（一）电源情况

截至 2014 年底，伊比利亚电力市场总装机容量 11790.2 万千瓦，其中，火电装机容量占总容量的 43%（其中 CCGT 占 24%），核电装机容量占总容量的 5.9%，可再生能源装机容量占总容量的 51.1%（其中风电占 23.6%，水电占 20.9%，其他可再生能源占 6.6%），如图 7.1 所示。

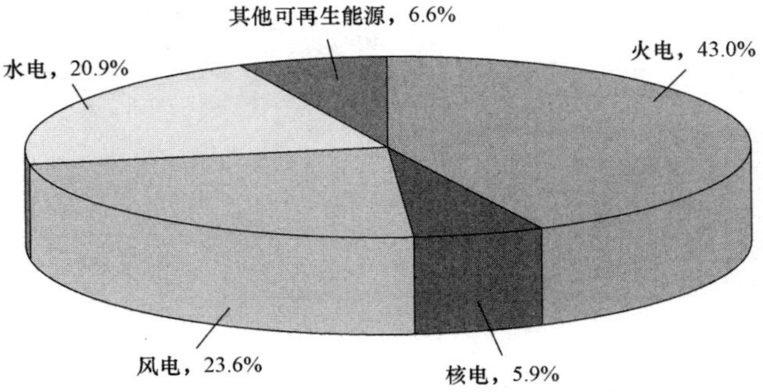

图 7.1 截至 2014 年底伊比利亚电力市场装机构成

伊比利亚电力市场包括两个国家，即葡萄牙和西班牙。葡萄牙总装机容量 1811.2 万千瓦，其火电装机容量占本国总容量的 40%（其中 CCGT 占 21.3%），可再生能源装机容量占本国总容量的 60%（其中风电占 26.3%，水电占 31.5%，其它可再生能源占 2.2%）。西班牙总装机容量 9979 万千瓦，其中火电装机容量占本国总容量的 35.7%（其中 CCGT 占 24.9%），核电装机容量占本国总容量的 7%，可再生能源装机容量占本国总容量的 47.6%（其中，风电占 23.1%，水电占 19%，其它可再生能源占 5.5%）。如图 7.2、图 7.3、图 7.4 所示。

2014 年，伊比利亚电力市场总发电量 3024.28 亿千瓦时，可再生能源发电量占总发电量的 42.4%。其中，风电发电量占 20.6%，水电发电量占 19.5%，其它可再生能源发电量占 2.3%。2014 年伊比利亚电力市场电力消费 2922.14 亿千瓦时，富余电量用于出口欧洲其它国家。

伊比利亚电力市场可再生能源装机和发电比重都很高，其主要原因体现在两个方面：一是欧盟要求用于电力生产的可再生能源利用比重达到 22%，虽然新能源发展亟需政府补贴，但是出于绿色环境的考虑，政府仍然选择提高可再生能源比重；二是天然气和煤炭的市场价格很高，在总装机容量（11790.2 万千瓦）远高于年度最大负荷（约 4726.2 万千瓦）的情况下，煤电、气电不具备市场竞争力。

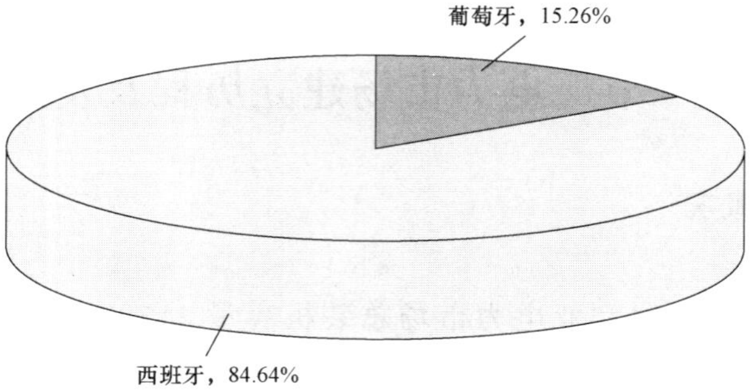

图 7.2　截至 2014 年底葡萄牙、西班牙在伊比利亚电力市场中的装机比例

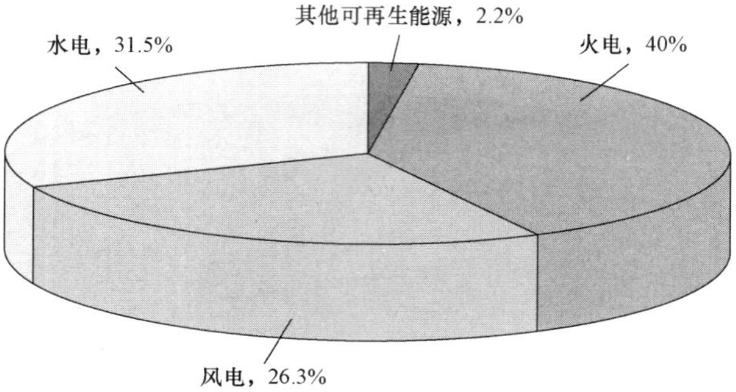

图 7.3　截至 2014 年底葡萄牙装机构成

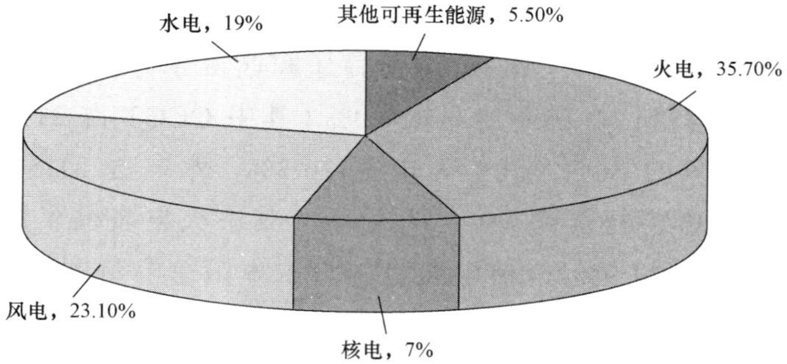

图 7.4　截至 2014 年底西班牙装机构成

（二）电网情况

葡萄牙的输电线路主要以 150 千伏、220 千伏和 400 千伏为主，150 千伏及以上输电线路 8805 公里、变电容量 3020.5 万千伏安。其中，220 千伏是主干电网，总长 3611 公里，150 千伏线路总长 2562 公里，连接南北的 400 千伏高压输电线路总长约 2632 公里。

西班牙输电线路主要以 220 千伏和 400 千伏为主，线路总长超过 42000 公里。其中，220 千伏是主干电网，总长 19672 公里，高压 400 千伏输电线路总长 20641 公里，西属岛屿有少量 132 千伏及以下输电线路，总长约达 2220 公里。

葡萄牙和西班牙之间的网间最大容量为250万千瓦，电压等级400千伏。

二、伊比利亚电力体制改革背景

西班牙和葡萄牙同属欧盟成员国，两个国家的电力体制改革跟随着整个欧洲能源改革的步伐，欧洲之所以着手进行能源改革，其主要原因是为了欧洲各国摆脱长期对能源进口的依赖。欧盟要求对能源进行改革，加之2008年的经济危机以及各国对气候环境改善的迫切要求，作为一个整体，欧盟委员会、欧盟能源监管合作局等机构纷纷对能源改革出台了一系列的政策法令，并要求各国列入本国的法律之中，共同执行。电力作为能源的重要组成部分，电力体制改革也随之提上议程。自欧盟1996年颁布《第一能源法案》以来，至今已经颁布了三部能源法案。

作为欧盟成员国之一，欧洲的普遍现状在西班牙和葡萄牙都有很显著的体现，西班牙较葡萄牙更早地开展电力体制改革。

三、伊比利亚电力体制改革的基本路径

（一）西班牙电力体制改革

为了提高电力工业生产效率和降低电力生产成本，早在欧盟《第一能源法案》出台之前，西班牙政府已经出台《电力领域重建法》，提出“双轨并行”的电力体系，即在现存的垂直一体化电力系统之外，建立一个与其独立、平行的电力系统。前者提供保底供电服务，后者允许发电商和用户自由签订购售电合同。

然而，1996年欧盟《第一能源法案》颁布以后，新政府上台，提出了与欧盟《第一能源法案》一致的新电力法即《54号电力法》以取代旧法，并于1997年正式执行。这次改革的目标是建立一个全国统一的电力市场，对西班牙垂直一体化的电力企业进行拆分，将输、配电纳入管制环节，在发电侧引入竞争，逐步放开售电，同时成立独立的市场运营机构等等。为了帮助电力企业平稳过渡，让用户逐步适应改革变化，西班牙政府还制定了一个十年的过渡期，在过渡期，对于1996年以前的电厂拨发“转向竞争市场的成本费”，以期用该费用帮助发电企业回收搁置成本。

经过数年的改革化进程，西班牙电力市场从管制走向自由，1997年成立了独立的输电公司REE，将发、配、售一体的企业从法律上进行了拆分，尤其是使拥有配电业务的企业进入售电市场，分离了配电和售电业务。1998年1月，西班牙电力现货批发市场OMEL建立，以开展本国日前和日内市场。同年，售电侧对大用户放开，并按照既定的时间表逐步扩大范围，2007年自由市场向所有用户放开。但用户仍然可以选择留在管制售电市场，售电商是配电商，执行政府管制电价。

为了促进可再生能源发展，1997年的《54号电力法》提出，2010年之前将本国可再生能源在能源消费中所占的比例提高到12%，并要求电网必须保证可再生能源入网，国家财政为可再生能源提供直接补贴。可再生能源在有利的政策支持下得到了蓬勃发展，但也造成了政府巨大的财政赤字。2013年，为了解决电力赤字，西

班牙政府又出台了一系列政策再次进行改革，比如将电力赤字纳入电价之中，由用户承担。同时采取降低对新能源的补贴、减缓新能源新增速度、向所有发电企业增收能源税等政策。

整体而言，遵循着欧盟统一电力市场化改革的进程，西班牙在建立电力批发市场、开放售电市场、拆分垂直一体化电力行业方面成为较为成功的典范，正是由于西班牙的先进经验作为借鉴，葡萄牙政府随之也紧随其后启动了电力市场化改革。

（二）葡萄牙电力体制改革

最初，葡萄牙电力公司（简称 EDP）作为国有企业，拥有对葡萄牙发电、输电、配电和售电业务的高度垄断。根据对 1996 年欧盟电力市场法令的主要原则的预期，葡萄牙出台了一系列法令，电力市场的自由化进程开始。1997 年，葡萄牙电力监管机构（简称 ERSE）成立，EDP 逐步开始私有化。2000 年葡萄牙成立独立输电公司 REN。1999 年开始，用户可以选择供应商，直到 2002 年所有的中压用户被允许自由选择供应商，整体而言，葡萄牙电力市场化改革的进程比西班牙缓慢。

（三）伊比利亚电力市场形成

1997 年西班牙能源市场交易运行机构 OMEL 成立，葡萄牙和西班牙当局之间开展了持续讨论，最终于 2001 年 11 月签定伊比利亚半岛电力整合约定，整合的内容包括：成立一个单一的市场运作单位 MIBEL，以协调市场上的电力价格，电力输送网络统一运作，并加强这两个国家内部的电力网络之间的互相连接；所有在这个架构下成立的公司必须在同一个竞争规范下运作，电价也寻求统一合理化。

2006 年是葡萄牙电力市场化发展的转折点，首先葡萄牙将欧盟《电力法令》写入国家法律，先后颁布《29 号法令》和《172 号法令》，其内容包括建立电力部门、市场准入、市场投标程序、系统运行授权等，由此构建了葡萄牙电力行业的立法框架，输电作为公共服务部门受到政府监管。配售分开，成立“保底售电商”，其有义务向用户提供电能，售电价受到政府监管。

经过 6 年的努力，2007 年葡萄牙正式加入西班牙电力市场，标志了伊比利亚电力市场正式启动，葡萄牙政府要求常规领域的发电机组必须进入伊比利亚现货和远期市场，对于风电等可再生能源，葡萄牙政府对其执行固定电价。对于电力市场化改革以前、已签订长期购售电合同（PPAs）的电厂，葡萄牙政府通过 CMEC 机制取代原有的 PPAs，CMEC 是一种可调节的经济补偿方案，能确保终止 PPAs 的电厂能够从市场回收相同的利润水平。

2010 年伊比利亚电力市场与其他 5 个欧洲电力市场宣布进行市场价格联合出清，葡萄牙和西班牙日前具有相同市场电价的比例高达 92%。除了西班牙和葡萄牙两国之间进行电力交易外，伊比利亚市场也增加了与法国、德国、摩纳哥之间的电能交易。

四、取得的成效

电力体制改革后的西班牙和葡萄牙，促进了可再生能源发展，提高了能源效率和鼓励技术创新。其发电市场是完全开放的，从业者需要获得必要的许可证和批准。输电和配电环节进行严格透明监管。售电市场同样引入竞争，电力零售商采取公开竞争的方式，一方面可以自由地购买和出售电力，另一方面也被消费者自由地选择。两国政府经济部门和能源部门共同授权对整个电力市场进行运作，形成了政府管制和市场调节相结合的运行机制。

（一）整合两个国家电力市场，减少市场垄断

由于西班牙电力市场起步较早，市场框架已经比较完整，而当时葡萄牙自由市场发展的空间有限，EDP在葡萄牙电力市场上过于垄断，因此政府认为市场需要引入更多的参与者，包括竞争的发电商和供应商，最终葡萄牙加入西班牙电力市场，形成伊比利亚电力市场。

（二）加强输配电环节的透明监管

由于结构和技术特性，电网是自然垄断的，为了防止电网滥用市场力，抬高电网使用费、选择性接入，电力管制机构决定对垄断环节进行管制：一是促进竞争，减少市场准入的障碍，管制电网接入，约束垂直一体化公司；二是确保终端用户利益，建立无歧视电价、保护弱势群体，促进能源稳定；三是通过价格控制促进效率，提高辅助质量。

输、配电监管的方式主要分为两部分，一是固定回报率管制；另一种是激励管制。前者是允许被管制的企业完全收回成本，后者包括对降低损耗、提高服务质量和环境保护等的激励。其中，葡萄牙监管机构每三年将调整一次投资成本回报的效率因子。

（三）配售分离，引入竞争，降低社会成本

以前伊比利亚电力市场中配电商和售电商是一体的，售电侧引入市场竞争以后，配电商和售电商分离，售电商需要获得许可才能进入售电业务领域。

伊比利亚售电市场大致分为两部分，一部分是管制售电业务，这部分主要是保底供电商，收购特殊领域电能。这部分供应商需要获得葡萄牙能源与地质局（DGEG）的授权；另一部分是自由售电业务，这部分供应商只需要在DGEG处注册就能获得售电资格。

保底售电商对于零售市场的监管模式是采取可接受成本加商业成本的方式。可接受成本是能源成本和输电、配电费用，其中能源成本是监管机构对特殊领域能源制定的上网电价；商业成本是运行成本和商业边际成本。由于保底零售商按照固定上网电价购买特殊领域电价，然后在现货市场竞价，而市场价远远低于固定电价，因此政府需要向保底零售商支付差额补贴。

对于自由零售市场，通过引入竞争，售电商在市场上购买低价电力，并向客户提供。他们可以以双边合约的方式在组织市场购买和出售电力。

（四）设计存量市场，平稳过渡

伊比利亚电力市场建立以前，葡萄牙电力市场是输电公司与发电公司签订购售电协议，由输电公司集中调度，它是市场的唯一买方和卖方。

2007年伊比利亚电力市场启动以后，已建的常规电厂的原有长期购售电合同提前终止，投资者需要面临市场风险，对企业经营影响加大。因此，葡萄牙政府出台了存量市场向自由市场的过渡方式，即原有的购售电合同终止，引入合同均衡成本（简称CMEC），用于补偿批发市场与长期购售电合同的收益差额。CMEC由两部分组成：①初始总值。它等于从合同终止日（2007年）开始的购售电合同收益现值与市场预期收益之间的差值，再减去运行维护成本，该费用支付20年；②年度调整。由于CMEC反映了市场的实时电力价格、燃料价格、降雨、来水、变化成本、电力系统需求等，因此根据这些变化因素，调整在初始总值条件下计算的年收入与年真实条件下计算获得的年收入之差，该费用支付10年。CMEC以全系统使用费的形式由所有用户承担。

而西班牙采用CTC方式。首先对未来市场价格进行预测，一次性计算市场价格和PPA价格之差作为补偿费用，分7年（1999~2006年）进行补偿，年给定额度，月度结算支付，发电商在获得此补偿的基础上，正常参与市场竞争。

可以看出两个国家为了鼓励市场各运营主体参与自由市场交易，从而逐步过渡到完成竞争交易机制，都对历史电力交易给予了过渡补偿。

（五）建立可再生能源发展机制和容量补偿机制

在伊比利亚电力市场，可再生能源装机超过50%，发电量超过40%，之所以整个市场的可再生能源市场份额如此之大，主要归功于葡萄牙和西班牙对清洁能源的鼓励政策和可用容量补偿机制。

葡萄牙政府2005年的《33号法令》和2013年《35号法令》建立了适用于可再生能源的法律框架。其中风电机组的补偿机制是基于固定上网电价，PPA的有效期为15年，该价格考虑了投资回报、机组运行成本、维修成本、通货膨胀，保证风电在市场竞争中的成本优势，确保全额收购以及优先调度。为了鼓励电力行业稳定发展，《35号法令》还允许风电在15年期的PPA之外，再获得5年或者7年（2013~2020年）的额外补偿。为了鼓励加大水电投资，葡萄牙政府承诺根据输电机组的可调节性能，按照每千瓦10~22欧元来支付水电容量费用，且支付10年。

西班牙同样对可再生能源有政策支持，比如西班牙风电价格等于现货市场价格加上补偿金，补偿金包括对容量的投资额外补偿，以及运行额外补偿，水电按照库容特性支付水电的容量费每千瓦1~1.2欧元不等。

（六）发电资源的科学获取

在发电资源获取方面，整个伊比利亚电力市场中葡萄牙和西班牙两个国家的全部电力资源，通过引入市场竞争机制，签订有约束力的合同，这样有助于发电侧的真正市场化。该方式下，新建电源的需求来自于市场购电方，由政府统筹规划和优化布局。在增强发电环节竞争、降低开发成本的同时，有利于将项目资源配置给效率最高、成本最低、专业技术能力最强的发电商，从而确保项目的按期有序开发，避免了恶性竞争，保证市场有序稳定运行。

第二节　电力工业组织结构

一、参与国家电力系统活动的利益相关者

根据法律框架，如下几种类型的代理人参与国家电力系统（National Electricity System，简称 SEN）的活动：

（一）一般发电商

一般发电商拥有传统电站（水电、燃煤、燃油或者天然气），可以通过与客户或者电力交易商的双边合同，或者通过参与有组织的集中市场售电。一般发电商可以通过与系统运营商签订合同或者参与辅助服务市场提供辅助服务。

（二）特殊发电商

特殊发电商在特殊的法律管理架构下获得执照许可证，该法律管理架构以鼓励通过可再生资源（风电、太阳能等）或热电联产的技术利用发电为目的。在特殊法律框架下，特殊发电商有权利售电给保底供电商。

（三）输电系统运营商

输电系统运营商是管理国家电力输电系统（National Transmission Network of Electrical Energy，简称 RNT）的特许权机构。主要目的如下：

（1）确保开发、运行维护、规划和建设 RNT。

（2）确保电力用户无歧视。

（四）配电系统运营商

配电系统运营商是管理国家电力配电系统（National Distribution Network，简称 RND）或低压配电网络的特许权机构。主要目的如下：

（1）确保开发、运行维护、规划和建设 RND 或低压配电网络。

（2）确保电力用户无歧视。

（五）保底售电商

保底售电商承担电力普遍服务义务，保底售电商从事的活动受制于其执照规定的职能。

（六）售电商

售电商能通过签订双边合同或者参与市场的方式购买需要供应给他们的客户的电能。与其客户的商业关系源自于购售电合同，这些合同必须与《商业关系法》的规定相一致。

二、市场运营者和系统运营者

（一）市场运营者

西班牙和葡萄牙签署的有关伊比利亚电力市场输电“国际协议”，其中批准了新的组织结构，即伊比利亚电力市场运营商（OMI），该组织包含两家母公司或控股公司，相互持股比例为10%，同样各方持有两家市场管理公司50%的资产，这两家市场管理公司分别为从事期货市场业务的葡萄牙管理公司（OMI-Polo Portugués，SGMR（OMIP）），以及从事现货市场业务的西班牙管理公司（OMI，Polo Español S.A.（OMIE））。

市场运行商的职责是在系统运营商的协调和配合下，从事电力市场交易组织与管理。市场运行商是完全独立的，不与交易中各方有任何经济利益，同时也是一个非营利机构。机构的董事会主要对市场参与者负责，而不是对政府主管部门负责，它的收入来源于零售电价的附加费用。

（二）系统运行者

系统运行者确保电力供应的实时平衡、电力安全供应、接网服务、电力系统管理基本原则、辅助服务市场运行、预期和紧急情况告知等。其中，REN 负责葡萄牙电力系统的运行，而 REE 负责西班牙电力系统的运行。

第三节　市　场　模　式

伊比利亚电力批发市场包括现货市场（日前、日内市场）、远期市场和辅助服务市场，如图7.5所示。

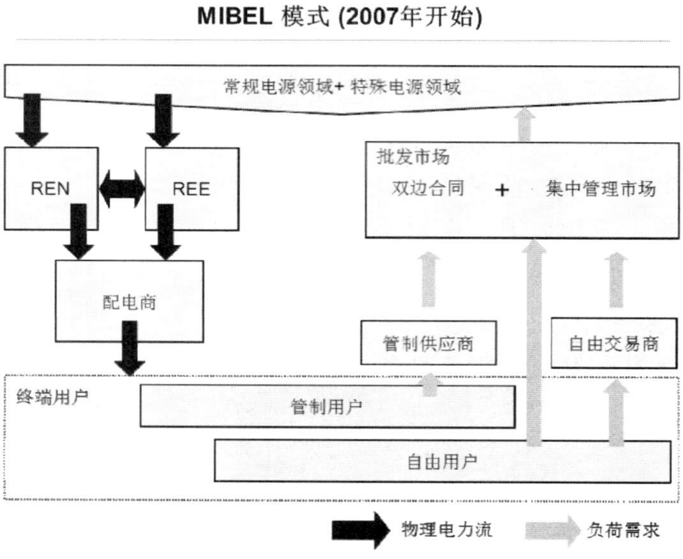

图7.5　伊比利亚电力市场模式

MIBEL 批发市场主要包括远期市场和现货市场。

一、远期市场

远期市场是相对于现货市场的概念，远期市场可以有效规避电力市场风险，是平抑电力价格波动的重要手段。远期市场可分为如图 7.6 的类型。

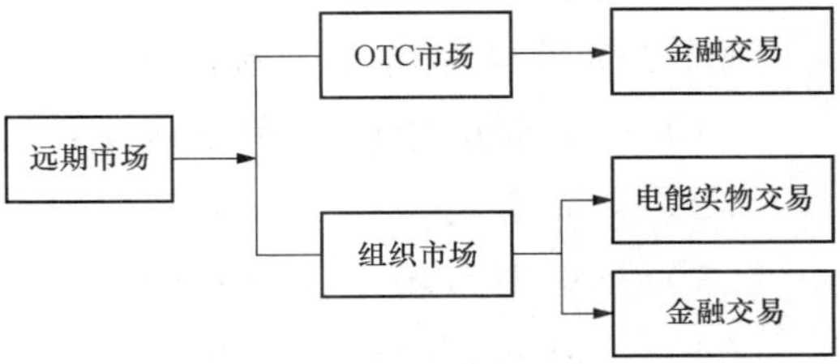

图 7.6　远期市场分类

远期市场主要分为 OTC 市场和组织市场，OTC 市场为完全金融交易市场，而组织市场有电能实物交易市场和金融交易市场。对于金融交易市场来说，不论是 OTC 市场形式，还是组织市场形式，其规避风险的原理大致相同，其原理如图 7.7 所示。

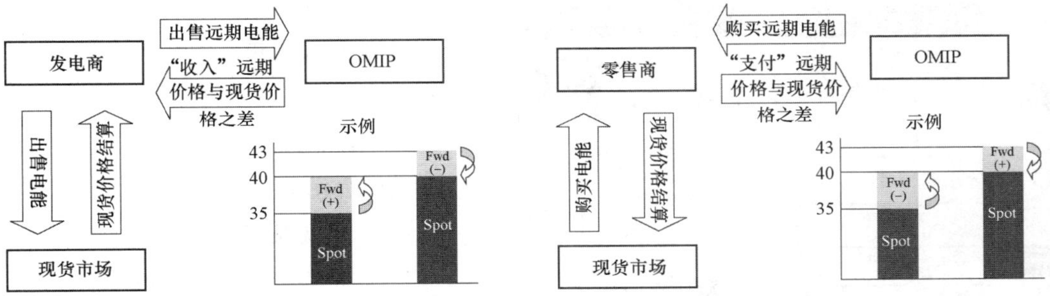

（a）发电商风险规避　　（b）零售商风险规避

图 7.7　金融交易进行风险规避的原理

图 7.7（a）是发电商规避风险原理图，图中发电商与 OMIP 签定远期电能合约价格，当现货市场价格低于远期电能合约价格时，OMIP 向发电商支付两者之间的差价；反之，发电商向 OMIP 支付差价。这样，发电商的电价被锁定在远期电能合约价格上。图 7.7（b）是零售商规避风险原理图。零售商从 OMIP 购买远期电能合约，当现货价格高于远期电能合约时，OMIP 向零售商支付差价；反之，零售商向 OMIP 支付差价。可以看出，签订远期电能合约的发电商或零售商都能锁定价格，减少市场风险。这样，零售商的电价被锁定在远期电能合约价格上。从图 7.7（b）的示例中可以看出，无论现货价格如何变化，零售商实际购电价格均被锁定在远期电能合约价格（40 欧元/兆瓦时）上。

OMIP 也称为有组织的市场，通过交易所运营，OMIP 的优点是：

（1）保证金制度降低了交易风险；

（2）透明度高；

（3）更多市场信息；

（4）每个参与者一个账户，按照市值计价。

OMIP 的缺点是：

（1）交易成本高；

（2）需要更高级的后台技术支持（逐日盯市）。

OTC 交易也称场外交易，交易双方通过中间商直接进行交易，OTC 的优点是：

（1）有经验的中间商利于成交；

（2）产品合同“量身订制”；

（3）与集中市场相比成本较低；

（4）双方同意即成交结算；

（5）交易双方直接进行交易。

OTC 的缺点是：

（1）存在交易方风险；

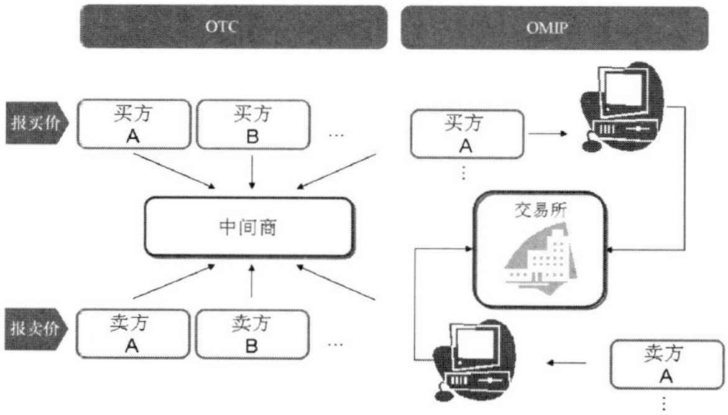

图 7.8　OMIP、OTC 交易结构示意图

（2）必须支付给中间商佣金；

（3）透明度较差（中间商有选择客户的可能）。

OMIP、OTC 交易结构示意图如图 7.8 所示。

二、现货市场

现货市场是一个短期的以小时为交易时段的物理市场，采用电力池模式。现货市场通过卖方（发电商）和买方（零售商）报价，获得市场价格和成交量。其运营原理如图 7.9 所示。

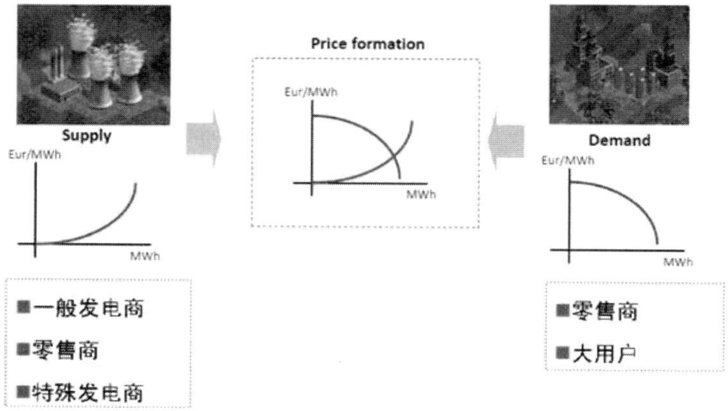

图 7.9　现货市场基本原理

现货市场包括日前和日内市场，以及辅助服务市场。日前和日内市场由市场运

营商（OM）管理，辅助服务市场由系统运行商（SO）管理。

（一）日前市场

日前市场的截止时间是次日 11 时（葡萄牙时间，以下同），市场交易的最终结果公布时间是次日 11:45。如果需要修改日前交易结果，可在日内市场完成。日前交易中，发电商只能卖电，零售商（不拥有发电资产）只能买电。

日前市场的主要特点是：①一次报价机会；②交易量大（80%～90%）；③形成市场的主要参考价格。

（二）日内市场

日内市场的作用是对日前市场交易进行调整，一方面是为了应对紧急事件，另一方面也是为了获取更多的发电收益。在日内市场，发电商和零售商（不拥有发电资产）都能买卖电能，一共可以进行 7 次调整，如表 7.1 所示。

日内市场的主要特点是：

（1）是对日前市场结果进行调整的市场；

（2）一日内共有 7 个日内市场，分别对应不同的交易时段；

（3）交易量相对小，流动性高。

表 7.1　日内市场报价调整表

次数		操作时间	对应调整时间段
1st intraday	16：00～17：45	D-1	H1～H24
2nd intraday	20：00～20：45	D-1	H1～H24
3rd intraday	0：00～0：45	D	H5～H24
4th intraday	3：00～3：45	D	H8～H24
5th intraday	7：00～7：45	D	H12～H24
6th intraday	11：00～11：45	D	H16～H24
7th intraday	16：00～17：45	D	H22～H24

注：D 表示天，H 表示小时。

（三）辅助服务市场

辅助服务市场与日前、日内不在一个系统，它是为保证电力系统安全、稳定运行和电能质量需要的各种辅助服务功能。伊比利亚电力市场中的辅助服务为二次辅助服务（secondary service）和三次辅助服务（tertiary service）。机组可通过市场报价参与辅助服务，获得相应收益。由于市场中有两个系统运行商 REN 和 REE，所以伊比利亚能源市场中有葡萄牙辅助服务市场和西班牙辅助服务市场。

二次辅助服务即 AGC，发电机组在规定的出力调整范围内跟踪实时负荷的变化，提供一定的机组可用性。二次辅助服务获得两部分收益，一是体现机组可用性的容量费；二是收到系统调用指令，产生的电量费用（电量电费按照三次辅助服务的市场报价决定)，如图 7.10 所示。

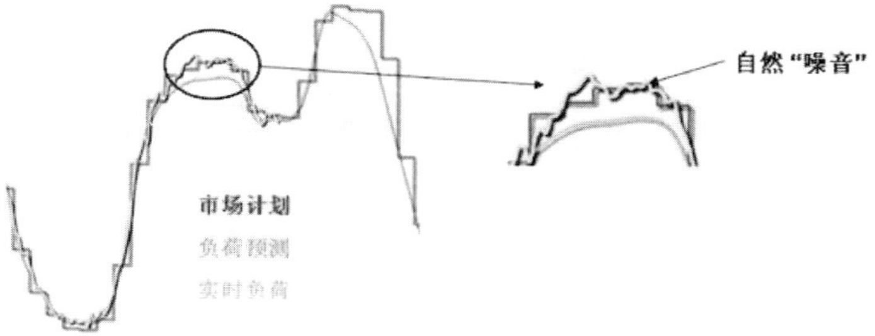

图 7.10　二次辅助服务

从图 7.10 中可以看出，二次辅助服务是以较快的速度响应负荷需求，调节范围为［-75，150］兆瓦，二次辅助服务按小时报价，即此一小时内，必须保持报价的可用容量不变。当竞价成功后，由于自身原因无法提供二次辅助服务时，机组（水电按电厂竞价）将受到惩罚，惩罚金额为收入的 1.5 倍。

三次辅助服务及备用服务，与二次辅助服务相比，其的调节范围更大，即［-1000，+1000］兆瓦，如图 7.11 所示。

在三次辅助服务市场中，所有可用电量均可报价，对于抽水蓄能电站而言，它可以在供需两侧报价。如果负荷高于预测值或者发电机组出现故障，抽水蓄能增加发电出力；如果负荷低于预测值或者发电超出负荷，抽水蓄能降低发电出力或者抽水运行，如图 7.12 所示。

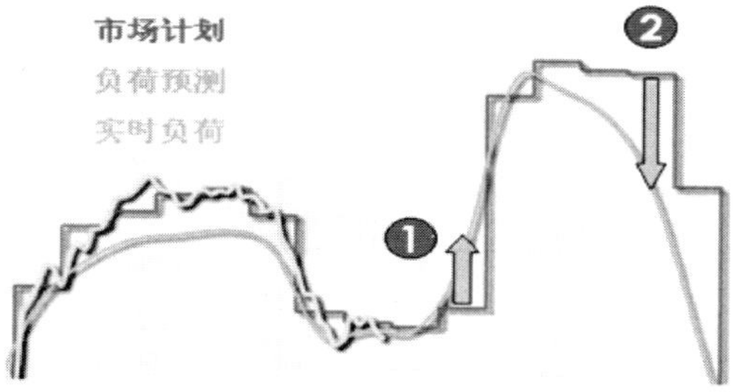

图 7.11　三次辅助服务

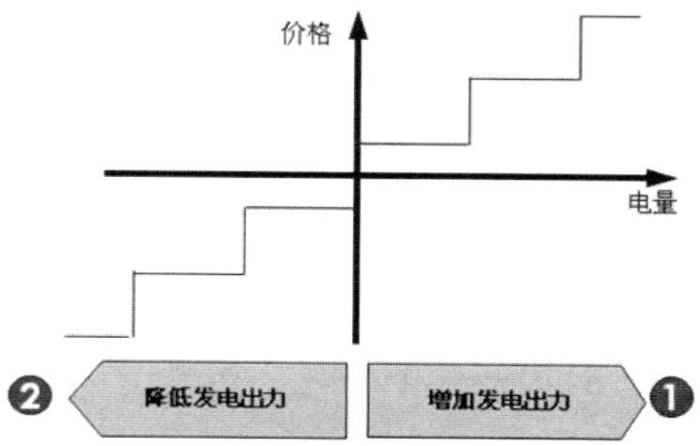

图 7.12　三次备用市场报价方式

第四节　调 度 和 运 行

REN 和 REE 分别对葡萄牙和西班牙电力进行调度。由于电能无法大量储存，因此，REN 和 REE 主要负责电力供需的实时平衡。REN 和 REE 都具有较高精度的电力负荷预测能力，最长可预测未来一周之内的电力消费情况。REN 和 REE 的电力控制中心通过比较实际用电与预测用电的差异，适当考虑国间输电通道能力后，向发电厂实时下达增加或减少发电量的指示，以确保发电与用电的匹配平衡。当某条输电线路出现故障时，电力控制中心立即发出调整发电的指令，调用可提供辅助服务的电厂。

第五节　电价形成机制

一、葡萄牙

（一）发电环节

葡萄牙发电侧分为两个部分，即常规体制和特殊体制。常规体制的机组必须进入竞争市场，一般为大水电、CCGT 和燃煤机组，其上网电价由现货市场价格决定。影响现货价格的因素有很多，其主要有：用电需求、特殊体制机组发电情况、降雨、二氧化碳价格、燃料价格、机组技术可用性等。伊比利亚电力市场现货电价上限是 180.3 欧元/兆瓦时。在没有通道阻塞影响的情况下，整个伊比利亚市场的价格一致，输电容量受阻时，采用市场分区形式解决，伊比利亚电力市场分成葡萄牙和西班牙两个市场，分别形成葡萄牙电价和西班牙电价。

特殊体制由政府监管，一般为热电联产机组、小水电、生物质发电、太阳能和风电，虽然它们也需要进入市场，但这部分电厂能获得政府补贴。2005 年的《33 号法令》和 2013 年《35 号法令》建立了适用于可再生能源的法律框架。这类机组的补偿机制是基于上网电价，机组建成就能获得定价，PPA 的有效期有 15 年，并考虑了此期间的通货膨胀。为了鼓励电力行业稳定发展，《35 号法令》允许风电在 15 年期的 PPA 之外，再获得 5 年或者 7 年（2013～2020 年）的额外补偿。2010 年《23 号令》建立了适用于热电联产的法律框架。新的补偿机制对于装机容量小于或等于 100 兆瓦的机组，补偿费用为临时参考电价加上效率补贴和可再生能源补贴（对于在常规体制下的热电联产机组，在市场成交价的基础上补贴临时市场参与补贴），参考电价每 3 个月根据欧元与美元的汇率以及通货膨胀率更新一次。对于新建热电联产机组补偿费用持续 10 年，对于那些运行已经超过 15 年的机组可沿用以前的补偿机制或者选择新的补偿机制，运行超过 15 年的机组，采用新补偿机制。

（二）输、配电环节

葡萄牙的输电监管机制采取基于绩效的收入上限模式。这种监管模式通过核定企业在监管期内回收资本回报、运营维护成本、资产折旧等成本，并对提高电网可用率提供一定激励，以此合计确定企业的年度收入上限。在资本回报方面，主要参考葡萄牙 10 年期政府债券利率。2009～2011 年监管期，REN 的资本回报约在 7%～9% 之间。在运行维护成本方面，监管框架允许葡萄牙国家能源网公司每年运营维护成本按照“国内物价指数减 0.5%”的速率进行增长。目前，监管的重置周期为 3 年，未来可能延长为 5 年。这对特许权经营者将意味着可计划性更强、更为稳定的政策环境。

与输电相同，配电也是垄断环节，收益被政府严格监管，配电商的监管模式呈动态变化，主要是通过成本加净资产补偿进行监管，同时如果配电公司减少损耗，将获得一定奖励。

（三）售电环节

售电环节包括管制部分和自由部分。对于管制部分，配电商是保底售电商，电力价格为政府定价。对于自由部分，电力价格为市场价格。除此以外，用户还需支付输配费用、供电费用和系统全球管理费用。对于自由售电环节，电力价格占销售电价比例大约为 37%，输配电网费用占销售电价比例为 30%，其余费用占 33%。葡萄牙销售电价构成如图 7.13 所示。

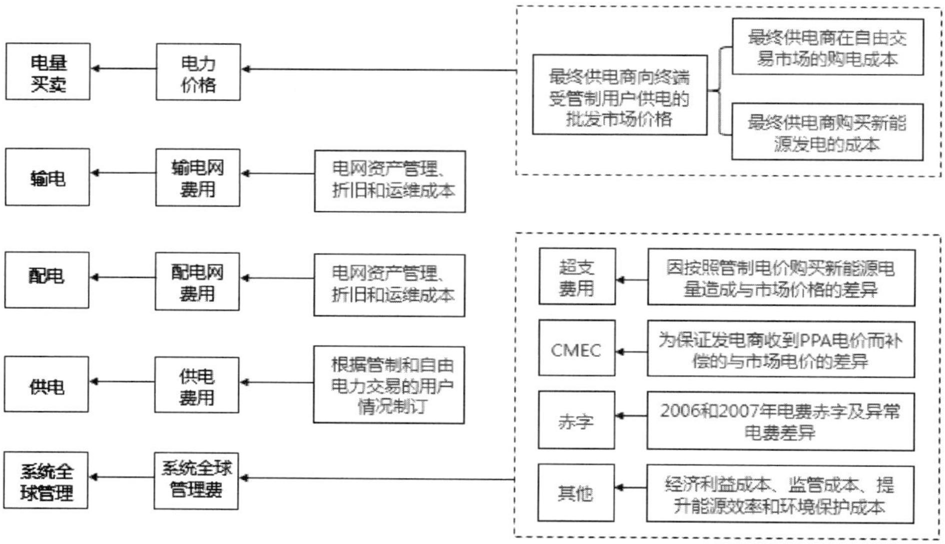

图 7.13 葡萄牙销售电价构成

二、西班牙

（一）发电环节

1997 年电改以后，所有电厂都必须在批发市场出售电能，因此电厂采用批发市场价格，但对于 1996 年以前的电厂，给予了 10 年的过渡期“转向竞争市场的成本费”的补贴电价。

（二）输、配电环节

输配电价由政府监管，1998~2007 年间，输电费用根据投入的资产，考虑其输电公司的财务成本、运维成本，再给予略高于十年国债的投资回报，而配电费考虑 IPC-X 计算，同时根据供电需求和效率进行调整。2008 年以后，提高了输电费用的投资回报率，同时根据检测系统数据，对不同的配电公司给予不同的电费，对于降低线路损耗的配电公司给予一定的奖励措施，对于增加配电损耗的配电公司予以惩罚，输配费用监管周期为 4 年。2013 年再次降低输配电费用的投资回报，并对不同电压等级线路制定不同的入网费用。

（三）售电环节

西班牙销售电价同葡萄牙基本结构大致相同，售电环节同样包括管制部分和自由部分。管制部分的电力价格执行政府定价，自由部分的电力价格为市场价格。对于自由售电环节，电力价格占销售电价比例大约为 43%，输配电网费用占销售电价比例为 22%，其余费用占 35%。

第六节 行业管理与监管

一、监管机构

西班牙和葡萄牙电力市场涉及到的监管大致分为两级，第一级是整个欧洲的监管机构，第二级是本国的监管机构。如果从监管机构的性质区分，又可分为政府性质和独立机构，如图 7.14 所示。

图 7.14 监管机构

（一）欧盟监管机构

1. 欧盟委员会

欧盟委员会（European Commission），简称欧委会，是欧洲联盟的常设执行机构，也是欧盟唯一有权起草法令的机构。欧洲委员会代表整个欧洲的利益，它向欧洲议会和欧盟委员会提交议案，并确保欧盟各国正确实施欧盟法律。

其涉及的领域很广，包括农业、渔业和食品，商业，气候行动，经济、金融、税收，文化和教育，能源和自然资源，国际关系、公民权利、运输、科学和技术等各个领域。其主要职责是制定能源政策并组织实施，包括建立能源市场，为公民和企业提供实惠的能源、竞争性价格、先进的服务。同时为了实现 2020 年欧盟目标和 2050 年低碳愿景，促进各国能源生产、输送和消费，以保证能源可持续发展，加强成员国之间的合作，实现能源供应安全。

2. 欧洲能源监管合作局

欧洲能源监管合作局（Agency for Cooperation of Energy Regulators，简称 ACER）于 2011 年 3 月成立，是独立机构，由 27 个成员国监管机构组成监管委员会作为决策机构。其职责为制定欧盟能源价格改革的框架和指导原则，推动跨国能源市场体系建设，推进各国合作，实现天然气和电力统一市场的建立。它可以向欧盟各国能源监管机构、输电运行商和欧盟机构提出非强制性的建议。

3. 欧盟竞争局

欧盟竞争局（European Commission Competition ）是欧盟委员会下属机构，直接执行欧盟竞争法律，保证欧盟市场运行更好，确保所有公司能够在市场中公平竞争，获得收益。该局对能源市场的垄断行为，尤其是对于并购行为非常警觉。比如，2004 年，它就阻止了 EDP 与葡萄牙另一个大公司的并购。

4. 欧洲能源监管机构理事会

欧洲能源监管机构理事会（Council of European Energy Regulators，简称 CEER）是为了促进欧洲电力和天然气市场建立，由各国监管机构自发成立，成员包括 27 个欧盟成员国和冰岛、挪威。其主要工作是研究并提出政策性建议，研究各国能源问题，和其他行业协会合作等。

（二）葡萄牙主要监管机构

1. 葡萄牙能源与地质局

葡萄牙能源与地质局（The General Directorate for Energy and Geology，简称 DGEG）从可持续发展和确保供应安全的角度负责设计、开发和评估与能源、地质资源相关的政策，包括提高公众对这些政策在经济和社会发展中重要性的意识，管理政策的实施、监控和执行结果。

2. 葡萄牙能源服务监管委员会

葡萄牙能源服务监管委员会（The Energy Services Regulatory Authority，简称 ERSE）负责监管电力和天气行业，它是一个公共法人团体，其行政和经济独立，拥有自己的资产，它的职责是确定电力和天然气被监管行为的管制模型，确保管制企业的经济利益平衡；批准和修改管制条令；保护消费者利益（电价、服务质量、信息接入和安全供应）；实施检查和审查。ERSE 鼓励所有利益相关者参与监管过程，并通过参与扩大公众咨询以及提前公布听证会的方式提高各方参与的积极性。它也从顾问委员会及电价董事会获得好的建议。ERSE 做出的所有决定和措施是公开的。

（三）西班牙主要监管机构

1. 工业能源和旅游部

工业能源和旅游部（Ministerio de Industria, Energía y Turismo）是西班牙电力工

业政策的制定者，包括制定电费体系、不同电力机构之间的利益分配、市场监管体系、发电和电网的电力规划制定等等。

2. 国家市场竞争委员会

国家市场竞争委员会（简称 CNMC）为独立机构，主要职责是对工业能源部关于电力相关的问题提供咨询，对各类电价和补贴提供建议和市场分析报告，通过提议和报告，影响政府监管、电力规划，批准输电和配电公司的兼并和收购，协调争端，处理仲裁事件等。

第八章　美国、加拿大电力市场

第一节　美国电力工业概况

一、美国发电装机规模及构成

截至 2012 年，美国电力系统的装机容量 10.63 亿千瓦[1]，与 2011 年相比同比增长 1.12%（美国近 10 年来电力装机容量及同比如表 8.1、图 8.1、表 8.2 所示）。对比我国 2012 年底总装机规模 11.45 亿千瓦，美国总装机规模略低，装机规模的增速也明显低于我国。

表 8.1　美国电力装机容量及同比

年度	2002	2003	2004	2005	2006	2007	2008	2009	2010	2011	2012
装机（亿千瓦）	9.05	9.48	9.63	9.78	9.86	9.95	10.10	10.25	10.39	10.51	10.63
同比（%）		4.77	1.53	1.57	0.84	0.88	1.54	1.51	1.33	1.17	1.12

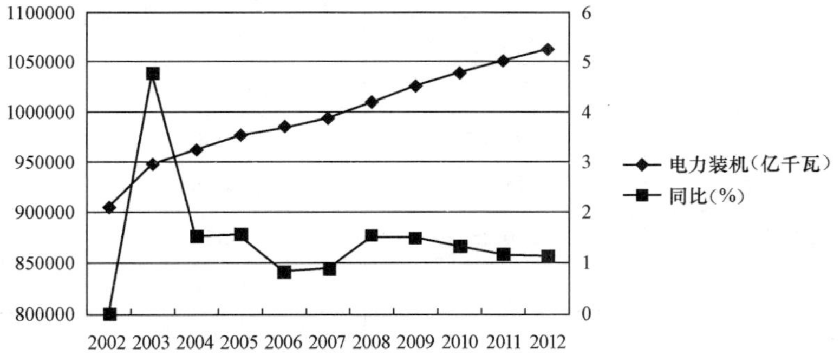

图 8.1　美国电力装机容量和同比

从电力装机结构来看，截至 2012 年底，燃煤发电装机 3.1 亿千瓦，占美国全国装机容量的 29.13%；天然气发电装机 4.22 亿千瓦，占 39.73%；核电装机 1.02 亿千瓦，占 9.58%；水电装机 7874 万千瓦，占 7.41%；风电装机 5908 万千瓦，占 5.56%；太阳能装机 317 万千瓦，占 0.30%。

美国电力装机容量经过了如下几个发展阶段：1983 年以前，大量新增的发电厂是燃煤电厂；随后 4 年，核电占每年新增装机容量的主要部分，不过很快被天然气发电取代，天然气发电成为每年新增装机主力。1990 年至今，美国新增装机主要是天然气发电厂。近年来，风电占全国新增装机比重开始增大。

美国电力装机规模增长速度逐渐降低，1950～1970 年维持在 6%以上，2003 年以后，装机规模增长在 2%以下。预期这一趋势在未来一段时间内还将持续。

[1] 本章美国全国数据来自美国能源局统计委员会官方网站；得州电力市场数据来自得州电力交易中心 ERCOT 官方网站。

二、美国发电量情况

如表 8.2 所示，2012 年，美国全国发电量约为 40540 亿千瓦时，同比下降 1.1%，各类电源发电量所占比为：煤 37.42%，天然气 30.35%，核电 18.97%，水电 6.82%，其他可再生能源 5.4%（生物能 1.42%，地热能 0.41%，太阳能 0.11%，风能 3.46%），石油 1%，其他气体所占比小于 1%。

表 8.2　美国发电量结构

类　别	2012 年（亿千瓦时）	2011 年（亿千瓦时）	同比
合　计	40544.85	41006.56	−1.1%
煤　电	15172.03	17334.30	−12.5%
液化石油	132.09	160.86	−17.9%
石油焦	96.91	140.96	−31.2%
天然气	12307.08	10136.89	21.4%
其他气体燃料	112.12	115.66	−3.1%
核　电	7693.31	7902.04	−2.6%
水　电	2765.35	3193.55	−13.4%
新能源	2187.87	1939.81	12.8%
其中：秸秆发电	375.40	374.49	0.2%
其他生物发电	200.25	192.22	4.2%
地热发电	167.91	153.16	9.6%
光伏发电	43.42	18.18	138.9%
风　电	1400.89	1201.77	16.6%
抽水蓄能	46.58	59.05	−21.1%
其　他	124.66	141.54	−11.9%

受我国一次能源结构影响，我国发电量组成结构与美国差距很大。我国煤电占 73.88%，水电占 17.58%，天然气发电占 2.4%，核电仅占 1.97%，风电占 2.02%（如表 8.3 所示）。

表 8.3　中美发电量结构比较

类　别	总量（亿千瓦）		占比	
	中国	美国	中国	美国
合　计	49774	40544.85	100.00%	100.00%
煤　电	36771	15172.03	73.88%	37.42%
液化石油	1194	132.09	2.40%	0.33%

续表

类 别	总量（亿千瓦）		占比	
	中国	美国	中国	美国
石油焦		96.91		0.24%
天然气		12307.08		30.35%
其他气体燃料		112.12		0.28%
核 电	982	7693.31	1.97%	18.97%
水 电	8749	2765.35	17.58%	6.82%
新能源	1039	2187.87	2.09%	5.40%
其中：秸秆发电		375.40		0.93%
其他生物发电		200.25		0.49%
地热发电		167.91		0.41%
光伏发电	35	43.42	0.07%	0.11%
风 电	1004	1400.89	2.02%	3.46%
抽水蓄能	108	46.58	0.22%	0.11%
其 他	1148	124.66	2.31%	0.31%

美国各类电源容量占比和电量占比的区别很明显。以2012年为例，煤电装机容量占美国装机容量的比例为29.13%，发电占比为37.42%；同时，天然气装机占39.73%，发电仅占30.35%。这种区别反映出这样一个现象：煤电机组主要带基荷负荷率较高，天然气机组调节性能好，经常被用来调峰，通过调整出力来满足调峰的需求。

三、美国电力市场售电量

2012年，美国全国售电量3.6867万亿千瓦时。其中，工业用电9808亿千瓦时，占26.6%；商业用电1.3238万亿千瓦时，占35.91%；居民用电1.3746万亿千瓦时，占37.29%；交通用电75亿千瓦时，占0.2%（如表8.4所示）。

据中国电力企业联合会快报数据，2012年我国全社会用电量4.96万亿千瓦时。其中，工业用电3.67万亿千瓦时，占73.94%；居民用电6219亿千瓦时，仅占12.54%。与美国相比，用电结构差异比较大。

得益于页岩气技术的发展，美国一次能源价格近年来有所下降。2012年，美国售电收入3637.05亿美元，平均售电价格9.87美分/千瓦时，同比降低0.3%（如表8.5所示）。

表 8.4　美国 2012 年售电量

分类	2012 年（亿千瓦时）	2011 年（亿千瓦时）	同比	占比
居民	13746	14228	−3.4%	37.29%
商业	13238	13281	−0.3%	35.91%
工业	9808	9913	−1.1%	26.60%
交通	75	77	−2.2%	0.20%
合计	36867	37499	−1.7%	100.00%

表 8.5　2012 年美国售电收入和价格

	售电收入			平均销售电价		
项目	2012 年（亿美元）	2011 年（亿美元）	同比	2012（美分/千瓦时）	2011（美分/千瓦时）	同比
居民	1633.52	1667.14	−2.0%	11.88	11.72	1.4%
商业	1339.08	1359.26	−1.5%	10.12	10.23	1.1%
工业	656.91	676.06	−2.8%	6.70	6.82	1.8%
交通	7.54	8.03	−6.0%	10.05	10.46	3.9%
合计	3637.05	3710.49	−2.0%	9.87	9.90	0.3%

四、美国电网结构

美国最初采用 230 千伏输电电压，此后相继出现了 287.5 千伏、345 千伏、500 千伏、765 千伏电压。美国电网以私营为主，产权分散，因而电网电压等级从 110 千伏到 765 千伏共有 8 级。

美国的配电电压以 12 千伏和 13 千伏系统为主，同时也有采用 33 千伏、34.5 千伏和 69 千伏电压等级的配电系统。家用配电方式一般采用一相三线的 120/240 伏供电方式。

目前北美电力系统包括了美国东部、西部、得克萨斯州以及加拿大魁北克 4 个互联系统。美国东部、西部和得克萨斯 3 大系统之间采用非同步联系。东部电力系统和西部电力系统分别与加拿大的几个地区电力系统并网运行，西部的加利福尼亚电网和南部的得克萨斯电网均与墨西哥电网连接。

第二节　美国电力市场起源及变化过程

一、美国电力市场建设的起源

1992 年以前，美国的电力体制采用垂直一体化管理。大部分电力企业同时拥有发电、输电以及供电业务。用户只能在其所居住地区的电力供应商处购电，电价由电力企业所垄断，市场没有竞争。

随着燃料价格上涨、通货膨胀和利率上升及核电成本剧增等，美国许多州的零售电力价格大幅上涨。很多用户将涨价归咎于电力公司的垄断经营。电力市场参与者及用户要求公平竞争以及无歧视地开放输电网络的呼声日益高涨。

美国电力零售价较高的几个州，包括加州、麻省、罗得岛、纽约州、新泽西州、缅因州、宾夕法尼亚州等，开始试图通过建立电力市场、引入竞争机制降低电力零售价格。

美国电力市场目标是通过建立竞争性的电力批发市场，降低发电投资及运行成本。同时，对输电、配电环节实施监管。由于输配电网络有输送通道建设的网络特性，所以美国电力市场对输配电环节使用监管手段进行约束。

20 世纪 90 年代至今，美国进行了一系列放松管制的市场化改革，其重要标志是颁布实施一系列法规。

为了解决电力市场参与者和拥有或控制输电网络的电力企业之间的矛盾，促进输电开放和深化电力批发市场的竞争，1992 年美国颁布了能源政策法案（EPAct），给予了联邦能源管理委员会 FERC（Federal Energy Regulatory Commission）在电力改革方面的权利，明确了 FERC 在电力市场建设和监管上的责任和义务，授权 FERC 解决电能传输问题，要求通过中立的输电系统实现从发电到电力买卖之间的电能传输。

1996 年，FERC 颁布了 888 号法令，主要目标是无歧视开放输电网络。888 号法令全面规定了要纠正在垄断性输电线路开放中的不正当歧视，实现输电网络的开放，包括网络输电服务和点对点输电服务，要求输电电网要开放输电服务，提供具有最少服务条款和条件的非歧视输电服务。

888 号法令明确电网的拥有者不能同时拥有发电和供电企业，鼓励构建 RTO（区域电网运行中心）/ISO（独立系统运行中心）来管理整个输电系统的运行。RTO/ISO 通过将输电网络的运行控制权与其所有权以及发电、输电运行控制权的分离，有效地分拆具有自然垄断性质的垂直一体化电力系统运行功能。RTO 负责调度职责范围内（州以上规模的区域）的电网，有权决定调度指令。

888 号法令要求 RTO/ISO 应具备以下功能：

（1）RTO/ISO 必须独立于每个电力市场参与者。

（2）RTO/ISO 是系统所有用户的公平代表，RTO/ISO 及其股权与电力市场的参与者没有利益关系。

（3）RTO/ISO 必须为所有合格的用户提供开放的、非歧视的输电服务。RTO/ISO 进行输电计划安排。输电服务必须按照全网统一的、分类计价的费率表收费。

（4）RTO/ISO 必须负责短期方式下电网的可靠运行。

888 号法令颁布不久，1996 年 FERC 发布了 889 号法令。为了配合输电网络开放，889号法令对电力市场参与者提出了信息公开的要求。889号法令明确了在电力市场公开竞争中信息公开的重要性，要求输电企业建立实时输电通道信息系统OASIS，并对信息公开做出了量化的规定。

从美国FERC市场化改革的起步过程，可以看出，FERC非常重视电力市场改革的两个重要前提，即输电网的开放和信息的公开。

1999年，FERC颁布了对建立RTO/ISO具有决定意义的2000号法令，明确RTO/ISO实行统一的实时运行模式，明确RTO/ISO应该履行以下职责：

（1）价格管理与设计。

（2）阻塞管理。

（3）并行潮流管理。

（4）辅助服务。

（5）确定系统内总可用输送电容量。

（6）市场监管。

（7）计划与扩容。

在美国联邦政府旨在促进和形成电力工业市场化改革的法律法规出台后，美国逐步形成了联邦政府、州政府两级监管体系框架，并逐步形成了加州、中西部、新英格兰、纽约、西北、PJM、东南、西南、Southwest Power Pool（SPP）、得州10个区域电力市场。

二、产权模式

美国电力市场一个最显著的特点是发电商比较分散。美国有数百家发电商，最大发电商控制的装机容量也不到全国总装机容量的4%，全美前20家最大发电公司拥有的装机容量仅占全国总量的45%左右。

发电所有权分散是美国电力市场的一大优势。与其他国家相比，由于所有权分散，美国电力市场的市场力要小得多，有助于增加美国电力市场的竞争性。市场力是指市场成员利用自己在资源的位置等方面的市场地位，改变市场价格、使之偏离市场充分竞争情况下所具有的价格水平，以获取经济利益的能力。市场成员通常会利用市场力迫使消费者支付比竞争性市场更高的电价。

美国电力市场的另一个显著特点是输电网所有权分散。在其他国家，拥有和运行输电网的公司一般只有一个或数个。但在美国，电网公司数量超过500家。美国电网大约2/3为综合电力公司所有，其他被众多政府机构（如田纳西水电局）、市政电力公司和农村电力合作社拥有，还有一些为营利性电网经营公司或区域输电组织所有。美国输电所有权过于分散增加了电网规划、运营和投资协调的难度。

美国电力市场存在多元化的市场主体，在发电、配电、输电、售电等领域存在不同类型的竞争者。美国的电源结构也是多样化的，有煤电、天然气发电、核电、水电和其他可再生能源发电。

三、美国电力市场的基本框架

美国电力市场的建设，与其自然特性有关。美国电力系统是自然形成的，具有以下特点：一是产权比较分散，全国电力公司数量众多，规模差别很大；二是区域电网的调度运行是通过电力公司间自发形成，调度运行模式差别较大；三是没有全国层面的调度管理机制，各区域电力系统之间采用联合调度。

美国电力市场改革的基本思路是分离电能生产中的可竞争部分，包括发电、零售市场；对非竞争部分，包括输电、配电、调度、交易等环节进行监管。

美国于 2002 年 7 月提出了标准电力市场的设计 SMD（Standard Market Design），对电力市场建设提出了建设模板。内容包括以下几点：

（一）输电网的独立和开放

SMD 提出分离输电公司的发电和售电业务，成立独立输电服务商（ITP），其职责是建设、拥有、管理和运行输电网络，作为市场的管制环节，不能开展市场中的交易业务；无歧视性地开放输电网络，提供标准输电服务。

（二）SMD 的交易模式

在交易种类上，提出电能量交易、容量交易、辅助服务交易和输电权交易。建立容量市场保障电能供应的能力，保证电能供给稳定。建立电能批发市场，提高效率；建立辅助服务市场，保障电能市场交易的稳定实施。辅助服务主要包括调频辅助服务、旋转备用辅助服务、后备备用辅助服务等。鼓励负荷侧可利用的资源参加辅助服务市场。

在交易方式上，取代以往集中交易模式，推荐双边交易模式。

在交易的时间序列上，分中长期、日前、小时和实时四种。

（三）SMD 的电价模式

SMD 推荐电能上网电价采用节点边际电价（LMP）。目前，美国电力市场大部分采用 LMP 理论，包括 PJM、纽约电力市场、新英格兰、得州和加州电力市场。

SMD 中对输电定价采用两部制，包括容量部分和电量部分，即输电容量费用和电量传输费用。输电容量费用也称接网费，主要包括输电设备的安装建设成本，根据负荷容量分摊输电网总成本。输电容量费用只由负荷侧支付，也就是输电网络的受端负荷需要支付输电容量费用。

电量传输费用也称输电费，为电能传输的成本，主要包括输电设备的运行维护和网损等，由所有受端负荷承担。

SMD 提出了输电权概念，以解决输电堵塞问题。输电网络的使用者需要通过购买输电权支付网络阻塞费用。输电权可以交易。

四、市场效果和市场调整

美国各个区域电力市场的发展进程不尽相同，有公认较成功的 PJM 电力市场和得州电力市场经验，也有加州电力市场危机的深刻教训。总体来看，近 10 年美国电力市场运行比较平稳，各项市场指标比较合理。

美国电力市场发展的大趋势比较趋同。SMD 提出的概念大部分得到认可，但也有一些方面不同的电力市场做法不一样。

趋同的方面包括：输电网开放；双边合约交易取代集中交易；建立容量市场；上网电价采用 LMP 计算方法；通过输电权交易解决输电堵塞问题。

差异化的方面包括：关于是否输电公司和发电、售电分离，美国不同地区做法不一样。由于美国电力公司数量比较多，在部分电力市场没有要求发、输、配、售的完全分离。

经过数年电力市场的建设和发展，美国电力市场趋于成熟。

在组织管理上，PJM、加州 ISO、得州 ERCOT、纽约 NY-ISO、新英格兰 NE-ISO 运行更加完善。

从市场机制上，市场交易品种更加丰富，基本形成电能量市场、容量市场、辅助服务市场、输电权交易市场、可再生能源配额市场等比较完善的市场体系。

从市场的开放性和竞争程度来看，市场更加开放，用户选择更加自由。电力市场改革前的 1996 年，独立发电企业 IPP 发电量仅占美国全国发电量的 1.74%，到 2001 年 IPP 发电量占美国全国发电量的 20.7%，至 2012 年，IPP 发电量占美国全国发电量的 33.77%。得州电力市场 2007 年一年新增加 14 个市场化售电公司进入电力市场，41%的居民用户、71%的工业用户选择向市场化的零售商购电。

第三节　PJM 电力市场

一、PJM 电力市场概况

PJM 电力市场指宾夕法尼亚—新泽西—马里兰联合电力市场。PJM 成立于 1927 年，是北美地区最大的互联电力系统，也是全世界第四大集中调度的互联电网。供电范围包括特拉华州、伊利诺伊州、印第安纳州、肯塔基州、马里兰州、密歇根州、新泽西州、俄亥俄州、宾夕法尼亚州、田纳西州、弗吉尼亚州、西弗吉尼亚州和哥伦比亚特区的部分或者全部地区，其组织结构和规模类似于我国的大区电力系统。

截至 2013 年底，PJM 所控制区域拥有机组 1082 台，总装机容量 183095 兆瓦，占全美总装机的 17.3%，其中火电占 65%，核电占 30%，水电占 5%。2013 年发电量 7971 亿千瓦时，占全美发电量的 19.7%。最高负荷 157508 兆瓦，年用电量 7845 亿千瓦时。输电线路 62556 英里，市场成员 879 家，服务人口超过 6100 万人。

2013 年 PJM 市场交易量为 338.6 亿美元。

PJM是电力市场比较成功的案例，其不拥有任何输电线路、变电站、发电机组或者其他电力设施，是一个独立的实体，与任何市场参与者都没有关联。PJM是市场中立方，负责市场的组织和输电网络的可靠运行。从本质上来说，PJM是一个不拥有电力系统资产的调度和市场运行机构。PJM的发展目标是：在运行的可靠性和电力批发市场的效率方面处于领先地位。

PJM的职责是：

（1）首要任务是确保负荷中心电力系统的安全、可靠和稳定。

（2）建立并运行坚强的、竞争性的和无歧视的电力市场。

（3）理解用户的需求，并且高效地提供有价值的服务来满足这些需求。

（4）以科技进步和有经验的员工相结合来提高生产效率。

PJM是比较典型的RTO，其职责是在安全约束前提下实施经济调度，使用成本最低的机组来满足系统负荷，致力于运行一个可靠、高效的基于报价的市场。由于PJM比较早就监理了容量市场，所以PJM能够做到在拥有众多不同市场成员的环境下，开展经济调度。

二、PJM从ISO到RTO的演变

PJM市场建设的具体演变过程如下：

早期，PJM很多电力公司是发电输电配电一体化，各自负责自己的系统运行。因为系统之间是相互联接的，当购买其他公司的电比自己发电更便宜时，也会签订双边合同卖电。

随后，PJM几家电力公司自发组成联合调度中心，实施经济调度，允许PJM集中调度发电机组。各成员公司向PJM提交各自机组的成本数据。当其中一家电力公司的负荷增长时，PJM会调度所有可调度的机组中最经济的机组，即使这台机组属于其他电力公司，节约的收益平分。

PJM初期是基于边际运行成本进行机组的经济调度。例如，公司A需要1兆瓦时的电量，自己的机组发电是40美元/兆瓦时，而PJM调度公司B的机组满足负荷是20美元/兆瓦时，公司A和B会平分收益，公司A付公司B的电价为30美元（比自己发电节省10美元），公司B得到电价为30美元，利润是10美元。

1997年11月15日PJM成为ISO，其主要职责：一是作为一个独立实体，在无歧视的开放平台上运行输电系统，发展竞争性批发市场；二是保证电力系统的高效可靠运行。

1998年，建立基于节点边际电价（LMP）的实时能量市场。

1999年，建立FTR（金融输电权）拍卖市场。

2002年12月18日，PJM宣布成为RTO，除了上述职责外，增加了以下职责：

（1）区域输电系统扩展规划。

（2）跨州市场协调监控。

（3）在较大区域范围内处理可靠性和市场问题。

（4）处理和解决跨区域协调问题。

（5）阻塞管理。

（6）建立和运行实时电量市场和容量市场。

三、PJM 的管理体系

PJM 对电力市场的管理通过协议来实现。主要有 PJM 运行协议、输电公司协议、可靠性保障协议、PJM OAT 费率协议。这些协议明确了 PJM 的管理职责如下：

（1）区域系统运行者。

（2）区域输电服务商。

（3）市场建设和运行者。

（4）区域输电规划者。

（一）PJM 的管理架构和决策程序

PJM 设有一个独立的董事会和成员委员会，成员委员会由发电商、终端用户、输电公司、配电公司和其他供应商五个专业委员会组成（如图 8.2 所示）。

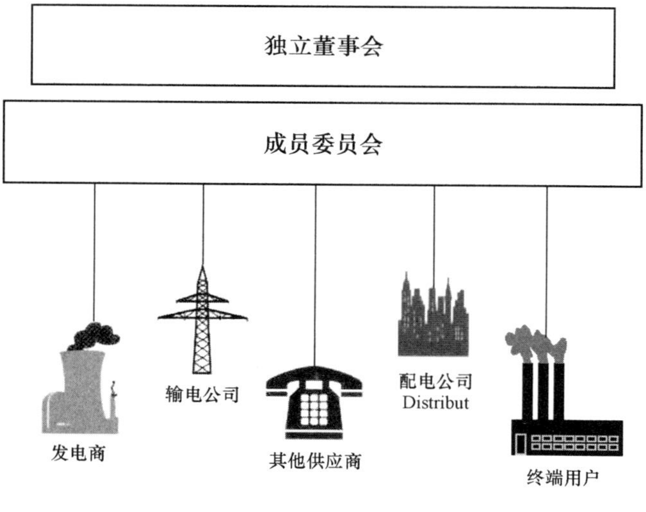

图 8.2　PJM 的管理架构

成员委员会就成员需求向董事会提出建议。议案采用成员委员会投票表决机制。一项议案要获得通过，其赞成率不得少于 2/3。如果有一项议案需提交成员委员会投票表决，其中：发电成员委员会有 7 个成员，5 票同意，得 0.71 分；输电成员委员会有 8 个成员，2 票同意，得 0.25 分；其他供应商成员委员会有 23 个成员，21 票同意，得 0.91 分；终端用户成员委员会有 5 个成员，5 票同意，得 1 分；配电成员委员会有 5 个成员，3 票同意，得 0.6 分。合计得分 3.47，超过最低通过所需分值（3.335），故该议案获得通过。

（二）市场的进入

申请成为 PJM 成员，包括三方面的工作：

（1）进行信用审查。

（2）根据市场成员的性质，签署相关协议。

（3）缴费。若是输电客户或 OASIS 使用者，不收取申请费用和年费；对于其他 PJM 成员，要交纳入会费用 1500 美元，并且每年还要交纳年费 5000 美元。

四、PJM 市场概况

（一）PJM 市场体系

（1）容量市场（可靠性价格模型 RPM）。

（2）电能量市场，包括日前市场和实时市场。

（3）金融输电权（FTR）市场。

（4）辅助服务市场（包括调频市场、旋转备用市场、黑启动服务和无功服务市场）。

（二）PJM 电力市场信息服务

（1）为所有市场参与者提供瞬时价格与系统状况信息。

（2）为发电商和供电商在日前市场报价提供服务。

（3）为发电商、供电商和交易商提供电能的买进和卖出信息。

（4）为发电商、供电商和交易商提供输电预约服务。

（5）为发电商、供电商和交易商提供双边交易记录服务。

（6）为供电商、发电商提供浏览及购买容量服务。

（7）为发电商、输电公司提供申请设备维护请求及上报事故运行信息服务。

（8）为发电商提交数据服务。

（9）为所有客户提供买卖金融输电权（FTR）以控制阻塞费用服务。

（10）为发电商、配电公司提供计量数据。

（11）统计并发布发电企业上报的化石燃料以及核燃料数据。

五、PJM 区域电网规划流程

（一）PJM 区域电网规划的特点

区域规划的驱动因素分市场驱动因素和非市场驱动因素。市场驱动因素包括发电、负荷和商业输电；非市场驱动因素包括可靠性评估、经济效益评估、运行效益评估和输电所有者计划。

PJM 电网规划的特点是：

（1）市场各方共同参与。

（2）公开规划程序。

（3）协调不同输电公司的扩展规划。

（4）编制最有效的区域电网扩展规划。

区域规划的驱动因素分市场驱动因素和非市场驱动因素。市场驱动因素包括发电、负荷和商业输电；非市场驱动因素包括可靠性评估、经济效益评估、运行效益评估和输电所有者计划。

（二）规划方案

（1）发电方案，包括发电项目的战略性选址、分布式电源。

（2）输电方案，包括技术方案、商业输电计划。

（3）负荷方案，包括动态负荷管理/需求侧管理、分散式电源等。

（三）电网互联流程

（1）提出互联需求。

需提供项目选址、规模、所有权、组合方案和计划服务日期信息需求。

（2）有关研究工作。

首先要进行可行性研究，研究周期为30天，需研究确定：是否需要输电扩容、扩容的费用估算和建设计划。

第二步进行影响研究，研究周期为6个月，需研究确定区域分析、发电和负荷分析、传输能力分析、稳定性分析、成本估算和里程碑计划。

第三步是需进行设备研究，研究周期为3～6个月，需研究提供：概念设计、部分附加设备和网络更新详细设计、成本估算、工程和建设日程以及费用分摊。

（3）签订互联服务协议（ISA）和建设服务协议（CSA）。

互联服务要求电网公司、开发商和PJM签订三方协议，要对发电机组进行描述，要明确开发商在附加设施、建设费用和容量互联权方面的职责。

建设服务协议同样要求电网公司、开发商和PJM签订三方协议，要明确建设方案选择、工作范围、工期和付款计划。

（4）工程实施。

要跟踪发电设备、附加设备、电网更新的里程碑进度；跟踪付款确认和工程费用，对EMS、数据连接和交换、互联网工具的设置和运用进行协调，对故障和接入电网调试进行协调。

（5）转入商业运行。

为了保证项目开发商投入的回报，PJM采用成本分摊机制，一是进行输电盈亏平衡点分析，以确保输电公司还本付息；二是分析互联要求开发商必备的附加设备及其所分摊的费用；三是分析电网更新所需的设备，并进行费用分摊。

六、PJM的市场交易与运营

（一）市场运营机制

1. PJM运营机制

PJM灵活的运营机制可支持市场成员参与PJM市场交易（如日前市场、实时市场）和 PJM 市场外交易（如双边交易等）。PJM 允许市场成员自行决定是否参与 PJM 市场。

2. PJM 市场交易

PJM 的市场包括日前市场、实时市场。PJM 要求市场参与方向 PJM 提交数据。在市场成员提交数据的基础上，PJM 按照最小成本经济调度的方法，安排发电计划，同时发布节点边际价格 LMP。

3. PJM 市场外交易

允许负荷供应商和电厂之间进行双边交易，由电厂和负荷签订双边合同，规定电能注入节点和流出节点。根据电能注入和流出节点，确定电网输电和阻塞费用。双边交易的结算是在 PJM 市场外进行的。

（二）市场运行

市场运行的目标是在满足负荷的同时，经济调度发电机组，使得系统成本最低。

PJM 市场运行的内容包括系统平衡发电和用电，维持合适的备用，确定电力市场价格，组织旋转备用/调频市场，市场出清，实时市场优化。PJM 市场中的机组还包括自调度机组和水电机组。其中水电厂根据水情申报电量计划，委托 PJM 调度，结算时按市场价结算。

调度运行内容包括负荷预测，根据负荷、备用需求计算次日计划，机组发电能力跟踪，每分钟追踪外部交易，电网运行确保电网安全，监视输电是否越限，安全性分析，紧急事故处理，发电机跳闸或合同取消后的处理。

七、调度交易中心

调度交易中心设有值长、可靠性工程师、调度员、交易员、发电系统操作员和电力/（高/低压）输电系统操作员。调度交易中心职能是：

（1）发电控制：保证有足够的发电能力（及充足的备用）可以满足终端用户任何时间的需求。

（2）输电控制：监视、运行并控制高压输电系统，确保其可靠运行。

调度中心设立了一个新岗位——主协调员，它是交易和调度协调员的整合。其职责是：

（1）负荷预测。

（2）直接对发电机组下达调度指令（负荷、备用需求）。

（3）容量跟踪。

（4）为 PJM OASIS 提供电能调度过程支持。

（5）跟踪分钟级的电力交换。

（6）电力交换，包括：

1）从一个控制区域到另一个区域的预定电能交换；

2）考虑外部交换；

3）对系统控制的直接影响。

PJM 在 Valley Forge 调度中心有 2 位主协调员，一位值班时间为夜班 22：30～6：30，另一位为其余时间。

八、PJM 电能量市场

PJM 实施的经济调度，是 PJM 调度员通过机组排序来满足负荷需要，它以中标机组的最高价格作为出清价格，每台发电机组按其母线 LMP 获得支付，用户按照负荷母线的 LMP 支付。PJM 通过三种基本方式控制系统潮流：系统重构、重新调度发电机组和交易削减，以满足负荷需求并减轻输电限制。

节点边际价格（LMP）是 PJM 的定价方法，于 1997 年 4 月开始在电力市场运营，它用于：在 PJM 市场上确定购售电价和在 PJM RTO 控制区域内为输电阻塞成本定价。LMP 是物理潮流的结果，而不是合同路径。LMP 的意义是为一个特定节点增加 1 兆瓦供电的边际成本，它反映了输电网络的限制情况。影响 LMP 的因素包括需求、阻塞、经济调度、电能交换与发电价格。

LMP=发电机组边际成本+传输阻塞成本+边际线损成本

九、输电阻塞管理

在 PJM 能量市场上，输电网络客户在其计划内使用输电网不需要事先安排；指定的（容量）电源必须提供给 PJM 市场；非网络用户使用输电网和参与现货市场必须事先安排；PJM 提供输电阻塞的对冲机制：不愿支付阻塞费用就需要削减交易量、可以自行削减交易量（但需事先通知）、引入金融输电权（FTR）、确定 PJM 交易关口。

金融输电权（FTR）是一种金融合约，持有者可能获得收益，也有可能需要支付费用。该收益或成本来自于该输电路径两端日前小时电能价格之差。FTR 提供了阻塞对冲机制，一是保护供电商避免输电阻塞带来的价格不确定，二是合理分配阻塞情况下收取的额外输电费用。FTR 可以通过年度 FTR 拍卖、二级市场和月度 FTR 拍卖获得。

FTR 的价值由日前每小时 LMP 决定。当潮流与阻塞同向时，FTR 是有效益的；当潮流与阻塞反向时，FTR 是一种费用。若获得的是 FTR 期权，则总是有效益的。

ARRs 是 PJM 每年分配给固定输电客户的权利，使持有者可以从年度 FTR 拍卖中获得收入。

十、两级结算体系

PJM 市场采用两级结算体系，即参加两个市场，且在两个市场分别结算。

两个市场是日前市场和实时现货市场。日前市场使用最小成本机组组合和经济调度，它根据发电和需求报价、双边交易计算下一个交易日每小时的 LMP；实时现货市场是基于实际运行状况计算每小时的 LMP。日前市场的结算是基于预定的小时电量和小时电价，而实时现货结算是基于实际和日前预定小时电量的偏差和实时电价。

两级结算体系的优点体现在：一是增强 PJM 控制区域内市场的稳定性和竞争性；二是为市场参与者提高价格的确定性：市场参与者在实时调度之前已确定远期电能价格和输电阻塞费用，可按需求弹性报价，可明确阻塞费用限制，可确定供应方增量报价或购电方减量报价。

十一、输电服务

输电服务有两种：网络服务和点对点服务。输电服务有优先权，输电服务可以通过 PJM OASIS（oasis.pjm.com）进行预约。

PJM 的所有负荷都由网络整体输电提供服务，供电商的网络服务协议分零售和非零售两种。外部交易和过境交易需要点对点输电服务，且必须在 OASIS 中预约，而在现货市场上出售不需在 OASIS 中预约。点对点输电服务协议分固定和非固定两种。点对点固定服务分长期（一年及以上）、短期（每天、每周、月度）；非固定服务只有短期（每小时、每天、每周、月度）。

输电服务的优先顺序如下：

（1）网络和固定的点对点服务。

（2）愿意支付阻塞费用的网络购进电量。

（3）愿意支付阻塞费用的非固定的点对点服务。

（4）愿意支付阻塞费用的次点非固定的点对点服务。

（5）现货市场购进。

（6）不愿支付阻塞费用的网络服务。

（7）不愿支付阻塞费用的非固定的点对点服务。

十二、辅助服务

辅助服务是保证供需平衡和电力系统可靠性所必需的，PJM 负责安排和协调辅助服务市场。辅助服务包括计划安排、系统控制和调度服务、无功供应的电压控制、能量平衡、调频服务、旋转备用服务和黑启动服务。辅助服务的市场设计原则是谨慎而渐进、防止能量市场扭曲、相关市场的交互影响最小和依靠市场成员促进市场发展。

计划安排、系统控制和调度的目的是提供输电服务和运行能量市场。根据 PJM 费率文件第 9 条的规定，它包括控制区管理服务、FTR 管理服务、市场支持服务、调频管理服务、容量资源和义务服务。

无功和电压控制的目的是维持电压水平，它按照 FERC 批准的无功服务费率标准收费，根据 PJM 计算的分区无功服务费率，由输电用户支付无功服务费用给提供无功服务的发电商。

能量平衡服务是平衡计划与实际负荷的偏差，按照偏差量以小时的节点边际电价支付。

调频市场的目的是保证发供平衡以维持系统频率在60赫兹，调频市场于2000年6月1日正式启动。输电用户必须提供或购买调频服务。调频价格取调频市场出清价（RMCP）和“提供调频服务的报价加机会成本”中较高者。

旋转备用市场的目的是在系统发生事故时提供备用以平衡供需。旋转备用市场启动于2002年1月12日，LSE必须基于负荷率购买旋转备用，旋转备用可以通过双边合约、安排自有发电资源或从旋转备用市场购买。同步备用市场出清价（SRMCP）在运行日每小时出清一次。

黑启动服务的目的是在整个系统停电时，在没有外部电源的情况下，用黑启动机组重启系统。黑启动机组通常是内燃机组或水电机组，黑启动机组由输电公司与PJM共同确定，要求每年进行黑启动测试。黑启动服务是基于成本的服务，将黑启动机组的年度收入需要报给PJM，由输电用户支付黑启动服务费用。

十三、市场结算

当客户在PJM市场成交后，每个月会收到费用/收入结算发票。结算包括如下几项。

（1）电量市场结算，这包括日前和实时现货市场、日前和实时的输电阻塞以及点对点的输电损耗。

（2）网络或点对点输电服务结算。

（3）辅助服务结算：包括计划安排、系统控制和调度服务，无功和电压控制，黑启动服务，调频与旋转备用，旋转备用。

（4）容量市场结算。

（5）其他种类结算。

对于输电服务而言，网络服务的用户每个月按照用户的需求，按区域出现最高负荷时的区域费率支付网络服务费用给输电公司；对于固定的点对点服务，用户按照用户需求，按其在预约的输电费率支付服务费用给输电公司；对于非固定的点对点服务，用户按照0.67美元/兆瓦时的费率支付服务费用给输电公司和固定的输电客户。

对于日前市场，按照日前中标电量，以日前每小时的LMP出清价格结算；对于实时现货市场，按照实时和日前的偏差电量，以实时每小时的LMP出清价格结算。

对于输电阻塞，日前和实时市场均按照送端与受端出清的节点边际电价的差值支付给FTR所有者。节对点的输电损耗按照峰期3%，非峰期2.5%，按其负荷及负荷加权平均的节点边际电价支付费用。

PJM在每个月的第五个工作日发送上月账目报表，在19号之后的第一个工作日通过EFT进行财务结算。详细账目报告通过PJM eSchedule系统发送。

十四、金融输电权

金融输电权（Financial Transmission Rights，FTR）是一种金融工具，它可以使持有者在日前市场中从线路两端的电价差获得收益（或费用）。

在节点边际电价体系下，当输电阻塞发生时，不得不调度在阻塞区内高价的发电机组，从而导致全网各节点边际电价不同和阻塞收费。这样，市场成员面临着阻塞成本费用的不确定性。

FTR 不代表实际的输电权力，它提供了一种阻塞规避机制。FTR 的目的是使所有市场参与者传输能量时得到收费的确定性，同时分配阻塞盈余，即 FTR 的目标分配等于 FTR 兆瓦乘以 FTR 电能注入和输出点 LMP 之差。

FTR 的目标分配=（FTR 兆瓦）×（LMP FTR 输出点–LMP FTR 注入点）

FTR 分为 Obligation 和 Option 输电权两类。Obligation 可以为持有者带来收益，也有可能带来负面的风险。当 Obligation 方向（或 Option 方向）与阻塞潮流方向相同时，其经济价值为正。当 Obligation 方向与阻塞潮流方向相反而出现其经济价值为负时，此时 FTR 的持有者要交纳费用；而如果是 Option 发生这种情况时，认为此时的 FTR 价值就为零，从而既得不到收益也不用支付费用。

十五、PJM 容量市场——可靠性定价模型 RPM

（一）容量市场概述

可靠性定价模型（Reliability Pricing Model）是 PJM 在 2007 年 6 月 1 日开始实施的一种新的容量市场管理模型。建立容量市场的目的就是要为发电容量资源和负荷运营商（LES）提供一个长期价格信号，使 PJM 区域输电扩展规划过程（RTEPP）更加协调一致，使价格的波动减少、地区分布更加合理。

容量市场的建设并没有在美国取得完全一致的看法，在美国各 RTO 或 ISO 容量市场设计和管理模型不尽相同，容量市场的建设也面临许多挑战：一是没有超前或长期资源计划承诺；二是容量价格随供求关系波动很大；三是很难确定一个适合所有独立的特定地区容量具有同等价值和操作灵活性的价格；四是输电和需求的资源并不直接与发电机组直接竞比，五是在区域输电扩展规划过程中发电机组的不确定性等。将来 PJM 对可靠性问题的忧虑还有发电机组退役问题，现在投产超过 20 年的蒸汽机组就达 89365 兆瓦，老化问题非常严重，PJM 所在地区，人口多，电力需求量大，经济比较发达，因此 PJM 对发电机组、输电网建设和负荷管理十分重视，否则就会发生可靠性问题。

PJM 容量市场的建立，对于保证所有的发电商和负荷运营商，无论其规模大小，都能够平等地参与容量市场竞争具有十分重要的意义。几乎所有负荷运营商的终端用户数目和负荷大小都处在一个动态的变化过程中。各种规模的负荷运营商都可以通过容量信用买卖来参与电力市场的竞争，以满足终端用户的需要。

PJM 容量市场的另一个重要作用是向投资者提供超前的经济信号，鼓励向发电领域投资。发电商即使在未出售能量的情况下，也可以通过容量信用的交易来获得一部分收入，为新建或扩建发电容量积累资金。PJM 设立容量市场确保了发电容量的稳定增长。事实证明，这项措施的效果相当不错，按目前的经济增长率测算，PJM

的装机容量能够满足今后15年负荷增长的需求。

各市场成员可以根据自己第二天容量义务的大小进行容量信用的交易。在市场成员分别投出买标和卖标后，根据投标价格，PJM进行交易匹配。最后匹配成功的价格确定为市场清算价，所有交易成功的容量信用都按这个价格支付费用。

容量信用市场分为日市场和月市场。在日市场中，一个负荷运营商可以以某个特定价格出售某日的容量信用（卖标），另一个负荷运营商可以通过市场购买某日的容量信用（买标）。在月市场中，一个负荷运营商可以以某个特定价格出售随后12个月中某月的容量信用，另一个负荷运营商可以通过市场购买某月的容量信用。

容量市场开放后，每个负荷运营商都必须履行其容量义务。日容量义务的大小取决于每个负荷运营商所有终端用户的负荷之和。当负荷运营商可用的发电容量资源不能满足其容量义务时，该负荷运营商就必须在容量市场上购买差额的容量信用，否则将受到惩罚。

为了保证足够的容量资源，PJM建立了可靠性标准，即容量充裕度（RTO）评估，评估的资源包括规划的和现有的发电资源、规划的和现有的需求侧资源以及可中断负荷（ILR），以确定需要多少容量才能够在规定的可靠性标准下满足电力需求。为PJM区域的用户提供可靠电力服务。

（二）容量市场的实施过程

容量市场的实施包括现行的双边市场和一系列拍卖。

（1）投运3年前的基本余量拍卖。

（2）投运23个月前的第一次增量拍卖。

（3）投运13月前的第二次增量拍卖。

（4）投运4个月前的第三次增量拍卖。

1. 基本余量拍卖

在满足自用和扣除可靠性保留的容量后，对余量资源可用于下一年度的拍卖。允许负荷运营商LSE以购买特定的容量，以满足下一年区域的容量义务。购买费用作为地区可靠性费用在下一年分配给负荷运营商的用户。如果负荷运营商LSE都能满足自我用电，拍卖就无需进行。

2. 增量拍卖

在基本余量拍卖之后进行，以适应市场的动态变化和负荷预测的增长，以及由机组停运、推迟、机组出力降低、需求侧资源减少、输电扩容和改造项目推迟或取消等原因造成的容量减少。

（三）容量市场中负荷资源的参与

1. 确定合格的容量资源

在容量市场什么资源可参与拍卖？满足要求的容量资源是：

（1）发电机组资源，包括在PJM区域内现有的及计划中的机组、在PJM区域外现有的机组、双边合同交易机组资源。

（2）需求资源包括现有及计划中的资源需求、现有可中断负荷。

（3）具有资格的输电升级改造增容。

所有资源必须符合 PJM 的有关规定和商业规则。

2. 负荷管理

在以前被称为主动的负荷管理（ALM），负荷服务实体认为负荷管理削减其容量的责任是在为 PJM 调度控制资源服务。需求资源（DR）和可中断负荷可靠性（ILR）统称为负荷管理。

需求资源 DR 参与基本余量拍卖，并得到拍卖的价格。被确认的可中断负荷可靠性 ILR 从地区可靠性费用中得到收益补偿价格。被确认的负荷管理费用在运行年按日计算，按月结算。

（四）输电容量参与容量市场

输电容量增加，可提供到基本容量拍卖中。输电容量扩容应符合所有 PJM 适用的区域输电扩展规划过程标准。增量的容量值必须由 PJM 确认，至少在基本容量拍卖 45 天前进行核准。如果在交付日期未实现扩容的承诺，则需提供区域内部资源，以置换同等数额的容量。

第四节　新英格兰 ISO（New England ISO）

美国东北部的 6 个州（缅因州、佛蒙特州、马萨诸塞州、罗得岛州、新罕布什尔州、康涅狄格州）被称作为新英格兰地区。其中以马萨诸塞州和康涅狄格州经济最为发达。新英格兰电网示意图如图 8.3 所示，电网概况如表 8.6 所示。

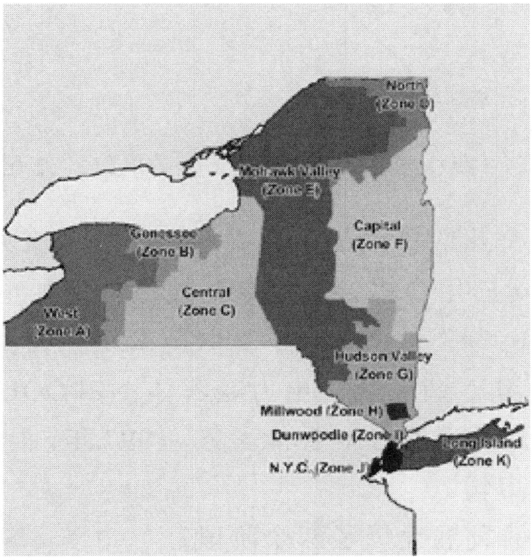

图 8.3　新英格兰电网示意图

表 8.6　新英格兰电网概况

项　目	数　据
供电人数	1400 万
机组台数	超过 350 台
装机容量	35211 兆瓦
高压线路长度	超过 8000 英里
网间联络线	12 条
市场成员	超过 300 家
高峰负荷（夏季）	28130 兆瓦
高峰负荷（冬季）	22818 兆瓦
市场总价值	70 亿美元

一、概述

新英格兰供电区域主要以火电（燃油和天然气）、水电及核电为主，最高电压等级为交流 345 千伏和直流±450 千伏。新英格兰地区装机分类如图 8.4 所示。

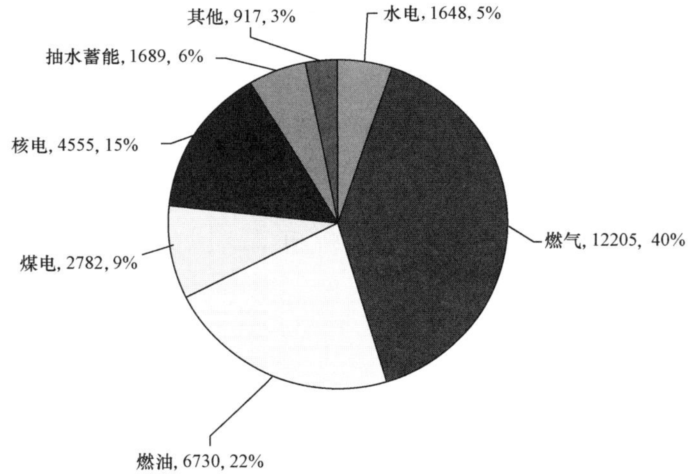

图 8.4　新英格兰地区装机分类（单位：兆瓦时）

1965 年之前，这 6 个州的供电是由不同的电力公司来独立承担的，每个电力公司都有自己的用户，公司向用户提供从发电到输电再到配电的一体化服务。1965 年大停电事故之后，这些电力公司意识到了互联电网统一调度统一规划对保证系统可靠性的重要作用。1971 年，新英格兰电力联营体 NEPOOL 成立，其主要职责是负责各个电网之间的可靠性协调和控制性能考核。1997 年，根据美国最新通过的法案，NEPOOL 开始建立电力市场。

新英格兰电力市场的发展经历了两个阶段：

在第一阶段（1999～2003 年），其市场结构采用全网统一出清的电价体系，并建设有完整复杂的辅助服务市场和容量市场，在这个阶段还完成了“厂网分离”。

在第二阶段（2003 年至今），市场结构采用了节点边际电价体系，建立了固定输电权市场，并改进了 AGC 和容量市场，目前正在建设新的备用市场。

新英格兰 ISO（以下简称 NE-ISO）作为地区性输电组织，在市场建设过程中，许多思路和市场建设方案都参照了 PJM 的做法，因此这两个电力市场有很多相似之处。

二、组织结构及其职能

NE-ISO 的机构是按照 FERC（Federal Energy Regulatory Commission，美国联邦能源管理委员会）为 ISO 拟定的 11 条准则来设置的，包括董事会、系统运行、系统规划、市场开发、IT、客户服务和培训、财务、人力资源、公共事务及内部审计等 10 个部门，主要负责：地区电力可靠供应、管理和监督地区电能批发市场、系统可靠性评估及电网规划。

三、市场设计

（一）能量市场

新英格兰能量市场采用了与 PJM 相似的市场机制，分为日前市场和实时市场，用节点边际电价 LMP（Locational Marginal Price）对电能量进行结算。新英格兰电力市场也包括 FTR（Financial Transmission Rights，金融输电权）市场，对输电阻塞费用进行对冲。

2012 年，新英格兰全网发电量 1208.87 亿千瓦时，比 2011 年下降了 2.0%，实时市场电量交易平均价格 62.7 美元/兆瓦时，比 2005 年下降了 21%。

（二）备用市场

经过多年发展，目前 NE-ISO 的备用市场既有前期备用市场，也有实时备用市场，并且仍在不断的完善过程中。在新英格兰地区，共定义了四个反映输电约束的备用分区，分别是康涅狄格区、西南康涅狄格区、马萨诸塞/波士顿区和剩余地区。

由于新英格兰地区缺乏快速启动机组，所以相比其他 RTO/ISO，增加了前期备用市场，市场一年开展两次交易，由 NE-ISO 向最终被选中的机组支付备用收益，当系统需要时，要求这部分机组在 1 小时内能够启动，机组发电后，还会得到能量市场收益。

新英格兰电力系统所需备用容量是由 NE-ISO 根据系统运行情况和 FERC 的可靠性要求来确定的。同时根据安全分析结果和运行经验来分配参加备用服务的机组。NE-ISO 要求的旋转备用包括可以在 10 或 30 分钟内升起的空载机组备用容量，还可以是需求侧的响应资源。NE-ISO 规定，系统备用容量必须能够在 10 分钟内满足最大系统故障的要求，其中一半备用作为 10 分钟同步旋转备用，另一半作为 10 分钟旋转备用；同时，在 30 分钟内必须提供满足第二个系统故障一半的备用。全部的 30 分钟备用要求可以是不同步的（包括 10 分钟不同步备用，和 30 分钟旋转备用），或者是高质量的 10 分钟旋转备用（TMSR）。那些机组提供的备用由 NE-ISO 根据计算和经验得出。

而在有阻塞的地区（如马萨诸塞州东北部、康涅狄格等地区），还要求具备能够应对本地系统故障的 30 分钟备用。

（三）AGC 市场

新英格兰电力市场 AGC 市场是由 10 分钟旋转备用市场中分离出来的一种辅助服务，要求 AGC 能够连续自动地发布相应系统指令，满足各种可靠性标准。对于承担 AGC 的机组及其价格均在日前及实时市场中确定，发电商在日前报价时，同时提交 AGC 服务的相关信息（调整范围、报价等），NE-ISO 每 5 分钟按机组提供 AGC 服务的投标价，由低到高排列一次，得到边际价格。本交易时段（1 小时）过后，取上述每 5 分钟边际价格的加权平均值作为 AGC 的市场清算价格，同时，参加 AGC 辅助服务的机组，还将得到能量收益。

（四）容量市场

根据 FERC 于 2002 通过的标准市场设计方案 SMD（Standard Market Design），NE-ISO 容量市场目前正在从 ICAP（Installed Capacity，已投产的容量）市场，向 FCM（Forward Capacity Market，前期容量市场）过渡，ICAP 市场已经在 2006 年 11 月 1 日结束，新的 FCM 市场在 2010 年开始运行，之间为过渡阶段。在旧的容量市场中（ICAP），负荷运营商按照要求购买一定百分比的备用容量，购买周期为 1 个月，由于美国电力市场已经处于稳定阶段，因此当短期备用容量充足时，电力供应商因为担心新建电厂收益得不到保障，因此没有新建电厂的动力。而新的 FCM 市场规定，负荷运营商必须通过拍卖方式，购买三年后的备用容量（大致相当于新建电厂的周期），并且保证新建电厂投入运行后 5 年的固定收益，采取这一措施后，大大激励了电力供应商投资新建电厂的信心，收到了很好的效果。

四、需求侧响应

需求侧响应是允许用户在系统可靠性存在风险或者系统电力出清价格过高的时候削减用电量而能够得到补偿的一种机制。参与需求侧响应的用户，在收到新 NE-ISO 发送的减负荷请求之后 30 分钟之内，必须能够按照规定的容量削减用电量。参加这个程序的用户，每个月按照 30 分钟旋转备用的小时出清价格来结算，为负荷侧响应所支付的费用被视为一种备用费用，并且这种需求侧响应的资产可以作为装机容量市场的保证金。

新英格兰电力市场改革在美国是比较成功的。尽管在市场开放前，新英格兰电力库已经进行经济调度有 27 年之久。然而，NE-ISO 采用渐进式的市场改进策略，仍然分步来进行批发电力市场的改革。在电力市场设计上，几乎完全套用 PJM 电力市场设计及其操作软件，而且也结合了其他（如纽约）电力市场设计的优点，如电量、旋转备用、辅助服务共同优化；电价考虑线路损失，按地区购买辅助服务等，从而降低了市场开发风险，取得了明显的成效。

第五节　纽约ISO（New York ISO）

纽约是美国经济和文化中心，因此，纽约州电网在美国电网中具有举足轻重的作用。不同于PJM和NE-ISO，纽约电力市场控制区域只有纽约一个州，加上纽约市的特殊性，因此纽约州政府对纽约电力市场的影响力度要大于其他电力市场。

一、概述

紧随1965年的东北部大停电，纽约8个最大的电力公司联合成立了纽约电力库（New York Power Pool），集中了这8个成员在电力生产和输电方面的知识和技术资源，以防止类似的大停电再次发生。电力库采用以成本为基础的经济调度为纽约州电力消费者提供低廉的、可靠的电力供应。1999年12月，根据联邦888和889法令，纽约ISO（以下简称NY-ISO）正式成立，取代了运行30多年的纽约电力库，负责纽约高压输电网络的可靠性运行和批发电力市场的管理。NE-ISO是一个非赢利性组织。纽约电网概况如表8.7所示。

表8.7　纽约电网概况

项　目	数　据
供电人数	1920万
机组台数	335台
装机容量	39520兆瓦
输电线路长度	10775英里
市场成员	超过325家
最大负荷	33939兆瓦
年交易电量	1623亿千瓦时
市场合约总值	50亿美元
终端用户平均价格	15.15美分/千瓦时

纽约州电力网位于美国东北部，隶属于美国东北电力系统（NPCC），北部与加拿大的安大略和魁北克电网，东部与新英格兰电网，南部与PJM电网，西部与ECAR电网相联，电压等级主要包括765千伏、345千伏、230千伏、138千伏和115千伏。由于纽约市负荷较高，而装机容量相对不足，因此纽约州潮流为北电南送、西电东送，输电阻塞现象较多。NY-ISO控制区域共有11个内部价区（Zone）和大约3000个节点（Node），用于计算负荷和发电机的LMP。纽约州电网示意图

如图 8.5 所示。

NY-ISO 的主要职责包括：实时调度、系统监管、计划调整、能量市场、容量市场和输电阻塞管理、市场结算、系统长期可靠性规划等。

鉴于地位的特殊性，纽约州对于供电可靠性要求较高，其可靠性组织结构如图 8.6 所示。

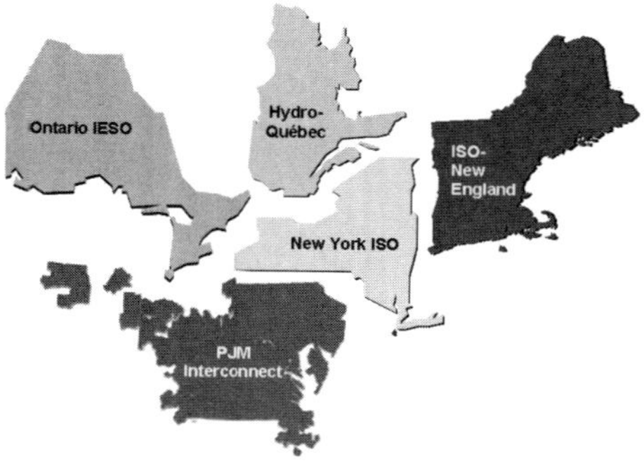

图 8.5 纽约州电网示意图

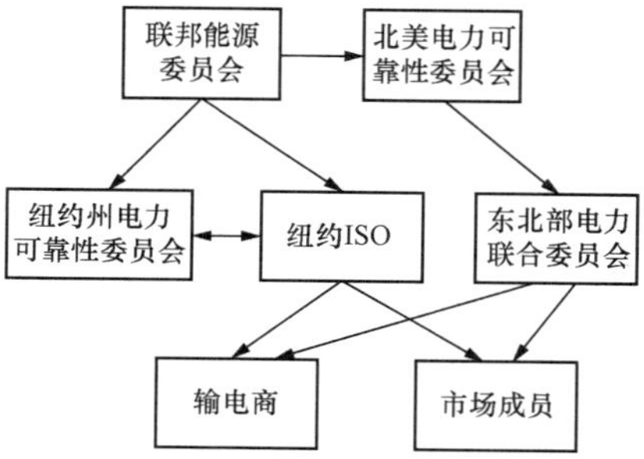

图 8.6 纽约州电力可靠性组织结构

纽约电力系统由多个公共事业组织和输电系统拥有者所有，它们包括：纽约联合爱迪生公司、纽约电力公司、美国国家电网、长岛电力公司、纽约州立电力—燃气公司、休斯敦中部燃气—电力公司和 Rochester 燃气电力公司等。

二、组织结构及其职能

NY-ISO 的组织机构包括董事会（有 10 名成员），负责监管 ISO 的运行并任免公司总经理，公司 CEO 负责 ISO 的日常运行。NY-ISO 组织结构图如图 8.7 所示。

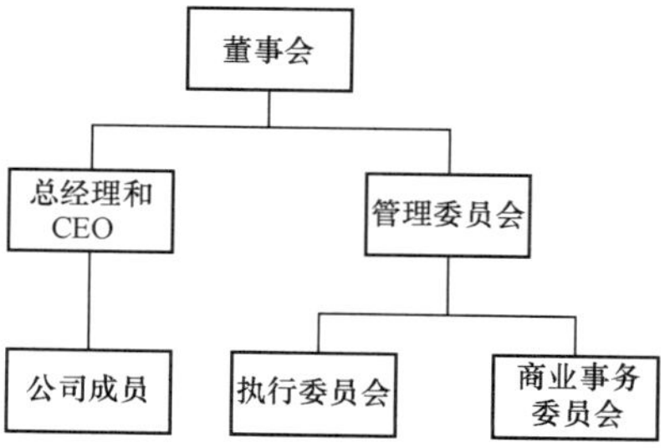

图 8.7 NY-ISO 组织结构图

管理委员会、执行委员会和商业事务委员会成员都由各市场参与方代表组成，投票权分配如表 8.8 所示。

表 8.8 纽约 ISO 投票权

分　类	所占比例
发电商	21.5%

续表

分　类	所占比例
电网公司	20%
终端用户	20%
公共部门	17%
其他供应商	21.5%

所有决议只有58%以上市场成员投票通过后，才能够向上提交，并由董事会最终批准，如果讨论事项涉及联邦法令，董事会还需向FERC提交申请。

三、市场设计

（一）能量市场

NY-ISO的能量市场主要包括日前市场、小时前市场和实时市场，典型的市场交易构成为45%为双边合约交易，50%为日前市场交易，剩下5%电量在实时市场中交易。上述能量市场主要是有功市场，目前无功市场尚未开展。NY-ISO的能量市场实际与PJM、NE-ISO的日前、实时市场并没有本质的区别。

日前市场属于金融市场，小时前市场主要用来进行结算，实时市场主要用来计算LBMP，上述三个市场运行依托三套软件系统，分别是SCUC（带安全约束的机组组合）、BME（实时市场计算）和SCD（安全约束调度）。

（二）输电权市场

与PJM市场类似，NY-ISO设计了TCC（Transmission Congestion Contracts）输电权市场，以对冲输电阻塞造成的负荷供应商成本升高。

（三）容量市场

在纽约州电力市场，政府减少了对容量市场的行政干预，取而代之的是可靠性市场（The Reliability Market），美国东北部电力协调委员会（NPCC）制定的电力可靠性标准为，由于电力资源短缺造成的停电概率小于或等于10年1次。

根据纽约州可靠性委员会（NYSRC）对电源的要求，最小装机容量裕度（Installed Reserve Margin，IMR包括计划外购容量）应该高于最大预测峰值负荷16.5%（每个容量年IMR不一定相同），例如，纽约州2007年最大预测峰值负荷为33447兆瓦，则2007年NY-ISO的最小装机容量要求（Installed Capacity Requirement，ICR）为33447×1.165=38966（兆瓦），在2001年底之前，负荷供应商（LSE）通过购买ICAP（Installed Capacity）来实现负荷供电可靠性ICR（即满足IMR标准）；而从2001年底开始，LSE被要求购买UCAP（Unforce Capacity，可用容量），与ICAP最大区别是考虑了检修、燃料、阻塞等机组的不可用因素，因此更加合理的可用容量可靠性指标取代了装机容量可靠性指标。

同样，在纽约州，由于负荷比较集中，因为线路约束，部分LSE还被要求购买一定比例的本地可用容量指标，如在纽约地区，这一比例为 80%（2004～2005 容量年）。

以上容量要求通过拍卖的方式得以实现（三期拍卖），所有供电公司均需要按照要求购买容量。

（四）备用和调频市场

随着 SMD（标准市场设计）标准的应用，以及日前辅助服务报价要求的执行，包括备用和调频在内的辅助服务代价取得了快速的增长。NY-ISO 要求旋转备用容量为系统发生最大单一故障时损失容量的 1.5 倍，目前这一故障损失容量为 1200 兆瓦，则 NY-ISO 地区最小旋转备用容量为 1200×1.5=1800（兆瓦），其中 1200 兆瓦是 10 分钟备用，600 兆瓦是 30 分钟备用。同时，由于潮流方向是从北部和西部流向纽约市和长岛，受输电断面限制，还需要实现基于地理位置的系统分区备用。

在纽约州电力市场，在实时市场可以被调用的机组在日前报价时，还必须进行备用报价，经过系统模型的再优化计算后，分配出电量计划和备用计划。以前，日前备用市场的清算价格取决于收到的最高报价，因此，提供辅助服务获得的收益可能小于发电机会所获得的收益，造成发电商会面临提供辅助服务损失收益的风险。而在新的市场设计中，备用清算价格总是大于或等于机组等待发电的机会成本价格，因此这种风险已经不存在了，发电商会作出收益最大的选择。

（五）需求侧响应

在纽约电力市场，有三种有效的需求侧响应程序：

（1）特殊资源程序（SCR）。

（2）紧急负荷响应程序（EDRP）。

（3）日前负荷响应程序（DADRP）。

其中 SCR 参与 ICAP 市场拍卖，属于可强制终端的负荷，其结算价格为约定价格和实时 LMP 的最大值；EDRP 不参与容量市场，其结算价格取 500 美元/兆瓦时和实时 LMP 的最大值；2007 年，上述两类需求侧响应程序分别为 NY-ISO 提供了 553 兆瓦和 1257 兆瓦。而 DADRP 属于 LSE 日前申报的可中断负荷资源，从实际运行来看，LSE 提供的资源相当有限。NY-ISO 需求侧响应程序效果图如图 8.8 所示。

由于美国最大的负荷中心纽约市的存在，纽约电力体制改革难度是很大的。改革前，纽约电价是美国最高的地区之一。纽约电力市场根据自己的特殊情况，一直在不断探索，来完善它的电力市场改革。纽约电力市场是美国最早在日前市场对电量、备用容量和辅助服务进行同时优化的电力市场；最先采用了自动市场支配力抑制措施（AMP）；以及在容量市场最早采用需求曲线方法，有效降低了纽约州需求高峰时的电价水平。

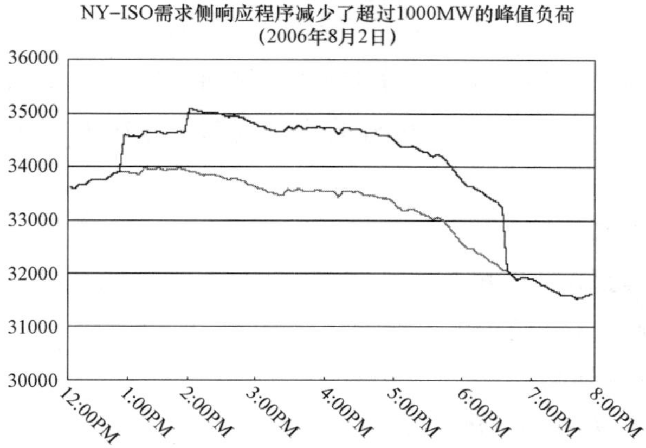

图 8.8　NY-ISO 需求侧响应程序效果图

第六节　得州电力市场

一、得州电网基本情况

得克萨斯州电网位于美国的南部，为独立运行电网，通过直流与俄克拉荷马、路易斯安娜及新墨西哥州联接。截至 2014 年 1 月，得州输电网长度为 41500 英里（66400 公里）。

至 2014 年 1 月，得州电网发电装机 74000 兆瓦，550 台机组。发电装机构成为：天然气机组装机容量占 56%，煤电装机容量占 23%，核电装机容量占 6%，风电机组容量占 14%，其他占 1%。

得州电网 2013 年发电量 3310 亿千瓦时，发电量构成为：天然气发电量占 40.5%，煤电发电量占 37.2%，核电发电量占 11.6%，风电发电量占 9.9%。

2013 年，得州电网最高用电负荷 67328 兆瓦。供电用户为 2300 万个用户，用电量 3316 亿千瓦时，比 2012 年增长 2.1%。

得州风电资源比较丰富，同时政府很重视风电开发，2014 年 1 月，得州风电装机容量为 1036 万千瓦，风电装机占电网总装机的 14%，后续开发容量达 4400 万千瓦。与美国其他各州相比，风电发电装机容量及比例均位列第一。

二、得州电力市场概况

2013 年，得州电力市场交易电量 3316 亿千瓦时，平均零售价格为 0.0855 美元/千瓦时。其中，居民用户价格 0.11 美元/千瓦时，商业用户 0.08 美元/千瓦时，工业用户 5.57 美元/千瓦时。

（一）市场成员管理

得州电力市场发展迅速，电力市场成员不断增加。2013 年，ERCOT 共有市场交易成员 828 个，其中市场化售电公司 186 个。

（二）用户选择

得州零售市场在用户选择方面在美国位于前列。2013 年，批发市场零售用户达到 670 万户。有 89%的居民负荷、90%的商业负荷、97%的工业负荷自由选择市场化方式购电。

（三）输电堵塞管理

德州市场通过金融输电权市场和节点电价机制解决输电堵塞。2012 年得州输电权交易市场的交易额为 4.8 亿美元。

三、得州电力市场运行

（一）得州电力交易中心 ERCOT

得州负责电力市场运行的电力交易中心 ERCPOT，全称为 The Electric Reliability Council of Texas，即得州电力可靠性委员会，其定位为：可靠、开放、公平的电力市场和电网的独立运行者。

1. 得州电力交易中心 ERCOT 的职责

（1）为促进技术进步提供独立建议。

（2）协调用户、电力企业和管理者的合作。

（3）提供高效、经济的服务。

（4）发展高水平的专家员工队伍。

（5）为交易各方公平提供输电网和配电网通道。

（6）提供可靠和充足的电力系统运行。

（7）为终端用户自由选择提供及时信息。

（8）为发电企业和批发市场的交易者提供精确计量和结算。

2. ERCOT 的组织结构

ERCOT 最高决策机构是董事会，管理技术监督委员会、人力资源管理委员会、金融审计委员会、RE 监督委员会、金融风险（Credit）工作小组。

董事会通过技术监督委员会进行技术管理。技术监督委员会管理零售市场分会、批发市场分会、运行分会、商业运行分会、规则修订分会 5 个分会。

运行分会管理市场运行、电网运行和输电网规划三个部门。其中，市场运行部门包括市场设计、市场分析、市场规划、市场运行支持、需求侧管理、可再生能源管理 6 个部门。

电网运行部门包括调度运行和运行支持两部分。调度运行包括日前计划、阻塞管理、频率控制、实时运行 4 个部分。运行支持包括运行方式分析、运行支持、停电协调、网络模型四个部分。

（二）市场成员的注册

1. 得州电力市场成员

（1）输电公司 TSP。

（2）配电公司 TDP。

（3）电力公司 QSE（有发电资源并向用户供电）。

（4）售电公司 LSE。

（5）发电资源公司 RE。

（6）输电权交易账户 CRR。

（7）可再生能源评分交易账户 REC（Renewable Energy Credit）。

市场成员在进入电力市场前，首先需要与得州电力调度与交易中心 ERCOT 签订标准合同，包括标准市场成员合同，黑启动合同，必须运行机组辅助服务合同 RMR 等。

（三）交易管理

1. 日前市场

日前市场主要完成前一天的交易计划安排，包括：

（1）发布输电网信息、负荷预测信息、强制平衡电能服务竞价比例、输配电网损系数。

（2）接受 QSE 上报的平衡电能计划（包括强制和资源性）和自安排辅助服务计划。

（3）审查 QSE 交易计划，通知 QSE 计划中存在的问题。

（4）计算网络可能发生的堵塞 CSC，并通知相关 QSE。

（5）提出针对 CSC 的计划。

（6）对 QSE 的交易计划进行必要的调整，确定最终计划。

（7）审阅并确认辅助服务计划。

（8）制订辅助服务计划和辅助服务响应计划。

（9）建立带约束的分地区的 RPRS 的排序。

2. 日内调节市场

日内调节市场主要完成当天交易计划的调整，包括：

（1）发电企业 QSE 提交小时电能平衡计划；提交平衡市场电能竞价数据；时段的自安排辅助服务计划。

（2）提交辅助服务的竞价数据，提交 RPRS 的报价。

（3）提交发电计划。

（4）调用 QSE 离线机组。

（5）运行辅助服务市场支持软件 SASM 程序（Supplemental Ancillary Services Market），确定辅助服务计划。

（6）ERCOT 发布平衡电能交易出价曲线。

（7）阻塞管理情况下的特殊优先资源（Resource specific premiums）的接收。

（8）ERCOT 将按照规定要求，确认所有计划的更改，并改正计划数据。

（9）ERCOT 评价系统安全性和充足度。

（10）发布需要采购替换备用服务资源 RPRS 的通知。

（11）ERCOT 通知需要采购额外的辅助服务。

（12）更新电能资源计划。

3. 小时市场

小时市场主要进行小时的交易计划安排，包括：

（1）接受价格数据申报。

（2）运行小时机组组合程序 HRUC 程序（Hourly Reliability Unit Commitment）。

（3）接受不能运行设备的申报和批复。

（4）下达交易计划。

4. 实时市场运行

实时市场运行主要完成实时计划调整，运行安全约束经济调度程序（Security Constrained Economic Dispatch，SCED），包括：

（1）计算系统分区边际价格。

（2）发送和接收实时市场数据。

（3）执行 LFC 程序。

（4）辅助服务管理。

（5）执行 SGED 程序。

（6）下达结果。

5. 辅助服务

得州电力市场包括 13 种辅助服务。

（1）电能平衡服务 BES（Balancing Energy Service）。

（2）减少功率调频 RSD（Regulation Service-Down）。

（3）增加功率调频 RSU（Regulation Service-Up）。

（4）旋转备用服务。

（5）非旋转备用 NSRS（Non-Spinning Reserve Service）。

（6）替代备用 RRS（Replacement Reserve Service）。

（7）电压支撑服务 VSS。

（8）黑启动服务 BSS（Black Start Service）。

（9）必须运行机组服务 Reliability Must-Run Service。

（10）优先排序机组功率服务 OOMC（Out of Merit Capacity Service）。

（11）优先排序机组能量服务 OOME（Out-Of-Merit Energy Service）。

（12）区域优先排序机组能量服务 Zonal OOME。

（13）可中断负荷服务 EILS（Emergency Interruptible Load Service）。

6. 阻塞管理——输电权交易

金融输电权是一种风险对冲的工具，或进行投资的金融工具。金融输电权不代表输送电力的物理上的权利。金融输电权可能向拥有者付费，也有可能向其收费，具体根据日前市场计算结果决定。

7. 结算

结算是计算市场成员金融责任的过程。主要包括 ERCOT 与市场成员的结算，也包括管理费和杂费结算，以及输电公司、配电公司的结算单。

结算内容包括读取数据，下达初始结算单、完成结算单和修正结算单，出具支付清单，实际支付，争议及解决等内容。

四、辅助服务

1. 电能平衡服务 BES（Balancing Energy Service）

当电量平衡出现过剩或不足时，ERCOT 调用电能平衡服务 BES，保持电量平衡。

2. 减少功率调频服务 RSD（Regulation Service-Down）

在无事故情况下，当负荷波动，导致频率过高时，ERCOT 调用减少功率调频服务，从而保证系统频率在运行规则要求的范围之内。

3. 增加功率调频服务 RSU（Regulation Service-Up）

在无事故情况下，当负荷波动，导致频率过低时，ESCOT 调用增加功率调频服务，从而保证系统频率在运行规则要求的范围之内。

4. 旋转备用服务

当系统出现“机组停运等”事故，导致系统频率较大偏差后，在最初的几分钟内，调用系统运行服务。旋转备用服务系统损失电源时，提供了可调用的电源。提供旋转备用的机组必须是并网运行的机组。旋转备用机组必须具备类似 AGC 的控制系统，或具备低频响应继电器，能够在 15 秒内响应频率的变化。

5. 非旋转备用 NSRS（Non-Spinning Reserve Service）

非旋转备用主要用于系统发生失去电源事故时的事故处理。指在 30 分钟内可以达到指定功率，并且可以至少维持一个小时。

6. 替代备用 RRS（Replacement Reserve Service）

指未联网的可用发电资源。

7. 电压支撑服务 VSS

电压支撑服务是指根据运行规则，在输电网节点提供维持电网电压的服务。

发电机组在提供有功功率时，必须提供电压支撑服务。发电机的功率因数和电压值由 ERCOT 指定下达。

8. 黑启动服务 BSS（Black Start Service）

黑启动服务采用合同方式。黑启动服务机组具备自启动功能，或者能够不通过本网，通过邻近的其他电网启动机组。黑启动机组能够在电网崩溃时，不需要本网的任何支持启动。目的是当电网全部停电时，能够恢复到正常状态。黑启动服务应在1小时之内转为运行。

9. 必须运行机组服务（Reliability Must-Run Service）

为满足电网运行规则的要求，由于电压支撑、电网稳定的限制必须运行的机组，签订必须运行服务协议。

10. 优先排序机组功率服务OOMC（Out-of-Merit Capacity Service）

指由于地理位置而在竞价中位于选用机组序列，否则将不能入选的机组。该机组提供OOMC。得州ERCOT使用OOMC来解决电能平衡、输电阻塞、功率不足等问题。仅仅提供电能平衡的机组不能作为OOMC。

11. 优先排序机组能量服务OOME（Out-Of-Merit Energy Service）

指ERCOT由于解决阻塞等问题，在结算时段，根据“特殊保护系统”，对特定机组，不论机组是否申报报价而调用的电能。

12. 区域优先排序机组能量服务（Zonal OOME）

当ERCOT为了解决阻塞等问题，已经没有可选择的方法，或者处于紧急情况时，在结算时段对特定机组，不论机组是否申报报价而调用的电能。

13. 可中断负荷服务EILS（Emergency Interruptible Load Service）

可中断负荷EILS是指Emergency Interruptible Load Service（EILS），为了在紧急情况下降低负荷，以维持电网频率。

五、输电阻塞管理及金融输电权市场

（一）金融输电权的定义

金融输电权是一种金融工具；金融输电权不代表输送电力的物理上的权利。金融输电权可作为风险对冲的工具，或作为投资的工具。金融输电权可能向拥有者付费，也有可能向其收费，具体根据日前市场计算结果决定。

（二）金融输电权的种类

金融输电权可分为点对点输电权和联络线输电权。点对点输电权根据负荷输入和流出的节点，确定输电权的成本和收益，与负荷潮流的路径无关；联络线输电权根据具体的联络线确定输电权。

六、可再生能源奖励积分交易市场

（一）建设可再生能源积分交易市场（REC）的目的

（1）更加经济、有效地利用可再生能源发电资源。

（2）鼓励可再生能源的发展、建设、运行，从而能够获得环境保护的巨大的潜在效益。

（3）提高得州的环境保护水平。

（4）提供售电公司与可再生能源发电商之间的交易通道。

（二）ERCOT的责任

（1）可再生能源市场注册。

（2）建立、维护可再生能源平衡 REC 的交易账户。

（3）确定每个售电公司年度可再生能源指标要求。

（4）审核售电公司是否满足年度 REC 的指标要求。

（5）可再生能源积分市场的结算。

（6）监视可再生能源设备的运行状况，并记录机组退役情况。

（7）对可再生能源发电公司和售电公司进行发电量审计。

（三）可再生能源积分 REC 账户

1. 建立 REC 账户

ERCOT 将为所有愿意参加 REC 交易市场的成员建立交易账户。ERCOT 要求所有 REC 账户持有人必须与 ERCOT 签署标准的协议。

2. REC 的归属和补偿

REC 是一种交易工具，一个 REC 代表 1 兆瓦时可再生能源电量的积分。一个 REC 可以与电能分开单独交易。ERCOT 按季度向可再生能源发电商发放 REC。可再生能源发电商得到的 REC，与其电表记录的兆瓦时相关。REC 可以交易、转换及退出。

为便于售电公司计算必须提供的可再生能源指标 RPS，所有在 ERCOT 区域内提供售电服务的售电公司，必须向 ERCOT 提供售电电量数据。提交的电量为得州用户消费的电量。

（四）REC 的奖励

在每个季度结束后，根据上述可再生能源发电企业 REC 的计算，以及售电公司售电电量的计算，ERCOT 将给可再生能源发电企业的账户奖励 REC 的积分。ERCOT 将根据发电公司提交的该季度的可再生能源的电量（兆瓦时）计算 REC 分值。季度电量将取最接近的整数，单位为兆瓦时。偏差部分将计入下一季度。如果该发电企业的可再生能源资格被取消，则统计当季度至取消日的电量。

（五）成员间 REC 的交换

在收到 REC 拥有者与 REC 购买者的交易申请后，ERCOT 将 REC 从拥有者的账户转到购买者的账户。

第七节 加拿大电力市场

一、加拿大电力市场建立历程及发展

（一）加拿大电力工业概况

加拿大位于北美洲的北半部，面积近 1000 万平方公里，人口约 3000 万。南部与美国毗邻约 5000 公里。东、西、北部由大西洋、太平洋和北冰洋所环绕，海岸线漫长曲折，多峡湾与岛屿。在这片辽阔的土地上，气候资源、水资源、土地资源、

生物资源和矿物资源十分丰富，为电能开发提供了极为有利的条件。加拿大在行政上属联邦制，由10个省和3个地区组成。按自然和经济特色可分为5个区域，即大西洋区域，包括新斯科舍省、新不伦瑞克省、爱德华王子岛省、纽芬兰省4个省；中心区域，包括魁北克省、安大略省2个省；草原省区域，包括马尼托巴省、萨斯喀彻温省、艾伯塔省3个省；西海岸区域，仅不列颠哥伦比亚省1个省；北部区域，包括育空地区、西北地区、纳伏特地区（Nunavut）3个地区。以上5个区域，都具有良好的电能开发条件，只是电源主次类型、数量多少有所不同而已。加拿大属水能资源丰富的国家，到2012年已开发的水电约占全部电能的63.3%，位于中心区域的魁北克省和安大略省水能条件最优越。尤其是魁北克省，其水力发电量约占全国的1/3，是全加拿大最大的水电生产省，所生产的电能除内销外，还输出到邻省和美国。加拿大矿产资源丰富，以石油、天然气和煤为燃料的火力发电量约占全部电能的20%。核电主要分布在安大略省，新不伦瑞克省和魁北克省，约占全部电能的15.3%。加拿大的风能资源比较丰富，近10年来，风力发电发展迅速，约占全部电能的1.5%。加拿大各类电源装机占比如图8.9所示，1990～2012年加拿大各类电源装机容量如图8.10所示。

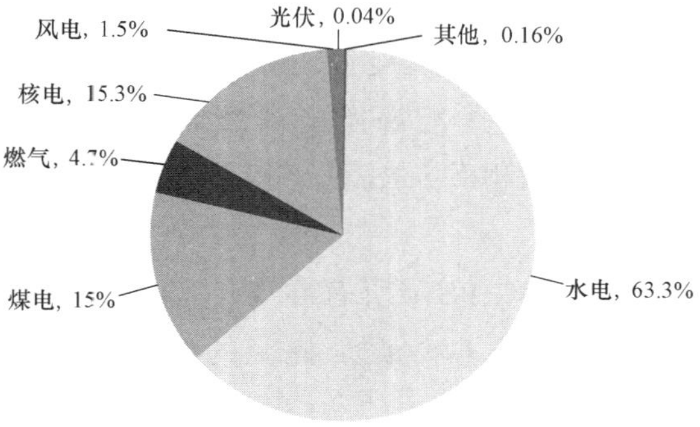

图8.9 加拿大各类电源装机占比

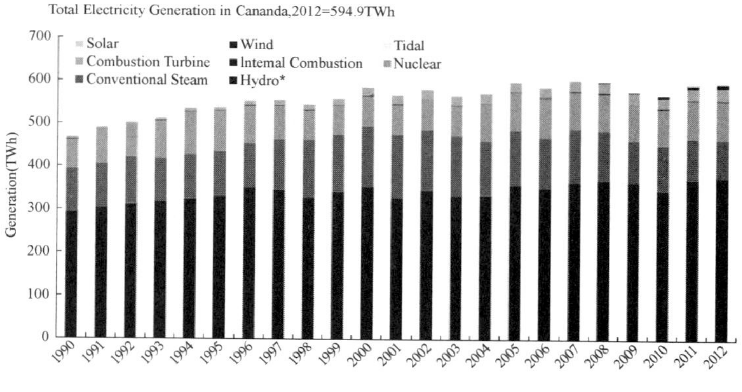

图8.10 1990～2012年加拿大各类电源装机容量

加拿大现有电网分为两大部分，西部电网采用500千伏和138千伏的联络线将不列颠哥伦比亚和阿尔伯达两省的各电网连接起来。中东部地区采用了115千伏和735千伏联络线将萨斯喀切温、马尼托巴、安大略、魁北克和纽芬兰等地区电网连接起来。此外，加拿大与美国有联网运行、交换电力的协议。加拿大6个省与美国

10个州之间已建有输电线路，输送能力在1890万千瓦以上。

（二）电力市场起源及变化过程

加拿大的电力工业基本上是分省管理的。除西北地区由加拿大政府设立的北加拿大电力委员会（NCPC）负责管理加拿大北方原住民集中的西北地区、育空地区和努纳武特地区等三个行政区电力事业外，各省电网自成整体调度运行。在加拿大宪法之外，电力行业法的制定都属于州政府的权限。但是过境输电线路的建设，向美国的电力出口，以及核电站的设计、建设、运行等都是联邦政府的管辖范围。国家能源局（NEB）是依据《国家能源局设置法》于1959年成立的，是有关能源资源的开发、利用的联邦政府的咨询机构，同时开展各种与能源有关的业务，NEB对电力部门的管辖范围只限于批准国家间联络线和指定省间的送电线及向美国的电力输出，不管理来自美国的电力输出。加拿大核电管理委员会（AECB）是负责核电开发和利用，以及规定核电全部活动的联邦机构，监管持有核电设施的电力部门、加拿大核电集团（AECL）和Cameco公司的活动。加拿大与美国连接线路示意图如图8.11所示。

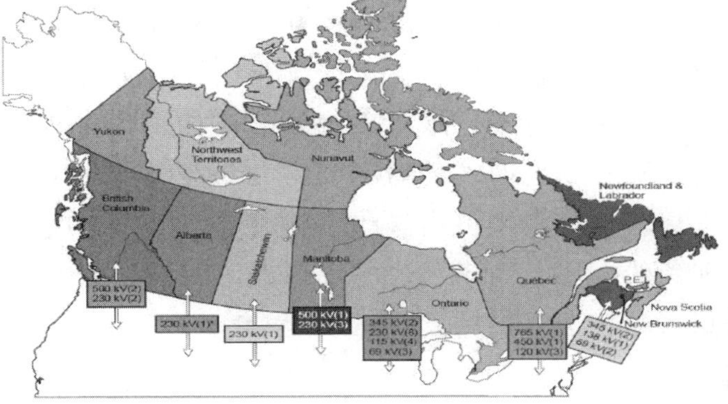

图 8.11　加拿大与美国连接线路示意图

在1995年开始电力体制改革之前，加拿大的电力管理模式是，发、输、配企业多数为政府所有，且垂直垄断经营。加拿大在省政府一级都设有电力管理机构，一般为工贸部或公用事业管理局，行使政府管理职能，主要负责电力规划和制定电价政策，而发、输、配、售的经营和管理，则由电力企业完成。

（三）市场效果和市场调整

为了适合市场竞争，加拿大政府首先在发电端引入竞争机制，随后在与美国有电量交换的州进行电力市场开放，利用自己丰富的水力发电资源所提供的低成本电能，参与美国的电力市场竞争；其他无此优势的州，电力市场开放由州议会表决，决定是否开放电力市场实行竞争。加拿大各省的电力工业的运行管理由独立的电力系统运营商负责，在安大略省，该运营商为 The Independent Electricity System

Operator （IESO），在阿尔伯特省为 Alberta Electric System Operator （AESO）。它们所承担的职责基本相同。以 IESO 为例，它成立于 1998 年，是一个非营利组织，独立于任何一家电力市场的参与者，主席由安大略政府任命。该组织全权负责省内电力市场的运营管理，保证电力系统的安全性和可靠性。它是省电力系统的核心，联接电力发、输、配、用各环节，平衡省内电力供应与消费并指导省间电力传输线的电量，考虑系统足够的备用容量以保证电网的安全运行，在 2003 年 8 月美国大停电的事故恢复中发挥了重要作用。

二、产权模式

目前，加拿大电力体制市场化改革仍在进行中，各省电力工业市场化程度存在较大差别。

1. 魁北克省

作为加拿大电力生产、消费和出口量最大的省份，因其水电比重很大、电价水平低、电力企业供电服务水平较高，社会各界要求电力体制市场化的压力也很小，魁北克省电力体制市场化进程相对滞后。省政府全资拥有的魁北克水电局仍占有全省 97%以上市场份额，其经营发、输、配、售电业务以功能性分离方式分为发电、输电和配电三个事业部，成本费用均独立核算。其输电网对所有发电厂和电力大用户开放，输电部调度和管理输电网络，运行魁北克省电能批发市场，无独立电力系统运行机构。除容量低于 5 万千瓦水电厂对外部开放外，发电部建设、运营绝大部分电厂。配电部拥有除独立电网之外的区域供电专管权。省政府财政局、能源局直接管理魁北克水电局，电价水平也由省政府有关部门按成本核定。省政府还从电力企业最高行政管理者的选用、两年一次的规划审定和每年电力职工工资的确定三个大的方面对魁北克水电局进行控制。

2. 安大略省

安大略省是加拿大电力生产、消费第二大省份，由于主要依赖常规火电和核电发电，电价水平偏高，电力体制改革的压力较大。1999 年，开始对原垂直垄断经营发、输、配、售电业务的安大略省水电局进行分拆式重组。分拆后，安大略省发电公司（OPG）拥有原安大略水电局的全部常规火电厂和大多数水电厂资产；第一水电公司（Hydro One）拥有 97%的输电资产和大部分配电资产，成立输电部和配电部，成本分开独立核算。安大略省专门成立了独立电力系统运行机构 IESO，承担电网调度、电网规划和电力市场运营功能，保证输电网完全开放。安大略省还培育了一批独立发电商和向中小用户售电的电力零售商。2002 年 5 月，全省电能批发市场和零售市场正式运营。但在接下来的夏季中，因气温高于正常年份和部分火电机组故障，电价升高并频繁波动，不得不恢复政府直接管理，对电厂上网电价实行最高限价管理。随着省政府电力监管体制不断完善，发电商数量增加，以及安大略省与魁北克省电网联系加强、输入电量增加，近几年安大略省电力市场运营情况趋于稳定。

3. 卑诗省

卑诗省是加拿大电力生产、消费第三大省份，与阿尔伯达省和美国加利福尼亚等州有电量交换，主要是输出。由于省内电源以水电为主，电价偏低，电力体制改革的压力不大。卑诗省水电公司虽然对发输配仍然实行垂直一体化管理，各个环节成本和电价独立核算，但其电价已分为发电厂上网电价、输电电价和供电电价三个部分，各占总电价的 35%、20%和 45%。卑诗省有如 FortisBC 公司等独立发电商。通过允许电力大用户对其用电量的 25%自由选择发电商，开放了电能批发市场，在发电环节引入竞争。目前，加拿大已经出现电力经纪人，经纪人可以从外地甚至是国外的发电厂组织电力卖给用户。

4. 阿尔伯达省

在加拿大，阿尔伯达省的电力工业改革进展最快。1995 年 5 月，阿尔伯达省实施电力公司重组法，标志着该省电力工业体制市场化改革的开始。2003 年 6 月，阿尔伯达省在该组原有的独立交易中心基础上，成立集独立电力市场系统运行者、电力调度中心、输电网络规划者为一体的阿尔伯达电力系统运行局（Alberta Electric System Operateor，简称 AESO）。AESO 的成立，标志着阿尔伯达省电力体制市场化建立进入相对成熟阶段。

在 1996 年，阿尔伯达开始经营批发每小时的电力市场,被称为电力池。这是这样的现货市场第一次在加拿大阿尔伯达采用更加以市场为基础的方法提供全省电力需求供应。在 2000 年，根据以往的监管环境，对已建成的现有发电机的输出物理权的拍卖标志着目前市场建立，即包括购电协议及购电安排（购售电协议）和 2001 年 1 月 1 日开放零售市场的竞争。尽管自 2001 年以来，在这些购电协议的条款下在阿尔伯达市场覆盖发电量仍接近省总能力的 50%。

在阿尔伯达，根据法律规定，所有现货市场电能必须流经电力池进行交易。电力池是由阿尔伯达省的独立系统运营商（ISO），其公司名称是阿尔伯达省电力系统操作员（AESO）。电力池是阿尔伯达互联电力系统（AIES）的物理结算市场。重要的一点是，AESO 是独立于任何其他市场参与者的。因此，AESO 能够承担许多不同的职务，对市场参与者没有任何实际或预期的偏袒。

AESO 最重要的任务之一是确保批发现货市场（电力池）等市场运作公平、有效和公开竞争。在阿尔伯达省的电力市场包含了许多相互关联的子市场，如图 8.12 所示。

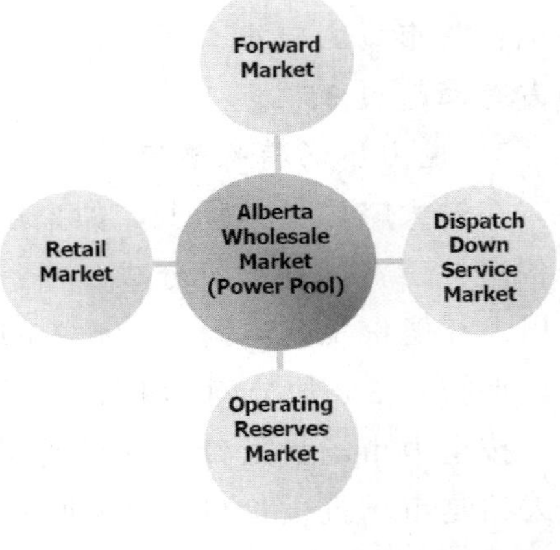

图 8.12　阿尔伯达省电力市场结构

三、电力工业组织结构

安大略省的电力市场化改革压力是较大的，随着改革的不断深入和体制的不断完善，安大略省电力市场运营情况趋于稳定。在设计电力批发市场时，加拿大安大略省各方认为，必须坚持四条原则：一定量的买、卖方；政府承诺；确保建立一个开放竞争的市场；授权系统运行者确保运行可靠性。

1. 独立市场运营者（IMO）

为此，安大略省政府根据 35 号法令，于 1994 年 4 月设立了独立市场运营者（Independent Electricity Market Operator，以下简称 IMO）。这是一个非营利性机构，负责安大略省电力供需平衡，指导省内输电线路运行，并管理整个电力系统。IMO 同时负责运行电力批发市场并与所有市场参与者进行联系。目前该市场每年收支费用 100 亿加元。

IMO 管理委员会由 16 人组成。其中发电方 6 人，最终用户 3 人，电网 1 人，配电商 2 人，安大略市场管理委员会 1 人（不能与输配电商有关联），IMO 总裁 1 人，独立人士（技术专家）6 人。IMO 同时还负责制订和修改规则，并控制电网。

2. 电力市场管理运行情况

2002 年 5 月 1 日，安大略省电力市场开始运行。它分成输电和配电市场，接入 50 千伏线路及以上的是输电，进入批发市场，目前有包括 Hydro One 公司在内的 4 家输电公司；接入 50 千伏线路以下的进入配电市场，目前有 90 多家配电公司。零售侧购电限价 4.8 加分/千瓦时。

根据设想，IMO 管理财务市场和实物市场。其中，财务市场包括远期能量和输电权交易市场；实物市场包括协调市场（必须运行机组和合同辅助服务市场）和实时市场（旋转备用市场、容量市场、能量市场），但目前这些市场并没有真正运营。IMO 接收双边交易合同的有关数据，但不负责双边交易市场的运行。

IMO 管理的市场的特点是：交易机会均等；实时市场价格统一；毋需单独购买输电权；市场力较小。另外，在安大略省的电力批发市场上，没有一家发电商的市场占有率超过 35%。

3. 电力市场特殊规定

在安大略电力市场上，如果用户愿意提供备用，在削减负荷之后就可以得到旋转备用补偿费。补偿价分成三类：10 分钟同步备用；10 分钟不同步备用；30 分钟备用。补偿价每月不同，一般 10 月最低，4 月最高。核电在固定额度内采用差价合同，保护价 3.8 加分/千瓦时。

按电力市场批发价格支付的用户，还可以得到“商业保护计划折扣”，其补偿单价大约是市场批发价格与 3.8 加分/ 千瓦时之差的 50%。

4. 电力市场结算

在电力市场上，发电商每 5 分钟报价一次，以满足需求的边际价格作为结算价。

而购电方可以有多种选择：如购电方直接接在IMO控制的电网上，它可以从市场购电，也可以通过双边交易购电；购电方接在配电网上，则可以从零售商、电厂、市场或配电商处购电。由于安大略电网与美国的东北部电网直接联结，且有电能送出，故IMO还承担着本省电网运行与其他电网之间的协调工作。但如果本省发生电能短缺，则根据合同，IMO可以停止外送电能。

在IMO管理的市场内，所发生的电费结算业务均由IMO负责，但结算时间比较长。当天发生的电能，10个工作日以后进行预结算；再过10个工作日才能进行最后的日结算。即日结算周期是20个工作日。目前，上述结算产生了两个问题，首先，结算都是按计划值进行的，偏差如何处理?其次，产生结算差异后，现金流量怎么办?这两个问题还没有得到解决。

为了保证结算的顺利进行，市场要求最大限度地公开有关债权人的信息，比如信用等级、过去的付款情况等。还要求参与市场的成员提供由银行或有资质的单位提供的担保书或信用证，或在IMO指定的银行存入保证金。保证金的金额是一个月的交易额加21天违约期的交易额。

在安大略实时电力市场中，所有客户和发电商都必须5分钟报价一次。批发市场客户必须接受实时市场的价格，并承担其价格波动。

5. 配电价格情况

Hydro One是北美第二大输电公司，是由安大略省政府拥有的国有企业，其业务的99%属于被管制业务，也拥有配电资产。安大略省92%的输电业务由其提供，其配电线路贯穿全省。Hydro One的用户包括120万直供用户、93家配电公司、104家大工业用户。它位于美加东北电网和中西部电网的中间，有17个关口与5家大电网联结。

Hydro One可以规划、发展、运营、维修安大略的电网。其收费、可靠性和服务标准以及大型设备等，都需要得到安大略能源委员会的批准。其输配电资产定价原则是：定价资产必须与电厂联结在一起；直接联网资产成本公平分摊；如不能公平分摊，则可定向收取；定价机制必须考虑电厂位置；包含经安大略能源委员会批准的IMO的输电服务（电压稳定、频率响应、黑启动）收费。在操作上，采用统一价格，按普通股的9.88%确定年度回报。

为便于确定输电价格，该公司输电网资产被分成两部分：联网资产和共用网络资产。其中，共用网络资产包括联结电厂与主要负荷中心之间的输电设施和向省外输电的设施，该网络为所有用户服务；联网资产是为单个或少量特定用户服务的，它可以是线路，也可以是变压器。由此，安大略能源委员会批准了三类输变电收费标准：电网共用网络收费；联网变压器收费；联网线路收费。安大略采用单一的统一收费标准，不分区域。其中，共用网络按月收取2.83加元/千瓦，联网线路0.82加元/（千瓦·月），联网变压器1.5加元/（千瓦·月），上述收费均按高峰负荷收取。

另外，安大略对出口的电能也收取“出口输电服务费”，其标准是 1 加元/兆瓦时，按电量收取。这一标准与临近省份相比，是比较低的。

目前，安大略省电力体制是计划和市场混合型的。在发电环节，有 5 分钟实时市场、24 小时日前市场及双边合约市场，独立电力系统运营商负责电力调度和组织市场交易。一部分发电机组实行政府固定价格，价格由发电商提出，能源局审批，主要是安省发电公司的机组，这部分电量所占市场份额很大；一部分发电机组实行由市场竞争形成价格，主要是私人发电商的机组，这部分电量所占市场份额很小。在输电环节，安省有四家输电公司，其中 Hydroone 输送 97%的电量，输电价格由输电公司提出，能源局批准和监管，这是管制价格。在销售环节，销售方的用户选择权是比较充分的，大用户可以通过独立电力系统运营商报价购电，也可以直接与发电公司签订双边合约购电，对输电网络提供的输电服务支付费用；对小用户实行固定销售价格，在发电价格上涨时，由政府对增加的购电成本进行补贴。安省电力市场的计划性主要体现在发电环节，政府对绝大部分电量实行固定价格，而政府所拥有的安省发电公司又在发电市场上占有垄断地位。

第九章 巴西电力市场

第一节　巴西电力市场建立历程

一、国家经济形势

巴西位于南美洲东南部，是南美最大的国家，国土面积 854.7 万平方公里，巴西为拉美第一经济大国，有较为完整的工业体系，工业产值居拉美之首。2012 年底，国内生产总值 22522 亿美元，总人口 1.939 亿，人均 12340 美元，是中国的 2 倍。能源消耗 4483 亿千瓦时，首都巴西利亚，全国共分为 26 个州和 1 个联邦区。巴西目前为世界上金砖四国之一，投资环境较好，2009 年中国出口信用保险公司对该国的风险评级为 5 级（最高 9 级）。

目前巴西宏观经济的基本面是好的，可以对未来国家经济发展提供强劲支持，能源价格与税率的下降和较为弱势的本地货币使得巴西的市场对国际的投资者更具吸引力。巴西通胀可控，2004～2012 年通胀率在 2.5%～6.5%之间，平均 4.5%；利率稳步降低，目前处于历史最低水平；GDP 预期增长稳定，2004～2011 年平均为 4.9%，但 2009 年 GDP 增长–0.6%，2012 年开始公布为 0.9%，后来调整为 1.5%，预计 2015 年以后达到 4.2%；国家公共债务可控并逐年降低，公共债务占 GDP 降为 34.5%，为历史最低；巴西雷亚尔对美元汇率变化很大；国家外汇储备稳定增长，2012 年底达到 3780 亿美元。

为了刺激经济增长，巴西政府准备实施投资驱动计划。长期以来，巴西国家 GDP 增长依赖消费增长的拉动，进而拉动了信贷业的发展，近年家庭债务增长率达到了 44%，虽然低于国际水平，但达到了巴西历史最高水平。近来，迪尔玛的支持率下降，为了赢得 2014 年大选，政府准备实施投资拉动计划，用于国家基础设施的建设。根据第二届投资拉动计划（PAC2），2010～2014 年电力领域的投资为 760 亿美元，预计 2010～2019 年为 1000 亿美元。

在具体的基础投资项目上，鼓励外商投资，未来几年投资总额超过 1800 亿雷亚尔，其中铁路 910 亿雷亚尔、高速公路 420 亿雷亚尔、机场 250 亿雷亚尔、城市交通 270 亿雷亚尔。

巴西举办 2014 年世界杯，并且里约热内卢市即将举办 2016 年奥运会。这些必将刺激发电工业基础设施的升级。巴西政府利用明晰的刺激投资计划，能够稳定支持国家经济短期内的快速增长，而吸引外资是投资计划的关键因素。有理由相信，外资在电力领域的投资将对市场形成正向激励，并带动其他外国资本性投资。随着电力工业的整合，电力工业格局正在发生变化，对外资形成引力，电力工业将迎来新的时代。

二、电力工业基本情况

巴西地域辽阔，水力资源相当丰富，著名的亚马逊、巴拉那、圣弗兰西斯科三大河系横贯境内；所以巴西的水电比较发达，伊泰普水电站就坐落在巴西与巴拉圭交界的巴拉那河上。巴西电力规模在西半球继美国、加拿大之后位居第三，承担拉丁美洲37%的电能供应，其中80%为水电。

（一）发电情况

巴西水电资源十分丰富，水电可开发容量为2.584亿千瓦，发电装机以水电为主，且水电远离负荷中心，依赖于长距离输电。截至2012年底，发电装机容量1.289亿千瓦，其中水电占比66.8%、火发电20.2%、可再生电源13%。在火电发电中，52.5%为气电、29.6%为油机、10.2%为煤炭、7.7%为核电。在可再生电源中，61.8%为生物质发电、26%为小水电、12.2%为风电。巴西电力市场装机容量占比如图9.1所示。在所有发电市场份额中，最大的是巴西电力公司，占比32.8%，其余比较分散，总体上72%为国有、28%为私有。

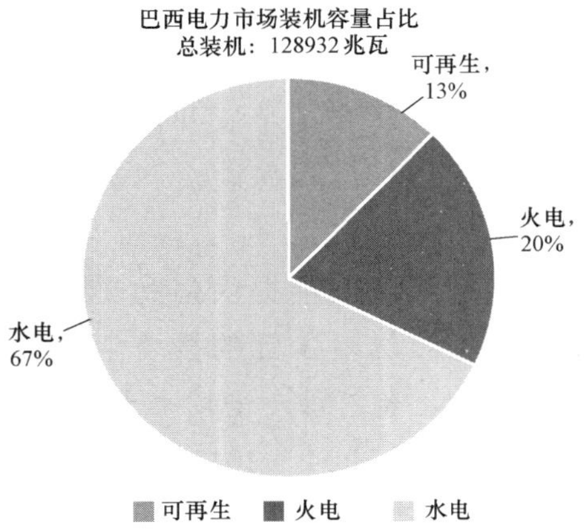

图9.1　巴西电力市场装机容量占比

从地理布局上，2012年巴西1.289亿千瓦的总装机容量分布在26个州和联邦区，其中圣保罗州装机容量最大，占到21.3%，其次是米纳斯吉拉斯州，占比17.2%，第三是巴拉那州，占比16%。巴西装机容量地理布局示意图如图9.2所示。

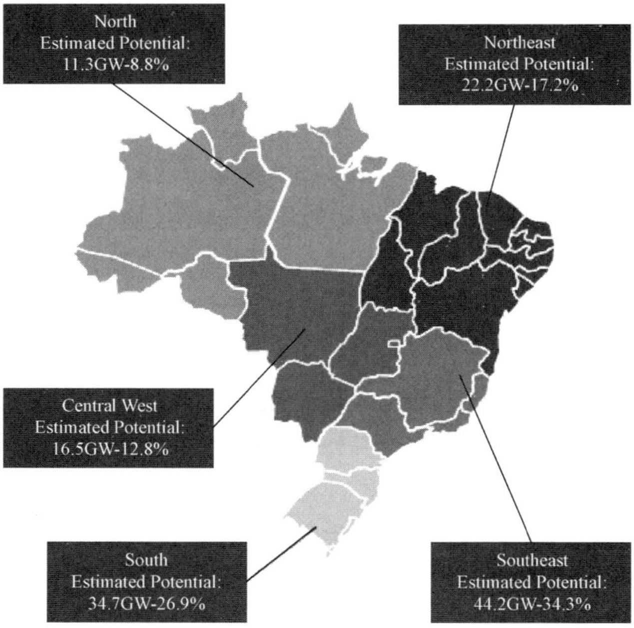

图9.2　巴西装机容量地理布局示意图

（二）输电情况

巴西按电压等级和功能相结合的原则划分输电网。通常 230 千伏及以上的电网，以及跨国输电的 138 千伏线路定义为输电网，其余为配电网。巴西的输电网主要由 230 千伏、345 千伏、440 千伏、500 千伏、600 千伏和 750 千伏 6 个电压等级构成，其中 600 千伏为直流输电线路。

230 千伏以上输电线路长度 101764 公里，电压等级为 230～765 千伏，变电容量 206212 兆伏安，频率 60 赫兹，覆盖巴西约 60%国土和 95%人口。此外，两条 800 公里的±600 千伏双极直流线路，将世界第二大水电站伊泰普水电站的电能远距离输送至巴西东南部负荷中心。巴西全国输电网络图如图 9.3 所示。

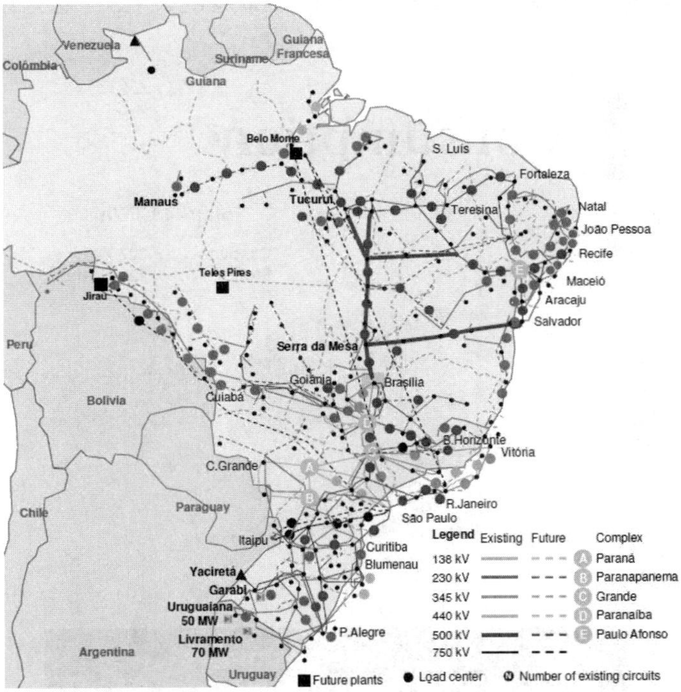

图 9.3 巴西全国输电网络图

国家互联电网分为南部、东南部、北部和东北部四个大区电网，由国家电力系统运营及国家调度中心（ONS）进行集中调度，国家电力监管局（ANEEL）监管。国际联网方面，巴西已与阿根廷、乌拉圭、委内瑞拉等国实现联网。

巴西国家互联电网的主要特点是主网电压等级以 500 千伏和 220 千伏为主，网架呈树形分布，大区电网间联络线薄弱，大量地区存在电磁环网问题，远未达到 N-1 的最小电网稳定要求，电网稳定性较弱，电网扩建潜在空间巨大。

（三）配电情况

巴西 230 千伏以下的电网设施均属配电网设施，用户终端电压以 110 伏为主，也有 220 伏。巴西配电网电压等级较多，包括 138 千伏、88 千伏、69 千伏、44 千伏、30 千伏、25 千伏、2.3 千伏、110 伏等。

巴西的配电市场比较分散，主要参与者是 63 家供电公司，最大公司占比 12.5%，35%为国有，65%为私有。在 30 多个主要配电公司中，国外投资者控股或参股的占半数以上。

（四）用电情况

2012 年巴西电能消耗 4483 亿千瓦时，其中工业用电 41%、商业 18%、居民 26%、农业 5%、其他 10%。在工业用电量中，钢铁、化工、有色金属、造纸业和食品等 5 个高耗能行业总用电量占到工业用电量一半以上。用户构成中 73%为大用户，27%为自由用户，主要负荷集中于经济发达的东南部地区。巴西电力用户分布如图 9.4 所示。

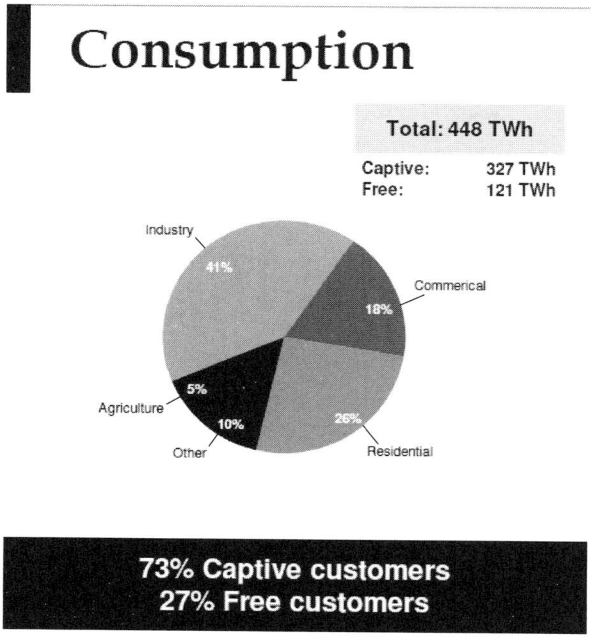

图 9.4　巴西电力用户分布

巴西用电呈现以南部和东南部经济发达地区为主，由于偷电和欠费现象严重，全国配电平均线损率高达 14%。

三、电力改革的历程

20 世纪 70～80 年代，巴西电力系统主要由联邦政府管辖。巴西电力公司（Eletrobrás）实际上扮演着多重角色，包括控股公司、融资代理、运营与发展协调、为国内发展落后地区提供支持以及能源领域研发的资金赞助方。

20 世纪 80 年代，由于缺乏竞争和政策支持，电力产业的财政状况已达到了灾难性的水平，产业背负大量的负债，从收费中获得的收入几乎无法偿还负债利息。因为没有足够的资金，所有的新项目建设陷入瘫痪。

为了提高电力市场整体的竞争强度。规模和服务质量，近年来政府逐渐采取措施对私有资金开放电力市场，并且消除对外国资本的政策性限制。

电力改革始于1996年，巴西电力改革经历了两个主要阶段。1996年，巴西第一次电力改革开始，包括分离发电、输电和配电业务，对配电企业进行私有化，设立国家电力监管局（ANEEL）、国家电力系统运营及国家调度中心（ONS）、电力批发市场（MAE），在大中型水电项目的前期研究中引入竞争机制等。1999年，开始执行新建输电线路和水电特许权拍卖制度，私人投资逐渐大量涌入，减轻了政府的投资压力。

2004年，巴西第二次电力改革开始，包括建立清晰、持久、透明的法律监管体制，进一步吸引私人投资；引入发电招标机制（售电价最低的发电厂中标，并签订长期售电合同）；将电力市场分为监管市场（ACR）和非监管市场（ACL）；电力交易中心（CCEE）替代MAE管理ACR和ACL市场；成立电力研究中心（EPE）。

第二节　电力工业组织结构及管理模式

一、发电市场主体

巴西发电市场的主要参与者仍为巴西国有企业，占据绝对控制的77%的份额，另外23%的市场份额由私有企业和海外企业占据。占前五位的电力公司中仅有塔克特贝尔电力公司（Tractebel）为私有企业，其他均为国有企业。巴西电力公司占据了发电市场的主导地位，尽管如此，国家对于发电设施的资金渴望催生了诸如CPFL、CESP、CEMIG等区域发电公司和诸如Tractebel（GDF Suez）和AES Tiete（AES Corp）等国际公司，其中2009年末发电市场份额情况如表9.1所示。

表9.1　2009年末发电市场份额情况

排名	公司	装机容量（兆瓦）	市场份额
1	巴西国家电力公司（Electrobras）	41600	40%
2	塞斯普电力公司（CESP）	7280	7%
3	塞米格电力公司（CEMIG）	6240	6.1%
4	塔克特贝尔电力公司（Tractebel）	6100	5.75%
5	库珀电力公司（Copel）	5159	5%

二、输电市场主体

巴西输电主干网称为国内互通网络（SIN），是巴西国内一个大规模的输电网络，支配着巴西98%的用电需求，其中，巴西电力公司占比56%，其他四家占比44%，54%为国有，46%为私有。

输电市场份额也主要由国有公司占据，根据拥有230千伏以上线路占比计算，Eletrobras等国有公司占据了市场87%的份额，2009年末输电市场情况如表9.2所示。

表9.2　2009年末输电市场份额情况

排名	公司	230千伏以上线路长度（公里）	市场份额（%）
1	巴西国家电力公司（Electrobras）	52537	60
2	塞米格电力公司（CEMIG）	9486	10
3	西泰普电力公司（CTEEP）	6601	8
4	CEEE电力公司	5016	6
5	库珀电力公司（Copel）	1822	2

获取巴西输电特许经营权是有严格限制条件的，输电企业由ANEEL对其进行以“收入上限”监管。经营合同通过竞争招标获得。

经营权有效期长。通常输电合同长达30年，经营合同与政府签订，受政府信誉保障。

利润按通胀调整。年利润率在合同基础上按照当年通胀率逐年调整，每年7月统一进行。利润与电网的可靠性挂钩，而不是像发电或配电一样按规模衡量。

巴西的输电系统将会持续发展。充足的输电容量和增长的其他能源对从容应对季节性负荷波动至关重要。输电工业的发展主要由ANEEL主导的公开招标实施。远离城市地区的大型发电项目和可再生能源发电项目为输电市场的进一步发展提供了机遇。

三、配电市场主体

20世纪90年代中叶电力改革前，巴西的配电市场由政府主导，经历了一系列的改革和招投标后，现在巴西的配电市场比较分散，主要参与者是63家供电公司，最大公司占比12.5%，35%为国有，65%为私有。在30多个主要配电公司中，国外投资者控股或参股的占半数以上。巴西各供电公司市场占比如图9.5所示。

配电行业的相关规定由巴西电力监管局制定。该机构规定，配电企业的收费标准在签订特许经营合同时确定，同时还规定相应的费用调整的适用情况和办法。根据规定，巴西电力监管局每年调整配电企业的电价水平，并依照经营许可合同每隔3～5年对电价标准进行重新审定。

配电市场具有合并的趋势。巴西配电市场目前是高度分散的。在监管领域，巴西政府有意降低配电企业的电费，这样会促进市场的协同效应和效率的上升。目前缺

Distribution

Total: 72 mm Customers

Distribution Market Share

CPFL Energia	CPFE3	12.5%
AES Eletropaulo	ELPL4	11.9%
Cemig	CMIG4	9.9%
Neoenergia		9.0%
Copel	CPLE6	7.2%
Light	LIGT3	6.4%
Endesa Brasil		5.6%
Eletrobras	ELET6	4.8%
Energias do Brasil	ENBR3	4.8%
Celesc	CLSC6	4.8%
Elektro	EKTR4	3.8%
Grupo Rede	REDE4	3.4%
Equatorial	EQTL3	3.0%
Energisa	ENGI3	2.4%
CEEE	EEEL4	2.4%
AES Sul	AESL4	2.4%
CEB	CEBR6	1.8%
CEA		0.3%
Others		3.6%

35% State owned
65% Private

图 9.5 巴西各供电公司市场占比

乏全国性的配电企业，但存在区域配电市场的领导者。相邻区域之间的协同优势更容易实现，促进了地区性配电公司的发展。巴西供电公司区域分布示意图如图 9.6 所示，各供电公司市场占比高度分散，如图 9.7 所示。

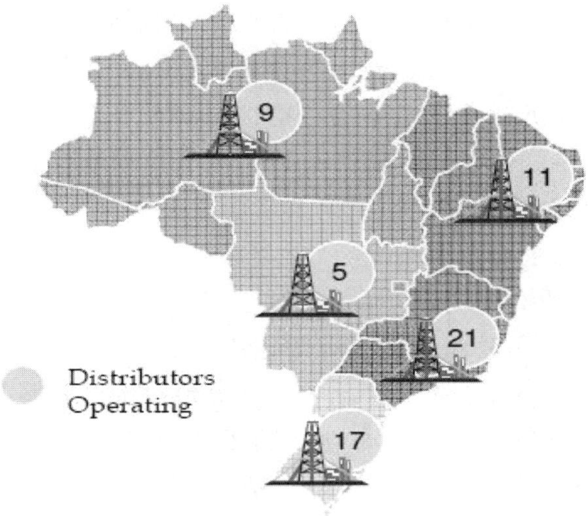

图 9.6 巴西供电公司区域分布示意图

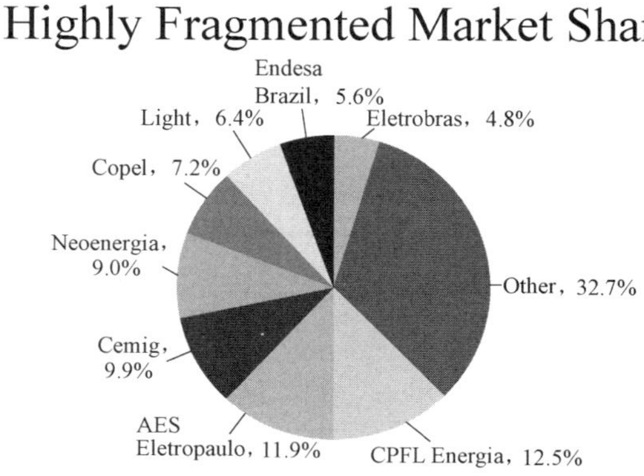

图 9.7　高度分散的市场占比

未来可能崛起的区域领导者有：

东南：CPFL Energia 和 Ceming；

东北：Neoenergia 和 Eneergisa；

中西部和北部：CPFL Energia，Equatorial 和 Eletrobras；

南部：国有配电企业依然占据市场主导。

四、电力调度

电力调度、水库调度、防洪调度设在国家能源委员会下的巴西电力系统控制中心——ONS，负责全国电网调度、事故处理、发电平衡、各发电公司月、日计划平衡、水电站群、流域梯级调度等的优化调度和平衡。

五、电量购销模式

电力公司通过期货市场收购国内的低价电能，向用户出售。巴西不实行分时电价。电力公司与用户签订 5～10 年合同，合同包括电价的时段变化、用户电能的增长需求等内容。如果用户超出计划，另行处理，不做临时计划。如果电力、电量缺少，由保险公司负责从电力公司、外网负责购买补充。当旱季（11 月至次年 4 月）来临时，火电机组将开机补充电量不足，电价急剧上升。

巴西已经实现全国联网，并且已经与周边国家电网联网，电力公司可以从全国的电站或国外电站购买电力和电量。

六、巴西电力市场主要企业情况

（一）巴西国家电力公司（Eletrobras）

Eletrobras 电力公司是联邦政府国有的控股企业集团（国家控股约 52%），联邦政府和 BNDES 拥有其 65%股份，剩余 35%部分通过证券市场进行流通交易。2006 年，该公司决定进行重组，通过四个地区的子公司（Furnas、Chesf、Eletrosul 及 Eletronorte）开展发电、输电业务，并在个别地区从事配电零售业务，此外，该集团还拥有一个核电子公司和伊泰普水电站的 50%股份。这四家子公司是主要的能源供应者。其组织结构如图 9.8 所示。

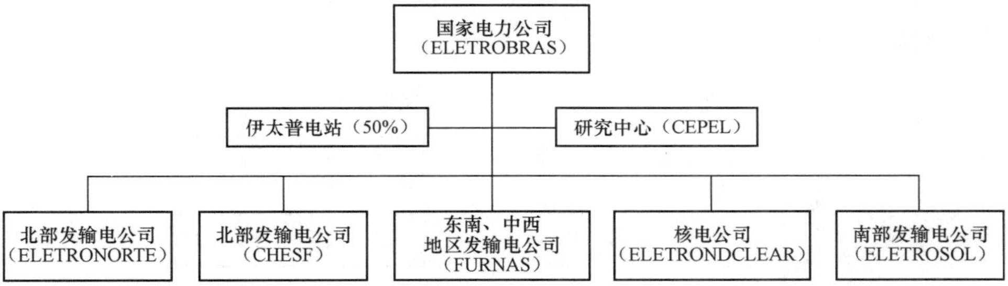

图 9.8 巴西国家电力公司组织结构

(二)塞米格电力公司(CEMIG)

塞米格电力公司为巴西东南部米纳斯吉拉斯州的电力公司，成立于 1952 年，主要负责米纳斯吉拉斯州的发电、输电、配电业务。该公司现拥有 52 个发电厂（主要为水电），总装机容量 6692 兆瓦，输电线路 9486 公里，配电用户 1060 万。该公司由米纳斯吉拉斯州政府控股，也在巴西当地上市。该公司于 2009 年 4 月 23 日完成了对另一家巴西输电公司 Terna 公司的收购，出资 12 亿美元收购 Terna 公司 65.85%的股份，并拥有了该公司 85%的投票权。2010 年 8 月，其控股子公司 Taesa 收购了西班牙公司控股的 Cymi 公司所拥有的 3 家输电特许权公司的部分股权。此 3 家输电特许权公司总计拥有 820 公里输电线路。

(三)FURNAS 电力公司

FURNAS 电力公司在巴西的电力工业体制改革中具有一定的代表性，它是由国家通过巴西电力公司 Eletrobras 控股。FURNAS 目前仍是一家拥有发电、输电和配电业务的公司，拥有电站 9 个，装机 908 万千瓦，输电线路包括交流 138～750 千伏和直流±600 千伏线路共 17218 公里。公司分为规划、建设、环境保护、工程设计、技术经济可行性研究等部门。职能包括项目建设管理、输电运行管理及维护等。

第三节 电力市场运营机制

一、竞争性电力市场的基本框架

电力改革后巴西政府开始电力行业的私有化改革，逐步分离发、输、配环节，实行民营化，发电和输电仍然由政府管理，主要是巴西电力公司（ELETROBRAS）管理，配电实行私有化，建立了竞争性电力市场。

巴西竞争性电力市场包括合约市场和现货市场，现货市场是对合约市场的补充。合约市场又分为管制合约市场（占 74%以上）和自由合约市场（占不足 26%）。在管制合约市场，发电企业通过电力库（ENERGY POOL）将电能销售给配电公司，配电公司再将电能销售给终端用户。在自由合约市场，发电企业可以与自由用户直接交易（如图 9.9 所示）。

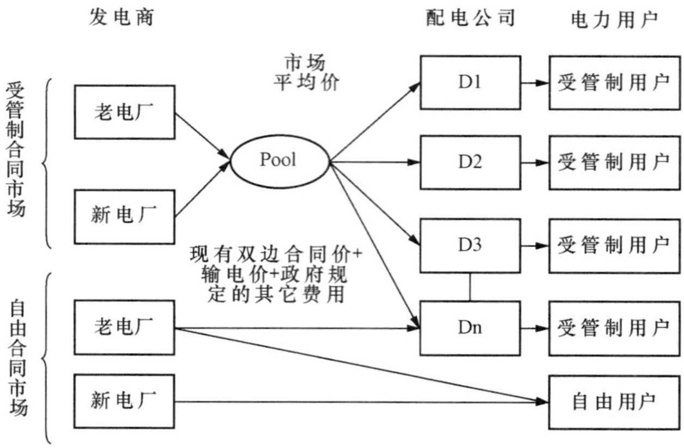

图 9.9　巴西电力合约市场结构

管制合约市场的电价和电能量合同的条款由联邦政府/能源研究公司——EPE 通过周期性的拍卖来确定，自由合约市场的电价和电能量合同的条款通过发电企业与大工业用户自由谈判确定。

合约市场的卖方为公用电厂、独立发电商、代理商与自备电厂，买方为配电公司、大用户和自由用户。

二、管制合约市场

管制合约市场其实是为没有直接购电权的电力用户（即受管制用户）建立的市场，是巴西电力市场的主要组成部分，目的是保证受管制用户以合理的价格消费电力。

参与管制合约市场的发电方可以是 2000 年前投运成本较低的老电厂和 2000 年后投运成本较高的新电厂，少量已经与配电公司自由签订长期购电合同的老电厂除外。全部配电公司必须参与管制合约市场。在管制合约市场内，受管制用户没有直接购电选择权，由当地的配电公司供电。

根据国家条例-5163/2004 和法律-10848/2004 的规定，配电公司用电量主要通过管控机制下的竞标获得。参与管制合同市场的配电公司 100%的电力需求必须从电力库（POOL）购买，参与管制合约市场的发电方通过竞标，按中标电价和电量把电力卖给电力库（POOL），电力库按平均价把电力卖给配电公司，配电公司按政府制定的销售电价规则，把电卖给其所属的终端电力用户。

管制合约市场每年竞标 1 次，中标的发电厂与电力库（POOL）的交易合同期限一般为 5～10 年。

符合条件的管制用户转变为自由用户时，需要提前通知为其供电的配电公司。对于负荷为3～5兆瓦的用户，需要提前1年通知配电公司；负荷为5～10兆瓦的用户，需要提前2年通知配电公司；而负荷在10兆瓦以上的用户则需要提前3年。若自由用户想转变为管制用户，则需要提前5年通知原先为其供电的配电公司。

在管制市场，发电合同容量可以在3～8年内依法改变。与其他国家对工业用户的管制不同，在巴西电力市场，符合条件的工业用户可以在监管市场和自由市场之间转换，唯一的限制是持续时间，这意味着发电电价在两个市场之间是间接相关的。

在管制市场，巴西电力管理局制定电价和供电标准，发电公司通过监管下的拍卖方式销售电能获得稳定收益，由于发电公司与配电公司通过POOL签订了合同，降低了风险。监管拍卖的主要目的是降低配电公司的购电电价，从而降低最终用户的电价。

三、自由合约市场

自由合约市场是为自由用户，即拥有直接购电权的终端电力用户建立的市场，自由用户可以和发电商直接协商电力买卖合同。新老电厂均可以参与自由合约市场。

在自由合约市场，电能量通过双边自由协商确定，自由用户的年度最小用电负荷大于3兆瓦以上的大用户有机会从发电企业直接买电。自由合同中的买卖电量需要在电力市场注册。自由合同分短期合同（不超过2年）和长期合同（超过2年）。

四、现货市场

现货市场也称为短期市场，是市场中全部实际发电量（或用电量）与全部合同电量的差额。

现货市场的电价（PLD）在每个调度周期（一周）通过计算预先确定，由ANEEL设置最高限价和最低限价，2010年ANEEL设置的价格区间是：最低为6.74美元/兆瓦时、最高327.48美元/兆瓦时。

计算PLD时利用一系列计算模型（NEWAVE and DECOMP），由国调中心根据全网边际成本最优原则，计算中考虑的因素包括预测的可用发电能力、负荷需求水平、需要调度的电厂未来的边际成本，计算出各梯级水库最优运行方式，并由交易中心确定次日各发电企业的计划以及根据短期边际成本所计算出的交易价格。根据巴西有关研究表明，采用工程计算全网最优的方法确定短期交易计划要比采用市场竞价的方式每年节约大概100亿美元。

2006～2009年各月现货市场的交易量与现货市场价格如图9.10所示。

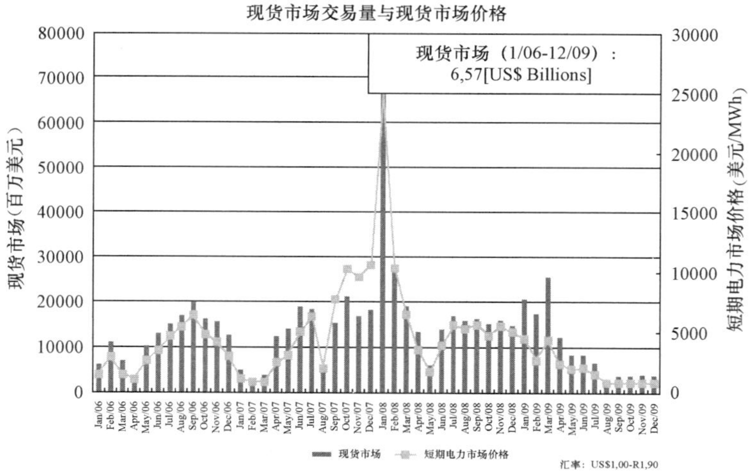

图 9.10　2006～2009 年各月现货市场的交易量与现货市场价格

五、市场运营效果

虽然巴西电力市场规定无论发电企业还是用电方，其所有预测发、用电量必须要以合同形式固化，而且所有发电、用电交易电量不得超过其实际发电、用电能力，但是所有购售电合同并不具备实际物理意义，这些合同在调度中心不是编制发、用电计划的依据，而是在清算、结算中的财务依据。交易中心根据各家发、用电实际情况，计算出与合同电量的偏差电量，采用短期现货调整价格结算。

由于风电和其他生物质发电特性有别于水电和火电，因此专门在市场中设置了一个市场品种。

六、能源及资金流向

（一）能源流向

发电公司：将能源送给输电公司。发电企业的收入按照通胀率实行年度调节。

输电公司：将能源送给配电公司。输电线路将发电企业和各地区电网联接起来组成电力系统，同时形成市场交易的通道和平台；在长期协议上没有风险，收入按照通胀率实行年度调节，有些情况下根据监管加权平均资本成本（WACC）和国家宏观经济环境对合同条款进行修订。

配电公司：将电能送给最终用户。配电公司分析预测未来市场用电需求，在发电公司投产发电前 3 至 5 年，通过拍卖方式与发电公司签订电量总量合同（auctions Y-3 and Y-5，"A-3" and "A-5"）。合同电价根据通胀指数（X factor）进行调节，配电公司负责向发电公司和输电公司付款。

最终用户：消费者的电价按照通胀进行年度调节，并且进行定期的检查（通常 4 年检查一次）。

巴西监管机构允许消费者与发电企业进行直接签订双边合同确定最终消费电价。

（二）资金流向

在管制合约市场：用户向配电公司支付电费，配电公司向发电付费、向电网公司付费。发电公司也向电网公司付费。

在自由合约市场：自由用户直接向发电公司付费，并向电网公司付费。

巴西电力系统能源流向和资金流向如图 9.11 所示。

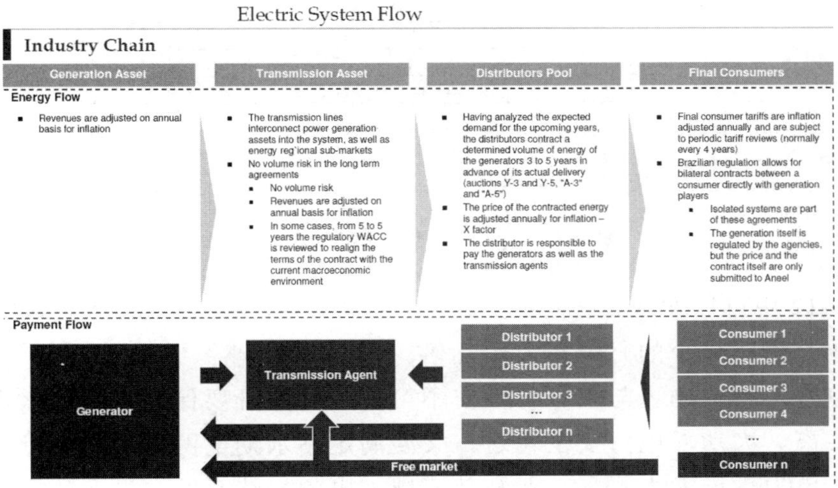

图 9.11 电力系统能源流向和资金流向

第四节 电力调度和交易

一、电力调度

巴西国调中心（ONS）负责巴西国家互联网的调度运行。全国调度运行中心下设中北部、东北部、东南部和南部四个区域调度中心，国调中心兼管中北部区域调度中心。国调中心共有 721 名雇员，2013 财政年预算为 4.97 亿巴西雷亚尔（约合 14 亿人民币）。97%的收入来自输电业务收费。

巴西国调中心通过四个区域调度中心，对巴西主干电网实施统一调度，各区域电网之间采用联络线功率控制模式（TBC）调度控制。主干电网覆盖 2/3 国土面积，提供全国 98.3%的电力消费。

巴西 Re No.01/2004 号法令规定，巴西互联网供电不足的风险必须小于 5%。根据这个法令确立的原则，调度中心权衡电网供电安全与经济利益之间的关系。

鉴于巴西水电比例高，且主要集中在亚马孙流域的特点，国调中心面临的主要挑战除了应对相对薄弱的互联电网安全运行就是优化水库运行，最大限度地利用水资源和其他清洁能源，同时又要做好水、火联调，满足系统备用要求。巴西典型水电年发电特性如图 9.12 所示。

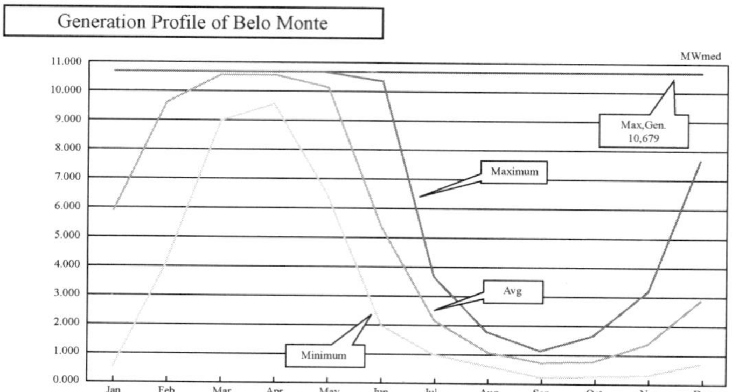

	Jan	Feb	Mar	Apr	May	Jun	Jul	Aug	Sep	Oct	Nov	Dec
Max	10,679	10,679	10,679	10,679	10,679	10,337	3,664	1,759	1,113	1,619	3,146	7,680
Average	5,870	9,553	10,539	10,539	10,149	5,394	2,156	1,099	702	765	1,358	2,842
Min	520	4,098	8,955	9,542	6,469	1,941	937	552	212	202	293	699
Max Generation	10,679	10,679	10,679	10,679	10,679	10,679	10,679	10,679	10,679	10,679	10,679	10,679

图 9.12　巴西典型水电年发电特性

从图 9.12 中可以发现，巴西在 2～5 月为丰水期，8～11 月为枯水期。其中水电发电最多的月份比最少的月份相差十几倍。

巴西电网运行控制也与水电特性密不可分，电网既要保证丰水期水电大发展所带来的长距离、大功率电力安全输送，又要满足枯水期电网的最小运行功率。目前巴西远距离电力输送能力不足，亚马孙流域水电的持续开发与沿海的圣保罗州以及里约州不断增长的负荷更是加重了电网的负担和调度的难度。

二、电力交易

（一）巴西电力交易中心（CCEE）的组建及职责

巴西电力交易中心（CCEE）在巴西电监会的授权下负责市场的运行，并组织发电、输电工程招投标。

CCEE 于 2004 年 8 月 12 日依据第 10.848/2004 号法律和第 5.177/2004 号条例所创立。CCEE 是会员制非营利性质的私人民间组织，并受 ANEEL 的监管。

其主要职责是：

（1）执行电力市场规则并发布执行结果。

（2）管理自由合约和管制合约。

（3）维护 CCEE 成员单位用电商和发电商的数据。

（4）管理 CCEE 成员所签署的所有合约。

（5）负责短期市场电量的会计和财务结算。

（6）优化市场结构，为竞标提供支持。

（二）CCEE 的治理结构

CCEE 实行会员制，目前已有会员单位 1031 家，由自由用户、独立发电商、代理商、配电公司、发电公司、自备电厂、电力进口商组成。

CCEE 的治理构架包括：全体会员大会、财政委员会、董事会和内部监督部门。其中：

全体会员大会由所有市场成员组成（发电配电和代理商），各成员的表决权与其在 CCEE 的交易量相关。

财政委员会由三名固定成员和三名临时可替换成员组成。其主要职责是监管 CCEE 交易的合规性。

董事会由全体会员大会选出 5 名成员组成，任期 4 年，主席由矿业能源部（MME）指派，每类单位（发电、配电、代理商）各派一位成员，另外一名董事会成员由全体会员大会所有代表共同选出。

内部监管部门负责指导 CCEE 正常运转，提供行政、司法以及技术支持。人员由董事会任命。

目前有 2554 家发、用电用户参与交易中心组织的市场。每月结算资金 4.48 亿美元，坏账比例 1%。

第五节　巴 西 的 电 价

巴西的电价主要有 5 个方面的成分：一是发电成本，约占最终电价的 39%；二是输电成本，约占最终电价的 6%；三是配电成本，约占最终电价的 20%；四是税收成本，约占最终电价的 26%；五是其他的如电网调节等，占总成本的 9%。

一、发电上网价格

（一）管制合约市场发电上网电价

每年年底，根据配电公司申报的电力需求，由电力市场管理者（CCEE）组织采用多轮次竞标方式，首先分别确定市场（POOL）购电价和购电电量，直到满足全部配电公司申报的需求。然后以加权平均价格按各配电公司申报的电量出售给配电公司。

全部参与管制合约的电厂进行竞标，以电厂为单位报价，报价结束后本轮次最低报价的电厂为中标电厂，其申报的价格为市场购电结算电价，申报的电量为中标电量。未中标的电厂再进行下一轮次的竞标，确定最低报价的电厂为中标电厂，并确定中标电量和结算价格直到满足配电公司申报的总需求。

这种多轮次竞标、按报价结算购电量、按市场平均价向配电公司售电的竞价方式，有以下几个特点：

（1）保证市场价格对没有直接购电选择权的管制用户比较公平。

（2）有利于控制发电商对市场的操纵力。

（3）有利于发电成本差异较大的电厂在同一平台公平竞争。

（4）形成价格信号有利于引导电源投资。

（二）自由合约市场发电上网电价

在自由合约市场内，发电厂和自由用户自主协商确定购电量及价格。

（三）现货市场发电上网电价

在现货市场，其价格不是竞价形成的，而是由 CCEE 采用优化模型，以短期边际成本理论为基础计算确定的。CCEE 根据短期边际成本理论，以费用最小为原则，计算确定每个时段的现货市场价格，用于实际电量与合同电量差异的结算。

巴西认为其以水电为主的电力系统水火电之间相互配合、统一调度才能获得系统最大效益，因此采用优化模型确定水火电优化运行方式并进行电力系统调度。

CCEE 在计算现货市场价格时，所采用的数据与 ONS 在确定系统优化运行方式时采用的数据基本一致，主要包括水电厂的蓄水位、来水及设备可用情况等、火电厂的技术参数、燃料价格及燃耗等、用电侧的负荷曲线等。

二、输配电价

巴西电网的输配电价体系包括共用输电网使用价、输电网接入价和配电价。

（一）共用输电网使用价

巴西的输电网使用价实行全国统一定价，定价的基础是各输电网公司竞标时确定的最小收入需求，并根据物价指数进行调整。定价的原则一是反映使用者对共用输电网的使用程度，体现公平；二是反映效率，通过输电价的位置信号促使新建电厂和负荷选择合理的地址，优化输电网的使用。

共用输电网使用价向发电方和用电方收取，各承担输电费的 50%，按节点定价。其定价方法类似于英国，大约 20%的共用输电网络的费用通过反映增量成本的方法按节点制定，剩余部分按邮票法制定。

对于发电方，按电厂接入系统的所在节点实行单一制容量电价。根据 ANEEL 颁布的 2005/2006 年度 172 个电厂的共用输电网使用价，价格最高的电厂（ROCKBRIDGE）为 8.945 巴西雷亚尔/千瓦・月，最低的电厂（SAOAK）为 0.120 巴西雷亚尔/（千瓦・月），差别达 74 倍，充分反映了电厂对电网的使用情况。

（二）输电网接入价

输电网接入价（接网费）由接入方负担。接网费由有关各方通过谈判的方式确定，但应包括接网点的设计、建设、设备、表计、运行和维护费用。

（三）配电网使用价

巴西对配电公司的配电业务实行收入上限管制，管制周期为 4～5 年，管制期内按物价指数和效率系数进行调整。效率系数由 ANEEL 制定。

配电网使用价按配电公司制定，包括基本配电价和边界配电价，前者向本区域内的用户收取，后者向其他配电公司收取。配电网使用价按配电公司统一制定，实行单一制容量电价，按月结算。

三、用户电价

（一）用户分类

巴西的电力用户从管制角度分成管制用户和自由用户，管制用户进一步分成居民、工业、商业、农村、政府办公、公共照明、公共服务机构、自用电等 8 类。由于巴西法律规定，配电公司拥有的发电厂最多只能有 30%的电自用，超过部分向市场或其他电厂出售，所以自用电也属管制用户，价格由 ANEEL 制定。

（二）价格形成机制及调整机制

自由用户直接向发电厂购电，购电价协商确定，同时向所在的配电公司支付配电网使用费，并通过所在的配电公司支付输电网使用费。

管制用户的销售电价以所在配电公司支付的购电成本、输电费（含 ONS 收费）、配电费为基础制定。ANEEL 对销售电价调整的方式有 3 种：一是年度调整，主要根据物价指数调整；二是周期性调整，即按 4～5 年的监管周期进行调整；三是不定期调整，用于特殊原因导致配电公司财务不平衡时的调整，巴西销售电价分类及电价调整情况如表 9.3、表 9.4 所示。

表 9.3 巴西分类销售电价 单位：巴西雷亚尔/（千瓦·月）

用户分类	2000 年	2001 年	2002 年	2003 年	2004 年	2005 年
居民	158.87	179.78	209.74	239.30	270.49	291.15
工业	71.03	82.18	95.77	111.86	137.11	184.97
商业	136.76	156.17	185.60	210.30	238.50	262.73
农村	85.35	97.26	112.88	135.66	154.29	167.30
政府办公	135.98	153.84	184.54	213.84	248.15	273.13
公共照明	85.81	95.55	112.66	130.40	147.64	160.44
公共服务机构	79.37	90.04	106.73	122.63	144.48	168.24
自用电	80.16	92.25	102.86	123.72	143.07	282.40
平均	108.50	122.88	143.05	167.15	197.35	236.68

表 9.4 巴西近 10 年电价调整情况

用户类	近 10 年年均增长率（%）	2005 年增长率（%）	用户类	近 10 年年均增长率（%）	2005 年增长率（%）
居民	14.3	7.6	公共照明	12.0	8.7
工业	15.6	34.9	公共服务机构	12.8	16.4
商业	11.9	10.2	自用电	15.0	97.4
农村	11.7	8.4	平均	14.8	19.9
政府办公	12.5	10.1			

第六节 巴西电力招标机制

巴西的电力工程项目一般先由政府发布关于某项目的开发规划，设计公司按照政府的规划做好前期的可行性研究工作，包括大致选址、发电类型、大概投资、回报年限等。可行性研究报告完成后，通过ANEEL进行招标发布，邀请项目投资者进行投标。投标的标的是项目上网的电价，电价低者中标。拍卖成功后，项目方与电力公司签署协议，承诺以此电价来购买项目方20年或30年的电量，项目方获得经营特许权20年。项目方自筹资金，项目的投资用随后20年或30年的特许经营收入来偿还。

电力建设项目在巴西通常要通过严格的环保评审，环保部和地方的环保部门先后分别评估，过程中有三个环保证件特别重要：

（1）LP，预许可证，用于确定项目的前期立项和计划。

（2）LI，施工许可证，对项目的具体施工操作发放施工许可。

（3）LO，运营许可证，项目施工结束后对项目的操作运营进行进一步审核，发放运营许可后方可进行运营。

一、新增项目招投标机制

巴西电力系统新增的大水电项目和电网项目均需要通过竞标的方式确定开发商的特许经营权，以管制合约进入市场。近来，部分新建的风电和小水电项目也采用竞标方式确定开发商。

联邦政府一直在鼓励私有资金进入能源市场以推动发电市场增长，具体措施如对可再生能源项目进行公开招标等（风电、水利和生物能源）。巴西部分新能源发电可开发容量发展规划如图9.13所示。

2013年8月29日的Y-5新能源招标会以125.68巴西雷亚尔/兆瓦时的价格总共签订了1265兆瓦装机容量的合同。其中32%是水电，17%是小型水电，27%是甘蔗发电，24%是木渣发电。

2013年11月18号的Y-3系能源招标会将建成一批能够在2016年投产的项目，包括水电、火电和风电。政府方面表示他们希望能够签订4～6座水电站的合同，装机容量总计高达1206兆瓦。MPX、Petrobras、Eletrosul、Iberdrola、Engerisa、Copel、Renova和CPFL Renovaveis是主要的装机容量出售者，也将继续在即将到来的招标会上扮演重要角色。

新建的装机容量主要在政府主导下由政府监管机构EPE（能源研究所）规划进行公开招标。政府制定购电的最高电价，并将发电站的建造和经营的特许权给予价格最大折扣的竞标者。

通过竞标方式获建的发电厂（约占总装机容量的70%～80%）按照竞标时的价格以各地具体需求的不同按比例将电力电量出售给监管下的配电市场。

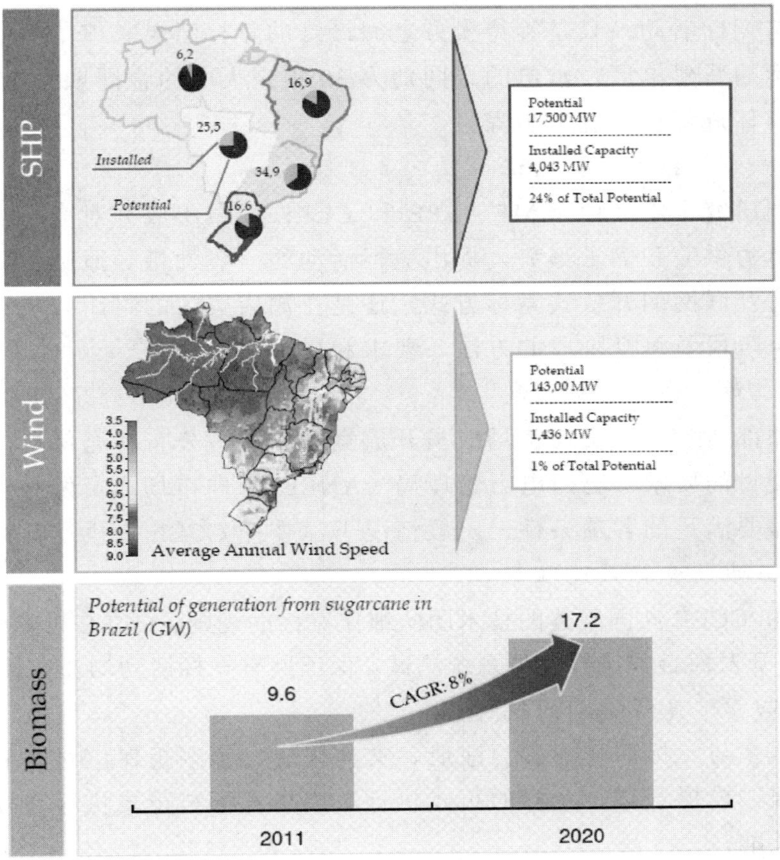

注：从上至下：小水电、风电和生物能源发电。其中小水电总可开发量约为 17500 兆瓦，已开发 4043 兆瓦，仅占 24%；风电总可开发量约 14300 兆瓦，已有装机 1436 兆瓦，仅占 1%；生物能源预计到 2020 年装机总量将从 2011 年的 9.6 兆千瓦增长至 2020 年的预计 17.2 兆千瓦，年增幅达 8%。

图 9.13 巴西部分新能源发电可开发容量

售电价格每年按照 IPX-A 所给出的消费通胀指数逐年调整。不同的发电厂合同期限不同，水电厂为 30 年，火电厂 15 年。

根据 2006 年 8 月通过的相关免税法案，政府出台了 ADA 和 ADENE 税率政策（亚马孙地区和巴西东北部兴建的电力设施享受 10 年 75%减免的所得税，从运行开始计算）和 REIDI 项目（部分电力设施免除 PIS/CONFINS 税）。

二、竞标组织

竞标活动在矿业能源部（MME）总的指导和协调下，在电力项目投产前 1～5 年进行。能源研究公司（EPE）对每个有资格参与竞标的新建水电项目进行系统性的可行性研究，研究结果为矿业能源部的决策提供支持，巴西电力管理局（ANEEL）直接或通过 CCEE 以低价中标原则执行竞标。

在竞标活动中，供电公司按照满足用户需求为原则提前提出购电需求，供电公司不直接参与竞标活动，只是等待卖方之间最终的竞标结果。

对于中标的新建电厂，水电的合同期为 30 年，火电的合同期为 15 年。

竞标的具体过程包括五个步骤：

（一）第一步：技术研究论证

一个特别研究小组（由 MME、EPE 和 CCEE 成员组成）对竞标活动进行技术论证，分析电力供应和需求形势，提出竞标活动的一般性指导原则，制定竞标工作方式，如通过互联网的开放式竞标方式，还是在酒店宾馆的封闭方式，具体确定竞标过程分几个阶段及每个阶段的方法、要求和成果。

（二）第二步：公布竞标信息

矿业能源部 MME 负责向市场成员开放竞标系统，公布补充信息，如电厂数据记录和文件交付的要求。巴西电力管理局（ANEEL）向市场成员发布竞标公告，并规定投标人需要满足的各项条件，一般情况下，委托 CCEE 来执行竞标活动。

（三）第三步：竞标系统准备

ANEEL 和 CCEE 共同组建的技术团队细化竞标的规则。CCEE 对竞标软件作说明解释，与外部开发商合作进行软件系统测试。保证所有竞标活动均在审计监督下执行。

（四）第四步：竞标活动的执行

主要包括参与竞标活动的公司注册、文件提交、金融担保，对注册公司就竞标体系进行培训、模拟竞标，竞标的正式执行。模拟竞标与正式执行竞标都需要经外部审计公司批准。

（五）第五步：竞标后分析与合约的签订

中标单位和买方提交附加的文件，经过中标结果确认后签订合约。

中标单位需要签订两个合约，一个是与政府的特许经营权合约，另外一个是与配电公司签订的供电合约。中标单位另外还需要支付参与竞标的未中标单位前期工作中的费用。通过竞标在 2005～2015 年中标的电力和平均电价如图 9.14 所示。

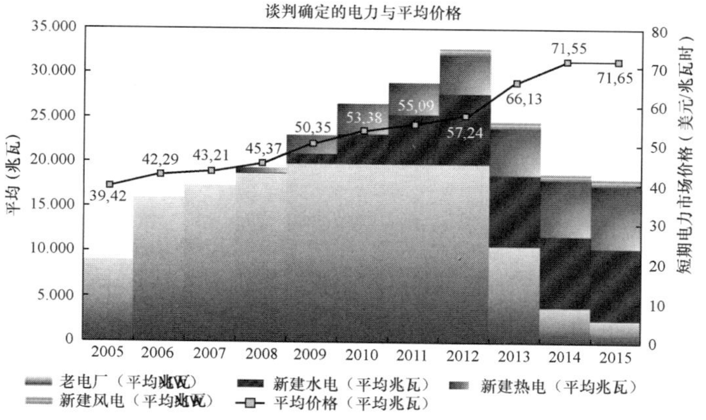

图 9.14 谈判确定的电力与平均价格

第七节 巴西电力规划及发展动态

巴西电力研究中心（EPE）于 2009 年 11 月完成了 2010 至 2019 年的十年电力发展规划。根据该规划，预计未来十年巴西年平均负荷将从 2009 年的 51900 兆瓦增加至 2019 年的 85232 兆瓦，平均增长速度为 5.1%。巴西未来十年年平均负荷增长预计情况如图 9.15 所示。

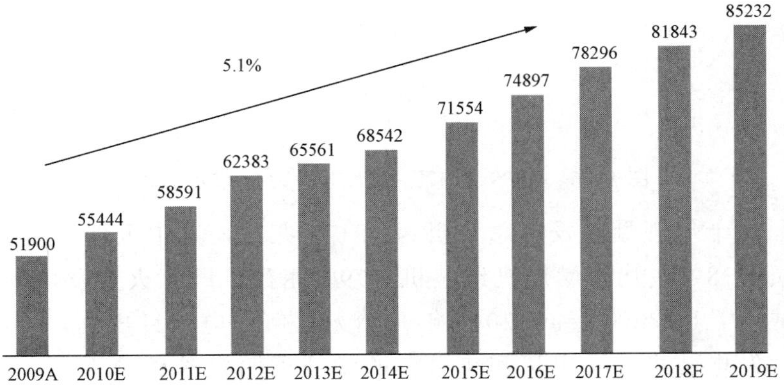

图 9.15 巴西未来十年年平均负荷增长预计情况（单位：兆瓦）

投资方面，2010 年至 2019 年电力方面计划总投入为 1190 亿美元，其中发电总投资为 973 亿美元，输电总投资为 217 亿美元。

一、发电规划

巴西未来十年发电规划的主要关注点在于：优先考虑包括水电、生物质能、风能在内的可再生能源发电，优先拍卖社会性和环境性较好的发电项目。预计至 2019 年末，巴西发电总装机将由目前的 128900 兆瓦增加至 167000 兆瓦。

水电方面，重点发展开发潜力较大的西北部地区水电资源。10 年内计划总计新增水电装机 35425 兆瓦，其中已签订合同的装机容量为 20760 兆瓦，未拍卖的水电装机容量为 14485 兆瓦。2009 年末巴西水电潜力分布示意图如图 9.16 所示。

西北部地区的水电装机容量计划由 2009 年的 10400 兆瓦增长到 2019 年的 39250 兆瓦，增长率 277%。北部地区主要水电项目包括美丽山水电站（Belo Monte，11000 兆瓦）、特里斯皮尔斯河综合水电开发项目（Teles Pires，3600 兆瓦）、大帕焦斯河水电综合项目（Tapajos，6133 兆瓦）以及马德拉河流域水电综合项目（Madeira，6450 兆瓦）。

可再生能源方面，十年内计划新增总装机 14655 兆瓦，其中风电占 36%，装机容量约 5300 兆瓦；生物质能发电占 37%，容量约 5400 兆瓦；抽水蓄能电站占 27%，约 3900 兆瓦。目前已签约装机容量为 6805 兆瓦，未签约装机 7850 兆瓦。

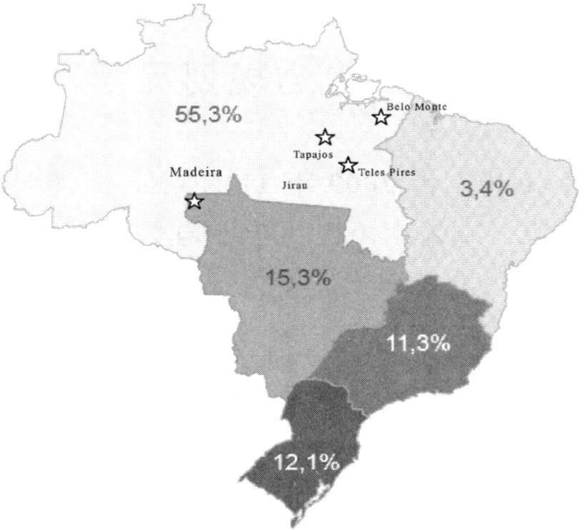

图 9.16　2009 年末巴西水电潜力分布示意图

火电方面，十年规划的发电总装机为 12175 兆瓦，其中天然气装机 2322 兆瓦，燃油机组装机 7389 兆瓦，燃煤机组装机 1790 兆瓦。所有火力发电项目均在 2013 年前规划建成，且已全部签约，2014 年开始无任何火电项目规划。

巴西电力发电装机、发电量和售电量的增长预期如图 9.17 所示。

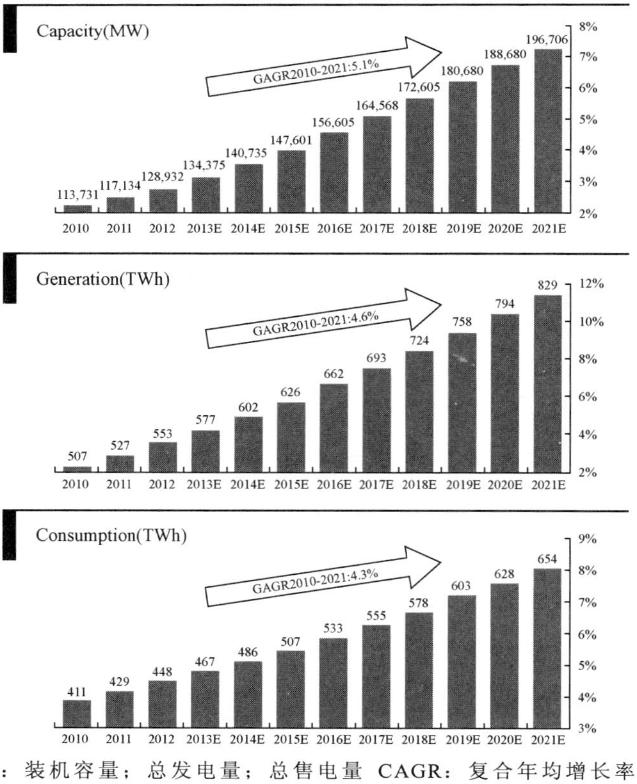

注：从上至下依次：装机容量；总发电量；总售电量 CAGR：复合年均增长率

图 9.17　发电装机、发电量和售电量的增长预期

二、输电网规划

巴西十年输电规划的主要关注点在于：

（1）强化国家互联电网主网网架、增大输变电容量。

（2）实现与西北部两个主要小系统的联网

（3）为西北部大量水电开发进行输电送出配套。

计划 2010～2019 年，除未规划的西北部地区重要水电项目送出配套输电工程外，巴西计划新增输电线路 36797 公里，在 2019 年达到线路总长度 13.2 万公里；新增变电容量 76140 兆伏安，2019 年末总变电容量达 282351 兆伏安（如表 9.5 所示）。

表 9.5 未来十年新增输电线路长度及变电容量（分电压）

电压等级	±600 千伏	500 千伏	440 千伏	345 千伏	220 千伏	总计
新建线路长度（公里）	9350	16146	17	538	10746	36797
新建变电容量（兆伏安）	—	39076	5733	8864	22466	76139

水电送出方面，马德拉河水电项目送出工程：两条送至巴西东南部的长度为 2372 公里、容量为 6450 兆瓦的±600 千伏直流线路，目前正在建设中。美丽山水电站送出工程目前正处于方案论证阶段，该工程包含往东南部电网送电工程和东北部电网送电两项工程，其中往东南部电网送出工程目前有包括 1000 千伏、750 千伏、500 千伏、±800 千伏、±600 千伏等 9 种选择方案，输电距离将超过 2000 公里，往东北部电网送出工程有包括预计 750 千伏、±600 千伏、500 千伏等 4 种选择方案，输电距离在 1800 公里左右，最终方案于 2011 年年内确定，该工程目前初步概算为 43 亿美元。另外，特里斯皮尔斯河综合水电开发项目和大帕焦斯河水电综合项目的配套送出工程均计划在该规划期内完成。

投资方面，2010～2019 年，输电网总投资 217 亿美元，目前已完成招标、签署合同的为 72 亿美元，尚有 145 亿美元的项目未招标，其中包括 89 亿美元为输电工程，56 亿美元为变电工程。经分析，未来投资中 500 千伏及以上电压等级投资规模较大，约占输电总投资的 80%，约 116 亿美元。

三、电力市场近期动态

对于 2015～2017 年间即将到期的经营合同，政府对发电、输电和配电企业提供了有条件的 30 年延期的方案。这些企业可以接受上述条件，并将经营权延期 30 年，或在 2015～2017 年合同到期时归还到期的设施，从政府获得相关的固定资产残值。相应的固定资产由政府组织再拍卖。

政府为大部分 1995 年以前的经营合同提供 MP579 方案。原则上 MP579 不适用于 1996 年以后的私有化和 Greenfield 合同。市场普遍认为 MP579 为处理今后的特许经营建立了先例。

（一）发电特许经营方面

2015 至 2017 年间，全国装机容量的 20%，22341 兆瓦的发电机组面临经营合同到期。政府提供的 30 年延期方案包括：立刻清还固定资产残值，但自 2013 年起实施较低的电价。

（二）输电特许经营方面

30 年延期方案包括：不支付固定资产价值，自 2013 年起执行较低的电价。由于没有固定资产补偿，新价格主要将用来支付运行费用、维护费用、其他费用和税。政府限定的年最大利润将保持算法的一致。

（三）配电方面

30 年延期方案包括：保持原电价，政府通过监管固定资产折旧控制公司的回报率，从而保证了电价的稳定性。该方案对于配电公司没有太大的影响。

2015 至 2017 年间，将有 64 家配电公司中的 44 家面临合同到期，但这些公司总共只占有 35%的市场份额。

第八节 政策及监管

巴西电力市场的监管框架是由巴西矿业能源部（MME）于 2003 年提案，2004 年巴西国会批准实施的。这次改革显著改变了电力方面的政策，使之更容易吸引投资，推动可持续发展。巴西电力管理机构示意图如图 9.18 所示。

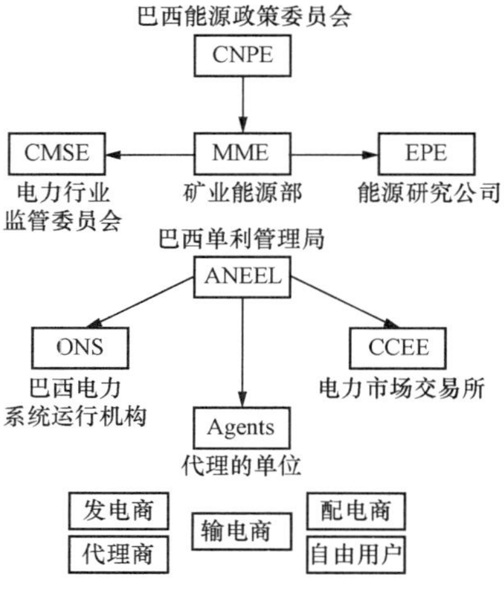

图 9.18　巴西电力管理机构示意图

一、电力新政的主要目标

改革后新的电力政策关注以下五个方面：

（1）建立稳定的监管环境。

（2）通过降低电力行业投资的高风险，提供合理的投资回报来确保充足的电量供应。

（3）以尽可能低的成本推行合理电价。

（4）尊重合同。

（5）重新建立规划体制以适应增长的需求。

二、批发市场的法律环境

电力批发市场建立了两种电力市场环境，即：市场管制环境（Regulated-ACR）和自由竞争环境（Competitive-ACL）。

（一）市场管制环境（ACR）

主要监管对象为批发市场的电力库，成员是配电公司与发电企业，交易品种长期合同（15 年或 30 年）。

依据竞标获得的特许经营合同，发电企业与配电公司签署长期购售电协议，即PPA。这些协议构成了ACR的框架。

（二）自由竞争环境（ACL）

超过3兆瓦的大型用户，可以自主选择与哪些发电企业或交易公司直接签订合同。

电量电价由双边协商达成。合同时长不固定，主要由短期合同构成。

三、主要监管部门

如图8.18所示，巴西的电力管理部门分为国家宏观政策层面和电力市场运营层面两部分，各自分工明确，各行其职。

1. 矿业能源部（MME）

市场的主要监管者，制定电力法律以规范有关公共服务、投资的特许经营授权。接管了之前由ANEEL负责的部分职能，包括制定授予经营合同的细则，发布指导公用财产和公共服务竞标的原则。

2. 国家能源政策委员会（CNPE）

1997年8月成立的总统顾问，负责发展和国家能源政策咨询顾问。负责制定巴西能源政策，保证电力供应的稳定和合理的电源结构，优化国内能源结构，保证电力供应。

3. 巴西电力监管局（ANEEL）

独立的联邦政府机关，主要工作是根据MME制定的原则管理和建议能源产业。具体责任包括：规范和监督与发电、输电、配电和交易相关的活动，授予发电、输电和供电的经营合同；负责终端用户的电价制定；具体实施电力产业的监管细则，确保特许权用户的经济和财政平衡。

4. 巴西电力系统控制中心（ONS）——国家调度中心

非营利机构。负责全国互联电力系统（SIN）电力生产的运行控制，实行优化调度，负责协调和控制现有的发电和输电的运行。

互联电网内中标的新建电源项目和电网项目均需要与ONS签署调度运行合同。

5. 能源研究公司（EPE）

国有机构，从事有关石油、天然气、煤和可再生能源的战略研究。

负责新建发电项目和输电系统的长期规划。负责进行相关的市场调研，研究哪里有可开发的水电项目，负责批准投标人的技术资格，为新建电厂提供担保。

6. 电力行业监管委员会（CMSE）

在MME监管下运行。负责电力供应安全评估，监督全国电力供应的连续和稳定，负责监控产业内原材料供应情况并建议提出相应的调整措施。

7. 电力市场商会（CCEE）——交易中心

归属ANEEL的非营利机构，受后者检查和管理。负责购电合同的登记。为电力批发市场的交易者建立一个平台，负责会计和财务结算，根据巴西电力管理局（ANEEL）的要求负责组织竞标。

四、主要监管内容

（一）输电监管

输电项目采取特许经营，特许经营权招标时，年度允许收入报价最低者中标。中标者将负责项目的投资、建设、运营和维护，并通过在特许经营期收取相对固定的输电费（根据投标时的年监管收入报价确定），收回投资和收益。项目各阶段的监管分工如下：

1. 项目立项

EPE 负责能源规划（PDE）、5 年输电发展计划（PET）的编制，PET 中包含了未来 5 年的输电项目立项建议，ONS 负责 3 年改扩建计划（PAR）编制。输电发展计划和改扩建计划需每年滚动修订。MME 每年组织 EPE、ONS、ANEEL 召开会议，并根据输电发展计划、改扩建计划和项目的初步可研（R1）确定未来 3 年内的招标和扩建项目。

2. 可行性研究

EPE 负责编写可研第 1 卷（方案比选），牵头组织可研其他部分的编写。ANEEL、ONS 均可对可研提出意见，最终方案需经 MME 审核。可研费用由项目的最终中标者承担。

3. 特许权招标

ANEEL 将成立招标委员会，并负责编制标书、澄清、资格审查、组织开标、签订特许权协议等招标工作，EPE 和 ONS 配合标书编制。

4. 项目建设

ANEEL 负责审查初步设计（Basic Design）、跟踪工程月度进度、对处理工期延误等问题进行调查和处罚、批准路权申请（DUP）、批准通过 ONS 技术检查的工程投运并开始收取 RAP、审批股权变动，ONS 负责审批投运研究报告、接收投运申请并作技术检查。特许权公司负责获取环境预许可、施工环境许可和投运环境许可，并全面负责工程安全、质量等责任。

5. 运行维护

ANEEL 负责年度和周期性 RAP 调整、审核扩建并核定相应的 RAP、批准研发基金的使用、制定指导性规程、对断电时间和断电次数等指标进行考核和处罚、监控特许权公司的账户、审批股权等方面的变动，ONS 负责监视、控制和集中调度特许权公司的输电资产、制定生产运行规程、分析停电原因、并对特许权公司的日常运行状况进行考核和处罚。

（二）大型水电（30 兆瓦以上）监管

大型水电项目采取特许经营，特许经营权招标时，上网电价报价最低者获得该项目的特许经营权，并负责项目的投资、建设、运营和维护。其后CCEE将所有新增发电容量打包，根据配电公司报送的新增购电容量，协调配电特许权公司与发电特许权公司签订ACR长期购电协议。

大型水电项目的收入包括：初次监管市场售电收入，根据中标电价和ACR售电量确定；招标ACR售电量以外的剩余电量（按标书规定，一般为10%～30%）和扩建容量可在自由市场和现货市场销售，也可再次参加ACR市场的售电招标。

项目各阶段的监管情况如下：

1．项目立项及可研

EPE、巴电和其他私营公司均可向ANEEL申请注册进行流域储量及项目可行性研究，ANEEL将审核可研花费，核定后的可研费用最终由中标者承担。EPE需负责在招标前获取项目的环保预许可证书，并计算项目的可保证发电量（guaranteed energy，计算方法由MME确定）。

2．项目招标、建设和运营

大型水电项目在招标、建设和运行维护等阶段的监管分工与输电项目类似，主要区别为：

（1）CCEE负责监控购监管市场购电合同的执行。

（2）ONS负责调度其发电计划，但双方均有义务保证合同发电量。

（3）大型水电项目的ACR市场售电合同享受MRE机制，降低了因气候或调度原因导致的收入波动。

（4）发电商负责将电站接入主网，还需缴纳公共设施使用费（发电收入的0.5%～1%）和公共资源（水）使用费（发电收入的6.75%）。

（5）未签订合同的电量可继续在ACR或ARL市场销售。

（三）风电、生物能、小水电（30兆瓦以下）、火电项目（50兆瓦以下）的监管

除少数拥有自由市场双边购电合同的项目外，绝大多数可再生能源项目在监管市场售电，并接受相应的监管。在监管市场售电项目的各阶段监管情况如下：

1．项目立项及可研

项目的投资方根据电源类型自行开展测风、生物能原料供应、流域储量等前期工作，其后开展可研编制工作，并获取环保预许可证。EPE审查基础研究、可研报告、接入报告并确认可保证发电量。ANEEL在确认环保预许可证、水资源使用证、可保证发电量、投资方经济实力后，将项目列为合格参标项目。每年8月1日前，配电公司、发电公司和自由消费者需提供未来5年的供需预测，MME根据这些预测确定需新增的发电容量。

2．项目招标

与大型水电项目不同，可再生能源项目的特许经营权直接授予向ANEEL提交项目建议文件的单位，其后参加由ANEEL根据CCEE提供的招标容量需求组织的

售电招标（分为可再生能源 LFA 和备用发电容量 LER 两类），具备价格优势的项目将按照投标电价和容量与配电公司签订长期售电合同，并在监管市场售电。不在监管市场售电的项目，仅需向 ANEEL 汇报合同电量和价格，无需参加任何招标。

3. 项目建设和运营

与大型水电项目类似，主要区别为：

（1）仅部分小水电和少数火电项目可享受 MRE 机制，因此在不能满足承诺发电量时，需从其他电站或现货市场购电。

（2）火电项目可参与调峰容量招标，收入=固定运维成本（一般按容量计算）+发电边界成本×调峰发电量计算，每年按照前一年的燃料价格和物价指数变化情况调整当年发电边界成本。

（3）公共设施使用费及输配电费减半收取，小水电免交公共资源使用费。

（4）风电项目不接受 ONS 调度，系统必须接纳风电场产生的电能。

（四）配电的监管

配电公司代收的发电费和输电费，直接转入 CCEE 和 ONS 的发电费和输电监管账户，再由 CCEE 和 ONS 分配给各发电和输电公司，代收基金也直接转入相应账户。

配电费根据用户数、资产规模、售电量、州立税等参数确定，因此每个配电公司的费率均不同。

1. ANEEL 对配电公司的监管职能

配电的主要监管机构为 ANEEL，负责配电公司收入及最终售电价格的年度、周期（4 年）和不定期调整；审核和批准配电公司自行编制配网改扩建计划，并相应调整监管资产总额；对断电时间和断电次数等指标进行考核和处罚；审批股权等变动情况。

2. 配电公司收入构成

配电公司收入包括可控（PartA）和不可控（PartB）两部分。

（1）不可控部分。包括购电费、输电费、税收和代收基金（研发基金、能源发展基金等），该部分将按照实际发生额直接传导至终端用户，不作年度和周期性调整。

（2）可控部分。包括运维费用、资本支出回报、折旧补偿和不可回收应收款项。运维费用由 ANEEL 根据每个配电公司实际情况，并参考分别制定行业平均水平核定；资本支出回报由受监管资产额（RAB）乘以平均加权资本成本（WACC）确定，WACC 也由 ANEEL 根据各配电公司的情况分别设定；监管折旧=受监管资产额（RAB）×资产折旧率；不可回收的应收款项主要考虑允许发生线损，允许线损率由 ANEEL 根据各配电公司的情况分别设定。

可控部分需以上年度为基准收入，并按照价格指数（IGPM）进行年度调整。同时为调整预测售电量和实际售电量差异造成的收入差，每年若实际售电量大于预计售电量，可控部分调减，反之调增ΔX。目前ΔX约为 1%～3%，根据各公司的收入、支出、运营指标和物价指数确定。ANEEL 已建议下一监管期ΔX按照售电量、服务质量和运维成本水平确定。

可控部分每4～5年进行周期性审定，并重新设定WACC、ΔX和OPEX。在ANEEL认为需要的情况下，可组织费率审核会议，并启动附加调整。

3. 其他收入

配电公司从非监管业务获得的收入，90%将从监管收入中扣除，配电公司仅能获得10%。

第九节　对巴西电力市场的基本认识

巴西与我国相似，都是发展中国家，经济处于高速发展阶段。电力装机容量增长迅速，过去的十年，中国年均发电增长11.44%，巴西年均发电增长5.39%，电力工业都经历了改革阶段，中国的电力改革从2002年开始，巴西始于1996年。在高速发展阶段实施电力改革是我们共同的特点。但巴西的电力资源禀赋与我国有很大的差异。巴西的电力改革经验值得我们认真研究，经验可以共享。研究巴西电力市场对我们有以下启示：

一、能源结构有差异，发展面临的压力不同

从能源结构看，我国的发电装机76%依赖火电，20%为水电，巴西的发电装机中75%为水电，煤电只有1.4%。巴西拥有得天独厚的水电资源，发电结构合理，丰富的水电资源为巴西经济社会的发展带来诸多好处，其一是环保优势，不用承担类似我国发电行业节能减排的压力；其二是水电电价的优势，大量的水电通过市场竞争优化后，合理的成本平抑了电价，而且持续稳定，通过竞标产生长期基本稳定的合同上网电价，2013年竞标产生的126万千瓦的发电容量电价折合人民币0.35元，低于我国的平均水平，这为国家经济发展提供了低成本的能源保障。与此同时巴西用电结构中居民用电占比26%、工业用电41%、商业用电18%、其他10%，与我国相比工业用电占比低，民用电占比较高。其中居民用电水平最高，是平均水平的1.23倍。

与巴西相比，我国火电占比更高，环保压力更大，火电发电成本受煤炭价格上涨的影响而持续攀升，与此同时大量的高耗能用电使工业用电占比为绝对多数。

二、体制机制的设计符合国情

通过对巴西电力市场的研究看出巴西电力部门对其电力市场机制的设计是自信的，认为机制是完善的，他们不仅限于电量的竞争机制，尤其在未来电力发展方面，在电厂特许经营权的竞争机制方面有很好的经验。改革方案的执行基本是成功的，主要体现在：

（1）巴西的市场化改革抓住了电力资源配置的关键，在电力项目开发的源头上

实现了市场化配置资源，保证资源从开发就是合理和科学的。

（2）政府在市场化资源配置中发挥重要的监管作用，特别重要的是政府科学合理地界定了各职能部门在电力资源配置中的作用，并实行严格的监管，各职能部门各负其责，充分发挥作用。特别是政府直接组织制定发展规划，通过其直属的研究机构 EPE 提供合理准确的电力供需信息，制定的发展规划具有合理性、唯一性、权威性。在这样的规划指导下，保持供给与需求的适度平衡，降低了电力发展中的大起大落，避免大浪费。

（3）市场机制合理，操作性强，尤其重要的是绝大部分新建项目在管制下通过竞标产生，低电价中标，合同有效期 30 年，即保证了竞争性带来的效率，也满足了电量、电价的平稳要求。参与竞标的电厂未中标不能参与项目开发，前期的费用由中标单位承担，避免了项目的重复建设。同时允许自由合同作为市场的重要组成部分而存在。为满足电力系统运行实时变化的要求，同时设置了现货市场，保证了电力系统的实时平衡，但现货市场的电价是按照当时的边际成本经过严格合理的软件计算的，电价每周确定，保证实时电价与成本保持一致。

（4）实现了发电、输电、配电的真正分离，市场成员不具有市场力，保证了市场运营的稳定，市场价格真实反映电力成本和供求关系。

三、巴西电力市场的成绩以及存在的问题

巴西全国装机容量以及用电量仅相当于中国的十分之一，甚至人均用电量也不如中国，随着巴西经济的持续发展，电力工业发展需求旺盛。巴西水电资源丰富，亚马逊流域不仅仅是全球最大的热带雨林，被称为地球之肺，而且也是世界上水电可开发利用最集中的地区。显而易见，巴西政府把能否吸引投资置于评价电力体制改革和电力市场成功与否的首位。另外四个评价指标为：能否吸引私人投资、服务有无改善、通过竞争是否降低成本、是否可持续发展。

目前来看，前两个目标至少部分实现了。中国的电力企业也成功登陆巴西。电力服务质量主要通过用户电力供应中断次数和中断时间来表征，1997～2011 年电力供应中断时间和次数的比较如图 9.19 所示。

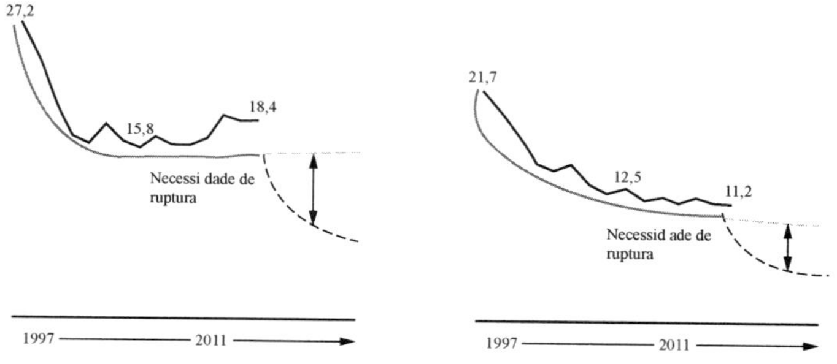

图 9.19　1997～2011 年电力供应中断时间和次数

从图9.19中可以看出，电力供应中断时间从1997年的每年27.2小时下降至2011年的18.4小时；中断次数从21.7次降低至11.2次。虚线部分显示了进一步改善的预期目标。

通过竞价，电网及电源造价也持续下降。从可再生能源开发利用的情况看，也呈现量增价减的态势，具体情况如图9.20所示。

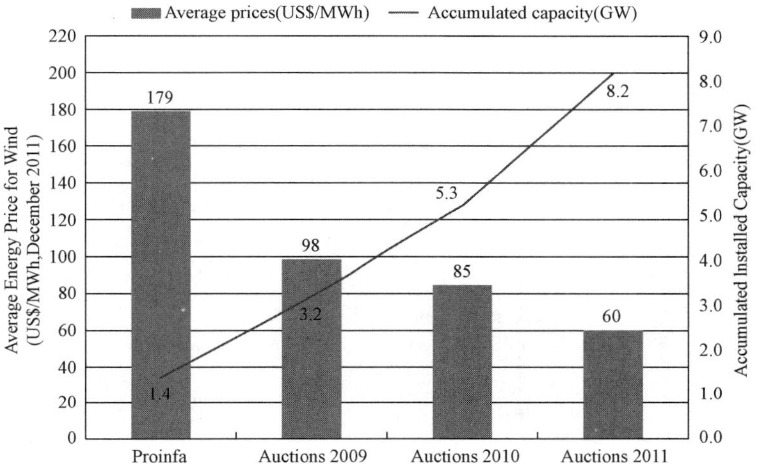

图9.20 可再生能源开发利用的情况

通过竞价拍卖市场，可再生能源价格从179美元/兆瓦时降低到2011年的60美元/兆瓦时。容量则从1400兆瓦上升至8200兆瓦。

可以说，巴西电力体制改革和电力市场路径选择是基本符合巴西国情和现阶段巴西电力实际需求的。巴西的市场实践再次证明了每一个国家有每一个国家的特殊情况和重点考虑因素，方向目标不同，则路径也不同，不要生搬硬套别的国家成功的模式。

巴西电力市场也还有很多完善的空间，主要有以下几点：

（1）自由市场还不够透明，用户参与度有待提高。

（2）短期、实时价格不反映电力资源稀缺状况，无论发电方、输电公司、配电公司和用电方都无法根据短期价格做出投资决定。

（3）缺乏用电侧响应机制，不能用市场手段实施节约用电。缺失零售侧竞争，70%以上的用户依然由所在地配电公司默认供电，不利于提高配电公司的服务水平。

（4）拍卖市场仅仅根据投标价格高低选择中标企业，忽略了电网堵塞、分区电网平衡、节能减排等因素。

（5）市场价格波动较大，对投资者而言很难判断今后的市场走向。

第十章 阿根廷电力市场

第一节 阿根廷电力市场建立历程及发展

一、国家基本情况介绍

阿根廷位于南美洲南部，是联邦共和制国家，共有23个省，1个联邦特区，首都布宜诺斯艾利斯是联邦特区。与智利、玻利维亚、巴拉圭、巴西等国接壤，东南面向大西洋，国土面积278.04万平方公里，是拉丁美洲面积第二大国。2010年人口总数约4011万，30%的人口集中在首都布宜诺斯艾利斯附近，主要是欧洲人和印第安人，官方语言为西班牙语。2010年GDP为3600亿美元。

阿根廷的矿产资源丰富，主要有石油、天然气、煤炭、铁、银、铀、铅、锡、石膏、硫磺等。现已探明蕴藏量：石油280亿桶，天然气7635亿立方米，煤炭6亿吨，铁3亿吨，铀2.94万吨，森林面积占全国总面积的1/3左右，水力资源丰富。石油和天然气除满足国内消费外，还向国外出口，天然气的储量在南美居第2位。

阿根廷是拉美地区综合国力较强的国家，工业门类较齐全，农牧业发达。工业主要有钢铁、电力、汽车、石油、化工、纺织、机械、食品等，工业产值占国内生产总值的1/3。核工业发展水平居拉美前列，现拥有3座核电站。钢产量居拉美前列，机器制造业具有相当水平，其生产的飞机已打入国际市场。食品加工业较先进，主要有肉类加工、乳制品、粮食加工、水果加工和酿酒等行业，是世界葡萄酒主要生产国之一，年产量30亿升。

农业方面，55%的国土面积是牧场，农牧业发达，畜牧业占农牧业总产值的40%。全国80%的牲畜集中在潘帕斯大草原，是世界粮食和肉类重要生产国和出口国，素有“粮仓肉库”之称，主要种植小麦、玉米、大豆、高粱和葵花籽等。

二、电力工业概况

阿根廷的电力供应主要依靠火力和水力发电，截至2010年，阿根廷总装机容量为2814.3万千瓦。其中，火电1660.5万千瓦，占总装机的59%；水电1041.3万千瓦，占总装机的37.01%；核电112.5万千瓦，占总装机的3.99%。年用电量1107.67亿千瓦时，其中，居民生活用电占38%，工业用电占33%，商业及其他占29%。高峰用电需求2084.3万千瓦时，人均电力消费量2567千瓦时，比中国低18.04%。

阿根廷是南美地区主要的能源供应国，其国内市场相对比较成熟，因此其能源公司逐渐向邻国寻求市场。其电网与智利、巴西和乌拉圭互联。

巴西、智利是阿根廷最重要的电力输出市场。三国政府把电力市场的统一作为目标，加强发电企业法人间的自由竞争，废除国家补助。1997年8月，阿根廷和巴西决定将两国的电力市场连为一体，取消所有的政府补贴，保证发电市场的自由竞争，要求完全根据成本定价。

三、电力市场建设进程

改革之前，阿根廷的主要电力企业为联邦所属，由联邦公用事业部负责经营和管理。20 世纪 80 年代后期，阿根廷电力供应不足，主要是由于该国的水力发电厂因干旱问题导致发电不足。另外，电力企业占用了大量的联邦政府预算，其运营成本和债务远超过相关收入。

为了解决地区发展的不均衡，缓解电力短缺，阿根廷政府于 1989 年颁布了 23696 号法案，即国家改革法案。该法案要求政府行政部门改造国有企业并进行私有化改革。在随后的 1990 年、1991 年两年时间里，能源部所辖的一个小组完成了与电力工业重组相关的技术研究、规则制定和运营准则的确立等基础性研究工作。为了落实国家改革法案，1991 年阿根廷经济部部长 Domingo Cavallo 签署了 634/91 号法令，对电力工业进行重组，确定了电力工业的管制框架，选择市场化改革并逐步完成电力工业的结构调整，主要思路是理顺电力供需双方的交易关系，依靠供求机制配置电力资源。该法令针对电力工业的分类计价、发电、输电、配电和调度功能等问题提出了指导方针。此外，该法令还定义了各个服务领域内服务提供者的权利和义务，并要求建立新的行业管理机构和大宗电力批发市场，同时也制订了电力企业私有化的计划和大致时间表。

1992 年通过的电力改革法案，即 24065 号法案，是指导电力工业改革和私有化的重要文件。该法案要求对电力工业进行重构和改造，允许私营企业从事所有原先只有联邦所属企业才能从事的商业活动。政府开始对国有电力企业实施私有化改造，将垂直一体化的电力公司发电、输电、配电业务分开，各自单独成立公司。同年，建立电力批发市场，并引入零售竞争。同时，该法案还要求建立了一个新的电力工业管理机构和若干制度化的职能部门，并为批发电力市场的管理、现货市场定价、费率以及私有化资产的评估奠定了基础。此后的 38/91 号决议制定了详细的电力批发市场管理规则。1992 年至 1993 年间，电力工业的改革进程随着电力改革法案的通过和新的电力监管部门——国家电力监管委员会（ENRE）的建立而加快。

阿根廷电力改革的历程如表 10.1 所示。

表 10.1　阿根廷电力工业改革时序表

年度	主　要　事　件
1987	颁布 475 号决议，制定了电力部门环境标准和管制条例 政府发表了水电工程环境管理白皮书
1988	政府发表了高压输电线路环境管理白皮书
1988～1989	电力供应危机
1989	总统 Menem 批准成立了改革执行部门（政府部门） 23696 号法案颁布实施，确立了国有企业私有化的法律依据

续表

年度	主要事件
1990	政府发表了常规中央热力发电厂环境管理白皮书
1991	阿根廷政府从世界银行获得300万美元的贷款用来进行通信、铁路和矿物燃料等公用事业部门的改革和国有公司私有化 颁布634号法令，制定了电力工业改革框架，确立了建立电力批发市场以及发电、输电和配电解捆的法律依据
1992	颁布实施24065号法令，规定了能源部的职责 颁布61号决议，定义了私有代理商和电力市场运作程序 成立国家电力监管委员会（ENRE）
1992～1993	对联邦政府拥有的发电厂和配电公司进行私有化 颁发配电特许经营权，取消了对电力的补贴金
1993～1997	向建设水电厂和扩建输电系统的公司颁发许可证
1993～2002	按联邦政府的改革模式对14个省份的配电公司进行私有化改革
1994	颁布6号决议，采用“4年框架计划”，即确定用4年时间来缩减非法的或不受管制的用电量，约65万用户被正式接入电网 颁布159/94号决议，制定了大用户（用电负荷在100千瓦到2兆瓦的用户）制度，允许他们直接向发电公司购买电力
1995～1998	实施对偏远乡村地区供电问题的PAEPRA计划，该计划得到全球环境基金（GEF）和世界银行的支持
1998	能源部颁布了一项降低大用户进入的门槛（大于20千瓦）并允许他们和发电公司签订有详细条款的供应合同的决议
1999	EDESURE配电许可证地区发生大面积停电，影响了超过16万的首都用户，有的停电超过10天
2000	实现了与巴西电网互联并达成出口1000兆瓦电力的协议 DelaRua政府上台，签署了国家输电系统扩建的联邦议案
2001	经济部部长Cavallo取得对阿根廷经济改革的支配权并废除了联邦政府投资输电系统扩建的决议 阿根廷经济危机导致总统和经济部部长辞职

四、电力市场改革成效

阿根廷电力工业改革提高了电力工业的效率并产生了良好的社会效益，改革使电力工业投资增加、电力供应充足、初期电价明显下降，城区供电质量提高、技术和非技术损耗降低和城区供电范围扩大。改革后，电力工业的工作人员总数较改革前减少了42%。输电和配电损耗在1992年到1997年这段时期内从一直处于高位的27%下降到低于10%，这主要是因为补助金制度的实施大幅减少了非法用电的情况。另外，由于旧的火力发电厂被新的天然气发电厂所取代以及能源消耗量的降低，煤耗从1996年的每千瓦时2600千卡减少到2000年的每千瓦时2000千卡，发电效率有了很大提高。

阿根廷电力市场是由众多发电公司参与的高度竞争的市场。电力工业重组和私有化后，私营发电公司已由1993年的25家增加至40多家。为了吸引投资、增强竞争力，阿根廷也降低了新的独立发电公司和供应商进入市场的门槛。允许外商拥有全资的公司。在此政策鼓励下，国外投资大量增加，1994年至2000年间，共有57亿美元的投资进入电力行业，有20家国际投资商投资建设了10多家联合循环电厂，使火电装机容量几乎增长了1/3。但由于阿根廷发电市场竞争激烈，有些外商为避免损失，卖掉股份，退出市场，这也是阿根廷电力工业面临的问题。

五、电力增长前景

阿根廷电力消费增长主要集中在商业和工业，占大约63%。在中短期内，电力供应增长将继续依赖进口天然气和燃油。长期供应前景将依赖于非常规天然气储层的勘探，以及核能、太阳能、风能、生物质能等新能源的发展，以便替代国家高度依赖进口的化石燃料。

为了保证未来十年的电力供需平衡，阿根廷每年大约需要50万千瓦的新增装机容量，以及相关的输电基础设施建设。考虑到私人投资的利润无法保障，需要的新增产能大多由阿根廷政府完成。大多数的新增火电和核能发电装机容量分别由阿根廷的国有企业ENARSA和NASA进行投资。

第二节　阿根廷电力市场概况

一、市场化改革方式

阿根廷电力市场化改革的主要内容：一是结构重组，将联邦政府拥有的3个最大的电力公司分解成发电、输电公司，电力库以及配电公司。二是私有化，对联邦政府及省级州拥有的电力公司进行私有化改造。三是垂直功能分离。四是市场化，发电和供电领域可自由进出。五是电网对发电及大型零售用户开放。六是组成电力库，所有发电、配电公司以及大用户均可自愿参加。

在1992年的改革之前，阿根廷主要有3个一体化的国有电力公司——SEGBA、AYE、Hidronor，输电电压等级为500千伏及132千伏。23个省政府中大部分拥有自己的配电企业，部分还拥有发电厂。

1989年，阿根廷政府颁布了国家改革法案。该法案要求改造国有企业，并进行私有化改革。因此，阿根廷对联邦政府所拥有的电力公司进行了重组。主要措施包括：三大国有电力公司所拥有的发电厂被重组成20个独立的发电公司；三大电力公司所有的高压（500千伏）输电线路组成一个新的输电公司——Transener，次高压（132千伏）输电线路被划分到地区输电分公司；SEGBR的配电线路被分解成3个拥有99年特许经营权的配电公司；输电及配电公司必须公平地向发电公司、供电公司及大用户开放。

在电力批发市场，大用户可以直接向发电公司购买电力；配电公司在其区域内对居民电力及其他小用户拥有独家配电经营权；批发电力市场管理公司（CAMMESA）行使着ISO的角色，由能源部部长领导，发电、输电及配电是完全分开的；成立了国家电力监管委员会（ENGR）。

发电、输电、配电三者之间，配电公司不得拥有发电企业，输电公司不得买卖电力，发电、配电公司和大用户不得拥有输电公司；配电公司之间或输电公司之间的兼并或购买股票必须经过国家电力监管委员会的审批。

二、市场结构

阿根廷电力市场机构的建立参考了英国的电力工业垂直和水平拆分以及智利的开放批发市场、边际成本定价和对大用户开放的电力工业改革经验，同时也有所创新，主要体现在控制垂直和水平拆分后的实体所有权的集中度方面。

改革后的电力工业结构如图 10.1 所示。

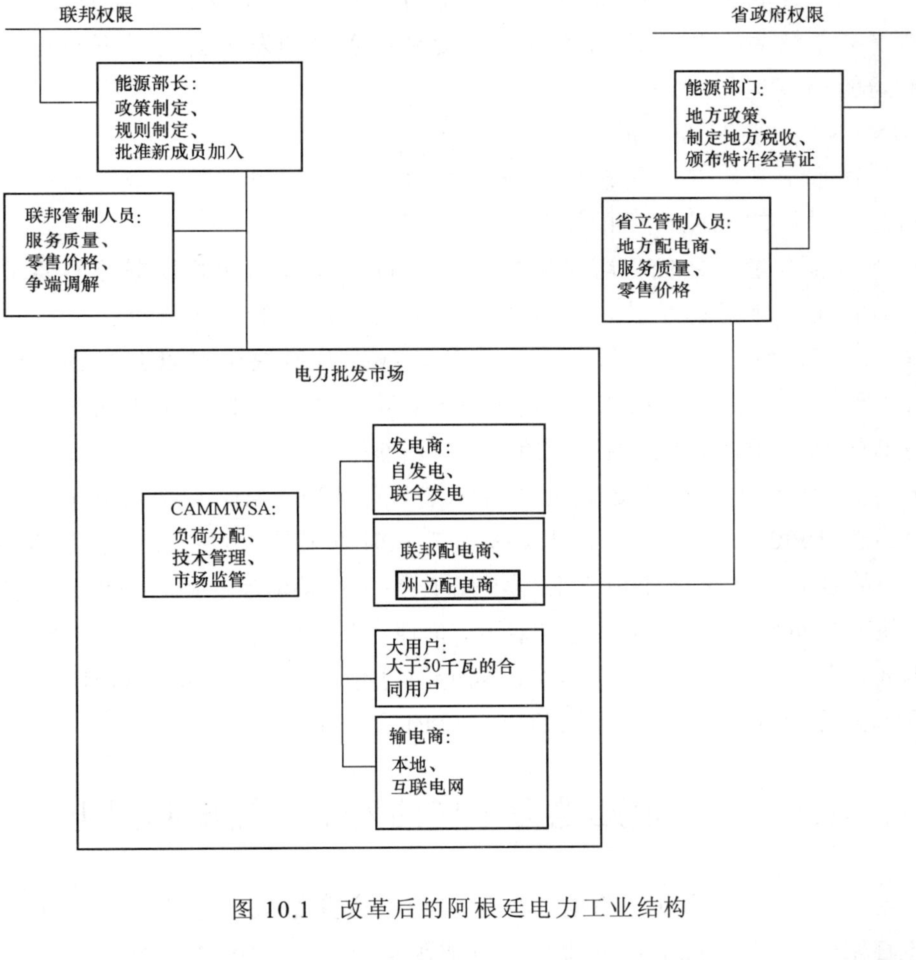

图 10.1　改革后的阿根廷电力工业结构

总体来讲，在新的电力工业体制下，政府保留了政策制定以及对电力批发市场管理的权力。国家电力监管委员会（ENRE）的责任和权力包括：建立安全的可操作的标准，设定输电和配电价目表，执行针对输电、配电公司的法规和标准，处理行业内部争议以及听取各方建议，及时调整监管方式等。

三、市场主体

阿根廷电力市场的主体包括五个部分：第一部分是政府，由阿根廷经济部电力秘书处代表；第二部分是发电者，由发电企业协会代表；第三部分是输电者，由输电企业协会代表；第四部分是配电者，由配电企业协会代表；第五部分是大用户，由大用户协会代表。

这五个部分共同组成电力市场管理处，政府代表对电力市场管理决策拥有一票否决权，使得电力市场管理调控工作基本控制在政府手里。

四、电力批发市场管理机构

电力批发市场由电力批发市场管理公司（CAMMESA）管理。CAMMESA是一个非营利机构，其成员有发电商、输电公司、配电公司、大用户及能源秘书事务局，能源秘书事务局代表零售用户的利益。经费来自政府和发电公司。下设运行中心负责电力市场的调度运行管理。

CAMMESA主要职责包括：

（1）从技术上和财务上管理阿根廷互联电力系统，提高其安全性和供电质量，力求降低按小时计的电能市场的趸售价格。

（2）计划需电量，并优化容量的利用，以符合经济部能源秘书处的要求。

（3）监督定期市场的功能，并管理市场上签订合同的技术执行。

在CAMMESA中，政府股份占大多数，根据政府决定可以减少到社会资本的10%，但在董事会上拥有否决权。CAMMESA由电力部门的主要四方——发电、输电、配电和大用户组成，股份各占20%。

关于给大用户供电，阿根廷电力法规定了两种情况，第一种是供电电压1千伏以上、峰值负荷1000千瓦、年耗电量438万千瓦时以上的用户；第二种是供电电压1千伏以上、峰值负荷100—2000千瓦、年耗电量不足438万千瓦时的用户。发电公司和这些大用户之间的合同可自由决定期限、条件、价格和交易量。合同期通常是1年。

水电企业因受气象等因素的影响，只能签订预计发电量70%的合同。火电企业签订的合同及自耗电量的总和不能超出自己的发电能力。

第三节　阿根廷电力市场的发电、输电和配电

阿根廷电力工业由发电、输电、配电和售电企业组成。这些企业之间所有权的交叉极其有限。不允许输电公司拥有发电或配电资产，发电和配电资产所有权的交叉限制在整个市场的10%以内。阿根廷电力市场是一个竞争相当激烈的市场，有大量的发电公司和配电公司参与市场竞争。

一、发电

大部分发电公司都为私有，仅有少数为联邦政府所有。在私有发电企业中，国

外投资占主导地位。新的发电扩展计划不需要特许权，但是必须在能源委员会登记。为防范市场垄断势力，每个发电公司的装机容量在市场中所占的份额不得超过10%。发电厂只能建设连接到网络或直接到用户的线路。

发电厂商通过长期和短期合同将电力卖给消费者。消费者分为GUMA和GUME。GUMA用户要求为1.0兆瓦，每年最低消费4380千瓦时。此外，根据合同，GUMA被要求至少购买他们需求量的50%。GUME用户要求高峰负荷0.1兆瓦到2.0兆瓦。他们直接与发电厂商签订能源需求合同。发电厂商也可以将所有电力或者部分电力卖给现货市场。

二、输电

（一）输电系统分类

阿根廷的输电系统分为两个部分：高压输电系统（SEEAT）和地区性配电系统（STEEDT）。SEEAT以500千伏的高压运行，跨区域进行电力输送；STEEDT以130/220千伏的电压运行，并联系同一区域内的各个市场主体。有7家私有输电公司。输电公司需要获得特许经营权，这需要经过竞争且要进行周期性更新。TRANSENER为承担超高压输电服务的公司，具有国家输电特许权，拥有贯穿全国的输电网络。输电特许权的拥有者对输电网络的完整性和维修负责，但是不负责系统的扩建。其他6家公司则拥有区域性的输电系统。每家公司都必须从阿根廷的监管机构获得许可证。区域输电公司根据由ENRE建立的安全和可靠性标准运行。输电特许权获得者不能达到这些标准时将被处罚。

阿根廷相互连接的电力系统覆盖了整个国家人口的90%。大部分输电系统由私人公司控股。输电公司处于自然垄断的市场，收取传输电力的费用。但是他们只有权力决定发电量是否可以入网，并没有权力买卖电力。

输电公司属于国家特许权经营，需要经过竞争且要周期性地更新。发电和配电公司仅允许持有输电公司的少量股份。输电公司需要为他们基础设施的运营和维护负责，用户需要分摊一部分新增容量的费用。

系统运行机构与输电系统所有者是分离的。CAMMESA负责管理电力交易和控制电力系统的运行。

阿根廷的输电系统和巴西、乌拉圭以及巴拉圭的输电系统都有互联，保证了电力的进出口。

（二）输电价格

输电价格由ENRE进行管制，处于价格上限以下。输电价格每5年计算一次，应当能够补偿输电厂商扩容所需要的成本。如果发生输电中断的情况，输电厂商也会受到一定的处罚。

输电费包括两个部分：一个是用于回收输电投资的固定部分，另一个则是用于回收运行和检修成本的可变部分。要求输电系统所有者向所有输电用户提供无歧视的接入输电网络与输电服务。

（三）输电投资与规划的过程与程序

在阿根廷，经济部（ME）辖下的能源委员会（SE）是负责制定国家电力政策的政府机构。SE 负责每年更新规划期为 10 年、指导性的输电系统扩展规划方案。

有三种与输电系统扩展有关的管制机制：

（1）“建造——运营——维护”合同。在这种机制下，由占投资成本份额不少于 30%的市场参与者提出输电扩展要求。若没有占投资成本份额不少于 30%的其他市场参与者提出反对，将对新输电设备的社会经济效应进行评估，最后通过国际公开招标的方式来建造。CAMMESA 负责识别哪些市场参与者须支付输电扩展成本并确定其应承担的份额。

（2）输电扩展可以通过市场参与者之间达成协议或自担风险的方式来实现，例如一个或多个电力批发市场的参与者可以通过与输电公司直接签订合同的方式来兴建新的输电线路。这时，投资成本将由上述的市场参与者来支付。其他市场参与者将按照现有线路的定价方案对所扩展项目进行支付。投资者拥有新的输电线路的使用权。

（3）针对某个特定的输电规划项目，如果私人投资者不能达成协议而该扩展项目对系统的优化运行很重要时，政府可以促成该项目。在这种情况下，政府通常提供明确的补助。不过，TRANSENER 和任何其他区域输电公司都没有扩展输电系统的激励措施。所有输电扩展的要求都必须由用户提出，并由用户筹措所需的资金。可见，用户的作用十分重要。此外，超过 200 万美元的扩展项目都需要获得 ENRE 的正式批准，且需要通过公开竞标程序。

三、配电

原来的联邦电力部门所拥有的配电资产被分成由 3 家配电公司即 EDENOR、EDESUR 和 EDELAP 分别经营 99 年的 3 个特许经营区——2 个在布宜诺斯艾利斯，1 个在拉普拉塔。特许经营权要经通过竞争获得，且要周期性更新。对特许经营区设定价格上限，每 10 年修订一次，在每一次修订期间，允许特许经营权拥有者放弃许可证及允许新的竞争者竞价特许经营权。许可证合同中确定了对所有居民和小用户的服务要求，同时也保证了许可证获得者的服务垄断权。

这 3 家配电公司为阿根廷约 44%的电力用户提供服务。这 3 家公司加上其他一些从地区公共事业中分离出来的公司，使得配电系统的私人占有率达到 60%。其余的配电公司仍然掌握在省政府手中。

作为对终端用户的直接供电方，配电公司需要对用户收取发电和输电费用。然后，配电公司将这些费用交给 CAMMESA，CAMMESA 再转付给发电和输电公司。

配电公司只收取配电的费用。配电价格也同样由 ENRE 进行管制，处于价格上限以下。配电价格包括居民用户的固定费用、大型工业用户的单位装机费用以及变动的能源费用。

固定费用由每 3 个月调整一次容量成本以及根据整个电力市场的价格指数（WPI）和消费价格指数（CPI）的变化进行调整的配电利润共同决定，目的是为了得到一个适当的投资回报。可变动的能源费用是用来收回附加价值服务的成本，可以按照能源损失的 10%计算。这样一来，为了提高收益和现金流，许多配电公司更加关注于最大限度地降低能源损失。

第四节 阿根廷电力联营体（POOL）的运作方式

阿根廷拥有紧密的电力联营体（POOL），所有连接到主电网上的发电机组都必须提交其发电容量并参加统一调度。

阿根廷有两个主要的互联区域，各有自己的电力市场，分别是电力批发市场——MEM 和南巴塔哥尼亚电力批发市场——MEMSP。MEM 拥有阿根廷 95%的装机容量，而 MEMSP 的规模则很小。这里主要介绍 MEM 的情况。

电力批发市场 MEM 由电力批发市场管理机构 CAMMESA 管理，是阿根廷电能商品的主要交易市场。MEM 的参与者为发电公司、输电公司、配电公司、大用户和电力经销商。大用户被分为 3 类，具有不同的合同职责和参与特权，它们是：

（1）主要大用户（GUMA）：最大需求 1 兆瓦，负荷率最小为 50%（例如，4380 兆瓦时/年）。

（2）次要大用户（GUME）：负荷在 0.1～2 兆瓦，所有的能量和容量需求都由一个发电公司提供。

（3）特殊大用户（GUPA）：负荷在 50～100 千瓦，未来一年的全部能量和容量需求由一个发电公司提供或由市场运营商提供。

MEM 同时包含期货市场和现货市场。现货市场根据经济原则进行调度，按考虑输电约束的各节点的短期边际运行成本结算。期货合同市场纯粹是金融性的。

从市场参与者数量及市场规则的角度来看，阿根廷电力批发市场是高度竞争的。在电力批发市场中，共有 44 家发电公司参与竞争，包含不同类型的容量超过 1000 兆瓦的发电机（其中最大机组的容量为 1400 兆瓦，占总装机容量的 6%）；输电网和配电网向市场参与者开放。尽管市场参与者的所有权不同，但是它们在市场规则面前都是平等的。

和其他拉丁美洲国家一样，电力企业的所有权结构的整合和归并，在阿根廷曾引起关于市场竞争的疑问。但随着零售侧放松管制，市场参与者日益增多，阿根廷的电力批发市场趋于高度竞争。

根据交易商品的不同，阿根廷的电力市场可分为三种：电量市场、容量市场和辅助服务市场。

1. 电量市场

电量市场在 MEM 中有 3 个专门的市场用于电量交易，它们是：

（1）现货市场。所有接入高压电网的发电公司按经济原则进行调度。主要大用户可以进行需求侧投标。现货市场价格计算时考虑的因素有：无阻塞情况下的系统边际成本、容量支付成本、辅助服务成本以及节点因子（该因子反映了与一个特定节点相关的输电阻塞成本的平均值）。

（2）季节性市场。该市场用于稳定配电用户的能量、容量和辅助服务价格。所有配电公司的购买成本最终都将通过售电市场价格转移给用户。CAMMESA 每 90 天作一次仿真计算，以确定未来 90 天的市场价格，该价格将根据未来 90 天的实时价格波动进行调整。

（3）期货合同市场。所有市场成员都可以参与，且每个参与者可以自由地商谈能量和容量合同。合同是金融性的。合同交易的结果需要上报给 CAMMESA。

2. 容量市场

容量补偿费用是现货市场和季节性市场价格的组成部分。补偿费按这些电厂接受调度的峰荷时段 10 阿根廷比索/千瓦时计算。结果是大多数系统内发电公司获得的容量费用在 7～10 阿根廷比索/千瓦时之间。根据传统的以阿根廷比索/千瓦·月为基础的容量费用方案，容量费用在 4～7 阿根廷比索/千瓦·月。采用这种方法确定容量费用，使发电公司获得的容量费用与其被调度发电的容量比例有关。

由于容量费用的成本是计入现货市场和季节性市场的电能价格之中的，期货市场买卖方在确定合同电价时也会考虑容量费用这个因素。

3. 辅助服务

CAMMESA 提供辅助服务并确定相关的费用，费用计入到现货市场和季节性市场的能量价格之中。同容量费用一样，期货市场买卖方在确定合同电价时也会考虑这个因素。

第五节　阿根廷电力市场规则和授权经营

一、交易规则

（一）合同交易规则

签订趸售合同需通过招投标方式进行。发电公司如果准备趸售给配电公司或大用户电力，通过发出公告，需电者前来投标，使发电者可以选择合适的购电者。配电者或大用户需要以合同方式趸购电力时，也可以发出公告，各个发电公司都可以投标，这样需电者可以从中选择合适的供电者。当双方达成协议后，再与输电公司签订输电合同，价格也由此得到确定。全国共有 700 多个电价结算点。

合同电价是根据电力监管委员会发布的电价计算的原则和计算方法，由发电公司与配电公司或大用户协商确定，并经电力监管委员会批准。趸售合同价格有效期为5年，但每年可经双方协商调整。

在趸售合同交易中，发电商基于系统的经济成本对各个供电点规定均一的电价，按照以下原则确定：计算过程从估计前3年的水电发电量开始，然后缩短期限到一周，所发电量必须是最低成本；然后计算前一周的系统故障概率；最后是前一天的概率，所编制的必须参加运行的发电厂清单是按照边际成本（单价和燃料价格）排列。在这些因素的基础上，趸售市场每小时的现货价格是在将电厂按效率从高到低顺序排列后，按参加运行的最后一台机组的燃料成本确定。容量价格不计入现货价格，他们分别计算，对所有运行的发电厂，在非低谷每小时每兆瓦10美元，这是由能源秘书处规定的官方价格。

对于输电和配电公司，必须达到经济运行，使输电和配电公司的收入能充分补偿其合理的运行成本、纳税和投资的摊销。其回报率应能够满足以下标准：维持公司的效率水平和营运有效性的关系；作为与其他一般工业风险相当的产业，至少可进行国内和国际的比较。另外，输电和发电公司必须考虑到不同类型供电服务的合理的成本差别，包括按照管理机构规定的考虑供电的方式、位置和其他相关特性，使电价对用户的最低合理成本与供电的可靠性相匹配。对输电公司来说，价格系统向用户发出经济信号，它是由三种决定性成本所驱动，即输电电量成本、接电费和输电容量成本。在随后的5年中，特许人即可获得由各连接点预期的平均电价确定的稳定电价。如果大用户（负荷超过100千瓦）直接从趸售市场购电的话，其电价是固定的，但必须包括输电成本。

（二）电力库交易规则

阿根廷电力市场规则，只允许发电商按照边际发电成本竞价，容量价格不计入现货价格，在市场电力价格中附加了容量电费。

配电公司和大用户提出一周的需用电力和电量，电力市场管理处据此确定一周的日负荷曲线和电量曲线。

发电公司提供一周的发电能力和每台机组的报价。电力市场管理处据此确定每台机组一周的发电出力和发电时间，报价低的机组排在前面，报价高的机组排在后面；运行历史上事故少的机组排在前面，事故多的机组排在后面。满足各个小时负荷的最后一台机组的发电价格作为该小时的零售价格，从而组成一周的零售价格曲线。

电力市场的零售价格以每小时为单位确定，每天24个价格。零售价格一次确定后使用一周，而非每天变动。

二、授权经营

在阿根廷电力市场的竞争规则中，主要采用的是特许经营模式。政府将原有电力企业的资产向国内外市场出售时，对私有化的电力公司实行授权经营，而水电和电网更是采用特许经营，由政府与电力公司签订承包经济合同，通过合同确定公司与政府之间的关系以及电力公司的各项权利和义务。

（一）发电的授权经营

水电特许权是为了充分利用水资源，土地特许费（约占总收入的12%）交给水利枢纽所在的省份。特许权的期限平均为30年，但也有差别。特许权到期后，全部资产移交国家。

火电则是资产出售，无特许权。

（二）输电、配电的特许经营

特许权为期95年，在一定地区是具有排他性的，在特许权结束后将举行新的投标，投标权益归当时的在职者，其也允许参加投标。

特许权可由市场管制机构（ENRE）决定延长，但不超过10年。ENRE也可以修改或缩小某一地区的排他性。

特许期可划分为10年一期的管理期(除去第一期延续为15年)；在每期的末尾，ENRE为了出售大部分股票可进行国际招标，并为下一个5年制定电价收费制度；这类招标的条件应与原来的条件相同；大股东交易，如果所有者报价最高，则主要股权持有人保留其财产；如果其未能中标，则由报价最高的投标人向所有者支付所投的价格并成为大股东；由ENRE提名的一位独立监督人在管理期结束的前一年和新管理期的第一年保证公司的正常运作（包括正常发布信息）。

若特许权获得者未履行义务或得到超过年收入20%以上的罚款，将被ENRE按终止条款执行。

（三）投标规则

投标过程中，标书分别放在两个信封里。

第一个信封的标书是技术性的，说明投标人应满足的要求及合同义务的执行计划，这决定资格预评审是否提交第二封标书，包括每个合包人的分工说明、在当地单一住所的描述、作为执法人代表存在的证明、为投标提交1000万美元的保证金。第二个信封还装有提供的经济金额，说明现金额和政府公债额，投标人必须拥有至少3亿美元的资产，经证明其净资产不少于2亿美元，并在过去的一年内下降不超过5%～10%。

所有的标书必须指明至少一个但不超过两个属于匿名社团的有经验的经营者，该社团是为经营者经验的特定需要而建立的。

提供的经济额必须在开标后至少180天内有效，并且在中标后的3天内支付3000万美元现金，如支付政府公债应为90天。

中标人应向设计人（每项输电和配电交易150万美元）和财务咨询人（只在有服务时才支付，为交易值的1%）支付咨询费。

第六节 交易和调度管理

一、交易方式

在阿根廷电力市场中，供电商（发电商或纯交易商）与零售用户或配电公司进行交易的方式有两种，签订双边合同和通过电力库购售电。

所有的发电公司，可以拿出任意百分比的输出电量，参与电力库，服从中央调度。发电公司需装备国家调度设备，以接受国家调度中心的命令。如果发电公司不希望向电力库卖出电能，也可以通过合同直接向终端用户供电。

通过发电公司与配电公司或大用户签订长期合同进行的趸售交易占总电量的50%～60%。当发电商的发电量超过合同数量时，则由电力市场销售；当配电公司或大用户实际需电量超过合同购电量时，则向电力市场购电，这就形成了零售市场。

电力批发市场不仅对发电开放了市场，而且对输电和大用户也开放了市场。新的《电能转运法》规定：允许工业、商业和企业在外地建设发电厂，并将电能运送回本单位。另外，规定用户只需支付一定的转运费即可从第三方（非本地电力供应方）购买电能。

二、交易结算

趸售合同的结算按发电公司与配电公司或大用户所签合同规定的价格进行。零售交易由电力市场代为结算。

发电公司由于机组出力受阻，出力不能满足合同规定的供电量时，由发电公司向电力市场（现货市场）按零售价格购买电力，向需求方送电，而需求方仍按合同（期货）价格结算；配电公司或大用户由于某种原因，需电量低于合同规定电量，发电公司可以将这部分电量按零售价格（现货价格）卖给电力市场，配电公司或大用户仍需向发电者支付这部分负荷的固定费用。

三、调度管理

CAMMESA依据最低的边际成本调度各个发电厂。水电由于较低的边际成本拥有优先调度权。抽水蓄能电站具有储藏能量和释放能量的功能。由于在枯水季节抽水蓄能电站单位装机的边际成本升高，所以热电站在抽水蓄能电站之前优先调度。但在丰水季节抽水蓄能电站会比热电站得到优先调度。

发电厂商每半年宣布一次他们的边际成本。此外，每周火电厂需要向CAMMESA提供预期的可用容量、燃料成本以及其他信息。对于抽水蓄能电厂，边际成本包括基于水库存量的水的价值。

利用每半年一次的热电厂和抽水蓄能电厂提供的边际成本数据，CAMMESA制订季节性的调度计划以确保现货市场的能源成本最低。然后，利用每周可用容量和燃料成本等指标，CAMMESA 制订每周的调度计划以使整个系统故障的总生产成本和风险最低。

第七节　电价形成辅助服务补偿和补助金

一、发电电价

发电厂商可以以现货价格将电力卖给 WEM，或者以合同价格卖给大工业用户（GUMA 或者 GUME）以及配电厂商。配电公司可以以合同价格向发电厂商购买电力，或者以监管价格向 WEM 购买电力。合同价格由发电厂商和消费者共同协议商定。

由 CAMMESA 管理的稳定基金，主要用来稳定终端用户的销售电价。这个基金资助来源于管制价格和现货价格之间的差异。当现货价格高于管制价格的时候，就需要用基金来弥补差额，当管制价格高于现货价格的时候，基金就会得到补充。虽然基金在长期内应当是平衡的，但是截至 2010 年底，该公司出现接近 10 亿阿根廷比索的财政赤字。这是由于国家实施的应急管理机制改变了现货价格的运算法则，并将管制价格调整到了现货价格以下。但是这个财政赤字已经由阿根廷政府补贴补足。

在 2001～2002 年的阿根廷经济危机之后，现货价格仅仅依据天然气价格计算，他们假设天然气已经得到了广泛应用而不再考虑其他燃料发电。但是事实并非如此，天然气并不是发电厂的唯一燃料，整个系统忽略了供需的动态变化，从而计算出了一个不太准确的价格。这与经济危机之前由 CAMMESA 根据发电量的边际成本来确定现货价格的做法是有区别的。

现货交易按时间段定价，由批发市场中现货交易的买卖者来定。现货交易价格每小时都在发生变化。

当发电企业的电力不能满足供给合同额及大用户购入电力超过合同额时，均采用现货价格进行交易。现货交易可以在发电企业、配电企业及大用户之间进行。

二、输电电价

输电费用根据输电公司的成本、税金以及规定的利润来确定。输电费用的收取标准和方式要经过电力监管委员会批准。

输电费用分三类：

（1）发电、配电公司和大用户与输电网的连接点费用，每个连接点每月支付固定值的费用，与输送电量的多少无关。

（2）以发电、配电公司和大用户所占用的输电容量为依据，按每月每千瓦支付一定量的费用，以上两类为固定费用，即接网费。

（3）根据输电量的多少来确定费用。由发电、配电公司或大用户支付，各自纳入企业成本。发电公司支付的输电费用在配电公司或大用户的电价中回收，配电公司支付的输电费用在对终端用户的零售电价中回收。

批发市场的按季价格由 CAMMESA 来决定，通常从 5 月 1 日到 11 月 1 日持续 6 个月，最短维持 90 天。冬、春雨水量大，价格较低；夏、秋则以火电为主，价格偏高。

三、配电价格

双边期货合同电价由发电公司和配电公司（或大用户）之间通过谈判确定，而以每小时为单位交易时段的现货市场则采用节点实时电价。总的说来，趸售电价比 1992 年有了相当程度的下降，实时电力市场交易增加。

特许经营权拥有者的零售费率是按照最初 5 年特许经营权合同中所规定的指标费率计算的。确定零售费率时考虑了以下因素：购买电能的费用，配电系统运行费用、税金、分摊费和考虑风险的投资回报。如果配电公司没能达到配电服务标准的要求，会被处以罚金。ENRE 监察这些零售费率，并且每隔 5 年按照规定的条例应用新的费率计算公式。省级电力企业管理者根据经济增长水平为它们所管辖的配电企业制定费率。在一些没有改革的省份中，零售费率仍是由行政审批的基本费率确定。

四、辅助服务补偿

1. 无功补偿

发电公司提供的无功不足，电力市场可调用其他发电公司多发无功或由输电网补充无功，无功不足的发电者则要支付罚款，而多发无功的单位可以得到额外补偿。

2. 备用补偿

电力市场要求发电公司提供的冷备用、热备用机组，虽然没有发电，但可以得到临时调用机组的备用补偿费。

3. 压负荷补偿

由于用户电力负荷的变化，正在发电的机组需要压低出力，可以得到压负荷补偿。造成减少用电的单位要支付罚款。

4. 受阻补偿

由于输电网能力受阻（事故或其他原因）导致电力送不到用户，输电网企业要被罚款，而发电、配电公司或大用户可以得到受阻补偿。

五、补助金

配电服务的私有化对低收入用户有很大的影响，那些几乎无能力支付电费的用户，例如集中于城市贫民窟的非法联网用户，首先被配电公司中断服务。国际金融组织（IFC）提供贷款给配电公司进行基础设施改造，改造后的配电系统使得电力盗窃变得相当困难，从而大大降低了配电系统的非技术损耗（在私有化之前，非技术损耗高达电力供应的 27%）。这改善了配电公司的财政情况，却忽略了如何提供基本的电力服务给那些没有经济来源的群体的问题。为了应对媒体的负面报道和公众压力，联邦政府、布宜诺斯艾利斯州政府和两个私有的配电公司（EDENOR 和 EDESUR）共同提出了所谓的“4 年框架协议”。

作为协议的一部分，联邦政府、布宜诺斯艾利斯州政府以及州内各市政当局负责偿还原配电公司由于偷电造成的债务，并提供补助金给配电公司建造集体电表和用户接入设备。结果是在低收入地区安装了 1 万多块电表，约 65 万用户得以接入配电系统。

在大多数情况下，低收入群体无力支付的电费由地方政府负担。政府通常通过强制征收居民电力使用税来补偿这部分费用。公众不愿意剥夺低收入人口接受电力服务的权力，使得政府、电力公司和市政当局协商不按照配电许可证所确立的商业原则来解决低收入人口的用电问题。

最初的联邦电力改革保留了一些交叉补助金。1398/1992 号法令设立了一项针对靠养老金生活的人、公共利益机构、非营利组织和高耗能工业企业的补助金制度。《国家电力法》（24065 号法案）确立了通过在电力批发市场征收电力销售税来建立国家电力基金。60%的税收作为补助金分配给那些按照联邦改革计划来进行配电改革的州，其余 40%用作国家的电力发展资金。尽管存在交叉补助金，但电价水平还是下降了。

第八节　政府的作用和管理机构

一、政府的作用及权限

20 世纪 90 年代初期，一个由政府决策层成员和能源部的财政、法律、技术顾问组成的小组提出了电力工业改革计划并将其付诸实施。该小组隶属于经济部门和公共事务部门，其成员包括能源部长 Carlos Bastos 以及与其在学科及技术背景方面相似的一些人。

小组成员背景的相似性、国家经济危机的紧急性和改革过程的封闭性不允许人们对改革的速度和内容进行辩论。在这段时期内，Menem 政府的改革计划没有受到任何政治和经济压力。

政府经常宣传改革将显著提高经济效率并将对社会发展和环境保护产生积极影响。能源部也允许美国和欧洲的国际银行、私有电力企业和独立电力生产商参与阿根廷电力工业的私有化进程。

政府聘用华尔街的顾问进行财政评估，并解释电力工业改革的最新政策和规则。政府所关注的是重新建立整体经济的稳定性和建立市场经济秩序。政府出售了对私有购买者有相当吸引力的联邦电力公司。在对这些资产进行出售时，政府没有设置任何门槛。

对新成立的私有公司，政府允许它们以股份的形式来偿还低于市场价值的债务。

周全的改革方案为电力工业吸引了大量私有投资。电力工业的私有化改革加强了竞争、提高了效率，降低了电力服务成本并提高了服务质量。除了像 Yacyreta 水电站这样的国际合作项目和国内核电企业外，联邦政府不再插手电力企业的商业运营。

同时，联邦政府限制了其所持有的国际水电站和核电厂资产，也限制了自身对电力市场的管制、监察和政策制定。这些工作都被分配到不同的机构，这些机构之间关系紧密，有时甚至在职责上相互交叠。由于阿根廷是一个联邦制国家，约有半数的省份也创建了类似的独立政策制定和管制机构，这些机构不参与电力市场的商业行为。

在联邦一级的改革和私有化完成之后，由 Carlos Bastos 领导的能源部，寻求将改革扩展到各省。在阿根廷联邦体制下，各省保留了管制和政策制定的权力同时有权确定他们认为合适的地方发电公司和配电公司资产所有权的形式。

从 1993 年开始，联邦政府动用资金和权力来推动各省的改革以适应联邦改革模式。通过联邦基金——包括国家电力基金各省中的份额，联邦燃料税收和终端用户税收——向各省的转移来促进省政府顺应联邦电力改革的构架。

二、管理机构的设置

经济和生产部负责能源工业的事务，并由能源委员会（SE）代表其行使权力。能源委员会负责制定国家能源政策，为电力市场确定调度准则。能源委员会还负责电力行业的监察，并对电力市场的改革提出建议。

国家电力监管委员会（ENRE）负责制定电力行业技术、安全和运行标准，审批输电、配电企业的基础费率。该委员会根据已制定的法律、规则和运行标准监管输电、配电企业，避免出现垄断行为。负责解决行业内争端，保护消费者权益。ENRE 由 5 个任期为 5 年的委员构成，委员通过选举产生，并由能源委员会报请国会批准。该委员会的一部分开支是由企业资助的。

ENRE 的功能和义务：

（1）颁发有关安全、技术程序和标准、测量、电费征收、电能表控制和使用、断电和恢复供电、接入系统和供电质量等方面的规章制度。

（2）颁布配电和输电业者必须遵守的一般原则，保证自由获得供电服务。

（3）提供法规框架、合同及公众服务。

（4）在改革过程中防止反竞争、垄断和歧视行为。

（5）确定合同规定的电价计算基础，控制执行中的电价。

（6）确定授予特许权的基础和准则。

（7）组织和执行招标、审定和合同的签订。

（8）组织公众听证会。

（9）监督遵守财产权、环境和公众安全。

（10）向法院提出有关诉讼，管理诉讼程序以给予制裁。

（11）从输电业处搜集信息。

（12）发布信息，向发电业者提出建议。

（13）发布年度报告，并在必要时提出行动建议。

（14）为保证遵守法律，开展任何必要的工作。

三、管制方式

1. 发电的管制方式

（1）通过市场竞争确定。

（2）每台机组确认的成本是基于燃料成本和燃料单耗。

（3）全部都按单一的市场价格收费，由参与发电的最后一台机组的成本来确定。

2. 输电（RPI-X 型）的管制方式

（1）参照美国物价指数计算每半年的指数。

（2）初始的 X 定为 0。

（3）所有指数按 67%PPI 和 33%CPI。

（4）电价按美元计算。

3. 配电（RPI-X+Y 型）的管制方式

（1）Y 为趸售市场上电能成本总转嫁的最高价格；X 为从美国物价指数求得的指数。

（2）所用指数按 67%PPI 和 33%CPI。

（3）初始的 X 定为 0。

（4）RPI 适用于特定的价格结构。

（5）电价按美元计算。

四、法规与监管

Menem 政府在电力工业改革初期所关注的是如何建立一个可以吸引并留住私有投资者的市场制度。这一点反映在 ENRE 颁布的相关条例上，如电力公司之间的争端调解办法；联邦法律相关的条例以及电力业务许可证条款的定义；配电公司的服务标准定义和输配电公司能够收取的最高过网价格的确定。在电力条例中，保证公众利益的原则是无疑的，但条例并未明确指出 ENRE 应该在何种情况下保证消费者或公众的利益。

1999 年 2 月发生在 EDESUR 的停电事件（称为“EDESUR 事件”）说明了 ENRE 在捍卫公众利益方面所作的努力是不够的。“EDESUR 事件”影响了 16 万居民，使得布宜诺斯艾利斯城市中心及其邻近地区的电话、供水、交通灯以及地铁系统供电中断达 10 天以上。尽管这件事可被视作一个孤立事件，但它是 EDESUR 的配电公司在历史上最差的供电记录，该公司需要为停电事件负责。1999 年的其他时间在配电服务方面出现的问题也困扰着布宜诺斯艾利斯当局。这些促使 ENRE 召开配电公司会议，对停电事件进行调查。

在“EDESUR 事件”中，ENRE 几乎没有在惩罚配电公司和满足公众需求方面明确定义自己的角色。尽管有配电公司服务差的证据而且这个问题还在不断重复发生，ENRE 所关注的只是对过去问题的改正。1999 年底，ENRE 才召集配电公司一起讨论“EDESUR 事件”和其他服务质量问题，特别是多次停电的问题。

ENRE 对输电系统扩建提出建议的责任也遭到公众的置疑。自 20 世纪 90 年代中期以来，阿根廷国内的输电网络都是满负荷或者是接近满负荷运行的，大范围停电的风险很大。尽管如此，在此期间 ENRE 提出的仅有的两个输电扩展提议也由于相关的输电费用受到输电扩展计划的受益人的抵制而无法实施。尽管 ENRE 允许针对专门的工业用户或团体接入输电系统的工程由私人机构承担，但这并无法解决国家电网中 500 千伏线路的阻塞问题。

第十一章 澳大利亚、新西兰电力市场

第一节　澳大利亚电力市场改革概况

澳大利亚是最早进行电力市场化改革的国家之一，国际能源署在2005年曾评价其“通过电力市场化改革拥有了世界上最自由且充满活力的电力工业”。回顾20余年的改革历程，澳大利亚电力市场化发展大致经历了电力工业结构性重组、构建统一电力市场体系和重新建立电力监管体系等阶段。

一、电力工业结构性重组

（一）1990年5月~1991年5月：工业委员会对电力系统效益展开调查

在联邦政府财政部的要求下，1990年5月，工业委员会对发电、输电和配电的情况进行调查，测量生产力提高的潜在空间。

一年之后，工业委员会在其题为《能源的生产和分配》的工作报告中指出，全国的生产力将可通过对电力系统的改革而取得重大的提高。这些改革包括：

（1）把当时纵向一体化的电力企业结构拆分成发电、输电、配电、零售四个独立经营系统。

（2）在发电和零售系统中引入竞争。

（3）加强和扩展在新南威尔士州、维多利亚州和南澳大利亚州三州之间已有的电力联网，并最终连接昆士兰州，尽可能连接塔斯马尼亚州。

（二）1991年7月：国家电网管理理事会成立

1991年，澳大利亚联邦和州政府首脑在其特别会议上正式明确建立国家电力市场的意向，同时通过了建立国家电网管理理事会（NGMC）的决定。1992年2月，总理基廷在《一个国家》的工作报告中，把在澳大利亚东部发展成一个协调的互联大电网的计划清晰地勾画出来。

国家电网管理理事会是一个市场过渡性的组织。它的主要任务包括：

（1）制定《国家电网备忘录》以供市场成员州政府（新南威尔士州、维多利亚州、昆士兰州、南澳大利亚州和首都领地）与联邦政府签署。

（2）设计并在成员州的电力企业和电力用户中进行市场模拟试验。

（3）建立一个透明的、全国统一的法律和监管框架。

（4）制定可被收录进国家电力法规（National Electricity Code）的市场运作条例和上网规则。

（5）向联合政府议政会汇报国家电力市场的发展情况。

（三）1992年1月：新南威尔士州试验性的内部电力市场开始运行

新南威尔士州政府所拥有的电力局（即太平洋电力）试验性的内部电力市场开始运行，在3个发电业务单位之间引入了一定程度的竞争。在建立电力市场时，太平洋电力的设计人员在首期阶段使用能源合同，为发电厂每月提供一笔收支。此类合同涉及容量、能源及可用率的付款。电厂在提高产量时受鼓励，在无法满足合同数量时受到惩罚。这一试验期要求太平洋电力在运营过程与惯例方面作改变，发展以更短时段为基础的信息系统来适应公司与电力市场发展的要求。另外，在1996年实行新南威尔士州电力市场时使用避险合同来减少市场价格波动的影响。太平洋电力的竞争性电力市场开发持续进行了4年，其中包括1994年进行的全国电力市场模拟练习，为以后全国电力市场的发展提供了宝贵的经验。

（四）1992年：澳大利亚政府委员会成立

在大环境的需要下，联邦和各州政府首脑同意成立澳大利亚政府委员会（the Council of Australian Governments，COAG，以下简称“政府委员会”)，定期聚会互相磋商和讨论国事。政府委员会也是监督整个电力市场发展的联合政府机构。政府委员会成立后，决定开发竞争性的电力市场，并确定了电力供应行业重组、电力公司和零售部门引入竞争、公有发电及输配电资产逐步卖给私营部门、促进区域互联的基本原则。

（五）1993～1994年：“纸上试验”电力市场模拟练习

国家电网管理理事会邀请各州电力系统内企业和大型电力用户参与“纸上试验”电力市场模拟练习。借着这个模拟练习，各州市场发展计划部门和未来的市场参与者获取了第一手的市场运作经验，增强了他们对市场的信心。

（六）1994年7月：正式建立维多利亚州电力批发市场

维多利亚州开始实行澳大利亚第一个以州为范围的电力批发市场。市场开始由该州唯一的发电公司内部各电厂中进行有限的竞价并按管理价格结算。同年10月，该发电公司分为5个相互竞争的发电公司，结算价格也从原来的管理价格变为由供求决定的市场价格。市场的管理由维多利亚州新成立的维多利亚州电力交易中心负责。与此同时，维多利亚州电力零售市场第一阶段开始，负荷超过5兆瓦的用户率先进入电力零售市场，并可自由选择零售商。

（七）1995～1996年：正式建立新南威尔士州电力市场

新南威尔士州政府于1995年初重组电力工业，将输电业务从太平洋电力分离而组建独立的法定机构，并授权该机构发展及运行新南威尔士州的电力批发市场。随后，政府将25个配电公司合并组成6家公司，每一家公司拥有一个配电业务及一项零售供应业务。

至1995年底，新南威尔士州议会通过了立法框架，为整个电力工业的重组和竞争性批发市场的开展奠定法律基础。1996年3月，新南威尔士州政府将所有配电公司企业化，并将太平洋电力分成3家发电公司相互竞争，引入临时性的州批发市场。1996年5月，新南威尔士州批发市场全面运行。同年10月，零售竞争被引入，并计划在3年内分阶段实行全面零售竞争。开始时，每年电量消耗多于40吉瓦时的用户都可以选择所用的零售商，而新的零售商只要获得颁发的零售执照，便可以在新南威尔士州零售电力市场经营。

二、构建统一电力市场体系

（一）1996年5月:《国家电力规则》正式被接纳

澳大利亚联邦政府与新南威尔士州政府、维多利亚州政府、昆士兰州政府、南澳大利亚州政府和首都领地政府联合签署《国家电力市场立法协议》，同意接纳《国家电力规则》（National Electricity Code），并使《国家电力法》（National Electricity Law）生效。《国家电力法》授权建立管理和监督电力市场的两个市场监管机构：国家电力法规行政局（National Electricity Code Administrator，NECA）和国家电力市场管理公司（National Electricity Market Management Company，NEMMCO）。

（二）1996年11月～1997年8月：通过市场运作的有关法规

国家电网管理理事会于1996年10月出台《国家电力规则》（草案）。国家电网管理理事会在完成了这项历史使命后便被解散。同年11月，由国家电力法规行政局和国家电力市场管理公司联合向澳大利亚竞争和消费者委员会提出授权《国家电力规则》使用的申请。1997年4月，国家电力法规行政局向澳大利亚竞争和消费者委员会提出授权使用《国家电力市场准入规则》的申请。1997年8月，澳大利亚竞争和消费者委员会公布授权使用《国家电力规则》和接受《国家电力市场准入规则》的决议草案。

（三）1998年12月：澳大利亚国家电力市场正式开始运营

新南威尔士州和维多利亚州两大电力市场于1997年5月联网,实现了电力的跨州自由贸易，也形成了澳大利亚国家电力市场的雏形。1998年12月13日，由新南威尔士州、维多利亚州、昆士兰州、南澳大利亚州和首都领地参与的国家电力市场正式全面运作。在这个过程里，只有南澳大利亚州是在没有建立州级市场的情况下直接进入国家电力市场。截至2013年12月，澳大利亚北领地宣布正在对地区电力市场进行改革，但仍作为独立区域未和其他市场实现互联；同时，西澳大利亚也在西南区域建立了实时电力市场试点，但至今尚未宣布是否加入国家电力市场。

（四）2000年12月：昆士兰州电力市场形成并与市场主体联网

1997年10月，昆士兰州电力市场刚建立的时候使用管理价格结算，由昆士兰州4家发电公司相互竞争。1998年1月，昆士兰州电力批发市场正式按市场供求机制运行。昆士兰州电力市场所使用的市场法规已经是国家电力市场法规的初版。2000年12月，昆士兰州与市场主体的联网，进一步加强了市场的一体化。国家电力市场管理公司只需使用一个系统控制中心进行市场操作。

三、重建电力监管体系

（一）2001～2004年：国家电力市场管理结构发生重大变化

2001年之前,政府委员会成立了能源部长理事会（Ministerial Council on Energy，MCE），对澳大利亚能源领域提供政策领导，其成员由联邦政府和各州的能源部长组成。

在2003年12月的能源部长理事会会议上，理事会向澳大利亚政府委员会建议废除国家电力法规行政局，成立两个新的法定理事会：澳大利亚能源市场委员会（Australian Energy Market Commission，AEMC）取代国家电力法规行政局，成为规则制定者并为能源资源常务理事会提供市场发展建议；澳大利亚能源监督机构（Australian Energy Regulator，AER），负责国家层面的经济法规规章的执行。

2003年，澳大利亚先后建立了消费者代表委员会、消费者质疑委员会，为能源监督机构（AER）出谋划策并供其审议。2004年，政府委员会通过了《澳大利亚能源市场协议》，建立了一个新的澳大利亚能源市场的国家治理、监管和立法框架。

（二）2005年：出台新的国家能源法和国家能源规则

2005年，新的国家能源法开始取代旧法，新国家能源规则取代旧规则，虽然新规则与旧规则形式大致相同，但仍体现了该规则作为法定规则的地位。重大变化包括：

（1）原规则中的市场目标由电力能源法的单一国家电力目标取代。新法目标是一个经济概念，计划将其作用于消费者的长期利益，若国家电力市场能够有效作用于经济，将会使消费者的长期经济利益最大化，包括价格、质量、可信度、安全性以及电力服务保障等方面。

（2）新法允许包括行业参与者、终端使用者以及能源部长理事会中的任何人发起规则修正的提议。

（3）澳大利亚能源管理公司除可提议修正次要问题外，未被授权发起任何规则修正提议。它的作用是管理规则修正过程并协商决定由他人，包括能源部长理事会、可靠性小组、行业参与者和电力使用者草拟的规则修正案。

（4）只要有人质疑市场拓展功能，澳大利亚能源市场委员会就必须对能源部长理事会所指示的国家电力市场或规则等相关问题进行检讨。引入这项严格的市场拓展政策是因为以具有竞争力的价格吸引资金到澳大利亚能源领域具有十分重要的意义。澳大利亚政府委员会认为，这需要一个相对稳定的、透明的，并能使投资者充分了解所有政策变更的政策环境。

（三）2009年7月：成立澳大利亚能源市场运营商（AEMO）

2009年7月1日，澳大利亚能源市场运营商（The Australian Energy Market Operator，AEMO）成立，负责管理国家电力市场和天然气市场。澳洲能源市场运营商执行由国家电力市场管理公司之前执行的有关国家电力市场和电力供应行业规划委员会（南澳大利亚）的规划责任。此外，澳洲能源市场运营商还取得了维多利亚电网公司、零售能源市场公司、燃气市场公司和燃气零售市场运营商的燃气零售批发市场的职责。澳大利亚成为世界上首批基于一个共同的管理结构，具有高度竞争力和透明度的燃气与电力市场的国家之一。

（四）2011 年：组建能源资源常务理事会，成立能源市场改革工作小组

2011 年，政府委员会进一步将能源部长理事会（MCE）和矿产与石油资源部长理事会融合成为一个整体，成立能源资源常务理事会（Standing Councils on Energy and Resources，SCER）。此后，又成立了能源市场改革工作小组（The Energy Market Reform Working Group，EMRWG），负责澳大利亚能源市场改革工作，包括：实施国家能源市场改革工作方案；就澳大利亚能源市场协议和相关立法义务提供建议；与关键利益相关者就相关政策事宜磋商，以及确定能源领域重大战略问题。截至目前，澳大利亚电力市场改革过程中产生的主要管理机构如图 11.1 所示。

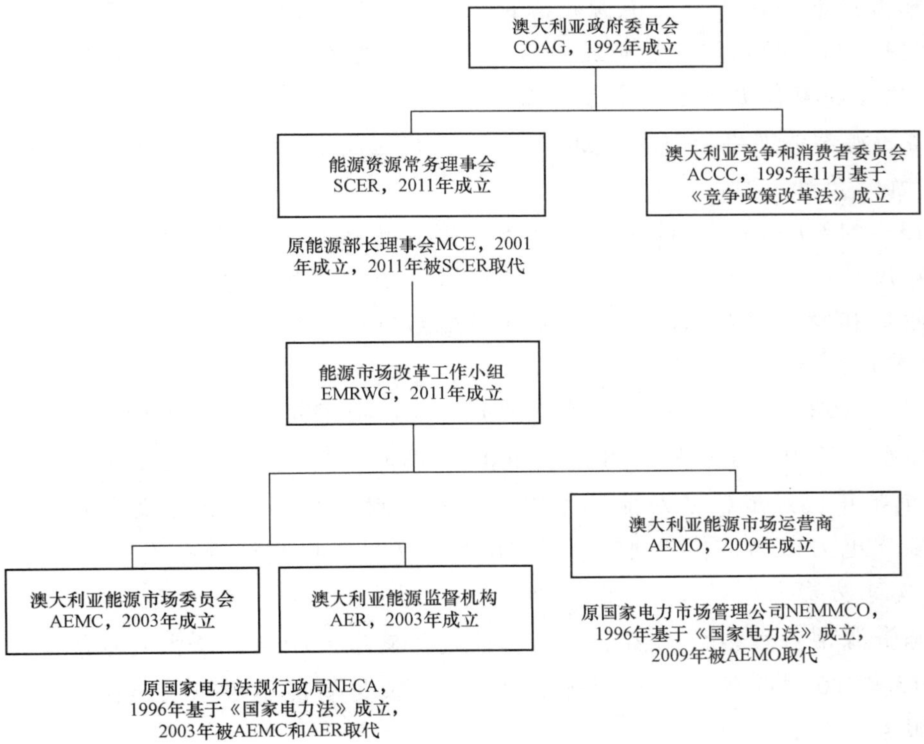

图 11.1　澳大利亚电力市场管理机构

（五）2012 年 12 月：能源资源常务理事会发布一揽子改革计划

2012 年 12 月 7 日，为应对电价上涨的挑战，政府委员会通过了一揽子国家能源市场改革计划，旨在恢复电力市场活力、保护消费者的长期利益。此次改革计划围绕四个关键主题展开：加强监管、授权给消费者、促进竞争与创新、保证均衡的电网投资。

（六）2013 年 12 月：改革最新进展情况

能源资源常务理事会发布了最新改革进展情况报告，主要内容包括：

1. 加强监管效果

2013 年 12 月 17 日，澳大利亚能源监管机构公布新的监管指导方针，包括：如何评估开支建议、计算资产回报、分配成本、与消费者对接等。

2. 恰当的上诉机制

将原有上诉方式改为有限实质性审查制度，该方式已被认定为提高价格的驱动因素，并由南澳大利亚州议会于 2013 年 12 月 5 日会议上通过。这些改变将从 2014 年中期开始，适用于所有未来的监管决策。

3. 可靠性标准

能源资源常务理事会负责审议澳大利亚能源市场委员会针对国家电力网络可靠性框架和方法的最终报告，能源资源常务理事会同意由澳大利亚能源市场委员会提出的临时措施，即可以提前到 2014 年上半年完成是否采用国家框架的考虑。

4. 建立国家能源消费者权益组织

能源资源常务理事会同意从2014年7月1日起建立澳大利亚能源消费者权益组织。

5. 加强治理

2013 年 12 月 13 日，能源资源常务理事会同意市场管理机构使用关键的绩效指标反馈年度意向说明和报告；并同意修订国家电力法和国家天然气法，保证能源监管机构收集和发布必要的能源网络基准性能数据信息的权力。

6. 零售能源价格改革

各司法管辖区就零售竞争、价格放开等向政府委员会提出了建议，并汇报了改革进展情况。其中，维多利亚州已于 2009 年解除了电力市场管制；南澳大利亚州在 2013 年上半年已经放松了对能源零售价格的管制；昆士兰州政府计划取消昆士兰州东南部零售电力市场定价管理，并于 2015 年 7 月 1 日实行价格监控。

7. 需求方参与

能源资源常务理事会的需求方参与计划实施进展顺利。澳大利亚能源市场委员会在 2013 年 10 月收到一份规则变更建议书，支持智能电表以及该技术允许的需求方参与服务等业务。

8. 定价结构转变

2013 年 11 月，南澳大利亚州议会通过了关于需求方参与的议案，要求企业在定价时提供更为强大的信号，使消费者能够在高峰时间减少需求。

四、小结

澳大利亚历经 20 多年的时间，分步实现了其电力市场改革目标。首先，通过对电力工业的结构性重组，打破原本纵向一体化的企业结构，实现发电、输电、配电、零售独立经营的经营系统。同时建立起透明、全国统一的法律和监管框架，从而为电力市场的建立奠定了制度基础。其次，澳大利亚通过统一电力市场体系的构建，建立起与电力市场运营相配套的市场法规，进一步推进电力市场的形成。

最后，通过对电力监管体系的优化调整，形成了以能源法律法规为基础、以澳洲能源市场运营商为运营主体、多方并行的市场运营监管体系，为电力市场的良性运行提供保障。在改革推行过程中，澳大利亚以市场化为目标，从市场结构、管理结构、监管结构、消费者需求等方面出发，以州为单位逐步有序的推广。其中，能源、电力法律法规的出台是电力市场改革的保障，随着改革的推进，政府也不断的完善其配套法律体系，这不但保证了改革的基本方向，也为改革的落实提供了坚实的法律支持。

第二节　澳大利亚国家电力市场结构与监管体系

一、国家电力市场结构

（一）发电环节的重组

澳大利亚各州电力公司原直属发电厂均单独分设为发电公司。发电公司重组原则包括：一是发电公司要具有足够的生产能力；二是发电公司不足以对发电环节形成垄断。一个发电公司可以有多家发电厂，一个州可以有多家发电公司。发电公司通过竞价向市场出售电力，跟市场参与者签订金融合同并向市场出售辅助服务。凡总装机容量大于 30 兆瓦的电站都要注册参与市场竞争。

（二）输电环节的重组

每州都有一家输电公司，主要负责 132 千伏以上输变电网的规划设计、管理、运行调度和经营工作。输电公司的收入由以下几部分组成：从发电商收取接入费，从零售商收取过网费，从接出设备客户收取接出费，由政府核定的折旧大修和维护费。澳大利亚竞争和消费委员会（Australian Competition & Consumer Commission，ACCC）负责输电公司的输电定价管理，每 5 年核定一次，输电公司每年都要按规定向 ACCC 提交年度报告。输电网的纠纷由国家电力法规行政局（National Electricity Code Administrator，NECA）负责处理。

（三）配电环节的重组

澳大利亚的配电公司既有从原有的一体化电力公司中分离出来的，也有原来就负责配电业务的，一州可以有多家。配电公司主要负责 132 千伏以下配电网的规划、设计、管理、运行和经营工作，申请管理表计的校验和计量，同时开拓为客户管理变电站和专用线的业务。配电公司的收入主要由零售商返回配电服务费和资本回报费用（回报率由政府核定）。配电公司也可做零售商，但必须办理申请、报批登记注册的手续方可营业。配电公司的执照审批、配电网定价、年度审查、配电网纠纷的处理等工作都由各州电力管制部门负责，配电公司要按规定向政府定期提交报告。

澳大利亚的输电公司和配电公司既不是暴利企业，也不会亏损，但有一定的风险，关键是内部运作和外部拓展的问题。国家电力法规明确规定，输电和配电网必须向所有的市场参与者平等开放，这保证了市场竞争的公平、公正、公开。

设立实行市场准入制，除了原来一体化的电力公司分离出来的供电零售商外，还允许新的零售商参与供电业务。零售商可以跨州经营，但必须按每个州的要求分别申请在该州的营业执照。

（四）电力设施产权重组

澳大利亚各州实行不同的政策，但有一个共同的政策是，一体化的电力公司分开为发、输、配、售四个环节后，除配电公司还占有部分售电公司的产权外（售电公司仍要独立运营），互相之间不再有产权关系。至于发电、输电、配电、售电四个环节的产权归属，有政府所有，也有私人（包括外资）所有。新南威尔士州的输电网也曾打算私有化，由于工会的强烈反对而未能实行。

二、国家电力市场监管机构设置

澳大利亚的能源监管体制包括：能源资源常务理事会（SCER）、澳大利亚能源市场委员会（AEMC）和澳大利亚能源监管机构（AER）。其中SCER是澳大利亚专设的能源政策机构，成员由联邦政府官员和各州能源部长组成；AEMC作为独立的法定委员会，主要负责监管规则的制定；AER作为全国专门的能源监管执行机构，主要负责监管规则的具体实施。此外，澳大利亚各州独立监管机构和澳大利亚竞争与消费者委员会（ACCC）也在其职责范围内履行监管职责。

（一）能源资源常务理事会（SCER）

2011年，澳大利亚政府委员会同意建立新型精简理事会系统，理事会包括以下三类：

（1）常务委员会，负责处理解决国家重要事项。

（2）特别委员会，负责重点改革事项。

（3）法律执行管理机构，负责监督法律执行情况、政府间协议和常务委员会范围之外的条约等。

作为常务理事会的组成部分，能源部长理事会和矿产与石油资源部长理事会被合并，成立能源资源常务理事会（SCER）。此后，又成立了能源市场改革工作小组负责澳大利亚能源市场改革工作。

能源资源常务理事会的工作方式包括：促进国家管理和监督政策的协调并对项目开发进行管理；为政府制定能源、资源战略政策提供支持；加强各州之间监管框架的一致性。

能源资源常务理事会职责范围包括：澳大利亚能源市场的监管，加强能源供应效率；能源安全和国家液体燃料突发事件应急管理；建立具有建设性和兼容性的基本立法、政策框架等；促进澳大利亚能源经济的竞争力。其工作重点包括：行业治理和监管框架；发展安全的、有竞争力的市场；确保网络服务的有效供应；安全和公众参与工作；技术创新；市场准入和需求管理；环境可持续发展管理，如监测气候变化政策的影响、国家碳定价等；能源负担能力等。

（二）澳大利亚能源市场委员会（AEMC）

作为政府委员会新的治理安排的一部分，AEMC 成立于 2005 年，负责监督国家主要的能源市场；AEMC 在原 NECA 的基础上设立，并继承了 NECA 的能源政策制定等职责（如图 11.2 所示）。

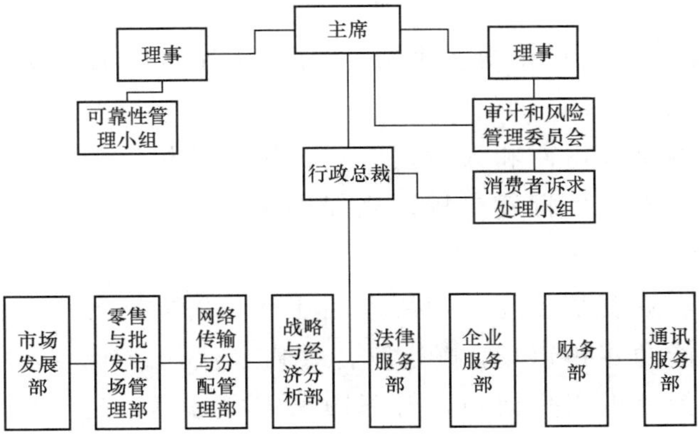

图 11.2　AEMC 组织结构图

AEMC 工作的目的是建立高效、可靠和安全的能源市场，保护消费者的长期利益。其战略重点包括：

（1）加强消费者参与，建立有竞争力的零售市场。

（2）促进高效的天然气市场发展。

（3）市场布局，鼓励高效的投资，增强市场的灵活性。

AEMC 的职责包括制定规则和提供建议。在制定规则方面，AEMC 根据国家电力法、国家能源零售法等立法制定行业规则，对企业如何在竞争上网和零售领域参与合作和运营产生影响；规则的内容包括能源企业运行、企业参与行业竞争、能源零售行业管理、电力输送和分配服务等。AEMC 同时负责输电配电网络服务和天然气管道的调控。在提供建议方面，AEMC 为政府提供改进监管和市场安排建议，帮助政府适应不断变化的环境，以最经济有效的方式为消费者提供可靠的能源供应和相关服务。

此外，AEMC 也是国际能源监管机构联盟的一员，为全世界能源监管机构之间的合作和影响能源市场的全球性问题的解决提供范例。

（三）澳大利亚能源监管机构（AER）

AER 成立于 2005 年，根据政府委员会新的治理结构安排，负责监管国家能源市场；AER 在原 NECA 的基础上设立，并继承了 NECA 的能源监管职责（如图 10.3 所示）。

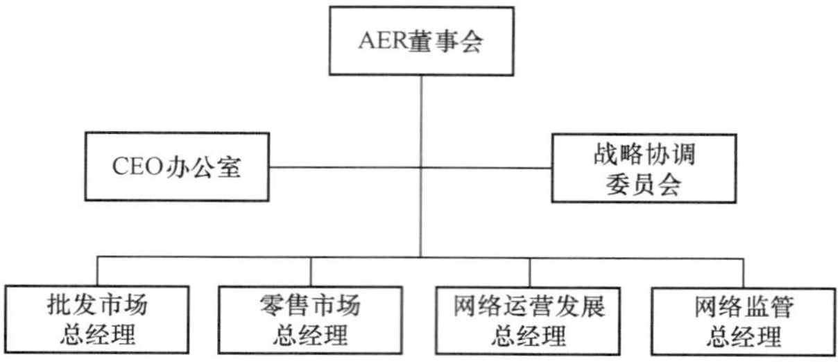

图 11.3　AER 的组织结构图

AER 负责澳大利亚东部和南部能源市场、能源网络的立法、政策监督，具体包括：

（1）制定能源网络（电网和天然气管道）运输价格。

（2）监控电力和天然气批发市场，确保供应商遵守法律和政策，并在必要时采取执法行动。

（3）调节澳大利亚首都领地、南澳大利亚州、塔斯马尼亚州（仅为电力零售）和新南威尔士州的能源零售市场，执行符合零售立法的政策，授权零售商出售能源，批准零售商依据政策处理用户问题，管理国家零售方案，对零售商进行监督报告，对消费者和小型企业进行能源权利方面的教育宣传，以及管理能源比价网站——能源一点通。

（4）发布能源市场信息，包括能源市场年度报告及更详细的市场报告、合规报告等，促进更广泛的公众参与。

（5）协助 ACCC 解决《竞争与消费者法》所产生的与能源相关问题，包括执法、并购、授权等。

AER 是一个独立的实体，根据《竞争和消费者法（2010）》运行和管理，AER 的决策受到联邦法院的司法审查，通过发布年度报告、利益相关方调查、战略重点和工作程序等文件履行职责。

（四）澳大利亚竞争和消费者委员会（ACCC）

基于《竞争政策改革法》，ACCC 于 1995 年 11 月成立，由原来的贸易惯例委员会和价格监督局合并而来。它对包括电力在内的所有工业进行监督，其主要作用是反垄断、反不公平的市场行为、管理公司兼并事务和第三者加入对国家重要资产的收购及保护消费者利益。对电力而言，其一大作用是确定高压输电公司的年收入上限。

ACCC 虽是联邦层次的管制机构，但其运行是独立于联邦政府的，每年定时向国会呈交报告，详细汇报工作。其监管事务司设电力小组，主要职能包括：

（1）对电力市场参与者递交的有潜在违反竞争原则的申请进行审核并批准。

（2）审核电力市场参与者递交的有关修改全国电力市场接入规则的申请。

（3）审核各个电网服务提供商递交的电网接入报告，并批准对接入状况进行修改的申请。

（4）对输电网服务提供商的收入进行管制，包括制定输电收入的原则。

上文中提到的各监管机构一般应各司其职。当某一电力市场参与者想要对电力法规的某一项进行修改时，各监管机构都会参与决策过程。当某一个市场参与者认为某项市场法规需要修改，通常它会通过 AEMC 作为代表主持咨询过程。然后，AEMC 将申请书送交到 SCER。根据申请，SCER 将主持正式的审查过程，包括对市场参与者作新的咨询。SCER 在总结了意见后，会对申请书作“背书”并将申请书送交到 ACCC 作正式的审批。ACCC 必须对工业参与者进行新的公开咨询过程，应用“公众利益测试”，然后在审查的结尾作出裁决。ACCC 所作的核准具有法律效力，裁决后市场规则乃作修正。

三、国家电力市场法律规制

由于澳大利亚为联邦制国家，除联邦立法外，各州都有立法权，因此澳大利亚涉及电力体制改革的法律法规十分繁杂，主要包括两大类别：一是电力行业行为规范，二是电力市场准则。

（一）电力行业行为规范

1. 竞争原则协议

为了在符合宪法的框架下，使联邦政府和州政府之间合作而顺利引入竞争的政策，在 1994 年 2 月，联邦政府和所有州及领地政府达成竞争原则协议。此协议包括如下内容：价格的监督将“独立”于每一个州政府，价格监督也可以由全国性的监管机构来承担，如果州政府选择这样做的话；采用竞争中立的原则，目的在于消除因政府在商业活动中的所有权而导致的资源分配不均衡；政府的生意不能因为它是公营而享有优势，它们应企业化，缴纳国家规定的所有税收，支付债务保证费用，以及像私营公司一样面对监管条例；对公营垄断业务作结构上的改革，去掉垄断业务担任任何工业管制的责任，对公营企业作审查并把竞争的部分从原来的垄断经营中分离出来，审查对社区服务义务的利弊；法律方面的改革，原则是立法不应限制竞争，除非能证明限制将带来利益；开放重要基建的进出给予第三方：若重复建设是不经济的，或可以避免下游竞争、或设施对国家有重要性则可确保安全及经济地使用这些设施；进出的权力获得的途径：国家通行领域、州通行领域或由第三方协商通行；竞争原则适用于领地政府，虽然它们不是协议签字方；竞争原则适用于所有的工业（包括电信、能源、铁道、航空、卫生、海事、邮政）；协议有效时间条款，需要在 5 年后重审；协议由联邦政府与 6 个州及两个领地政府签字后生效（1995 年 4 月）。

2.《竞争政策改革法》

在 1995 年以前，联邦政府管制不正当商品竞争的法律是《贸易惯例法》和《价格监督法》。目的在于通过推广竞争、公平交易和提供给消费人士保障，以增加澳大利亚人民的福利。要全面引入竞争政策就需要修正《贸易惯例法》和《价格监督法》，因此联邦政府在1995年7月立法实行《竞争政策改革法》，在竞争原则协议下，此法案适用于所有参与州和领地。其要点有：建立竞争和消费者委员会（ACCC）、国家竞争理事会（NCC）和国家竞争仲裁庭；引入“竞争规则”；原来的《贸易惯例法》只关注“商品”贸易，修正的法律将注意力从“商品”转移到“商品和服务”并明确表明“商品”包括电力和燃气；法案阻止“显著减少竞争”的合约，除非得到ACCC的批准。在处理这些具有“专有交易”的申请时，ACCC需进行“公众利益测试”审查申请，合乎条件者才给予批准，而给予的许可有截止日期（如全国电力规则批准至2009年），并包括使用服务的条例，如使用争端、授权、申报、决定、对政府的约束力等。

（二）电力市场准则

1.《全国电力法》有关监管的准则

为建立国家电力市场，在竞争原则协议下，联邦政府在1997年引入了《全国电力法》。重要的章节包括：第五节，列出那些在此新法案被颁布时受约束的州政府名单及成为“参与州”的条件。第六至八节，认可订立行业“行为准则”（如全国电力法规，即电力市场规则），并订立批准法规的原则。法规可以包含保护性条款，但它必须是一份“公共文件”，任何人都可以购买。第九节，规定工业参与者需要向AEMO注册，如发电商、输电商、配电商、零售商、大用户，也规定由AEMO运营一个电力批发市场。第十至十五节，规定市场规则由SCER执行。违反法规的情况应用民事处罚。分三类罚款：A类（2万澳元），B类（5万澳元），C类（10万澳元）。设立民事处罚基金，可用法院颁令来执行付款。第十六至六十四节，设立国家电力仲裁庭，目的是提供渠道重审NECA和AEMO的决定。第六十五至七十节：为NECA建立一个“民事处罚”基金，以及为AEMO设立一个“规则”基金。第七十一至八十一节，一般性的事项，如进入的权力、因安全和保安原因而设立的控制系统、豁免条款等。

2. 国家电力市场规则

国家电力市场规则是一份公共文件，由SCER进行管理。制定国家电力市场规则的目的是：为批发市场的运营提供一个管理框架；提供由ACCC批准的一系列有关市场的规则，以此管理市场运营、电力系统安全、电网连接及进出和电网服务定价；为解决争端提供一个经济的途径；对违反规则的行为进行相应的惩罚；为规则的修改提供有效的途径；明确了所有参与者的责任；列出了详细的市场运行规则，包括报价、调度、现货市场价格的制定及结算安排；列出了详细的运行要求，包括系统运营及电力系统安全、紧急事故运行、计量表计及维护安排；明确了进入电网的条件和技术指标；列出了计算电网服务价格的方法。规则共有10章，其中有1章是有关市场竞争规则（第三章），有6章是关于开放接入接出的规则（第四、五、六、七、八、九章），其余3章是关于日常管理规则（第一、二、十章）。

3. 州电力法

参与国家电力市场的各州除了采用全国电力法处理批发电力的交易以外，各州的电力法也被修正，为实行每个州自我的零售市场而确立管制框架。州的电力法基本上包含以下的条款：管理零售市场的电力销售和电网服务，确定州工业监管机构的职能；明确零售商和配电网的权利和责任（征用土地、进入私人产业的权利、实施电力工程）；列举通用合约的详细条款（供应和连接），制定用户转移、保障和推广规则，终止电力供应和连接服务的规则，以及最后补救办法情况下的零售商的行事规则；电网进行可竞争性工程的规则；犯法事项规定（盗窃电力、妨碍计量表正确计量）；设立与进行消费者咨询小组的规则（开发和研究）；为小用户设立电力投诉大使，及投诉大使计划的规则；支持社会公益计划的原则。

4. 零售商许可证制度

在州的立法下，进行电力零售业务前须先领取零售商许可证，条款大致如下：许可证适用于零售市场而已，把零售市场的责任分配给一个零售业务或一个电网业务，许可证在州的法律下由州政府颁发，需要定期更新；许可证的颁发包含表现标准，持证者必须接受；如果犯规，许可证会被吊销；如果零售商经营失败，将顾客转换至新的零售商。

四、国家电力市场运行管理

（一）国家电力市场参与者

国家电力市场的参与者包括澳大利亚能源市场运营商（AEMO）、电网服务供应商以及各类发电商、用户和特殊参与者。

1. 澳大利亚能源市场运营商（AEMO）

澳大利亚能源市场运营商（AEMO）成立于2009年7月1日，负责管理国家电力市场（NEM）和燃气市场。AEMO由澳大利亚政府委员会设立，并在能源部长理事会（MCE）指导下发展，通过将电力和燃气市场功能、国家电力市场系统运作、维多利亚州燃气运输管理电网和国家输电规划集中到一个运营框架之下，增强了能源市场的国有特点（如图11.4所示）。

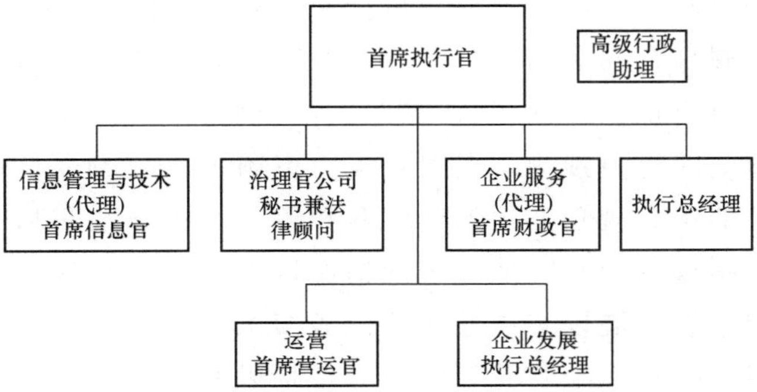

图11.4　AMEO的营运结构图

AEMO成立后，以前由NEMMCO承担的关于NEC的电力职能和电力工业委员会（ESIPC）的规划职责，现在由AEMO执行。此外，AEMO承担了维多利亚能源网公司（WENCorp）、能源零售市场公司（REMCO）、燃气市场公司（GMC）和燃气零售市场运营商（GEMO）的燃气零售和批发市场的职能。2010年，从新南威尔士州和南澳大利亚州开始，AEMO承担了建立短期交易市场的责任，并且作为燃气市场功能的组成部分，AEMO为燃气设置了每日批发价格。AEMO的核心职责可以归纳为以下几个方面：电力市场—电力系统和市场运营、燃气市场操作、国家电网规划、传输服务和能源市场发展。

AEMO在确保成本回收的基础上，注册成为一家企业实体，根据公司法进行运营。AEMO成员由政府和行业成员构成，分别占60%和40%，并且经过3年的运作后将对这项安排进行检查。AEMO的政府成员包括昆士兰州、新南威尔士州、维多利亚州、南澳大利亚州和塔斯马尼亚州政府、联邦和澳大利亚首都直辖区。

关于电力市场的运作。AEMO承担电力系统运营商和市场运营商两方面的作用。AEMO在不同的州的控制中心运营互联的东部和南部电力系统，这两个控制中心全天候运作，并配备了相同的通信和信息技术系统。整个国家电力市场，或国家电力市场的个别地区都可以被其中一个或两个中心操控。这种安排保证了AEMO灵活、快速地对任何物理或系统事件作出反应，即使任一地点无法操作。作为国家电力市场的操作员，AEMO制定适当的预调度、短期和中期系统调度计划，提供市场供应和电力储备信息，以协助市场参与者作出适当的业务决策。预调度每半小时一次；短期调度每2小时一次；中期调度每周至少一次，并提供未来两年的储备预测。此外，AEMO还提供电力市场和电力系统运行计量和结算、市场绩效报告、事故分析等服务，并保证市场财政稳健运行。

关于传输服务。AEMO在电力和燃气市场扮演重要的规划角色。在维多利亚州，AEMO负责规划和购买新的输电能力，用以连接发电机与客户到输电网上。AEMO使用经济成本效益框架对新的输电基础设施编制独立的需求预测以及所需经费报告，使其能够达到电网成本、可靠性和市场经营效益之间的平衡点。AEMO没有任何资产，但会努力履行合同下的长期服务。在南澳大利亚州，AEMO进行电力需求预测并为南澳州政府提供具体的建议。2012年AEMO首次为所有国家电力市场编制独立、开放和透明的电力预测。在国家电力市场中，AEMO负责国家电网的战略发展，提供战略性的电力规划方面的建议和预测，并指导电网基础设施和资源管理的长期投资。这包括模拟未来可能出现的情况，对市场在这些情况下可能会如何发展提出建议，引导市场发展以实现预测的能源需求。

关于市场发展。AMEO经营着国家电力市场以及澳大利亚东部和东南部的零售和批发燃气市场。这包括：国家电力市场（NEM）、维多利亚州公开批发燃气市场

（DWGM）、短期交易市场（STTM）、零售市场、市场开发。能源市场随着需求水平的变化而不断发展变化，新的基础设施不断被纳入，市场参与者频繁变更。AEMO通过一个合作流程，管理这些市场的发展，该合作流程是为保证规则的一致性和实际应用而研发的。AEMO通过从股民中获取和发布资金投入，管理燃气和电力批发市场、零售燃气市场以及燃气公告板的规则和操作程序，促进了市场发展的参与。AEMO通过提供精简的规则和综合的流程，使多领域、多辖区的市场参与者提高运营效率成为可能。

2. 发、售电商

目前，澳大利亚私有发电商和政府拥有的发电商并存，使用种类繁多的燃料和技术发电。法规规定，凡单机或全厂容量3万千瓦及以上的公用发电厂，均为计划内市场型发电商，必须向AEMO登记注册。

3. 输电商

拥有及运营一个区域的主要高压电网，它将能源从发电商处输送至配电网，为此服务它收取连接和使用高压电网的费用。输电网业务是垄断性的，其收入由监管机构制定，是稳定和有盈余的。它必须随时向AEMO提供输电网容量以供其传输电力。澳大利亚的输电网的电压，最低为132千伏，最高为500千伏。

4. 配电商及最终用户

配电商往往也是一个零售商。在澳大利亚电力市场规则下，有零售业务的配电商必须把零售业务和配电业务单独立账管理，也就是说配电商不能将零售业务的亏损转账到配电业务上去，因为零售业务是竞争性的。市场用户指零售商和选择直接购电的最终用户，市场用户必须依法向AEMO注册登记。初期国家电力市场共有零售商98家，其中，新南威尔士25家，昆士兰20家，南澳13家，维多利亚23家，首都地区17家。这些零售商有17家是由配电公司转变而成，其余的只是买进和卖出电能，与电网公司没有关联。由于竞争激烈，零售公司也在进行合并重组。

（二）市场交易

澳大利亚的电力市场采用总市场模式进行交易，参与市场的发电商所生产的所有电力，必须通过电力市场以投标竞价的方式去售卖，而零售商也必须通过市场购买所要的所有电力。根据市场规则，凡发电机组大于30兆瓦都需注册和参与市场。

在总市场模式下的现货价格，因各种客观因素或供求关系而造成价格波动，其起落可以很大。因此，发电商和零售商各自为了减少本身的财务风险，保障本身的经济利益，在市场以外可以形成差价协议。

澳大利亚国家电力市场还有以下特征：

现货电力市场的交易和结算，仅针对能源而言，没有给予容量的付款。输配电网成本与能源成本分离，用户从结账单可以清楚了解这两部分的费用。发电商为市场提供能源是以每30分钟为一个时段，对一天24小时的48个时段进行投标。但其机组是否要发电，由发电商作出决定，除了系统安全受到威胁的特殊情况外。要发电的机组，发电商每天都需为其准备标书，投标价格以发电厂高压变压器接线终端的生产数量为准。MSO 根据报价价格高低，制定机组的负荷和调度的顺序。在每个时段里，满足系统负荷所需调入的最后一台机组所投标的价格被定为市场清算价格。市场清算价格是适用于所有有电力生产的发电机组，也适用于向市场购买电量的一方，即市场清算价格是供求双方共同的。市场以外供求方之间有金融合约支撑（即差价合约），作为管理市场财经风险的手段。参与澳大利亚国家电力市场的所有州政府都把发电资产从输电资产中分离出来，在各自的州里形成多个独立、相互竞争的发电公司，并通过联网形成州与州之间的发电公司可以相互竞争。输电网也与配电网分离，每个州（区域）只有一家输电公司，但有数家配电公司。从事零售业务需要有执照并可以相互竞争售电，配电商也可以参与零售市场，但零售商不一定是配电商。

发电商以半小时为一个时段向市场报价。在接到各发电商的报价后，市场管理者 AEMO 将所有的报价根据价格进行排序，同时考虑到电网状况和负荷预测，然后向发电商发回第二天的预调度指令。

实时调度指令是以 5 分钟为一个单位发给发电商，电厂操作员根据 5 分钟目标调度机组。绝大多数机组都具有 AGC 功能，因此整个调度过程都是计算机控制的，几乎没有人为的干预。前半小时的调度结果及市场价格会向所有参与者公布，以保证市场的透明性。根据市场价格，AEMO 会向零售商发出账单并向发电商付费。

由于一系列的供求因素的影响，现价波动范围可以很大。发电商和零售商之间通过签订金融合同（零售协议或订立长短期批发合同）降低此项风险。一般对零售商要求 95%的电力电量签订金融合同，也同时提高负荷需求的相对准确性，而发电商则未作限定。

NEM 是澳大利亚东部和南部的电力批发市场。主要客户是向住宅、商业和工业出售电力的能源批发商。如图 11.5 所示，季度现货价格一直很不稳定。

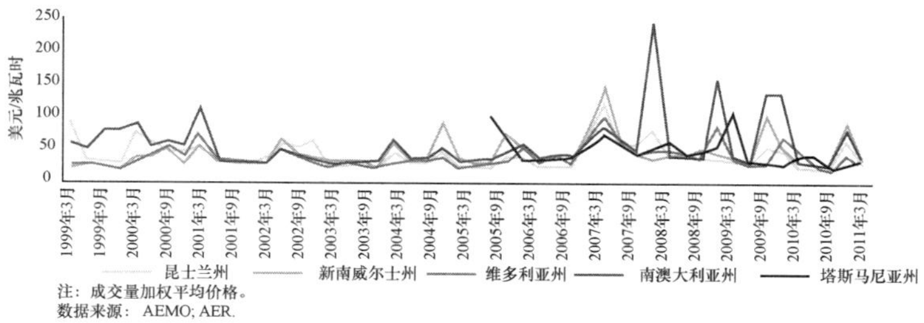

图 11.5　电力市场现货价格波动

NEM 中的现货价格波动可能会给批发市场参与者造成重大风险。虽然发电厂面临低价格影响盈利的风险，批发商则面临因价格涨得太多而不能传递给他们的客户的风险。市场参与者普遍通过锁定购买或销售价格的方式来管理远期风险。电力衍生产品市场的参与者包括：发电厂、零售商、金融中介机构和对冲基金等投机者。

图 11.6 显示了用电力基数期货的平均价格，价格波动性变小了。

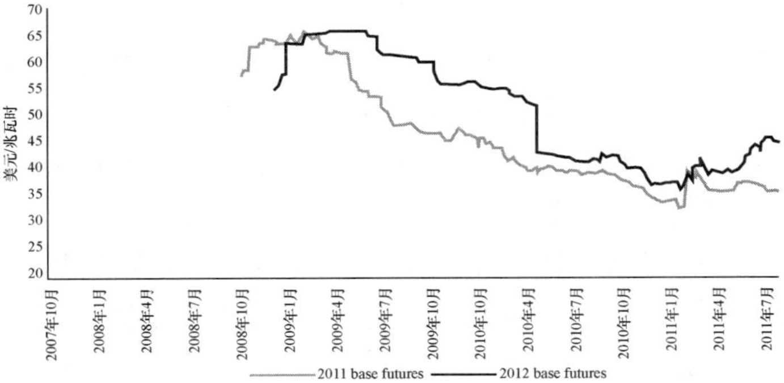

数据来源：d-cyphaTrade.

图 11.6 电力基数期货的平均价格波动

除了金融合约，其他的机制可以在电力批发市场管理价格风险。澳大利亚的一些发电厂以和零售商通过垂直整合的方式减少了他们在 NEM 现货价格的风险。

此外，在新南威尔士州，尖峰电价均衡基金（ETEF）为需要按照管制电力价格向最终用户出售电力的零售商提供了一个缓冲。当现货价格高于受管制的零售价格，ETEF 从该基金里向零售商支付补偿。相反，当现货价格低于规定的价格，零售商向 ETEF 支付。

（三）电价机制

澳大利亚国家电力市场实行分区电价机制。整个国家电力市场覆盖了其东部、南部范围广阔的几个州，绵延几千公里。各州电网之间联络线及州内电网部分线路存在输电功率约束问题，在很多时段，不能按照国家电力市场范围内全部发电价格一致的调度方式运行。因此，引入分区定价机制来解决这个问题。当电力市场内电网不同部分之间输电潮流出现阻塞时，根据阻塞线路将电网划分为区域，分别计算市场价格。即电力送出区域的市场价格低，电力输入区域的市场价格高，产生了不同区域市场价格的差异。根据澳大利亚国家电力市场区域定价原则，区内电价以满足负荷要求的最高价格为准。

国家电力市场的运行，一方面使澳大利亚东部的发电企业处于全面的竞争状态，实现了州际间竞价的电力交换，使资源在更大范围得到了优化配置，促进了电价的降低；另一方面，由于各州之间输电容量的限制，各州的市场电价有所差异，为联网工程的建设提供了激励机制。同时通过统一管理，减少了争议并加快了解决争议的过程。

虽然澳大利亚具有得天独厚的丰富资源，尤其是煤炭资源，其电价在世界发达国家中属于最低的国家之一。但是，在排除澳大利亚富有廉价能源这一因素后，澳大利亚的电力供应成本还是相当高的，这主要反映在低劳动生产率、低设备使用率，缺乏州际之间的联网而造成的不必要的高储备容量。电力系统在政府直接管理下，政治上和社会上对它的要求往往高于对它在经济效益上的要求，因此，在价格上，某种类别的用户承受着补贴其他用户的沉重负担。近年来，投入巨额资金加入新南威尔士州、南澳州、维多利亚州的联网，建立国家电网，调整各州电力装机容量盈缺不均衡的状况，追求已有设备在全国获得规模经济效益。

理论上讲，折旧用于投资属于简单再生产，纯利润用于投资属于扩大再生产，为了增加电力企业的自我发展能力和投资功能，澳大利亚非常重视增加电网企业的自有资金，主要采取的措施是资产重估、缩短折旧年限、降低运行成本、保持适当利润率以及在建项目费用及早分摊到用户等。基于这一思想，澳大利亚在输电价格定价过程中，要求管制方法具有鼓励电网公司获得合理收益，避免造成不合理定价而打击投资、降低服务标准和经济效益的现象。使用具 CPI-X 的激励型的收入上限形式。监管机构对输电业务实施收益上限监管，首先构建模型，将输电公司允许收益分为资产回报、设备折旧、运行和维护费等三块，并加以细化。据此，输电企业核算成本和合理收益后，向能源监管机构申请由其确定最大允许收益，并定期对此进行调整。这样可以在经济利益上直接刺激企业提高生产效率。

输电公司在获准最大允许收益后，将此转换成输电电价：确定输电公司的年度收入目标，按照资产类型分摊到各种输电服务成本，再分摊到用户或用户节点的输电服务成本，最后转换成输电电价。新监管方式意味着监管机构不对输电业务具体定价，而是通过核定其最大允许收益来实现经济性监管，输电公司的赢利和售电量脱钩，可以大大调动企业降低成本、节约能源的积极性。

（四）其他交易

由于电力需求的不稳定，发电设备有时会因故障而改变出力，以及发电者每天的竞价都不尽相同，使实际市场上的电价波动很大。但价格波动并不影响到最终用户，因为零售商实际上是以一个基本固定的价格向用户售电的。电价的波动只对发电者和零售商的收益发生影响，因此需要有一些合同来管理。

发电者和零售商的市场风险。在澳大利亚，有几种不同于现货交易的电力交易方法，例如授权合同和交易合同。

1. 授权合同

授权合同是发电与配电者间签署的合同，电力市场刚开始形成时，零售商通过这种授权合同获得的 80%的特许经销电量。在电力市场形成初期，政府为使电力向竞争性市场平稳过渡而鼓励建立这种合同。但随特许经销的零售商中引入竞争机制，授权合同正在逐渐减少，它将逐渐被交易合同所取代。

2. 交易合同

在交易合同中，发电者和配电商商定一个恰当的电力价格。如发电者同意以 25 澳元/兆瓦时的价格卖给零售商 100 兆瓦的负荷，当某个时间段上市场电价达到 30

澳元/兆瓦时，配电商按30澳元/兆瓦时的价格将电费付给市场与系统调度者，后者将此转给发电者，而发电者则须向配电商支付5澳元/兆瓦时的差价。反之当市场价格低于合同价时，就由零售商向发电者支付差价。这种合同方式能将市场的价格波动限制在一个合适的范围。

3. 封顶价合约

在这种契约中，发电者承诺零售商的购电价格低于某一数值。例如将封顶价定为120澳元/兆瓦时，如果市场电价上升到160澳元/兆瓦时，则发电者须按条款中规定的电量向零售商支付40澳元/兆瓦时的差额。如果市场电价未超过120澳元/兆瓦时，则发电者不必支付。

4. 保底价合约

这种契约限制了当市场电价过低时零售商从发电者得到的好处。例如，合同规定保底价为15澳元/兆瓦时，当市场电价低于这个价格时，零售商须按条款中规定的电量向发电者支付市场价与保底价之间的差额。

5. 波动范围合约

这种契约既规定了封顶价，也规定了保底价，发电者和零售商共同承担这两个价格之间的市场风险。

6. 悉尼期货交易合约

这是近期发展起来的又一种风险管理方式。电力期货合同在许多方面与其他商品的期货合同一样，每天的合同价格反映了市场参与各方的交易情况，反映出各方对交易合同市场的近期看法和对现货市场的远期预期。期货交易将对现货市场和合同市场产生很大影响，这两个市场的情况又反过来影响参与者对未来的预期。

五、澳大利亚电力市场改革成效与特色

澳大利亚是最早进行电力市场化改革的国家之一，目前已取得了显著成效。国际能源署发布的2005年评估报告认为，澳大利亚的电力市场不仅高效而且健康，用户充分享受到了稳定可靠的电力供应。纵观二十多年历程，澳大利亚通过电力市场化改革，拥有了世界上最自由且充满活力的电力工业，值得世界其他国家借鉴。

（一）市场目标明确

澳大利亚电力市场改革具有鲜明的特色，其中首当其冲的是其在改革初期便能制定明确的市场目标。目标的不同将导致不同的市场设计，有时必须平衡经济和社会效益。澳大利亚政府采取了对其未来最好政策进行辩论的方式推动改革，逐步明确电力部门改革需要确定的清晰目标和透明改革进程。并依靠产业委员会（现生产委员会）对问题和潜在的政策进行真实客观的评估，提供了明确的改革目标，改革推进过程循序渐进，部分地区先行试点，再扩展到全国市场，近年来的改革已进一步实现从电力市场改革逐步扩展到整个能源市场的改革和融合中去，运用政策、经济、技术、金融、法律多重手段维系了国家电力市场改革的持久性和稳定性。

（二）管制保障有力

澳大利亚电力市场的另一特色是市场透明度高，并且独立的监管机构和市场运行机制完善，各监管部门之间的职能清晰。澳大利亚清晰的市场规则和简单的结构有助于参与者理解及执行。对于违反市场规则的行为明确处罚，公平且严厉，维护了市场的正常运营。国家电力市场监督及跟踪机制相对完善，约束了不当竞争行为（如发电商串通起来报高价）。同时，澳大利亚电力市场给予投资者足够的信号，提供了较有吸引力的投资环境。特别是在市场化改革初期，总市场模式可以给予较强的现货市场价格信号，但对长期投资的保障较低，发电投资者较难确定或预测中长期的电价。净市场模式（合同市场）给予价格信号较弱，因为绝大多数合同价格都是保密的，但投资者因可以签订长期合同，对其投资的长期回报仍有所保障。因此，在总市场的模式下，就非常需要有差价合约的安排，以降低投资者对价格波动的风险，并在一定程度上能够确定投资回报，设计差价合约等模式是澳大利亚电力市场改革的重要创新。

（三）市场开放与系统可靠兼顾

澳大利亚电力市场改革逐步推进，在有序推进市场开发的同时确保系统的安全可靠运行。在市场环境下对电网的可靠性要求会更高。任何由于电网事故使得发电商不能发电或零售商不能购电，都会造成很大的经济损失。因此管制机构往往非常关注电网的运营表现，并对其可靠性提出较高的要求。同时，市场参与者在与电网签订连接合约时，对电网的可靠性有很高的要求。在澳大利亚电力市场，大用户自由选择零售商被证明是成功的经验。而到目前为止，国际上成功的让居民用户通过自由选择零售商而受益的经验依然少见。同时，澳大利亚电力市场改革经验表明在鼓励竞争同时不能忽视或降低对环保的要求。在环境问题上，政府及市场管制机构应该作为主要推动力，通过对政策和规则的制定，鼓励对环保有利的市场行为。

（四）高层政治强力驱动

澳大利亚电力市场改革从一开始就体现了在澳大利亚政府委员会、部长理事会等高层政治力量的介入和推动下开展起来的特色。可以说，澳大利亚高层政治的关注和持续努力，连同从辖区到国家级政府部门的刺激，一起推动了改革进程。此外，制度和规制遵循法治化程序，平衡和协调了各方利益。例如，《国家市场条例》用了3 年的时间才通过，其最初草案的制定咨询了所有利益相关者，有 80%的条例被接受。澳大利亚电力市场相关立法既有稳定的目标，又有灵活的可操作性，能使不同级别政府正式参与、协作，并通过财政奖励等措施推进改革。

（五）利益相关者积极参与

澳大利亚政府没有贸然催促加快电力改革速度，而是给予每个辖区决定速度的自由，留充裕的时间咨询利益相关者并获得充足反馈。值得注意的是，电力公用事业的私有化并不是澳大利亚电改的早期重要步骤，培育电力市场主体、从结构性重组入手才是关键，包括电力公司和零售商分类计价、批发市场的卖方和买方必须分类计价等，都制造了足够的竞争。贯穿联邦和各州的改革需要多方参与，协同合作。澳大利亚电力市场改革进程中跨联邦、司法和行业层面管理机构的建立起到了关键推动作用，最终成为整体进程的倡导者。

1995～2010 年间，电力市场化改革带来的直接收益达到 230 亿澳元。近年可再生能源发展已对澳大利亚电力市场带来新变化，自 2007 年以来，由于澳大利亚政府采取补贴、强制性上网电价（feed-in tariffs）、强制性可再生能源目标（mandatory renewable energy targets）等激励政策以及受不断上涨的零售电价的驱使，家庭或社区分布式光伏发电得到了迅速发展。截至 2014 年 2 月，澳大利亚安装在屋顶的光伏发电系统已经超过 100 万，1/10 以上的澳大利亚人（约 250 万人）已经通过分布式光伏发电系统发电，总装机容量超过 3.2 吉瓦，占全部发电量的 1.1%。投资者基本能够实现自发自用，富余电量向电网运营者出售，光伏发电系统的商业化渐显规模。据澳大利亚光伏学会（Australian PV Institute）预测，到 2020 年或更早，澳大利亚屋顶光伏发电系统装机总容量将达到 9 吉瓦，200 万家庭将成为光伏发电的消费者。

澳大利亚屋顶光伏发电系统的发展速度超出了政府部门的预期，加剧了发电侧和售电侧的竞争程度并产生了一系列溢出效应，更重要的是，随着光伏热电（solar thermal）技术的成熟和运用，光伏发电设施可以全天候发电，光伏发电对电力系统稳定安全运行的不利影响将不复存在。总之，光伏发电系统的迅猛发展正在重塑澳大利亚国家电力市场（National Electricity Market, NEM），或者说对 NEM 正在进行革命化改造，正如澳大利亚气候变化委员会（Climate Commission）主席 Tim Flannery 所言，家庭和社区屋顶光伏发电系统的迅速发展无疑是一场“太阳能革命”。

光伏发电系统对环境和社会的积极影响不言而喻，不仅能减少二氧化碳排放，抑制温室效应，而且可以降低用户电费支出，增进消费者福利（主要是因分布式光伏发电系统极大降低了电网建设成本对消费者的转嫁）。但是，光伏发电系统的飞速发展对电力市场的传统主体长期形成的利益分配格局造成了很大冲击，主要表现在：

一是电力需求持续下降。根据 2013 年 AEMO 发布的《国家电力预测报告》预计，由于屋顶光伏发电系统的发展和能源利用效率的提高，实际电能消费量低于同期水平和此前的预测，且未来十年内电力需求仍然会呈现下降的趋势；同时，光伏发电系统投资者自发自用，导致自电力供应商的购电数量下降，电力市场总体规模将出现萎缩。

二是发电投资主体和模式多样化。传统电力市场体制下，发电设施多由经济实力较强的发电商和电网经营者等投资建设，现有的光伏发电系统业主也多是收入较为富裕的中产阶级不动产所有人，随着融资手段的丰富，可能出现社区民众集资投资建设装机较大的相对集中的光伏发电系统，电力生产在一定程度上将摆脱对传统发电设施投资主体的依赖。

三是侵蚀了电网运营者的利润。一方面，电力需求下降致使电价走低，而传统化石燃料发电商和电网经营者成本没有发生变化，甚至可能上升，利润空间受到挤压；另一方面，分布式光伏发电系统改变了用电高峰负荷出现的时间，并能够填平用电高峰负荷，传统上这部分收益由传统化石燃料发电商、电网运营者垄断和分享，导致其利润流失。

六、小结

澳大利亚通过改革对发电、输电、配电和设施产权进行分别重组，从电力的生产、输送、配置、销售四个环节入手，在每个环节引入竞争机制，实现电力市场的市场化运作。其能源监管体制包括：能源资源常务理事会（SCER）、澳大利亚能源市场委员会（AEMC）和澳大利亚能源监管机构（AER）。不同的部门分工明确，其中 SCER 负责提供能源政策支持，AEMC 负责监管规则的制定，AER 负责监管规则的具体实施。在体制之外，澳大利亚竞争和消费者委员会（ACCC）与各州的独立监管机构也作为独立的监管力量完善整个电力市场的监管体制。澳大利亚与电力市场相配套的电力法规包括两大类别：电力行业行为规范和电力市场准则。电力行业行为规范通过竞争原则协议和竞争政策改革法来保证整个市场运作过程中的竞争机制。电力市场准则通过监管准则、市场规则、准入规则等确保电力市场的有序运营。最终，在竞争制度和法律制度的基础上，形成多方参与、市场交易、分区定价为主体的市场运行管理特征。

作为国际公认的优质电力市场，澳大利亚电力市场有其值得借鉴的市场经验：第一市场目标明确，第二管制保障有力，第三市场开放与系统可靠兼顾，第四高层政治强力驱动，第五利益相关者积极参与。随着可再生能源的发展，在政府激励政策的辅助下，澳大利亚的家庭和社区分布式光伏发电系统迅速发展，掀起了一场“太阳能革命”，为电力行业的可持续健康发展描绘了新的图景。

第三节　新西兰电力市场

新西兰位于太平洋南部，介于南极洲和赤道之间。西隔塔斯曼海与澳大利亚相望，北临汤加、斐济。新西兰由北岛、南岛、斯图尔特岛及其附近的一些小岛组成，面积约 27 万平方公里。新西兰拥有丰富的水力资源和地热资源，但资源分布不均匀，大部分水力资源分布在南岛的南部地区，而人口主要集中在北岛的北部地区。

一、新西兰电力工业概况

（一）装机容量、发电量及电力消费

新西兰电力工业以水电为主，水电发电量占全国发电量的 65%～83%，其余为地热、煤电和生物发电。新西兰全国大约 3/4 的水电在南岛，而主要负荷在北岛，北岛用电量超过全国的 2/3。

新西兰近年来的发电量呈现稳步上升趋势，2010 年，新西兰总发电量为 448.2 亿千瓦时，其中煤炭发电量 20.68 亿千瓦时，水电发电量 247.15 亿千瓦时。同时，水电发电比重不断下降，而火电（燃煤和天然气）、地热发电和风力发电的比重有所上升。

新西兰电力消费以农业和居民用电为主，2010 年人均用电量为 9565.91 千瓦时。

（二）电网

1994 年 7 月，新西兰电网公司（Trans Power）开始独立运行，它拥有并经营国家电网，负责电网调度管理和编制电网投资、运行、检修计划，负责电力关口计量表计等。新西兰南北岛是通过一条高压直流输电线路（HVDC）连接的，从北岛的黑瓦兹到南岛的本莫阿，全长 535 公里，包括 40 公里的 500 千伏海底电缆。HVDC 的容量为 1040 兆瓦，运行电压为 270 千伏和 350 千伏。

新西兰国家电网结构简单，始终是南岛送北岛。南岛的水电通过 350 千伏高压直流送到首都惠灵顿后与北岛 220 千伏交流相联，再通过低压配电网向用户供电。

新西兰北岛输电线路的电压为 220 千伏和 110 千伏。北岛主要的负荷中心在奥克兰地区。新西兰南岛输电线路的电压主要为 220 千伏、110 千伏和 66 千伏。南岛绝大多数的发电都来自于水电站。

除了上述主流输电线路的电压外，新西兰还有一些 50 千伏、33 千伏、11 千伏的输电线路。这些线路主要分布在南岛的北部。

（三）电力工业管理体制

新西兰的电力部门主要由四部分构成，分别是发电公司、电网公司、配电公司及零售商。

新西兰全国主要有 8 家发电公司经营发电和电力零售业务，拥有并运行全国大部分的电厂（98% 的发电容量）。发电厂通过竞价上网向零售商和用户售电。

新西兰电网公司（Trans Power）主要拥有 110 千伏、220 千伏交流输电线路及 350 千伏高压直流输电线路组成的输电系统并负责运行管理全国电网，包括电网经营、电力调度和送电、系统安全及购买辅助服务。国家电网公司的高压输电线总里程为 12175 公里。

新西兰主要有 30 家配电公司，拥有与国家输电网联接的低压配电网，配电商直接向零售商出售配电服务。某一地区的配电网可以为多家零售商服务。

新西兰全国主要有 7 家零售商对用户供电，基本由发电商兼营。零售商通过电网的接出点在新西兰电力市场（NZEM）或直接从发电厂买电向用户出售。零售商须支付输电和配电服务费。

新西兰对于电力工业的管制主要集中在输电和配电公司，管制机构是商业部下设的资源和网络处，具体负责输电和配电公司的监管工作，主要职责有以下三个方面：

（1）根据各方面建议，制定相关政策或者起草相关法律法规，经国会审议通过后实施。

（2）实施信息披露，为了增加输电和配电的透明度，定期在政府公告上披露输电和配电公司的财务、成本、资产和管理等状况；还要定期向用户披露输电和配电公司的成本分摊方法、相关交易信息、所有交易合同、线路收费、资产管理计划。

（3）价格控制，商业部每半年对配电公司的经营状况进行评分，按价格、成本、利润和可靠性指标，按价格上涨不得高于消费者物价指数的上涨控制输、配电价格。

（四）电力市场

新西兰电力市场（NZEM）建于 1996 年，其主要目的是建立一个电价核算机制，为投资者、用户等发出正确的经济信号。NZEM 现货市场有两种交易方式，可以自由选择。一种是现货交易，即发电和购电双方按每小时报价和竞价进行交易。这种方式占市场交易份额的 75%以上。另一种是双边合同交易，即发电厂与用户或电力零售公司签订长期供电合同，按照固定价格供电。这种交易方式占总交易量的 25%。1996 年 10 月 1 日，新西兰电力市场正式运营。发电商以竞价上网方式与零售商通过电力市场进行电力现货交易（批发），并形成电价。

市场监管委员会（MSC）是电力市场的权力机构，由电力市场的参与者（发电商、零售商、交易市场）代表组成。其职责是监督市场规则的执行、建议修改规则、调查违规行为等，保证公平竞争的市场机制正常有序地运作。

除了提供多边交易的新西兰电力市场，1994 年成立了多边计量协调信息协议组织（MARIA）。该协议组织规定发电商与零售商或用户间的双边电力合同交易，规定计量标准，提供用户和零售商等信息，在技术上保证用户可自由选择零售商。

（五）电价

新西兰的电价分为趸售和零售电价。1987 年以前，发送电由国家直接管理，趸售电价由中央政府制定。1987 年以后，新西兰电力公司（ECNZ）和输电公司成立，趸售电价由 ECNZ 和配电部门协商后制定，电价由发电电价和输电电价组成。ECNZ 负责电费的计算和征收。1994 年新西兰电网公司（Trans Power）从 ECNZ 分离出来以后，输电电价由该公司制定。

2005 年 11 月 25 日，新西兰电网公司宣布，从次年 4 月 1 日起，输电价格将在一年内提高 19%，并在今后的 5 年内每年再提高 13%。新西兰电网公司的目标是，在 5 年内将营业收入增加 75%，从目前的 5.09 亿增加到 9 亿，以支付巨大的电网升级开支。对于消费者来说，意味着每个人每个月电费将增加 2 新西兰元。

二、新西兰电力市场改革

（一）改革背景

新西兰的电力管理体制改革是从 1987 年开始的。在此之前，政府直接管理和经营企业，经济运行不灵活。在政府经营管理过程中，由于政府的过多干预，出现了三个主要问题：一是很高的失业率，二是很高的企业负债率，三是很高的通货膨胀率。为解决这些问题，政府从宏观的角度对经济部门进行体制改革。主要是政企分开，商业化和公司化，减少政府的干预，鼓励竞争，提高经济效益。电力工业的改革，一方面强调引入竞争机制，提供商业机制政策；另一方面是对垄断企业（新西兰电力公司）给予法律、法规的约束，要求对用户透明。改革的目标是获得最大的经济效益，包括社会效益和企业效益，同时给电力用户以最大的自由选择和最好的服务。

（二）改革的步骤

新西兰的电力体制改革是从配电到发电逐步推开，即配电公司的竞争——电力市场——发电竞争上网。据此，新西兰电力体制改革可分为五个步骤：

（1）政企分开，把政府机构改变成公司化企业。

（2）加强立法，修改或制定有关电力法律和法规。

（3）配电企业化，实行竞争供电。

（4）输电独立，将输电公司从新西兰电力公司分离出来，输电公司独立经营。

（5）建立电力批发市场。

按照这个步骤，1987 年新西兰工党政府撤销电力部，将其所属的发电、输电国有企业商业化和公司化，成立了新西兰电力公司和输电公司，输电公司拥有并负责电网运行，改革初期是作为新西兰电力公司的子公司。

（三）各环节的改革

1. 发电端

新西兰电力公司成为经营实体后，政府规定国有资产 50%作为资本金、50%作为政府贷款，3 年内归还政府。在改革方面，新西兰电力公司准备采取以下措施：

（1）发电与输电分离，发电和输电各自筹措资金。

（2）在电力零售方面要建立电力市场，打破供电专营区，开展竞争。

（3）解决发电公司一统天下的局面，推行合同购电。

（4）发电公司允许投资者办电，但只能经营管理 15 年回收资本和盈利。

（5）提高新西兰电力公司的国际信誉，让国际金融界参与新西兰的电力投资和承担风险。

2. 输电端

输电公司管理着 13000 公里的输电线路、186 座户外变电站和 1 个调度中心。输电公司由国家控制，不参与竞争，但要独立核算。国家要从输电公司抽回原来的投资，不再提供投资。此后，电网发展所需资金来源有企业利润、用户出资、银行贷款。输电公司的任务包括：一是输电可靠，二是输电安全，三是费用控制，四是保证投资者的回报。

3. 配电端

新西兰有41个供电公司，一直由地方经营管理。在改革中主要解决所有权问题和引入竞争机制。配电部门在1993年进行公司化改组后，资产的经营方式共有四种：

（1）有10个大的供电公司改组为股份有限公司，每股1新元，上市溢价发行每股1.7新元，全部由股民拥有。

（2）合作社形式，由用户持有股权，不准上市买卖。

（3）由信托公司代表用户的利益，全权经营供电公司。

（4）归市政府所有。

1992年新西兰制定电力法案，取消了供电专营区的限制。改革后的供电公司可以向任何地区的用户供电，用户可以自由选择供电公司。分两个步骤：第一步，从1993年4月1日起，凡用电量小于50万千瓦时的用户可以自由买卖和供电；第二步，从1994年4月1日起，用电量大于50万千瓦时的用户也可以自由买卖和供电，可以向供电公司买电，也可以直接从发电厂买电。

为保证公平竞争，供电公司要将配电成本和销售成本分开，配电网络对供电者和用户开放。任何供电者要通过供电公司配电网络供电，要向供电公司缴纳路网费。

新西兰在供电领域首先引入竞争机制，除了提高供电领域的经济效益外，还想通过竞争兼并公司，减少供电公司的数量，在5年内将41个供电公司减少到12个或10个。

（四）建立电力市场

新西兰发电与输电分离，配电端公司化以后，就形成了电力市场。目前电力市场由电力市场公司经营。电力市场公司向发电公司买电，然后趸售给供电公司。电力市场的电价和合同内容公开透明。售电分两类，一类是合同购电，一类是按边际成本价格临时购电。电力市场的形成和配电领域引入竞争机制后，电力供应中的交叉补贴随之取消。不能再依靠提高电价和提高供电量来提高供电公司的效率和盈利水平，必须靠提高经营管理水平和服务质量来实现，这给供电公司带来巨大的压力和挑战。

2009年12月，新西兰能源与资源部长布朗利公布与该国电力系统相关的一整套调整措施，以在限制电价的同时提升竞争、供电安全及市场管理。关键调整措施包括：政府将取消电力委员会并以精简后的电力局取代；政府将设立安全性与可靠性委员会对国有电网运营商Trans Power的表现进行监测并提供安全供电相关建议；政府还将启动对三大国有电厂部分关键电站的移交工作，并允许电力线路企业在接受严格控制的情况下重返零售市场。

三、新西兰电力市场改革的成效与特色

（一）改革的成效

新西兰电力管理体制改革仍在进行，尚未完成，但已取得显著的成效。

新西兰电力工业由于实行了政企分开，发、输、配电分开，商业化运行和公司化改组，目前已取得明显效益，主要表现在：单位平均趸售电价降低 14%；单位平均运行成本（不包括折旧）下降 29%；单位平均消耗下降 24%；水电站设备可用率由 87%提高到 93%，火电厂设备可用率由 73%提高到 97%；资本金回报率由 8.6%上升到 13.1%；电力职工由 6000 多人下降到 3000 多人，电力工业劳动生产率提高 1 倍以上；利税增加。

（二）改革的特色

1. 结合产业实际进行科学规划与设计

在引入竞争方面，新西兰电力市场改革在鼓励开展发电竞争的同时，配之以零售方面的竞争。这促使所有用户都能分享市场化带来的降低电价的好处，一次获得用户支持，最终引发电力需求上升，形成发电、零售、用户与投资者“多赢”的局面。在市场管理方面，新西兰电力市场改革强调弱化政府管理，通过立法，建立市场规则，保证市场参与各方能够在规范有序的环境中竞争。同时，成立职责明确的独立市场监管机构，行使市场管理职能。在提高效率方面，新西兰电力市场改革经验表明不应对电价进行过多的管理，应发挥市场调节机制，反映电价市场真实性。

2. 根据国情设立市场竞争主体

新西兰国土面积小，人口稀少，主要负荷中心在北岛奥克兰地区，其大部分发电装机在南岛，整个国家电网系统结构简单。在提倡电力市场化改革的主流路线中，发电商和零售商需确保一定数目的竞争者，但市场竞争主体的设立必须根据电网的实际情况确定市场份额。就新西兰整体市场而言，竞争者太少容易形成新的垄断，而竞争者太多则可能导致整体市场的过度竞争和无序竞争，不利于市场的发展。

3. 考虑产业的外部性影响，鼓励绿色能源发展

电力作为社会基础产业和共用性事业，对社会具有较强的外部性影响。电力安全稳定运行直接关系国民经济的健康发展，电厂废气、废水、废渣“三废”是环境污染的主要因素。上述外部性影响往往不能通过市场本身的调节来加以平衡。新西兰电力市场改革中，充分考虑电力的外部性影响，通过规则与制度的实施，将外部性影响减至最小。另外，新西兰电力部门最近的改革趋势鼓励发展风能等可再生能源。目前，新西兰的风能发电在每年的电力供给中仅占 3%。该国具有巨大的风能，且大部分未被开发，据预计，在 20 年之内，风能发电的比例将增长到 20%。日益增长的电力需求，以及政府出台政策逐步淘汰燃煤发电厂的政策为风力发电的发展创造了机会。在不久的将来，风力发电会在新西兰电力系统中扮演不可替代的重要角色。

4．立法监督与保障监管机制并重

新西兰电力市场的改革学习和借鉴了澳大利亚的经验，尤其是重视立法监督和监管机制，完善竞争、税收、价格等相关法规，通过法治化手段促使电力企业在相对公平的环境中参与竞争，维护电力市场的稳健发展。

四、小结

新西兰资源分布与人口中心相分离，这导致电力分配需要通过高压直流输电线路（HVDC）进行南北调度。由于政府直接管理和经营电力存在着种种弊端，新西兰对电力行业展开市场化改革。实行政企分开，商业化、公司化的电力经营方式，通过减少政府干预、鼓励竞争等措施来提高电力企业的经济效益。同时通过加强立法，对垄断企业进行法律、法规约束，从而保障市场竞争。逐步实现从配电公司的竞争到电力市场竞争再到发电竞争上网的电力市场竞争体系。最终形成发电与输电分离、配电端公司化的电力市场。其改革过程中也显示出自身的特色：第一结合产业实际进行科学规划与设计，第二根据国情设立市场竞争主体，第三考虑产业的外部性影响鼓励绿色能源发展，第四立法监督与保障监管机制并重。新西兰电力市场改革仍在进行中，其显著的改革效果展现出电力市场化改革的优势，值得我们认真分析与借鉴。

第十二章　韩国电力市场

第一节 概 述

韩国在过去的50年里经济上取得了巨大的发展，从最穷的国家之一转变为世界第十五大经济体。人均GDP从1960年不到100美元增加到2011年的20757美元。尽管国内能源资源匮乏，韩国的电力工业依然成功地支撑了其经济的高速发展，同时也在电力工程设计、建设技术上取得了成功。2010年，韩国跻身世界第六大核电站出口国。

政府在电力工业的快速发展中起了重要的作用。1961年，通过对三个电力公司的合并(一个发电公司,一个输电公司和一个配电公司)建立了韩国电力公社KEPCO来管理整个电力工业。这种国有、垂直一体化的垄断管理模式一直保持到2001年。

至2012年12月31日，韩国电力装机容量为8181万千瓦，以火电和核电为主。表12.1为2011年韩国电力装机和KPX交易电量分布情况。当前韩国电力工业的主体仍然是韩国电力公社KEPCO,其6家发电子公司所发电量占韩国全国电量的94%以上，KEPCO同时垄断全国的输配售电业务。韩国是一个能源资源匮乏的国家，主要依靠进口煤炭、石油和天然气发电，如果加上进口核原料，其发电原料的进口依赖度达90%。

表12.1 2011年韩国电力装机和发电量分布情况

机组种类	水电	燃煤	燃油	燃气	核电	其他	合计
装机容量（万千瓦）	642	2453	508	2012	1872	448	7935
装机容量比（%）	8.1	30.9	6.4	25.4	23.6	5.6	100.0
发电量（亿千瓦时）	77	1935	*1056		1478	77	4623
发电量比（%）	1.7	41.9	*22.8		32.0	1.7	100.0

注：*为燃油和燃气之和。

韩国电力发展可分为三个阶段，第一阶段为1960～1980年期间的快速扩张阶段；第二阶段为20世纪80年代和90年代的协同发展模式成熟阶段，同时对国家垄断的挑战出现；第三阶段为1997年金融危机后体制性改革正式启动阶段。

从20世纪60年代到80年代,韩国电力装机容量基本上保持每十年翻一番的速度；到90年代金融危机前，更是达到每8年翻一倍的速度。从1960年到1980年，韩国实际GDP年均增长8.6%，总能源消耗年均增长7.7%，但售电量年均增长达到19.1%。在这一阶段，韩国电力公社不仅在经济上和能源上奠定了韩国工业化的基础，也在政治上和制度上奠定了韩国政府和四大集团共主韩国经济命脉的模式。

20世纪80年代到90年代前半期，政府进一步鼓励电力的超常规发展，包括核电的快速发展；同时要求电力在原料采购上支持本国煤炭工业，并以补贴的形式向出口工业提供低廉的电力。为支撑这一低电价发展政策，韩国政府将最高几乎接近一半的外债投放给了韩国电力公社。到了20世纪90年代后半期，这一经济模式暗含的经济地雷开始引爆：首先是电力超常规发展导致的容量冗余度大幅提高，到1994年，韩国电力装机容量冗余度达到55%；其次是国际能源资源价格开始上涨，无法支撑韩国这样一个发电原料依赖国的补贴低电价发展政策；同时，国际经济形势变化导致韩国出口下降，给韩国的补贴性廉价能源体制和出口导向型经济给予了致命的打击。1997年，亚洲金融危机导致韩国收益急剧贬值，外债急剧上升。在18个月内，韩国出口工业购买电力减少了一半，国家经济陷入危机。

1999年，韩国工商能源部公布了电力工业改革方案。该方案将改革计划分为四个实施阶段。第一阶段1999年（准备阶段），这一阶段主要进行发电公司的内部分离，并建立“基于成本的电力库”作为初步的电力批发市场。第二阶段2000～2002年，这一阶段主要进行发电公司资产剥离，并通过合理的程序进行出售；允许发电公司向大客户出售限定的电量；建立起能产生半小时电价的较成熟的电力批发市场；同时在这一阶段成立独立的电力管制机构，负责电价监管，确保竞争公平性。第三阶段2003～2009年，这一阶段建立起发电公司和配电公司双边竞争的批发市场，同时允许发电公司向用户直接售电。第四阶段在2009年之后，目标是将准许消费者根据市场规则选定从任何一家配电公司或电力经纪商那里购买电力。

第二节　电力工业组织结构

2001年4月，韩国电力公社开始重组，从KEPCO中剥离出6家发电公司成为全资子公司，6个子公司中，除1个水电与核电公司外，其余5个在发电设备上都是相似的大小和种类。按照改革计划，水电与核电公司将保持全国有性质不变，另5个发电公司则分步出售，逐步实现民营化。

2002年开始火电公司民营化，首先选取了资产规模最小、财务状况较好、设备利用率高、靠近负荷中心的东南电力公司，通过全球招标进行民营化。但是由于正值亚洲金融危机之后，大批外国资本撤离亚洲，加上美国安然公司倒闭的影响，投资者对电力投资更为谨慎，使得投资者报价与韩国政府期望的价格差距较大。2004年3月，政府决定推迟出售，待市场环境好转后再进行民营化改造。尽管最初的重组计划是将KEPCO与这些公司完全分离（不包括韩国水力和核能公司），但该计划被一再推迟。2010年8月，韩国的经济信息部宣布政府将直接控制这6个发电公司中的5个，但韩国水力和核能公司依然保持独立。尽管在2001年独立发电商就被允许参与到系统里面，到2008年，KEPCO的子公司依然持有发电资产的82%。图12.1简要地表明了电力工业组织机构的构成及相互关系。

除了剥离发电资产，韩国电力改革最重要的举措就是成立了独立的电力调度交易中心KPX。该中心在2001年成立，作为系统操作员协调电力批发市场，发电上网电价由市场产生。

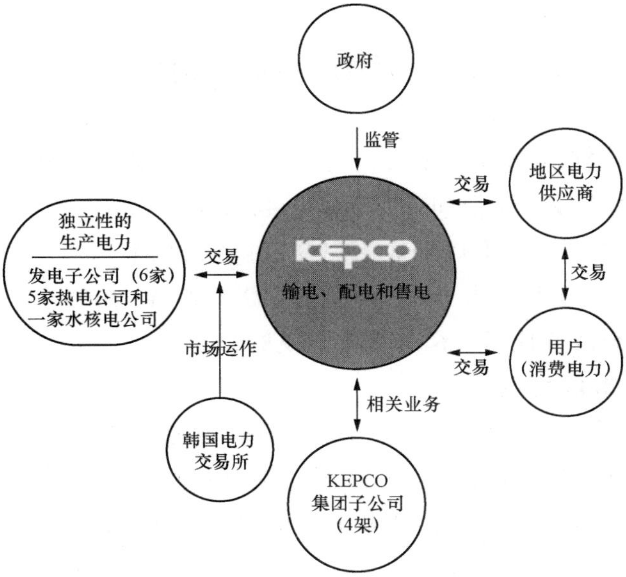

图 12.1 韩国电力工业组织结构图

电力市场的管制架构包括市场外的管制机构和市场内的治理架构。市场外主要的管制机构是 2001 年 4 月成立的电力市场委员会（KOREC）。该委员会设于工商能源部 MOCIE 内部，由负责能源和资源的副部长担任主席，主要办事机构为一个秘书处，负责处理委员会的各项行政事务。其主要职能包括：颁发许可证；促进竞争、反不正当竞争行为；保护消费者权益；监控垄断环节；推进电力工业重组。另在工商能源部，有多个局、署兼有电力重组与管制的职能，这些署属包括：电力工业重组局、重组政策署、市场建设署、电力工业署。政府通过这些局署，控制电力工业重组和管制的程序。

电力市场内的治理架构包括：全体成员大会、执行理事会和 4 个委员会。这 4 个委员会分别是规则修订委员会、成本评估委员会、信息公布委员会和争议裁决委员会。各委员会委员来自市场成员代表和专家、政府代表，工作机构设在韩国电力交易中心 KPX 内。 KPX 成立于 2001 年 4 月 2 日，其组织结构如图 12.2 所示。其关键职能包括市场运营、系统运营和电力建设规划。现有职员 284 人，经费来源于电力交易费。

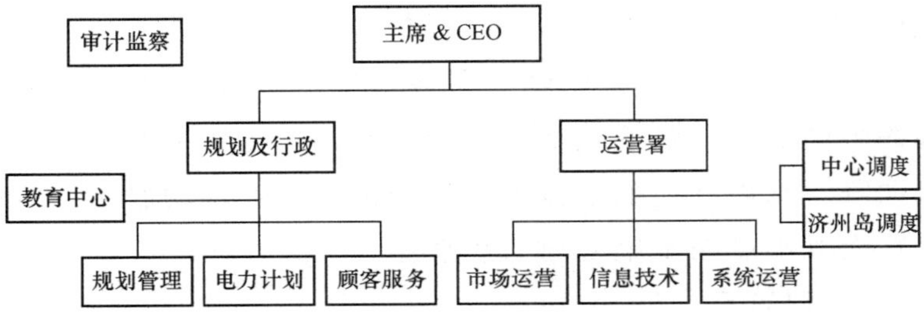

图 12.2 KPX 组织结构图

第三节　市场交易与调度运行

韩国电力市场于2001年4月1日正式开启，电力库建立之初共有7个市场参与者，包括KEPCO及其6个发电子公司，参与容量4439万千瓦，占当时总容量的82%；2003年1月，电力库向5万千伏安以上大用户开放；到2004年末，参与者数目上升到56个，参与容量5894万千瓦，占当时总容量的92.7%；到2006年7月，参与者数目达到67个，包括61个注册成员，6个非注册成员。

一、韩国电力市场特点

韩国电力市场采用成本电力库模式。其要点包括：PPA合同未到期的发电商不参与市场；此外所有的发电商和售电商都必须到市场上买卖电；同时设置了金融差价合约来对冲风险；少量有资格的大用户可以直接从电力库购电；KEPCO几乎是市场的唯一购买方；发电商每天向电力库提交其每台发电机组每个时段的可用容量；成本评估委员会每月确定每一机组的变动成本，每年确定每一机组的容量成本（建设成本和固定成本）；按每一发电机组事先确定的成本制定调度计划；系统边际价格反映边际机组的实际生产成本（包括启动成本、空载成本和微增成本）；容量费用支付给一切申报的可用容量，不管是否被调度上；容量费用确保容量成本的回收，同时支撑将来的投资；按系统边际价格加上容量价格支付发电机组。

韩国电力市场还有以下一些特别的地方：

1. 对基荷机组和非基荷机组区别对待

韩国市场最初被分为两部分：基荷市场和非基荷市场。发电机组被分为基荷机组（如核电和火电机组，通常固定成本高但变动成本低）和非基荷机组（如液态天然气和燃油机组，通常固定成本低但变动成本高）。市场成立之初，基荷机组约占81%，非基荷机组约占19%。2007年，引入了基荷市场价格管理程序代替基荷边际价格（BLMP）程序。在同一年，基荷机组的容量价格被削减到非基荷机组的水准。2008年，废除了基荷市场价格管理程序，基荷机组和非基荷机组的双轨定价被发展成了一个单一的系统边际价格（SMP）。但是，双轨价格机制通过SMP系数被技术上保留下来，后面我们还会详细了解。

2. 辅助服务以强制提供为主

发电公司依照KPX的指令提供辅助服务。电力市场规则详述了列入发电计划的机组必须提供的辅助服务，包括发电的自动控制、优化备用的安全性、电抗的供应和需求、黑启动等。水电站和抽水蓄能电站经常被用作辅助服务，它们促进了电力系统的稳定运行而且不影响发电公司的经济性。

3. 对抽水蓄能的特殊处理

优化抽水蓄能电站的运行来提高运行效率并使整个市场成本最小化。如果抽水负荷在电价上反映出来，市场竞价会导致额外增加发电公司的利润；同时，对机组容量可用性使用容量电价和对发电量采用 SMP 将会给抽水蓄能机组双倍的利益。因而，对抽水蓄能机组的容量电价每天都重新设定，来确保按实际投入的容量支付。在结算时使用交易日的最高的 SMP，对抽水蓄能电站和一般非基荷机组的容量价格和运行区别处理，这样既优化了运行，同时又不损害发电公司的利润。

二、韩国电力市场交易程序

韩国电力市场交易程序如图 12.3 所示。

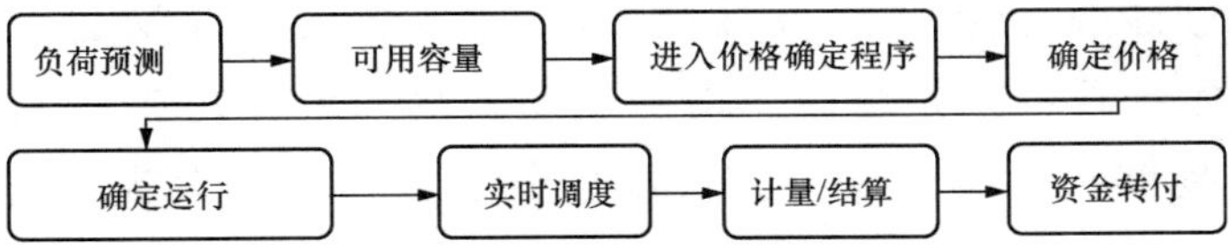

图 12.3　韩国当前成本型电力库的交易程序图

1. 可用容量申报程序

发电商在每天 10：00 之前报送其每一发电机组在当天 16：00 至第三天 04：00 之间 34 个小时的可用容量相关数据，但只有其中的第二天 0：00 到 24：00 的数据反映到价格设定程序中去，另 10 个小时的数据作为发电计划的辅助参考数据。可用容量相关数据具体包括各个机组每小时的最大可用容量、机组修试计划和热、电供应约束。KPX 负责收集、验证机组报送数据，然后将验证后的数据转入价格设定程序。每一机组将按照验证过的可用容量（无论是否发电）取得容量费用，来部分补偿其固定成本。除风电和部分无调节能力的小水电外，其他在 KPX 的 EMS 控制范围内的统调机组都必须遵守上述的可用容量申报程序；对全额收购的风电和小水电则一周报送一次，不参与发电调度计划。

2. 价格确定程序

各发电机组的变动成本是确定市场电量价格的基础，变动成本由成本评估委员会每月评估一次。价格确定程序如图 12.4 所示：首先由 KPX 预测交易日的需求，并于前一日接受针对交易日的每小时的可用容量申报；然后形成一个价格确定计划 PSS，在 PSS 中，输电阻塞以及由燃料限制或当地供热限制所导致的发电约束不予考虑，从而确定一个基于最小发电成本的无约束调度计划，即按照价值次序得出各机组各小时的出力水平；最后确定进入价格设定程序的机组，由其成本排序得出基荷边际价格和非基荷边际价格。

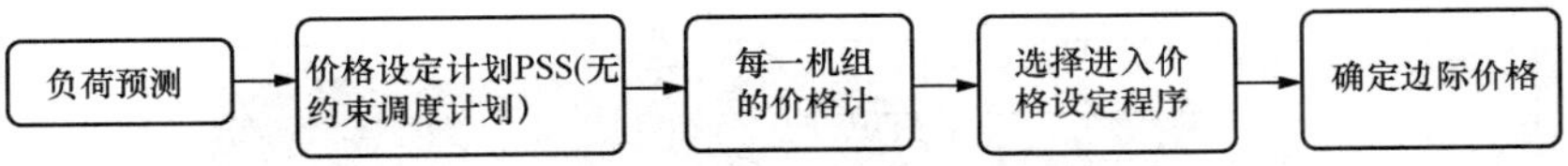

图 12.4　边际电量价格确定程序图

3. 计量

为确保计量的准确可靠，每一机组都配备了主副两块电表。KPX 在交易日后的 14：00 之前完成对计量数据的核准。

4. 预结算和争议解决

KPX 依据机组申报数据、预调度计划、计量数据和其他系统运行数据进行一次预结算程序，得出发电商的应收款和单一买方的应付账款。这一预结算数据在交易日之后 9 天内向购售电双方公布，称为预结算通知 PSN。购售双方应在交易日后 13 天之内，进行确认或提交“协商申请”。KPX 在收到协商申请之后，应与相关方进行协商，或在有必要时成立协商委员会进行协调。修正结算通知应在交易日后 22 天送达交易各方。在收到修正结算通知之后，交易方如果还对结算数据有异议，可以在交易日后 30 天内提出异议。随后由 KPX 组织各方对异议进行协商，或通过结算协调委员会进行协商。如果协商申请在交易日后 18 天之内，或异议在交易日后 55 天之内没有得到解决，有关交易方可以向争议裁决委员会提交抗议文件。

5. 结算

电费结算以 5 天打包结算，每月结算 6 次。在结算日前 3 天，KPX 向发电商发送票据通知；结算日前 2 天，向购电方发送票据。购电方在结算日 10：00 前向发电方的电费账户转账，当天 15：00 前到账。

第四节　电　　价

韩国电力市场的电价主要是由发电的成本所决定，使用“成本库”系统。在成本库系统中，电价由两种主要的部分构成：边际价格（代表发电成本的变动成本部分）和容量价格（代表发电成本的固定成本部分）。

一、边际价格

边际价格主要是补偿发电公司的燃料成本，它是发电成本的主要构成部分。在 2006 年 12 月 31 日之前，边际价格在双重构架上运行，“基荷”边际价格应用到核能机组和燃煤机组发出的电量，这些机组每单位发电量的价格比天然气机组、燃油机组和水电机组的价格要低，对天然气机组、燃油机组和水电机组应用“非基荷”边际价格。把基荷机组边际价格和非基荷机组边际价格设定在一定的水平可以使使用较便宜燃料的机组优先投运，同时使所有机组有一个合理的回报。图 12.5 示意了基荷边际价格和非基荷边际价格的形成。

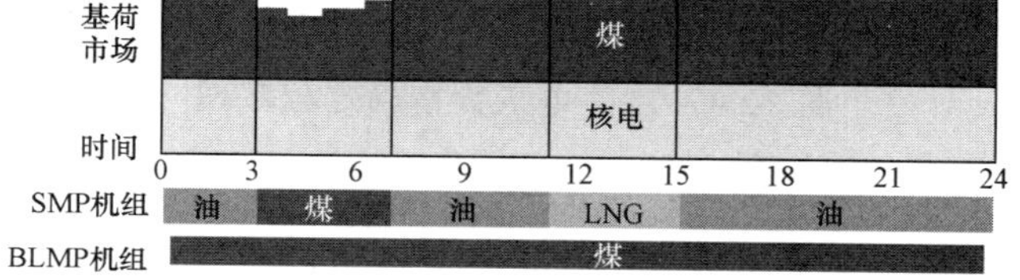

图 12.5　基荷边际价格（BLMP）与非基荷边际价格（SMP）示意图

然而，2006 年下半年煤的价格大幅上涨，以前使用的基荷边际价格被取消，取而代之的是一个“管制市场价格”，管制市场价格比基荷边际价格要高，以补偿发电公司的煤价上升。然而，当煤价继续大幅上涨，超过了管理市场价格设定的水平，导致了发电公司的利润率下降（尽管发电公司的利润率在管理市场价格制度下要强于以前的基荷边际价格制度）。因此，2008 年 5 月 1 日管理市场价格制度被取消，取而代之的是目前单一的“系统边际价格”，同时采用每种燃料调整系数的概念，使边际成本的设定更加灵活。表 12.2 列出了近几年调整系数的设置情况。

表 12.2　应用于不同燃料的调整系数

燃料 / 调整系数 / 年份	核电		煤	LNG	烟煤
	轻水反应堆	重水反应堆			
2008	0.2184	0.2184	0.0894	0.0894	0.75
2009	0.2798	0.4820	0.1865	0.3270	0.75
2010	0.1963	0.1510	0.1315	0.3200	0.50
2011	0.2457	0.3516	0.1881	0.3033	0.50

在目前生效的系统边际价格制度下，发电公司的边际价格使用下式算出：

系统边际价格=变动成本+（系统边际价格–变动成本）×调整系数

实际上，系统边际价格表示在一个给定的小时内（此时的预测负荷和预测可用发电容量相平衡）决定系统内机组发电的优先顺序系统，KPX 使用这个系统决定在这一时段内以什么价格调度哪台机组发电。进一步说明，在交易日的前一天，KPX 依据全国每天每小时的历史数据（包括季节性和每天的峰值与非峰值比较）做出负荷预测。在一个给定的小时，供电负荷是对这一小时所有投标的发电机组的容量之和，这些标是在交易日前一天提交的。在优先顺序系统，有最低变动发电成本的机组在其对这一给定小时提交了投标的情况下，最先得到最多到其可用容量的订购单。倒数第二低变动发电成本的机组在其后得到最多到其可用容量的订购单，以此类推，直到达到这一给定小时的预测负荷。将最后收到订购单的发电机组的变动成本称为系统边际价格，也就是在一给定小时当负荷的供给和需求一致的情况下最贵的价格。变动成本超过系统边际价格的机组得不到这一给定小时的订购单。每台机组的变动成本由成本评估委员会每月确定一次，基于该评估前 2 个月期间的平均发电成本。但是，电力供应最终的调度将进一步由其他因素决定，包括发电机组与负荷的地理位置，电网和燃料约束条件以及网损等。

优先顺序系统可鼓励发电公司通过提高生产过程的效率，采购最合算的燃料或通过其他节能措施来减少生产成本。同时，通过设置输配电系统的损失调整作为附加调整机制来提高从输配电到最终用户的整体成本效率。在优先顺序系统，购电的分配，系统边际价格和最终分配调整是基于目标公式自动算出。成本评估委员会在交易日的前一天确定调整系数、容量价格和变动成本。因此，电力供应商无法操纵优先顺序系统或它的运行来得到重大利益。

调整系数对燃烧同一燃料的所有机组是相同的，对承担较高的建设和维修成本的机组高些，如核电。调整系数原则上由成本委员会每年确定一次，但当外界条件有大幅度变化时（如燃料成本和电价），调整系数调整周期也可能缩短到每季度。

二、容量价格

除了发电量的变动成本之外,还以容量价格的形式来支付发电公司的容量成本，这样做是为了补偿建设发电设施的成本和鼓励新建发电设施。成本委员会基于标准机组的建设和维修成本每年确定一次容量价格，并按每一个发电公司其交易前一天所递交标书里的可用容量支付容量电费。有时，通过调整容量价格来减轻由于边际价格的变化对公司预期回报率的影响。目前，容量价格是 7.7 韩元/千瓦时（从 2009 年 1 月 1 日开始实施），无论燃料类型，对所有发电机组都相同。

从 2007 年 1 月 1 日起采用地区差别的容量电价,通过设定一个标准的介于 12%到 20%之间容量备用率（其目的是为了防止过度的容量建设和促进地区容量投资的优化）。容量备用率是峰荷与所有可用容量的比率。在这个系统下，发电机组未达到标准容量备用率的地区（这表明该地区的可用容量不足以达到负荷需求）可以得到容量价格的增加。另一方面，发电机组超过标准容量备用率的地区（这表明该地区的可用容量超过负荷需求）容量价格将降低。除了这些潜在的地区性差异，容量价格无论燃料类型对所有机组都相同。

与配电公司私有化计划被暂停相关联，目前正在讨论用更加市场化的系统来代替这样一个成本库系统，即双向竞标系统。然而，由于重组计划的无限期暂停，除非政府政策有意外的变化，双向竞标系统在近期不太可能实施。

三、零售电价

零售部分依然是在严格管制下的一种垄断。零售市场并不向竞争开放，政府实际上确定零售电价。当 KEPCO 的成本显著上升时，它的董事会向经济信息部（Ministry of Knowledge Economy）递交一个调整电价的申请，经济信息部再向策略和金融部（Ministry of Stratgy and Finance）咨询，并由韩国电力管理委员会（KOERC）审查调价申请并最终决定是否接受申请。

零售电价分为六种：工业、商业、民用、农业、教育和街道照明。居民电价采用阶梯电价。居民电价分六步递增到惩罚性质的高水平电价 670.6 韩元每千瓦时，它比起步电价 57.3 韩元每千瓦时高了 11 倍。这种定价系统看起来比较理性，在一定的用电量内使用低电价，超过一定限度电价飞涨，以此来抑制过多消费。其结果，与其它国家比较，每户的电力消费比较低，尽管其整体人均电力消费在经济合作与发展组织中是最高的。

工业和商业电价实施峰谷分时电价，非常小的用户除外。电价随着季节变化，对于大用户，电价随着一天中的不同时间而变。农业电价很低，远远低于成本，而且近些年的变化不大。尽管农业用电量在总用电量中占比很小（2010 年为 2.5%），但它引起的成本损失在 KEPCO 成本损失中占比很大。与其他国家相比，韩国的工业电价比较稳定，在 2009 年其电价在 33 个国家中排第 24 位。

第五节 取得的成就和存在的问题

整体上讲，韩国电力市场改革较顺利，完成了第二阶段重组的大部分目标，没有遇到太大的技术和成本问题，至 2006 年前可以说是取得了较明显的成就。另一方面，批发市场停留在成本电力库阶段，后续缺乏零售商的竞争也反映出了临时市场设计的局限。同时，目前的系统看起来也不太适合一些重要的新形势，如气候变化和智能电网。

一、主要成就

韩国的电力成本库自启动运营至 2006 年取得了一些成效。这些成效包括：保证了在竞争环境下电力系统的稳定运行；市场价格基本平稳；增加了电力工业的透明度；电力工业成本把握基本客观真实，电力发展规划更为科学，更符合实际；成本评估和市场运营做到了独立和中立。引入竞争之后，六大发电商的净利润都有所增长，检修维护周期明显缩短，管理理念有所改变。

韩国选择从成本电力库起步，这一市场模式可以保证最大范围（近乎全部）的发电厂参与到市场中来，不存在水火核电同台竞争成本差异巨大的难题，没有搁浅成本的问题，也不存在市场力的情况，同时采用两段式边际电量电价，辅助服务补偿问题也大大简化，不失为一种较理想的起步模式。值得一提的是，独立调度交易中心的成立，是保证市场成功运行并取得上述成效的重要保证。系统运行、市场运营和系统规划三大功能的整合，有力地保障了电力系统和电力市场长期和短期的稳定，也为电力工业的重组勾出了清晰的框架，有助于在条件具备的前提下，向更为成熟的市场模式平稳过渡。

二、存在问题

（一）批发市场问题

基于成本库的电力市场是管制和市场的混合物，它给予市场一些空间，发电公司将其可用容量以预先设定的价格竞标，竞标价和预测的负荷决定了 SMP，管制系统决定了其余的一切。然而，由于管制的范围没有清楚的界定，就可能造成在一些方面缺乏管制而另一些方面管制太多。管制和市场之间的界限经常是模糊的，管制可预测性的缺乏加大了市场参与者的不确定性。

例如，决定每一个电厂变动成本的问题。变动成本和固定成本之间界定的概念不是很清晰，一些成本无法归到上述任何一个范畴。例如，启动成本与固定成本很类似，但是被认为是变动成本。另一方面，运行和检修成本被认为是固定成本，但它们的一部分具有变动成本的特性。对于热电联产和抽水蓄能电站的成本评估也是比较困难的问题。

更具有争议的是对批发价的控制。基荷价差或调整系数被用来代替授权合同，但是它们并不像授权合同一样详述了所有条款和条件，价格控制的合理性和范围没有清楚的叙述。基荷价差是一个创举，但本质还是非市场化的价格分类歧视；在煤价飙升后，调整系数代替了基荷价差，但是引起了更多的争议。特别是调整系数仅适用于 KEPCO 的子公司，而不适用于其他独立发电公司，这就引入了更深一层的歧视。允许批发市场中一些成员独有的内部交换电价与一个开放库要平等地对待每一个成员的概念相矛盾，它同时与应该控制 KEPCO 作为唯一零售商而滥用市场权力的概念相悖。

现有价格控制的另一个问题是市场的长期平衡出现风险。当没有足够的发电容量时，市场承诺给新加入者较高的利润来吸引投资。但价格控制和随之而来的不确定性抑制了对新增容量的投资。潜在投资者不知道价格控制什么时候结束以及新的价格控制将会影响谁。调整系数被价格委员会控制，很大程度上不可预测，有时使市场参与者之间产生激烈的争论。

（二）零售市场问题

在零售侧缺乏市场机制使市场难以吸引需求侧响应。韩国的经验表明政府严格地控制零售电价反而会使电价失控。零售电价调整需要经过很多步骤和部门（包括两个部级单位），当市场环境缓慢改变时，这种缓慢而不透明的决策过程不会带来太大的问题，但是在 2000 年以后，当燃料价格在跳跃式增长时就会产生问题。由于政府拖延提高电价，电价的增长无法跟上燃料价格的飞涨。据 KEPCO 的估算，2011 年的电价比成本低了 10%。然而由于其他能源价格的提升跟上了成本的增加，电能比起其他能源来相对便宜。

在过去的 10 年里，批发市场 SMP 增长得很快，但零售电价变化不大，这就使消费者更愿意使用电能来代替其他能源。空调变得很普遍，人们开始使用电能取暖。

持续的低电价已经开始损害电力工业的健康发展，从改革之初的供电严重冗余演变为这几年的供电短缺，且短缺达到了很严重的程度，KEPCO 的经济损失也达到了不能支持的程度。在 2008 年，政府向 KEPCO 提供了 8350 亿韩元的一次性补贴，但仅带来了暂时性的缓解。低于成本的零售电价是不恰当的政府管制的结果，它将变成通往自由化市场的障碍。

（三）电能的短缺

2012 年韩国经历了严重的供电短缺，负荷的增长超过了长期负荷预测的增长速度（由于长期负荷预测低估了低电价的影响而高估了负荷侧管理的效果）。其结果，总发电容量特别是基荷容量，低于优化水平。备用率从 2003 年一直下降，到 2007

年低于 10%。由峰荷的 LNG 机组设定 SMP 的频率从 2003 年的 58% 增到 2011 年的 87%。这使 SMP 比大部分机组的平均变动成本高得多，SMP 与基荷机组变动成本的差距更大。建设新电厂和输电线路的困难性和不确定性是造成目前困难的另一个原因。当公众的环保意识增强，新电厂和新输电线路的选址变得更加困难。

供电短缺问题在 2007 年就浮现出来，当时的备用低于 10%，但需要经过一个严重缺电事件使公众充分认识到问题的严重性。韩国在 2011 年 9 月 15 日经历了历史上第一次滚动式限电，那时夏季高峰负荷刚刚结束。KPX 降低了警戒水准，并按计划开始机组的检修。在 2011 年 9 月 14 日，一股热浪袭击了整个国家。负荷激增，但备用骤降。第二天情况更糟糕。系统操作员启动应急预案，在全国范围内实施滚动式限电。这产生了混乱，许多限电地区没有事先得到通知，消费者很愤怒，猛烈抨击政府对危机处理不当。许多批评集中在削减供电的决定，有一些批评电力工业重组，但很少批评零售电价的功能失调。

发生在最近的供电短缺是开始继续重组的预兆。考虑到批发市场中很高的 SMP 水平，很明显如果现在实施批发市场的自由化会导致发电公司发意外之财，而零售商和消费者将承担巨大的损失。必须设计和实施一个机制，可以获得平衡的价格，给新建机组投资以充分的鼓励，同时避免发电公司获得额外的利润。

第六节 未 来 趋 势

韩国电力市场重组在十几年前就开始了，但是无法按计划完成。结果是，韩国现在有一个很独特的系统：发电公司把电卖给国有垄断的零售商，这个零售商同时又是很多发电公司的母公司。发电竞争在一个严格控制的成本库中进行，零售的活动也是完全被管制的。

现有市场结构和设计的最大问题是，它们是为短过渡时期准备的，这样它们就不全面也不是自我控制的。它们对行政管理的依赖与重组前几乎一样，然而，行政管理系统并没有准备来完成这项任务，这会产生对未来的疑惑和不确定性，进而妨碍市场的发展和投资。近来，零售电价低于成本，零售公司（KEPCO）正在承受巨大的损失。同时，国家在峰荷期缺电，必须尽快地理顺市场与政府行政管理系统的关系。

为了解决上述问题，政府和 KPX 努力来改进现有的市场设计和实施。为了防止零售侧电价的进一步亏损，政府宣布了一个把零售电价的变化与燃料成本的变化捆绑起来的计划。KPX 在考虑改变竞标规定，允许发电公司把竞标价限制在一个价格区间，这就不用为每一个电厂确定竞标价格。KPX 还在想办法打算用授权合同代替零售价格控制。良好设计的授权合同可以防止财富不公平地从消费者流入发电公司，同时不影响市场的鼓励机制。它也可以通过建立对零售供货商的非歧视对待来促进未来的零售竞争。这些变化如果实施成功，可以提高批发市场的效率，但是除非有一个更加基础的结构变化紧随其后，否则这些也只能是权宜之计。

在过去的十年，全世界的电力系统内发生了很多事情。智能电网的出现使电力工业产生了革命，气候变化也成为一个迫在眉睫的问题。电力市场的重组和自由化在世界的很多地方取得进展，也遇到一些问题或推迟实施。

环境变化问题给现有的电力市场系统提出一个挑战。如前所述，在现有的电力批发市场中消费者和生产者之间没有一个连接，所以管理者应该调整零售电价来覆盖由于环境变化而增加的成本。但是管理者是否能够正确地完成这项任务？他们是否能够设计和实施一个能够精确反映环境成本的附加费？

发展可再生能源的任务分配给发电公司而不是零售商，也许是考虑到 KEPCO 在发电市场的买主独家垄断地位对形成一个可再生能源的竞争市场不太有利。由于发电市场主要由几个发电公司构成，使发电公司负责可再生能源可能导致它们控制可再生能源市场。

智能电网给电力工业改革带来了机遇和挑战。智能电网通过实时测量和控制单个用户的电能消费，把电能变成一个对不同用户有很大区别的产品，这将加强电力市场的负荷响应。智能电网在发展可再生能源发电中起到重要作用，因为它使电网容纳分布式发电。尽管政府宣布了很多发展智能电网的计划，但是并不确定这些计划如何整合到电力工业改革。对智能电网来说，最重要的计划是开放零售市场来发挥智能电网的潜能，但至今还没有宣布任何有关未来重组的具体计划。

第十三章 日本电力市场

第一节 概 述

日本的电力工业在第二次世界大战后已经基本私有化，政府对电力行业实行严格的监管。日本电力市场化改革的做法是各区域电力公司继续实行垂直垄断经营，同时发电、售电业务引入竞争机制，允许其他发电商和售电商进入，逐步开放用户，引入发售一体化公司（PPS），建立电力批发交易市场。电力改革取得了较满意的效果，电价有所降低，供电质量稳定，社会各界认可改革成果。

一、电力工业概况

日本电力工业的主体由10家私营电力公司（东京、东北、北海道、中部、北陆、关西、中国、四国、九州及冲绳）组成（如图13.1所示），这10家电力公司按区域划分，负责各自区域内发、输、配、售垂直一体化的电力服务。这10家公司的发电量占全国总发电量的80%，独立发电商和工业自备电厂发电占20%。最大的电力公司是东京电力，其发电量在总发电量中占24%。

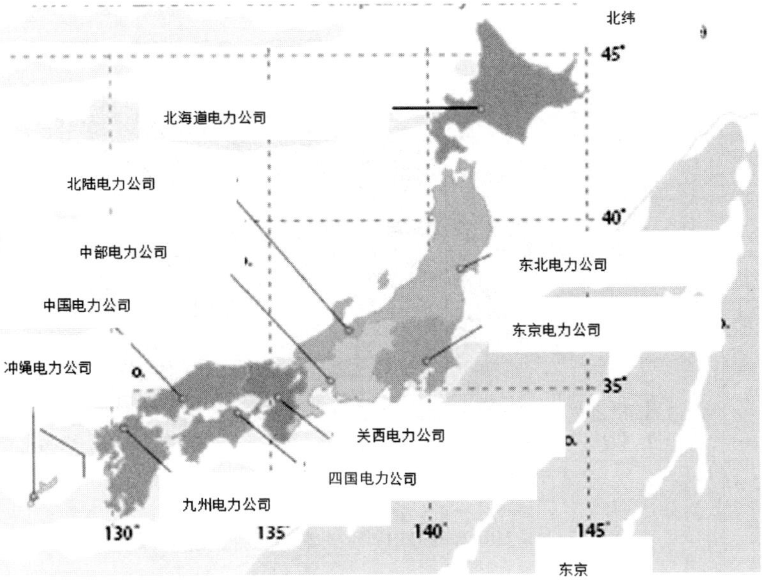

图 13.1 日本10家电力公司的分布示意图

1952年，为了推动电源建设，政府和九大电力公司（当时冲绳电力公司尚未成立）投资成立了电源开发公司（J-POWER），负责跨区域的大型水电站和火电厂的建设和运行。J-POWER具有公私合营性质，国家持有三分之二的股份。1955年，九大电力公司和电源开发公司又共同投资成立了日本核电公司（JAPS），负责核电站的建设和运行。1958年日本成立了“中央电力协会”，负责各公司间的规划运行协调和全国联网工作。1966 年，各电网之间开始联网，东京、东北、北海道的电网频率采用 50 赫兹，关西、中部、九州、中国、四国、北陆采用 60 赫兹，两个不同频率的系统之间通过佐久间（300 兆瓦）和新信浓（600 兆瓦）变频站连接，这两个变频站分别由电源开发公司和东京电力公司运行。1999 年 3 月，中部电力公司和北陆电力公司又由一条 500 千伏线路连接。目前输电网有 5 种电压等级，即 500 千伏、275 千伏、220 千伏、187 千伏和 132 千伏，配电系统采用 20 千伏、6 千伏和 200/100 伏的电压等级。日本的一次能源基本依赖进口，电力公司之间电源结构趋同，电网之间是弱联系，交换电量很少。2011 年福岛核事故前，日本是仅次于美国和法国的第三大核电生产国，福岛核事故后，发电能源转向化石燃料，尤其是液化天然气（LNG）。2011 年日本电力装机容量为 2.86 亿千瓦，其中火电占 65%，水电占 17%，核电占 17%，可再生能源占 1%，2011 年发电量 10500 亿千瓦时。图 12.2 给出了 2000～2011 年日本发电能源构成。受福岛核事故影响，2013 年底日本所有核电厂都退出运行，电力供应由燃油和燃气机组替代，2014 年后又考虑重启部分核电机组运行。

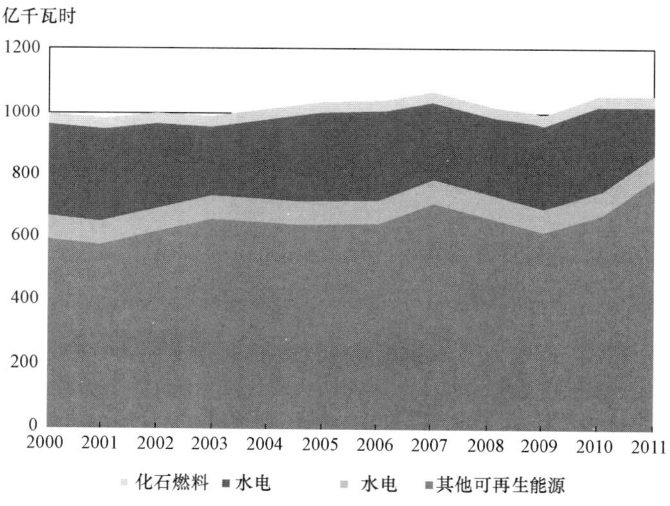

图 13.2　2000～2011 年日本发电能源构成

二、电力工业改革背景、进程和效果

（一）日本电力工业的改革背景

日本是能源极度匮乏的国家，所需石油的 99.7%、煤炭的 97.7%以及天然气的 96.6%都依赖进口。日本的发电能源主要有火电、核电和可再生能源发电等，由于燃料价格高、核电成本高和环保要求等因素导致电价较高，电力用户要求降低电力成本和缩小与国外电价差距的呼声强烈。同时，受到其他国家垄断行业放松管制的改革潮流的影响，日本从 20 世纪 90 年代初开始讨论电力放松管制，目标是在确保国家能源安全、保证电力长期稳定供应的前提下，通过引入新的电力供应商、建立公平竞争机制、逐步开放零售市场，以降低电力成本和提高服务水平。

（二）日本电力工业的改革进程

日本电力市场化改革在法律约束下由政府主导进行，改革进程主要分为三个阶段。

1．第一阶段

1995 年，首次修订 1964 年制订的《电气事业法》，放宽发电市场准入，在电源建设领域引入招标制度，引入独立发电商（IPP），规定电力公司应向 IPP 开放电网，从而在发电侧引入竞争，还规定电力公司有责任收购企业自备电厂满足自发自用后的剩余电能。

2．第二阶段

1999 年，第二次修订《电气事业法》，放大用户选择权，成立同时经营发电和售电业务的特定规模电力企业（PPS），PPS 可以利用十大电力公司的电网进行电力零售。2000 年 3 月允许容量 2000 千瓦及以上且供电电压 20 千伏以上的用户自由选择售电商，这部分用户主要是大型工厂、商场和写字楼，占总用户比例的 26%。通过改革，电力公司竞争压力增大，原来独家供电的区域电力公司既要与 IPP 和 PPS 竞争，又要与其他区域的电力公司竞争。

3．第三阶段

2003 年 4 月，第三次修订《电气事业法》，提出设立中立的电力系统协调机构和电力批发交易机构，实行统一的输电收费制度，保证输电网络的无歧视开放和公平使用，并明确了售电侧改革日程。2003 年 11 月成立了私有的非营利的日本电力批发交易所（JEPX），2005 年 4 月 1 日电力批发市场开始运行，为电力交易提供平台，通过电能批发交易形成电力市场价格。2004 年 2 月，日本电力系统理事会（ESCJ）成立，成为输配电等业务的协调和管理机构。ESCJ 由电力公司、PPS、电力批发商、自备电厂和中立者等会员组成，主要职责是制定电网计划、电网运行及阻塞管理等方面的规则，处理输配电业务方面的纠纷和投诉，跨区联络线的剩余容量管理和阻塞管理，公布联络线剩余容量、潮流、故障等信息，制定并发布全国电力供需状况和电力可靠性报告。2004 年 4 月，允许容量 500 千瓦以上且供电电压 6 千伏以上的用户自由选择售电商，这部分用户的用电量占总用电量的比例达到 40%。2005 年 4 月，允许容量为 50 千瓦以上且供电电压 6 千伏以上的用户自由选择售电商，这部分用户的用电量占总用电量的比例达到 63%。

经过这三个阶段的改革，日本电力工业发生了较大变化。2005 年 10 月，日本经济贸易产业省自然资源与能源署编写了日本电力改革评价报告，评价报告的主要结论有：

（1）对电价下降的评价。电力改革后，日本出现了明显的电价下降。评价委员会进行了基于计量经济学的定量分析，认为日本电价下降的 40%源自电力市场化改革。

（2）对安全供电的评价。评价委员会认为，虽然日本各区域电力公司的电力建设投资自 1995 年以来持续下滑，但电力供需基本平稳，电能质量没有受到影响。但是在电力市场化改革后，由于 PPS 不负责电力供需的实时平衡，将有可能导致电力容量备用不足从而影响电力供应安全。评价委员会认为，PPS 应该和电力公司一起构建能够确保稳定供电的机制。

（3）对环保的评价。为了减少电力行业的二氧化碳排放，区域电力公司、日本电源开发公司、日本核能开发公司等 12 家公司制定并公布了“电力事业环保行动计划”，电力市场化改革后，日本二氧化碳排放量没有大量增加。

该机构设立了专门的“成本效益分析委员会”，对电力改革的成本效益进行分析，分别于 2008 年 3 月和 7 月发表了《未来电力体制状况报告》及《未来电力体制设计报告》，报告分析了日本电力市场改革的成绩和问题，对于改革的成果是肯定的。

2011 年 3 月，大地震及海啸给日本电力系统造成了严重的影响。东京电力公司受灾严重，所属发电设施大面积损毁或退出运行，造成日本东北地区超过 1000 万千瓦的电力短缺。2011 年 10 月，日本政府成立由经济贸易产业省大臣直接领导的电力改革小组，负责研究新一轮电力改革问题。该小组于 2011 年 12 月 27 日向日本政府内阁提交了第一份报告，提出了新一轮电力改革的思路框架，提出要以“实现低廉和稳定电力供应”“构建竞争开放的电力市场”为目标，加快推进电力改革，改革的主要思路包括以下几点：

（1）形成有效的激励机制，促进在电力供需紧张时期减少需求、增加供给。

（2）给予企业和用户自由选择权，最大限度构建灵活的电力市场。

（3）构建需求侧参与的智能电力系统。

（4）建设并完善公开、透明的市场竞争环境。

对于如何构建竞争开放的电力市场，该框架中提出了如下需要深入研究并进行试点的重点问题：

（1）建立需求侧响应机制。用电紧张时，应该引导用户避峰、错峰用电，推进智能电表及其相关技术发展，构建促进供需平衡的市场机制。

（2）扩大用户侧选择，允许所有用户自由选择供电商。

（3）重新研究市场监管规则，增加批发市场的灵活性。

（4）为了减少可再生能源大规模集中并网的风险，需加快天然气和可再生能源的分布式能源发展，重新制定电源并网和输电规定。

（5）要考虑各种新型电源并入电网时系统的稳定供应能力和备用容量，研究如何投资建设这些备用容量。

（6）打破电力公司区域垄断经营模式，通过电力批发交易市场促进不同区域间电力公司的竞争。

（7）建立跨区域的供需平衡机制和调度运行协调机构，实现更大范围的资源优化配置。

（8）实行输配电环节中立，保证发电公平竞争。充分分析财务分离、法律分离、功能分离、产权分离等方式的利弊，深入探讨输配电中立化的可行方案。

（9）在促进市场竞争的同时，要研究确定合理的体制机制，解决市场机制不能解决的公益性问题，包括确保系统安全、保障电网合理投资、电力普遍服务和供电义务等。

（10）由于多个市场主体参与使得电力系统运行更加复杂，需要合理安排改革的进程，构建新的稳定、高效的电力系统管理体制和运行机制。

该改革思路框架还在进一步讨论中。

图 13.3 给出了日本电力改革的进程，表 13.1 总结了日本电力改革的进程和内容。

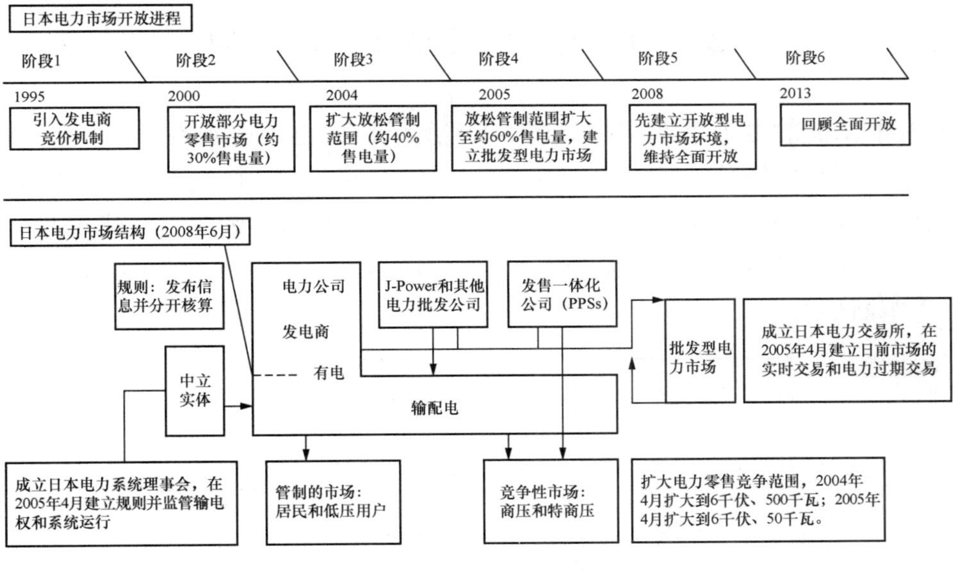

图 13.3 日本电力改革进程

表 13.1 日本电力改革的主要进程和内容

时间	电力改革的主要内容
1995 年	修改《电气事业法》，引入独立发电商（IPP）参与发电竞争
1999 年	再次修改《电气事业法》，在零售侧引入竞争，成立同时经营发电和售电业务的公司（PPS）
2000 年	开放 2000 千瓦以上大用户，交易约占市场份额的 26%

续表

时间	电力改革的主要内容
2003 年	第三次修改《电气事业法》，分阶段开放用户选择权，明确了售电侧改革日程。根据2003 年《能源基本规划》的规定，以 2007 年为节点，讨论是否开放 50 千瓦以下及居民用户，成立电力批发交易所
2004 年	将开放用户选择权的范围扩展到 500 千瓦用户，占全部用户的 40%
2005 年	将开放用户选择权的范围扩展到 50 千瓦用户，占全部用户的 63%，电力批发市场开始运行
2008 年	根据 2007 年是否扩大开放用户选择权范围的讨论结果，决定推迟售电侧的全面放开，并决定 2013 年重新讨论
2009 年	加强电力市场建设，在日本电力交易所（JEPX）开展绿色电能交易、碳排放交易，丰富交易品种，开展期货交易与半小时前电力交易
2010 年	实施光伏发电固定电价
2011 年	福岛核电事故后，提出新一轮电力改革思路框架
2012 年 7 月	实施可再生能源发电全额收购制度，包括太阳能、风电、地热、中小水力发电和生物质能发电

第二节　电力工业组织结构

1995 年以前的电力工业结构如图 13.4 所示，发电侧有垂直一体化的民营公司（10 家）、全国公有公司（2 家）、地方公有公司（34 家）、投资者所有公司（20 家）和自备电厂；输电侧为 10 家垂直一体化的民营公司负责区域电网的建设和运营，中央电力调度中心负责全国电力系统和互联电网的运营；配电侧为 10 家垂直一体化的民营公司垄断经营。

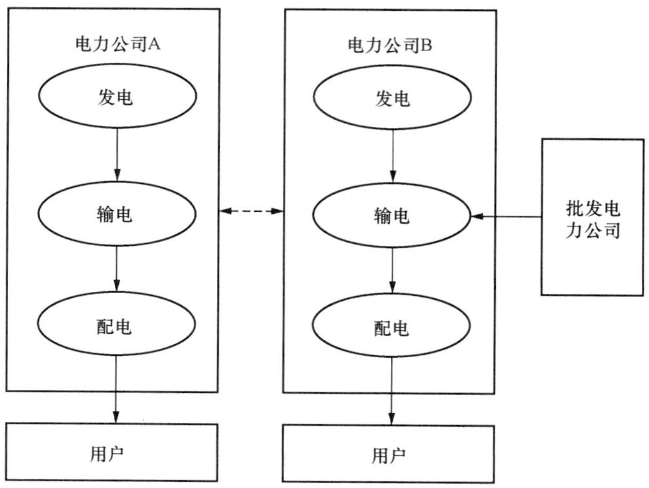

图 13.4　1995 年以前的电力工业结构

1995 年第一阶段改革引入了独立发电商，电力工业结构如图 13.5 所示，1999 年开放了部分用户，电力工业结构如图 13.6 所示。2005 年以后形成了目前的电力工业结构，如图 13.7 所示，在发电环节，独立发电商、售电商、电力公司和 PPS 参与电力批发交易市场，形成了发电侧市场竞争；在输配电环节，电力公司负责运行输配电网，提供公平的电网准入和过网送电服务；在售电环节，电力公司负责向各自区域 50 千瓦以下的管制用户售电，本地电力公司、其他地区电力公司、售电商、PPS 均可对 50 千瓦以上的自由用户售电，形成了零售竞争格局。电力交易中心是私立的自愿交易市场，包括日前市场和期货市场（月和周）。日本电力系统理事会是中立的私立机构，负责制定电力市场规则，监督规则的执行，信息披露（如输电网可用容量），协调跨区交易、阻塞等问题。

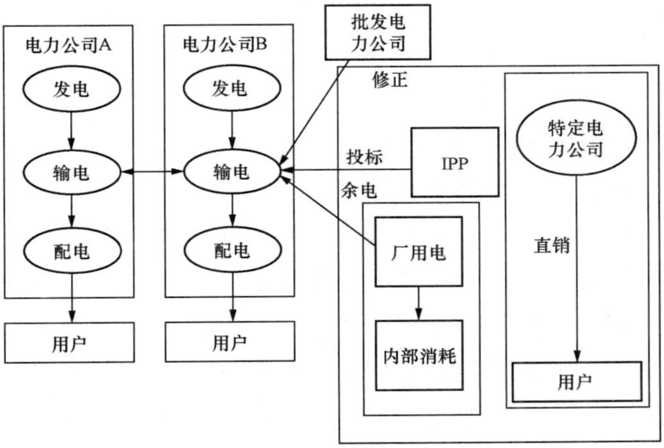

图 13.5 1995 年第一阶段改革后的电力工业结构

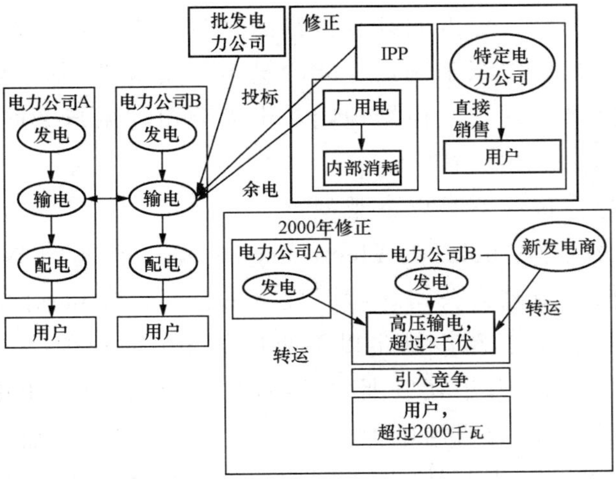

图 13.6 2000 年第二阶段改革后的电力工业结构

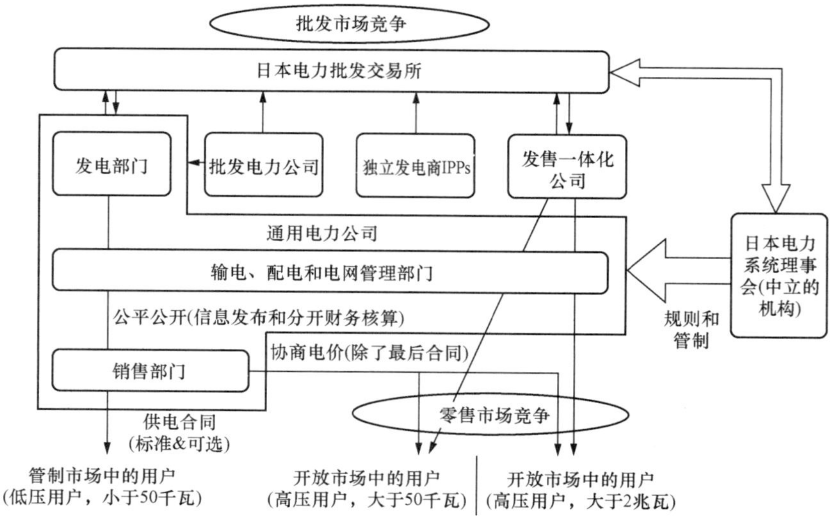

图 13.7　2005 年后的电力工业结构

日本的电力公司是私有的，除了十大区域电力公司以外，还有 34 家市、县政府经营的发电公司、20 家联合投资的电厂等。

日本输电系统的运行由各区域发、输、配、售垂直一体化电力公司中的中央调度中心负责，电力系统整体运行机制没有太大的调整，仅在公司内部实现了发售业务与输配业务的分离，要求信息独立，禁止将输配电业务信息透露给发售电业务部门；财务和会计独立，电力公司必须公布输配电业务部门的财务报表，防止发售电业务与输配电业务之间的相互补贴；输配电部门必须公平对待发售电业务部门和其他电力市场成员。同时，有步骤地开放了零售侧市场，允许具有资格的终端用户自由选择售电商。由于各区域电力公司在电力系统准入、电力设施建设、系统运行以及对输配电业务的熟悉程度等方面具有很强的优势，因此，为保证市场的公平性，日本成立了中立输电系统组织来制定中立的输电系统规则，制定输配电设施的建设、电网准入以及信息披露等规则，根据规则对电力公司与用户之间的纠纷进行调解仲裁，协调输配电部门的规划运行。

批发市场上的电力供应商有以下类型：

（1）批发电力公司（Wholesale Electricity Utility，简写为 WEU）。

批发电力公司向通用电力公司（即区域电力公司，General Electricity Utilities，简写为 GEU）供应电能，且至少满足以下两种条件中的一种：

1）发电装机达到 200 万千瓦以上并且要将电能销售给通用电力公司（GEU）；

2）拥有输配电设施，向通用电力公司（GEU）提供转运服务，容量在 1000 千瓦以上且运行 10 年以上；或者是容量在 10 万千瓦及以上，且运行 5 年以上。

批发电力公司（WEU）要获得经济贸易产业省（METI）颁发的业务许可证，

到2012年底，只有两个批发电力公司，其中一个是日本电源开发公司。

（2）独立发电公司。

独立发电公司向通用电力公司（GEU）供应电能，且至少满足以下两种条件中的一种：

1）容量不少于10 万千瓦且供电时间不少于5年；

2）容量不少于1000千瓦且供电时间不少于10年，按照《电气事业法》的规定进行监管。

（3）其他批发供应商。

可再生能源发电供应商可以以固定的价格在确定的时间段内按照电价补贴政策向电力公司销售电能。

在零售市场上，允许四种类型的售电商向用户售电：通用电力公司（General Electricity Utilities，GEU），特定规模电力公司（Specified-Scale Electricity Utilities，SSEU，一般为发电售电一体化公司 PPS），特定电力公司（Specified Electricity Utilities，SEU）和特定售电商（Specified Supplier，SS）。

容量小于50千瓦的用户尚未放开选择权，只有通用电力公司（GEU）能向这类用户供电。对于容量为50千瓦及以上用户，允许特定规模电力公司（SSEU）向这类用户供电，SSEU可以不需要获得许可证，但必须在经济贸易产业省（METI）备案，到2013年7月，有90个SSEU在运营。允许特定电力公司（SEU）在获得METI的业务许可证后，向特定的服务点供电，比如某一特定的建筑物。到2012年底，有4个SEU在运营。任何一个获得METI批准可以售电的实体，即特定供应公司（SS），都可以向与其联系紧密的受电端供电。

高压输电网大部分由通用电力公司（GEU）运营，而特定规模电力公司、特定电力公司以及特定售电商只能根据其业务需要，在《电气事业法》允许的范围内建设和运营输电和配电设施。

第三节 交易模式

日本电力批发交易所（JEPX）于2003年11月成立，2005年4月正式运营。为保证其公正性，JEPX是非营利性质的事业法人，采用会员制，会员有电力公司、发售一体化公司PPS、企业自备电厂等，会员不论出资额多少都拥有同样的投票权。

JEPX的最高权力机构为社员（出资人）大会，执行机构为JEPX理事会，下设三个常设委员会、两个特别委员会及负责日常行政的事务局，此外还有负责监督交易所运营的监事会。常设委员会有市场交易监督委员会、交易纠纷处理委员会和运营委员会。市场交易监督委员会由中立立场的5人组成，监督交易情况，保证电力交易公平进行，防止价格操纵。交易纠纷处理委员会由5人组成（中立者须过半数），制定解决交易会员之间纠纷的相关条款，调解交易纠纷。运营委员会由21名成员组成，负责交易所的运营、交易所章程的修订及制度的执行及修改等相关问题。特别委员会有市场交易检证特别委员会和问题处理特别委员会，研究处理交易所运营的各种问题。

在JEPX上场交易必须具有交易会员资格，只要愿意进行电力现货交易，而且资本金在1000万日元以上，经过申请都可以成为会员。除交易会员外还有不进行交易只收集信息的信息会员。

JEPX的市场目前分为日前现货市场、远期合约市场、自由合约市场三种。

（1）日前现货市场。日前现货市场对第二天要交割的电量以每30分钟为一个单位进行交易。规定的交易方法为单一价格竞价的方式（single-price auction），将每个卖方的竞标曲线合成总的卖方竞标曲线，将每个买方的招标曲线合成总的买方竞标曲线，两个曲线的交点决定了中标的价格和数量。此交点左侧的竞标（意味着比中标价格低的卖方和比中标价格高的买方）全部成交，交点的右侧不成交。

（2）远期合约市场。远期合约市场以未来一年内的月度电量为交易对象。月度电量还分为“月内全时型”和“月内日间型”两种，月内全时型是指某月不分日期时段的电量交易，月内日间型是指某月除周六、日外8：00～22：00的电量交易，此两种类型的商品在一年的交易期间内形成24种电能交易品种。以撮合方式交易，按时间先后顺序，卖方以报价低的优先，买方以报价高的优先进行撮合。

（3）自由合约市场。自由合约市场是指JEPX的交易成员可以在JEPX提供的互联网电子公示板上自由发布和获取买卖信息，买卖双方将交割日期、电量、价格等信息发布在电子公示板上，感兴趣的交易者可以直接同信息发布方联系，JEPX不干涉买卖方的谈判，只对公告牌上发布的信息进行管理。自由合约市场就好比一个自由市场，实质上是对不同交易类型提供尝试平台，如果在公告牌上频繁出现某种类型的交易，以后可以在市场中开设此种交易。

第四节 调 度 运 行

日本的十大区域电力公司分管各自辖区的电力系统运行，各区域调度方式类似，以下以九州电力公司为例加以说明。九州电力公司主要负责九州岛的电力供应和电力调度，调度机构是负荷调度中心（Central Load Dispatching Center，CLDC），CLDC负责管理整个九州地区的调度运行，地区负荷调度中心负责当地调度系统的运行，控制500千伏变电站，集合控制中心负责当地的水电站和变电站的控制，调度系统如图13.8所示。

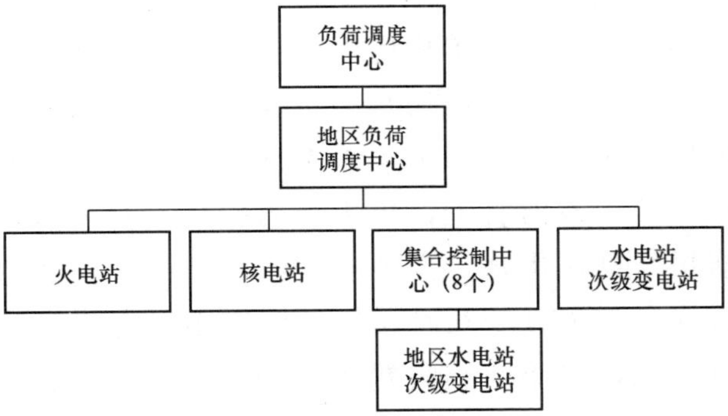

图 13.8 区域调度系统

CLDC 采用经济调度方式实现电力供需的实时平衡，调度流程如图 13.9 所示。其中需求预测模块主要对负荷以及变化进行预测。经济性和可靠性模块主要考虑边际可用容量、抽水蓄能电厂运行方式、跨区电力交换等因素计算调度方案的经济性和可靠性指标，然后以经济性为原则进行发电机组运行方式安排以实现供需实时平衡。

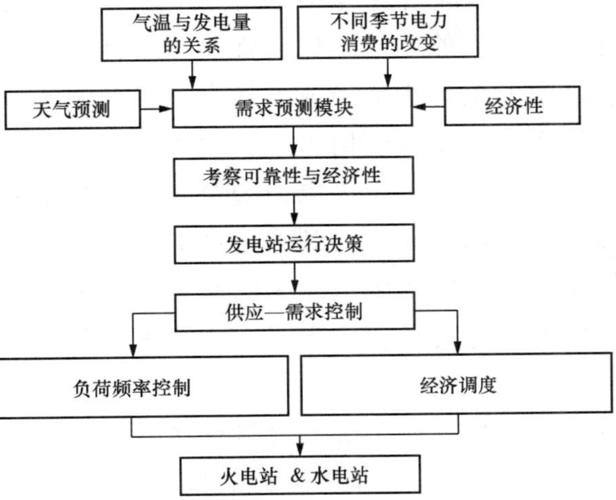

图 13.9 调度流程

第五节 电 价 机 制

2011 年日本电价平均为 16.8 日元/千瓦时（约 1.34 人民币元/千瓦时），其中居民 21.3 日元/千瓦时（约 1.7 人民币元/千瓦时），工业 14.6 日元/千瓦时（约 1.2 人民币元/千瓦时）。日本的电价制定是以补偿成本、合理盈利、用户公平负担为原则，采用综合成本定价，由政府批准并公布实施，上网电价日本政府采用标杆机制对十大电力公司实施激励；输配电价按成本制定，受政府监管，要求电网公平开放，所有电网用户支付统一的输配电价；销售电价主要按电压等级、负荷率和用途定价，均实行两部制电价，对于工业等高压用户，主要按电压等级及用电容量分类，开放选择权的大用户的电价由用户和电力公司或PPS商定，并按规定交纳输配电费；没有开放选择权的用户电价由政府管制，电力公司提高电价要报政府审批，降低电价向政府备案。对于居民等低压用户，主要按用电性质分类，实行阶梯电价、峰谷电价和季节电价，主要划分为120千瓦时（每月生活必要使用量）以内、120～300千瓦时、300千瓦时以上三档，第一档收费水平较低，第二档按平均水平收费，第三档收费水平较高。另外，根据用户个性化的需求，在向政府经济产业大臣申请备案后，可制定多样化的收费目录，例如面向特殊条件用户的优惠措施（如全电气化住宅收费优惠措施等）。

对于没有开放选择权的用户，仍然由十大电力公司实行区域垄断供电，为了防止电力公司利用垄断地位制定高电价损害消费者利益，电价的制定和调整（下调时除外）必须经过经济产业大臣的审批。由于十大电力公司间的竞争关系是间接的，日本经济产业省还制定了“标准查定”政策。在电力公司提出提高电价申请时，经济产业省要对其成本进行“标准查定”，根据十大电力公司的效率水平，进行比较后制定成本标杆，考虑电力公司的不同地域特性及用户结构，对成本标杆进行调整。经过“标准查定”后确定的电价由适当成本加上适当利润构成。

改革后新进入的售电公司必须使用由十大电力公司垄断经营的输配电网向用户供电，这被称为“转运”。为防止十大电力公司利用垄断优势制定较高的转运费，经济产业省规定转运合同的确定必须得到经济产业大臣的审批。日本经济产业省规定，转运费采用两部制，由与转运电量无关的基本费加上根据转运电量计算得到的费用组成，依据转运成本，考虑经营效率提高、技术革新、需求变化等因素制定转运费。

日本的发电燃料主要依赖进口，所以燃料价格变动对电力公司经营业绩影响巨大。从1996年1月开始，实行了每3个月自动调整一次的“燃料费调整制度”，以海关统计的上上季度各种燃料进口价格3个月平均值为依据调整电价，例如某年度7～9月的电力价格反映的是1～3月的海关统计的燃料价格水平。为了避免价格频繁变动，根据燃料进口价格计算后的电价比原价格变动幅度在上下5%以内时，不进行调整。同时为了防止电价过度波动，经济产业省规定了调整上限，无论燃料进口价格变动幅度多大，电价一次调整的上限为50%。

第六节 行业管理与监管

日本根据《电气事业法》对其电力行业进行管理。在《电气事业法》下，任何实体（“特定规模电力公司 SSEU”除外）要想进入电力商业领域必须获得 METI 颁发的许可证。

对电力行业实行监管的主要目的是保障消费者利益，保证电力供应安全可靠，保证电力企业得到合理的投资回报。日本电力监管由经济贸易产业省（Ministry of Economy，Trade and Industry，METI）负责，具体工作由其下属的自然资源与能源署承担。该部门负责发放电力业务许可证，制订电力管理规章和制度，审批电价调整方案，协调燃料供应和电力平衡问题等。监管部门有权要求通用电力公司在灾害或其他紧急情况下，向其他通用电力公司、特定电力公司或者特定规模电力公司提供电力，要求通用电力公司提供第三方接入服务，确定可再生能源电力的采购价格和合同期限，要求电力公司与可再生能源发电商签订并履行合同协议或并网协议。METI 是日本政府的一个部级机构，其工作人员是公职人员，工作人员在监管部门服务期间，不得从事其他职业，以便与其所监管的业务分离。核电监管机构是在福岛核电站事故之后于 2012 年成立的，隶属于环境省。为了使核电监管机构独立于核电站的拥有者和运营者，监管机构工作人员无论在职期间还是退职后，都不允许在与核电站业务相关的政府部门或核电站拥有者和运营商公司中任职。

为审查各电力公司的新建工程，成立了电力审议会；为协调电力公司和电源开发公司（EPDC）之间的关系，1958 年成立了中央电力委员会，下设管理委员会负责日常事务；为管理电力公司之间的联网调度，成立了中央调度联络执委会；为进行电力行业管理成立了日本电气事业联合会，负责行业管理和统计，代表电力行业出席众议院会议，接受议员对电力行业的质疑和咨询。此外，还有日本电力调查委员会、海外电力调查委员会、日本核能产业会议等，分别行使一定的电力管理职能。

日本电力监管的主要内容是电价、环境保护和发展规划。电价监管的原则一是成本补偿原则，以完全成本作为核定电价的基础；二是合理报酬原则，按照一定的回报率确定合理的利润；三是公平负担原则。电力环境保护监管主要是限制污染物排放，评价核电对环境的影响。发展规划主要是与电力公司协同编制长期电力规划和核电规划。

日本在放松电力管制的同时，开始建立市场化条件下的电力监管体系，电力监管采取多部门、分散、严格的方式，区分竞争环节（发电和售电）和垄断环节（输电和配电），放松竞争环节的经济性监管，加强垄断环节诸如网络接入、安全和普遍服务等非经济性内容的监管，同时由保护性监管转向激励性监管。

《电气事业法》规定禁止通用电力公司在提供接入服务中给予其隶属公司优惠待遇或其他利益。禁止通用电力公司向其隶属公司提供与其接入无关的、有关其他供电商或者用户的信息。电力公司中的输配电部分具有垄断属性，在电力系统运行和向市场参与者提供转运服务时，必须公开、公平。为了实现这一目标，监管部门要求电力公司在输配电部门与发电、零售部门之间设立信息屏障，避免交叉补贴和对输配电用户的不公平，监管部门进行事前事后检查。信息屏障是指输配电部门不应将用于转运服务的信息，供自己或关联公司从事其他活动，不管此类活动是否会对其他市场参与者利益造成损害。电力公司应当统计其输配电部门在提供输配电服务时的收入、支出情况，并公布会计报表，以避免其他部门擅用输配电部门的收益。电力公司的输配电部门在提供转运服务时，对电网的各类用户，如独立发电公司、自己的发电厂、自己的售电部门等，应当一视同仁，不偏向自己的发电厂与售电部门。

在发电设施建设和运营方面，一个实体要从事发电设施建设和运营业务，必须要获得 METI 颁发的许可证，即作为 GEU、SEU 或 SS 的许可证，或者作为 SSEU 在 METI 备案。一个实体要从事发电设施建设和运营并向某个 GEU 供电，必须获得 METI 颁发的批发电力公司的许可证，而且拥有的发电装机容量必须大于 200 万千瓦。《电气事业法》要求核电站建设之前的建设规划和核电站投运之前的建设验收都必须获得核电监管机构和 METI 的批准，核电站反应堆的安装需要核电监管机构的批准，而建设其他电厂通常只需要提前在 METI 备案。在建设核电站、火电站、水电站或地热电站之前需要进行环境影响评估。

在并网政策方面，通用电力公司（GEU）必须允许相关设施并入电网，并提供电力转运服务，当其他 GEU、SEU、SSEU 申请并网时都必须接受，除非有正当理由才能拒绝其并网。任何电力公用事业公司必须允许可再生能源发电并网，除非有正当理由才能拒绝。

在输配电建设运营授权方面，通用电力公司拥有和运营输电网并负责电网安全，一个实体如果要建设输配电设施必须在 METI 备案，输配电网络的建设和运营实体，如果想向用户供电必须获得 METI 颁发的许可证，即作为 GEU、SEU、SS 的许可证，或者 SSEU 的备案。

在《电气事业法》中，通用电力公司的债券持有人相对于公司的其他债权人有优先受偿的权利（《电气事业法》第三十七条），这样能够使通用电力公司以公司债券获得扩大电力生产和输电设施所必须的资金。

日本电力系统理事会（ESCJ）是由 METI 设立的管理输电和配电的机构，同时管理不同通用电力公司之间的跨区域电能交易。

如果一个通用电力公司利用其在零售市场的优势地位，对用户核定了不合理的价格，METI 有权拒绝批复其费率，并命令其修正费率。如果通用电力公司利用其在输电和配电市场上的主导地位拒绝向其他公司提供第三方接入服务，METI 有权命令其提供接入服务。如果一个通用电力公司在提供接入服务时，没有以合理的成本作为基础，无理由地设定较高的费率而与服务不匹配，或者根据季节或时间的变化设定与服务价值不相符的费率，METI 有权命令其修正接入服务的费率。公平交易委员会负责防止电力行业中的反竞争行为和操纵市场行为，如果一个电力公司涉及反竞争行为而触犯反垄断法，委员会有权停止其运营或者要求其支付额外费用。如果一个国外公司想获得日本电力行业非上市公司的部分股权或者上市公司10%及以上股权时，公司必须提前向财政省和METI报告其商业目的、持股数量和时间，这些部门在审核时会考虑国外公司的投资是否会影响本国安全，是否会影响公共秩序，是否会对日本经济造成负面影响。

在鼓励可再生能源发电方面，2003年引入了可再生能源一揽子标准，要求电力公司保证在其销售电量中有一定比例的可再生能源。在福岛核电站事故后，为推动可再生能源发电的进一步发展，2012年7月开始执行可再生能源发电的固定电价制（Feed-in tariff，FIT），电力公司（GEU、SEU或SSEU）必须在特定年限按照特定价格从可再生能源发电商购买电能，必须允许可再生能源接入电网。对于不同类型和规模的可再生能源有不同的价格，价格和年限每年调整，从2013年4月至2014年3月，价格为13～55日元/千瓦时（约0.9～3.85人民币元/千瓦时）（不含税），年限为10～20年。FIT价格机制将吸引大量新市场成员进入发电市场，并将使光伏、风电、中小水电、地热发电和生物质发电大量增加，从2012年4月至2013年5月，新增的可再生能源发电装机为340万千瓦，其中320万千瓦是太阳能发电。FIT的执行带来的电价上涨以加价的形式由全体电力用户承担，在全国用户中公平分摊。

在核电政策方面，福岛核事故之前日本政府鼓励发展核电，福岛核事故之后，所有核电厂停止运营进行检查，之后除了一个电厂，其他核电都没有恢复运行，尽管安倍内阁希望在得到核电监管机构批准后重新运行现有核电厂，但是前景还不明朗，也不会再建新的核电厂。

第七节 新一轮电力改革方案

日本提出了到2030年的能源发展战略目标，其中包括能源自给率提高一倍，化石能源开发供应比例提高一倍，从而实现能源自主供应从目前的38%提高到70%，将零排放电力生产比例从目前的34%提高到70%，居民生活碳排放降低50%，保证工业能源效率在全世界居于前列，在能源相关产品国际市场中占据主要地位。实现这些目标的主要措施包括努力保证能源资源和供应的稳定性，建立独立的和环境友好的能源供应体系，建立低碳能源结构，构建新型能源和社会系统，能源技术创新，能源国际合作，能源工业改革等。

2012年2月，自然资源与能源署组织了电力改革专家委员会，2012年7月13日该委员会发布了“电力系统改革的基本政策”报告，2012年11月该委员会开始研究改革的具体措施，2013年2月8日给出了最终报告。基于这个研究报告，2013年4月2日内阁批准了下一步电力改革方案。

该研究认为日本的区域垄断模式存在着一些问题，如缺乏跨区电能传输和更大范围的资源优化配置，不能适应电源结构的变化尤其是可再生能源的增加，竞争不足，价格控制较强等。新的改革方案的目标是保障电能稳定供应，控制电价的上涨，扩大用户选择权等。新一轮改革包括三个步骤，第一步是在 2015 年建立跨区域输电运营协调机构 OCCTO，其功能是审查和修改电力公司的电力供需平衡规划和电网规划，协调输配电网供需平衡，在电力供应紧张时要求电力公司增加发电和输电容量；另外 OCCTO 将在可再生能源接入中发挥重要作用，主要是在可再生能源资源地和电力负荷中心分布不均衡的情况下，通过加强输电网建设、跨区频率调整等方式促进可再生能源利用（如图 13.10、图 13.11 所示）。第二步是全面开放售电侧竞争，2016 年对居民用户开放选择权，在 2018～2020 年前十大电力公司仍执行监管价格，以后放松对零售价格的管制。第三步是在 2018～2020 年以法律分离的形式将发电业务和售电业务与输配电环节分开，任何实体不能同时从事批发零售和输配电业务（如图 13.12 所示）。

未来电力改革路线图如图 13.13 所示。

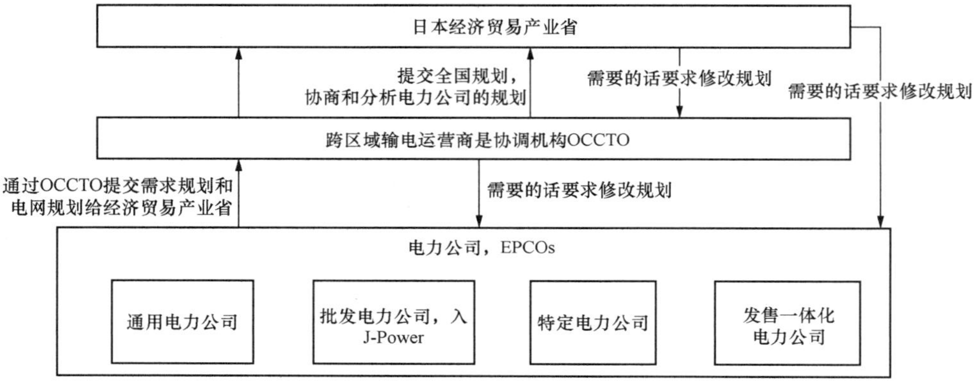

图 13.10　新的改革方案中 OCCTO 的作用

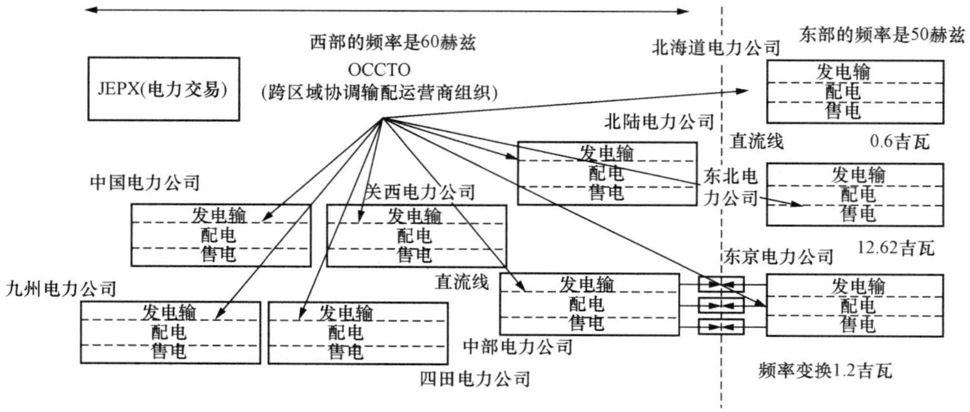

图 13.11　新的改革方案中 OCCTO 的作用

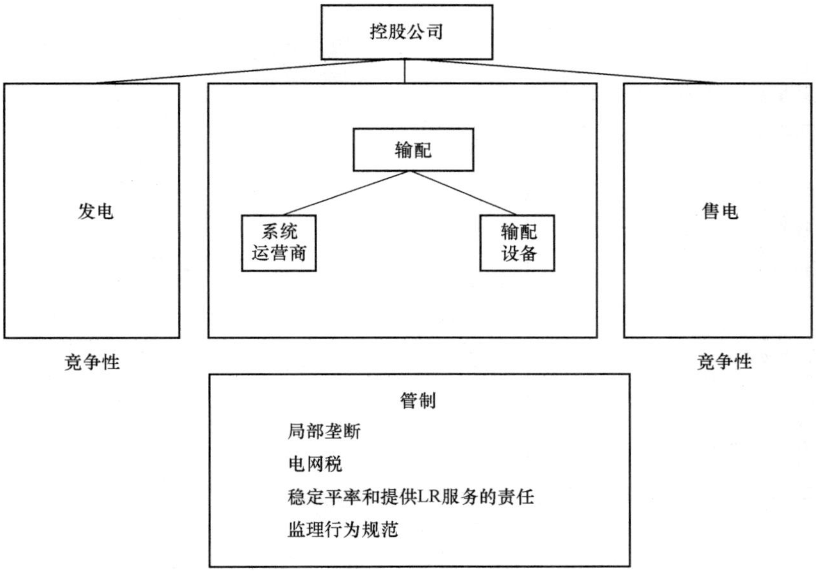

图 13.12 新的改革方案中电力公司各环节的关系

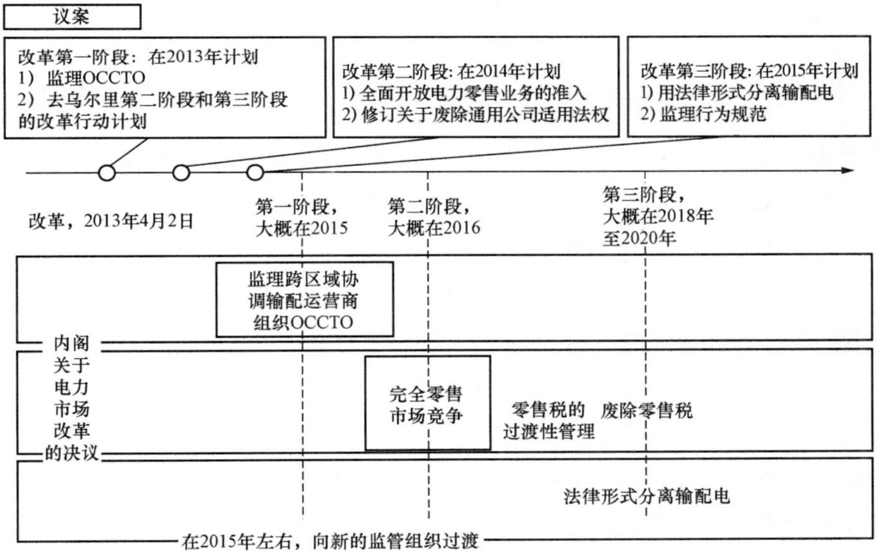

图 13.13 未来电力改革路线图

未来日本将加强跨区域市场的整合以实现跨区域优化调度和竞争，便于在供应紧张情况下跨区输电和有利于可再生能源接入。促进跨区域市场整合的措施主要有设立跨区域输电运行机构 OCCTO，在政府监控下促进电力批发市场 JEPX 中的自愿交易，扩展 JEPX 的功能，引入电力金融产品。

新一轮改革后的发电公司、输、配电公司和售电公司及其功能如图 13.14 所示。

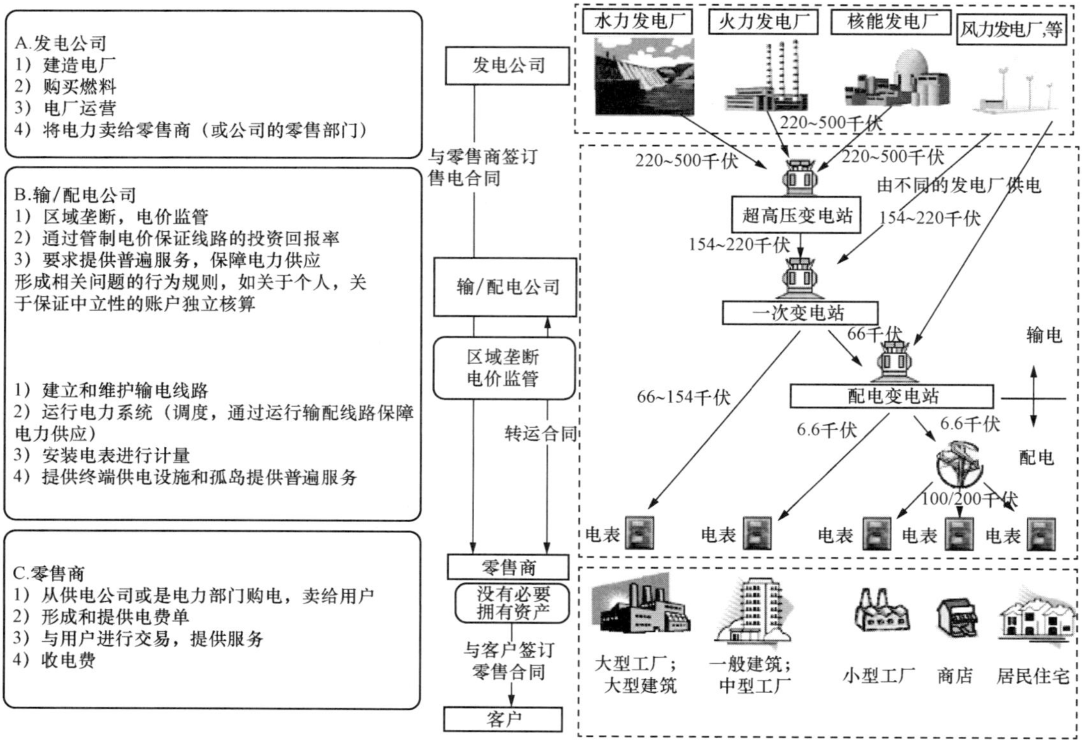

图 13.14　新一轮改革后的发电公司、输/配电公司和售电公司及其功能

在保障电力供应安全方面，新的改革方案也规定了不同主体的职责。输配电公司有责任保障电力供需平衡，保障电能质量和电力可靠性，建设和运行维护输配电网，为用户提供保底电力服务。在电力安全面临威胁的紧急情况下，OCCTO 负责安排发电资源和跨区电力交换以保障安全，政府（METI）有权力要求电力公司和企业自备电厂提供紧急支援。为保障长期供应安全，规定售电商有义务保证足够的电力容量。为防止未来电力短缺，OCCTO 负责征集新的发电投资和建设项目。

在需求侧，福岛核事故之前就曾讨论过引入智能电表和需求响应，鼓励需求侧参与，目的是接纳可再生能源，改进电力服务和提高运营效率。福岛核事故增强了智能电网建设的必要性，政府和电力公司采取了诸如全国节电法案这样的强制性措施，制定了基于市场的需求侧响应规划。5 年内智能电表的安装和使用将覆盖全部电力用户的 80%，2012 年对智能电表的用户界面进行了标准化，对居民用户使用了家庭能源管理系统，便于实现需求响应机制。

第十四章 印度电力市场

第一节 电力市场建立历程及发展

一、电力工业概况

（一）电网装机、负荷及能源分布

印度作为亚洲第三大经济体，由于人口不断增长和强劲的经济发展，能源消费以年均 6%的速度增长。然而目前仍有近 40%的家庭没有用上电。

为了满足日益增长的能源电力消费需求，同时考虑减排的需要，印度总理辛格于 2011 年 6 月强调，印度将执行核能与可再生能源相结合的电力发展政策。印度政府认识到，稳定、可靠的电力供应是国家持续发展的重要组成部分，印度政府采取了一系列的激励措施增加发电装机容量。2011～2012 年，印度新增发电装机容量 2050.17 万千瓦，火电装机容量增长 66%。

截至 2013 年 11 月 26 日，印度电网的总装机容量约为 2.29 亿千瓦，其中火电装机容量 1.5622 亿千瓦，占总装机的 68.22%；水电装机容量 3982 万千瓦，占总装机的 17.38%；核电装机容量 478 万千瓦，占总装机的 2.09%；可再生能源的装机容量为 2818 万千瓦，占总装机的 12.31%。其中北部电网的装机容量为 5620 万千瓦，占总装机的 24.5%；西部电网的装机容量为 6933 万千瓦，占总装机的 30.3%；南部电网的装机容量为 4441 万千瓦，占总装机的 19.4%；东部电网的总装机容量为 2846 万千瓦，占总装机的 12.4%；东北部电网的总装机容量为 265 万千瓦，占总装机的 1.15%。印度的能源资源主要分布在北部、东北部和东部地区，主要负荷中心则集中在北部、南部和西部地区。因此，印度电网的输电方向为东电西送、南电北送，南北水火互济。

近年来，随着经济的快速发展，印度的电力需求缺口增大。印度人均年耗电量约为 350 千瓦时，只有中国的一半，每年新增装机容量也只有中国的 1/3。包括首都新德里在内的全国电力供应十分短缺，群众对此极为不满。印度政府在加强中央办电的同时，支持地方办电和私人办电，鼓励私营机构参与国家公共基础设施项目。同时，2010～2011 年，印度电力监管委员会倡议和推动 50 兆瓦及以上水电和可再生能源的接入并网，并于 2010 年 1 月出台可再生能源证书规定，以促进可再生能源发展和电力市场化发展。

印度的能源资源主要分布在东部和东北部地区，以煤炭和水力为主，其煤炭储量排名世界第五。目前印度煤炭储量近 2000 亿吨，以目前产量水平计算，印度煤炭储量可开采 150 年以上。印度的煤矿大部分可以露天开采，因此煤价及电价非常便宜，但基础设施的落后影响了能源的输送和使用。同时，环保、土地征收及各种利益博弈制约了煤炭的开采，技术方面投资的不足也限制了煤的产量，导致燃料跟不上发电的需求。很多煤矿都是有产量限额的，这些限额很多不符合实情。印度有 10%

的发电装置因为没有燃煤的供应而处于停机状态。为了弥补煤的不足，印度不得不以远高于印度国内煤炭的价格从海外进口煤，但是政策又不允许将这些负担转嫁给消费者，于是加剧了企业的困难，形成了一个恶性循环。

2011 年 9 月，印度新能源与可再生能源部制定了一系列举措促进国内太阳能电力产业发展。这些举措包括制定了一项总规模为 350 兆瓦的太阳能发电招标计划。该项目一期 150 兆瓦的计划已于 2011 年初完成招标，中标金额为 0.204 美元/瓦；实施可再生能源配额制，强制要求国内电力供应商 2013 年采购的太阳能发电量占比不得低于售电量的 0.25%，2022 年该比例需达到 3%；提供总额为 0.99 亿美元的政府专项资金，对太阳能电力供应商给予支持。在印度第 12 个五年计划期间（2012/13～2016/17），新能源和可再生能源部计划安装 29800 兆瓦的交互式电网可再生能源电站。其中风能装机 15000 兆瓦，小水电装机 2100 兆瓦，太阳能装机 10000 兆瓦，生物质装机 2700 兆瓦。《国家太阳能计划》建议在第十三个五年计划（2017/18～2022/23）的末期分 3 个阶段实现安装总容量 20000 兆瓦。截至 2013 年 7 月 31 日，根据《国家太阳能计划》，总容量 1759.43 兆瓦的并网连接的太阳能项目已经运行，总容量 252.50 兆瓦的未联网太阳能项目已经被批准，其中 60 兆瓦的太阳能项目已经在运行，约 700 万平方米的太阳能热能系统收集区域已经安装了太阳能机组。

此外，在未来 30 年中，印度的发电装机预计需要每十年翻一番，以满足日益增长的经济需求。为了实现这一目标，印度政府开始建设超大型电力项目（Ultra Mega Power Projects，UMPP），单个项目的发电装机容量约为 4000 兆瓦，投资金额约为 40 亿美元。目前，已经有 4 个 UMPP 项目被授予塔塔电力公司和信实电力公司，于 2011 年和 2017 年开始建设。

印度中央电力局最近公布的数据显示，2013 年 8 月，印度又进入用电高峰期，由于受到雨季和可再生能源增加的影响，电力供需缺口为 2.7%，2012 年同期为 9.6%。近年来，为进一步缓解“电荒”压力，印度日益重视开发以风能、太阳能为代表的新能源，推动可再生能源领域的发展上升为一项国家战略。

（二）电网和规模

印度电网由隶属中央政府的国家电网（由跨区电网和跨邦的北部、西部、南部、东部和东北部 5 个区域电网组成）和 29 个邦级电网组成。印度电网电压等级主要包括 765 千伏、500 千伏（直流）、400 千伏、220 千伏、132 千伏、66 千伏及以下。政府将 132 千伏及以上定义为输电网，132 千伏以下的线路定义为配电网。印度国家电网主网架以 400 千伏为主，各区域之间通过 400 千伏交、直流线路和部分 220 千伏线路互联，实现了东部、西部、北部和东北部电网的同步互联，以强联系形成了容量达 1.1 亿千瓦的中央电网，其中南部电网通过 500 千伏高压直流与东部和西部区域电网异步互联。

印度在积极发展区域电网的同时，也加强了跨区域电网的输电能力，旨在中央层面建立一个能够整合五大区域电网的国家电网（见表 14.1），并应用高压直流技术（HVDC）加强全国区域电网的互联和远距离大容量的输电。2010 年 5 月 31 日，印度电监会批准了 9 条高容量输电线路的建设项目，截至 2011 年 6 月 30 日，印度国家电网的跨区域输电能力已达到 23800 兆瓦。

印度允许私有资本通过竞标以 BOOM 模式（建设、运行、拥有、维护）或与公用输电企业合资的形式参与一些输电线路的建设与运营。2010～2011 年，印度向部分公司授予了为期 25 年的输电许可证。

印度正在谋求建设特高压 800 千伏直流输电线路，把印度东北部的水电输送到 1728 公里以外的中北部城市，用结构坚强、资源优势互补的大区互联电网优化布局，提高安全系数。

表 14.1　印度运营中的区域电力局（REBs）

北部 REB	西部 REB	南部 REB	东部 REB	东北部 REB
哈里亚纳邦（Haryana）	古吉拉特邦（Gujarat）	卡耐卡塔（Karnataka）	比哈尔邦（Bihar）	阿萨姆邦（Assam）
喜马偕尔邦（Himachal Pradesh）	中央邦（Madhya Pradesh）	安得拉（Andhra Pradesh）	安达曼-尼科巴（Andaman & Nicobar）	阿鲁纳加尔邦（Arunachal Pradesh）
德里（Delhi）	马哈拉施特拉邦（Maharashtra）	喀拉拉（Kerala）	西孟加拉邦（West Bengal）	梅加拉亚邦（Meghalaya）
旁遮普邦（Punjab）	果阿邦（Goa）	泰米尔纳德邦（Tamil Nadu）	锡金邦（Sikkim）	那加兰邦（Nagaland）
拉贾斯坦邦（Rajasthan）	达曼-第乌（Daman & Diu）	本地治里邦（Pondichery）	奥里萨邦（Orissa）	特里普拉邦（Tripura）
查谟和克什米尔（Jammu & Kashmir）	达德拉-纳加尔哈维利（Dadar & Nagar Havelli）	拉克沙（Lakshadeep）	加尔肯德邦（Jharkhand）	曼利普尔邦（Manipur）
昌迪加尔（Chandigarh）	差蒂斯加尔（Chhatisgarh）			米佐拉姆邦（Mizoram）
北方邦（Uttar Pradesh）				
北阿坎德邦（Uttaranchal）				

（三）电力管理体制

印度国家独立后沿用了联邦制和议会制，各邦相对独立。印度电力管理体制也分为中央（包括区域）和邦两级。中央管电部门（政府电力部和中央电力监管委员会）与各邦政府管电部门没有垂直的管理关系，职责相对独立。在国家层面，电力管理体制已实施政企分开，电力部负责履行政府管电的职能；电力监管委员会负责履行电力监管职能；中央电力局隶属电力部，具有规划、政策、标准制定及审批权。

为了加快电力发展和提高运营效率，印度从1998年开始实施发、输、配三分开的电力市场化改革。在中央层面，成立了隶属于中央政府的印度国家电网公司、火电公司和水电公司等。在各邦内部，成立隶属于邦政府的输电和配电公司，负责建设运营邦内输配电网。印度国家电网公司负责建设运营国家电网，与各邦输、配电公司之间既没有资产纽带关系，也没有直接的管理关系，是两个平等的法律主体。目前，在发、输、配独立运营基础上，全面向私营投资者开放。在发电领域，私营投资的发电容量已达到35%。在电力市场运营方面，已经实施跨区域、跨邦购电和与频率挂钩的联络线功率偏离计划交易机制，长期交易合同占89%，偏离计划交易占3%，其他短期交易占8%。

二、电力市场起源及变化过程

（一）印度电力市场起源及概况

印度电力是由私营企业建立的。加尔各答是印度第一个供电的城市，始于1897年，由加尔各答供电公司提供。到1947年印度独立时，承接了1300兆瓦的装机。独立后，私营电力公司国有化，中央政府和邦政府负责电力行业发展。《电力法（1948）》创建了邦电力局。邦电力局负责邦内的发电、输电和配电。《电力法（1948）》同时建立了中央电力局。中央电力局承担咨询角色，并负责长期电力规划。然而，大部分邦内的政策仍由邦电力局制定。

到20世纪60年代，由于邦电力局不能根据需求的增长对应增加装机容量，因此，成立了参与发电和配电的中央政府组织，如NTPC（国家火电公司），NHPC（国家水电公司）和POWERGRID（印度国家电网公司）。随后，中央电力组织发电量不断增加，达到总发电量的30%。并且大部分的新建机组是由中央政府和邦政府投资的，私人投资非常有限。

1991年，印度遭遇财政危机，中央政府预算收紧。整个90年代，印度大部分邦财政短缺，无法提供电力部门大量财政补贴。解决邦电力局财政困难的有效方案是实行电力行业改革和调控。于是从奥里萨邦开始，印度启动了一波电力改革。印度电力改革是其20世纪90年代经济自由化改革的一个组成部分。改革开始前，中央政府拥有30%的发电能力，运转良好且效率较高；而各邦电力局（SEB）管理不善、效率低下，并逐年出现亏损。此外，印度电力供应不足也严重制约了经济发展。为解决这些问题，印度于1991年通过修改立法开始进行电力市场化改革。

印度电力工业管理分中央、地区、邦三级。中央电力局主要职能包括制定全面协调统一的有关控制及利用全国电力资源方面的政策，在技术、金融以及经济方面向电力部提出建议。地区一级有5个地区电力局（北部、东部、东北部、西部、南部电力局），负责协调和管理有关邦之间电力发展的运营事务。各邦还设有邦电力局，负责邦内的绝大部分发、输、变配电工程建设及运行。

根据《1998年电力监督法案》，印度政府成立了中央电力监管委员会（CERC），各邦也成立了邦电力监管委员会。此外，还有中央、邦政府共同拥有的国家火电公司（NTPC）和国家水电公司（NHPC）。核电的发展和运行由核能部（DAE）负责。

印度电力部在2007～2012财年，即印度第十一个五年计划期间增加电力75000兆瓦，年均增长15000兆瓦。此期间电力行业的发电、输变电等方面需要投资1200亿美元。同时，电力设备和电力线路老化严重，线损率达30%，设备更新和供电线路改造也需要数百亿美元的投入。

（二）目前印度电力市场形式

印度是世界上第三大原煤生产国，半数以上的能源需求由原煤来满足，在亚洲的发展中国家中，印度的装机容量位居第二。预计印度在2001年到2025年间将保持5.2%的年平均经济增长速度，电力需求将相应快速增长，年人均电力消费将增长3.3%。

印度电力生产以煤电为主，占总发电量的78%，水电约占总发电量的13%，其余的为核电、油电和天然气发电。印度政府计划在中期内增加水电、核电和天然气发电的使用。目前印度共有13座核反应堆在运行，总容量为2460兆瓦；在建的核反应堆共有8座，预计到2025年印度的核电容量将达到8923兆瓦。

印度政府正大力发展水电，2003年5月印度总理宣布，将在2012年前新增水电50吉瓦。目前印度正在建设几座大型水电工程，包括2400兆瓦的Tehri水电工程。印度也在通过增加电力进口来满足日益增长的电力需求。2003年印度与不丹签定了购买不丹870兆瓦Punatsangchhu水电站电力的备忘录。印度还计划从不丹2005年完工的总容量为1410兆瓦的另两项工程中购买电力。此外印度还从尼泊尔进口了大量的水电发电量。全国分为5个区域电网，全国联网正在形成之中。近年来印度经济每年以6%～8%的速度增长，但因发电量不足，每年至少影响经济增长1个百分点。为此，印度政府决定在2015年以前新增8000万千瓦发电装机，市场空间比较大。

印度是联邦制国家，各邦相对独立，电力管理体制也分为国家和地方（邦）两个层面。在国家层面，电力管理体制已实施政企分开，电力部负责履行政府管电职能；电力监管委员会负责履行电力监管职能；中央电力局隶属电力部，具有规划、政策、标准制定及审批权。印度国家电网公司负责建设运营国家电网（跨区域和跨邦电网）。

（三）印度电力市场发展空间

在亚洲的发展中国家中，印度的装机容量位居第二。印度电力生产以煤电为主，占总发电量的78%，水电约占总发电量的13%，其余为核电、油电和天然气发电。为此，印度将增加新能源的开发和投入，增加新能源的发电能力有助于电力供应的多样化。印度也有一些大型水电项目正在进行建设，并不断扩大使用风力发电。印度政府计划在中期内增加水电、核电和天然气发电的使用，鼓励投资于发电、输电和配电，包括可再生能源发电。近年来印度经济每年以6%～8%的速度增长，但因发电量不够，每年至少影响经济增长1个百分点。要想解决这个制约瓶颈，除了加强现有电力市场的管理，发挥其潜在的能力外，必须加快新的电厂建设。在这方面，印度政府也在采取一些新的措施，制定了一些新的政策，如在加强中央办电的同时，支持地方办电，在火电市场、水电市场推行BOT，优先开发北方地区巨大的水利资源等。到2030年，印度的总发电量将达到现在的3倍以上。

三、市场效果和市场调整

（一）印度电力市场化改革路线及目标

根据计划，印度设计的电力改革路线分四步走。第一步是电力工业拆分重组，包括将垂直一体化公司拆分为发电、输电及配电公司（配、售一体），建立独立的邦电力监管委员会等；第二步是电力企业逐步实现公司化运营；第三步是电力企业逐步步入健康的商业化运营，包括实现企业的独立性和自主性、提高效率及建立董事会制度等；第四步是使电力资产增值、实现电力企业的私有化。

由印度的改革路线设计可以看出：印度电力工业重组采用的基本模式是发电、输电各自独立，配、售电一体化的模式；印度电力体制改革的最终目标是实现电力行业的私有化，促进电力发展。

（二）印度电力市场化改革历程

1960年，印度的电力工业逐渐由殖民地时期的私有企业变为全部由国家垄断；并先后成立了印度电力工业部（MOP）和印度中央电力管理局（CEA）等电力管理部门；在邦内成立了发、输、配、售垂直一体化的各邦电力局（SEB）。从20世纪80年代起，大多数邦电力局年年遭受亏损，发展陷入资金困境。亏损的主要原因包括3个方面：

（1）电价交叉补贴现象严重，电价太低，销售电价仅为实际平均发电成本的75%，而且至1990年只有55%电费能够收回。

（2）输配电网损高达18%～62%，偷电现象严重。

（3）由于印度各邦内的选举制度具有“选票政治”的特色，地方选举的党派将承诺农村低价用电或免费用电来作为选举的筹码，所以使得电力局连年亏损。

1991年以后印度政府开始按照世界银行的指导进行自由化、私有化的电力改革。第一阶段是对外国开放，让外国投资建设独立发电厂（IPP），一时大批外资进入电力市场，给外资的优惠条件大大超出外商的设想，其结果是电厂造价陡升、电价过高，超出用户的承受能力，IPP计划因此被认为失败。2001年5月，全球最大天然气发电厂、装机218.4万千瓦、投资高达29亿美元的印度达波尔电厂项目流产，标志着印度建立独立发电企业（IPP）计划的失败，电力市场建设受滞。第二阶段按世界银行改革方案，重组电力工业，建立电力管制委员会（ERCS），打破垂直一体化（发输配分开）。

1992～1993年成立国家电网公司、国家水电公司、国家火电公司等机构，一些邦开始拆分发电、输电和配电环节，建立独立的输电公司，在德里和奥里萨邦开始推行配电公司私有化。取消用电补贴，实行“合理化”电价，逐步实现私有化。改革10年之后电力部门陷入严重困境：发电装机不足、用户服务水平没有改善、配电吸引私人投资的努力失败、低压电网管理混乱、输变电损耗上升、电价合理化成为泡影、窃电更趋严重、电力企业严重亏损影响了市场融资能力等等。因此，印度国内认为世界银行搞的这场改革是完全失败的，失败的原因主要是目的不明确，是世界银行照搬发达国家的并不成功的做法，不能解决印度电力工业的实际问题。

1998年，印度中央政府实行《电力监管委员会法》，成立中央电力监管委员会和18个邦电力监管委员会，具有独立法律地位及执法权利。该法使印度各邦能够比较容易成立各自的电力监管委员会，而不必经过各邦立法的烦琐程序。中央电力监管委员会的业务范围是处理与电价有关的各种问题，协调各邦间的大电量交易；为电力项目提供资助，向中央政府提出有关建立合适的电价政策及指导框架，以及促进电力部门开展竞争及提高效率的政策性建议。同时输电和配电公司开始向私有资本开放，成立了中央输电公司和邦输电公司。

2001年印度政府通过了《2001电力法案》，简化中央电力局的审批程序，对私人投资输电领域发放许可证，赋予邦电力部门更大权力等。

2002年7月，印度中西部5个邦发生了2.35亿用户断电的大面积停电事故。2002年7月，印度电力部指示国家火电公司、印度电网公司、电力财务公司和农村电力化公司进军资本市场，以解决未来几年资金短缺问题。2002年8月，印度发表了覆盖基础设施建设、电力改革等经济生活方方面面的15点经济发展方案，其中包括实施“2012年人人有电计划”，让所有乡村和住户用电畅通。2002年，在印度，私营公司开始取代国有公司接手首都新德里的电力供应，但印度国内仍难以摆脱停电的阴影。

2003年5月初，印度国会讨论通过了一项新的电力法案，电力改革迈出了关键的一步。新法案内容包括：强制每家每户使用电表；对偷电行为以刑事犯罪论处；允许客户直接向发电公司买电；奖励及时收款的配电公司；推进电力企业私有化。同时还将废止三部旧的电力法。该法的目的是通过私营部门更多地参与竞争，使电力系统发生根本性的改变。这是目前印度电力改革的纲领性法案，包含内容广泛，规定了国家电力政策、电价政策、电力局与电监会的构成与职能、农村电气化、输电通道开放、配电逐步开放、发输配电和电力交易的许可证发放条件、强制性的表计安装和计量、强有力的窃电惩罚办法等。由于印度各邦电力改革的自主权非常大，所以各邦的改革进度和改革模式各不相同，但均是在2003年印度电力法的框架下进行的。

2005年颁布了与2003年电力法案相应的国家电力政策，开始执行输、配电网开放接入。该政策促进了竞争、优化了电价，同时加速了农村电气化。该政策设定了以下目标：未来5年所有家庭用上电；2012年供电满足电力需求，弥补电力短缺，并有一定的热备用容量；电价趋于合理；到2012年人均可用电力超过1000度；扭转电力行业财政赤字；消费者利益得到保护。

2006年颁布与2003年电力法案相应的农电政策，提出在2009年之前实现户户通电，以合理的价格提供高质量和可靠的电力供应，在2012年之前实现每个家庭每天的最低电力消费。

2008年颁布《输电项目鼓励竞争指南和输电服务竞标指南》；颁布了《开放使用条例》，规定用户无差别使用输电线路、配电系统及相关设施，消费者有选择供应商的权利，包括自备机组，并且不受地域限制，输电所有者与系统运行分离，输电网络开放使用；发布了“应对气候变化的国家行动计划”（NAPCC），该计划概述了国家重点支持的8个区域，其中有国家太阳能发展和提高能源效率计划。计划建议2010年可再生能源购买义务份额为5%，以后10年每年增加1%。该政策的关键点是推广可再生能源市场和推广能效市场。

2009年发布《大型电力项目规划》（修订版）。

2010年颁布《电力市场条例》。该条例的主要目的在于：为竞争电力市场提供规章制度；指导和规范电力交易所的建设和运营；指导电力交易合同。

2011年完成六项输电项目私有化招标。

总之，印度从2003年颁布电力改革纲领性法案，即新的电力法案以来，目前还没有形成有竞争性的、有组织的电力市场，有些邦正在研究竞价上网，但尚未进入实施阶段。总体看来，印度仍处于电力市场化改革的初级阶段，即正处于电力工业重组和私有化的状态，没有形成真正的有竞争性的电力市场。

（三）印度电力市场化改革特点

1. 立法先行

2003年印度颁发的新电力法包含内容广泛，是印度各邦电力市场化改革的纲领性文件。印度各邦的电力市场化改革进度各不相同，但都是在2003年电力法的框架之下的。

2. 电力行业私有化、促进电力发展是印度电力市场化改革的最终目标

目前，印度电力工业的发展尚不能满足印度社会经济发展对电力的需求。为此，印度政府期望通过电力行业改革，实行私有化，促进电源和电网建设，实现“2012年前让所有人用上电”的计划。

3. 在印度改革中，电价改革被置于非常重要的位置

电价问题是印度电力工业发展中存在的重要问题，由于印度的电价存在严重的

交叉补贴现象和低电价问题，使得电力企业连年亏损，挫伤了电力投资者的信心，阻碍了电力发展，所以新电力法要求各邦出台相应的定价规则，并且各邦对于交叉补贴问题也采取了相应的解决措施。

4. 印度各邦政府对于电力改革具有较强的自主性，各邦的改革步伐不一致

各邦在印度设计的4步路线图中所处的进度不同，有些邦还维持垂直一体化的邦电力局模式，大部分邦都在进行邦电力局的拆分重组，将邦电力局重组为不同的发、输、配电公司，有些邦的配电公司已经进行了私有化。

5. 印度各邦具有“选票政治”的特色，印度电力改革的目的之一在于减少地方政党对于电力企业的影响

印度想通过改革减少地方政党对电力企业的干预，不再将承诺低电价用电或免费用电作为选举的筹码，以提高电价，从而提高电力企业的盈利能力，使电力企业朝健康、可持续的方向发展。

6. 印度将全国联网作为政府的一项重要发展计划

印度政府认为发展全国联网，可以解决资源分布和电力发展不均衡的问题，同时可以优化电源投资、节省输电通道。

第二节 产 权 模 式

根据2003年电力法规定，各邦在对邦电力局实施拆分重组、私有化及建立邦电力监管委员会的过程中，需要与中央签订实施改革和重组计划的备忘录，制定相应的改革和电价法规。

印度拥有30多个邦和直辖区，在2003年电力法规定的框架下，印度各邦政府对于电力改革拥有自主权，其改革进度各不相同。印度各邦电力改革的主要措施是对垂直一体化的各邦电力局实施分拆重组和成立电力监管委员会，将邦电力局重组为发、输、配电力公司，并逐渐进行私有化。从各邦采取改革措施的角度来看，目前各邦改革进展情况如下：

（1）所有邦已与政府签订备忘录。

（2）9个邦已经颁布了邦电力改革法规。

（3）22个邦建立了电力监管委员会。

（4）18个邦出台了电价规则。

（5）9个邦对邦电力局实施了发、输、配电的分拆重组，其中2个邦的配电公司实施了私有化。

印度的电力企业可分为中央政府所有、地方政府所有及私有化共3类。在发电环节，目前中央政府所有资产占32%、地方政府所有资产占57%、私有资产占11%；在输电环节，大部分资产由中央政府和地方政府所有，但在国家电网层面，作为试

点有2条输电线路引入了私人投资；在配电环节，包括地方政府所有资产和已私有化的资产。印度的发电、输电、配电和交易环节已允许100%的外国投资，不设投资额的最高限制。

第三节 电力工业组织结构

一、政府及监管部门

进入21世纪后，印度政府对能源体制进行机制改革，政府相关职能逐步向监管与服务相结合的方向转变。为统一规划国家的能源发展，印度政府建立了一个由电力部、煤炭部、石油天然气部、原子能部和计划委员会等部委组成的最高能源委员会，协调国家能源的总体供需。

印度基本上属于中央和邦的两级政府治理的政治体制，邦政府拥有较高的自主权。与两级管理的政治体制相对应，印度电力工业主管部门也分为中央和邦两级。中央层面的电力管理机构除中央政府以外，主要包括印度电力工业部（MOP）、印度中央电力管理局（CEA）及中央电力监管委员会（CERC）；邦层面的电力管理机构除邦政府外，还包括各邦刚建立不久的邦电监会（SERC）。

印度电力工业部（MOP）主要负责有关电力法律的颁布（包括水电、火电、输电和配电）、行业政策制定、项目的投资决策及电力项目实施监督等。

印度中央电力管理局（CEA）是技术类的电力主管部门，按照2003年电力法的规定，它的职能和义务主要包括：电力规划；水电项目审批；发、输、配电工程施工技术标准和发、输电运行维护标准的制定；促进和协助电力系统技改和新建项目的完成；收集和记录关于发、输、配电和电力交易的各种数据信息，并进行研究和不定时公布；就电力技术问题向政府提供咨询；促进电力相关问题的研究及提高人员技能的措施等。

印度在中央政府设立了中央电力监管委员会（CERC）。CERC的任务是通过批发电力市场建设，促进竞争，提高效率和经济性，提高供电质量，吸引电力投资，向政府提出解决电力供需矛盾的措施建议、保护消费者利益等。主要职能包括：

（1）制定中央政府拥有或控制的发电公司的上网电价，非中央政府拥有或控制但从事多个邦业务的发电公司的上网电价，以及跨邦输电线路的输电价。

（2）发放跨邦输电运营的许可证，对跨邦输电运营进行监管。

（3）规定跨邦电力交易的交易保证金数额。

（4）调解定价范围内发电与输电的纠纷。

（5）向中央政府提供有关咨询。

印度邦电监会的权力非常大，不接受中央电监会的管理。各邦电监会的主要职能包括制定邦内发、输、配、售各环节电价等。

二、发输配售的组织结构

《电力法》认可并规定发电、变送电、配送电和交易电可以作为独立的行为进行分类销售。

发电负责生产电力，变送电负责在国家电网的高压电缆中批量运送电，配送电以卖电为目的负责把电从国家电网通过地方中压或低压电网送给最终的消费者，交易电负责电能的买卖和转售。

在印度，变送电和配送电系统是一个三层式结构，包括了配送电网络、国家电网和地方电网。变送电系统分为邦际间的变送电系统和邦内的变送电系统。印度国家电网公司（POWERGRID）控制着邦际间的变送电系统。印度国家电网公司是一个中央政府所有的国营公司（PSU），其不仅作为邦际间的变送电许可单位，而且还履行中央变送电的职责（CTU）。国家电网主要是国家所有，并控制邦变送电机构（STUs），并垄断了整个邦内电力变送电系统。配送电网络大部分是国家所有，并许可其配送电的配电公司（DISCOMs）。

为了把电更容易地从邻邦送过来，国家电网在中间连接并形成了联网，整体就形成了国家电网。作为CTU，POWERGRID的责任就是在邦内建立变送电网络所需要的容量，来匹配发电容量的需求，使邦内和地区间的电力变送更加容易，更主要的是把电从盈余电量的区域变送给赤字电量的区域。

在印度，电网的管理是基于地区实行的，在地区的基础上，国家被分成了5个地理区域：西部、东部、东北部、北部、南部。中央政府在国家层面上建立了中央负荷调度中心（NLDC）以及在地区的负荷调度中心（RLDCs）。POWERGRID的附属公司，电力系统运行有限公司，履行NLDC和5个RLDCs的总职责，因此被赋予负责管理电网的职责。

在邦的层面，邦政府也被要求成立负荷调度中心，也就是说邦负荷调度中心（SLDCs）。邦政府被授权指定一家公司运行邦负荷调度中心（SLDCs），某些邦已经成立了他们各自的SLDCs。如果某个邦未成立一个独立的邦负荷调度中心，那么这个邦的变送电机构就要被当作邦负荷调度中心来运行了。NLDC、RLDCs和SLDCs都不允许私自买卖电量。

三、发电组织结构

根据《电力法》，任何人想要建立、建造、运行以及维护一个发电站（除了某些水电站），都不需要许可证。但是所有的发电设施必须按照中央电力局根据不同的法规所制定的规范规定，遵从电厂、电力线路、并网接入、测量以及电力系统安全的技术标准。

发电站，尤其是涉及并网接入，必须严格遵从技术标准。2007年颁布的《中央电力局法规》（并网接入的技术标准），制订了并网接入的标准（并网代码标准），它从本质上规定了技术标准和发电系统接入电网的条件。此外，中央电力局关于下面的问题也设定了相应的法规：操作与维护变送电线路的并网标准，涉及安全与供电的措施，建造电厂和电力线路的技术标准，建造、运行以及维护电厂和电力线路的安全要求，安装和操作电力仪表的技术标准以及其他的一些要求。

水力发电设施在建造前，额外需要得到中央电力局的技术经济许可。核电站则需要得到核电管理机构的许可。任何有资质的发电公司打算建立一座水电站，都需要依据《国家电力规划》中的规划，必须准备并上报至中央电力局，涉及建设资金超过250亿卢比的规划项目，则必须通过中央电力局的批准。任何没有水电站项目建设资格的发电公司，如果打算建立一座水电站，都需要根据《国家电力规划》，必须准备并上报至中央电力局，如果建设资金超过50亿卢比的水电项目则必须得到中央电力局的批准。在得到批准之前，无论是提议的河流工作是否会损害河流的开发，或者是它的支流用来发电是否符合饮用水、灌溉、通航、防洪或是其他目的的要求，在咨询中央政府或是邦政府或是类似的其他中介之后，中央电力局都必须给出意见，而且要满足针对大坝和其他河流工作最佳位置做的调研工作，以及这个规划要满足大坝设计和安全的相关标准。

如果一家公司有足够的资质，并且通过了1956年颁布的《印度电力法规》中规定的培训，那么这家公司就可以被授权来运行、维护容量超过100兆瓦并包含升压站的电站或者其中的任何一部分。

根据不同的法律要求，建立工业设施需要其他授权。同样，无论是通过常规能源（煤、天然气）来发电，或者是通过非常规能源（风能、太阳能、生物能）来发电，建立发电站也需要根据不同的法律要求得到相应的授权。

四、变送电组织结构

根据《电力法》，如果要进行变送电的交易，就必须拥有许可证。但是农村地区的变送电就不需要许可证了，只需要邦政府的指定就可以了。《电力法》禁止变送电单位（邦属的变送电公司和私营变送电许可人）参与交易电和配送电的工作，邦际间的变送电许可申请必须通过中央电监会，邦内变送电许可的申请必须通过邦电监会的适用法规。这个变送电许可证批准其持有者在相关的变送电机构（中央变送电机构和邦变送电机构）指导、控制和监督下，建造、维护和运行任何一个变送电系统。

中央电监会和邦电监会为变送电许可证的发放和许可证持有者的交易行为设立了法规。

变送电作为一项规定的行为，涉及不同参与者的介入。中央政府的职责在于使变电和供电更加方便，特别是在邦际间，地区和地区间的变送电。

在地区的基础上，为了有效的、经济的、完整的变送电，中央政府有权制定和修改国内的区域划分。特别是为了邦际间和地区与地区间的发电和变送电，划分一条界线来促进地区间的自愿连接和协调设施。

新的变送电线路是通过私营部门的参与实现的。这些变送电项目都是通过基于收费的竞争性招标机制所授予的。电力部也启动了竞争性招投标的程序，通过私营部门的参与来发展和增强邦内变送电系统。2006 年 4 月，电力部对邦内变送电项目的竞争性招投标发行了指导方案。因此，这些项目的变送电收费也通过竞争性招投标来决定，而且这个收费也需要中央电监会批准。

变送电单位可以在相应电监会制定的收费规定的基础上，依法收取费用。鉴于《电力法》、《国家电力政策》和《税收政策》的规定和原则，相应的电监会可以通过通告来规定变送电费用决定的条款和条件。这个条款和条件包含了金融和技术规范。这个费用通常是成本加额外收费，因为项目的投资成本是计算了税收的。

根据收费规定，相应的电监会有权力来决定和规定变送电的费用。中央电监会和邦电监会可以决定和规定变送电的费用，并且有权力对个别的邦际间和邦内的变送电，规定额外的附加费。

目前，2009 年修订的《中央电监会规定》（收费条款和条件），有 5 年时效（2009～2014 年）来支配邦际间变送电收费的决定权和规定权。2010 年颁布的《中央电监会规定》（共享邦际间变送电的费用与亏损），力争实现共享连接邦际间变送电服务的成本核算。

五、配送电组织结构

根据《电力法》，进行配送电需要取得许可证，邦电监会对于配送电许可证的发放设立了法规，配送电许可证的申请必须通过邦电监会相应的法规。《电力法》也规定了配送电单位可以指定一个特许经营人来配送电，而这个特许经营人不需要再申请许可证。除了国家所有的配送电机构，私营参与者也允许从事配送电的工作。

六、交易电组织结构

根据《电力法》，进行交易电需要取得许可证。交易电可能涉及大规模的供应（通过发电者购电，然后销售给配送电单位）或者零售（通过发电者或者配送电单位购电，然后卖给最终消费者）。私营参与者允许从事交易电工作。中央电监会为交易电许可证的发放和邦际间许可证持有者的交易行为设立了法规，邦电监会为邦内交易电许可证的发放和许可证持有者的交易行为也设立了法规。然而邦际间的交易电许可证的申请必须通过中央电监会，而邦内的交易电许可证的申请必须通过邦电监会的适用法规。

七、售电组织结构

《电力法》允许任何一个发电公司可以对任何一个消费者的主体售电来得到交叉补贴附加费。《电力法》为通过发电公司对配送电单位进行的售电行为，提供了法律上允许的一种销售方法，售电价格是在得到电力买卖协议下的一种基于竞争性招标的方式确定的。在邦际间的售电行为需要得到中央电监会的授权，在邦内的售电行为需要得到邦电监会的授权。

售电也有可能通过类似于市场交易的贸易平台产生。但是，通过这样的平台来售电，首先也要求邦际间的售电行为应通过中央电监会的授权，邦内的售电行为应通过邦电监会的授权。

第四节　交　易　模　式

一、市场准入

由于印度电力供需形势紧张，电力供应不足，因此为了发展和扩大发电供应量，印度在发电侧引入竞争，取消了发电商的许可证制度，并且鼓励私人资本进入发电领域。

按照《电力法（2003）》的要求，从事输电、配电以及电力交易活动，均须获得由相应的电力监管委员会颁发的许可证，而且要求输配电网对每一个用户都要做到公平开放。印度《电力法（2003）》对发放许可证的相关程序、条件等做了相应的规定。具体的实施由相应的电力监管委员会负责。电力监管委员会负责给符合规定条件的市场参与者发放输电、配电和从事电力交易的许可证。

为了鼓励竞争，电力监管委员会可以在同一区域内发放多个配电许可证给不同的配电商，并且配电商都使用自己所拥有的配电系统。申请者要符合中央政府规定的额外要求（包括容量充足、拥有一定的信用等级、符合相应的操作规则等）。

二、交易形式

（一）《电力法（2003）》之前

1. 市场交易模式

在电力交易公司（PTC）成立之前，电力交易只是偶尔发生。在PTC设立初期，PTC仅通过与独立发电商（IPP）和邦电力局签订电力购买协议从事较大数量的电力交易。随后，PTC开始从事短期合同和实时合同交易。

PTC主要通过将电力剩余地区的电力卖到电力短缺的地区来发展其交易活动。PTC也与邻国从事电力交易活动，如不丹和尼泊尔。图14.1为《电力法（2003）》出台前的电力市场交易模式。

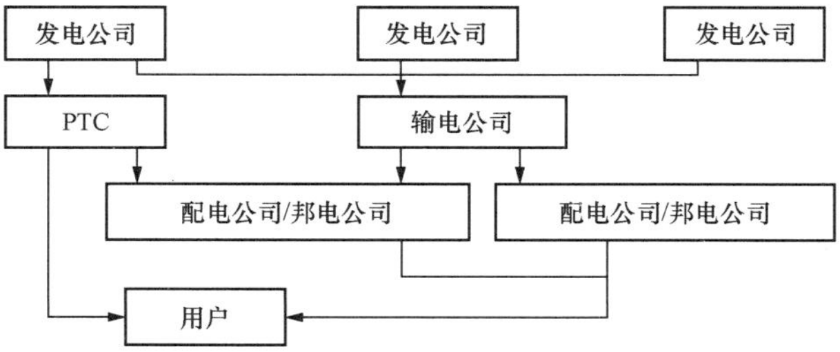

图14.1　《电力法（2003）》出台前的市场交易模式

2. 市场机制和交易安排

在这种交易模式中，PTC 主要扮演一个交易商的角色，和售电方以及购电方都签订协议。在确定购电方或签署购电协议前，是不与售电方签订合同的。

PTC 与多个电力工程签订长期供电合同，同时也签订短期电力合同，同时，PTC 还在一天当中运用差别电价，通过识别一天不同时段的需求来确定不同的电价，同时选择不同的时段将电力从富裕的地区卖给电力短缺的地区。为了避免实时剩余而引起的罚款，PTC 还经常与邦电力局进行计划外交易。

（二）《电力法（2003）》之后

1. 市场模式

电力交易已经成为一个独立的活动，并且法律规定任何一个符合条件的参与者都可以从事电力交易活动。竞争加剧了，未来的印度电力市场会出现很多交易方。电力交易者不再是原来传统意义上的参与者，主要活动就是买电然后卖电，而不必拥有电力生产设备或是电力传输设备。因此，交易者只需要确保电力在特定的时间以特定的价格按照合同的方式进行交易，而不需要拥有物理输电系统。这意味着商业合同和物理交易的分离，这将引起市场结构在商业安排上的巨大变化。

在新的市场模式中，中央输电公司和邦输电公司不再允许从事电力交易，他们只从事输电业务，并且为发电商和用户之间的电力流通提供便利。这样，交易商就在发电商和用户之间起到一个桥梁连通的作用。市场的主要参与者为发电商、输电商、配电商、系统运营者以及市场交易商。交易商通过输电网络或者配电网络从发电商处或者其他交易商处买电，并且卖给用户，其用户可能是一个配电公司、其他交易者或者真实意义上的电力消费者。

图 14.2 描述了印度电力市场参与者进行电力交易的计划模式。

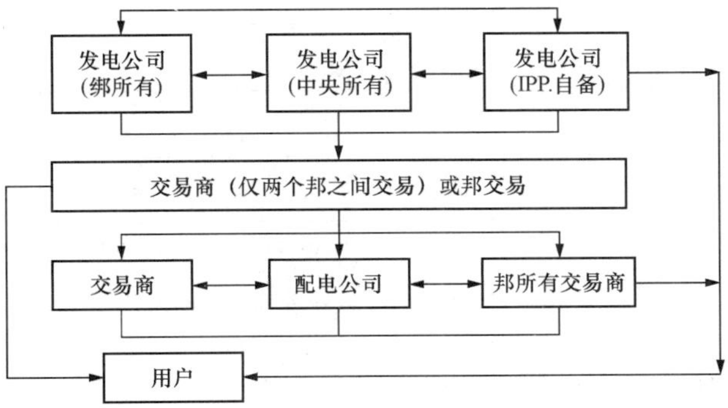

图 14.2 《电力法（2003）》出台后的预计市场交易模式

2. 电力交易机制

印度电力行业从长期电力采购协议（Power Purchase Agreements，PPAs）到短期交易（短期交易指合同期限低于 1 年）走过了一条很长的路，具体有：邦与邦之间许可的双边交易（Bilateral）、直接与配电公司的交易、电力交易所交易（PX）和不定期交易（UI）。

电力交易所提供了无差别的市场交易平台，买卖双方在这个平台挖掘公平透明的价格和管理风险。印度电力交易市场运营分为提前一天的市场和提前一期的市场。图 14.3 为 2009～2010 和 2010～2011 财政年的短期电力交易，短期电力交易量是上升的。图 14.4 为 2008～2009、2009～2010 和 2010～2011 财政年的短期电力交易平均价格，短期电力交易价格是下降的。然而，各种短期交易量与总发电量相比所占份额很小，2010～2011 财政年仅为 5.25%，通过电力交易所交易的电量占总交易电量的份额也很小，这说明印度电力市场仍有一段很长的路要走。当前印度电力市场发展面临的主要问题是电力交易所缺乏参与者和流动资金，需采取适当的措施吸引更多的参与者，如引进创新产品和财政支持。

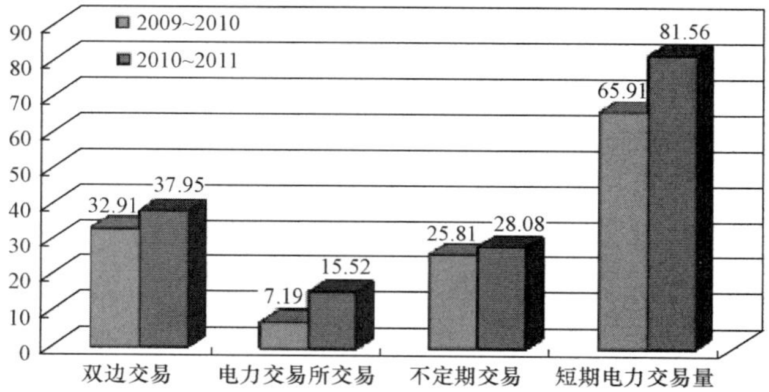

图 14.3　2009～2011 年短期电力交易量（BU）

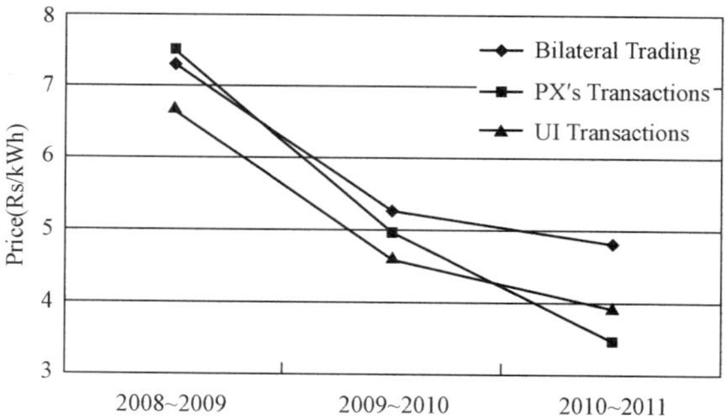

图 14.4　短期电力交易平均价格

3. 可再生能源许可（REC）交易

依据《电力法（2003）》，邦电力监管委员会（SERCs）要求配电公司（DISCOMs）采购一定量的可再生能源发电量。可再生能源许可（REC）是促进股东购买可再生能源和设备的市场方式，这些股东包括配电执照持有者和各类消费者等。可再生能源许可表示可再生能源对环境的贡献，1 个可再生能源许可（REC）表示 1 兆瓦时的可再生能源电量。

根据中央电力监管委员会规定，市场上有两种类型的可再生能源许可，一种是太阳能许可，另一种是非太阳能许可。国家电力调度中心负责发布和存放这些许可。可再生能源许可需在统一的平台（即电力交易所）交易，且需提前一期。每个月最后一个星期三可再生能源许可可以交易，采用拍卖的形式。2011 年 4 月，可再生能源许可市场的数量是 260 份，7 月是 18568 份，10 月是 95504 份，由于可再生能源购买义务的强制性，可再生能源证书的交易量激增，如图 14.5 所示。

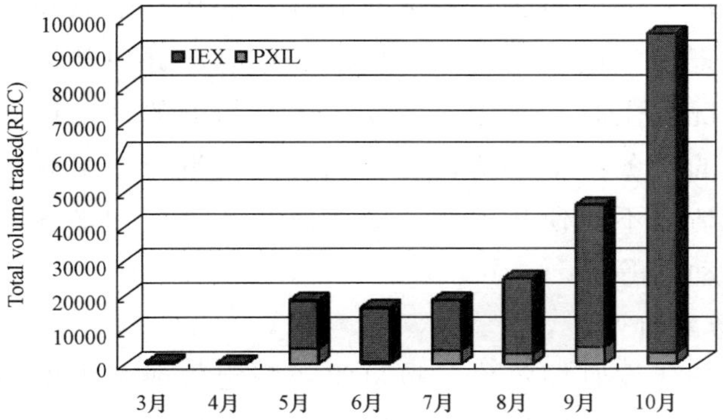

图 14.5　2011 年印度可再生能源许可交易量

可再生能源许可的交易不仅仅为可再生能源发电厂增收，同时也可以为缺乏可再生能源的邦所用。该许可将有效推动可再生能源发电装机容量的增加。2011 年 3 月 30 日可再生能源许可交易（Renewable Energy Certificates，RECs）在两个电力交易所都取得了成功。

三、交易规则

（一）邦间电力交易的输电网开放

输电客户分为长期客户和短期客户。长期客户的优先分配权高于短期客户的优先分配权。但无论是长期还是短期客户，申请者都要接受接入输电系统的线路阻塞的检查。

长期客户接入系统需要符合输电计划标准，短期接入如果没有预期存在阻塞，则按照申请的输电容量和持续时间接受短期接入。若预期有阻塞则申请者应该在阻塞时段降低其输电容量的需求，或者选择在没有阻塞预期时使用容量。如果节点区域负荷分配中心仍然预期阻塞在一个或者多个短期接入者使用的输电线路上会发生，则采用竞价的方式来分配输电阻塞通道上的短期接入者的容量。

竞价的基准价格为短期客户费用，应该按照基准价格报价。在区域内输电系统，不得报高于基准价格 5 倍的价格，在区域间输电系统，不得报高于基准价 2.5 倍的价格。出价按照降序排列，短期用户的输电容量的获得取决于其报价。多个报价相同时，按照其需求的输电容量的比例分摊输电容量。当短期客户获得的输电容量少于其所请求的容量时，按照其报价进行结算。当短期客户获得的输电容量等于其所请求的容量时，统一按照达成交易的最低报价进行交易。

（二）邦间电力交易许可

进行邦间电力交易需要获得邦间电力交易许可证。对于许可证的申请者不仅有技术要求，还有资本要求。按照从事邦间电力交易的交易量的不同，其对净资产的规定也不同。并且许可证获得者要承担相应的义务和责任，不得随意交易许可证，也不得与其他电力交易商合并。同时不允许参与输电业务。许可证获得者要接受电力监管委员会的管理，为邦间交易业务建立独立的账目信息和说明。按照电监会规定的方式进行账目记录，提供电监会所要求的信息，并向其汇报业绩情况。

当一些特殊情况发生时，电监会有权撤销交易商的许可证。如交易商故意拖延不履行法案中要求的义务；交易商在规定的时间内没有完全有效地履行其责任和义务；交易商的财务情况不能使其完全有效地履行其责任和义务；交易商连续一年没有从事电力交易活动，等等。

（三）邦间交易定价

发电价格可以按建设时期定价、按机组类型定价或者为整个发电厂定价；输电系统的价格按线路方式、变电站、系统定价，并合计为区域电价。对于多用途的水电项目（灌溉、防洪、发电），仅用于发电部分的成本作为决定电价的基础。发电厂或者输电商应该对已经完工的发电机组或者输电线路、变电站的价格确定提出申请。对于现有的发电厂或者现有的输电系统，发电企业或者输电商应该按照规定的形式提出价格申请。

对邦间交易定价分为三个部分，即火电价格、水电价格和输电价格。火电厂的售电价格包括两个部分，即年容量（固定）费用的回收和电量（可变）费用。容量（固定）费用包括：资本贷款利息、折旧、合理利润、运营和维护费用、运营资金利息。电量（可变）费用主要包括燃料成本。水电站售电价包括年容量费用和电量费用。输电价格的确定主要用来回收年输电费用，邦间输电系统的输电费用包括：资本贷款利息、折旧、净资产回报、运营和维护费用、运营资金利息。

第五节　调度和交易模式

一、调度管理

印度电力调度管理体制实行四级调度管理，包括国家电力调度中心、区域电力调度中心、邦电力调度中心、邦内各地区配电调度中心，各级电力调度中心之间只有调度业务关系，无上下级直接管理关系。

2010 年 10 月，印度国家电网公司将国调和 5 个区调从职能部门中分离出来，注册成立其全资拥有的电力系统调度运行公司。国家和区域电力调度中心分别负责跨区域和区域内主网架和有关发电厂的电力调度。邦级电力调度中心隶属邦电力公司，负责邦内电力调度。地调隶属邦内各配电公司，负责所辖范围内的电力调度业务。各邦电力调度中心原则上接受区域调度中心的调度指令，但印度的联邦体制决定了各邦自主性和独立性非常强，同时区域与邦调度中心之间不存在直接隶属关系，发生矛盾时需通过中央电力监管委员会进行调节。

二、交易管理

2003 年，印度颁布的《电力法》提出了电力交易的概念及建立电力市场的建议。2007 年 2 月，印度电力监管委员会发布了电力交易的准则，并于 2010 年 1 月 2 日发布了新的电力市场交易条例。

印度电监会于 2007 年 8 月 31 日、2008 年 9 月 30 日先后批准成立了印度能源交易所（Indian Energy Exchange Ltd，IEX）和印度电力交易所（Power Exchange India Ltd，PXIL），并分别于 2008 年 6 月 27 日、2008 年 10 月 22 日开始正式运营。2009 年 7 月 1 日，印度电力监管委员会原则上批准成立国家电力交易公司（National Power Exchange Ltd，NPEX）。

目前，印度的电力交易主要以跨邦的电力交易为主，主要在电力富余的东部、东北部区域和电力短缺的北部、西部区域之间进行。印度电力交易主要包括长期电力购买协议（PPAs）和比例较小的短期双边合约（1 年之内）。印度电监会已允许通过电力交易所在日前市场上进行购售电。印度电力交易所采用基于拍卖的交易机制，并将电力市场划分为十个竞标地区。自 2008 年 8 月成立市场监测单元 MMC（Market Monitoring Cell）以来，印度电监会定期发布《短期电力交易月度报告》，披露相关电力交易信息。根据 2009 年 4 月的短期电力交易月度监测报告，总发电量中的 92.9% 为长期交易，7.1%为短期交易。在短期交易中，双边合约交易占总发电量的 3.54%，非计划交易占 2.91%，电力交易所交易占 0.65%。

近年来，印度电力市场出现了一种新的趋势，即发电公司通过长期合同销售的电量从发电量的 90%～100%逐渐减少到 75%～80%，其余 25%～20%的发电量均在市场中通过中短期交易出售，以此获得更好的报酬。

第六节 电价形成机制

一、发电电价形成机制

一直以来，印度的电价存在着许多问题。2003 年印度颁布的《电力法》涉及上网电价、输配电价以及销售电价等问题，其中规定中央电监会制定政府所拥有电厂的上网电价和跨区、跨邦的输电定价。对于各邦，邦电监会负责制定本邦的上网电价、输配电价和销售电价。此外，政府还规定实行阶段性的、有条件的“成本加收益”的机制制定上网电价、输电价以及配电价。

印度的销售电价中长期存在着严重的交叉补贴问题。所谓电价交叉补贴，一般发生在两类不同的用户之间，电网企业对一类用户收取较高的费用，用来补贴为另一类用户提供低价的服务，从而在一定程度上保证电网企业自身利益不受到损害。其具体表现为工、商业用户电价补贴居民、农业生产用电电价。从公平性的角度考虑，电力企业通过实施交叉补贴机制能够满足不同种类用户的用电需求。然而，从效率的角度来看，用户电价中的交叉补贴实际上是对商业和工业用户的利润进行再分配，这势必会影响电力企业供电的积极性，同时交叉补贴还造成了电力用户的额外福利损失，最终交叉补贴将导致社会整体收入水平的降低以及效率的无谓损失。

印度电力市场改革中很重要的一步是将价格分成三部分：

（1）容量费。与电厂的申报容量有关，目的是补偿电厂的固定成本。

（2）耗能费。目的是补偿预定发电量的燃料费。

（3）调整费。针对偏离预定计划的补偿，即受益方需要为少用电或多用电支付费用，调整费其实是一项实时调价机制。

二、输配电价形成机制

（一）输电系统放开

输电网放开、建立独立系统操作机构对于印度国家电力市场的发展起着至关重要的作用。然而，输电系统的放开又引出了一系列新的问题，例如输电定价、备用输电容量投资、阻塞管理等。长期以来，印度输电系统建设投入严重不足，这很大程度上限制了印度电力市场的发展。

在颁布《电力法（2003）》之前，印度的配电商和电力用户无法自由选择电力供应。随着新《电力法》的实施，配电商和电力用户有权自由选择电力供应商，而发电商同样能够自由选择配电公司。新的《电力法》明确规定为所有获得许可证的企业和用户无歧视性地开放输电线路或配电系统，及基础的合理的定价制度。

（二）输配电分开

目前，印度实施电力市场化改革的各邦均实行了输配电分开。输配电系统的分开能够充分反映价格信号，有利于吸引更多的投资。《电力法（2003）》中并没有规定必须实行输配电分开。具体的改革方案由各邦按照各自的实际情况来决定。此外，新的《电力法》中不允许输电企业拥有发电资产。并且输配电公司不允许进行电力交易。

三、辅助服务价格形成机制

印度实行的是基于可用性的价格体系，其目标是通过刺激和遏制机制在发电和用电上引入更多责任和义务。基于可用性的价格体系仅适用于中央级站（中央政府拥有或控制的发电站），中央级站有超过一个邦电力局/邦/联邦属地作为其受益方（beneficiary）。中央电力监管委员会（CERC）希望通过此机制提高电力质量和阻止扰乱电力工业发展的行为。

基于可用性的价格体系最重要的作用是将费用分成三部分，即容量费（固定）、耗能费（可变）和调整费（Unscheduled Interchange Charge）。利用调整费实现电价规则。将价格分成固定和可变成本可以刺激电力交易，达到电力市场自我调节的目的，同时推行经济负荷调度（ELD）。

（一）容量费

容量费通常是由发电设备潜在的受益方（通常是该区邦政府）支付给发电站。当前的容量费是针对电站负荷系数（Plant Load Factor，PLF）付费，电站负荷系数达到68.49%时付满额容量费，对超过这个值的单位发电量给予奖励。在该价格体系下，容量费按照发电设备的可用性支付。该体系定义任一给定时间段的可用性为该时间段内平均发电量（Average Send-out Capacity，SOC）与额定发电量的比值。可用性为0～30%时，按比例支付容量费。可用性在30%～70%间时，按比例支付容量费和一定比例的资本回报率。可用性超过70%时，除了支付全额容量费和资本回报率，还付给电站额外的奖励。可用性在70%～85%范围内，每增加一个百分点奖励0.4%资本回报率。可用性超过85%后，每增加一个百分点奖励降低至0.3%资本回报率，即不鼓励发电设备超负荷运行。

（二）耗能费

在当前价格机制下，容量费和耗能费捆绑在一起，根据消费者的实际用电量按比例付费。在该价格体系下，按预定用电量支付耗能费。

（三）调整费

在原机制下，对发电单位偏离发电计划的行为没有惩罚，而现价格体系规定调整费在以下情况支付：发电厂不按预定计划而多发或欠发，导致电网频率波动；受益方不按预定计划而多用或少用电量，导致电网频率波动。

四、用户侧价格

2003年颁布的《电力法》规定通过开放发电侧市场和输电网、允许电力用户直接从配电公司或发电商手里购电的方式来改变单一购买者的模式。随着此法令的实施，过去支付高电价的工业用户将从发电商手中直接购电或通过自备电厂等手段满足自身的用电需求，如此，企业必然会损失过去交叉补贴的收益，这对财务亏损的电力企业无疑是雪上加霜。因此，取消交叉补贴、制定合理的电价已显得迫在眉睫。考虑到印度当时的实际情况，短期内完全取消交叉补贴是不可能实现的。新的《电力法》规定直接从发电商或配电商购电的用户必须支付满足当前级别交叉补贴的附加费用于补偿电网企业的损失。法令还规定附加费按照规定方式逐步降低直至完全取消，与此同时，逐步完善电价机制，最终形成以成本为基础的合理的定价制度。

此外，《电力法（2003）》取消了用户建造自备电厂的限制，同时规定建造自备电厂并为自用目的输送电能的用户不必支付上述附加费。此项规定打破了以往用户电价间相互补贴的状况，为大用户退出原电网并建造自备电厂提供了经济激励，促使电力企业降低交叉补贴、制定准确反映供电成本的电价。在实施上述政策的过程中，由于部分用户选择直接购电或自备电厂，致使农村、低收入用户无法继续享受低廉的供电服务。考虑到贫困用户的用电需求，印度政府遵循公平、透明的原则，通过征收电力附加费、税收等措施对贫困用户直接进行补贴，从而保证对贫困用户的供电服务。

出于政治和社会稳定的考虑，印度邦政府对地方电价实施管制。在印度，数个省政府对部分用户提供电力补贴，甚至完全免费。这包括农业用电以及弱势阶层民众的用电。这种补偿是通过交叉定价实现的，即由工业用电及私人用电增加收费来弥补用电补贴造成的亏损，这样的措施导致许多邦在财政上非常弱势，甚至亏损。以 2009 年为例，印度平均电价为：民用电 8 美分/千瓦时（以当时人民币汇率计算折合人民币 0.544 元/千瓦时），工业及商业用电 16 美分/千瓦时（以当时人民币汇率计算折合人民币 1.09 元/千瓦时）。农业及弱势阶层用电享受国家补贴，甚至免费。但这也削弱了电力部门的投资积极性，导致印度电力供求紧张局面愈演愈烈。因此，渐进式的电价上调将难以避免。政府估计，平均供电成本年增 7.4%，使得每 1 度电的成本从 1998 到 1999 会计年度的 2.63 卢比增至 2009～2010 会计年度的 4.78 卢比。因电价未涨，同期平均每度电价与成本的差距，已从 0.76 卢比增至 1.45 卢比。截至 2011 年 3 月，配电业者累计亏损达 100.9 万亿卢比，财政恶化不但影响他们向电厂付款，提供借贷的银行压力也越来越大。政府估计，电力部门第 12 个五年计划（2012 到 2013 会计年度至 2016 到 2017 会计年度）需 300.87 万亿卢比经费，投入发电、配电、更新与现代化，其中 120.73 万亿卢比仰赖民间投资，改革有助吸引资金进入电力部门。由于涨电价的省份分别由不同政党执政，这一方面提高电力部门改革可达成政治共识的希望，也让长期为缺燃料和超低电价所苦的发电厂得以为继。

2012 年 7 月 1 日，印度首都新德里在 10 个月内第 4 次调高电价，提价幅度高达 21%。调价后，居民在缴纳每月 40～150 卢比固定电费的基础上，根据用电量多少缴纳每度 3.7～6.4 卢比（约合人民币 0.43～0.74 元）阶梯电费。2012 年全印度 28 个省、7 个联邦属地，总共 35 个行政区中，有 31 个行政区在当年涨电价。大部分省份电价涨幅从 10%到 37%，其中南印坦米尔那都（Tamil Nadu）与克勒拉（Kerala）省及金融中心孟买的涨幅分别达到 37%、30%、28%。2012 年，仅西孟加拉（West Bengal）省、喜马偕尔省（Himachal Pradesh）、西岸联邦属地达曼-第乌（Daman and Diu）、阿拉伯海中的联邦属地拉克沙（Lakshadweep）未涨电价。

2013 年，印度新德里电力监督管理委员会宣布，首都新德里电价上涨 5%。新电价将从 8 月 1 日开始执行。该委员会主席苏塔格尔表示，委员会是在考虑了电力公司经济效益状况后做出了涨价的决定。此外，委员会同时也决定不再收取燃料附加费。这意味着新德里一部分地区电费实际增长率为 4%，另一部分地区电费则仅增长了 0.5%。新电价依然沿用阶梯电价计费方法。用电在 0～200 千瓦时区间的用户每度需多缴 0.2 卢比/千瓦时（1 美元约合 59 卢比），超出部分 201～800 千瓦时之间需多缴 0.3 卢比/千瓦时。超过 800 千瓦时则一律按照 7 卢比/千瓦时的电价缴费。

第七节 政府管理与监管

一、政府管理

印度电力工业主管部门也分为中央和邦两级。中央层面的电力管理机构除中央政府以外，主要包括印度电力部（MOP）、印度中央电力管理局（CEA）及中央电力监管委员会（CERC）；邦层面的电力管理机构除邦政府外，还包括各邦刚建立不久的邦电监会（SERC）。

印度电力部（MOP）主要负责有关电力（包括水电、火电、输电和配电）的法律颁布、行业政策制定、项目的投资决策及电力项目实施监督等。

印度中央电力管理局（CEA）是技术类的电力主管部门，职能和义务主要包括：电力规划；水电项目审批；发、输、配电工程施工技术标准和发、输电运行维护标准的制定；促进和协助电力系统技改和新建项目的完成；收集和记录关于发、输、配电和电力交易的各种数据信息，并进行研究和不定时公布；就电力技术问题向政府提供咨询；促进电力相关问题的研究及提高人员技能的措施等。

1991 年 9 月，印度出台了《1991 年电力法修订法案》，鼓励私人投资者建立独立电厂，并给予较大的优惠与审批、销售便利。根据法案规定，印度成立了中央电力局，取代电力部对电力行业进行管理。

1998 年，印度再次修改《电力法》，根据该法有关条款成立了具有独立法律地位及执法权力的中央电力管制委员会（CERC），负责制定电费基准、协调邦间电量交易并投资电力项目。18 个邦也分别成立电力管制委员会。

2001 年，印度通过了《电力法（2001）》，规定中央政府制定全国性电力政策须与邦政府协商，简化中央电力局审批程序，允许私人投资输电领域；投资非水电电厂可免许可证：赋予邦电力部门更大的权力，如邦电力局可征收附加费；逐步取消用电补贴。该法并未规定电力改革的模式，而是给予各邦较大自由以选择适合的改革模式。

2003 年初，印度国会通过了新《电力法（2003）》，规定发电厂可以将电力卖给持许可证的买家，也可经邦电力管制委员会同意后直接卖给当地用户；取消对建设自备电厂的限制；从事邦际和邦内输电业务需要取得许可证，同一地区可以有多个企业获得输电业务许可证，输电企业不允许参与发电和电力交易；在经过特定的农村地区从事发电和配电不需要许可证。该法还对管理机构做了较大调整，保留了中央电力局（CEA）主要负责制定电力政策，撤销了邦电力局，以地区电力委员会（RPC）取代。

《电力法（2003）》的颁布及其随后的改革措施将电费回笼、打击窃电作为改革的重点目标；法案中包含了保护电力消费者权益和实现农村电气化的条款，但却没有给出具体的资金来源和机制；同时，该法案虽然希望以中央统一的框架来代替各自为政的局面；但由于法案中很多方面的规定过于模糊甚至存在空白，并未起到明确改革方向的作用，因此电力改革的主动权仍旧掌握在各个邦的手中。

印度以《电力法》为核心构筑其电力法律法规体系，但由于立法与改革方向不一致，导致该体系难以对改革予以明确的指引。

除继续巩固完善发电、输电、配电和用电等方面的相关法律法规以外，2003年的新《电力法》还涉及以下几方面的内容：

（1）发电投资无需申领许可证，同时实行自备电厂放开政策。

（2）在指定农村地区开展发电、配电活动无需申领许可证。同时规定配电企业由村委会、合作社、民间组织和特许经营人等管理。

（3）无歧视性地开放输电系统。

（4）在配电侧实行多重运营许可证制度。

（5）分阶段放开配电侧并对直接购电的用户收取交叉补贴附加费直至交叉补贴完全取消。

（6）通过预算支付相关补贴。

（7）设立上诉法院，组织听取群众对于电力监管委员会的意见。

（8）强制性的表计安装和计量。

（9）采取多年制电价政策。

二、电力监管

中央电力监管委员会成立于1998年，是依照电力法案建立的法定机构。

中央电力监管委员会的主要职责是：对政府拥有的和政府控制的发电企业的电价进行管制；电力许可证的发放；废除许可证或通过招投标转售许可证；对除政府拥有和政府控制以外、在多个邦销售电力的发电企业的电价进行管制；对邦内的电力传输包括输电费进行管制；发放邦与邦之间的输电和电能交易许可证；在国家电力政策和电价政策上为中央政府提供建议；规定邦际间的变送电以及供电。

中央电监会规定：

（1）中央政府所有或控股的发电公司的价目表。

（2）中央政府所有或控股之外的发电公司的价目表。

（3）涉及（1）和（2）两者的售电价格价目表。

（4）邦际间变送电的价目表。

（5）发行许可证给个人使其成为变送电许可证的持有者和操作邦际间电力以及电力转换的贸易者。

（6）如果有必要，固定邦际间电力贸易的利润。

邦电监会的责任与中央电监会的相似，有权力制定法规。各邦电力监管委员会负责确定邦内交易的电价以及发放邦内交易的许可证。其主要责任是确定邦内的发电、供电、输电、趸售、零售的价格；为邦内输电、配电和电力交易发放许可证等。目前印度依法建立邦电力监管委以及联合区的电力监管委员会共19个。

第十五章 南非及非洲电力市场

第一节　南非电力工业体制

一、南非电力管理体系

南非共和国地处南半球，有“彩虹之国”之美誉，位于非洲大陆的最南端，其东、南、西三面被印度洋和大西洋环抱，北面与纳米比亚、博茨瓦纳、津巴布韦、莫桑比克和斯威士兰接壤。陆地面积为121.9万平方公里，人口5120万（2012年）。

南非财经、法律、通讯、能源、交通业发达，拥有完备的硬件基础设施和证券交易市场，对地区经济发展起到了重要的引领作用，是非洲最具影响力的国家之一。2013年，南非GDP总量为3511亿美元，同比增长仅1.9%，首次被尼日利亚超越而居非洲第二大经济体地位；人均GDP为6627美元，属于中等收入发展中国家。1994年南非种族隔离政策废除时，中国人均GDP不足南非的1/7，2013年达到6767美元，时隔20年后，中国人均GDP历史性地超过了南非。

当前，南非境内已经建立了政府部门间分工合作和相互制衡，由国有全资的南非电力股份公司为主、市政配电公司和少量独立发电商共同参与的电力体系。

南非能源部负责对能源行业的管理，牵头起草电力方面的法律法规，制定电力政策和发展规划，并通过能源监管委员会来落实具体的政策。公共企业部代表政府行使出资人的职责，负责公司治理、投资决策和利润分配等重大事项的审批，负责任命南非电力股份公司董事会成员和公司首席执行官，类似中国的国有资产监督管理委员会。合作治理部负责对地方政府拥有的市政配电公司进行宏观指导，不介入企业的具体经营活动。南非电力行业相关各方的关系图如图15.1所示。

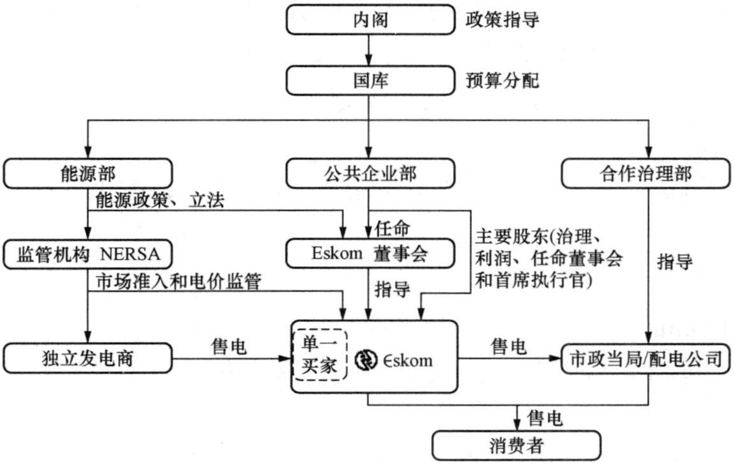

图15.1　南非电力行业相关各方的关系图

南非能源监管委员会（The National Energy Regulator，NERSA）是依据国家能

源监管法案（Act No.40 of 2004）所设立的监管机构，负责包括电力、燃气和石油供应在内的能源行业的监管，涉及经济、技术、环保、安全和健康等多方面。NERSA的监管权力来源于法律法规、政府政策，以及能源部颁发的规程规定，并根据环境变化做适当灵活处理。能源监管委员会成员由能源部任命。

南非能源监管委员会在电力监管方面的主要任务是：审批Eskom和其他发电公司提出的电力价格变动申请；给发电、输配电企业颁发执照；协助进行电力行业规划，同时研究如何使电力的供求关系维持在最佳水平，使电力行业始终保持长期有效的可持续发展；跨国电力交易的监管；保护电力消费者权益。南非能源监管委员会根据现有的《电力监管法》和《能源政策白皮书》管理南非供电企业的机构改革。

根据最早的1987年出台的《电力法》和2006年的《电力监管法》规定，Eskom由南非能源监管委员会监管并审核颁发执照；同时，因为其拥有的核电业务，依照1999年颁布的《国家原子能监管办法》，Eskom也受国家原子能监管会监管。

二、南非电力股份公司概况

南非电力股份公司（Eskom Holdings，Eskom）是世界上第七大电力生产企业和第九大电力销售企业，总部设在约翰内斯堡，主要经营南非国内的发、输、配电业务，供应南非95%和相当于全非洲45%的用电量，拥有并控制全国的高压输电网，同时也控制了60%的售电量（其余40%由近两百家市政配电公司控制）。独立发电企业的上网电量，由Eskom所属的单一买家办公室来统一购买；市政配电公司所需要的电量，由Eskom通过趸售方式来供应。

Eskom是南非政府100%控股的国有公司，由南非公共企业部代表政府行使所有者的相关权力，并受政府大力支持。Eskom通过贷款、发行债券和销售收入集资。截至2013/2014财年末期，公司总资产5050亿兰特[1]，年度收入1395亿兰特，销售电量2179亿千瓦时，净利润为71亿兰特，员工总数46919人。

在Eskom管理结构中，按照职能主要划分为三个部分。

1. 业务职能

负责业务运行，专注于创造价值，包括发电、输电、配电和集团客户服务四个业务板块。

2. 服务职能

负责维护Eskom的资产，为日常标准化服务提供专业知识，并优化涵盖所有业务领域的功能，包括人力资源、技术和商业、财务和集团资本三个业务板块。

3. 战略职能

负责企业的发展，促进绩效的“阶跃”提升，为集团提供更广泛的战略支持，包括企业发展和可持续性两个业务板块。

---

[1] 2013年美元兑换南非兰特的汇率约为1美元=10兰特

第二节　南非电力发展现状

一、南非发电环节情况

目前，南非绝大部分发电装机容量仍由 Eskom 拥有并经营。截至 2014 年 3 月底，Eskom 共有 27 座电厂，总装机容量 4199 万千瓦，2013 年发电量为 2272 亿千瓦时，占南非境内全部发电量的 98.3%。此外，独立发电商 IPPs 装机容量 113 万千瓦，全年总发电量 37 亿千瓦时，仅占 1.7%，比重依然很低。2013 年，南非全年进口电量 128 亿千瓦时，出口电量 157 亿千瓦时，两者相抵后净出口电量 29 亿千瓦时。南非电厂发电量情况总表如表 15.1 所示。

表 15.1　南非电厂发电量情况总表　　单位：百万千瓦时

项目＼年度	2013	2012	2011	2010	2009	2008	2007	2006
煤电	212370	218212	220219	215940	211941	222908	215211	206606
水电	1853	1904	1960	1274	1082	751	2443	1141
抽水蓄能	2883	2962	2953	2742	2772	2979	2947	2867
燃气发电	690	709	197	49	143	1153	62	78
核电	12141	13502	12099	12806	13004	11317	11780	11293
风电	4	2	2	1	2	1	2	3
总发电量	229941	237291	237430	232812	228944	239109	232445	221988

从发电装机情况来看，南非面临着电源结构不合理、设备陈旧老化的严峻问题。南非发电设备中以火电机组为主，占总装机容量的 90%，其中绝大部分是燃煤机组（占比 92%），还有少量的燃气机组和柴油机组。在开普敦附近建有非洲大陆唯一的核电站——184.4 万千瓦的科布尔（Koeberg）核电站。随着全球减排环保压力的日益增加，南非以煤电为主的电源结构也亟待改变。

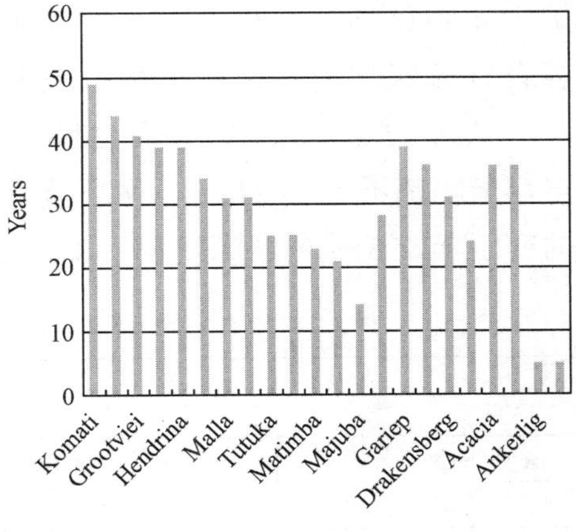

图 15.2　南非主要电厂服役年限图

从图 15.2 中可以看出，现役发电机组基本上均是 20 世纪 80 年代或之前所建设，平均服役年限接近 30 年，面临着更新换代的巨大压力。根据统计，从现在开始到 2030 年，约有 1000 万千瓦左右或 20%的发电机组将面临退役。目前，Eskom 直接投资的两座新建燃煤发电站——库斯电站（Kusile），480 万千瓦、迈德匹电站（Medupi），476 万千瓦，原计划于 2013/2014 年首台机组投产，2018 年全部投产，但因为主设备供货质量、融资等问题一再拖延，导致供需矛盾更加突出。

二、南非输配电环节情况

南非燃煤机组主要建设在北部的煤田附近，需要通过远距离输电向负荷中心送电。南非输电系统以 400 千伏和 275 千伏为主。Eskom 拥有和运行全国的高压输电网，其中还包括 765 千伏线路和±533 千伏跨境直流输电工程。从 20 世纪 60 年代开始，南非电网先后同莱索托、斯维斯兰、莫桑比克、博茨瓦纳、纳米比亚、赞比亚和津巴布韦等国家建设有联络线路。南非电网地理接线示意图如图 15.3 所示。

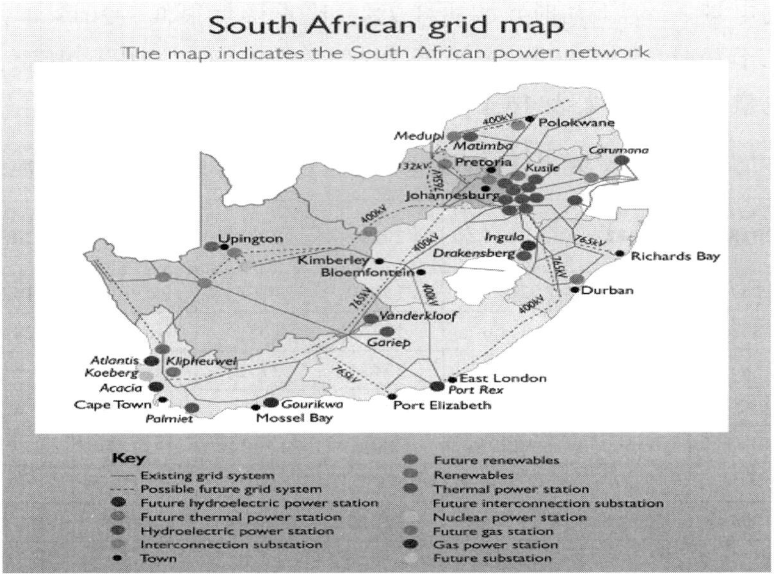

图 15.3　南非电网地理接线示意图

南非的配电业务由 Eskom 和 184 家市政配电公司共同经营，Eskom 的配电部门是南非最大的配电企业，其用户数和售电量约占总量的 40%和 60%，主要向大型工矿企业和偏远地区供电。市政配电公司一般在当地政府管辖地域内向用户供电，在各自行政区域内垄断经营配电业务。

从表 15.2 可以看出，从 2006～2013 年的 8 年间，输配电线路长度和变压器容量的年均增幅都不超过 2%，电网环节发展缓慢，投资建设相对不足。此外，Eskom 约 60%的变压器及 55%的电源线使用年限已超过 25 年，可靠性显著降低，亟待更新和改造。

表 15.2　南非输配电线路和变压器情况表

项目 \ 年度	2013	2012	2011	2010	2009	2008	2007	2006
输电线路（公里）	29178	29556	28925	28482	28243	28164	27619	27406
配电线路（公里）	375307	374693	369248	361856	353464	348025	340706	333722
主网变电容量（兆伏安）	127933	129035	126510	123990	122860	122180	120745	118445

续表

年度 项目	2013	2012	2011	2010	2009	2008	2007	2006
配网变电容量（兆伏安）	104246	105186	102048	99408	96372	93956	90184	87217
总变电容量（兆伏安）	232179	234221	228558	223398	219232	216136	210929	205662

三、南非售电环节情况

2013 年，Eskom 的总售电量为 2179 亿千瓦时，同比增长0.6%。从表 15.3 可以看出，在 2005～2013 年的 9 年间，南非总售电量由 2079 亿千瓦时增长至 2179 亿千瓦时（跨国外送电量基本维持在 130 亿千瓦时），增幅仅为 8.13%，最大用电负荷由 3346 万千瓦增至 3747 万千瓦，增幅 12.0%，均显示了南非电力增速在此期间较为迟缓。

表 15.3　售电量总体情况表　　单位：百万千瓦时

年度	2013	2012	2011	2010	2009	2008	2007	2006	2005
南非国内售电量（百万千瓦时）	205525	202730	211590	211150	205364	202202	210458	204531	194799
南非国外售电量（百万千瓦时）	12378	13791	13195	13296	13227	12648	13908	13589	13122
总售电量（百万千瓦时）	217903	216521	224785	224446	218591	214850	224366	218120	207921
售电量增长率（%）	0.6	−3.6	0.2	2.5	1.7	−4.2	2.9	4.9	−18.9
用户数（万人）	520	500	475.9	459.8	446.3	436.1	415.2	396.3	375.9
最大负荷（兆瓦）	37472	36979	36986	36193	35850	35959	36513	34807	33461

从销售电量结构表（表 15.4）中可以看出，Eskom 直接销售给终端用户（含少量跨国转售）的电量约占全国用电量的 60%，其余占全国 40%的用电量，由 Eskom 趸售给 184 家市政供电公司后再转售给有关终端用户。第二产业中工业用电约占 26%，其次为矿业用电，约占 15%，农业用电仅占 2%左右。因市政供电公司中包括了大量的居民和商业用电，故在 Eskom 销售电量结构中，居民和商业用电所占比例不大。从年度来看，各部分所占比例变化不大。

表 15.4　南非售电结构情况表　　单位：百万千瓦时，%

年度 项目		2012 年		2011 年		2010 年	
市政配电公司		91386	42.20	92141	40.99	91564	40.80
	其中：居民用电	10390	4.80	10521	4.68	10539	4.70

续表

项目 \ 年度		2012年		2011年		2010年	
	商业用电	9501	4.38	9270	4.12	9020	4.02
	工业用电	51675	23.80	58632	26.08	59611	26.56
	矿业用电	31611	14.60	32617	14.51	32630	14.54
	农业用电	5210	2.31	5139	2.29	4919	2.19
	牵引机车用电	2996	1.40	3270	1.45	2867	1.28
	国际转售	13791	6.40	13195	5.87	13296	5.92
	总用电量	216561	100	224785	100.00	224446	100.00

第三节　南非电力市场化改革

一、南非电力市场化改革历程回顾

南非电力工业诞生于1879年，受淘金业的刺激，南非电力发展快速发展。1910年南非统一之后，电力工业的发展仍然延续了一段各自为政的局面。1922年，南非颁布《电力法》，并据此成立了电力供应委员会（ESCOM），同时成立电力控制理事会（ECB）对电力行业进行管制。1948年，ESCOM收购了最大的私有电力公司（VFP），此时，除了小部分的工矿企业自备电厂和属于市政所有的小电厂，ESCOM控制了几乎全部的发电量和高压输电网络。20世纪70年代的石油危机，使得南非经济对电力依赖程度加深，在电力需求出现前所未有的快速增长的情况下，南非电力也得以超常规模发展。1983年，南非全国发电机组订单达到2226万千瓦，超过了当时全部在运行的装机容量，其后，南非经历了二十多年的容量冗余，基本上没有新增装机。

1985年和1987年，南非两次修订《电力法》，并于1987年成立了Eskom，取代了ESCOM。Eskom采用二级治理架构，成立了一个由大用户、市政供电公司和政府代表组成的电力委员会，Eskom的专业管理机构向电力委员会报告工作。电力委员会的影响力事实上后来已经超出了管制的职权范围，而更像一个全面管理机构，深深介入了Eskom的具体运营过程。

1994年10月，南非成立独立的国家电力管制机构（NER），并随后两度修改《电力法》，要求除了500千瓦以下的自用发电装机外，其余发电机组和公司必须取得许可证。新《电力法》规定，独立的国家电力管制机构的职责包括：颁发或吊销发电商、输电商和配电商的许可证，审查许可证持有者是否达到许可证的要求；管制电价水平和电价结构；管制供电服务质量和服务标准；收集信息；裁决电力企业之间及电力企业与用户之间的争议；批准或否决与电力供应项目有关的征地或其他财产征收申请；向能源矿产部提出各项政策建议。

1998年12月，南非政府发布了《能源政策白皮书》（以下简称《白皮书》）。《白皮书》设定了电力工业的目标为：正视贫困阶层的能源需求，促进社会公平；向工矿业提供低价优质的电力供应，提升南非经济效率和竞争力；有效利用自然资源。《白皮书》同样强调了改善能源工业治理架构和以多样化保证能源安全的目标；并进一步强调了电力工业的全面改革，包括赋予电力消费者选择权、在发电领域引入竞争、输电系统的无歧视开放、鼓励私有资本的进入等。

2000 年 8 月，南非公共企业部发布了《加快国有企业重组的政策框架》报告，该报告提出将 Eskom 进行集团化重组，其发电、输电和配电业务在集团内拆分为多个实体；在引入私有资本进入发电领域之前，将发电环节拆分成几个公司以促进内部竞争。输电环节仍保持其国有特性，但朝着独立公司的方向进行改革。

2001 年，Eskom 改名为 Eskom 股份有限公司，成为一家由公共企业部管理的国有全资的公用事业企业，电力委员会被废弃，改为由公共企业部选聘任命的董事会来负责 Eskom 的宏观决策管理。Eskom 作为单一购买者，全额收购包括独立发电商在内的全部上网电量，然后向市政供电公司进行趸售。次年，Eskom 开始向国家缴税并付红利。

在 2001 年至 2004 年之间，南非就加快电力重组、建立独立的电力交易中心和批发竞争电力市场进行了全面深入的研究和探索。2001 年 5 月，南非内阁批准了一个“可控自由化”进程的电力改革建议，其要点包括：Eskom 保留占市场份额 70%以下的发电容量，其余部分进入私有化程序，其中的 10%定向出售给黑人经济所有；建立独立的国有输电公司，负责系统运行和市场运营功能；在新的发电投资进入之前，这一输电公司暂时作为 Eskom 集团的国有全资子公司；建立多层次电力市场，电力交易包括双边交易、集中竞价交易和平衡市场；建立能确保独立发电商参与的、以及确保能源多元化的电力管制框架。然而，该方案最后因故未能实施。

2002 年 3 月，能源矿产部（能源部前身）、公共企业部、NER 和 Eskom 等共同签订了一个协议，就下一步的改革步骤达成共识：成立由公共企业部牵头的电力重组委员会（ERIC），责成 Eskom 将发电环节改组为多个子公司开展内部竞争，建立独立的输电公司，并将内部交易部门改组为独立市场交易中心。但是，2005 年 2 月，南非政府宣布暂停了组建独立交易中心和批发竞争电力市场的相关努力，原因是当时的电源侧主体结构不足以支持一个有效运作的批发竞争电力市场。

南非在法律和政策层面建立起了广泛的竞争和反垄断制度，并于 1998 年通过了《竞争法》。2002 年，NER 与竞争委员会签署了一个谅解备忘录，决定成立一个联合工作组，并确定了两者各自的职责和功能。对电力工业垄断环节的管制职能主要由 NER 承担，而竞争环节，主要采用市场手段来实现，并和竞争委员会共同监管其中的市场力滥用问题。

南非电力改革最具现实紧迫性的环节无疑是配电改革。配电环节管理体制复杂、各配电企业在财务状况、技术资质、服务质量和电价水平等方面存在较大差异。2001年，南非电力重组委员会（ERIC）发布了经过中央政府内阁批准的“配电改革蓝图”，其主要思路是整合Eskom的配电环节和各个市政配电公司为六个地区配电机构（Regional Electricity Distributors，REDs），REDs的营业范围有意与各级行政区划错开，防范地方政府的干预。2005年6月，NER发布地区配电机构的管制框架，包括许可证草案、零售电价指南、批发电价指南、批发交易规则框架和交叉补贴政策等。其批发电价系统WEPS分三个阶段实施：第一阶段在Eskom内部实施，发电环节向供电环节批发；第二阶段由Eskom供电的年用电量在10亿千瓦时以上的大用户向发电环节批发；第三阶段由市政供电的大用户向发电环节批发。2005年7月，位于南非西南部地区的第一个地区配电公司——RED（Pty）ONE有限公司成立，南非内阁同时宣布，将在次年地方政府选举后立即组建其余五家REDs，将相应资产和人员从Eskom剥离并与地方配电公司进行重组。但是，配电领域的改革受到地方政府的抵制，开普敦市政府威胁将向宪法法院起诉，认为此举触犯了南非宪法及相关专门法律授予市政当局对公用事业的管理权限。2006年，RED（Pty）ONE被迫解散。2010年，南非政府内阁放弃了REDs改革模式，承认当前阶段还缺乏宪法修正案的支撑，配电改革暂时搁置。

2006年，NER演变为NERSA，其职能从电力监管扩展到能源监管，其监管范围从电力工业扩展到天然气和石油。2007年开始，南非面临电力供需矛盾突出、发输变电设施陈旧并亟待扩容改造的局面，为解决Eskom面临的资金困境，NERSA建立了多年电价调整机制（MYPD），采用成本加成的方式对Eskom的加权平均销售电价以及终端销售价格进行核准，并组织实施了两轮调整方案，南非电价由此出现快速上涨。2013年2月，NERSA批准实施第三轮电价调整方案（MYPD3），从2013年至2018年，Eskom平均销售电价将年均调增8%。

为了建立竞争性的电力市场，解决电力供需矛盾和电力工业发展机制问题，2011年7月，能源部牵头起草完成了《关于建立独立的系统调度与市场运营机构（ISMO）的法案（草案）》，主要措施是组建国有的独立的系统调度与市场交易机构ISMO，Eskom在纵向上拆分为发电、输电和配售电环节，形成符合国际通行做法的“放开两头、监管中间”的电力市场体系。但是，因为关于输电环节是否划归ISMO、对Eskom的影响及补偿等问题分歧较大，导致该草案两年来尚未在政府部委层面获得通过，进展迟缓。

二、市场化改革效果评价

总的来说，南非电力改革因其政治形势变化而具有一些特点。在1994年种族隔离政策废除后，南非发电装机冗余较多，南非政府在很长一段时间内将提高偏远地区和低收入家庭用电普及率作为电力改革与发展的首要目标，也取得了积极的成效。

与此同时，电力市场化改革也处在积极酝酿过程之中，1998年《白皮书》所确定的电力工业发展与改革目标，至今看来仍并不落伍，仍具有很强的现实意义。从电力工业管理体系整体来看，实现了政企分开、政监分离，在法律政策制定、电力规划发展、市场监督检查和企业重大决策等方面建立了分工合作、相互制衡的电力管理体制，决策程序较为规范，过程信息较为透明。作为国有全资的公用事业企业，Eskom 的公司化改组取得了实质性的进展，政府和企业的角色得以较好地明确。

尽管电力体制改革目标和任务早已确定，但电力工业重组和自由化的步伐却异常缓慢，既定的多项改革方案得不到有效实施或中途夭折。当前，Eskom 仍垄断经营南非全境 98%以上的发电业务、全部高压输电业务、60%以上的输配电业务和全部的跨境交易业务。

在发电环节，早在 2001 年 5 月，“可控自由化”进程的电力改革建议就获得南非内阁批准，要求 Eskom 保留占市场份额 70%以下的发电容量，其余部分进入私有化程序，其中的 10%定向出售给黑人经济所有。由于南非长期执行低电价政策，绝大部分发电资产由 Eskom 以内部成本核算的方式垄断经营管理，造成发电环节缺乏明确的投资回报机制和公平透明的市场环境。截至目前，除了少量新能源发电项目，南非在常规电源方面还是无法吸引到私人投资者的关注。而 Eskom 自身又缺乏足够的投融资能力，造成发电容量增长异常缓慢，导致了从 2007 年开始的电力供需紧张局面的出现。

在配电环节，南非面临的问题依旧存在，大量的市政配电公司分散管理，达不到规模经济的水平，管理能力、专业水平和财务状况参差不齐，许多配电公司面临财务危机和经营困局，容量扩建和技改大修的资金投入得不到保障，消费者无法得到公平服务和合理价格。对配电改革失败的原因进行分析，主要包括：缺乏宪法及配套专门法律的支撑，来自市政当局和 Eskom 等利益主体的抵制，实施前未建立清晰的目标和具有激励性的政策框架，另外也未唤醒社会大众和终端消费者对改革的支持。

同绝大部分发展中国家一样，南非电力工业也面临着巨大的发展压力，迫切需要通过电力工业重组和私有化改革，建立公平公正、有效竞争的市场环境，吸引来自国内外的投资者和各方面的资金参与电力投资与建设。但是，受到南非政治生态和能源电力管理体制的制约，电力市场化改革将是一个较为漫长的过程。

第四节　南非电价管理

一、南非的电价管理模式

南非能源监管委员会（NERSA）是依据国家能源监管法案（Act No.40 of 2004）所设立的监管机构，依法独立负责能源监管，承担着南非电价机制调整、电价结构确定、电价水平核定和对电价实施监管的职责。

电价管理坚持以下原则：

（1）保证持有有效许可证的发电、输配和配电公司能够覆盖其准许活动的成本，并有合理的收益回报。

（2）提供有效的激励机制，推动电力行业和各参与主体能够持续地提高技术和经济效率。

（3）给予电力终端用户关于电力生产各环节成本的准确信息。

（4）避免对不同种类用户的不适当的歧视。

（5）允许对不同级别用户之间实施交叉补贴的电价政策。

在具体实施过程中，NERSA 从 2006 年开始实施多年电价调整政策（Multi-Year Price Determination，MYPD），按照成本加成的定价方式，每隔 3～5 年对 Eskom 的加权销售电价的水平进行核定。如果监管期预设的宏观环境发生重大变化，例如出现通货膨胀、用电总量预计偏差或其他重要事件，其间可临时进行调整。在此基础上，NERSA 每年再对 Eskom 和市政供电公司的分类销售电价水平进行具体核定。

NERSA 在接到 Eskom 的申请后，通常要采取以下步骤：在 NERSA 网站上发布 MYPD3 申请报告全文；公开征求利益相关者和社会公众的意见建议；组织专业研讨会，共享信息资源；在全部九个省份举办电价调整听证会。决策程序还是比较公开和透明的，公众的意见能够比较充分地予以考虑。

在发电环节，特别是可再生能源方面，南非正在积极吸引独立发电商 IPPs 来参与，并通过招标方式来确定相应的上网电价。2012 年 8 月，南非政府发起组织了可再生能源独立发电商采购计划（RE IPPPP），三轮次共招标采购 327.5 万新能源。2012 年 11 月 5 日，Eskom 就第一轮中标的累计 144 万千瓦的新能源项目与 IPPs 签订了 28 份电量采购协议（PPA），平均电价从 1.14 兰特/千瓦时到 2.75 兰特/千瓦时。这些为期 20 年的 PPA 是自 20 世纪 70 年代中期以来再次采用。

二、南非实际电价调整情况

（一）当前南非的实际电价水平

南非曾是世界上电费最低的国家之一，2008 年之前终端用户电价仅为 0.19 兰特/千瓦时。南非之前一直采取低电价政策来促进经济增长，由于多年来电力投资不足、生产和管理滞后等原因，2007 年开始出现了全国性电力短缺现象，Eskom 也面临亏损，融资困难。近年来 Eskom 平均电价调整情况如表 15.5 和图 15.4 所示。

表 15.5 近年来 Eskom 平均电价调整情况表

调整时间	电价调整幅度	调整后电价水平（兰特/千瓦时）	同年 CPI 增幅
1996.1.1	4.00%	0.114	7.32%
1997.1.1	5.00%	0.120	8.62%
1998.1.1	5.00%	0.126	6.87%
1999.1.1	4.50%	0.131	5.21%
2000.1.1	5.50%	0.139	5.37%
2001.1.1	5.20%	0.146	5.70%
2002.1.1	6.20%	0.155	9.20%
2003.1.1	8.43%	0.168	5.80%

续表

调整时间	电价调整幅度	调整后电价水平（兰特/千瓦时）	同年 CPI 增幅
2004.1.1	2.50%	0.172	1.40%
2005.1.1	4.10%	0.179	3.42%
2006～2007	5.10%	0.188	4.70%
2007～2008	5.90%	0.199	7.10%
2008～2009	27.50%	0.254	10.30%
2009～2010	31.30%	0.334	6.16%
2010～2011	24.80%	0.417	5.40%
2011～2012	25.80%	0.524	4.50%
2012～2013	16.00%	0.608	5.03%
2013～2014	8.00%	0.657	

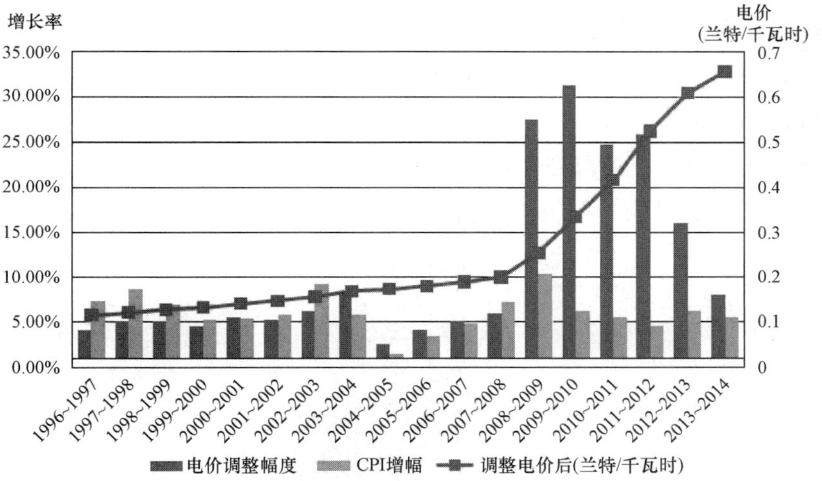

图 15.4　近年来 Eskom 平均电价调整情况图

为了合理反映 Eskom 扩建发电和输变电设施的成本，便于资金的筹措，另一方面也是为了吸引足够的私人投资者参与电源投资，保证长期稳定的电力供应，南非政府改变了长期以来的低电价政策。经过 NERSA 的批准，南非电价从 2007 年开始连续调增，初期调整还比较平稳，基本与当时物价指数 CPI 持平，但从第一阶段末期开始，受全球大宗物资价格大幅走高和南非电力基础设施扩建需求的双重影响，南非电价开始快速上涨，从 2008 年 0.19 兰特/千瓦时的终端用户电价水平，按年均 25%左右的速度增长，2012/2013 年度达到了 0.61 兰特/千瓦时。可以看出，从 2008 年开始的电价调整，远远超出同期 CPI 的增幅。第二阶段电价调整周期 MYPD2 于 2013 年 3 月份到期。近年来 Eskom 平均电价调整情况图如图 15.4 所示，2012/2013 年度南非实际销售电价水平如表 15.6 所示。

表 15.6　2012/2013 年度南非实际销售电价水平

电价分类	电价水平（兰特/千瓦时）	电量所占比例（%）
综合平均电价	0.608	95（不含国际转售）
市政供电公司趸售电价	0.573	40
城市工商矿业电价	0.572	45
农业电价	1.044	5
家用照明（低消费水平）	0.761	5
家用照明（中—低消费水平）	0.851	
家庭动力/家用照明高消费	1.066	

和国际通行做法一样，交叉补贴在电价结构设计中也很突出。市政和工商业供电价格高于实际供电成本，而居民家用照明电价明显低于实际供电成本，且向低消费群体的倾斜力度更大。

（二）Eskom 提交的第三阶段电价调整方案（MYPD3）概况

2012 年 10 月 22 日，Eskom 向 NERSA 提交了为期五年的第三阶段电价调整方案（MYPD3 Application 2014—2018）。

从图 15.5 所展示的 MYPD3 期间 Eskom 收入需求图来看，未来五年 Eskom 收入需求（或需要覆盖的成本）主要包括：

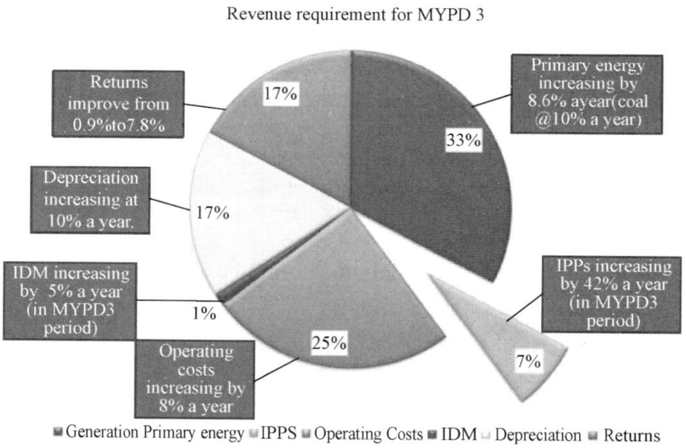

图 15.5　MYPD3 期间 Eskom 的收入需求图

1. 一次能源部分

发电环节占 Eskom 全部成本的 75%，这包括管理现有发电机组和新建容量的投资。由于绝大部分的电源是 Eskom 自发自销的形式，一次能源占全部成本的 33%。

2. IPPs 的购电成本

Eskom 承诺对私营独立发电商（IPPs）的电网接入和上网电量收购，包括获得能源部批准的可再生能源企业所发电量。截至 2012 年底，Eskom 签订的 IPPs 并网协议总容量 113 万千瓦，电量购销协议（PPA）采用中期或短期的形式，平均上网电价是 0.80 兰特/千瓦时。相比之下，Eskom 自身拥有的发电厂采用内部成本核算的方式，成本不足 0.30 兰特/千瓦时。未来五年，收购 IPPs 上网电量的成本将占 Eskom 全部成本的 7%，年均增幅为 42%。

3. 运行成本

包括人员工资、检修运行成本和综合负荷管理（IDM）等，按照年均 8%的速度增长，占全部成本的 25%。输配电环节占 Eskom 全部成本的 25%。

4. 设备折旧

为了使价格能反映真实的成本，反映资源的稀缺性，也为了积累足够的容量扩充资金，在采用信用评级机构认可的资产价值评估方法对现有资产进行重估的基础上，MYPD3 提出，资产折旧额将按年增长 10%，这一部分将占到 Eskom 全部成本的 17%。

5. 资产回报率

为了提高国际信用机构的评级，筹措发展所需的资金，保证长期可持续的电力供应，Eskom 认为当前迫切需要提高资产回报率。MYPD3 提出，总资产收益率将从目前的 0.9%逐步上涨到 7.8%（2018 年），仍低于 NERSA 确定的 8.13%的监管上限。资产收益占 Eskom 全部成本的 17%。

综上所述，按照 MYPD3，为满足运行和扩建成本的需求，未来五年 Eskom 将投资 3370 亿兰特用于容量扩建和升级改造，年平均电价增幅应为 13%，加上用于收购独立发电商上网电量所需增加的 3%电价空间，总体上讲，电价年均增幅应为 16%。

（三）NERSA 对 MYPD3 电价申请的核准结果

2012 年 10 月 18 日，NERSA 接到了 Eskom 关于 MYPD3 的申请，时间从 2013 年 4 月 1 日至 2018 年 3 月 31 日，跨度为五年。MYPD2 于 2013 年 3 月底到期。在广泛征求并深入研究利益相关者和社会公众的意见建议基础上，NERSA 于 2 月 28 日做出了核准决定。

1. 准许收入、平均电价及其增长幅度

从表 15.7 可以看出，在平均电价年增长幅度由 16%调减到 8%后，MYPD3 期末（2018/2019 年度）电价水平将由原预测的 1.28 兰特/千瓦时相应调减到 0.89 兰特/千瓦时，两者相差 0.39 兰特/千瓦时。

表 15.7　准许收入、平均电价及其增长幅度

年度	2013/2014	2014/2015	2015/2016	2017/2018	2018/2019
基于电价的准许收入（亿兰特）	1427	1554	1718	1893	2090

续表

年度	2013/2014	2014/2015	2015/2016	2017/2018	2018/2019
销售电量预测（亿千瓦时）	2178	2194	2248	2294	2345
平均电价水平（兰特/千瓦时）	0.655	0.707	0.764	0.825	0.891
电价增长百分比（%）	8.0	8.0	8.0	8.0	8.0
全部准许收入	1499	1635	1803	1963	2163
原曰请方案平均电价（兰特/千瓦时）	0.71	0.82	0.95	1.10	1.28
原方案电价增幅（%）	16.0	16.0	16.0	16.0	16.0

2. 准许收入所覆盖的具体成本构成

从表 15.8 可以看出，由于电价减半核准，Eskom 五年累计准许收入也由原申请方案的 10880 亿兰特调降为 9065 亿兰特，调减 1814 亿兰特，幅度高达 17%，各种支出及收益均不同程度地进行了压缩。

表 15.8 准许收入所覆盖的具体成本构成

	NERSA 核准（亿兰特）	申请方案（亿兰特）	核降比例
资产回报（收益）	1377	1870	26.34%
一次能源	2934	3550	17.33%
IPPs 购电成本	649	780	16.79%
资产折旧	1398	1850	24.39%
需求侧管理	51	13	60.13%
运行成本	2653	2700	1.73%
准许收入	9065	10880	16.68%

3. 其他的核准要求

（1）在核准方案中，对终端销售电价结构进行了简化，同时继续采用交叉补贴的方式。对于低消费家庭（20 安），月用电在 350 千瓦时以内部分，其用电价格年均增幅被限制在 5.6%，和消费者物价指数（CPI）等同，超出部分电价年均增幅 7.6%（CPI+2%）；对于高消费家庭（60 安）和家庭动力用电，用电价格年均增幅为 8%。

（2）所有的交叉补贴必须增加操作透明度，Eskom 要公布分类电价的收入情况和成本构成，系统接入服务、辅助服务等的收费标准必须基于不同电价等级电网的成本进行测算分析并确定。

三、社会各方对电价调整的评价

近年来南非电价持续快速上涨，引起了社会各界的广泛关注。支持者认为，电价上调反映了电力工业当前的真实成本，特别是在电力设施老化，急需更新改造和容量扩容的背景下，电价上调有助于改善 Eskom 的财务状况和融资能力，推动电力工业和经济的可持续发展。但是，部分媒体和公众认为，电价的大幅上涨将对日常生活和工业生产造成破坏性的影响。Eskom 经营效率是极低的，他们应该卖掉一些发电站以帮助他们进行基础设施建设；从政府角度来说，当前需要进一步强化改革，打破垄断经营局面，引入更多的私营部门及资金进入电力行业。

NERSA 在核准公告中，援引南非总统祖玛在 2012 年 2 月 14 日就职典礼上的讲话并反复强调了决策的背景，“由于全球经济的衰退，特别是占南非出口 21%市场的欧元区金融危机，将导致国家发展规划所确定的贫困、不公平和失业率三大问题的解决变得异常困难”。NERSA 认为，在核准 MYPD3 过程中，平衡电力生产者和消费者的利益关系，是非常棘手的任务，既要考虑全球和当地宏观经济环境，也要受政府政策的指导和约束。

依据 Eskom 的申请方案，在 MYPD3 期末其资产收益率将达到 7.9%，以提升企业信用评级，无需政府担保而自主完成融资建设任务，达到卓越经营的目标。在之前的 MYPD2 调整过程中，NERSA 曾接受了 8.3%的资产收益率上限，所以 Eskom 就照此逻辑认为，在 MYPD3 期间也应采用这种标准。但是，在本次核准过程中，NERSA 考虑到国内外经济环境和社会的电价承受能力，将资产收益率指标大幅下调到了 3%，Eskom 留存收益也由 460 亿兰特降为 100 亿兰特。

Eskom 指出，NERSA 的核准结果将导致 Eskom 在未来 15 年里收入较预期降低 1814 亿兰特，这个缺口无法通过提高企业效率的方式来解决。为此，Eskom 采取了两方面的应对措施

（1）编制并实施提高企业生产力方案（BPP，The Business Productivity Programme）。BPP 方案旨在通过优化业务模式和流程，进一步降低成本，提高生产力并改善效率。当前，Eskom 的挖潜增效工作集中在一次能源、员工成本、维护与检修、外部采购、财务融资和收入管理等领域。据 Eskom 估计，通过上述挖潜增效手段，在 MYPD3 五年期间，Eskom 将能够节省 500～600 亿兰特的现金支出。

（2）向能源监管机构 NRESA 提交针对 MYPD2 的电价调整申请，同时拟根据后续财务状况适时提出新的调价调整需求。按照南非电力监管法案的有关规定，当监管期所设定的条件发生变化，导致被监管对象（如 Eskom）的收入或支出出现偏差时，能源监管机构 NERSA 应适时调整电价。2013 年底，Eskom 针对 MYPD2 期间发生的宏观环境条件变化，向 NERSA 提交了电价调整的申请，乐观预计在 2014/2015 财年能够开始实施。Eskom 坚持认为，电价应该反映成本的变化。如果未来发展需要扩大投资规模，Eskom 也将会在 MYPD3 期间通过采用调整电价的方式来解决。

第五节　南非电力规划管理

一、南非电力规划管理模式

按照南非《电力法》的规定，能源部负责制定南非能源发展战略，编制能源及电力发展规划，向社会提供可靠、环保和可支付的电力供应，确保国家能源供应安全。

在能源及电力发展规划编制过程中，南非政府高度重视公众的参与，通常均要公开征求利益相关者和社会公众的意见建议，组织专业研讨会，共享信息资源，在全部九个省份举办电价调整听证会等，最后经南非政府内阁批准后实施。在实施过程中，每 2～3 年根据实际情况变化进行滚动调整。

二、南非电力远景发展规划

（一）综合资源规划的整体情况

2011 年 3 月份，南非政府内阁批准由南非能源部修订的《综合资源规划 2010》（IRP2010）。IRP2010 勾勒出了从现在到 2030 年的未来 20 年南非电力供应与发展蓝图。南非潜在电源开发布局图如图 15.6 所示。

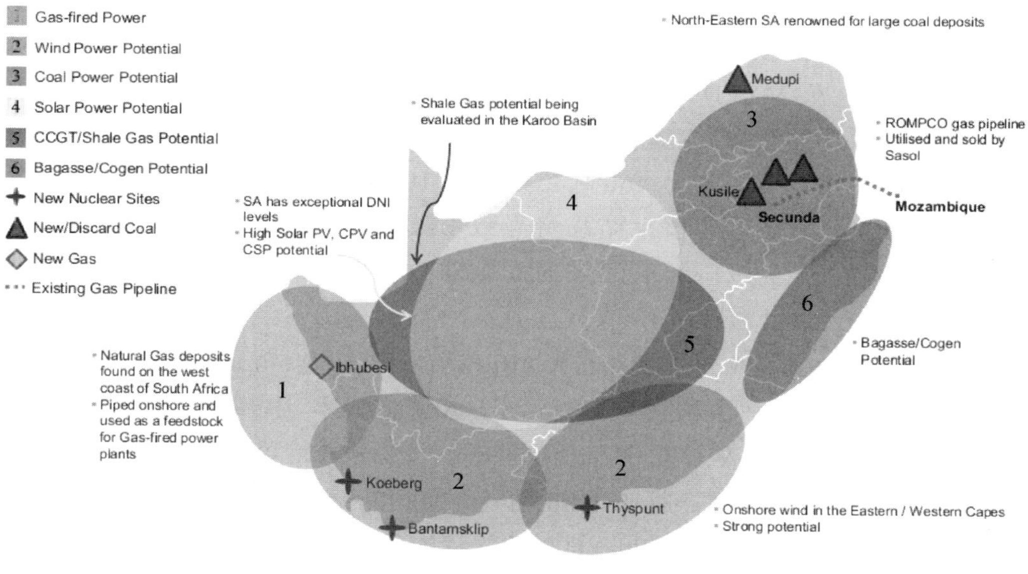

图 15.6　南非潜在电源开发布局图

IRP2010 将为南非在未来 20 年 GDP（国内生产总值）以年均 4.6%的速度增长提供电力保证。根据修订后的规划，在 2030 年之前，南非部分发电厂要关停淘汰，由此减少 1090 万千瓦的发电能力；同时要新建 5653 万千瓦的发电能力，其中新建可再生能源发电能力由草案中提议的 1240 万千瓦大幅提高至 1840 万千瓦，占全部新增发电能力的 1/3。可再生能源包括：风力发电能力将达到 920 万千瓦，太阳能光伏发电（PV）为 840 万千瓦，集光型太阳能发电（CSP）为 120 万千瓦。

从电源开发布局图来看，煤电仍将集中在南非北部，规划建设 Medupi、Kusile 等大型坑口电厂；在南部沿海规划建设两至三座核电站；西南沿海发现天然气田，将规划建设燃气电站；风电将集中在南部沿海一带，太阳能集中在广大内陆地区，并在东部沿海开发甘蔗等生物质能发电项目。

按照 IRP2010 要求，到 2030 年，南非全国发电能力 8953 万千瓦，其中煤电占 45.9%、可再生能源占 21%、核电占 12.7%、开式循环燃气轮机发电（OCGT）占 8.2%、联合循环燃气轮机发电（CCGT）占 2.6%、水力发电占 5.3%、抽水蓄能发电占 3.3%。

（二）规划方案中应引起关注的几个问题

1. 核电

按照电力电量平衡结果，原则上可以不建设核电项目。但是从能源多元化的角度考虑，为了防范煤炭和石油等资源价格上涨对电力供应的不利影响，在规划方案中确定了 960 万千瓦核电装机，从 2023 年开始投运。

2. 关于外购水电

从公众意见征求结果来看，存在着不进口电量或仅进口少量水电的争议。最后从节能减排的角度考虑确定方案为只进口水电，容量从原草案的 330 万千瓦降至 260 万千瓦，从 2022 年开始。

3. 关于可再生能源

从节能减排的角度考虑，新建可再生能源发电能力由草案中提议的 1240 万千瓦大幅提高至 1840 万千瓦，占全部新增发电能力的 1/3。

三、南非可再生能源的发展

（一）可再生能源独立发电商采购计划（RE IPPPP）

按照 IRP2010 的有关规定，新建可再生能源发电容量将大幅提高至 1840 万千瓦，占全部新增发电能力的 1/3。2011 年 8 月，南非能源部颁布实施了可再生能源独立发电商采购计划（RE IPPPP），采用具有价格上限的竞争性招标方式，计划于 2013 年底之前完成 362 万千瓦的可再生能源采购任务。

由于没有可再生能源方面装备制造、施工建设和管理运营的经验，和国内之前的做法类似，南非也是通过国际公开招标的方式，来逐步发现可再生能源的成本和价格。

（二）招标的总体要求

招标流程与其他招标活动相同。先要进行资格预审，满足资格条件的投标者才能参与后续正式的报价活动。在南非，黑人振兴法案（BEE）及相应的评分办法在社会经济的各个方面都有较深的影响，资格预审特别强调要保证 40% 的南非实体参与程度，包括劳动用工、当地制造、黑人所有权和对当地社会经济贡献度等。

招标评价分为两部分：其中价格占 70%；社会经济贡献占 30%。具体细节如下：

1. 价格部分（70%）

投标者可与 CPI 关联的形式进行报价，CPI 的基准日是每年的四月份。按照 CPI 对年度报价进行折算，得到年度等效上网电价（the Equivalent Annual Tariff，EAT），据此进行排队和打分。

2. 社会经济部分（30%）

其中：工作岗位增加占 25%；当地制造占 25%；所有者比例占 15%；南非实体管理控制占 5%；优先购买占 10%；公司发展状况占 5%；经济社会贡献占 5%，合计 100%或占总体评价的 30%。

中标的可再生能源独立发电商（RE IPP）需再申请并获得能源监管委员会颁发的发电许可证，然后按照招标价格与 Eskom 签订长期购电协议 PPA，Eskom 作为单一购买方要按照监管价格收购相关的电量。RE IPP 招标过程中各方关系如图 15.7 所示。

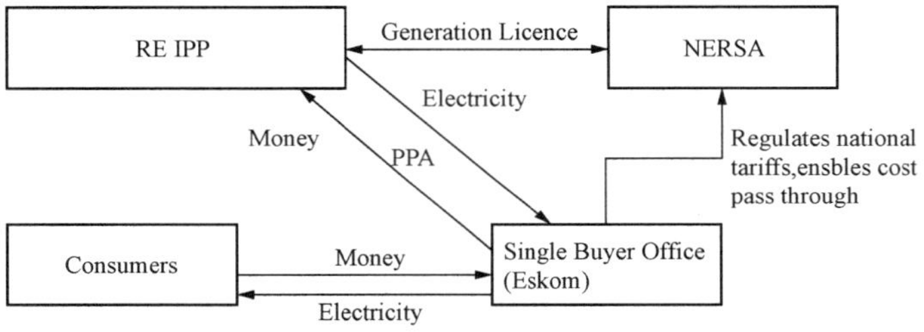

图 15.7　RE IPP 招标过程中各方关系

（三）招标的总体结果与评价

截至 2013 年年底，RE IPPPP 实际已完成三轮共 391.8 万千瓦招标工作。光伏方面，第一轮中标容量 63 万千瓦，平均电价 2.75 兰特/千瓦时；第二轮中标容量 41 万千瓦，平均电价 1.65 兰特/千瓦时；第三轮中标容量为 44 万千瓦，平均电价 0.99 兰特/千瓦时。风电方面，第一轮中标容量 63 万千瓦，平均电价 1.14 兰特/千瓦时；第二轮中标容量 56 万千瓦，平均电价 0.89 兰特/千瓦时；第三轮中标容量为 78 万千瓦，平均电价 0.74 兰特/千瓦时。由此可见，可再生能源项目的竞争日趋激烈，中标电价出现明显下降，对参与主体本地化的要求更高，收益空间受到大幅压缩。

南非可再生能源项目的规划与招标工作，吸引了来自全球各地开发商、金融机构和装备厂家的广泛关注。这些通过市场方式产生价格的可再生能源项目，不仅将解决南非迫在眉睫的电力供需矛盾，促进清洁能源发展并改善能源结构，同时也是南非电力市场化改革的突破口，吸引私营和海外的市场主体参与到新能源的投资、建设与运行过程之中，为后续常规电源项目的市场化运作和电力工业的整体重组与改革积累经验。

第六节　非洲电力整体发展与改革概况

一、非洲电力工业现状

非洲位于地球东半球西部，面积为 3022 万平方公里，占全球总陆地面积的 20.4%，人口约十亿三千万（2010 年估计值），约占全球总人口的 15%。非洲是世界面积第二大洲，同时也是人口第二大洲。第二次世界大战后，非洲多个国家宣布独立，目前共有 54 个，为世界上国家数最多的大洲。

非洲地大物博，水力、石油、天然气、煤炭和矿产资源非常丰富。但是，非洲曾经遭受长达 500 年之久的殖民统治，帝国主义、殖民主义的侵略、剥削和掠夺，使其变成了世界上“最贫困的大陆”。据联合国宣布，世界上最不发达的 48 个国家中有 33 个是非洲国家；非洲 54 个国家中，最不发达国家占总数的 62%。尽管非洲面临着种种挑战，但从长远来看，它仍是一个“有希望的大陆”。

电力是现代经济发展的支柱产业，电力的开发和普及程度也是经济发展和百姓生活水平的重要标志之一。目前，非洲电力工业整体呈现如下特点：

（一）非洲大陆能源资源丰富，但开发利用程度较低

非洲大陆蕴藏着极为丰富的能源资源，但目前开发利用的仅占很小一部分，非洲在能源资源领域的优势尚未转化成为现实的经济优势，惠及广大民众。

非洲北部和南部油气资源丰富，南部煤炭资源储量丰富，利比亚、苏丹、尼日利亚和莫桑比克等国油气储量丰富，南非是全球最大的煤炭出口国之一。可再生能源同样极为丰富，其中中非和东非水电发展潜力巨大，东非地热资源充足，北非具有有利的风力发电条件。非洲大陆太阳能条件优越，生物质发电也能在部分地区发挥很大作用。据估计，非洲约 93%具经济可行性的水电开发潜力（折合约 9370 亿千瓦时/年）仍未得到发掘，该部分水电潜力约相当于全球水电总量的 1/10。

目前，非洲能源格局面临着矛盾重重的现实境况：一方面，非洲迫切需要依靠能源来促进本地经济增长和减少贫困；而另一方面，非洲却一直在充当商品能源的净出口方，全球约 7%的商品能源来自非洲，但其消耗量仅占全球商品能源的 3%。

（二）电气化程度很低，对高致贫率产生了重大影响

非洲电气化程度明显低于全球平均水平。撒哈拉以南非洲的电气化水平约为 30%低于全球平均水平（超过 70%），该地区 77%的人口未用上电（5.26 亿人），该地区在能源普及和经济发展方面的全球排名极低，80%以上非洲居民主要依靠生物质来满足家庭能源需求，如木材、粪肥和作物废料。现代能源的低普及率对该地区的高致贫率产生了重大影响。非洲南部典型国家电气化水平如图 15.8 所示。

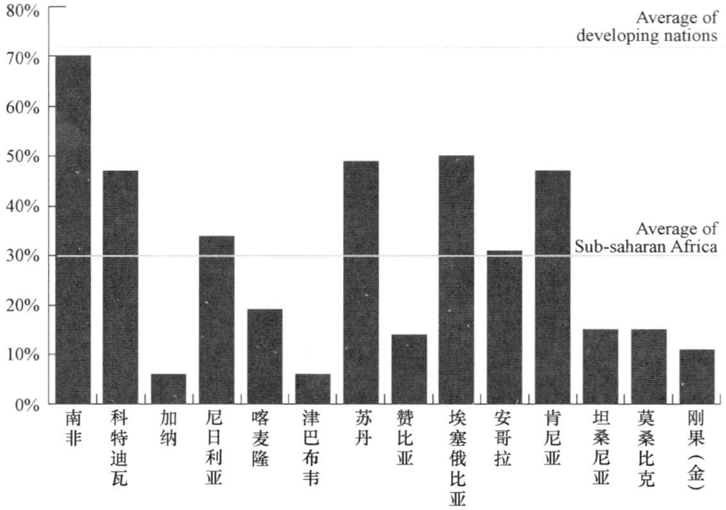

图 15.8　非洲南部典型国家电气化水平

（三）水电发展成为首要电力来源，但面临很多挑战

目前，撒哈拉以南非洲总电力装机容量为 6800 万千瓦，其中约 2/3 位于南非。大部分电力来自水力发电站和柴油/燃气轮机，后者被用于应急/备用发电。根据《2012 年世界能源展望》，2010 年非洲水电装机容量 2700 万千瓦，发电 1050 亿千瓦时，占非洲大陆总发电量的 16%。但是，已开发的非洲水电潜力仅为一小部分。

目前，大多数发电站均是 20 世纪 90 年代以前投产运行的，基础设施的老化导致运行效率低下、维护成本和供电意外中断增多。从规划发展的角度来看，非洲水电发展面临着若干挑战和威胁，尤其是在资金方面的挑战，政治和市场风险以及当地的环境问题都对获得所需的大量初始投资构成了一定障碍。非洲典型国家发电容量结构如图 15.9 所示。

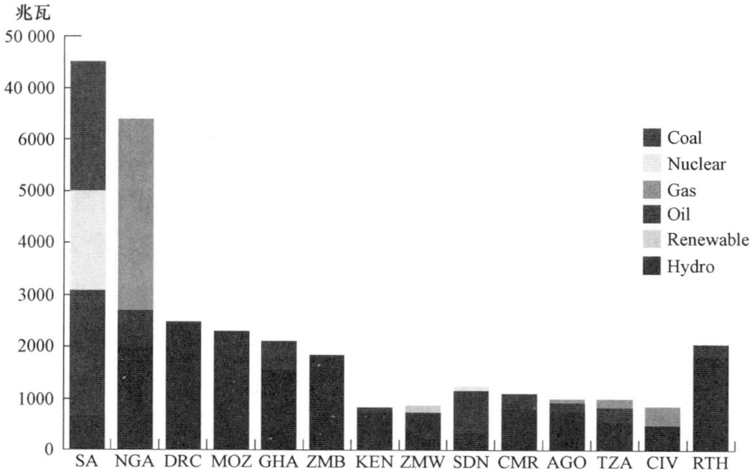

图 15.9　非洲典型国家发电容量结构

（四）电力运行状况较差，电力中断代价昂贵

持久的电力问题妨碍了众多非洲国家的发展和生产力提高。近年来，由于区域电网互联性不强以及受影响国家电力短缺，非洲国家经历了多次电力中断事故。电力中断的代价昂贵，非洲因此损失了近 12.5%的生产时间；与之相比，排在电力中断第二高发地区的南亚，其生产时间损失仅为 7%。

据非洲基础设施集团（Infrastructure Consortium for Africa）估计，非洲国家需在十年时间内每年花费 400 亿美元并采取重大措施提高发电设施效率，才可消除上述问题。其中，260 亿美元须从非洲以外地区获得。尽管存在诸多不足，但新的电力融资方已开始行动，全球众多金融机构、跨国公司以及非洲开发银行等当地金融机构，已经积极跟进和参与了诸多大型能源电力项目开发，其中中国已成为领先一步的资金提供国，正在非洲援建近 10 个大中型水力发电项目。

二、非洲电力市场化改革综述

近年来，国有电力公用事业领域的重组是一项全球性趋势，其目的在于打破垄断，引入竞争机制，吸引外部投资，进一步提高产业效率。在非洲，各国政府几乎无一例外地对相关政策进行了审视，在电力市场化方面进行了积极的尝试。综合来说，非洲各国电力市场化改革具有以下特点。

（一）促进电力发展和提高用电普及率，成为非洲各国电力市场化改革的主要动力

从非洲国家整体来看，在 20 世纪 60 年代纷纷摆脱欧洲殖民统治而实现民族独立，但随之而来的是几十年的内战，80 年代末期逐步走上和平发展的道路。目前，非洲已经成为全球经济高速发展的地区之一，很多国家创造了连续十多年保持 6%～7%增长速度的奇迹。但是，能源电力等基础设施薄弱，严重制约着经济的健康可持续发展，撒哈拉以南非洲的电气化水平仅有 30%，显著低于全球平均水平（超过 70%），人均年用电量不足，77%的人口未用上电（5.26 亿人）。

目前，非洲绝大部分国家也充分意识到电力短缺对经济社会发展带来的负面影响，纷纷通过开展电力市场化改革、吸引国际社会投资和加强跨国互联互通等措施，推动电力工业的快速有效发展。

（二）国际机构和非洲区域合作组织，在非洲各国电力市场化发展过程中发挥着重要作用

当前，非洲越来越多地吸引着全球的关注。联合国、世界银行，以及大量来自西方发达国家的政府机构和国际组织纷纷通过无偿援助、优惠贷款、技术支持和项目参与等方式，推动非洲能源电力基础设施的发展，同时也通过直接或间接的方式影响着非洲各国政府的决策进程。

在非洲大陆，非盟和次区域合作组织也在通过跨国跨区域电力合作，推动电力工业的发展。为了促进非洲基础设施发展，提高互联互通程度，推进区域一体

化进程，非盟委员会于2012年1月通过《非洲基础设施发展规划（PIDA）》，整合了2012～2040年非洲现有各类跨国跨区域基础设施发展规划，确定了跨国跨区域基础设施建设的项目规划、融资和总体实施框架。PIDA由非盟委员会、非洲发展新伙伴计划秘书处和非洲开发银行共同领导，旨在为区域和非洲大陆能源、交通、跨境水资源和信息通讯技术基础设施的发展设定愿景和制定政策及战略。PIDA投资总额预计为3600亿美元，其中已制定的近期阶段（2012～2020年）优先发展计划（PAP）项目约需680亿美元，从领域分配看，能源领域占比最高，达到59%，交通领域占38%，水资源领域占2%，信息通讯领域占1%。据预测，PAP项目融资缺口达380亿美元，融资来源主要包括官方发展援助、现有基础设施融资合作机制、发行基础设施债券、向私营投资者提供政府担保以及次区域组织征收基础设施税等。

单纯从中非经贸关系的角度来看，当前正处在历史最好时期，中国在非洲经济发展，特别是能源电力基础设施建设方面正发挥着日益重要的作用。2012年，中非贸易额达1985亿美元，同比增长19%，是历史最高，近10年平均增幅超过30%。2013年3月份，习近平主席上任后首访非洲并参加金砖五国首脑峰会，宣布了中国政府援非新举措，将能源合作作为重要领域：一是同非洲国家建立跨国跨区域基础设施建设合作伙伴关系，帮助非洲开展互联互通及资源普查的咨询、规划、可行性研究和方案设计等前期工作，每年为非洲培训培养300名基础设施领域的各类管理和技术人员；二是在向非洲提供的200亿美元贷款额度中，优先安排用于实施能源等基础设施项目；三是通过投融资、援助、合作等多种方式，鼓励中国企业和金融机构参与非洲跨国跨区域基础设施建设及运营管理。

（三）通过电力工业的分拆重组和私有化改革，不断提高电力行业整体效率

非洲各国在民族独立后均进行了国有化改革，电力系统一般都采用传统的垂直一体化经营方式，但是近年来人们越来越认识到这种垄断结构往往会导致电力供应服务的低效率。例如存在电力供应的可靠性低、机组容量的可用率和使用率低、机组检修维护效率低、备品备件采购效率低、电费回收率低以及输配电线损率高（许多国家的线损率都超过30%）等问题。

此外，垄断的经营方式，也不利于吸引私有资本来投资电力行业，最为典型的国家是南非。早在2001年，南非内阁就批准了“可控自由化”的改革方案，要求对发电容量进行分阶段私有化，但是由于绝大部分发电资产仍由Eskom以内部成本核算的方式垄断经营管理，造成发电环节缺乏明确的投资回报机制和公平透明的市场环境，时至今日，南非在常规电源方面还是无法吸引到私人投资者的关注，电源建设步伐缓慢，导致了容量短缺。

近年来，非洲国家电力市场化改革的主要内容是放松管制，大幅度降低政府对电力工业的过多参与，进行工业组织结构改革和所有权结构改革，即重组和私有化。重组包含纵向和横向拆分：纵向拆分，即发输配售的拆分；横向拆分，即将国家公

司拆分为地方公司。现已经进行纵向拆分的国家有埃及、科特迪瓦、加纳、肯尼亚、尼日利亚、坦桑尼亚、乌干达和赞比亚，南非实现了国家电网公司内部发电、输电和配电的独立核算。厄立特里亚进行了纵向拆分后，但又重新回到了一体化模式。

私有化改革旨在将电力公司的所有权或运营控制权由政府移交到私有部门。非洲国家经济发展水平普遍较低，但是殖民时期遗留以来的法律制度框架还是比较完善，这为私有化改革并吸引国际资本带来了一定的保障。在非洲，电力行业采用的私有化途径主要有公司化、商业化、合约式管理、直接出售以及 IPPs（独立发电项目）。

1. 公司化和商业化

许多非洲国家都对电力公司进行了公司化和商业化改造。对大多数电力公司而言，其在进行商业化运作之前，都先进行了公司化改造，包括对国有资产的重组。例如，南非、肯尼亚、尼日利亚和津巴布韦等国的电力公司都已实现商业化运营。电力公司必须以商业化方式运作，才能获得与市场相关的资产回报。

2. 合约式管理

鉴于自身管理水平较低，一些非洲国家普遍在电力行业引入了合约式管理。大部分管理合约都采取将原电力公司的部分或全部的运营管理权包给外部的运营者，而原公司保留资产设备的所有权和投资决策的控制权。参与非洲合约式管理的公司以法国、瑞典等欧洲公司为主，近年来 Eskom 在合约式管理市场表现也非常活跃。这些公司参与了马拉维、莱索托、乌干达、坦桑尼亚、马里、塞内加尔和毛利塔里亚等国的电力工业合约式管理。但是，这些合约式管理并非都取得了成功。2002 年，南非 NET 集团获得了坦桑尼亚电力公司 TANESCO 的管理服务合同，但表现不佳，迫于赞助商世界银行的压力，该管理服务合同在延期两年后于 2006 年终止，至今坦桑尼亚供电服务质量仍处于非洲最低水平。

3. 直接出售

绝大部分非洲国家的电力公司曾是完全国有的。近年来，一些非洲国家开始向外部投资者出售其国有电力公司的资产。在已有的电力公司资产出售案例中，基本上都采取了向外国战略投资者出售不大于 50%股权的方式。

典型的国家包括尼日利亚。尼日利亚人口 1.7 亿，是非洲人口最多的国家，但截至 2012 年底全国装机容量仅 644 万千瓦，电力严重短缺。尼日利亚电力行业存在的主要问题是：电力生产和输送能力低，成本居高不下；国内电力设备严重老化，存在着巨大安全隐患；电力工业高度垄断，腐败猖獗，管理水平低下；国内电力投资不足，电力发展艰难。为了彻底改变长期垄断经营格局和电力发展举步维艰局面，尼日利亚政府从 2010 年启动了电力私有化改革，将国家电力公司进行拆分，除保留输电公司及调度职能之外，10 家发电厂和 5 家配电公司面向国际社会通过公开招标进行出售。尼日利亚电力私有化改革吸引了众多国际电力公司纷纷进入尼电力市场寻求发展，美国GE公司、ABB集团，以及来自以色列、瑞士、奥地利、英国、中国等国的近400家投资者都参与到尼电力行业私有化改革进程之中。

4. 独立发电商IPPs

相对于输配电环节，发电环节的市场化改革要超前很多，独立发电商IPPs方式的商业模式相对简单，预期回报比较清晰，所以其已经成为非洲电力工业引入外部投资的重要途径。

IPPs可以通过以下几种方式来确定：一是双边协商的方式，对于法律制度尚不很完善或有特殊信贷要求的项目，所在国政府部门及国家电力公司与有意愿的投资者协商，择优确定开发商，签订特许权经营合同；二是采用国际公开招标的形式，选择开发商并确定开发、建设与运营条款，签订特许权经营合同，埃塞俄比亚复兴大坝项目（600万千瓦）、刚果（金）大英加水电项目（规划总容量4000万千瓦）和莫桑比克MPNK水电项目（262万千瓦）等项目均已经或即将采用国际公开招标的方式；三是采用集中竞价招标的方式，如南非的新能源项目招标，提前确定招标要求和招标容量，按照低价中标、报价结算的方式，选择开发商并签订为期20年的特许权经营合同。

（四）加强跨国电力互联互通和区域电力库建设，实现整体效益最大化

由于各国潜在的能源资源储量和电力工业发展水平不同，更多的国家则是将通过区域网络与邻国共享电力视为一项中期战略，因容量短缺、干旱或设施维护导致的电力紧张可通过向区域电网购买电力来解决。这种需求也推动了南部非洲电力库（SAPP）、东部非洲电力库（EAPP）、西部非洲电力库（WAPP）、北部非洲电力库（NAPP），也称为马格利布电力委员会（COMELEC）、中部非洲电力库（CAPP）等区域性电力联盟的产生和发展，这些组织在各区域发展组织的具体指导下，在各成员国政府的支持下，通过各国公用电力事业单位和重要独立发电商（IPP）的参与，在电网规划、跨国互联、电力市场等方面发挥了积极的作用。

根据非盟委员会的研究报告——《非洲基础设施发展规划》（DIDA），2020年非洲各区域间电力互联容量将达到6150万千瓦，占到同期非洲用电负荷的30%，而目前的占比仅为5%。预计到2040年，各区域间电力互联容量将达到9300万千瓦，占同期非洲用电负荷的19%，虽然占比出现一定程度的下降，但在此期间区域内各国之间的交易将出现显著增加，详见表15.9。

表15.9　2020年非洲各区域间电力交换容量预测　　单位：兆瓦

开始	中部非洲电力库（CAPP）	东部非洲电力库（EAPP）	北部非洲电力库（NAPP）	南部非洲电力库（SAPP）	西部非洲电力库（WAPP）	合计
结束						
中部非洲电力库（CAPP）		10537	3398		6542	20477

续表

开始	中部非洲电力库（CAPP）	东部非洲电力库（EAPP）	北部非洲电力库（NAPP）	南部非洲电力库（SAPP）	西部非洲电力库（WAPP）	合计
东部非洲电力库（EAPP）						0
北部非洲电力库（NAPP）		619				619
南部非洲电力库（SAPP）	26379	12258				38637
西部非洲电力库（WAPP）			1764			1764
合计	26379	23415	5162	0	6542	61498

电力的互联互通，反过来也为大规模开发水电资源，包括刚果（金）境内的大英加项目、莫桑比克境内的姆潘达·恩库瓦水电站和埃塞俄比亚境内的复兴大坝等项目，提供了可能性，两者相互促进。

（五）非洲电力供应的特殊问题

非洲电气化水平较低，尤其与欧洲和北美地区相比更是如此。南非和埃及是非洲大陆电气化水平最高的两个国家，其电气化普及率只有 70%，而南部非洲发展共同体（SADC）地区的电气化水平仅为 20%。许多有待电气化的农村社区地理位置偏远，因此与国家骨干电网相联的成本颇高，且通常并不可行。替代解决方法包括：风力发电、太阳能发电、小型柴油或汽油发电机发电等。近期，埃及、南非、加纳和乌干达等国正在进行光伏电力系统评审，并计划在农村地区安装。肯尼亚是光伏电力系统使用率最高的国家之一，每年售出近 2 万台发电系统。位于西部非洲的加纳、塞内加尔、布基纳法索和科特迪瓦等国近期先后宣布实施农村电气化项目。

为响应联合国户户通电的计划，世界可持续电力合作组织已经发起设立了“南部非洲电气化路线图”计划，拟在南部非洲发展共同体范围内先选择试点国家及项目，推动贫困地区电气化的进程，成功后再向全球推广。

三、非洲电力市场化改革效果评价

（一）绝大部分国家均建立了基本的监管法律和管制框架

原有的法律和管制框架主要是为公共所有及管制性电力公司设计的，而对私有资本的参与几乎未作考虑。近年来，为了适应电力重组和私有化改革的需要，吸引国际私人资本参与电力投资、建设与运营，许多非洲国家的电力管制框架有了重要改变。这些改变主要包括：重新定义电力公用事业公司为有限义务的商业性组织，而不是以公众福利为取向的政府部门，并为其拆分和私有化提供条件；破除电力公共事业部门的垄断特性，尤其在发电和配电环节，鼓励私有投资的参与；减少政府部门的直接干预，将政府部门的管制转换成独立监管机构的管制，实现政监分离。

从统计情况来看，可以称得上建立了独立管制机构的国家包括南非、加纳、肯尼亚、马拉维、赞比亚、科特迪瓦、乌干达和纳米比亚等国，但是，其中一些国家的电力管制机构的独立性还颇受质疑，特别是肯尼亚、马拉维和乌干达等国。对电力管制机构独立性的影响主要来自于对其官员的任命程序上。目前，只有加纳和南非等少数管制机构官员的任命程序可以做到客观透明，其管制机构也得以具有较高的独立性。

（二）吸引国际私人资本参与电力基础设施的投资

在非洲，IPPs是私有投资参与电力工业的重要形式，特别是在电力供不应求的国家，IPPs正成为新的装机容量的主要来源。在加纳、纳米比亚、乌干达、津巴布韦等国，已建、在建和拟建的IPPs装机容量总和已经超过国有电力公司原有的装机容量。在非洲，IPPs以化石燃料发电为主，水电、风电和生物质能等可再生能源发电项目正快速增长，尤其是水电。非洲国家目前对分散发电的重视程度还很不够，从实际情况看，分散式、中小电网和联合发电在非洲具有巨大的发展潜力。据最近的一项研究表明，如果非洲的制糖工业能利用甘蔗渣联合发电，就可满足非洲13%的电力需求。

（三）制约电力重组和私有化改革的因素依然较多

与世界上其他地区一样，非洲的电力改革也引发了巨大的争议，并遭遇了巨大阻力。在许多国家，电力改革往往紧接着导致电价上涨，从而遭到工商业和居民用户的强烈抗议；在西部非洲的许多法语国家，电力私有化就曾遭到工会的强烈反对；在东部和南部非洲，改革的阻力还来自政府部门和现有的电力公用事业部门。IPPs在运作过程中经常被指责存在政府部门的贪污，以及与私有投资商的勾结，从而引发更大的争议，这些争议在肯尼亚、坦桑尼亚、乌干达及津巴布韦尤其严重。早在1999年，坦桑尼亚政府就决定打破TANESCO对发电和输配电的垄断地位，进行分拆和私有化，但是由于坦桑尼亚能源电力基础设施薄弱，缺乏清晰的盈利前景，对投资者缺乏足够的吸引力，加之2008年坦桑尼亚10万千瓦发电项目合同（BOT）所引发的腐败和毁约丑闻的负面影响，所以截至目前，TANESCO 的分拆和私有化改革并未取得有效进展。

尽管非洲各国对于电力重组和私有化改革均有迫切的愿望，但现实的挑战还有很多，如：政府管理与办事效率较低，增加了投资风险；政府主权担保能力不足，造成开发商融资困难；基础设施落后、安全状况恶劣令国外投资者信心不足；罢工呈常态，且劳动力素质偏低；外籍员工准入难；土地问题、经济纠纷难以解决等。这些问题的解决，还需要一个循序渐进的过程。

第七节　非洲区域性电力库发展与运作情况

一、非洲区域电力库发展与运作概况

非洲区域电力库是在非洲特殊的政治环境下形成的，一般是作为区域性政治组

织下属负责电力行业的专业机构，其着力于加强成员国之间在电力发展方面的沟通与协作，推动跨国电力市场的建设，近年来发挥了积极的作用。

（一）非洲区域电力库整体发展概况

1. 非洲区域电力库发展的背景

（1）各国电力供需情况通常并不均衡，部分国家电力电量较为富余，部分国家存在较大短缺，邻近国家客观上和主观上存在余缺互补的要求。

（2）从电源结构来看，部分国家以水电为主导，部分国家以火电为主导，通过水电和火电之间的联合调度，可以优化电源结构，平抑丰枯变化对电力供应的冲击，使得成员国通过跨国交易共享效益。

（3）非洲经济社会快速发展，电力需求旺盛，但各成员国经济实力和资源禀赋差异悬殊，通过跨国互联和协作运行，可以共享管理、技术和资源，有利于大型电源、特别是大型水电的开发建设，从而推动地区电力基础设施的发展。

2. 非洲区域电力库的定位和作用

（1）非洲区域电力库的使命是提供最低成本的、环境友好的、可负担的电力供应。其愿景包括以下几点：

1）促进竞争性电力市场的发展。

2）给予终端用户选择电力供应商权力。

3）通过良好的经济、环境和社会的实践，确保可持续的能源发展。

（2）非洲区域电力库的目标：

1）协调成员国监管政策和发展规划，为发展安全可靠和经济高效的区域互联电网提供平台。

2）协调制定并执行电能供应质量、系统特性监测的区域共同标准。

3）协调各成员国公用事业企业的关系。

4）通过培训和研究项目，提高区域内的专业技术水平。

5）协调重大电源项目和跨国输电项目的开发建设和运营。

6）提高农村地区的电力普及率。

3. 非洲区域电力库的发展现状

目前，非洲大陆已经先后建立了五个区域电力库，分别是南部非洲电力库、西部非洲电力库、东部非洲电力库和马格里布电力委员会。

（1）南部非洲电力库（Southern African Power Pool，SAPP）。1995 年，在南部非洲国家发展共同体（SADC）的框架下，其十二个成员国政府签订了跨政府的合作谅解备忘录，组建了南部非洲电力库 SAPP。相关情况在后续将做详细介绍。

（2）西部非洲电力库（West African Power Pool，WAPP）。1999 年 9 月，西非国家经济共同体（ECOWAS）十四个成员国签署了《西部非洲电力库协议》，组建了西部非洲电力库。目前，成员国家包括：尼日利亚、贝宁、布基纳法索、科特迪瓦、加纳、尼日尔、多哥、几内亚、几内亚比绍、利比里亚、马里、塞内加尔、冈比亚和佛得角。WAPP 常设机构在贝宁最大海港城市科托努（Cotonou）。

（3）中部非洲电力库（Central African Power Pool，PEAC）。2003 年，中部非洲国家经济共同体（ECCAS）的十一个政府签订了合作谅解备忘录，成立了中部非洲电力库。目前，成员国包括：布隆迪、赤道几内亚、刚果（布）、加蓬、喀麦隆、卢旺达、圣多美和普林西比、刚果（金）、乍得、中非、安哥拉。PEAC 常设机构在刚果（布）首都布拉柴维尔。

（4）东部非洲电力库（Eastern Africa Power Pool，EAPP）。2005 年，东部和南部非洲共同市场（COMESA）的七国签订政府间合作谅解备忘录，成立了东非电力库（Eastern Africa Power Pool，EAPP）。EAPP 成员国最初包括布隆迪、刚果（金）、埃及、埃塞俄比亚、卢旺达和苏丹（现分裂为两个国家），随后，坦桑尼亚（2010 年）、利比亚（2011 年）和乌干达（2012 年）分别加入了 EAPP。EAPP 常设机构在埃塞俄比亚首都亚的斯亚贝巴。

（5）马格里布电力委员会（the Comité Maghrébin de l’Electricité，COMELEC）。阿拉伯马格里布联盟（UMA）是由地处北非地区的阿拉伯国家组成的政治性组织，成立于 1989 年 2 月 17 日，该组织随后建立了马格里布电力委员会。马格里布电力委员会的功能定位类似于区域性电力库，目前成员国包括摩洛哥、突尼斯、阿尔及利亚、利比亚和毛里塔尼亚等五国。COMELEC 常设机构在阿尔及利亚首都阿尔及尔。

二、南部非洲电力库（SAPP）的基本情况

在上述的五个区域电力库之中，南部非洲电力库（SAPP）是电力系统规模最大和电力市场运作最成熟的电力库。

（一）SAPP 成立的背景情况

在 20 世纪的最后 30 年里，南部非洲政治环境发生了巨大的变化。很多国家结束了长期内战局面，逐步走上了和平发展的道路；南非废除了种族隔离政策，实现了平稳过渡；非洲大陆百废待兴，各国发展愿望迫切。这些变化深刻地影响着各国社会经济生活的方方面面，也影响着彼此的关系。1992 年 8 月 17 日，南部非洲十五国政府首脑在纳米比亚首都温得和克签署了建立南部非洲发展共同体（SADC）的议定书，决定在平等、互利和均衡的基础上建立开放型经济，打破关税壁垒，促进相互贸易和投资，实行人员、货物和劳务的自由往来，逐步统一关税和货币，最终实现地区经济一体化。

电力工业作为基础性的产业，是跨国合作的重要内容之一。早在 1980 年，南部非洲发展协调会议（南部非洲发展协调会议是南部非洲发展共同体的前身，成立于 1980 年）就积极推动南部非洲国家的电力合作。随后在 SADC 的大力支持下，南部非洲各国政府、电力公司和金融机构在电力政策制定、规划发展和运行管理等不同层面的协作逐步加强，跨国联网工程快速建设，迫切需要建立常态化的电力合作机制。1995 年 8 月 28 日，南部非洲十二国（除马达加斯加、毛里求斯和塞舌尔三个离岸国家之外）签署了政府间合作谅解备忘录（Inter-Governmental MOU），SAPP 应运而生。南部非洲发展共同体成员国示意图如图 15.10 所示。

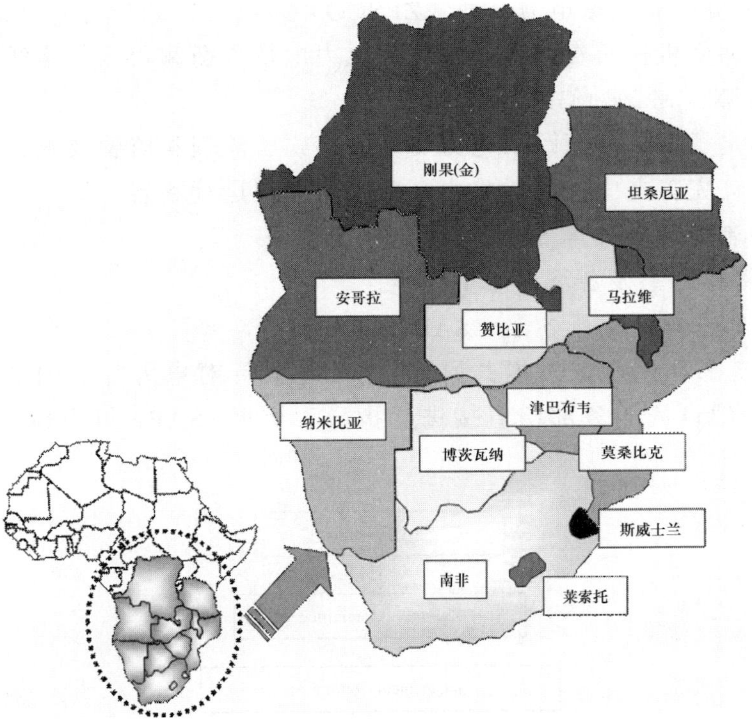

图 15.10　南部非洲发展共同体成员国示意图

（二）SAPP 的基础性法律文件

SAPP 的治理机制建立在五个法律文件的基础上。

1. 政府间合作谅解备忘录（Inter-Governmental MOU）

该备忘录是 SAPP 首个正式法律文件，它确定了 SAPP 的服务宗旨和组织管理架构，1995 年由南部非洲发展共同体（SADC）的十二个成员国政府签署，2006 年 2 月修订。

2. 公用事业企业之间的合作谅解备忘录（Inter-Utility MOU）

该备忘录确定了各国公用事业企业共同参与 SAPP 的权利、责任与义务，2007 年 4 月 25 日由 SADC 成员国的公用事业企业签署。

3. 运行成员协议（Agreement Between Operating Members）

该协议由联网运行各相关国家公用事业企业于 2008 年 4 月签署，明确了各国公用事业企业及其调度机构在联网运行过程中的权利、责任与义务，以保证联网运行的秩序和效率。目前，在 SADC 的十二个成员国中，安哥拉、坦桑尼亚和马拉维三国尚未实现联网，故未签订本协议。

4. 运行导则（Operating Guildeline）

该导则确定了南部非洲互联电网运行的技术标准，由 SAPP 成员单位于 2010 年签署。目前，SAPP 互联电网以南非国家电力公司（Eskom）、津巴布韦国家电力公司（ZESA）和赞比亚国家电力公司（ZESCO）为核心，划分为三个调度控制区，并由上述国家调度机构负责控制区域内部电力电量平衡和跨区联络线控制。

5. 市场导则（Market Guidelines）

该导则确定了南部非洲跨国电力交易的模式、流程和监管要求。目前，该导则正在进一步修订完善之中，然后将由全部成员单位进行签署。

（三）南部非洲电力库 SAPP 的组织管理体系

SAPP 的管理体系及各环节职责如下：

1. SADC 的基础设施服务部（SADC-DIS）

SAPP 是南部非洲国家发展共同体（SADC）针对电力行业的专业管理机构，由 SADC 的基础设施服务部门直接进行指导和协调。SAPP 组织体系图如图 15.11 所示。

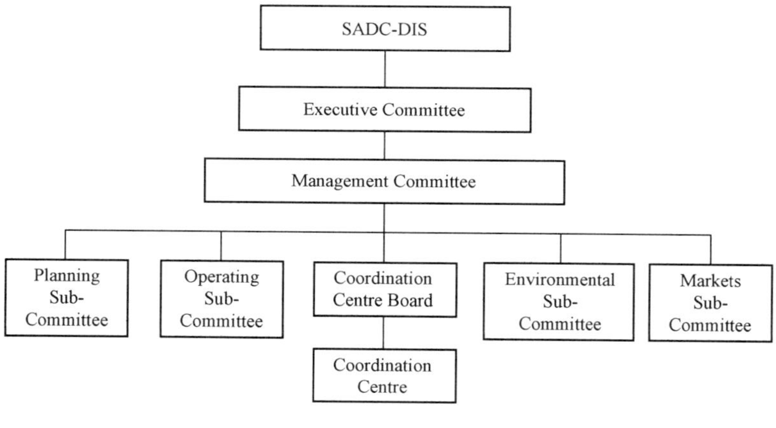

图 15.11　南部非洲电力库（SAPP）组织体系图

2. 执行委员会（Executive Committee）

执行委员会的职能定位相当于 SAPP 董事会，由各成员国电力公用事业企业的首席执行官组成，执行委员会主席由各成员国轮流担任，任期一至三年。

执行委员会的职责如下：负责制定和修改 SAPP 管理委员会、各子委员会和工作组的职责；经过 SADC 能源部长会议批准后，负责按照既定的条款接纳新的成员；在 SADC 能源部长会议批准之前，授予电力企业以观察员身份参与相关会议和活动，但没有表决权；负责在 60 天内解决各成员国或管理委员会提交的有关问题。

在表决机制上，每个成员有一个投票权，2/3 的成员参会方为有效。除非合作谅解备忘录另有规定，一般事项均采用全部通过的方式进行表决。

3. 管理委员会（Management Committee）及各专门委员会

管理委员会是负责 SAPP 日常业务管理与决策的常设机构，其下设环境、市场、运行和规划四个专业子委员会和协调中心。

（1）规划子委员会。其主要职责是：制定 SAPP 范围内的系统规划标准；开展发用电平衡预测；编制跨国电力系统规划并跟踪落实；制定跨国交易转运费用和网损补偿标准；协调成员国开展需求侧管理。

（2）运行子委员会。其主要职责是：编制 SAPP 的运行导则；负责日常调度及各控制区协调；负责通信和调度自动化专业的管理。

（3）环境子委员会。其主要职责是：制定 SAPP 电力行业环境保护工作指导方针；在空气质量、水质控制、土地使用、气候变化和可持续发展等方面，为管理委员会及各成员会提供建议；协助各公用事业企业开发环境管理信息系统。

（4）市场子委员会。其主要职责是：负责 SAPP 市场模式和规则的设计；负责组织落实各品种交易，负责日前市场的集中结算工作；协调解决市场运营中出现的问题。

（5）协调中心。其主要职责是：负责监视和评估 SAPP 整体及各专业委员会运作情况，并提出相应建议；完成例行的统计分析工作；负责 SAPP 的人事管理和对外协调等综合性事务。

三、南部非洲电力库（SAPP）的跨国交易情况

（一）南部非洲各国发用电情况

截至 2013 年末，南部非洲电力库 12 个成员国总装机容量为 5783 万千瓦，剔除孤网运行的安哥拉、坦桑尼亚和马拉维三国，联网容量为 5372 万千瓦。南非装机容量 4417 万千瓦，占南部非洲总装机容量的 76%，占联网容量的 82%，占有绝对比重，对全网电力平衡和安全运行影响重大。其余国家占比仅为 24%。

由于长期以来缺乏资金进行更新改造，部分发电机组无法达到设计额定容量。以刚果（金）为例，实际可用发电容量 117 万千瓦，仅为额定容量的 48%。南部非洲可用容量为 5235 万千瓦，为额定容量的 90%，约有 500 万千瓦处于不可用状态。南部非洲各国现有装机和用电负荷情况如表 15.10 所示。

表 15.10　南部非洲各国现有装机和用电负荷情况　　单位：万千瓦

No	国家	公用事业企业	装机容量	可用容量	最大负荷	同比增长
1	安哥拉	安哥拉国家电力公司	179	148	107	13.20%
2	博茨瓦纳	博茨瓦纳国家电力公司	35	32	58	6.60%
3	刚果（金）	刚果国家电力公司	244	117	104	-1.00%

续表

No	国家	公用事业企业	装机容量	可用容量	最大负荷	同比增长
4	莱索托	莱索托电力公司	7	7	13	3.20%
5	马拉维	马拉维电力公司	29	29	28	0.40%
6	莫桑比克	莫桑比克电力公司和卡奥拉巴萨水电站	231	228	71	14.60%
7	纳米比亚	纳米比亚电力公司	39	36	61	0%
8	南非	南非 Eskom 电力公司	4417	4207	3590	−1.80%
9	斯威士兰	斯威士兰国家电力公司	7	7	20	2%
10	坦桑尼亚	坦桑尼亚电力有限公司	138	114	90	1.10%
11	赞比亚	赞比亚电力供给公司、铜带能源公司、LHPC 公司	187	185	168	7.60%
12	津巴布韦	津巴布韦供电局	205	160	203	10.50%
SAPP 总体情况			5718	5270	4513	4.70%

目前，南部非洲各国人均装机容量仅为 0.22 千瓦，电气化率为 30%，人均 GDP 仅为 2192 美元。从表中数据可以明显看出，南部非洲经济整体发展水平较低，人均装机容量和电气化率显著低于全球平均水平，国家之间发展水平差异明显，南非和博茨瓦纳明显强于其他国家。南部非洲各国统计数据如表 15.11 所示。

表 15.11　南部非洲各国统计数据

No	国家	人口数量（万人）	人均装机（千瓦/人）	电气化率（%）	人均 GDP（美元）
1	安哥拉	1900	0.11	30	4443
2	博茨瓦纳	200	0.45	45.4	7513
3	刚果（金）	6800	0.04	11.1	194
4	莱索托	210	0.34	16	1022
5	马拉维	1500	0.02	10	345
6	莫桑比克	2340	0.10	20	410
7	纳米比亚	220	0.23	35	5502
8	南非	5050	0.87	80	7280
9	斯威士兰	120	0.06	45	3033
10	坦桑尼亚	4500	0.03	14	512
11	赞比亚	1360	0.16	35	1253
12	津巴布韦	1400	0.15	41.5	591
总体情况		25600	0.23	30.96	2192

（二）南部非洲电力库 SAPP 的成员单位

根据 SAPP 政府间合作谅解备忘录，SAPP 包括以下三类成员单位。

（1）国有电力公用事业企业，即国有电力公司，又分为运行成员（Operating Member，OP）和非运行成员（Non- Operating Member，NP）。目前，安哥拉、马拉维和坦桑尼亚尚未接入 SAPP 网络，调度运行上相对独立，所以安哥拉、马拉维和坦桑尼亚电力公司为非运行成员，其余国家为运行成员。

（2）独立发电商（Independent Power Producer，IPP）。IPP 主要是直接进行跨国电力交易的独立发电公司。目前，仅包括莫桑比克的 HCB 公司和赞比亚的 Lunsemfwa 水电公司。

（3）独立输电公司（Independent Transmission Comapany，ITC）。ITC 包括南非、莫桑比克、斯威士兰共同成立的 Motraco 输电公司和赞比亚境内的 Copperbelt 能源公司。

南部非洲电力库成员单位一览表如表 15.12 所示。

表 15.12　南部非洲电力库成员单位一览表

	公司名称	简称	类型	所在国家
1	安哥拉国家电力公司	ENE	非运行成员	安哥拉
2	博茨瓦纳国家电力公司	BPC	运行成员	博茨瓦纳
3	刚果国家电力公司	SNEL	运行成员	刚果（金）
4	莱索托电力公司	LEC	运行成员	莱索托
5	马拉维电力公司	ESCOM	非运行成员	马拉维
6	莫桑比克电力公司	EDM	运行成员	莫桑比克
7	卡奥拉巴萨水电站	HCB	独立发电商	莫桑比克
8	莫桑比克传输公司	MOTRACO	独立输电公司	莫桑比克/斯威士兰/南非
9	纳米比亚电力公司	Nam Power	运行成员	纳米比亚
10	南非 Eskom 电力公司	Eskom	运行成员	南非
11	斯威士兰国家电力公司	SEC	运行成员	斯威士兰
12	坦桑尼亚电力有限公司	TANESCO	非运行成员	坦桑尼亚
13	赞比亚电力供给公司	ZESCO	运行成员	赞比亚
14	铜带能源公司	CEC	独立输电公司	赞比亚
15	伦塞姆富瓦水电公司	LHPC	独立发电商	赞比亚
16	津巴布韦供电局	ZESA	运行成员	津巴布韦

目前，SAPP 成员单位共 16 家，其中：国有公用事业企业 12 家（OP 为 9 家，NP 为 3 家）；独立发电商 2 家；独立输电公司 2 家。只有签约成为 SAPP 正式成员单位，才能参与南部非洲电力库 SAPP 的相关业务。

（三）南部非洲电力库 SAPP 的跨国交易品种及流程特点

目前，南部非洲各国境内的调度交易组织工作一般由其国有电力公司负责，跨国调度交易的组织协调工作主要由南部非洲电力库 SAPP 负责。现阶段，SAPP 交易品种及其规范如下：

1. 双边交易（Bilateral Trading）

双边交易是指 SAPP 成员之间双边直接协商并签订书面协议、时间跨度至少为一个月以上的电量购销关系，适用于长期稳定的电力供应。

双边交易所涉及的电量购销协议（PPA）由购销双方直接协商、直接结算。在协议签订之前，双方必须确保输电容量可用，涉及提供转运服务第三方的，必须与其签订电量转运协议（Wheeling Agreement）。购销双方需要在协议签订后一个月内向 SAPP 进行注册登记（内容主要是交易主体、数量、期限，不涉及财务信息），明确交易类型是固定交易（Firm Power）还是非固定交易（Non Firm Power）。在交易前 1 日，双方还须再次进行申报，由 SAPP 将其纳入交易计划后优先予以安排。

双边交易的电能与电费结算，由双方按照协议约定执行。

2. 柜台交易（OTC，Over The Counter Trading）

柜台交易是由 SAPP 成员双边直接协商、时间跨度在一个月之内的交易，主要用于短期的余缺调剂，形式上也较为简单，不需要规范的书面协议，只要通过传真、邮件等形式确认即可。OTC 为非固定交易。

在协议签订之前，OTC 购销双方必须确保输电容量可用。另外，OTC 也须在交易前 1 日进行申报，SAPP 将其纳入交易计划并安排。

OTC 交易由双方直接进行结算。购销双方应提前就电量与电费结算条款协商一致并执行；如果未提前达成一致意见，则执行 SAPP 市场交易规则。

3. 日前市场交易（DAM，Day Ahead Market）

日前交易主要用于满足次日因预测偏差、临时故障等原因造成的短期供需偏差。但是从全球实践来看，建立日前市场 DAM 的真正目的，主要是建立一个竞争性的市场环境，通过有效的价格信号来引导中长期双边交易，优化发电资源和输电能力的有效配置，推动输电网络开放，确保发用电主体能够公开和公平地接入到输电网络。SAPP 日前市场交易示意图如图 15.12 所示。

Bid from

	Prices(ZAR//MWh)				
Hour	0	200	201	300	5000
1-06					
07-18	300	300	150	150	150
18-24					

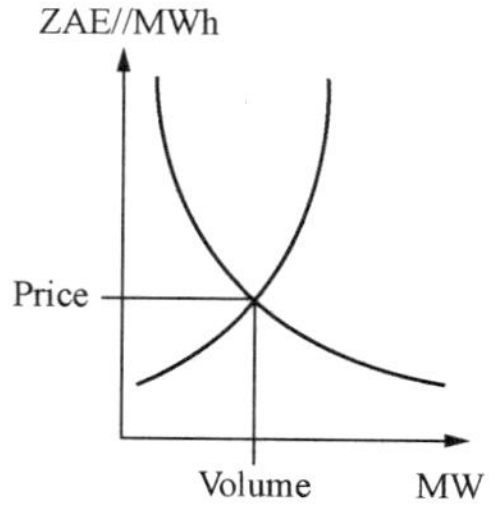

图 15.12 SAPP 日前市场交易示意图

从 2001 年开始，SAPP 曾建立过短期能量市场（Short-Term Energy Market，STEM）。在 STEM 框架下，所有市场主体均可以向 SAPP 的协调中心提交买卖报价，协调中心匹配并发布交易结果，价格以匹配后的卖方报价确定，形成 STEM 固定协议；电费结算采用日清月结的方式，结算电量以 STEM 固定协议为准，偏差部分通过平衡市场进行交易和结算。在 STEM 实施的六年间，其年交易电量约为 8 亿～43 亿千瓦时，约占当时跨境交易的 5%～10%。但是，从 2007 年 6 月开始，由于南部非洲普遍性的电力供需紧张，加之输电系统的约束，除了之前签订的双边合同继续执行之外，已经没有跨国短期电力交易，STEM 也逐渐被废止。

目前，日前市场 DAM 的组织实施工作由 SAPP 市场委员会为主、运行和规划委员会配合完成。所有 SAPP 成员单位均可参与日前市场，但独立发电商（IPP）和独立输电公司（ITC）在参与之前，还必须与所在国公用事业企业签订电力平衡责任合同。此外，为保证交易计划顺利落实，各成员单位必须在指定银行建立交易账户，并交纳保证金。

在日前交易 DAM 过程中，各参与单位分别报送次日买/卖数量和价格，SAPP 汇总并进行安全校核后在交易计划中进行安排，事后买卖各方统一向 SAPP 进行结算。

4. 南部非洲电力库（SAPP）的不平衡电量处理方法

所谓不平衡电量，就是超出既定交易计划和无意交换电量范围，但未向 SAPP 进行申报的交易偏差电量，该部分电量由 SAPP 通过信息系统实时统计，结合小时平均频率偏差，按照既定的价格进行结算。

如图 15.13 所示，按照小时平均频率偏差的幅度，不平衡电量结算价格划分为 A～E 共五段。在正常频率范围内（C 段，49.95Hz≤f≤50.05Hz），结算价格采用南部非洲电网平均发电成本；在频率非常低的范围内（A 段，f≤49.85Hz），结算价格采用开式循环燃气机组（OCGT）的发电成本，该价格相对较高；在频率非常好的时段（E 段，f≥50.05Hz），结算价格为零；在 B 段（49.85Hz<f<49.95Hz）和 D 段（50.05Hz<f<50.15），按照上述曲线计算对应的结算价格。上述价格均分高峰、平段和低谷分别确定，平段价格为高峰时段的 86%，低谷价格为高峰时段的 68%。价格水平由 SAPP 确定并适时调整。

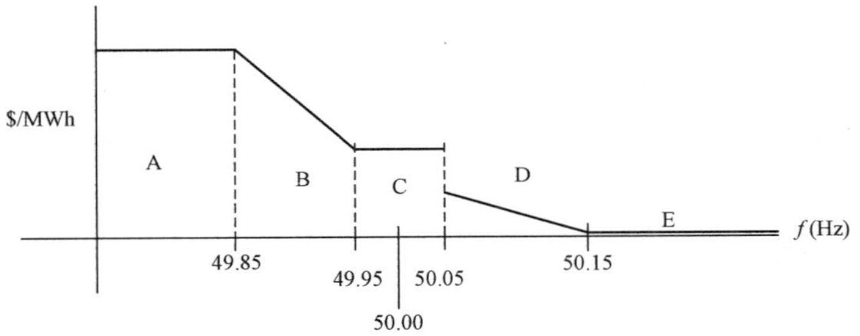

图 15.13　SAPP 不平衡电量的定价机制示意图

不平衡电量结算价格机制的作用在于：在低频时段采用高价，鼓励交易，在高频时段采用低价，抑制交易，从而促进系统频率尽快恢复到正常范围内。

5.南部非洲电力库（SAPP）的交易操作流程

在正常的运行方式下，SAPP 跨国电力交易按照固定双边交易、非固定双边交易、柜台交易、日前交易的优先级顺序进行安排。当出现冲突时，越早签订的合同越优先。南部非洲电力库的跨国交易优先级如表 15.13 所示。

表 15.13　南部非洲电力库的跨国交易优先级

优先级	跨国交易类型	备　　注
1	提前一天确认的固定双边交易	当出现冲突时，越早签订的固定双边合同越优先
2	提前一天确认的非固定双边交易	当出现冲突时，越早签订的非固定双边合同越优先
3	提前一天确认的柜台交易（OTC）	当出现冲突时，越早签订的非固定双边合同越优先
4	日前交易（DAM）	在日前交易计划关闭之后，DAM 将转为固定交易，优于非固定的双边交易
5	DAM 关闭之后的临时交易需求	该交易视作非固定交易，按照申报时间顺序安排，优先级低于 DAM 交易
6	无意交换电量的偿还	利用满足上述各项交易之后的空余发输电容量进行安排

各项交易的申报、计划和报告流程如表 15.14 所示。

表 15.14　SAPP 各项交易的申报、计划和报告流程

时间	双边交易	柜台交易	日前交易
09：00 前	交易双方向所在电力公司调度机构（TSO）申请次日输电容量	交易双方向所在电力公司调度机构（TSO）申请次日输电容量	SAPP 发布美元和兰特的汇率，用于日前市场的财务结算
11：00	各国电力公司调度机构 TSO 确认各自可用传输容量，用于电量转运		
11：30 前	双边交易和柜台交易的卖方向 SAPP 申报次日每小时的交易数量、地点及时间		
11：45	SAPP 向相关 TSO 通报次日双边交易申报情况	SAPP 向相关 TSO 通报次日柜台交易申报情况	SAPP 计算并发布次日日前交易可用输电容量
12：00 前			SAPP 停止接收次日日前市场的交易申报
12：15 前			SAPP 运行日前市场交易软件，并公布日前交易匹配初步结果
13：00 前	各国电网公司调度机构向各自控制区提交次日调度计划		
14：00 前			日前市场参与者向 SAPP 进行纠错和澄清

续表

时间	双边交易	柜台交易	日前交易
14：30 前	SAPP 发布经确认的交易匹配结果		
16：00 前	各控制区向 SAPP 提交次日重要联络线潮流交换计划，其中包括：双边交易、柜台交易和日前交易结果		
24：00	次日交易计划开始实施		

双边交易和柜台交易由购销双方按照协议约定进行结算。日前交易由 SAPP 负责进行集中结算，交易结算流程如表 15.15 所示。

表 15.15　日前交易 DAM 的财务结算流程

时间	日前交易财务结算流程
交易当天 14：30	SAPP 发布交易确认结果
交易后第 2 个工作日 11：00	SAPP 向市场参与方发送日前交易发票及信用证
交易后第 11 个工作日	日前市场买方向 SAPP 清算账户支付款项
交易后第 12 个工作日	SAPP 清算账户向日前市场卖方支付款项
每月 20 日	SAPP 向转运方支付转运及网损费用。转运及网损费用基于小时转运潮流，按月为单位计算并支付

（四）南部非洲电力库（SAPP）的输电容量管理和定价机制

下面，就 SAPP 输电容量管理和定价机制作一简要介绍。

1.SAPP 的输电容量管理

根据 SAPP 的市场导则，输电资产的所有者应保证资产的可用率，并在技术可行的前提下无歧视对外开放。

在日常交易过程中，各公用事业企业应通过仿真计算软件及其他技术手段，对输电容量进行预测和分析，在优先满足本国发用电需求的基础上，结合所接收交易申请（双边/柜台交易）的优先级别进行测算，并按照 SAPP 市场导则确定的时间表向 SAPP 及各参与方发布可用输电容量信息。SAPP 在此基础上，组织日前交易（DAM），进行安全校核并发布交易计划信息。

双边合同和柜台交易合同签订前，购销双方应确保获得相应的输电容量。但是，即使采用“照付不议”的转运协议，如果实际运行过程中还有富余输电容量，输电资产所有者仍被要求对外提供该部分容量，转运费率按照 SAPP 市场规则确定的办法计算，或者双方另行协商。

如果遇有计划检修，市场参与者（购销双方和输电转运方）应至少提前两周时间通知受影响的参与者，以便提前调整交易计划。遇有紧急事故，市场参与者和各国电力公司调度机构应在 24 小时内通知受影响的参与者，采取补救措施并在 24 小时内修改交易计划。

2．SAPP 输电定价的发展过程

在南部非洲电网中，专用输电工程的输电转运价格由独立输电公司（ITC）与相关购售电方协商确定，例如莫桑比克、南非和斯威士兰共同成立的 MOTRACO，赞比亚的 CEC 等，输电转运费用是由相关方直接进行结算。目前，各国有电力公司的输电网络是由 SAPP 统一制定跨国交易输电定价方法（不涉及国内交易部分），针对的交易品种也主要是日前交易（DAM）。

SAPP 输电定价经历了两个阶段，且正在酝酿后续改革，具体情况如下。

（1）在跨国电力市场建设初期，SAPP 输电定价采用了比较简单的“邮票法”。转运费用按照双边交易经过的第三方电网电量数额来确定，通过电量的形式来支付，经过一个国家为 7.5%，经过两个国家为 15%。

（2）从 2003 年开始至今，采用了“兆瓦—公里法”法。SAPP 针对每个具体的双边交易，交易机构通过潮流计算分析，确定沿途潮流分布；然后基于每条线路的潮流增加比例和历史成本，计算补偿数额。

SAPP 市场导则明确，输电定价仅针对交易造成的运维成本和额外损耗增加，并非针对输电线路的资本投入成本，后者更需要从国内输配电业务中取得回报。如果交易的出现使得电网损耗降低，则该交易的网损收费按零计算。

输电转运费用由购电方承担。SAPP 协调中心在集中向购电方收取后，再按照各成员单位承担的转运电量进行分配。如果购售双方直接相邻，不存在承担转运的第三方（如南非和博茨瓦纳之间的交易），则输电费用采用先征后退的方式（实际效果相当于免收）。

（3）后续输电价格改革思路。随着网络结构的日益复杂，原来基于点对点交易进行测算的“兆瓦—公里法”法逐渐不能适应 DAM 日益发展的需要，SAPP 正在研究采用了基于关键节点的输电定价机制，该定价机制可以同时应用于双边交易、柜台交易和日前集中交易。目前，SAPP 已经启动了相关研究工作，但节点电价的实施需要一个过程，需要完善的市场环境，以及配套市场规则和技术系统的支持，SAPP 尚没有明确的时间表。

3．南部非洲独立输电公司（ITC）的发展情况

目前，南部非洲电网共有两家独立输电公司，分别是：南非/莫桑比克/斯威士兰共同成立的 Motraco 输电公司和赞比亚境内的 Copperbelt 能源公司 CEC。另外，ZIZABONA 输电项目拟采用独立输电公司的形式来开发和运营。

（1）MoTraCo 输电公司。

莫桑比克输电公司 MoTraCo，是由南非电力公司 Eskom、莫桑比克电力公司（EDM）和斯威士兰电力局（SEB）于 1997 年 8 月共同成立，并在南非和斯威士兰以国外公司形式注册，三家各持 1/3 股份，负责将南非电力公司 Eskom 的电力输送至马普托的 Mozal 铝冶炼厂（必和必拓控股资产）和斯威士兰。

MoTraCo 管理着三国境内部分电网，在莫国境内运营南部少量电网资产，主要包括两条 400 千伏输电线路和两座变电站，拥有莫桑比克政府的特许经营权。

目前，MoTraCo 从南非电力公司（Eskom）向 Mozal 铝厂供电 95 万千瓦，同时供应莫桑比克马普托地区 30 万千瓦，供应斯威士兰 10 万负荷，每年转供电量约为 100 亿千瓦时。2011/2012 财年，MoTraCo 输电收入为 2740 万美元。MoTraCo 资产示意图如图 15.14 所示。

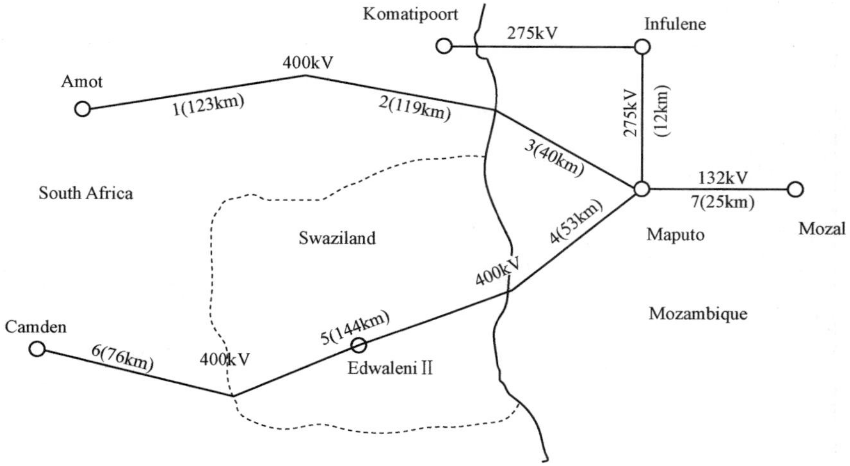

图 15.14　莫桑比克输电公司（MoTraCo）资产示意图

（2）Copperbelt 能源公司。

Copperbelt 能源公司是赞比亚境内的一家私营电力公司，经营发电、输配电和光纤通信业务，从赞比亚电力公司（ZESCO）购买电量，再趸售给赞比亚北部地区的铜矿企业。此外，Copperbelt 能源公司还拥有赞比亚与刚果（金）之间的 220 千伏联络线路。该线路建于 20 世纪 50 年代，是南部非洲最早的跨国联网工程，设计输电容量 26 万千瓦，但因电压稳定问题，目前实际输送能力 17 万千瓦。该线路除用于赞比亚与刚果（金）之间电力互供之外，也用于刚果（金）经赞比亚向津巴布韦、博茨瓦纳等国供电。正因为该线路的跨国联网作用，Copperbelt 能源公司得以以独立输电公司 ITC 的身份参与 SAPP。

2011/2012 财年，Copperbelt 能源公司向赞比亚电力公司 ZESCO 转供电量 15.43 亿千瓦时，向刚果（金）等邻近国家转供电量 5.77 亿千瓦时，累计转供电量 21.2 亿千瓦时。同期，Copperbelt 能源公司转运收入 988 万美元。

（3）ZIZABONA 输电项目。

ZIZABONA 输电项目是由纳米比亚发起，赞比亚、津巴布韦、博茨瓦纳和纳米比亚四国合作，并邀请南非共同参与的跨国联网工程，目前已经列为南部非洲电网优先开发的重点项目。该工程的目的在于：强化上述国家之间的电网联系和跨国交易；

缓解南部非洲中部走廊潮流阻塞问题；将电量直接送至南非北开普省，缓解南非电网东北至西南送电压力。ZIZABONA 输电项目也被称为南部非洲的“西部输电走廊”。

ZIZABONA 输电项目包括 408 公里 400 千伏输电线路，初期降压至 330 千伏运行，路径横跨赞比亚、津巴布韦、博茨瓦纳和纳米比亚四国，并通过纳米比亚现有网络延伸至南非西部地区的北开普省。项目设计输送容量 30 万千瓦，后期拟扩建至 60 万千瓦。按 2011 年价格计算，项目总投资 2.23 亿美元。ZIZABONA 输电项目规划示意图如图 15.15 所示。

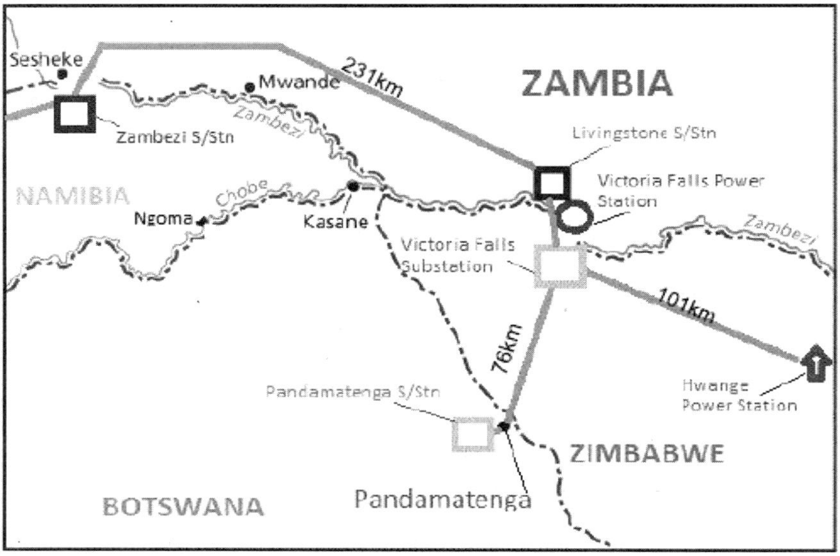

图 15.15　ZIZABONA 输电项目规划示意图

综合南部非洲电力库（SAPP）等多个资料来源，ZIZABONA 输电项目拟采用的商业开发模式主要特点如下：

1）签订政府间的项目合作开发谅解备忘录，为项目开发提供合作框架和政策支持，并授权各自国有电力公司参与项目开发。在此基础上，签订国有电力公司之间的合作谅解备忘录。

2）组建项目公司（SPV），以利于采用有限追索的项目融资方式。SPV 将在发起方纳米比亚注册，股东方包括赞比亚、津巴布韦、博茨瓦纳和纳米比亚四国国有电力公司，各占 20%股份。其余 20%股份拟分配给南非电力公司（Eskom）和赞比亚 Copperbelt 能源公司。

3）采用建设—移交—运行的模式（BTO）。SPV 负责项目的设计和建设；完工后，输电资产将移交给各国有电力公司，再由 SPV 以租赁的方式来进行运维；运维可能通过协议方式交由各国电力公司来承担；SPV 主要负责转运协议的落实。

4）签订输电协议（WA）。纳米比亚和南非两国初步承诺，将签订为期 20 年的转运协议，协议采用“照付不议”的方式（take or pay），在30万千瓦的容量中，纳米比亚10万千瓦，南非20万千瓦。输电定价机制应公平负担、公开透明，并能保证项目的可融资性。

截至2014年年中，ZIZABONA输电项目的可行性研究已经完成，政府之间和国有电力公司之间的合作谅解备忘录已经签订，SPV联合开发协议和股东协议正在讨论，商业模式确定和项目融资谈判等工作在SPV组建完成后将启动。

（五）南部非洲电力库（SAPP）实际交易情况分析

下面，就SAPP从2009年以来的实际交易情况进行分析。柜台交易数额较少且没有单独统计，暂将柜台交易纳入双边交易一并进行分析。

1. 双边交易和柜台交易的情况

在SAPP建立初期，南部非洲跨国交易主要是带有政府色彩的中长期固定双边合同，时间跨度一般是1～5年，甚至更长。合同价格及输电费用由买卖双方及第三方协商确定，这些合同一般能够满足电力可靠供应，但缺乏对供需形势和价格的适应性调整。例如：南非电力公司向Mozal电解铝厂的供电合同，由于未能预期到物价与汇率等因素的影响，导致合同执行过程中出现争议。当前南部非洲主要跨国双边交易情况如图15.16所示。

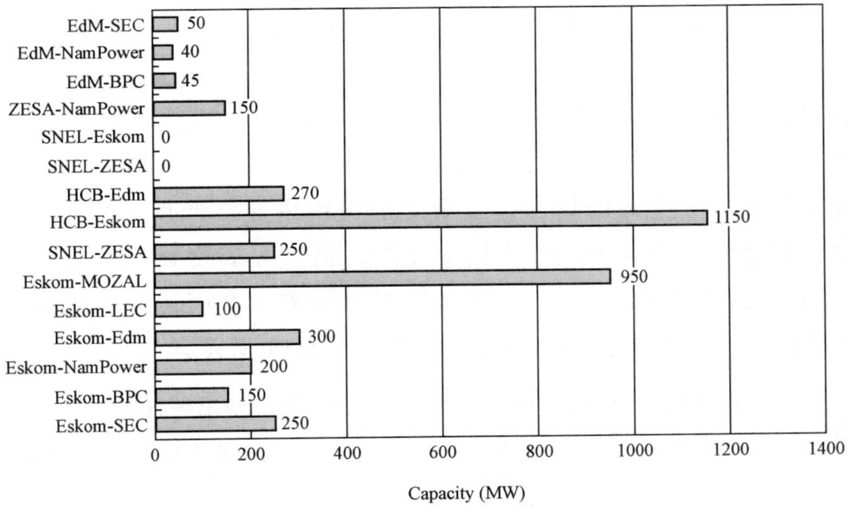

图15.16　当前南部非洲主要跨国双边交易情况

2012/2013财务年度，在SAPP注册的双边合同共有28份，其中18份为固定交易合同，10份为非固定交易合同。在上述28份合同中，只有15份得到履行，其余13份合同因为发电容量短缺和输电容量约束等原因得不到履行。莫桑比克HCB发电公司［卡奥拉巴萨南岸电站（CBSB）售电给南非Eskom］、南非Eskom售电给莫桑比克Mozal电解铝厂，因为具有长期稳定的跨国电力交易特点，均采用双边交易的方式。目前，双边合同仍是南部非洲跨国交易的主体，年交易电量 150 亿～200 亿千瓦时，约占全部交易电量的 95%以上。

柜台交易主要用于满足短期需求，特别是系统事故和计划检修的时段。目前实际交易数量很低。

2. 短期能量市场（STEM）和日前交易（DAM）的情况

从 2003 年开始，SAPP 开始研究建立日前市场（Day-Ahead Market，DAM），并于 2009 年正式投运，并同步建立了不平衡电量的结算体系。从 2009 年至 2013 年的四年间，日前市场卖方申报量为 15.0 亿千瓦时，买方申报量为 12.9 亿千瓦时，共撮合成交 0.62 亿千瓦时，仅占买卖申报合计的 2.2%。SAPP 日前市场（DAM）近年来交易情况统计表如表 15.16 所示。

表 15.16　SAPP 日前市场（DAM）近年来交易情况统计

年份	交易电量（万千瓦时）	卖方申报量（万千瓦时）	卖方申报量（万千瓦时）	平均出清价（美分/千瓦时）
2009～2010	55	3145	773	1.24
2010～2011	2739	39564	25842	2.59
2011～2012	1041	28568	52510	5.56
2012～2013	2380	78998	50546	5.89
合计	6215	150275	129671	3.82

从成交价格的情况来看，从 2009 年至 2013 年的四年间，日前市场平均出清价（MCP）为 3.82 美分/千瓦时。由于供需形势及物价上涨等因素影响，市场价格有逐步走高的趋势。

日前市场撮合成交率低的原因，主要是输电约束非常严重。从下表可以看出，2009 年以来，日前市场匹配电量 2.3 亿千瓦时，但实际成交数量仅为 0.62 亿，匹配但未成交比例高达 72.99%。目前，输电阻塞问题集中在南部非洲中部走廊地带。输电约束对日前交易 DAM 影响情况统计表如表 15.17 所示。

表 15.17　输电约束对日前交易 DAM 影响情况统计表

年份	交易电量（万千瓦时）	电能匹配量（万千瓦时）	匹配未成交量（万千瓦时）	匹配未成交率（%）
2009～2010	55	55	0	0.00
2010～2011	2739	4441	1701	38.31
2011～2012	1041	2177	1136	52.18
2012～2013	2380	16341	13961	85.43
合计	6215	23013	16798	72.99

3. 输电费用的情况

从近年来 SAPP 集中计算费用表（表 15.18）来看，2009 年至今平均输电转运费率为 0.23 美元/千瓦时，而同期日前市场平均出清价（MCP）为 3.82 美分/千瓦时。

据此计算，日前市场中买方实际购买价格为 4.04 美分/千瓦时，输电转运价格仅占电能交易价格的 6.3%。这说明，输电转运费率还是相当低的，这也体现出目前输电转运价格是基于额外增加的运行成本和网络损耗，没有反映投资成本。

表 15.18　近年来 SAPP 集中结算费用情况　　单位：美元

年份	交易金额	管理费	转运费	网损	阻塞收入	合计
2009-2010	25802	1090	1373	1546	—	29811
2010-2011	757767	54792	69873	15682	77738	975855
2011-2012	534050	20817	27281	13827	21552	617527
2012-2013	1096013	47607	66677	17732	34907	1262937
合计	2413632	124307	165205	48789	134197	2886132

四、南部非洲电力库（SAPP）运作情况评价

综上所述，南部非洲电力库（SAPP）是在南部非洲特殊的政治经济背景下成立的组织，机构功能定位适用，电力市场基本上是参考北欧电力市场的模式，市场机制、交易品种和支持系统的设计还是比较先进。从近年来的实际运作情况来看，SAPP 在推动成员国电力协调发展、扩大跨国电力资源优化配置，增加人员交流和管理水平提高等方面还是发挥了积极的作用。

但是，SAPP 面临的挑战还是非常多的，主要体现在以下几点：一是电力基础设施发展滞后，全网电力电量供需形势持续紧张，难以满足快速增长的用电需求，一些既定的长期双边交易难以得到实施，跨国交易的规模和占比均逐步降低；二是日前市场参与主体偏少，相互竞争不充分，输电阻塞现象严重，申报并成功交易比例极低，集中竞价交易的价格发现作用还不能有效发挥出来；三是输电定价机制不合理，现有转运价格水平仅能覆盖额外增加的运行成本和网络损耗，电网投资成本主要通过国内交易部分来补偿，客观上不能对跨国电网的发展产生激励作用，对于输电约束严重的南部非洲电网来说，迫切需要建立成本导向的输电价格定价机制；四是南部非洲各国政策与法律环境差异较大，项目审批时间冗长，迫切需要进一步加强重大电源和输电项目的政府间合作机制，加快发展。

第十六章 其他地区的跨国电力交易合作

第一节　大湄公河次区域（GMS）电力交易合作

一、电力合作框架

大湄公河次区域GMS区域指中国（云南和广西）、泰国、越南、缅甸、老挝、柬埔寨。GMS区域经济合作机制始于1992年，亚洲开发银行（简称亚行）作为GMS的发起者、协调人和主要筹资方，负责为GMS有关会议及具体项目的实施提供技术和资金支持。GMS最高决策机构为国家领导人会议，每三年举行一次、目前已举行四次。GMS日常决策机构是部长级会议，目前已举行18次。随着合作进展，2002年GMS国家领导人会议签署《政府间电力联网与贸易协定》（简称协定），决定成立区域电力交易协调委员会（Regional Power Trading Coordination Committee，RPTCC）。为实施2002年的协定，亚行研究了分阶段实施协定的方案。为进一步促进协定的实施，各国政府又分别于2005年和2008年的国家领导人会议上签订了两个政府间谅解备忘录MOU-1和MOU-2，MOU-1明确电力贸易发展第一阶段的主要原则和政策，MOU-2则制定了实施第一阶段目标的具体进度计划和第二阶段的准备工作任务等。

2004年RPTCC成立，实现电力交易的发展的具体工作是RPTCC主要任务，成立至今已召开14次会议，推进工作一直在进行。

二、各国电力系统概况

（一）中国（南方电网）

代表中国相关企业参加GMS电力交易工作的牵头单位是中国南方电网公司。2012年底，南方电网总装机2.015亿千瓦，其中火电占比61.5%，水电32.94%，核电2.83%，燃气2.15%，新能源0.57%；所属各省电网占总装机比重分别为：广东41.3%，广西15.5%，云南22.1%，贵州18.7%，海南2.4%。

2012年最大负荷为1.2亿千瓦，年用电量8400亿千瓦时。

南方电网的输电电压等级是交流500千伏和220千伏，直流±500千伏和±800千伏。大容量远距离西电东送是南方电网的主要特点。

根据南方电网2013～2020年发展规划预测，2015年用电量将达10500亿千瓦时，2020年达13630亿千瓦时。

（二）泰国

泰国合作企业是泰国发电公司（Electricity Generation Authority of Thailand，EGAT）。2013年3月底，泰国总装机3733.5万千瓦，其中火电859万千瓦，气热联合循环1790.8万千瓦，本国水电343.6万千瓦，其他740.1万千瓦。

泰国年度总发电量为428.34亿千瓦时，其中天然气占比68.01%，本国水电4.92%，老挝水电6.07%，煤电10.73%，其他2.44%。

泰国输电网电压为交流500千伏和230千伏。

（三）老挝

老挝合作企业是老挝电力公司（Electricite Du Laos，EDL）。2012年底，老挝全部是水电，总装机297.1万千瓦，其中215万千瓦出口。EDL拥有发电装机39.07万千瓦，其余为独立发电厂。

老挝2012年最高负荷为61.36万千瓦，年度用电量为28.7421亿千瓦时。所需用电量，除EDL供电外，其余从独立发电厂和邻国购电。

老挝未实现全国联网，少量边界地区负荷由邻国供电，有些直接向邻国送电的电厂也给一些地区负荷供电。目前输电网电压为交流230千伏和115千伏。

（四）缅甸

缅甸电力部（Ministry of Electric Power，MEP）负责GMS电力合作事宜。2012年底，缅甸总装机349.5万千瓦，其中水电266万千瓦，火电（天然气和煤）83.5万千瓦。2012年夏季最高负荷为185万千瓦。缅甸国家电网电压为230千伏、132千伏和66千伏，以仰光和曼德勒市为中心向周边延伸，覆盖的中部的多数省份。沿边界和沿海省份大部分地区由孤立电网供电。

（五）越南

越南电力公司（Electricity Vietnam，EVN）是合作企业。2012年底，越南总装机2733.9万千瓦，其中水电1256.9万千瓦，燃煤火电513万千瓦，燃油火电55万千瓦，燃气火电46.8万千瓦，燃气轮机745.5万千瓦，柴油及小水电100万千瓦，其他16.7万千瓦。

2012年发电量1202.57亿千瓦时（含从中国购电267.6亿千瓦时），其中水电527.95亿千瓦时，燃煤火电227.16亿千瓦时，燃气轮机411.7亿千瓦时等。

2012年用电量1053.9亿千瓦时。

越南国家电网电压为500千伏、220千伏和110千伏，以500千伏主干线连接北、中、南3个区域电网。

（六）柬埔寨

柬埔寨电力公司（Electricite Du Cambodge，EDC）是合作企业。2012年底，柬埔寨总装机58.2万千瓦，其中水电22.54万千瓦，柴油/重油32.1万千瓦，煤电1.3万千瓦，生物质能2.25万千瓦。发电装机大部分是独立发电厂，EDC仅7.573万千瓦。

2012年最高负荷为75.3万千瓦，实现供电量35.25亿千瓦时，其中从泰国、越南和老挝进口电量占57.9%。进口电量主要来自越南和泰国。

柬埔寨未实现全国联网，输电网电压为230千伏和115千伏。国家电网以首都金边为中心，与越南联网；班迭棉吉省115千伏电网与泰国联网。目前国家电网线路已延伸至班迭棉吉省，若连接则会形成泰—柬—越交流联网，目前不具备三国同步联网运行条件。

三、各国电网互联现状及发展

如前所述，亚行的实施方案研究把电力贸易合作分为以下 4 个阶段。

1. 阶段 1

目前，大量存在发电厂按照购电协议单独向邻国供电或某国电网单带邻国部分负荷的情况，这两种情况均没有形成国家间电网的联网同步运行。在 GMS 国家实现联网前，国与国之间可以利用这些线路的富余容量开始有限容量的临时双边电力交易，交易双方通常是国家级电力企业。

2. 阶段 2

跨国联网实现，任意两国可通过第三国的电网进行电力交易，但只能利用购电协议占用容量以外的富余容量。

3. 阶段 3

跨国联网进一步发展，第三方国家电网企业会允许利用其电网进行电力交易。

4. 阶段 4

实现多买多卖完全竞争的区域电力市场。

目前，GMS 电力贸易正在阶段 1，并为进入阶段 2 做准备。

（1）联网现状。

目前仍处于阶段 1 的状态。图 16.1 所示的是较早时的联网情况。

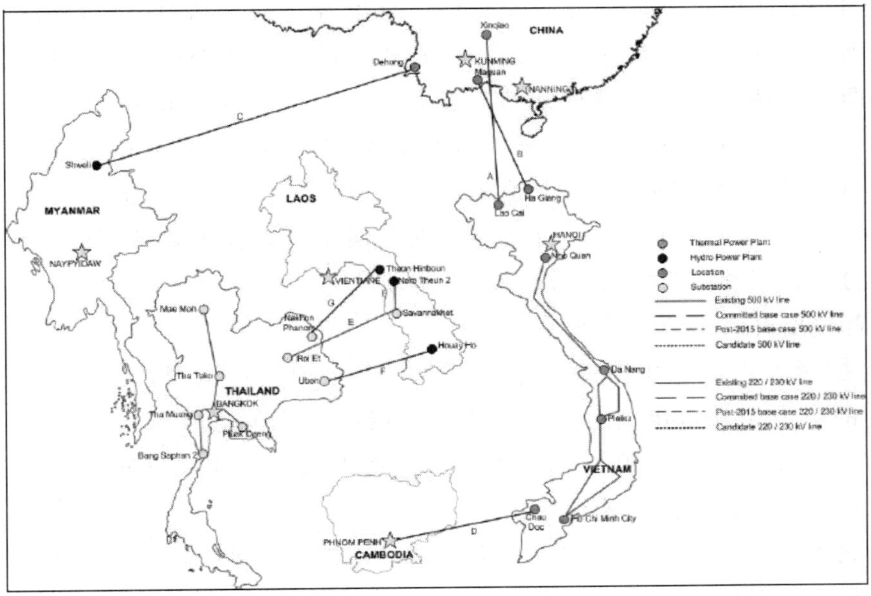

图 16.1　GMS 国家联网现状示意图（220 千伏以上）

根据 RPTCC 第 14 次会议各国代表的发言，2012 年底，运行的联网工程如下（110

千伏及以上）。

中缅：1回500千伏线路、2回220千伏。电厂送中国。

中越：3回220千伏、4回110千伏线路。供电越南。

中老：1回115千伏线路。供电老挝。

泰老：2回500千伏和2回230千伏线路，电厂送泰国。

5回115千伏，电量交换。

[越老*：1回220千伏（2013年）。电厂送越南。]

越柬：1回220千伏。供电柬埔寨。

泰柬：2回220千伏。供电柬埔寨。

（2）工作进展。

为进入阶段2，RPTCC做了大量准备工作，包括制定跨国联网规划、制定运行和交易规则、研究电力市场相关问题，准备建立区域电力交易协调中心等。

2002年5月在次区域电力论坛上通过了GMS区域联网指导规划，2008年进行了第一次修订；2010年的修订是作为亚行的技术援助项目（TA6440）的子项目之一，由法国输电网公司（RTE）完成。TA6440项目包括联网规划、效益分析、交直流联网技术经济比较、可持续发展和环境评估、电力体制改革及市场模式发展研究等。

2011年决定建立常设机构GMS区域电力协调中心（Regional Power Coordination Center，RPCC），负责电力交易的日常工作，目前正在进行准备。

2012年RPTCC决定成立2个工作组：标准及电网规则组、市场监管组。标准及电网规则组目前已经完成了对各国相关技术标准差别的调研，正在进行对电网监管政策的调研，然后进行电网规则的起草和制定；市场监管组讨论确定了要开展的工作，成立了2个课题组、输电价格组和市场交易规则组，目前正在准备开展工作。

联网规划不具有约束性，只是有指导意义，需要不断地滚动更新。最近的RPTCC-14会议上，讨论了目前可能开展的联网项目以及需要开展的工作，并对项目及工作的优先级和进展进度要求进行了分析。

列为首先要开展的工作主要有：

1）老挝国家主干输电网的设计，实现覆盖全国的输电网，更好地利用水电为GMS邻国的电力交易提供增值服务，扩大本国电网供电范围；

2）泰老500千伏交流联网输电工程，老挝中部区域的水电站群集中送电泰国，送电容量150万千瓦，已开始可研；

3）越老500千伏交流联网输电工程，老挝南部区域的中小水电站群集中送电泰国，送电容量约100万千瓦，已开始可研；

4）中老泰500千伏直流联网输电工程，中国云南送电越南，准备开始进行可研；

5）中越500千伏联网输电工程，中国云南经老挝送电泰国，准备开始进行可研；

综上所述，GMS国家电力贸易经历了很长时间，随着各国经济的发展，将很快进入阶段 2。准备建立的区域电力协调中心将会发挥重要作用。

第二节　中东区域电力交易合作

一、中东区域电网互联的发展

本节所介绍的互联电网是指埃及、伊拉克、约旦、黎巴嫩、叙利亚、土耳其、利比亚等国电网的互联。中东地区一些 Mashreq 国家的电力需求增长较为迅速，其年度高峰负荷从 1990 年至 2008 年增长了 145%，预计未来还有较大增长，见表 16.1。

表 16.1　部分 Mashreq 国家的需求及预计（未考虑同时率）

国家	1990 年	2000 年	2008 年	2010 年	2020 年	2030 年
最高要求（兆瓦）						
埃及	6902	11736	19738	22587	42263	56716
伊拉克	5162	4865	10900	11910	16006	21510
约旦	624	1206	2260	2539	4547	6110
叙利亚	3258	5990	6715	7518	10448	14041
黎巴嫩	1220	1681	2309	2403	3059	3875
约旦河西岸	280	495	810	885	1393	2401
马西利格地区国家总需求	17446	25973	42732	47842	77716	104653

为实现备用共享、负荷错峰、电源结构互补等效益，各国达成共识进行电网互联，以获得更好的经济性。1988 年，埃及、伊拉克、约旦、叙利亚、土耳其等 5 国签署电网互联协议，并制定了一致的技术标准。后来黎巴嫩、利比亚、加沙和约旦河西岸（West Bank&GAZA）又陆续加入。

这些 Mashreq 国家与伊拉克、土耳其和伊朗等邻国投运的联网工程见表 16.2，400 千伏网架见图 16.2。共有 6 条 400 千伏、5 条 230（或 220）千伏线路投运，形成了中东区域互联电网的主网架。

表 16.2　中东区域互联电网联网工程

联网国家	电站/电压等级	容量	投运时间
土耳其—叙利亚	1×400 千伏	1135 兆伏安	2007 年
叙利亚—约旦	1×230 千伏	55 兆伏安	1977 年
叙利亚—约旦	1×230 千伏	267 兆伏安	1980 年
叙利亚—约旦	1×400 千伏	1135 兆伏安	2000 年
叙利亚—黎巴嫩	2×66 千伏	110 兆伏安	1972 年
叙利亚—黎巴嫩	1×230 千伏	267 兆伏安	1977 年
叙利亚—黎巴嫩	1×400 千伏	1135 兆伏安	2010 年 4 月

续表

联网国家	电站/电压等级	容量	投运时间
叙利亚—伊拉克	1×230 千伏	267 兆伏安	2000 年
约旦—伊拉克	1×400 千伏	550 兆伏安	1997 年
约旦—约旦河西岸	2×132 千伏 实际操作为 33 千伏	20 兆伏安	2007 年
埃及—利比亚	1×220 千伏	120 兆伏安	1998 年
埃及—加沙	1×22 千伏	17 兆瓦	2006 年
伊拉克—土耳其	1×400 千伏 实际操作为 154 千伏	200 兆瓦	2002 年
伊拉克—伊朗	1×400 千伏	325 兆瓦	2009 年 4 月

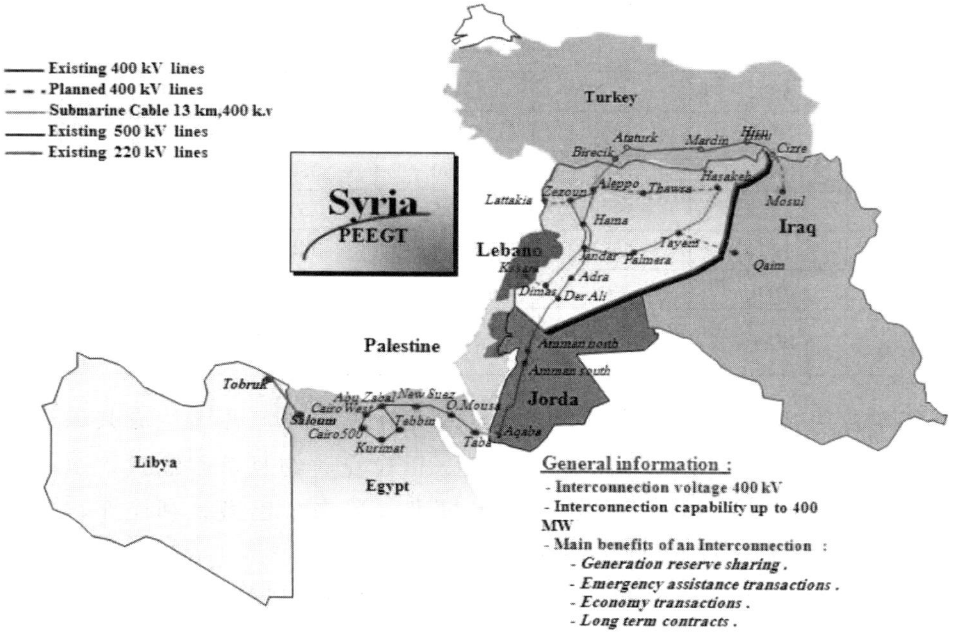

图 16.2　中东区域互联电网联网工程示意图

二、各国电力系统概况

（一）埃及

国有的埃及电力控股公司（Egyptian Electricity Holding Company，EEHC）拥有全国大部分发电资产、全部输电和配电网。

2012 年底，埃及总装机 2907.4 万千瓦，其中火电（燃油和气）2353.9 万千瓦，水电 280 万千瓦，新能源 68.7 万千瓦，私人火电 204.8 万千瓦。

2012 年最大负荷 2570.5 万千瓦，年发电量 1574.06 亿千瓦时，净受电量 15.76 亿千瓦时。

埃及电网的输电电压等级是 500、220、132、66 千伏，线路长度分别为 2670、

17020、248418774 公里，和叙利亚联网 400 千伏线路 33 公里。

根据世界银行预测，埃及电网 2020 年用电量达 2403 亿千瓦时，最大负荷达 4226 万千瓦。

（二）伊拉克

据国际能源署（IEA）研究报告介绍，由于战争和长期国际制裁等影响，伊拉克供电不足和设备老旧问题非常严重。每天都要限电，用户自备柴油发电机广泛使用。尽管网供电量从 2006 年至 2011 年净增了 70%，但仍然远不能满足需求。据估计，2011 年铭牌装机约 1800 万千瓦，考虑检修、高温、自用和设备老旧等各种原因的影响，可利用容量约为 900 万千瓦，需求约 1500 万千瓦，仍有 600 万千瓦缺口。用户往往高价购买私人柴油发电机的电力，尽管如此，每天仍然限电，用户每天平均限电时间最高曾达 12 小时。约 95%的发电量来自燃油和燃气机组，水电仅占 5%。

输电网电压为 400/132 千伏。2010 年输配网线损 24%。

伊拉克电力工业全部由政府垂直控制，电力部设有发电、输电和配电办公室。伊拉克政府已经制订计划，决心未来 5 年内解决电力短缺问题。

（三）约旦

早在 1999 年，约旦国家电力公司（National Electric Power Company）进行了拆分，成立了中央发电公司（Central Electricity Generating Company，CEGCO）和配电公司（Electricity Distribution Company），输电网的运营留在国家电力公司。CEGCO 于 2007 年实现私有化。能源和矿产部是国家最高电力主管部门，2001 年成立的电监会受其领导。

2011 年底，约旦总装机 342 万千瓦，其中 CEGCO 为 168.7 万千瓦。2011 年发电量 146 亿千瓦时，其中 CEGCO 占 55.2%。

2011 年最高负荷为 266 万千瓦，用电量为 125.1 亿千瓦时。

2011 年输电网交流 400 千伏和 132 千伏线路长度分别为 809 公里和 2200 公里。

（四）叙利亚

叙利亚电力部是国家电力工业主管部门，并具有监管职能。电力部负责管理国有的公共发输电公司和公共配电公司，实现垂直垄断经营。

2010 年，全国总装机 904.9 万千瓦，其中电力部拥有火电（燃气和燃油）719.2 万千瓦，灌溉部拥有水电 150.5 万千瓦，石油矿产部拥有火电（燃气和燃油）23.2 万千瓦。

2010 年，最高负荷 784.3 万千瓦，全国发电量为 464.13 亿千瓦时，其中水电 25.9 亿千瓦时。

输电网电压为 400、230、66 千伏。

（五）黎巴嫩

黎巴嫩电力公司（Electricity du Liban，EdL）为国有，拥有国内全部发输配业务。电力短缺严重，首都贝鲁特平均每天停电 3 小时。2012 年底，EdL 总装机 225.86

万千瓦，其中水电 22.06 万千瓦，火电均为燃油和燃气机组。由于各种原因，火电出力仅有 177 万千瓦。

输电网电压为 220、150、66 千伏。

（六）加沙和约旦河西岸地区

巴勒斯坦能源和资源局负责管理该地区的电力工业。

2008 年最高负荷 81 万千瓦，其中约旦河西岸地区 53 万千瓦；用电量为 39.03 亿千瓦时，其中约旦河西岸地区 26.43 亿千瓦时。

约旦河西岸地区主要由以色列通过大量 33 千伏和 22 千伏馈线直接供电用户，最大供电能力达 50 万千瓦；也通过 2 回降压为 33 千伏运行的 132 千伏线路单带部分负荷。

加沙情况类似于西岸地区。

（七）土耳其

为鼓励私人投资和促进竞争，土耳其已经实现了发、输、配的拆分，建立了独立的监管机构，成立了独立的土耳其电力交易和合同公司（Turkish Electricity Trading and Contracting Company，TETAS）。TETAS 为单一购买者。

2011 年底，土耳其总装机 5291.1 万千瓦，其中国有装机为 2415 万千瓦；全年发电量为 2284 亿千瓦时，其中水电占 25.2%；全年用电量 2293 亿千瓦时，进口电量 47.47 亿千瓦时，出口电量 38.33 亿千瓦时。火电以燃煤和燃气电厂为主，2011 年燃气电站为 1020 亿千瓦时。

三、联网情况分析及发展

（一）联网情况分析

虽然中东互联电网表面上具有较强的联系，但在各国电网中仍然有输电容量约束，通常不能实现全部同步联网运行，需要部分地区解列由邻国供电或电厂单独接入邻国电网。例如，土耳其电厂单供叙利亚；黎巴嫩部分地区电网由叙利亚供电；土耳其电网单供部分伊拉克负荷等。为此，土耳其国家电网公司对联网同步运行问题进行了分析，发现从北到南（从土耳其到埃及）的输电主网架存在多处输电容量约束，有些 400 千伏线路跳闸会导致电压崩溃的情况发生。

运行以来，尽管网络联系较强，电能交易量仍然很有限。主要原因是：缺电导致无电可卖；由于油价原因造成的燃料供应不足；高价电买不起；没有建立电力交易的市场机制，不允许直接交易，大多是政府间的合同；经济机制的缺乏，导致习惯于双边合同只能在直接联网的邻国签订；没有建立区域协调中心，因而，无法建立促进交易的市场机制，不能进行电网安全校核，不能实现提供输电服务企业的补偿等。

尽管存在上述问题，仍然在一定程度上发挥了减少备用、减少装机、建设大机组和负荷错峰等联网效益。约旦与埃及和叙利亚联网，可承受 25 万千瓦机组跳闸的冲击；利用负荷特性差异的短期交易也实现了一些，如叙利亚和约旦的年度高峰负荷的错峰；还有电源构成的差异也存在短期交易的机会，如用燃气机组的富余容量代替柴油发电机组等。

（二）发展问题

世行研究报告分析了有关联网规划和发展的一些技术支持和咨询项目的研究，提出了需要优先发展的项目。主要有：伊拉克—叙利亚 1 回 400 千伏联网、埃及—叙利亚输电走廊加强工程、约旦—约旦河西岸 2 回 400 千伏线路及西岸 132 千伏网络加强、区域协调中心的建立等。

世行也分析了区域电力合作政策、法律和监管机制存在的问题，主要有：供电的排外倾向、输电和售电没有分开、不能实现过网输电、没有独立的监管机构。

建议以下两方面的工作同时开展，并与合作伙伴共同提供支持。

（1）需要各国协调以下问题：

技术规定和标准、能源工业监管机制、能源定价机制和税收、能源交易争议解决程序。

（2）促进电力交易：

组织和促进各方开展工作、支持项目融资、协调工程实施。

总之，中东互联网存在很大的联网效益。从短期看，联络线容量还没有充分利用；从长期看，为发挥联网效益还需要解决一系列复杂体制、技术和经济问题。

第三节　中亚（CAPS）电力交易合作

本节主要引用了亚行的中亚区域电力总体规划（简称规划报告）的有关分析结果。

一、中亚电力系统现状

中亚电力系统（Central Asian Electrical Power System，CAPS）由南哈萨克斯坦、吉尔吉斯斯坦、塔吉克斯坦、土库曼斯坦、乌兹别克斯坦电网互联形成，输电主干网电压为 500/220 千伏。2000 年，CAPS 与 IPS/UPS（独联体国家电网）同步运行，土库曼斯坦和塔吉克斯坦分别于 2003 年和 2010 年与 CAPS 解列并独立运行。目前存在的主要问题是：自前苏联解体以来，缺乏资金维护现有设备和新建发电厂，电价偏低电力企业经营困难；发电容量不足，设备老旧不能满出力运行，造成冬季普遍限电；由于缺乏国家间电力交易协议，塔吉克斯坦和吉尔吉斯斯坦具有较大库容的水电厂多安排冬季多发，导致影响春夏季灌溉；不能很好地执行商定的调度计划，导致稳定破坏和大停电事故时有发生；塔吉克斯坦解列后，夏季负荷低造成水电站弃水；由于塔吉克斯坦的水电厂不能为 CAPS 提供辅助服务，造成乌兹别克斯坦的火电调峰调频压力大。

CAPS 建立了调度协调中心（Coordinating Dispatch Center，CDC），设在乌兹别克斯坦首都塔什干。CDC 没有一般调度中心的指挥功能，只是负责协调各国电网的运行。CDC 的主要工作是：根据各国提供的调度计划，提示各国调度中心修正偏差，监视并保证输电网不越限；监视 500/220 千伏电网的运行；协调检修计划；由于原有的 AGC

因设备老旧退出运行，CDC 制定了保证旋转备用的规定并进行监视；协调事故恢复；协调电网发展规划和更新改造计划等。中亚 2011 年电力系统示意图如图 16.3 所示。

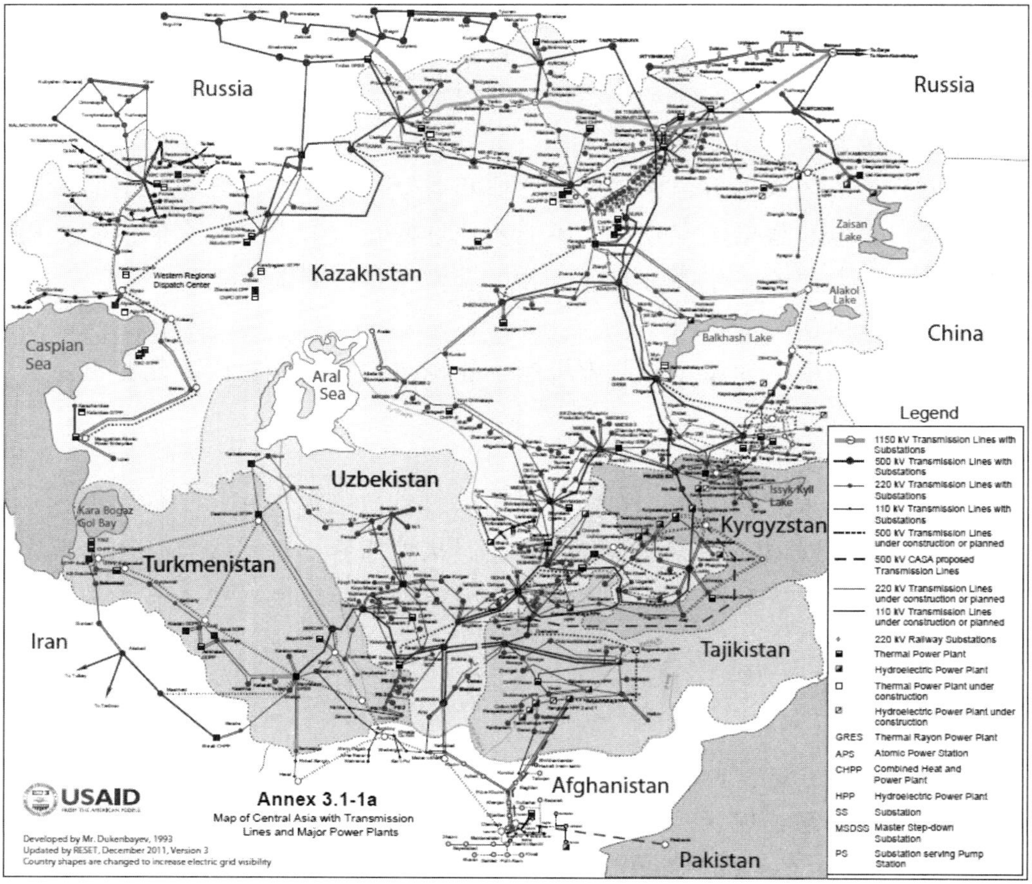

图 16.3　中亚 2011 年电力系统示意图

多年来，CAPS 用电量增长缓慢，见图 16.4。

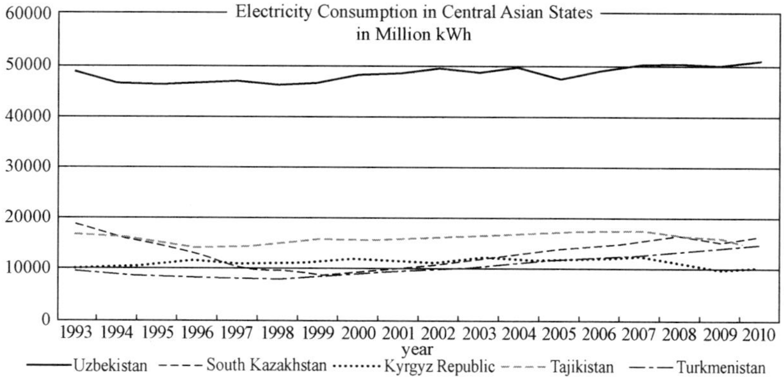

图 16.4　CAPS 年度用电量变化

2010 年 CAPS 发电量 721.651 亿千瓦时，用电量 773.639 亿千瓦时。CAPS 2010 年电力交换电量如表 16.3 所示。

表 16.3 CAPS 2010 年电力交换电量 单位：亿千瓦时

	送电量	受电量
北哈萨克一南哈萨克	62.838	0
南哈萨克一吉尔吉斯斯坦	28.585	1.584
乌兹别克一南哈萨克	44.997	0
吉尔吉斯斯坦一乌兹别克	44.95	0
吉尔吉斯斯坦一北塔吉克区域 1#	0.595	1.386
乌兹别克一北塔吉克区域 1#	3.208	0
乌兹别克一阿富汗某区域#	8.433	0

二、各国电力系统概况

采用亚行 2012 年完成的 2011～2022 年 CAPS 电力规划数据。本节没有介绍已经解列独立运行的塔吉克斯坦和土库曼斯坦的情况。

（一）南哈萨克斯坦

电力体制改革始于 1997 年，几乎完全实现了发输配的拆分。目前，发电环节已经实现了 97%的私有化；成立国家电网公司，负责 100%国有输电网的运营；大部分配电公司也实现了私有化，售电侧的拆分正在进行。

哈萨克斯坦只有南部电网属于 CAPS，和北部电网通过 2 回 500 千伏线路连接，北部电网和俄罗斯电网相连。2012 年，南哈萨克斯坦电网总装机容量 278.7 万千瓦，其中水电 54.2 万千瓦，其余为火电；年发电量 123.16 亿千瓦时，其中水电占 24.7%；最高负荷 291 万千瓦（含线损），用电量 140.26 亿千瓦时。预计 2021 年用电量达 204.95 亿千瓦时，年增长率为 4.2%。

（二）吉尔吉斯斯坦

1997 年，国家电网公司拆分出来；2001 年，4 个配电公司从国家发电公司拆分出来。所有公司均为国有。

2012 年，总装机容量 378.6 万千瓦，其中水电 307 万千瓦，其余为火电；年发电量 137.7 亿千瓦时，其中水电占 93.2%；最高负荷 291.5 万千瓦（含线损），用电量 88.3 亿千瓦时。预计 2021 年用电量达 102.87 亿千瓦时，年增长率为 0.7%。

（三）乌兹别克斯坦

建立的国家电力集团公司，拥有 16 个发电公司、15 个配电公司、1 个电能交易公司（单一购买者），现实了功能的拆分。始于 2001 年的改革，允许私人购买最多达 49%的发电公司和配电公司的股份。如果私人参股这些公司，在某些情况下，又与国家电力集团公司存在竞争关系，国家电力集团公司如何保证公平就成为一个很大的问题。因此，私人投资很少购买这些公司的股份。

2012年，总装机容量1294.3万千瓦，其中水电180.7万千瓦，其余为火电；年发电量543.34亿千瓦时，其中水电占12.7%；最高负荷885.5万千瓦（含线损），用电量430.06亿千瓦时。预计2021年用电量达556.47亿千瓦时，年增长率2.5%。

三、联网效益分析及发展规划

亚行的电力合作规划研究报告对联网效益进行了分析，并提出了CAPS电网加强互联的方案。

（一）联网效益

规划报告进行了联网的不联网经济性的量化分析。

2015年的比较是在现状条件下进行的，没有新建电厂。如果4国（包括塔吉克斯坦）不联网，2015年度全部燃料及运行维护费用为48.49亿美元；如果联网运行并充分利用联络线容量，节省0.58亿美元。在不联网条件下，4国冬季都要限电；联网后，可以避免限电。如果停电损失按20美分/千瓦时考虑，相当于节省6.07亿美元。

2020年的比较考虑了新建电厂增加的投资。联网运行可节省14.52亿美元。

规划报告强调，塔吉克斯坦目前冬春缺电10%，夏季弃水，恢复联网运行会避免这些问题。

（二）发展规划

规划在CAPS区域基础上，对各国需求进行了预测，统筹考虑了各国的电源和电网规划安排，并提出了加强电网互联的方案。如前所述，规划报告恢复了塔吉克斯坦的联网。

主要联网工程有：南哈萨克斯坦—吉尔吉斯斯坦500千伏线路、吉尔吉斯斯坦—塔吉克斯坦500千伏线路、乌兹别克斯坦和塔吉克斯坦的2个500千伏线路改接工程。

目前，CAPS只是给阿富汗部分地区负荷供电，规划报告提出了和阿富汗联网的设想和路线图。

第十七章 世界电力市场发展趋势

第一节　电力产权模式

产权是经济所有制关系的法律表现形式，它包括财产所有权、占有权、支配权、使用权、收益权和处置权。在市场经济条件下，产权属性主要表现在三个方面：产权具有经济实体性、产权具有可分离性、产权流动具有独立性。电力市场化改革中产权模式主要介绍各国在电力行业改革过程中市场主体所有制的变化情况。

总结各国电力市场化改革历程，通常需要完成下列相关步骤中的一个或多个：部门重组、在批量生产和零售供应间引入竞争、建立市场竞争规则和产权模式的调整即私有化。这些模式将国有及具备垂直一体化特征的电力生产商转变成具有竞争力的私有制企业。换言之，产权模式的调整是各国电力市场化改革共同的特征之一。电力改革的主要步骤如表 17.1 所示。

表 17.1　电力改革的主要步骤

重组	发电、输电、配电、和供电之间的垂直分解
	发电和供电的水平分解（Horizontal Splitting）
竞争和市场	批发市场和零售的竞争 允许新企业进入发电和供电行业
规则	成立独立的规则制定机构
	关于第三方电网切入的规定
	输配电网络的激励机制
所有权	允许新私人股东的介入
	对现有公共所有制的商业私有化

一、电力市场化改革前产权模式

从对客观事物的认识历程看，一般而言初期各国均认为电力行业完全属于自然垄断行业。当时电力产业的产权结构最重要特征表现为国家所有权主导，并受到行政手段的严格规制，以限制或禁止新企业（主要是民营资本）进入。这使电力企业所有权单一，并且缺乏流动。

二战以后很长一段时间，发达国家电力行业传统上大多是以国有产权为主经营的，即使美国私营为主的模式也是由政府加以严格控制的。国有产权模式形成主要有两个方面原因：一是电力行业是传统自然垄断产业，其产品和服务关系社会大众利益和国家安全。出于社会稳定、国家安定、经济持续平稳发展等目的，政府有义务和责任进行生产和经营；二是电力行业具有规模经济、范围经济、网络经济以及普遍服务性等特点。这些经济特性使得电力产业由少量规模大的企业经营是具有成本优势的。同时又由于电力行业具有很高初始投资，政府需要加以控制以防止资本向电力行业的无序流入，而国有经营自然就成了一种比较好的模式。凯恩斯主义的宏观调控和达到供需总量平衡的观念在电力产业中有突出的体现。

事实上，英国通过国有化实现政府对邮电、钢铁、燃料、电力和运输等被认为是自然垄断产业的基础部门的支配。法国事实上比英国具有更久远的国家干预主义传统。早在第一次世界大战期间和战争结束后，法国政府就直接对航空、化学、钢铁、运输和粮食等部门实行了国家管制，20 世纪 30 年代爆发世界经济危机后，为了恢复法国经济，法国政府加大了国有化的力度，涉及到铁路、航空、金融和军工等行业。二战后作为恢复和振兴经济的重要措施之一，法国政府又一次推行国有化政策，对公共事业及银行业实行了全面管制。在 2000 年颁布《关于电力公共服务事业发展和革新的法律》，在新电力法颁布实施之前，法国电力工业实行全国性垂直一体化垄断的公有电力公司体制。

德国等其他国家在那个阶段也通过国家所有权控制了大量的电力企业，第一次世界大战期间德国政府战争能源资源管理局开始监管德国电力市场，并通过接管发电商 EWAG 进入电力供应商的行业，并在 1935 年通过《能源工业法案》引入了国家对经济进行宏观调控的模式，新建或者是扩建发电机组、它们的企业管理以及对电力套餐用户的价格都受到政府的管理。这些产权模式的形成及其带来的对政策的影响也与其历史背景相关，因为在第二次世界大战期间，国家需要对包括电力行业在内的基础产业进行宏观调控。原苏联的电力行业由于国家体制的原因一直沿袭国有资产的产权模式。北美洲地区在上世纪中没有发生涉及本土的世界大战，因此情况略有不同，例如美国没有像英国、法国一样将电力产业的主要企业全都收归国有，而是采用了“私人所有+政府控制”的模式；在 1995 年开始电力体制改革之前，加拿大的电力管理模式是发、输、配企业多数为政府所有，且垂直垄断经营。同样，20 世纪 70～80 年代，巴西电力系统也主要由联邦政府管辖，阿根廷在电力市场化改革之前其主要电力企业也为联邦所属，由联邦公用事业部负责经营和管理。在亚洲，印度电力是由私营企业建立的。印度独立后，私营电力公司国有化，印度中央政府和邦政府负责电力行业发展。

国家所有占主导地位的产权模式特征是所有权单一和难以有效流动。例如部分国家的国家所有模式是以完全国有公司方式甚至是作为国家机构一部分的方式实现国有产权，政府控制也导致不可能有新所有者企业进入或者参与到以前的所有者中间去共同经营。

二、电力市场化改革的产权模式

电力市场化改革的目标是提高电力行业的工作效率，形成长期的更好的投资机制。在很多国家开展的电力市场化的竞争，重要内容之一就是产权模式调整。

微观经济学理论认为竞争和获益驱动导致内部生产率和外部市场效益提升，用户和整个经济将以低价、低成本的形式获益。私有化作为经济基础，能够决定在宏观层面上促进产品和服务市场的制度建设，产权结构影响政府干涉企业的难度，促进要素与产品市场以及股票市场的建设，资本逐利的本质能够使私有化通过加强竞争来促进效率，通过私有化的效果与市场之间是相互决定的，促进市场条件和制度的发展。因此，对国有产权模式进行私有化成为本轮电力市场化改革的共同特征之一，私有化成为改革的核心策略，成为市场配置资源的重要影响因素。

私有化就是国有企业产权和控制权的转移，将国有资产出售给私人部门，包括原国有企业向社会公众发行股票，出售政府不动产，其结果更多表现为混合所有制，既能体现政府对电力行业一定程度的掌控，也通过私有资本的进入来引进竞争，改善机制和制度建设。包括电力产业在内的自然垄断产业产权模式调整主要是通过民营化改革进行的，国家持有的企业产权转让给私人经营，或者放开政府对行业准入控制，允许新资本进入，以改变原有的国家所有所占的统治地位。除此之外，所有权的分散也能促进生产和供应行为的竞争，这在本丛书中将其归纳到市场结构相关章节部分。

英国的电力市场化改革不是一个孤立事件，而是撒切尔政府推行新自由主义经济体制改革的一个重要组成部分。20 世纪上半叶以凯恩斯主义为代表的国家干预主义占据了理论和西方国家政策的主流地位。英国在这一时期对电力部门实现了国有化。然而 20 世纪 70 年代出现的经济滞胀，使得长期占据支配地位的国家干预主义开始失去主流作用，新自由主义经济理论和政策主张的地位和作用上升。1979 年起撒切尔政府推动了英国历史上规模最大、范围最广泛的经济体制改革，实施经济私有化和市场化，1989 年开始出售带有自然垄断性质的英国电力工业，通过出售国有股权的方式实现了企业产权从国家所有向分散的社会公众所有的转移。英国采取出售国有企业股票的形式与其具有发达的股票市场有关。2005 年法国对电力产业进行了资本开放，成立有限责任公司，但国家仍对整体改制上市后的法国电力公司绝对控股，国有资本控股占 87.3%，引入私人股东占 12.7%。

德国电力经济是多元化结构，属于电力经济部门的有公用电力公司、工业自备电业、德国铁路电力公司和私营发电公司，官方机构（联邦、各州、乡镇联合体或乡镇）高度参与供电公司的股份投资，特别是在 820 家地区供电公司中官方机构的股份投资高达 95%以上，在大约 870 家供电公司中有 20%左右为混合经济公司（私人资本占 5%～75%），纯私营公司（私人资本占 75%以上）则仅占 15%。俄罗斯从 2011 年起电力市场实现全面开放，启动了发电资产重组，将其改为竞争性部门并向国内外出售，火电形成批发发电公司和区域发电公司，批发发电公司私人股份可以占至 51%～60%，区域发电公司私人股份可以占至 75%～85%；水电站合并成一个水电公司，水电公司私人股份可以占至 48%。电网资产重组，成立联邦输电公司，购入原区域电力公司的高压输电资产。在 11 个区域配电网公司基础上形成联邦配电控股公司。成立联邦调度机构，纳入原区域电力公司的 7 个区域调度和 57 个地方调度机构，政府控制联邦输电公司和调度机构 75%以上的股份和配电公司 52%以上的股份。由市场成员出资成立非盈利的交易机构，负责组织批发市场交易和结算。成立独立售电公司，由地区电力公司改组而成，或引入新的售电商，主要负责购售电力。

美国的自然垄断产业产权模式改革并没有像英国那样经历一个大规模由国有产权向私人产权转变的过程。对于美国自然垄断产业而言，其产权改革是与减少政府对企业的外部管制同时开展的。主要包括允许新的企业进入，这增加了自然垄断产业的竞争度。美国电力市场历史沿革是私有化，一个最显著的特点是发电商比较分散。美国有数百家发电商，最大发电商控制的装机容量也不到全国总装机容量的 4%，前 20 家最大发电公司拥有的装机容量仅占全国总量的 45%左右。发电所有权分散是美国电力市场一大优势，与私有制产权模式结合在一起，增加美国电力市场的竞争性。在加拿大，电力体制市场化改革仍在进行中，各省电力产业市场化程度存在较大差别。例如作为加拿大电力生产、消费和出口量最大的省份，魁北克省因其水电比重很大，电价水平低，电力企业供电服务水平较高，社会各界要求电力体制市场化的压力也很小，魁北克省电力体制市场化进程相对滞后。该省政府全资拥有的魁北克水电局仍占有全省 97%以上市场份额。同在美洲的巴西电力改革始于 1996 年，在第一次电力改革开始分离发电、输电和配电业务，对配电企业进行私有化，1999 年开始执行新建输电线路和水电特许权拍卖制度，私人投资逐渐大量涌入，减轻了政府的投资压力。2004 年，巴西第二次电力改革开始，巴西发电市场的主要参与者仍为巴西国有企业，占据有绝对控制力的 77%的份额，另外 23%的市场份额由私有企业和海外企业占据。占前五位的电力公司中仅有塔克特贝尔电力公司（Tractebel）为私有企业，其他均为国有企业。巴西输电主干网称为国内互通网络（SIN），是巴西国内一个大规模的发电和输电网络，支配着巴西 98%的用电需求，54%为国有，46%为私有。阿根廷政府于 1989 年颁布了 23696 号法案，即《国家改革法案》，要求政府行政部门改造国有企业并进行私有化改革，允许私营企业从事所有原先只有联邦所属企业才能从事的商业活动，对国有电力企业实施私有化改造，将垂直一体化的电力公司发电、输电、配电业务分开，各自单独成立公司。

同样，澳大利亚也决定开发竞争性的电力市场，并确定了电力供应行业重组、电力公司和零售部门引入竞争、公有发电及输配电资产逐步卖给私营部门、促进区域互联的基本原则。在亚洲，日本电力工业主体由 10 家私营电力公司（东京、东北、北海道、中部、北陆、关西、中国、四国、九州及冲绳）组成。1952 年为了推动电源建设，日本政府和九大电力公司（当时冲绳电力公司尚未成立）投资成立了电源开发公司（J-POWER），负责跨区域的大型水电站和火电厂的建设和运行。J-POWER 具有公私合营性质，国家持有三分之二的股份。1955 年，九大电力公司和电源开发公司又共同投资成立了日本核电公司（JAPS），负责核电站的建设和运行。印度电力工业重组采用的基本模式同样是发电、输电各自独立，配、售电一体化的模式，最终目标是实现电力行业的私有化，促进电力发展。

在实行私有化改造（或者更确切地说是混合所有制改造）的大趋势下，开展电力市场化改革的国家也有例外的情况。例如南非电力股份公司（Eskom Holdings，简称 Eskom）是世界上第七大电力生产企业和第九大电力销售企业，主要经营南非国内的发、输、配电业务，供应南非 95%和相当于全非洲 45%的用电量，拥有并控制全国的高压输电网，同时也控制了 60%的售电量，其余 40%由近两百家市政配电公司控制。独立发电企业的上网电量，由 Eskom 所属的单一买家办公室来统一购买；市政配电公司所需要的电量，由 Eskom 通过趸售方式来供应。南非电力股份公司 Eskom 是南非政府 100%控股的国有公司，由南非公共企业部代表政府行使所有者的相关权力，并受政府大力支持，通过贷款、发行债券和销售收入集资。

三、小结

在电力产业所有权从国有向私有化调整的过程中，可以看到各国在市场化改革中私有化程度更高的环节更集中在发电、售电等环节。这是因为电力供应商有其固有的架构特点，包括：①大量的沉没成本（沉没成本是指由于过去的决策已经发生了的，而不能由现在或将来的任何决策改变的成本），这提高了行业门槛；②于网络经济的特性突出，更具备规模经济的特点，更多的市场主体并不一定会产生更高投入产出效率；③输配电环节涉及面广，覆盖国度的主要疆域，具备普遍服务特质，对国民经济的影响和产业布局都有直接关系，需要政府加强宏观管理。但是应该看到，随着社会进步和科技进步，人们对自然垄断环节的认识也在逐渐加深，随着智能电网和分布式能源的发展，人们对很多原本视为坦然自然垄断环节的认识也在逐步改变。

另外，20 世纪 90 年代开始的全球范围的电力体制改革中，私有化带来的最大问题是成本上升。充分的市场竞争是有条件的，单纯私有化有三个问题解决不了：一是普遍服务；二是环境责任；三是相互扯皮导致的效率低下。在这种情况下，人们认为市场化是电力改革的方向，但市场化不完全等于私有化。欧洲电力市场从国有走向私有，经过不断的拆分以及日益严格的监管，在实践中又似乎有从开放回到强调依靠电网国有化对市场进行监管的趋势。例如德国许多商界和政界人士认为电网全部或部分国有化对德国经济发展更有利，尤其是在能源转型关键期，同时可纠正近年将电网出售给大能源公司的历史性错误。

第二节　电　　价

一、上网电价

（一）管制定价

1. 可再生能源政府定价

可再生能源固定上网电价是世界上应用最广泛的一种政府定价形式，政府部门根据可再生能源的成本直接明确规定各类可再生能源上网电价。德国在2000年成为第一批实行可再生能源固定上网电价法律的国家之一，从那时起，100多个国家和地区采用了固定上网电价。表17.2和表17.3是世界上部分国家风电和光伏发电固定电价的情况。

表17.2　部分国家/地区风电电价水平　　单位：美元/千瓦时

国家	风电价格
南非	0.1
加拿大	0.112
丹麦	0.1
英国	0.1504

资料来源：Global Wind 2012 Report，GWEC。

表17.3　部分国家/地区光伏发电固定上网电价水平　单位：美元/千瓦时

<table>
<tr><th colspan="2">国家/地区</th><th>屋顶光伏发电</th><th>地面光伏发电</th><th>建筑一体化光伏发电</th><th>执行年限（年）</th></tr>
<tr><td rowspan="3">澳大利亚</td><td>新南威尔士州</td><td><10kW，0.6103</td><td><10kW，0.6103</td><td></td><td>7</td></tr>
<tr><td>南澳大利亚州</td><td><30kW，0.5967</td><td><10kW，0.5967</td><td></td><td>20</td></tr>
<tr><td>维多利亚州</td><td><5kW，0.6103</td><td><5kW，0.6103</td><td></td><td>15</td></tr>
<tr><td colspan="2" rowspan="4">加拿大</td><td><10kW，0.8241</td><td rowspan="2"><10kW，0.662</td><td rowspan="4"></td><td rowspan="4">20</td></tr>
<tr><td>10～250kW，0.7295</td></tr>
<tr><td>250kW～500kW，0.6485</td><td rowspan="2">>10MW，0.4593</td></tr>
<tr><td>>500kW，0.5539</td></tr>
<tr><td colspan="2" rowspan="12">希腊</td><td rowspan="2">2013年2月开始，0.162</td><td><100kW，0.123</td><td rowspan="2">0.13</td><td rowspan="2"></td></tr>
<tr><td>>100kW，0.156</td></tr>
<tr><td rowspan="2">2014年2月开始，0.156</td><td><100kW，0.117</td><td rowspan="2">0.123</td><td rowspan="2"></td></tr>
<tr><td>>100kW，0.149</td></tr>
<tr><td>2015年2月开始，0.149</td><td rowspan="8"></td><td rowspan="8"></td><td rowspan="8"></td></tr>
<tr><td>2016年2月开始，0.143</td></tr>
<tr><td>2017年2月开始，0.136</td></tr>
<tr><td>2017年8月开始，0.13</td></tr>
<tr><td>2018年2月开始，0.123</td></tr>
<tr><td>2018年8月开始，0.117</td></tr>
<tr><td>2019年2月开始，0.11</td></tr>
<tr><td>2019年8月开始，0.104</td></tr>
<tr><td colspan="2">南非</td><td>0.166</td><td>0.24</td><td>0.166</td><td>20</td></tr>
<tr><td colspan="2">日本</td><td colspan="3">0.5485</td><td>20</td></tr>
</table>

续表

<table>
<tr><th colspan="2">国家/地区</th><th>屋顶光伏发电</th><th>地面光伏发电</th><th>建筑一体化光伏发电</th><th>执行年限（年）</th></tr>
<tr><td colspan="2" rowspan="3">韩国</td><td colspan="3"><30kW，0.5134</td><td rowspan="3"></td></tr>
<tr><td colspan="3">30kW～1MW，0.4863</td></tr>
<tr><td colspan="3">>1MW，0.4593</td></tr>
<tr><td colspan="2" rowspan="2">西班牙</td><td><20kW，0.3608</td><td rowspan="2">0.1655</td><td><20kW，0.3838</td><td rowspan="2">25</td></tr>
<tr><td>>20kW，0.2618</td><td>>20kW，0.2618</td></tr>
<tr><td colspan="2" rowspan="5">瑞士</td><td><10kW，0.37</td><td><10kW，0.40</td><td><10kW，0.4809</td><td rowspan="5">25</td></tr>
<tr><td><30kW，0.304</td><td><30kW，0.32</td><td><30kW，0.48</td></tr>
<tr><td><100kW，0.28</td><td><100kW，0.29</td><td><100kW，0.37</td></tr>
<tr><td><1000kW，0.25</td><td><1000kW，0.28</td><td><1000kW，0.37</td></tr>
<tr><td>>1000kW，0.24</td><td>>1000kW，0.27</td><td>>1000kW，0.32</td></tr>
<tr><td rowspan="12">美国</td><td rowspan="2">夏威夷州</td><td>20～500kW，0.13</td><td rowspan="2">500kW～5MW，1.01</td><td rowspan="2"></td><td rowspan="2">20</td></tr>
<tr><td>500kW～5MW，1.01</td></tr>
<tr><td rowspan="3">加利福尼亚州</td><td colspan="2"><1MW，0.12</td><td></td><td>10</td></tr>
<tr><td colspan="2"><1MW，0.12</td><td></td><td>15</td></tr>
<tr><td colspan="2"><1MW，0.13</td><td></td><td>20</td></tr>
<tr><td rowspan="3">佛罗里达州（盖恩斯维尔）</td><td><10kW，0.45</td><td><10kW，0.43</td><td><10kW，0.43</td><td rowspan="3">20</td></tr>
<tr><td>10～300kW，0.39</td><td>10～25kW，0.39</td><td>10～300kW，0.39</td></tr>
<tr><td>300kW～1MW，0.32</td><td>25kW～1MW，0.32</td><td>300kW～1MW，0.32</td></tr>
<tr><td>罗得岛州</td><td><30kW，0.45</td><td><30kW，0.45</td><td><30kW，0.49</td><td>20</td></tr>
<tr><td rowspan="3">华盛顿州</td><td><30kW，0.45</td><td rowspan="3"></td><td><30kW，0.49</td><td rowspan="3">20</td></tr>
<tr><td>30～100kW，0.44</td><td>30～100kW，0.48</td></tr>
<tr><td>>100kW，0.43</td><td>>100kW，0.47</td></tr>
</table>

可再生能源固定上网电价的主要特点是：政府可以根据技术、成本等因素调整可再生能源价格，同时通过对价格水平的调整，调控可再生能源发电的投资规模和发展的速度。

以德国为例，固定电价制度的详细规定如下：

（1）偿付期限。

德国可再生能源偿付固定电价的期限为20年，外加投产当年，从投入运营的时刻开始算起。

（2）电价设置。

上网电价根据发电设施规模和技术而不同，以达到有针对性的推广或扶植某些特定可再生能源技术的目的。

可再生能源发电一般按水电、垃圾填埋气体、污水沼气与矿井废气、生物质能、地热能、风能（陆地、海上）、太阳能等类别设置不同的电价。

一般情况下，各类可再生能源再按定价容量或装机容量（仅适用于建筑光伏发电）设置阶梯递减电价（地热、风电除外），定价容量为电厂装机容量与发电设备年负荷率的乘积。各类电源的平均上网电价为电厂容量份额对应的加权结果，如水电上网电价如表 17.4 所示，若某水电厂容量为 3.5 兆瓦，年发电利用小时为 5000 小时，则定价容量为 2 兆瓦，电厂平均上网电价为 12.7×25%＋8.3×75%＝9.4（€C/kWh）。

表 17.4　2012 年水电上网电价　　单位：€C/kWh

定价容量	≤0.5MW	0.5～2MW	2～5MW	5～10MW	10～20MW	20～50MW	>50MW
电价	12.7	8.3	6.3	5.5	5.3	4.2	3.4

另外的特殊政策包括：

①特殊的发电技术、创新处理、系统服务以及风电的重置改造发电等情况实行补贴，比如地热发电中采用岩热发电技术，将有 5€C/kWh 补贴，垃圾填埋气、污水沼气以及生物沼气的气体处理补贴，最大处理量不超过 $700Nm^3/h$，补贴 3.0€C/kWh，最大处理量不超过 $1400Nm^3/h$，补贴 2.0€C/kWh，最大处理量不超过 $1400Nm^3/h$，补贴 1.0€C/kWh 等。

②风电实行两段式价格，一个初始价格，价格较高，适用投产后的前几年；一个是基本价格，适用于 20 年支付年限的剩余年限。对陆上风电，初始价格适用于投产后前 5 年，海上风电，适用于投产后的前 12 年。

③海上风电“加速价格”，EEG2012 规定，海上风电初始价格一般为 15€C/kWh，但如果海上风电于 2018 年 1 月 1 日前投产，则初始价格将提高到 19€C/kWh。

④风电的初始价格适用年限，在特定条件下可延长，如海上风电，离岸 12 海里之外每增加 1 海里，初始价格适用年限增加 5 个月，水深超过 20 米每增加 1 米，初始价格适用年限增加 1.7 个月。

（3）价格递减调整机制。

价格递减调整机制是考虑技术进步和发电成本的下降，对新建可再生能源上网电价随投产年限的推后而降低固定上网电价水平，逐步减少并以最终取消上网电价为目标，以此激励可再生能源产业在给定的时间内形成竞争力。有两种调整方式：一是固定比例逐年下调，比如水电、陆上风电等。特别地，对地热和海上风电，在 2017 年以前不做调整，从 2018 年开始，逐年下调（见表 17.5）；二是基础递减率加“灵活上限”的调整机制，目前仅对光伏上网电价实行。对于光伏发电，如果一定期限（一般是一年）内新增容量在目标新增装机容量范围（2013 年为 2.5～3.5 吉瓦，之后每年减少 400 兆瓦；2017 年起每年新增容量 0.9～1.9 吉瓦，直至 2020 年光伏装机最大补贴目标容量为 52 吉瓦）之内，则按基础递减率递减（每年 11.4%）；如果新增装机容量偏离目标装机容量范围，则按“灵活上限”对递减率进行季度调整：

如果预期光伏装机量超过目标值（如每年新增容量大于 7.5 吉瓦，每月最多新增 2.8%）则要上调递减率；如果预测光伏装机量没有达到最低目标装机量，则要下调递减率。如果与最低装机目标相差甚远，也可取消递减或增加补贴付费（如新增容量小于 1.0 吉瓦，每月递减 0.5%），如图 17.1 所示。根据 2012 年可再生能源法补充法案，2012 年 4 月 1 日后，递减率分三阶段考虑：一是单一月度递减阶段，从 2012 年 5 月 1 日至 2012 年 10 月 31 日，逐月固定递减 1%；二是从 2012 年 11 月 1 日开始的基于从 2012 年 7 月 1 日以后新增光伏装机数据的外推确定递减率阶段。考虑到 2011 年光伏发电的爆炸性增长（当年 12 月就新增 3000 兆瓦），应用前述 12 个月的实际数据并不合适，故 2012 年 11 月～2013 年 1 月递减率基于 2012 年 7 月～9 月新增光伏容量外推 9 个月确定。类推，2012 年 2 月～4 月的递减率基于 2012 年 7 月～2013 年 1 月新增光伏装机外推 6 个月确定，等等；三是从 2013 年 8 月 1 日起基于过去 12 个月的实际新增光伏装机容量确定递减率阶段。2012 年 4 月 1 日以来，光伏电价及其递减率如表 17.6 和表 17.7 所示。

表 17.5　可再生能源下调上网电价递减率

发电类型	年递减率	备注
水电	1%	
垃圾填埋气体、污水沼气与矿井废气发电	1.5%	
生物质发电	2%	
地热	0%/5.0%	2017 年 12 月 31 日前/后
陆地风电	1.5%	
海上风电	0%/7%	2017 年 12 月 31 日前/后

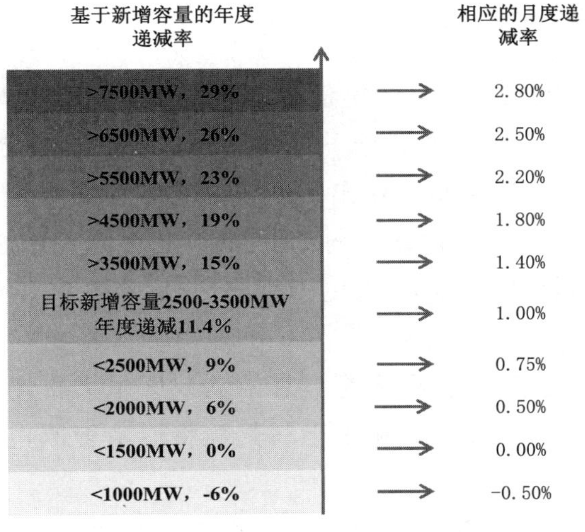

图 17.1　EEG2012 光伏上网电价“灵活上限”调整机制示意图

表 17.6　2012 年建筑光伏上网电价　　单位：€C/kWh

项目	建筑光伏				自由场地光伏
	≤10kW	10～40kW	0.04～1MW	>1MW	全部，≤10MW
2012 年 4 月 1 日	19.5	18.5	16.5	13.5	13.5
年电量价格支付比例	100%	90%	90%	100%	100%

表 17.7　建筑光伏 2012 年 4 月份以来的上网电价递减率

时间	月递减率
2012 年 5 月 1 日～10 月 31 日	1.0%
2012 年 11 月 1 日～2013 年 1 月 31 日	2.5%
2013 年 2 月 1 日～2013 年 4 月 30 日	2.2%
2013 年 5 月 1 日～7 月 31 日	1.8%

2014 年，德国可再生能源法做出调整，计划降低可再生能源固定上网电价，从 2013 年加权平均 0.1730 欧元/kWh 降低到 2015 年加权平均 0.12 欧元/kWh。

2. 常规电源政府定价

有人认为，除了可再生能源外，在厂网分开的情况下，除我国还实行政府定价外，其他没有实行政府定价的。实际上，尽管常规电源政府定价的不多，但还是存在的，比如马其顿。

马其顿在 2003 年进行了电力体制改革，成立了能源监管委员会（ERC），在 2005 年电力企业进行了拆分，成立了以 ELEM、MAPSO、EVN 为主体的发、输、配电公司。

ELEM，受马政府监管的国有发电企业，几乎垄断发电市场，承担满足管制用户（Tariff Customers，民用电和小商业用户）用电需求的义务，负责电力进口；总装机 130.2 万千瓦（占全国装机的 85%以上），发电量占全国的 96%以上，在马其顿发电业务中居于垄断地位。

Negotino，独立 IPP，21 万装机的备用燃油电站，只在高峰期运行。

MEPSO，2005 年成立，国有，唯一的输电运营商，同时负责系统运营。

EVN，2006 年 4 月马政府私有化出售配电业务，后由奥地利公司持股 90%，马政府持股 10%；系统配电商/零售商，向 ELEM 买电、向 MEPSO 买输电服务。

大用户（目前是马国最大的 10 家电力用户），联接在高压电网，2008 年 9 月起参与自由市场。

马其顿作为欧盟候选国，已经签署《东南欧地区电力市场谅解备忘录》及《建立东南欧能源共同体协定》，预计 2015 年马其顿将取消管制电价，参照欧洲模式实现自由化电力市场。

在取消管制电价以前，马其顿能源监管委员会一直给发电企业定价，比如 ELEM 发电价格 2010 年为 2.1114MKD/kWh，2011 年为 2.1227MKD/kWh。

（二）市场定价

1. 招投标定价

招投标定价一个最主要的应用领域是早期可再生能源发电。比如英国，为促进可再生能源的开发利用，于1990年实施了《非化石燃料公约》（Non-Fuel Obligation，简称NFFO）。NFFO规定：可再生能源开发利用项目由政府发布，通过招投标方式选择可再生能源项目开发者，竞标成功者将与项目所在地的电力公司按中标价格（最低价中标）签订购电合同❶，约定收购其电力。该政策的优点，一是由于政府对可再生能源发电公司有收购电协议，可有效保障银行及这些新建项目投资者的利益，促使投资者投资可再生能源；二是通过公开的招投标，对可再生能源项目的建设引入竞争机制，从而可以显著地降低可再生能源的电力成本，使可再生能源更具有市场竞争力，同时可大幅减少政府的项目补贴资金。通过NFFO，英国政府在1990年到1999年期间接连五次以竞标的方式定购可再生能源电力，实现150万千瓦的新增可再生能源电力装机容量，大致相当于英国总电力供应的3%。在此期间，英国风电电价从10.0€C/kWh降低到3.8～4.95€C/kWh，小水电电价从7.5€C/kWh降低到4.4€C/kWh，垃圾填埋气发电电价从6.4€C/kWh降低到3.2€C/kWh，城市和工业废弃物燃烧发电电价从6.0€C/kWh降低到2.8～3.4€C/kWh，能源庄稼和农业及森林废弃物气化发电电价从（1994年的）8.75€C/kWh降低到5.79€C/kWh。到1997年，实际完成合同可再生能源发电装机44万千瓦，平均电价下降了19.5%。但由于地方政府的阻力，以及政策本身设计的缺陷造成实际操作中存在恶性竞争现象，没有完成政府的可再生能源发展目标❷。

2. 双边协商定价

双边协商定价是一种最常见的定价方式。在放开用户选择权之前，如果发电侧引入多元投资，在发电侧引入竞争，其发电价格通常是与供电公司通过协商确定；当售电侧放开以后，用户可以与发电企业直接协商确定。比如在日本，1995年开始引入独立发电企业（IPP）参与发电竞争，直到2000年3月才开始引入电力零售竞争，开放2万伏、2000千瓦以上电力大用户自由选择供电商。期间，九大电力公司从IPP电厂购电的价格（即上网电价）由双方通过长期合同议定，之后，电力大用户可以自由选择独立发电企业供电，价格通过协商确定。

对不宜集中竞价的辅助服务，其价格通常也由双边协商确定，如无功及电压支持服务和黑启动服务。由于无功及电压支持辅助服务无法远距离输送，只能就地解决，而黑启动服务应根据离线分析决定系统黑启动所需的容量、地理分布，他们都不能按照有功一样采用竞价的方法确定价格，因此，要由电力交易机构和发电机组

❶ 可再生能源中标合同电价与平均电力交易市场价格之差即地区电力公司所承受的附加成本，将由政府补贴，补贴费用则来源于政府征收的“化石燃料税”。

❷ 欧洲可再生能源发展近况及其借鉴分析 欧洲可再生能源考察团 http：//www.seri.gov.cn。

通过协商确定价格。

3．集中竞价

不同市场交易品种具有不同定价机制，电能集中交易主要有市场统一出清价和按照报价支付两种机制，市场形成容量价格主要有容量与电量在同一市场中竞价和在不同市场中竞价两种典型模式，辅助服务定价主要有市场竞价、招标采购及政府定价三种方式。

4．撮合定价

需补充相关内容

5．可再生能源市场定价

溢价电价体系既考虑了可再生能源发电的实际成本情况和价格政策需求，又与电力市场的电力竞价挂钩。具体有两种方式：

一是可再生能源发电价格以常规电力的销售价格为参照系，制定一个合适的比例，并随常规电力的市场变化而浮动，比如西班牙。

二是可再生能源发电价格在竞争性市场电价的基础上，给予一定的奖励电价（或加价）。

在德国，可再生能源发电运营商可以全部或部分电量直接销售。直接向电力市场售电除获得市场价格外，还可以获得市场加价。市场加价根据以下公式计算：

市场加价＝可再生能源上网电价－参考价格

参考价格＝每月的平均市场价格－管理加价

其中，可再生能源上网电价基于给定月份的采用固定上网电价发电的可再生能源平均水平计算，需要考虑递减率；每月的平均市场价格为前一个月的现货市场平均价格；管理加价是考虑对可再生能源发电参与市场竞价所需要产生的管理成本的补偿，随技术不同而不同，并随投产时间先后而下降，如表 17.8 所示。

表 17.8　管　理　加　价　　单位：€C/kWh

类别	2012 年	2013 年	2014 年	2015 年以后
陆地风电	1.2	1	0.85	0.7
海上风电	—	1	0.85	0.7
太阳能	1.2	1	0.85	0.7
其他	0.3	0.275	0.25	0.225

在英国，为了应对全球气候变化和能源供应安全的挑战，英国能源部制定了低碳减排路径，提出需要建立与低碳发展相适应的电力市场机制，对低碳电源[1]引入固定电价和差价合同相结合的机制，计划 2014 年初正式实行。该机制由政府确定各类低碳电源的合同价格（strike price）并设立相应机构，与发电商签订差价合同，

[1] 低碳电源包括核电、可再生能源以及碳捕捉与储存。

确保低碳能源在参与市场竞争中仍能以合同价格获得收入。当电力市场价格高于合同价格时，发电商需要返还电力市场价与合同价之间的差额，以避免对发电商的过度支付。通过在收益方面给予投资者更大的确定性，差价合同能够降低项目的融资成本以及政策成本。

二、输配电价

（一）输配电价的管制方式

目前，国际上采用的主要输配电价管制方式有两种：一是回报率管制（Rate of Return，RoR），二是基于业绩的管制（Performance Based Regulation，PBR）。

1. 回报率管制

回报率管制也称为成本加成管制，是指有电价管理权限的政府部门主要对输配电成本费用的合理性进行审核，按社会平均利润水平核定输配电价水平，促进电网正常发展，并使电网企业不能凭借垄断地位获取超额利润。一般每年核定一次企业被管制业务的年度总准许收入，准许收入包括被管制业务发生的合理成本，以及允许的投资回报。

回报率管制方式特点是：

（1）以年度投资为基础进行回报率管制，管制部门需要每年度确定被管制企业的收入需求；

（2）根据确认的投资和规定的回报率确定投资回报，企业容易产生超额投资的倾向。

回报率管制方式适用面比较广，特别适用于电网处于发展阶段的情况。目前，很多发展中国家如印度，甚至是发达国家如美国、日本、芬兰等都采用这种管制模式。

2. 基于业绩的管制

基于业绩的管制方式实际上是在回报率管制基础上修改后的另一种管制方式，主要是引入了对垄断业务生产效率的激励机制。通常对未来 3-5 年的管制期核定价格或收入上限，而在管制期内按照一定规则进行年度调整。基于业绩的管制方式有多种形式，国际上主要采用价格上限制（Price Cap）和收入上限制（Revenue Cap）。

收入上限制实际上是由管制部门确定垄断业务的最高允许收入。其特点是：

（1）被管制企业的最高允许收入按管制期确定，不必年年核定，减少管制成本；

（2）考虑管制期内各年投资，以资产净值为基础确定资产回报；

（3）引入效率机制，促使企业降低成本，提高效率；

（4）有利于企业做出长远计划和滚动发展。

价格上限制通常是在价格管制期初，由管制机构核定起始价格，然后考虑管制期内逐年的零售物价指数（RPI）或商品物价指数（CPI）减去效率系数 X 进行调整。其特点是：

（1）管制机构按管制期对价格进行管制。一旦初始价格和效率系数确定后，逐年的价格按公式调整；

（2）管制的重点在于促使企业提高效率，而在管制期内不控制企业的投资或成本；

（3）初始价格和效率系数确定难度大；

（4）该管制方式更适用于处于成熟期的电网企业。

基于业绩的管制方式通常适用于电网发展比较成熟、输配电价水平基本到位的情况。目前，英国、意大利、西班牙等国家对输配电价采用价格上限管制；新加坡、澳大利亚、丹麦、挪威、新西兰等国家采用收入上限管制。

（二）输配电价体系

1. 电力垄断经营情况

电力公司用一个包括发输配售所有成本的捆绑电价将电力销售给用户。在垄断模式下也存在发电电价、输配电价，如法国的电力工业虽然没有进行私有化改革，但是法国的发、输、配各环节都是独立核算的，因此也存在发、输、配各环节电价。

2. 电力市场的单一购买者模式

发电引入市场竞争，输、配电和售电系统仍为垄断经营，拥有输配电网的电网公司是市场中唯一的电能购买者和销售者，单一买方可自由选择发电商，但发电商和用户并无选择交易对象的权利，因此，上网电价独立出来，单一购买者以上网电价向独立发电商购买电能量，然后再加上输配售的成本及一定利润后形成销售电价。

3. 批发竞争模式

配电公司（及大用户）与发电商同时参与电力市场的竞争，输电网对于配电公司和大用户开放，有偿提供输电服务，并向交易双方或一方收取输电费；但中小用户没有选择权，即配电网对运营区域内的中小用户仍然实行供电专营。由于输配电网的分开，输电电价开始独立。对配电公司和大用户而言，电价构成为输电电价和上网电价或合同电价。

4. 零售竞争模式

发电环节、输配电环节和售电环节在财务上、甚至产权关系上完全独立，出现了电力零售商，使输电网、配电网向发电商和所有用户开放，所有用户都可以直接选择发电公司供电，也可以选择零售商供电。输配电公司提供输配电服务，并收取相应的服务费，由此也就相应出现独立的输配电电价。此时，用户的电价构成为上网电价、输电电价和配电电价。

目前，在一些电力改革较早的国家，输配电价已经分开。输电价含联网价、输电网使用价。配电价由接入价、配电网使用价构成。辅助服务费用有的国家计入电网使用价格收取，有的国家单独核价。

（1）澳大利亚。

输电价格由接入价格、接出价格、使用价格和公共服务价格四类构成。接入价格，为发电机接入输电网络提供服务的成本，每周期收取固定费用。接出价格，为负荷连接输电网提供服务的成本，每周期收取固定费用。使用价格，输电公司可采用以下三种形式之一或全部：以负荷为基础的价格，单位为$/MW，负荷指半小时内的平均负荷；以电量为基础的价格，单位为$/MWh；固定收费。公共服务价格，各年度输电公司必须核定以下两种服务价格：以电量为基础的价格，或以负荷容量为基础的价格，每个节点用户既可以选择其一。配电价格由各配电公司对不同电压等级、不同类别用户核定不同的价格水平。配电价格由固定费用和系统使用费构成。固定费用，按年收取。配电系统使用费，根据实际用电量收取，对于部分用户采取峰谷分时电价的形式。

（2）英国。

在新的市场交易制度（NETA）下，英国国家电网公司仍然保持电网所有者和系统运营商两项职能。按照天然气及电力管理办公室的规定，英国国家电网公司根据其职能收取网络使用费和系统运营费。网络使用费由接网费和输电网使用费组成，系统运营费主要是网络的平衡服务费用。

英格兰和威尔士，用户需缴纳联网费和使用费两项费用。联网费主要用于回收变电站等设备的固定成本，采用邮票法分摊给连接在该设备上的用户。使用费包括两项：

1）网络使用费。主要用长期边际成本方法计算出 12 个不同地区的用户需要支付的用电费，以及 16 个不同地区的发电公司需要支付的发电费。为简便起见，该网络使用费以峰值负荷为基础计算，采用线性运输模型计算出每个节点的边际成本，加权平均后得到各个地区的边际成本，一般每季度校核一次价格。

2）与地点无关的附加费即安全费，用于回收运行成本和保证合理的利润。附加费，包括发电与负荷平衡调节费、阻塞引起的费用和优化运行奖金，以日为单位结算。

英国配电费用对电厂和用户收取。电厂为其享受接入配电网的服务支付接网价。用户除了接网费，还需支付配电网使用费。配电网使用费由固定电费、电量电费、无功平衡等其他费用构成。

（3）美国。

PJM 市场，采用单一制的输配电价，一般不区分输电价格、配电价格。输配电费以输电服务的形式向输电用户收取，此外，用户还需每月缴纳各种辅助服务费用。

输电服务分两大类，一类是点对点的输电服务，另一类是网络综合输电服务。点对点的输电服务又分为：固定点对点输电服务和非固定点对点的输电服务。在这两种输电服务项目中，输电用户基于输电上网点支付输电价格。网络综合服务价格则反映了不同电压等级设备的使用价格。在申请输电服务的同时，用户还需每月缴纳各种辅助服务费用，其中包括 RTO 调度、控制、无功与电压控制、调频、电量平衡、旋转备用等服务费用。这些服务除 RTO 调度和控制外，其它都以合同形式由独立系统运行商（ISO）向当地的发电商买进。因此，辅助服务费用由输电用户依据自身所处的区域向电网拥有者支付单一制费用。

每个输电用户的费用是根据输电用户在小时内是否使用区域输电以及使用的数

量来计算的。区域输电的使用是指输电用户的网络负荷是否在 PJM 系统管理员运营区域内。PJM 系统管理员统计输电用户、每个 RTO 的区域价格、每个非 RTO 区域价格、每个输电用户的小时点对点电力交易，根据统计数据计算用户在每个 RTO 区域内及非 RTO 区域内的月度输电费用。固定点对点服务费根据指定的路径预定输电容量清算，并且如果一周总服务费用之和超过了预定的周服务费用上限，则对每天的固定点对点输电费用进行相应调整。非固定点对点服务费根据每月预定输电容量清算。用户向输电商支付的网络综合服务费包括：月度需求费用、设备直接成本和辅助服务。每个用户支付的月度费用根据区域内日高峰负荷时的份额以及供电负荷区域的网络综合输电服务价格计算而得。

每个输电用户的费用是根据输电用户在小时内是否使用区域输电以及使用的数量来计算的。区域输电的使用是指输电用户的网络负荷是否在 PJM 系统管理员运营区域内。PJM 系统管理员统计输电用户、每个 RTO 的区域价格、每个非 RTO 区域价格、每个输电用户的小时点对点电力交易，根据统计数据计算用户在每个 RTO 区域内及非 RTO 区域内的月度输电费用。固定点对点服务费根据指定的路径预定输电容量清算，并且如果一周总服务费用之和超过了预定的周服务费用上限，则对每天的固定点对点输电费用进行相应调整。非固定点对点服务费根据每月预定输电容量清算。用户向输电商支付的网络综合服务费包括：月度需求费用、设备直接成本和辅助服务。每个用户支付的月度费用根据区域内日高峰负荷时的份额以及供电负荷区域的网络综合输电服务价格计算而得。

美国的配电价、各电力公司的计价形式、价格水平不完全一致。有的公司配电价在销售电价中独立体现，有的公司并不独立体现。

（三）输配电定价方法

确定了电网经营企业的年收入需求之后，为了使各类用户的输配电价合理，就需要采用适当的办法将电网企业的输配电成本合理分摊给相关的用户。配电网直接连接终端用户，费用分摊一般采用邮票法，其电价根据负荷特性、电量与总成本直接形成，而输电网的电压等级及服务对象都较为复杂，其成本分摊非常复杂，在此主要介绍国外输电成本分摊经验。

根据输电网的特性，输电企业的服务一般分为三类：接入/接出系统等专项服务、共用网络输电服务和辅助服务。接入/接出系统等专项服务指电网企业利用专用设施为特定用户提供服务，其服务成本由特定用户承担。辅助服务通常是指为了保证系统安全稳定运行所必须的服务，如系统控制与调度服务、无功与电压控制、频率相应服务等，其服务成本的分摊与用户的位置、负荷大小无关，服务成本一般依据邮票法由系统所有用户按照其用量大小承担。共用网络输电服务是指电网企业为接入共用网络的所有用户提供的电能输送服务，由于接入共用输电网的用户在位置、容量等方面都千差万别，不同用户对共用输电网络投资、运行成本的影响也相差较远，因此，如何合理地分摊共用输电网络的成本一直是输电价设计的重点及难点。

1. 共用网络成本分摊方法概述

按照输电服务及其成本特性，根据不同的费用分摊原则，共用网络的成本分摊包括以下几种方法：

（1）同路径法。是指输电业务的交易双方在交易合同中所协商的，从功率注入点到功率流出点，确定一条连续的输电路径，该路径应有足够的可用传输容量。该方法在交易幅值的基础上，考虑输电业务交易路径的影响，并以输电合同路径代替网络潮流的实际流经路径。此方法不考虑电能传输的物理规律，实际潮流也许跟合同路径相差很大。

（2）邮票法。是最早被用于输电成本分摊的，也是最简单的一种分摊方法。该方法基于全部输电系统被使用的假设，无需计算输电网的潮流，对输电网中各项输电业务，不考虑输电距离的远近，也不考虑输电网络结构和各输电功率的注入和流出节点位置，只需将整个输电网的总固定成本在全网范围内按输电功率的大小进行分摊。邮票法确定的某交易分摊的输电固定成本与该交易传输的距离、供应点、汲取点或在不同输电设备上引起的负担程度无关。

（3）边界潮流法。主要计算由于输配电业务而引起的输配电边界潮流的变化，并依据该数据计算边界输配电价格。边界潮流的变化，可以是边界联络线的功率变化，也可以是与其它公司间的功率净交换量。边界潮流法主要适用于网间电力交易的输电成本分摊。

（4）兆瓦-公里法。基于距离的 MW-Mile 法以交易流经线路的电力潮流与线路长度的乘积作为衡量交易对输电网使用程度的指标。其主要特点是：依据每一次交易的实际潮流在输电网络中的流动情况来决定其在每一条输电线路中的比例，从而决定所分摊电网成本的多少。

（5）潮流追踪法。对于输电线路固定成本进行追溯，描述不同输电业务对每条线路的使用程度比较直观且易于接受的物理量是线路的通过功率。但是，某一时刻一条线路仅有一个通过功率，这就需要将该功率分解成不同的输电业务引起的功率分量，而且所有功率分量叠加之和应当等于线路原有的总通过功率。确定负荷（或电源）中各个电源（或负荷）所占的功率分量的问题被称为潮流追踪。

2. 澳大利亚反映成本的网络定价法（CRNP）

澳大利亚反映成本的网络定价法（Cost Reflective Network Pricing，CRNP）其实是潮流追踪算法的一种，它依据潮流分析计算输电网的节点电价，是在澳大利亚电力市场化改革后被广泛采用的共用输电网定价方法。

该方法的主要特点是：它是一种基于电力系统潮流分析的方法，计算较严密，计算工作量大；用该方法能够计算电网各节点的输电价，满足求解具有位置信号输电价的要求。

3．英格兰和威尔士反映投资成本的网络定价法（ICRP）

英格兰和威尔士反映投资成本的网络定价法（Investment Cost Related Pricing，ICRP）有些类似于长期边际成本定价法，其基本思路是：首先在输电网络的优化运行方式下，按照运输模型计算每个节点的边际成本（公里）；然后，根据电网扩建成本（长期边际成本，英镑/兆瓦，公里），即可计算得到每个节点的边际输电价（英镑/兆瓦）；以此为基础计算的输电网年收入小于共用输电网实际年收入需求部分，再增加一个调整因子（按照邮票法），两者之和即为该节点（或区域）的输电价。

该方法的主要特点是：它是一种基于运输模型（Transport Model）的分析方法，能够反映每个节点的边际投资成本；为了保证输电网实际成本费用的回收，在每个节点的边际输电价之外增加了一个调整因子，这个调整因子实际可以看作是输电网的一部分成本按照邮票法分配的结果，因此共用输电网每个节点的输电价包括两部分，一是反映位置信号的边际输电价，二是不反映位置信号按邮票法计算的调整因子，具有混合性特征。

（四）输配电价定价参数

1．折旧率

不同国家和地区对于输变电资产折旧年限的规定不尽相同，以下是部分国家和地区的有关数据。

（1）澳大利亚。

允许投资回报率不能弥补资产风险时，采用经济折旧率来弥补投资者未来搁浅资产风险。澳大利亚竞争和消费委员会（ACCC）提出的做法是：考虑技术折旧率，当即将发生的或实际的经济搁浅显而易见时，允许不时地加速折旧。被 ACCC 管制的输电企业可以对资产的预期经济搁浅发出信号，并要求通过加速折旧对该资产的未来折旧补偿进行调整，这样做可以相当地减少由资产所有者承担的搁浅风险。澳大利亚不同公司输变电设施折旧年限如表 17.9 所示。

表 17.9　澳大利亚不同公司输变电设施折旧年限　　单位：年

项目	Powerlink	NSW Guide lines	Transgrid
架空输电线	50	50	50
开关	40	40	35-40
变压器，电抗器和 NERs	40	50	40
电容器	40	40	40
SVCs	40	40	40
地下电缆	45	45	45
SCADA 和通讯设备			15

（2）新西兰。

新西兰 ODV 公司输变电设施折旧年限如表 17.10 所示。

表 17.10　新西兰 ODV 公司输变电设施折旧年限　　单位：年

项　目	NZ ODV	项　目	NZ ODV
架空输电线	55	电容器	45
开关	55	SVCs	45
变压器，电抗器和 NERs	45		

（3）英国。

私有化以前的输变电资产，按 20 年剩余经营期考虑；私有化以后的新增输变电资产（1991 以后），按 40 年平均经营期考虑。

（4）香港地区。

香港地区输变电设施折旧年限如表 17.11 所示。

表 17.11　香港地区输变电设施折旧年限　　单位：年

项　目	年　限
土地	租约未满年限
电缆隧道	100
楼宇	35
输电及配电设备	35
电缆	30
电表、微波及光纤设备、干线网络	15
家具及固定装置、杂项机械及设备	10

（5）印度。

印度输变电设施折旧年限如表 17.12 所示。

表 17.12　印度输变电设施折旧年限　　单位：年

项　目	年限	项　目	年限
（a）变压器，变电站设备和其它固定设施（包括设备基础）	25	（f）计量设备	15
		（j）自动交通工具	5
（b）开关，包括电缆接头	25	（k）空调设备	
（c）避雷器	25	（i）固定的	15
（d）电瓶	5	（ii）移动的	5
（i）地下电缆，包括接线盒和分线盒	35	（m）（i）办公家具	15
（ii）电缆管	50	（ii）办公设备	15
（e）架空线，包括支撑		（iii）内部配线	15
（i）66kV 以上线路	35	（o）出租仪器	
（ii）高于 13.2kV 但不高于 66kV	25	（i）除电动机外	5
（iii）钢或加强混凝土上线路	25	（ii）电动机	15
（iv）柱线	25	（p）通讯设备	15

（6）美国。

2005 年美国颁布了新的能源安全法案，为促进电网的投资对现行输电资产的折旧年限进行了调整，由 20 年调整为 15 年，即折旧率由 5%提高到 6.67%，提高了 33%。

综合上述对于输变电资产折旧年限的规定可以看出：一是，同样的设备，发达国家规定的折旧年限要长于发展中国家。如架空线路，澳大利亚一般规定折旧年限为 50 年，印度一般规定 25 年左右；二是，折旧率的选择与政府鼓励电网建设的意愿和电网自身发展需要密切相关。以美国为例，加州大停电使美国政府意识到加强电力基础设施建设的必要性，因而降低了折旧年限，以提高电网企业的投资能力。

2．运行维护费。

国外确定合理电网运行维护成本的方法主要有：成本趋势分析法、对标法、企业模型方法等。

（1）成本趋势分析法。该方法分析电力企业在一定时间范围（三到五年）内的业绩和成本数据以确定合理的运行费用水平以及合理的用于定价的资金总额。该方法操作简单，在早期被电价监管机构使用。

（2）对标法。该方法从情况类似的企业中收集数据以评估某一类型的所有企业的标准成本。这种方法被澳大利亚、挪威、英国等国家的电价监管机构使用，在这些地区，对标法得到了深入的研究。对标法主要包括：计量经济学方法（参数方法），如回归分析、随机边界法、超对数成本函数；线性规划方法（非参数方法），如数据包络分析（Data Envelopment Analysis，DEA）、自由配置法（Free Disposal Hull）。其中，DEA 成为近年来各国输配电价管制中运用较多的方法。

（3）企业模型方法。这种方法采用了一种经典理论模型，该模型认为高效率的企业在各个方面都以最合理和谨慎的方式经营。在这种前提下，以理想模型为基础，并假定电力企业自身不会变化，仅根据模型的规律而改变，来预测企业的成本。这种方法曾被南美的某些国家采用，如智利。

第三节　电力组织结构

一、综述

（一）电力产业的经济特征

电力是以电能作为动力的能源。发明于 19 世纪 70 年代，电力的发明和应用掀起了第二次工业化高潮，成为人类历史上自从 18 世纪以来，世界发生的三次科技革命之一。20 世纪出现的大规模电力系统是人类工程科学史上最重要的成就之一，是由发电、输电、变电、配电和用电等环节组成的电力生产与消费系统。它将自然界的一次能源通过机械能装置转化成电力，再经输电、变电和配电将电力供应到各用户。

电力产业具有较强的规模经济性和自然垄断性。在电力产业的发电、输电、配电和售电这四个业务领域中，又表现出不同的垄断性和规模性。由于发电具有一定的独立性，不受地域和物理条件限制，发电生产显然不具自然垄断性，具有一定的竞争性。输电网是电力系统的主要电能输送网络，由于输电网络的建设投资巨大，重复建设输电网更不现实，因此，输电领域具有显著的自然垄断性。配电是输电网的延伸，是一种区域性的电网，它从高压电力输送网中取得电力，将电压调降到适合工业生产、商业贸易和居民生活所需的水平，然后通过配电网输送给最终用户，因此配电领域的自然垄断性并没有像输电领域那样显著，配电业务属于弱自然垄断性。对于售电领域，售电业务显然不具备自然垄断性和规模经济性，由于售电业务不包含输配电网的建设，售电对象包括工业用户、商业用户和居民用户，不同用户的特性也不尽相同，因此，售电业务具有很强的竞争性。

（二）电力工业结构重组的原因

长期以来，传统的经济学理论认为，电力是一种公共产品，电力工业是一个国家的公用事业，具有一定的规模经济性，具有很强的自然垄断特点。在实施电力体制改革前，人们普遍认为垂直一体化的电力工业组织结构形式可以减少市场交易成本，可以有利于协同调动各方资源，因此世界各国的电力工业过去都无一例外地实行发、输、配、售垂直一体化的组织结构。

现代经济学理论认为，在实际的市场中可能存在两种不完善，一是市场结构偏离完全竞争状况，市场竞争无法形成；二是所有的交易成本包括显性的交易成本和隐性的垄断成本。

由于电力市场与一般商品市场有很大不同，受规模经济制约和建设成本的考虑，在同一区域内只能存在一家电网公司，这种市场结构完全偏离了完全竞争状况，因此要形成市场竞争，就必须要改变传统的电力工业组织结构。

另外，电力工业的发展必须同时考虑交易成本和市场结构改变（产生垄断成本）带来的影响，而不仅仅是交易成本所产生的影响。只有企业所节约的交易成本大于管理成本与垄断成本之和，垂直一体化的组织形式才是可行的，当节约的交易成本小于管理成本与垄断成本之和，垂直一体化的组织形式就是不可行的，则必须对电力工业发、输、配、售的一体化结构进行分离和重组。

由于电力科技与信息化的大力发展，电力交易成本有下降的趋势，而电力工业由于规模扩大所产生的管理成本和垄断地位带来的垄断成本有不断上升的趋势。近年来世界各国对电力工业的改革实践证明，打破垄断、引入竞争，虽然增加了交易成本，但所节约的管理成本和垄断成本更大，总体经济效益更明显，更符合市场化改革的方向。

二、电力工业体制改革的基本模式

电力产业由发电、输电、配电和售电这四个紧密联系的业务环节构成。随着电力产业的市场需求与规模的不断扩大，新技术的发展与应用，垂直一体化的垄断型电力市场结构已经不适应电力产业快速发展的需要，而且垄断企业具有的服务差、效率低的通病也日益突出。针对这种状况，20 世纪 70 年代以来，许多国家对原有电力垄断企业采取分割政策，实行纵向市场结构的重组，取得了较为理想的改革成效，而这些国家的纵向结构重组呈现出一定的规律性，大多以发电、输电、配电和售电相分离的零售型竞争结构为目标模式。

世界各国对电力行业的改革采取了许多不同的方法和形式，但总结起来主要还是两个方面的改革：一方面是行业组织结构的改革，即行业内部的分工和结构分拆，如美国、加拿大、英国等；另一方面是所有制方面的改革，即由国有制向股份制的逐步过渡，如英国、德国、印度、北欧、日本、南非等国家。

从世界各国的电力体制改革特点来看，可以用四种模式来概括：垂直一体化结构的垄断模式、发电侧市场单边竞争模式、发售放开的批发市场竞争模式、批发零售并存的完全竞争模式。

（一）垂直一体化结构的垄断模式

发电、输电、配电和售电的垂直一体化垄断经营是传统电力产业结构的基本特征，在同一电力市场内，不存在竞争。根据各国电力市场改革进展的不同，这种结构模式还可以进一步分为全国性垄断和地区性垄断。完全或部分采用这种模式的国家有法国、德国、印度、南非、俄罗斯、非洲部分国家、加拿大魁北克省、伊拉克、叙利亚、埃及、黎巴嫩等国，但各国根据不同的社会体制，以及电力行业的发展趋势，垂直一体化的垄断模式表现形式也各有不同。

（1）垂直一体化的传统结构模式，但各环节在法律上或在功能上进行了分离。法国电力公司（EDF）仍然是发、输、配、售垂直一体化公司，但各环节在法律上相分离，同时在发电侧和售电侧分别引入了独立发电商和独立售电商，输电网和配电网保持垄断并由政府管制。加拿大的魁北克省电力体制市场化进程相对滞后，省政府全资拥有的魁北克水电局占有全省 97%以上市场份额，其经营的发、输、配、售电业务以功能性分离方式分为发电、输电和配电三个事业部，成本费用均独立核算。其输电网对所有发电厂和电力大用户开放，输电部调度和管理输电网络，运行魁北克省电能批发市场，无独立电力系统运行机构。除容量低于 5 万千瓦水电厂对外部开放外，发电部建设、运营绝大部分电厂。配电部拥有除独立电网之外的区域供电专管权。省政府财政局、能源局直接管理魁北克水电局，电价水平也由省政府有关部门按成本核定。

（2）垂直一体化公司和区域供电公司并存，但以发输配售一体化的公司为主体。德国总计大约有 900 家公用供电公司，按照供电任务可划分为三种类型公司。即：发输配售一体化公司、区域供电公司、地区供电公司。发输配售一体化公司的供电范围覆盖德国全境，其发电量所占市场份额为 78%，输电 100%通过输配电联网公司，其配电份额占30%，向终端客户售电份额占29%。南非电力工业是由国有全资的南非电力股份公司为主的垂直一体化垄断结构，市政配电公司和少量独立发电商共同参与的电力体系。南非电力股份公司（Eskom）是世界上第七大电力生产企业和第九大电力销售企业，主要经营南非国内的发、输、配电业务，供应南非95%的用电量，拥有并控制全国的高压输电网，同时也控制了60%的售电量，其余40%的售电量由近两百家市政配电公司控制。独立发电企业的上网电量，由Eskom所属的单一买家办公室来统一购买；市政配电公司所需要的电量，由Eskom通过趸售方式来供应。

（3）实行非常严格的垂直一体化结构模式。非洲厄立特里亚进行了纵向拆分（发、输、配、售的拆分）后，又重新回到了一体化结构的完全垄断模式。非洲的埃及国家电力控股公司（Egyptian Electricity Holding Company，EEHC）拥有全国大部分发电资产、全部输电和配电网。伊拉克电力工业全部由政府垂直控制，电力部设有发电、输电和配电办公室。叙利亚电力部是国家电力工业主管部门，并具有监管职能。电力部负责管理国有的公共发输电公司和公共配电公司，实现垂直垄断经营。黎巴嫩电力公司为国有，拥有国内全部发输配业务。

（4）部分地区实行垂直一体化的结构模式。印度目前只对 9 个邦电力局实施了发、输、配电的分拆重组，其余 17 个邦电力局还是发、输、配、售垂直一体化的公司模式。

（二）发电侧市场单边竞争模式

开放发电侧市场，由一家购电方或唯一代理机构向多家发电商购电，促进发电领域的市场竞争，但区域内的输配电与售电领域仍然实行垄断。在这种部分竞争的模式下，不允许发电商直接售电给终端消费者。购电方对输配电网及售电给最终消费者的领域进行垄断。

与垂直一体化的完全垄断模式不同，发电侧市场单边竞争模式的特点是在发电侧引入了竞争机制。在发电侧市场上，存在一定数量的发电企业，相互竞争销售电力产品，整个市场只有一个购电方。显然，这种发电厂市场单边竞争模式就是发电侧充分竞争，只由一个购电方完全垄断的电力市场，购电方对输配电网和终端消费者的电力供应依然实行垄断。因此，这种模式只是局部和部分竞争性的。局部竞争性是只在发电侧引入了市场竞争机制，而其他环节特别是售电环节依然保持垄断；部分竞争性是由于购电方一家垄断，因此发电侧的市场竞争也是不完全的。

（1）培育独立发电商，开放电能批发市场，在发电环节引入竞争。加拿大首先在发电端引入竞争机制，随后在与美国有电量交换的州进行电力市场开放，参与美国的电力市场竞争。各省电网自成整体调度运行。各省电力工业运行管理由独立的电力系统运营商负责，电力系统运营商是非盈利组织，独立于任何一家电力市场的参与者，全权负责省内电力市场的运营管理，保证电力系统的安全性和可靠性。负责联接电力发、输、配、用各环节，平衡省内电力电量，保证电网的安全运行。加拿大卑诗省是加拿大电力生产、消费第三大省份，由于卑诗省内电源以水电为主，电价偏低，电力体制改革的压力小。卑诗省水电公司虽然对发输配仍然实行垂直一体化管理，但其电价已分为发电厂上网电价、输电电价和供电电价三个部分，各占总电价的35%、20%和45%，各个环节成本和电价独立核算。卑诗省有FortisBC公司等独立发电商。开放了电能批发市场，通过允许电力大用户对其用电量的25%自由选择发电商，在发电环节引入竞争。

（2）成立独立的交易中心，上网电价由市场决定，市场只有唯一购买方。韩国电力公社（KEPCO）2001年开始重组，从韩国电力公社（KEPCO）中剥离出6家发电公司成为全资子公司，其中1家是水电与核电公司。按照改革计划，水电与核电公司将保持全国有性质不变，另5个发电公司则分步出售，逐步实现民营化。2010年8月份，韩国经济信息部宣布政府将直接控制这6个发电公司中的5个，但水力和核能公司依然保持独立。韩国发电公司的民营化进程推进缓慢，到2008年，韩国电力公社（KEPCO）的子公司依然持有发电资产的82%。除了剥离发电资产，韩国电力改革最重要的举措就是成立了独立的电力调度交易中心，该中心在2001年成立，发电上网电价由市场产生。所有的发电商和售电商都必须到市场上买卖电；少量有资格的大用户可以直接从电力库购电；韩国电力公社（KEPCO）几乎是市场的唯一购买方。

（3）实行发输配的分离，成立独立监管机构和交易中心。土耳其已经实现了发、输、配的拆分，建立了独立的监管机构，成立了独立的土耳其电力交易和合同公司（TETAS）。TETAS为单一购买者。

（三）发售放开的批发市场竞争模式

发电企业有权选择多家配售电商中的一家或几家向其售电。配售电商也有权选择发电企业，直接购买电力并通过输电网输送到终端消费者，但区域内的配售电网络依然实行垄断。此种模式在发电领域和批发售电市场都引入了市场竞争。实现这种模式的前提条件是输电网络必须开放，输电网络由非盈利的独立机构运营（一般为国有电网公司）。

在发售放开的批发市场竞争结构中，发电企业通过输电网竞争性地将电力产品批发销售给配售电公司，同时配售电公司也通过输电网竞争性地向发电企业批发购买电力商品，然后销售给终端用户。输电网向发电企业和配售电公司开放，根据交易主体双方的供给和需求输送电力并收取过网费。

与发电市场单边竞争模式比较，发售放开的批发市场竞争模式在竞争性上又进了一步，对竞争的延伸不是简单地在售电环节增加竞争的问题，而是构造了一个适合于电力产业的竞争构架。发售放开的批发市场竞争在输电网开放的基础上把竞争从发电环节延伸到了配售电环节。配售电公司作为中间消费者参与了竞争，突破了发电市场单边竞争模式中存在的购电方独家垄断的格局，更重要的是解决了输电网的开放问题。但是，在这种结构中，配售电公司依然垄断了对终端用户的电力供给，终端电力用户不能与发电企业直接进行交易，竞争不够充分。

（1）实现发输配的分离和民营化，配售电实行私有化，建立竞争性电力市场。巴西电力改革始于 1996 年，巴西电力改革经历了两个主要阶段。1996 年，巴西第一次电力改革开始，包括分离发电、输电和配电业务，对配电企业进行私有化，设立国家电力监管局（ANEEL）、国家电力系统运营及国家调度中心（ONS）、电力批发市场（MAE），在大中型水电项目的前期研究中引入竞争机制等。1999 年，开始执行新建输电线路和水电特许权拍卖制度，私人投资逐渐大量涌入，减轻了政府的投资压力。2004 年，巴西第二次电力改革开始，包括建立清晰、持久、透明的法律监管体制，进一步吸引私人投资；引入发电招标机制（售电价最低的发电厂中标，并签订长期售电合同）；将电力市场分为监管市场（ACR）和非监管市场（ACL）；电力交易中心（CCEE）替代 MAE 管理 ACR 和 ACL 市场；成立电力研究中心（EPE）。电力改革后巴西政府开始电力行业的私有化改革，逐步分离发、输、配环节，实行民营化，发电和输电仍然由政府管理，主要是巴西电力公司（ELETROBRAS）管理，配电实行私有化，建立了竞争性电力市场。

（2）发电侧开放竞争，多个售电商在批发市场购电，用户可以自由选择售电商。俄罗斯对战略性电力企业保持国有控股，核电 100%国有，水电公司国有股份占 52%，火电公司国有股份少于 35%；配电网公司和输电网公司合并成立的俄罗斯电网公司 100%由联邦政府所有，负责电力系统实时平衡，负责运行辅助服务市场，保障电网安全和电力系统可靠性；交易中心 ATS 是非营利机构，负责组织和管理电力批发市场交易。现有大约 120 个独立售电商在批发市场买电在零售市场售电，逐步开放了大用户选择权，大用户可以直接与售电商签合同，目前除了居民用户以外所有用户都可以选择售电商。另外，每个地区都有地方政府指定的保底售电商，为辖区内没有选择权或没有行使选择权的电力用户提供供电服务，这些保底售电商也兼有电力普遍服务职责，执行监管价格，并且实行地区特许经营，在一个地区只能有一家保底售电商。保底售电商也可以和独立售电商竞争，给有选择权的自由用户供电，目前欧洲区 68%、西伯利亚区 45%的自由用户由保底售电商供电。

（3）发输配售独立分离，建立电力批发市场，发售环节引进竞争，零售商实行市场准入制。澳大利亚电力市场的参与者包括能源市场运营商（AEMO）、电网服务供应商，以及各类发电商、用户和特殊参与者，电力市场的竞争很充分。一体化的电力企业结构被拆分成发电、输电、配电、零售四个独立经营系统，在发电和零售系统中引进竞争。1994 年 7 月正式建立维多利亚州电力批发市场；1996 年正式建立新南威尔士州电力市场；1998 年 12 月澳大利亚国家电力市场正式开始运营；2000 年 12 月昆士兰州电力市场形成并与市场主体联网。

澳大利亚一个州可以有多家发电公司，一个发电公司可以有多家发电厂。发电公司通过竞价向市场出售电力，跟市场参与者订立金融合同并向市场出售辅助服务。凡总装机容量大于30MW的电站都要注册参与市场竞争。每州都有一家输电公司，主要负责132kV以上输变电网的规划设计、管理、运行调度和经营工作。供电零售商的设立实行市场准入制，除了原来一体化的电力公司分离出来的供电零售商外，还允许新的零售商参与供电业务。零售商可以跨州经营，但必须按每个州的要求分别申请在该州的营业执照。

（4）推行发输配的拆分，各环节逐步实现私有化。中亚区域：南哈萨克斯坦电力体制改革始于1997年，几乎完全实现了发、输、配的拆分。目前，发电环节已经实现了97%的私有化；成立国家电网公司，负责100%国有输电网的运营；大部分配电公司也实现了私有化，售电侧的拆分正在进行。吉尔吉斯斯坦：1997年，国家电网公司拆分出来；2001年，4个配电公司从国家发电公司拆分出来，所有公司均为国有。乌兹别克斯坦：建立了国家电力集团公司，拥有16个发电公司、15个配电公司、1个电能交易公司（单一购买者），实现了功能的拆分。始于2001年的改革，允许私人购买最多达49%的发电公司和配电公司的股份。

（5）输配分离，发电侧竞争，购电市场开发，电力市场建设相对成熟。加拿大安大略省电力市场2002年5月1日开始运行。它分成输电和配电市场，接入50kV线路及以上的进入输电批发市场，目前有包括HydroOne公司在内的4家输电公司；接入50kV线路以下的进入配电市场，目前有90多家配电公司。在安大略省的电力批发市场上，没有一家发电商的市场占有率超过35%。在电力市场上，购电方可以有多种选择：购电方直接接在IMO控制的配电网上可以从零售商、发电商、市场或配电商处购电。加拿大阿尔伯达省的电力工业改革进展最快。1995年5月，阿尔伯达省实施电力公司重组法，标志着该省电力工业体制市场化改革的开始。2003年6月，阿尔伯达省在改组原有的独立交易中心基础上，成立了集独立电力市场系统运行者、电力调度中心、输电网络规划者为一体的阿尔伯达电力系统运行局（AESO），标志着阿尔伯达省电力体制市场化建立进入相对成熟阶段。

（6）电力市场各环节逐步私有化，实现发输配售的拆分。非洲电力行业采用的私有化途径主要有公司化、商业化、合约式管理、直接出售以及独立发电项目（IPPs）。重组包含纵向和横向拆分：纵向拆分，即发输配售的拆分；横向拆分，即将国家公司拆分为地方公司。现已经进行纵向拆分的国家有埃及、科特迪瓦、加纳、肯尼亚、尼日利亚、坦桑尼亚、乌干达和赞比亚。

（四）批发零售并存的完全竞争模式

在发售放开的批发市场竞争基础上，进一步允许电力用户自由选择供电企业，大用户可以直接向发电企业购电，输电与配电线路都开放，配电业务与零售业务分离，零售业务也实现充分竞争。在这种模式下，发电、批发和零售电力领域全面引入竞争。

批发零售并存的完全竞争模式把竞争进一步延伸到售电环节，建立了用户可以选择不同的售电公司，也可以直接向发电企业购电的这样一种电力商品交易模式。从终端用户的角度，从被动地付费购买电力商品转变为可以主动选择售电方和电力产品价格。批发零售并存的完全竞争模式有效地解决了电力产业各环节自然垄断属性和竞争性的关系。输配电网的自然垄断依然存在，但对外开放。发电企业和售电公司之间的竞争愈发激烈。因为在输配电网开放的情况下，没有配电资产或网络的售电公司是能够存在的，而且可以公平地与有配电网络的售电公司进行竞争。

（1）建立多元化的市场主体，在发、输、配售环节存在不同类型的竞争者。美国电力市场改革的基本思路是分离电能生产中的可竞争部分，包括发电、零售市场；对非竞争部分，包括输电、配电、调度、交易等环节进行监管。美国电力市场存在多元化的市场主体，在发电、配电、输电、售电等领域存在不同类型的竞争者。美国于 2002 年 7 月提出了标准电力市场的设计（SMD），提出分输电公司的发电和售电业务，成立独立输电服务商（ITP），其职责是：建设、拥有、管理和运行输电网络，作为市场的管制环节，不能开展市场中的交易业务；无歧视性的开放输电网络，提供标准输电服务。

发电所有权分散是美国电力市场一大优势。美国有数百家发电商，最大发电商控制的装机容量也不到全国总装机容量的 4%，全美前 20 家最大发电公司拥有的装机容量仅占全国总量的 45%左右。

美国电力市场另一个显著特点是输电网所有权分散。在其他国家，输电网通常被有限的几家公司所控制，但在美国，电网公司数量超过 500 家。美国电网大约 2/3 为公共事业电力公司所有，其他被众多联邦政府机构（如田纳西水电局）、市政电力公司和农村电力合作社拥有，还有一些为营利性电网经营公司或区域输电组织所有。但输电所有权过于分散也增加了电网规划、运营、投资和成本分配的难度。

关于输电公司和发电、售电是否分离，美国不同地区做法不一样。由于美国电力公司数量比较多，在部分电力市场没有要求发、输、配、售的分离。

（2）实行许可证管理，发输配售业务完全开放。英国对电力企业实行许可证管理，任何企业都可以从事发电、输电、配电、售电或者联网业务，但必须获得相应的许可证。同时，根据英国《2000 年公共事业法》规定，一个集团内可以同时拥有发电、配电、售电业务，但必须为集团内的独立法人企业，并分别获得业务许可。英国目前有 30 多家独立发电公司和 7 大发电集团，以及六大电力集团（被称为“六大”）。“六大”同时从事发电、售电业务，部分还从事配电业务。

（3）输电独立，建立电力批发市场，引入零售竞争，开放大用户购电权。阿根廷的电力工业由发电、输电、配电和售电企业组成，这些企业间所有权的交叉极其有限。同时，阿根廷不允许输电公司拥有发电或配电资产，发电和配电资产所有权的交叉限制在整个市场的10%以内。阿根廷的电力市场是一个相当竞争的市场，有大量的发电公司和配电公司参与市场竞争。

1992年阿根廷通过24065号电力改革法案，要求对电力工业进行重组和改造。政府开始对国有电力企业实施私有化改造，将垂直一体化的电力公司发电、输电、配电业务分开，各自单独成立公司。同年，建立电力批发市场，并引入零售竞争。1993年，国家电力监管委员会（ENRE）建立。1994年，制订了大用户（用电负荷在100千瓦到2兆瓦的用户）制度，允许他们直接向发电公司购买电力。发电、输电、配电三者之间，配电公司不得拥有发电企业，输电公司不得买卖电力，发电、配电公司和大用户不得拥有输电公司；配电公司之间或输电公司之间兼并或购买股票必须经过国家电力管理委员会的审批。

（4）发售竞争，输配管制，建立电力批发市场。新西兰的电力工业构成为发电公司，电网公司，配电公司及零售商。新西兰在电力改革中，实现发电与输电分离，发电和输电各自筹措资金；在电力零售方面建立电力市场，打破供电专营区，开展竞争；解决发电公司一统天下的局面，推行合同购电；发电公司允许投资者办电。新西兰全国主要有8家发电公司经营发电和电力零售业务，拥有、运行全国大部分的电厂（98%的发电容量）。发电厂通过竞价上网向零售商和终端用户售电。新西兰电网公司主要拥有输电系统并负责运行管理全国电网，包括电网经营、电力调度和输电、系统安全及购买辅助服务。新西兰对于电力工业的管制主要集中在输电和配电公司。新西兰主要有30家配电公司，拥有与国家输电网联接的低压配电网，配电商直接向零售商出售配电服务。某一地区的配电网可以为多家零售商服务，实行竞争供电。新西兰建立了电力批发市场，全国主要有7家零售商对用户供电，基本由发电商兼营。零售商须支付输电和配电服务费。

（5）建立多个市场主体，电力市场竞争开发，大用户参与售电侧竞争。北欧四国挪威、瑞典、芬兰、丹麦的电力市场主体包括：发电商、电网拥有者、大用户、零售商、投机商、服务提供商等。一个市场主体可以同时作为多个市场角色参与市场。发电商除在物理市场进行售电交易外，也可参与金融市场交易，北欧各发电集团由专业部门负责参与电力市场交易。电网拥有者（TSO和供电商）分别拥有主网架和配电网，必须保障电网安全稳定运行，保证对每个市场成员公平开放，另外电网拥有者必须在市场上购买负责运行电网的网损。大用户必须购电保证自身用电需求，可利用金融市场锁定购电价格，也可进行部分投机操作。零售商在市场中购电以满足市场需求，可以是拥有配电网的公司，也可以是不具有任何电网资产的但已获得资格的市场成员，零售商必须保证客户用电需求，可以利用金融市场进行套期保值和部分投机。投机商没有用户和发、输、配电资产，纯粹在金融市场上开展投机，为控制风险，操作过程中通常设定风险可承受范围。服务提供商为市场成员提供服务，如投资组合管理、结算服务等，为市场成员降低风险，获得更多效益。

（6）实行区域性电力市场，发电侧和售电侧形成竞争格局。日本电力工业的主体由10家私营电力公司（东京、东北、北海道、中部、北陆、关西、中国、四国、九州及冲绳）组成，这十家电力公司按区域划分，负责各自区域内发、输、配、售垂直一体化的电力服务，这十家公司的发电量占全国总发电量的80%，独立发电商和工业自备电厂发电占20%。最大的电力公司是东京电力，其发电量在总发电量中占24%。在发电环节，独立发电商、售电商、电力公司和PPS参与电力批发交易市场，形成了发电侧市场竞争；在输配电环节，电力公司负责运行输配电网，提供公平的电网准入和过网送电服务；在售电环节，电力公司负责向各自区域50千瓦以下的管制用户售电，本地电力公司、其他地区电力公司、售电商、PPS均可对50千瓦以上的自由用户售电，形成了零售竞争格局。日本的电力公司是私有的，除了十大区域电力公司以外，还有34家市、县政府经营的发电公司、20家联合投资的电厂等。

（7）实现竞争环节和垄断环节的分离，对所有用户开发售电选择权，成立监管机构。欧盟第三能源法案要点有：将垂直一体化公司的垄断业务拆分出来，允许成员国根据国情采用拆分程度不同的方案；各成员国必须建立独立的监管机构，主要职能包括监督认证发输配售的拆分是否符合要求，监管市场的有效性和公开公平性，防止操纵市场和价格；制定各国通用的电网运行规则包括运行安全与可靠性、容量分配、阻塞管理及并网要求等，以消除瓶颈。制定协调一致的电力市场规则，以促进电力市场融合和跨国电力交易；电力用户拥有售电公司选择权，售电公司要给用户提供信息，要制定完善的用户投资处理程序。

纵观以上各国电力体制改革，有的属于上述四种模式的其中一种，有的往往不完全属于其中的一种模式，而是其中几种模式的结合，或是某一种模式的变形。甚至个别国家的一部分地区是一种模式，另外一部分地区是其他模式。各国在电力体制改革中，充分考虑本国国情，并结合电力行业长期发展的特点，逐步形成具有自身特色的电力市场模式，即由单一市场和垄断模式，向多边市场和竞争模式发展，这已成为世界各国电力市场发展的主流方向。

三、电网、调度与交易的组织结构及功能

（一）电网和调度合一、交易机构分离的模式

（1）建立全国统一的调度和交易体制，交易机构独立分离，输电调度权归国家电网公司管理。英国在Pool阶段，市场采用强制参与、全电量竞价的模式，电网、调度、市场交易机构的业务紧密耦合在一起，共同保障电力系统安全前提下的公平竞争，因此，三项业务均由国家电网公司负责。进入NETA阶段，市场模式鼓励双边自由交易，市场交易机构成为提供标准交易管理的服务性机构，英国逐步形成了电网和调度合一、交易机构分离的模式。进入BETTA阶段，新交易制度实施的范围从英格兰和威尔士地区扩大到苏格兰地区，为适应不同体制的要求，苏格兰两大电力公司保持了一体化业务的产权关系，将输电调度运行权移交给国家电网公司，

建立全英国统一调度（除北爱尔兰）体制和统一的交易制度，形成了苏格兰地区调度和输电业务分离的格局，英格兰和威尔士地区，电网运营和调度运行仍由国家电网公司管理。

（2）设立国调中心，下设区域调度中，对主干电网实行统一调度管理。巴西电力调度、水库调度、防洪调度设在国家能源委员会下的巴西国调中心（ONS），负责全国电网调度、发电平衡、流域梯级调度等的优化调度和平衡。巴西国调中心（ONS）下设中北部、东北部、东南部和南部四个区域调度中心，国调中心兼管中北部区域调度中心。巴西国调中心通过四个区域调度中心，对巴西主干电网实施统一调度，主干电网覆盖2/3国土面积，提供全国98.3%的电力消费。

（3）实行分区电力供应和电力调度，成立电力批发交易所，允许大用户直购电。日本的十大区域电力公司分管各自辖区的电力系统运行，负责各辖区的电力供应和电力调度，各区域调度方式类似。各区域调度机构是负荷电力调度中心（CLDC），负责管理整个地区的调度运行；地区负荷调度中心负责当地调度系统的运行；集合控制中心负责当地的水电站和变电站的控制。2003年11月成立了私有的非盈利的日本电力批发交易所（JEPX），2005年4月1日，电力批发市场开始运行，为电力交易提供平台，通过电能批发交易形成电力市场价格。2004年2月，日本电力系统理事会（ESCJ）成立，成为输配电等业务的协调和管理机构。2004年4月，允许容量500千瓦以上且供电电压6千伏以上的用户自由选择售电商，这部分用户的用电量占总用电量的比例达到40%。2005年4月，允许容量为50千瓦以上且供电电压6千伏以上的用户自由选择售电商，这部分用户的用电量占总用电量的比例达到63%。

（4）通过中立方对电力市场进行管理，中立方不拥有任何电力资产。美国PJM是北美地区最大的互联电力系统，是电力联营市场比较成功的范本。PJM电力市场成立于1927年，控制区域包括宾夕法尼亚等13个州和华盛顿特区，服务人口超过5100万人。PJM不拥有任何输电线路、变电站、发电机组或者其他电力设施，是一个独立的实体，与任何市场参与者都没有关联。PJM是市场中立方，负责监控输电网络的可靠运行，并对电力市场进行管理。从本质上来说，PJM是一个不拥有电力系统资产的跨州调度和市场运行机构。PJM设有一个独立的董事会和成员委员会，董事会管理PJM业务。其成员委员会由发电商、终端用户、输电公司、配电公司和其他供应商五个专业委员会组成。新英格兰ISO（以下简称NEISO）作为美国地区性输电组织，在市场建设过程中，许多思路和市场建设方案都参照了PJM的做法，因此这两个电力市场有很多相似之处。

纽约ISO（以下简称NY-ISO）成立于1999年12月，取代了运行30多年的纽约电力库，负责纽约高压输电网络的可靠性运行和批发电力市场的管理。NY-ISO是一个非赢利性组织。纽约州电力网位于美国东北部，隶属于美国东北电力系统（NPCC），北部与加拿大的安大略和魁北克电网，东部与新英格兰电网，南部与PJM

电网，西部与 ECAR 电网相联。纽约 ISO 的主要职责包括：实时调度、系统监管、计划调整、能量市场、容量市场和输电阻塞管理、市场结算、系统长期可靠性规划等。纽约电力系统由多个公共事业组织和输电系统拥有者所有，它们包括：纽约联合爱迪生公司、纽约电力公司、美国国家电网、长岛电力公司、纽约州立电力－燃气公司、休斯顿中部燃气－电力公司和 Rochester 燃气电力公司等。

德州电网位于美国的南部，为独立运行电网，总体规模大约为全国电网的十分之一。德州电网负责电力市场运行的电力交易中心，即德州电力可靠性委员会（ERCPOT），定位为可靠、开放、公平的电力市场和电网的独立运行者。ERCOT 最高决策机构是董事会，董事会通过技术监督委员会进行技术管理。技术监督委员会下管理零售市场分会、批发市场分会、运行分会、商业运行分会、规则修订分会 5 个分会。运行分会管理市场运行、电网运行和输电网规划三个部门，电网运行部门包括调度运行和运行支持两部分。

（5）交易中心独立，电网运行、调度、输电网络合为一体。加拿大阿尔伯达省的电力工业改革进展最快。1995 年 5 月，阿尔伯达省实施电力公司重组法，标志着该省电力工业体制市场化改革的开始。2003 年 6 月，阿尔伯达省在该组原有的独立交易中心基础上，成立集独立电力市场系统运行者、电力调度中心、输电网络规划者为一体的阿尔伯达电力系统运行局（Alberta Electric System Operateor），简称 AESO。AESO 的成立，标志着阿尔伯达省电力体制市场化建立进入相对成熟阶段。

（6）成立了独立的交易中心，协调电力批发市场。韩国成立了独立的电力调度交易中心 KPX，该中心在 2001 年成立，作为系统操作员协调电力批发市场，采用成本电力库模式，发电上网电价由市场产生。

（7）建立独立的交易和合同公司，电力市场还未充分市场化。土耳其已经实现了发、输、配的拆分，建立了独立的监管机构，成立了独立的土耳其电力交易和合同公司（TETAS）。TETAS 为单一购买者。

（二）成立了独立的输电公司并拥有调度中心，交易中心则是完全独立的

欧盟各国目前统一市场化的改革仍在进行。按照第三能源法案进行的改革，大部分国家实行了对输电业务最彻底的拆分（OU），成立了独立的输电公司（TSO）。输电公司拥有资产并负责运行，拥有调度中心。欧洲有近 20 个交易中心，交易中心则是完全独立的。

（1）采用经营权拆分模式的国家和地区有：爱尔兰、英国的北爱尔兰、拉脱维亚。在这种模式下，调度中心保持独立。

（2）采用管理权分割模式的国家有：法国、瑞士、奥地利、爱沙尼亚、罗马尼亚、保加利亚、希腊。在这种模式下，调度中心不分离。法国电网公司（RTE）是法国电力公司（EDF）的子公司。

（3）大多数曾经选择调度中心独立的国家又逐渐将调度中心回归输电公司：意

大利 2000 年选择调度中心独立，2005 年回归输电公司；瑞士和西班牙的独立调度中心也选择回归输电公司；希腊 2012 年将采用经营权拆分模式（ISO）转换为采用管理权分割模式（ITO），调度中心不分离；德国有 4 个输电公司，采用的模式既有对输电业务最彻底的拆分（OU），也成立了独立的输电公司（ITO）。

（4）输电公司独立，电力公司负责电力交易和电力系统运行。阿根廷电力系统运行机构与输电系统所有者是分离的。电力市场管理公司（CAMMESA）负责管理电力交易和控制电力系统的运行。

（三）电网、调度、交易中心为一体的模式

（1）电力调度分三级管理，国家电力公司拥有并管理输电网及配电网。法国电力公司（EDF）在法国电力工业占有主要地位，它实行发、输、配、售在法律上相分离的一体化经营，输电公司兼系统运行者 RTE 和配电公司 ERDF 都是 EDF 的子公司，而 EDF 是国有资本控股。法国电力调度系统分为三级：国家电力调度中心、区域电力调度中心、地区配电调度中心。国家电力调度中心（NCC）管辖范围是 400 千伏及以上电网，主要任务是电网运行管理、电力电量平衡、网损管理以及与其他国家联网的协调调度；区域级调度由 7 个区域调度中心负责，管辖范围是 63～225 千伏的电网，主要任务是运行管理（如电压控制）以及协调发电和用电间的关系；地区配电调度中心由 76 个地区控制中心（DCC）管理，负责 63 千伏以下地方电网的运行和维护。

输电网由 EDF 的全资子公司法国输电网公司（RTE）运营，RTE 同时也是输电系统运行者即调度机构，负责 400 千伏、225 千伏、90 千伏、63 千伏输电网的调度运行。

配电网（20 千伏/0.4 千伏）资产属于地方政府所有，由法国配电网公司 ERDF 运营，ERDF 与地方政府签订公共服务合同，ERDF 是 EDF 的全资子公司，运营范围占法国配网的 95%，另外 5%由地区配网运营商（ELD）运营。

（2）输配合并，电力系统运行三级调度，交易中心组织市场交易。俄罗斯将配电网公司输电网公司合并，成立新的俄罗斯电网公司 OJSC。系统运行者 SO-UES 拥有跨区和区域电网调度权，负责电力系统实时平衡，保障电网安全和电力系统可靠性，负责运行辅助服务市场，100%由联邦政府所有；交易中心 ATS 是非营利机构，负责组织和管理电力批发市场交易。

俄罗斯电力系统运行采用三级调度，分为中央调度（CDA）、联合调度（IDAs）和地区调度（RDAs），有中央、西北、中伏尔加、北高加索、乌拉尔、西伯利亚和东部 7 个联合调度平台和 57 个地区调度机构。CDA 除管辖下属电网外，还管辖装机容量 100 万千瓦以上的直调电厂，负责联合电网间联络线的调度，其下一级为 IDA，联合电网 IDA 负责调度所属的容量 30 万千瓦以上的直调电厂，以及地区电网间的联络线，其下一级为 RDA，RDA 负责调度地区内的电厂。CDA 与 IDA 联合负责电力长期规划和短期运行计划，规范现有的调度体制，实现常规操作和对于紧急事件的自动处理。CDA 的职责包括调度、继电保护自动化、收集运行信息等，CDA 的主要目标是确保电网安全和推动电力市场发展。CDA 在 2007 年设计了辅助服务市场，负责辅助服务市场的运行。

（3）实行四级调度管理，各级调度中心无直接管理关系。印度电力调度管理体制实行四级调度管理，包括国家电力调度中心、区域电力调度中心、邦电力调度中心、邦内各地区配电调度中心，各级电力调度中心之间只有调度业务关系，无上下级直接管理关系。国家和区域电力调度中心分别负责跨区域和区域内主网架和有关发电厂的电力调度。邦级电力调度中心隶属邦电力公司，负责邦内电力调度。地调隶属邦内各配电公司，负责所辖范围内的电力调度业务。各邦电力调度中心原则上接受区域调度中心的调度指令，但印度的联邦体制决定了各邦自主性和独立性非常强，同时区域与邦调度中心之间不存在直接隶属关系，发生矛盾时需通过中央电力监管委员会进行调节。

（4）经历数次电力市场改革未成功，由一家公司垄断发输配售各环节。南非于 2002 年 3 月成立由公共企业部牵头的电力重组委员会，拟将发电环节改组为多个子公司开展内部竞争，建立独立的输电公司和独立市场交易中心。但是，2005 年 2 月，南非政府宣布暂停了组建独立交易中心和批发竞争电力市场的相关努力，原因是当时的电源侧主体结构不足以支持一个有效运作的批发竞争电力市场。2005 年 7 月，南非的第一个地区配电公司成立，但配电领域的改革受到地方政府的抵制。2006 年，配电公司被迫解散。2010 年，南非政府内阁放弃了配电公司的改革模式，承认当前阶段还缺乏宪法修正案的支撑，配电改革暂时搁置。尽管电力体制改革目标和任务早已确定，但电力工业重组和自由化的步伐却异常缓慢，既定的多项改革方案得不到有效实施或中途夭折。当前，南非电力公司（Eskom）仍垄断经营南非全境 98%以上的发电业务、全部高压输电业务、60%以上的输配电业务和全部的跨境交易业务。

（5）分区域电网，实行集中调度，交易中心负责电力市场的运行。巴西国家电网分为南部、东南部、北部和东北部四个大区电网，由国家电力系统运营及国家调度中心（ONS）进行集中调度，国家电力监管局（ANEEL）监管。

巴西国调中心（ONS）负责巴西国家互联网的调度运行。国调中心下设中北部、东北部、东南部和南部四个区域调度中心，国调中心通过四个区域调度中心，对巴西主干电网实施统一调度，各区域电网之间采用联络线功率控制模式（TBC）调度控制。主干电网覆盖 2/3 国土面积，提供全国 98.3%的电力消费。

巴西电力交易中心（CCEE）在巴西电监会的授权下负责市场的运行，并组织发电、输电工程招投标。目前有 2554 家发、用电用户参与交易中心组织的市场。

巴西的配电市场比较分散，主要参与者是 63 家供电公司，最大公司占比 12.5%，35%为国有，65%为私有。输电主干网称为国内互通网络（SIN），是巴西国内一个大规模的发电和输电网络，支配着巴西98%的用电需求，其中，巴西电力公司占比56%，其他四家占比45%，54%为国有，46%为私有。

（6）由一家市场运营商负责电力系统运行，管理输配电网络，组织电力交易市场。澳大利亚能源市场运营商（AEMO）成立于2009年7月1日，负责管理国家电力市场（NEM）和燃气市场。AEMO由澳大利亚政府委员会设立、并在能源部长理事会（MCE）指导下发展，通过将电力和燃气市场功能、国家电力市场系统运作、维多利亚州燃气运输管理电网和国家输电规划集中到一个运营框架之下，增强了能源市场的国有特点。

关于电力市场的运作。AEMO承担电力系统运营商和市场运营商两方面的作用。AEMO在不同的州的控制中心运营互联的东部和南部电力系统。

关于传输服务。AEMO负责规划和购买新的输电能力，用以连接发电机与客户到输电网上。使其能够达到电网成本、可靠性和市场经营效益之间的平衡点。

关于市场发展。AMEO经营着国家电力市场以及澳大利亚东部和东南部的零售和批发燃气市场。澳大利亚的电力市场采用总市场模式进行交易，参与市场的发电商所生产的所有电力，必须通过电力市场以投标竞价的方式去售卖，而零售商也必须通过市场购买所要的所有电力。

（7）电网公司负责全国电网的运行和调度，电力市场公司经营电力市场。新西兰电网公司1994年7月开始独立运行，主要拥有110千伏，220千伏交流输电线路及350千伏高压直流输电线路组成的输电系统并负责运行管理全国电网，包括电网经营、电力调度和送电、系统安全及购买辅助服务。新西兰发电与输电分离，配电端公司化以后，就形成了电力市场。目前电力市场由电力市场公司经营。电力市场公司向发电公司买电，然后趸售给供电公司。电力市场的电价和合同内容公开透明。

（8）国家拥有绝大部分电力资产，拥有并管理发输配业务。埃及国家电力控股公司（Egyptian Electricity Holding Company，EEHC）拥有全国大部分发电资产、全部输电和配电网。

伊拉克电力工业全部由政府垂直控制，电力部设有发电、输电和配电办公室。叙利亚电力部是国家电力工业主管部门，并具有监管职能。电力部负责管理国有的公共发输电公司和公共配电公司，实现垂直垄断经营。黎巴嫩电力公司为国有，拥有国内全部发输配业务。

四、调度的管理

（一）国家调度中心统一组织调度，调度机构实行分级管理

（1）英国电网调度机构共分两级，输电网和配电网各设一级调度，分别称为大不列颠系统运营机构（GBSO）和配网运营机构（DNOs）。在输电网层面，英格兰和威尔士地区以及苏格兰地区实行全国统一调度，调度机构隶属于英国国家电网公司，主要工作为确定电网设备的运行与检修计划，维持系统平衡，保持系统安全等。

为保持系统平衡，建立了平衡机制，管理平衡市场。

（2）法国电网是一个联合多级电网。调度系统分为三级：国家电力调度中心、区域电力调度中心、地区配电调度中心。国家电力调度中心（NCC）管辖范围是400千伏及以上电网，主要任务是电网运行管理、电力电量平衡、网损管理以及与其他国家联网的协调调度；区域级调度由7个区域调度中心负责，管辖范围是63～225千伏的电网，主要任务是运行管理（如电压控制）以及协调发电和用电间的关系；地区配电调度中心由76个地区控制中心（DCC）管理，负责63千伏以下地方电网的运行和维护。

（3）俄罗斯电力系统运行采用三级调度，自上而下分别为中央调度（CDA）、联合调度（IDAs）和地区调度（RDAs），有中央、西北、中伏尔加、北高加索、乌拉尔、西伯利亚和东部7个联合调度平台和57个地区调度机构。CDA除管辖下属电网外，还管辖装机容量100万千瓦以上的直调电厂，负责联合电网间联络线的调度，其下一级为IDAs，联合电网IDAs负责调度所属的容量30万千瓦以上的直调电厂，以及地区电网间的联络线，其下一级为RDAs，RDAs负责调度地区内的电厂。

（4）巴西国家互联电网分为南部、东南部、北部和东北部四个大区电网，由国家电力系统运营及国家调度中心（ONS）进行集中调度，巴西国调中心（ONS）负责巴西国家互联网的调度运行，下设中北部、东北部、东南部和南部四个区域调度中心，国调中心兼管中北部区域调度中心。巴西国调中心通过四个区域调度中心，对巴西主干电网实施统一调度，各区域电网之间采用联络线功率控制模式（TBC）调度控制。主干电网覆盖2/3国土面积，提供全国98.3%的电力消费。

（5）阿根廷电力联营体（Pool）是紧密的，所有连接到主电网上的发电机组都必须提交其发电容量并参加统一调度。批发电力市场管理机构（CAMMESA）依据最低的边际成本调度各个发电厂。水电由于较低的边际成本拥有优先调度权。抽水蓄能电站具有储藏能量和释放能量的功能。由于在枯水季节抽水蓄能电站单位装机的边际成本升高，所以热电站在抽水蓄能电站之前优先调度，但在丰水季节抽水蓄能电站会比热电站得到优先调度。

（6）澳大利亚能源市场运营商（AEMO）成立于2009年7月1日，负责管理国家电力市场（NEM）和燃气市场。AEMO由澳大利亚政府委员会设立、并在能源部长理事会（MCE）指导下发展，通过将电力和燃气市场功能、国家电力市场系统运作、维多利亚州燃气运输管理电网和国家输电规划集中到一个运营框架之下，AEMO承担电力系统运营商和市场运营商两方面的作用。AEMO在不同的州的控制中心运营互联的东部和南部电力系统，整个国家电力市场或个别地区都可以被其中一个或两个中心操控调度。

（7）印度电力调度管理体制实行四级调度管理，包括国家电力调度中心、区域电力调度中心、邦电力调度中心、邦内各地区配电调度中心，各级电力调度中心之间只有调度业务关系，无上下级直接管理关系。国家和区域电力调度中心分别负责跨区域和区域内主网架和有关发电厂的电力调度。邦级电力调度中心隶属邦电力公司，负责邦内电力调度。地调隶属邦内各配电公司，负责所辖范围内的电力调度业务。各邦电力调度中心原则上接受区域调度中心的调度指令，但印度的联邦体制决定了各邦自主性和独立性非常强，同时区域与邦调度中心之间不存在直接隶属关系，发生矛盾时需通过中央电力监管委员会进行调节。

（8）南非电力股份公司（Eskom）拥有和运行全国的高压输电网，管理全国范围内的机组调度。从 20 世纪 60 年代开始，南非电网先后同莱索托、斯维斯兰、莫桑比克、博茨瓦纳、纳米比亚、赞比亚和津巴布韦等国家建设有联络线路。南非的配电业务由 Eskom 和 184 家市政配电公司经营，Eskom 的配电部门是南非最大的配电企业，其用户数和售电量约占总量的 40%和 60%，主要向大型工矿企业和偏远地区供电。市政配电公司一般在当地政府管辖地域内向用户供电，在各自行政区域内垄断经营配电业务。

（二）没有全国性或统一的调度中心，实行区域性或分散式的调度管理

（1）欧盟没有统一的电网调度中心。各输电公司都有各自的调度中心和依电压等级形成的分层调度体系，大部分输电公司的最高一级调度中心都是各个国家级的，不同电网各自有由相应各国电网公司组成规划和运行协调的合作组织。随着跨国电能交易、新能源、更加灵活的日内市场等原因，成立了ENTSO-E5，欧洲大陆（原 UPTE）、北欧（原 NORDEL）、波罗的海（原 BALTSO）、英国（原 UKTSOA）、爱尔兰（原 ATSOI）等 5 个区域组织加入 ENTSO-E。ENTSO-E 的运行委员会负责欧洲电网的运行协调，其主要职能为：制定欧洲电网运行标准、统一电网计算模型及边界条件、电网极端条件下的运行协调、制定运行备用容量规则、事故分类及调查、促进加强电网运行协调和服务等。

（2）日本的十大区域电力公司分管各自辖区的电力系统运行，各区域调度方式类似。如九州电力公司主要负责九州岛的电力供应和电力调度，调度机构是负荷电力调度中心（CLDC），CLDC 负责管理整个九州地区的调度运行，地区负荷调度中心负责当地调度系统的运行，控制 500 千伏变电站，集合控制中心负责当地的水电站和变电站的控制。CLDC 采用经济调度方式，以经济性为原则进行发电机组运行方式安排以实现供需实时平衡。

（3）德国电力市场是一个分散的市场，因为市场成员主要考虑本单位合同交易，而不怎么考虑整个电网的物理约束。根据市场成员与本单位的合同，电网运营商负责管理物理性的电网传输约束，以及保持发售之间的电力平衡。在德国，电力调度的优先级顺序是低热值的褐煤电厂、热电联产机组、新能源等这样的发电设备必须优先运行于其他类型的发电设备，剩下只有不足 50%的电力市场才是具有竞争性的。德国输电网拆分出来 Amprion、TenneT、EnBW 和 50Hertz 共 4 家传输管网公

司负责运营。德国各区域或当地的配电网由大量当地的垂直一体化公用事业公司负责运营，而四大供电商 RWE、E.ON、EnBW 和 Vattenfall 持有这些公共设施的股权。保持全国性的大型运营商和当地电网运营商的业务平衡，防止出现一方独大的垄断局面。

（4）加拿大的电力工业基本上是分省管理。除西北地区由加拿大政府设立的北加拿大电力委员会（NCPC）负责管理加拿大北方原住民集中的西北地区、育空地区和努纳武特地区等三个行政区电力事业外，各省电网自成整体调度运行。在加拿大宪法之外，电力行业法的制订都属于州政府的权限，过境输电线路的建设、向美国的电力出口，以及核电站的设计、建设、运行等都是联邦政府的管辖范围。

（三）区域系统之间采用联合调度，实行经济调度满足负荷需要

美国在 1996 年颁布了 888 号法令，明确电网的拥有者不能同时拥有发电和供电企业，鼓励构建 RTO（区域电网运行中心）/ISO（独立系统运行中心）来管理整个输电系统的运行。RTO/ISO 通过将输电网络的运行控制权与其所有权以及发电、输电运行控制权的分离，有效的分拆具有自然垄断性质的垂直一体化电力系统运行功能。RTO 负责调度职责范围内（州以上规模的区域）的电网，有权决定调度指令。PJM 的调度运行模式，是 888 号法令形成的现有模型。美国区域电网的调度运行是通过电力公司间自发形成，调度运行模式差别较大，没有全国层面的调度管理机制，各区域电力系统之间采用联合调度。

PJM 是一个不拥有电力系统资产的跨州调度和市场运行机构。PJM 是比较典型的 RTO，其职责是在安全约束前提下实施经济调度，使用成本最低的机组来满足系统负荷，致力于运行一个可靠、高效的基于报价的市场。PJM 设有一个独立的董事会和成员委员会，董事会管理 PJM 业务，成员委员会由发电商、终端用户、输电公司、配电公司和其他供应商五个专业委员会组成。PJM 实施的经济调度，通过机组排序来满足负荷需要。新英格兰 ISO（以下简称 NEISO）作为地区性输电组织，在市场建设过程中，许多思路和市场建设方案都参照了 PJM 的做法，因此这两个电力市场有很多相似之处。在电力市场设计上，几乎完全套用 PJM 电力市场市场设计及其操作软件，而且也结合了其他（如纽约）电力市场设计的优点，如电量、运行备用、辅助服务共同优化；电价考虑线路损失，按地区购买辅助服务等，从而降低了市场开发风险，取得了明显的成效。

纽约 ISO（以下简称 NY-ISO）正式成立，取代了运行 30 多年的纽约电力库，负责纽约高压输电网络的可靠性运行和批发电力市场的管理。NY-ISO 是一个非赢利性组织。NY-ISO 的主要职责包括：实时调度、系统监管、计划调整、能量市场、容量市场和输电阻塞管理、市场结算、系统长期可靠性规划等。NY-ISO 的组织机构包括董事会（有 10 名成员），负责监管 ISO 的运行并任免公司总经理，公司 CEO 负责 ISO 的日常运行。管理委员会、执行委员会和商业事务委员会成员都由各市场参

与方代表组成。

五、交易的管理

（一）交易中心独立，负责统一组织电力交易

（1）英国2000年，成立了第一个独立电力交易所（APX）。2010年1月，建立了N2EX市场。交易所之间存在一定程度的竞争，交易所的盈利的主要来源是交易费用，包括会员费和交易费，对非会员的数据服务收取服务费。

英国目前采用分散交易模式，交易所为独立的机构。交易所是个可以竞争的领域，目前存在两个交易所，通过交易服务吸引市场参与者，组织物理交易和金融交易，将交易结果通知平衡结算公司（Elexon）和调度机构。

英国电力平衡结算管理公司（Elexon）负责按照《平衡和结算规范》对发电商、售电商的实际发电量或消费电量与登记交易电量之间的不平衡电量进行计量和结算。目前Elexon是英国国家电网公司的一个子公司，但是按照法律规定建立了较为完善的治理委员会，与电网公司其他业务相分离。

（2）日本电力批发交易所（JEPX）于2003年11月成立，2005年4月正式运营。JEPX是非营利性质的事业法人，采用会员制，会员有电力公司、发售一体化公司PPS、企业自备电厂等，会员不论出资额多少都拥有同样的投票权。JEPX的最高权力机构为社员（出资人）大会，执行机构为JEPX理事会，下设三个常设委员会、两个特别委员会及负责日常行政的事务局，此外还有负责监督交易所运营的监事会。常设委员会有市场交易监督委员会，交易纠纷处理委员会和运营委员会。市场交易监督委员会由中立立场的5人组成，监督交易情况，保证电力交易公平进行，防止价格操纵。交易纠纷处理委员会由5人组成（中立者须过半数），制定解决交易会员之间纠纷的相关条款，调解交易纠纷。运营委员会由21名成员组成，负责交易所的运营、交易所章程的修订及制度的执行及修改等相关问题。特别委员会有市场交易检证特别委员会和问题处理特别委员会，研究处理交易所运营的各种问题。

（3）俄罗斯电力交易中心是市场运营管理机构，是一个非盈利机构，国家股份少于50%，金融结算中心是其全资子公司，负责组织批发市场的合同交易。平衡市场由调度中心负责，处理日前市场实际需求和发电的偏差。由联邦反垄断服务机构（FAS）监控日前市场以防止行使市场力的行为。联邦电价服务机构（FTS）负责确定居民支付的管制价格，电力金融市场由“莫斯科能源交易所”负责监控，系统运行者负责每年组织一次辅助服务提供商的招标。按照电力市场建设的规划，日前集中竞价交易和自由交易的电量将逐步扩大，并最终取代受监管的合同交易。

（4）德国在1998年3月出台能源法案后，第一家电力交易所莱比锡电力交易所于2000年6月16日正式成立。莱比锡电力交易所通过六家签署了交易协议的企业开展现货市场交易。远期市场交易的运作始于2001年的7月。莱比锡电力交易所的

主要运作模式是NORDPOOL。位于法兰克福的欧洲能源交易所于2000年的8月正式运行。欧洲能源交易所提供一个日前市场按小时分割的交易合同，而成批成交的电力商品是以拍卖的形式单独进行的。其远期市场的交易始于2001年的3月。两家电力交易所（莱比锡电力交易所以及欧洲能源交易所）最终合并成一家新的欧洲能源交易所。

（5）巴西电力交易中心（CCEE）在巴西电监会的授权下负责市场的运行，并组织发电、输电工程招投标。CCEE是会员制非盈利性质的私人民间组织，并受ANEEL的监管。CCEE实行会员制，目前已有会员单位1031家，由自由用户、独立发电商、代理商、配电公司、发电公司、自备电厂、电力进口商组成。巴西竞争性电力市场包括合约市场和现货市场，现货市场是对合同市场的补充。合约市场又分为管制合约市场（占74%以上）和自由合约市场（占不足26%）。在管制合约市场，发电企业通过能源池（energy pool）将电能销售给配电公司，配单公司再将电能销售给终端用户。在自由合约市场，发电企业可以与自由用户直接交易。

（6）澳大利亚1994年7月，正式建立维多利亚州电力批发市场，市场的管理由维多利亚州新成立的维多利亚州电力交易中心负责。1995～1996年，正式建立新南威尔士州电力市场。随后政府将25个配电公司合并组成了6家公司，每一家公司拥有一个配电业务及一项零售供应业务。

新南威尔士州和维多利亚州两大电力市场于1997年5月联网，实现了电力的跨州自由贸易，也形成了澳大利亚国家电力市场的雏形。1998年12月13日，由新南威尔士州、维多利亚州、昆士兰州、南澳大利亚州和首都参与的国家电力市场正式全面运作。2000年12月，昆士兰州与市场主体的联网，进一步加强了市场的一体化。国家电力市场管理公司统一进行市场操作。

（7）印度2007年2月由印度电力监管委员会发布了电力交易的准则，并于2010年1月2日发布了新的电力市场交易条例。印度能源交易所（IEX）和印度电力交易所（PXIL），分别于2008年6月27日、2008年10月22日开始正式运营。2009年7月1日，印度电力监管委员会原则上批准成立国家电力交易公司（NPEX）。目前，印度的电力交易主要以跨邦的电力交易为主，主要在电力富余的东部、东北部区域和电力短缺的北部、西部区域之间进行。印度电力交易主要包括长期电力购买协议（PPAs）和比例较小的短期双边合约。

（8）南非电力股份公司（Eskom）仍垄断经营南非全境98%以上的发电业务、全部高压输电业务、60%以上的输配电业务和全部的跨境交易业务。

（二）区域内有多个交易中心，分别制定各自的交易规则

（1）欧盟有9个主要的电力交易中心，在交易规则制定方面，有的依据国家制定的交易规则，有的交易中心自己制定交易规则。在经营模式方面，既有通过与其他交易平台（如经纪人）开展竞争而获利的交易中心，也有因具有垄断特点而接受

监管的非盈利性质交易中心：

1）北欧交易中心（Nord Pool）：Nord Pool 是欧洲最大的电力交易中心。目前的 Nord Pool Spot 是电力现货交易中心，运行北欧国家和德国等周边国家参与的 Elspot 日前市场、融合后的区域日内市场 Elbas。

2）欧洲能源交易中心（EEX）：欧洲最重要的能源交易中心之一，开展电力现货和期货交易。EEX 是欧洲品种最丰富的交易中心，有日前和日内市场的现货，还有最长至 6 年到期的期货。2011 年，EPEXSPOT 的电力交易量达 3140 亿千瓦时。EEX 总部还提供参与天然气、煤炭和排放现货和期货交易市场的服务。

3）意大利电力交易中心（IPEX）：2004 年成立。电力现货交易市场。2012 年月度交易量在 110～150 亿千瓦时之间。

4）法国电力交易中心（Powernext）：2001 年成立并开始现货交易，2004 年开展期货交易。目前的交易品种有电力和天然气现货和期货。

5）APX 电力交易中心：APX 为英国、荷兰和比利时建立电力和天然气现货交易市场。2012 年交易量约 850 亿千瓦时。与欧盟委员会合作，2004 年 APX 开始实施法国、荷兰和比利时的市场融合方案，即 3 国的供求曲线合一，市场成员在同一平台竞价，以跨国联络线输电容量为约束条件。

6）比利时电力交易中心（Belpex）：2002 年 11 月 22 日，Belpex 成立，其重要特点是和邻近的荷兰 APX 和法国的 Powernext 实现了日前市场融合。有关分析显示，其价格融合度达 90%，是所有交易中心中最高的。目前没有期货交易，只为其他交易中心期货市场公布其不同时段的平均值。

7）ICE 欧洲能源衍生品交易中心（ICE Endex）：原欧洲能源衍生品交易中心（Endex）成立于 2002 年。2013 年 3 月更名为 ICE Endex。主要提供电力（比利时和荷兰）和天然气（荷兰和德国）期货交易、天然气现货和平衡市场（英国、比利时和荷兰）交易。

8）伊比利亚电力交易中心（OMEL）：2004 年 10 月 1 日，西班牙和葡萄牙签订协议，建立伊比利亚电力交易中心（原名 OMI），由两国共有。2011 年 6 月 1 日，委托给西班牙电力交易中心（OMEL）管理并运行伊比利亚电力市场，主要提供两国电力现货交易。

9）奥地利电力交易中心（EXAA）：2002 年 10 月成立。EXAA 在德国和奥地利提供电力现货交易。

（2）在美国联邦政府旨在促进和形成电力工业市场化改革的法律法规出台后，美国逐步形成了联邦政府、州政府两级监管体系框架，并逐步形成了加州、中西部、新英格兰、纽约、西北、PJM、东南、西南、Southwest Power Pool（SPP）、得州 10 个区域电力市场。美国的 10 个区域电力市场的发展进程不尽相同，有公认较成功的 PJM 电力市场经验，也有加州电力市场危机的深刻教训。总体来看，近十年，美国电力市场运行比较平稳，各项市场指标比较合理。美国标准电力市场的设计（SMD）提出的概念，大部分得到认可，但也有一些方面不同的电力市场做法不一样。趋同的方面：输电网开放，双边合约交易取代集中交易，建立容量市场，上网电价采用LMP计算方法，通过输电权交易解决输电堵塞问题；不同做法的方面：关于输电公司是否和发电、售电分离，美国不同地区做法不一样。由于美国电力公司数量比较多，在部分电力市场没有要求发、输、配、售的分离。

（3）加拿大各省电力工业的运行管理由独立的电力系统运营商负责，承担电网调度、电网规划、组织市场交易和电力市场运营功能。在安大略省，该运营商为IESO，保证输电网完全开放。IESO成立于1998年，是一个非盈利组织，独立于任何一家电力市场的参与者，主席由安大略政府任命。该组织全权负责省内电力市场的运营管理，保证电力系统的安全性和可靠性。2003年6月，阿尔伯达省在该组原有的独立交易中心基础上，成立集独立电力市场系统运行者、电力调度中心、输电网络规划者为一体的阿尔伯达电力系统运行局（AESO）。AESO的成立，标志着阿尔伯达省电力体制市场化建立进入相对成熟阶段。

（4）阿根廷电力批发市场由批发电力市场管理公司（CAMMESA）管理。CAMMESA是一个非营利机构，其成员有发电商、输电公司、配电公司、大用户及能源秘书事务局，能源秘书事务局代表零售用户的利益。经费来自政府和发电公司。下设运行中心负责电力市场的调度运行管理。

阿根廷有两个主要的互联区域，各有自己的电力市场，它们分别是电力批发市场（MEM）和南巴塔哥尼亚电力批发市场（MEMSP）。MEM拥有95%的装机容量，而MEMSP的规模则很小。电力批发市场MEM由批发电力市场管理机构CAMMESA管理，是阿根廷电能商品的主要交易市场。MEM的参与者为发电公司，输电公司，配电公司，大用户和电力经销商。

MEM同时包含期货市场和现货市场。从市场参与者数量及市场规则的角度来看，阿根廷电力批发市场是高度竞争的。根据交易商品的不同，阿根廷的电力市场可分为三种：电量市场，容量市场和辅助服务市场。

（三）由于电力交易市场的发展，不同国家的交易中心进行整合

（1）法国于2001年建立了电力交易中心（Powernext），市场交易以双边合约交易为主，也开展市场主体自愿参与的日前集中竞价交易。2004年6月Powernext期货市场启动，2006年11月将法国的Powernext、比利时的Belpex和荷兰的APX三个电力交易中心进行整合，建立了三个国家的集中交易市场。2010年11月，整合了法国、比利时、荷兰、卢森堡和德国日前市场。2012年1月，进行了法国和瑞士间跨境长期输电容量拍卖和日间输电容量拍卖。2012年6月，进行了法国和意大利间跨境日间输电容量拍卖。

（2）北欧电力现货交易所（简称“北欧电现所”）负责组织电力现货市场交易。

2012年8月前，北欧四国挪威、瑞典、芬兰、丹麦电网公司分别持有北欧电现所的股权。2012年8月爱沙尼亚、立陶宛参与北欧电力现货市场，通过股权转让其电网公司各获得2%的股权，北欧四国电网公司分别出让1%的股权。北欧电现所全资拥有北欧电力芬兰公司（NordPool Finland Oy，负责日内平衡市场）、市场咨询公司（NordPool Spot AB，负责市场推广、市场分析及咨询），并与西北欧其他四个电网公司及交易所共同建立欧洲市场联合公司（European Market Coupling Company），负责各国之间的联络线输电阻塞管理，占有20%的股权。北欧电现所于2012年12月将所持北欧燃气公司50%的股份出售给丹麦电网公司。

六、政府管理及监管

（一）政监分离，监管市场行为，保证公平交易

（1）英国在1989年的电力工业改革中，确定了政府制定宏观政策、监管机构依法监管、市场主体自主决策的定位，其中重要一条，是实行“政监分离”，1990年建立了电力监管机构，1998年合并成立天然气和电力权力机构（GEMA），监管办公室（Ofgem）是具体执行机构。

能源和气候变化部（DECC）是英国电力和天然气行业的政府主管部门，负责制定宏观能源政策，提出立法申请，形成法律的形式，确保政策的执行。天然气与电力市场监管办公室是英国电力与天然气监管部门，独立于政府，受议会监督，同时监管天然气和电力两个市场，目前根据2000年竞争法的规定，在天然气和电力市场领域与竞争委员会有共同的权力，行使法律赋予的职责。主要负责保护用户利益、促进市场竞争、实行价格监管、管理业务许可，具有一定处罚权。

按照竞争法案，英国的一些相关部门对电力市场运行和运营行为也具有监督管理权力，从不同角度对市场行为进行监管。一是公平交易办公室（OFT），依据反垄断法、竞争法及公平交易法对操纵市场、企业并购等行为进行监管；二是竞争委员会（CC），主要应监管办公室（Ofgem）和公平交易办公室（OFT）的要求对纠纷处理进行详细的调查，仲裁市场成员的投诉和纠纷。

（2）阿根廷经济和生产部负责能源工业的事务，并由能源委员会（SE）代表其行使权力。能源委员会负责制定国家能源政策，为电力市场确定调度准则。能源委员会还负责电力行业的监察，并对电力市场的修改提出建议。1992年成立了国家电力监管委员会（ENRE），负责制订电力行业技术、安全和运行标准，审批输、配电企业的基础费率。该委员会根据已制定的法律、规则和运行标准监管输电和配电企业，避免出现垄断行为。还负责解决行业内争端，保护消费者权益。ENRE由5个任期为5年的委员构成，委员通过选举产生，并由能源委员会报请国会批准。

（3）澳大利亚的能源监管体制包括：能源资源常务理事会（SCER）、澳大利亚能源市场委员会（AEMC）和澳大利亚能源监管机构（AER）。其中SCER是澳大利亚专设的能源政策机构，成员由联邦政府官员和各州能源部长组成；AEMC作为独

立的法定委员会，主要负责监管规则的制定，AER 作为全国专门的能源监管执行机构，主要负责监管规则的具体实施。此外，澳大利亚各州独立监管机构和澳大利亚竞争与消费者委员会（ACCC）也在其职责范围内履行监管职责。

（4）南非能源监管委员会（NERSA）是依据国家能源监管法案所设立的监管机构，负责包括电力、燃气和石油供应在内的能源行业的监管，涉及到经济、技术、环保、安全和健康等多方面。能源监管委员会成员由能源部任命。能源监管委员会在电力监管方面的主要任务是：审批南非电力股份公司（Eskom）和其他发电公司提出的电力价格变动申请；给发电、输配电企业颁发执照；协助进行电力行业规划，同时研究如何使电力的供求关系维持在最佳水平，使电力行业始终保持长期有效的可持续发展；跨国电力交易的监管；保护电力消费者权益。南非能源监管委员会根据现有的电力监管法和能源政策白皮书管理南非供电企业的机构改革。

（二）协作管理，建立国家和地区间的统一监管组织机构

欧盟委员会能源司主要职责是制定能源政策并组织实施。主要任务是：建立能源市场，为公民和企业提供实惠的能源、竞争性价格、先进的服务；为实现 2020 年欧盟目标和 2050 年低碳愿景，促进能源生产、输送和消费的可持续发展；加强成员国间合作，实现能源供应安全。5 个主要业务部为能源政策、市场、可再生能源、核安全和燃料循环、核保卫等。

欧洲输电公司联合会（ENTSO-E）主要使命是：欧洲统一电力市场及跨区交易的建立和运行；实现欧洲输电网的安全协调运行、管理的优化和技术先进性。主要任务是：编写欧盟统一的电力市场规则；建立输电网通用运行模型和分析工具；编制输电网 10 年滚动发展规划；编写年度报告、冬季和夏季运行分析报告、输电网运行监视等。

欧洲能源监管机构理事会（CEER）：为促进促进欧洲电力和天然气市场的建立，各国监管机构自发成立 CEER，正式成员是 27 个欧盟成员国+冰岛和挪威，2 个观察员是马其顿和瑞士。CEER 的主要工作是研究提出政策性建议，研究分析各国能源方面的特定问题，和其他行业协会的联系和合作等。CEER 成立了 6 个工作组：天然气、电力、售电及用户、市场公正及透明、标准实施及检查、国际合作等，各工作可根据需要再成立若干课题组。常设机构在布鲁塞尔，以各国选派专家参加工作组的方式开展工作。

欧盟能源监管机构合作局（ACER）是独立机构，依据第三能源法案成立。27 个欧盟成员国监管机构组成监管委员会，是 ACER 的决策机构。欧盟能源监管机构合作局使命：协调各国监管机构的工作，建立欧盟国家统一电力和天然气市场。欧盟能源监管机构合作局任务：审定能源输送网络和市场相关规则；协调促进建立跨国能源市场的建立；监督欧洲输电公司联合会和的欧洲天然气输送公司联合会和工作并审批其跨国能源输送网络规划；对电力和天然气市场（包括零售环节）进行监

管。ACER 下设 4 个部门，电力、天然气、行政和市场监察。

（三）电力工业分级管理，监管机构独立行使职责

（1）法国政府分两个层次对电力工业进行管理。第一层次是政府对法国电力公司（EDF）的管理。EDF 与政府签订公共服务合同，明确各自的权利和义务，合同期为 4 年。国家和地方政府以合同形式规定了 EDF 应达到的目标，但不干预 EDF 的自主经营。EDF 每年向政府提交一份经营报告，接受政府和用户的监督。第二层次是地方政府对配电公司 ERDF 的管理。由地方政府与 ERDF 签订为期 20～30 年的合同，合同对供电责任、用户特殊服务、电网建设等做了规定。地方政府在不满意配电公司工作时，有权收回本地区的配电业务经营权，自组公司经营，但不得转让给第三者。

2000 年，根据欧盟电力市场化改革的要求，法国成立了电力监管委员会，并于 2003 年更名为法国能源监管委员会（CRE），同时被赋予了天然气市场监管的职能。CRE 的电力监管职责主要包括两方面，一是监管输配电网，二是监管电力市场。CRE 也有部分监督市场竞争行为的功能，主要是对于输配电网的公平准入进行监督。另外一个相关监管机构是“竞争委员会”（FCA），负责监督市场主体的竞争行为，包括公司并购等行为，有权调查和终止反竞争行为。CRE 和 FCA 都是独立的行政机构，独立公平地行使职能，不接受政府部门或其他方面的指令。

（2）巴西的电力管理部门分为国家宏观政策层面和电力市场运营层面两部分，各自分工明确，各行其职。矿业能源部（MME）是市场的主要监管者，制定电力法律以规范有关公共服务、投资的特许经营授权，包括制定授予经营合同的细则，发布指导公用财产和公共服务竞标的原则。国家能源政策委员会（CNPE）负责发展国家能源政策咨询顾问，负责制定巴西能源政策，保证电力供应的稳定和合理的电源结构，优化国内能源结构，保证电力供应。巴西电力监管局（ANEEL）是独立的联邦政府机关，主要工作是根据 MME 制定的原则管理和建议能源产业。电力行业监管委员会（CMSE）在 MME 监管下运行。负责电力供应安全评估，监督全国电力供应的连续和稳定，负责监控产业内原材料供应情况并建议提出相应的调整措施。

（3）印度电力工业主管部门也分为中央和邦两级。中央层面的电力管理机构除中央政府以外，主要包括印度电力部（MOP）、印度中央电力管理局（CEA）及中央电力监管委员会（CERC）；邦层面的电力管理机构除邦政府外，还包括各邦刚建立不久的邦电监会（SERC）。

印度电力部（MOP）主要负责有关电力法律的颁布（包括水电、火电、输电和配电）、行业政策制定、项目的投资决策及电力项目实施监督等。印度中央电力管理局（CEA）是技术类的电力主管部门。

中央电力监管委员会成立于 1998 年，主要职责是：对政府拥有的和政府控制的发电企业的电价进行管制；电力许可证的发放；废除许可证或通过招投标转售许可

证；对除政府拥有和政府控制以外在多个邦销售电力的发电企业的电价进行管制；对邦内的电力传输包括输电费进行管制；发放邦与邦之间的输电和电能交易许可证；在国家电力政策和电价政策上为中央政府提供建议；规定邦际间的变送电以及供电。目前印度依法建立起来的邦电力监管委以及联合区的电力监管委员会共19个。

（四）放松电力管制，建立市场化的电力监管体系

日本电力监管由经济贸易产业省（METI）负责，具体工作由其下属的自然资源与能源署承担。该部门负责发放电力业务许可证，制订电力管理规章和制度，审批电价调整方案，协调燃料供应和电力平衡问题等。电力监管的主要内容是电价、环境保护和发展规划。电价监管的原则，一是成本补偿原则，以完全成本作为核定电价的基础；二是合理报酬原则，按照一定的回报率确定合理的利润；三是公平负担原则。

日本在放松电力管制的同时开始建立市场化条件下的电力监管体系，电力监管采取多部门、分散、严格的方式，区分竞争环节（发电和售电）和垄断环节（输电和配电），放松竞争环节的经济性监管，加强垄断环节诸如网络接入、安全和普遍服务等非经济性内容的监管，同时由保护性监管转向激励性监管。

（五）未设置独立监管机构，监管职能分散或建立自我监管的体制

（1）历史上，在整个欧洲，德国的能源市场（不管是电力还是天然气）都是唯一的一个没有监管机构的市场。事实上在德国，在众多现存能源法律尤其是被称为协会协议的支持下，一种自我监管的体制完全运行在德国的能源市场中。由三大工业联合会起草并通过的自我监管机制，其本质是自发的，适用于电网及天然气行业各种经济合同中，这些条款是自律条款，不具有法律强制性。这三大协会组织代表着德国的主要工业性用户和电网运营者（或者其拥有者），但是并不代表不同利益诉求的其他企业或者居民的利益，尤其不代表新进入市场者的利益。

（2）俄罗斯没有独立的电力监管机构，电力行业的主要管理者有：联邦政府，负责制定政策；联邦能源部，负责能源行业的发展和技术与经济相关问题；联邦价格服务机构FTS，负责制定和监管垄断行业价格，包括管制价格、电价上限、输配电价等；联邦反垄断服务机构FAS，保证电网无歧视准入，监控价格；俄罗斯联邦环保技术核能监督局（Rostekhnadzor），主要负责环境保护、工业安全和核能方面的监管。

俄罗斯电力法律体系中有联邦电力法、节能和能效法、供热法等，其次有电力市场规则、电网无歧视开放规则、信息发布标准、电价形成机制等，还有行业和部门的规定，包括能源部、反垄断机构、价格管理机构、经济发展部等，最后还有电力市场的具体规则等。

（3）美国1992年颁布了能源政策法案（EPAct），给予了联邦能源管理委员会（FERC）在电力改革方面的权利，明确了FERC在电力市场建设和监管上的责任和

义务。在美国联邦政府旨在促进和形成电力工业市场化改革的法律法规出台后，美国逐步形成了联邦政府、州政府两级监管体系框架，并逐步形成了加州、中西部、新英格兰、纽约、西北、PJM、东南、西南、Southwest Power Pool（SPP）、得州 10 个区域电力市场。

美国电力市场改革的基本思路是对非竞争部分，包括输电、配电、调度、交易等环节进行监管。联邦能源监管委员会的职能就是确保成功地实施竞争政策，通过利用国会赋予的更为广泛的监管手段确保电力批发市场运转良好。在电力市场化改革进程中，美国的电力工业政策是引入竞争而不是放松管制，依靠竞争和监管来确保电力批发市场的公平和合理的价格。美国所有的竞争性市场都受到市场规则的约束，这些规则或者由监管机构制定，或者由反垄断机构制定。为了推动竞争，美国并没有放弃监管，而是改变了监管的方式。美国国会和联邦能源监管委员会颁布了一系列法律和规章推动电力市场的竞争。电力市场一直在朝着竞争和监管协调的方向发展。

七、世界电力工业结构重组特点

目前，由于各国政治体制及经济体制的不同，世界电力工业结构重组方式千差万别，但总体都是朝着相同的目标：打破垄断、建立市场。可以归纳出以下几个特点：

（一）垂直一体化结构模式逐渐减少

电力产业的市场化改革促使电力产业结构模式由传统的垂直一体化模式向发、输、配、售分离的模式转变。在世界主要实行电力产业市场化改革的国家或地区中，有少部分国家仍实行垂直一体化的结构模式，大部分国家和地区都对发、输，配和售电环节进行了不同程度的垂直分离。在保持垂直一体化结构模式的国家或地区中，有的国家垂直一体化是分地区安排的，不是全国性的。

法国和加拿大的魁北克省实行垂直一体化的传统结构模式，但各环节在法律上或在功能上进行了分离。德国和南非的垂直一体化公司和区域供电公司并存，但以发输配售一体化的公司为主体。埃及、厄立特里亚、伊拉克、叙利亚、黎巴嫩仍实行非常严格的垂直一体化结构模式。印度、日本只在国内的部分地区实行垂直一体化的结构模式。

（二）发电业务普遍分离，发电侧市场竞争形成

在改革前，发电与输电、配电和售电一体化的组合是主要形式。改革后，其比例都有所降低，其中输电与发电业务组合降低的比例最大，发电业务存在的主要形式是发电侧独立出来，与其他电力业务分离。从此类的电力工业结构重组改革中可以看到，许多国家或地区选择了发电侧独立的发电业务组合形式。这是因为独立的发电业务有利于建立发电侧市场，通过开放发电侧的市场竞争，实现降低发电成本的目标。

加拿大培育独立发电商，开放电能批发市场，在发电环节引入竞争。韩国成立独立的交易中心，上网电价由市场决定，市场只有唯一购买方。土耳其实行发输配的分离，成立独立监管机构和交易中心。

（三）输电业务独立倾向明显

在输电领域，电力产业的结构重组使传统的以垂直一体化，或以发、输结合为主的输电业务与其他业务的组合形式转变到了以独立电网或独立输电业务为主的形式。输电业务的独立化或独立电网的形成是电力产业结构重组改革的基本规律。独立电网的作用不仅在于承担具体的转运业务，更在于独立电网担当着整个电力市场的组织者。由于独立电网可以有效组织电力市场，输电业务或电网独立的改革趋势才得以显现。

按照第三能源法案，欧盟大部分国家实行了对输电业务最彻底的拆分，成立了独立的输电公司，输电公司拥有资产并负责运行，拥有调度中心。意大利、瑞士、西班牙、希腊、德国等国家曾经选择调度中心独立，后又逐渐将调度中心回归输电公司。

（四）售电业务从传统的配电业务中分离出来，独立售电业务产生

与发电和输电明显地与其它业务独立或分离的趋势不同，配电业务与其它业务的组合的变化相对不是十分明显，这在一定程度上体现了配电环节的自然垄断属性，电力产业的纵向结构重组对配电业务的影响相对较小。售电公司的加入使传统的售电业务分解成配电和售电两种业务，虽然配电业务是垄断性的，但售电业务却是竞争性的，而且是倾向于完全竞争的。

目前世界各国的售电业务大多数由配电企业和独立售电企业完成。从电力工业组织结构重组的形式分析，售电业务重组的结果主要是增加了独立售电企业，即没有配电资产的纯粹电力商品销售企业。由于大量的电力商品销售还是通过配电企业完成的，因此，售电业务重组的结果除了在形式上产生以上变化外，还在本质上对配电企业产生了影响，即在功能上由过去的配售一体化垄断，到功能上配电和售电的分离所产生的配电环节垄断和售电环节市场竞争相结合的状态。

巴西实行发输配环节的分离和民营化，配售电实行私有化，建立竞争性电力市场。俄罗斯的发电侧开放竞争，多个售电商在批发市场购电，用户可以自由选择售电商。澳大利亚的发输配售独立分离，建立电力批发市场，发售环节引进竞争，零售商实行市场准入制。中亚区域的南哈萨克斯坦、吉尔吉斯斯坦、乌兹别克斯坦推行发输配的拆分，各环节逐步实现私有化。加拿大安大略省、阿尔伯达省实行输配分离，发电侧竞争，购电市场开发，电力市场建设相对成熟。非洲部分国家的电力市场各环节逐步私有化，实现发输配售的拆分独立。

（五）其他特点

第一，大多数国家或地区的电力产业结构重组都是先立法后重组或改革。英格

兰等国家或地区都是先进行电力产业改革的法律调整，然后再根据新的法规进行结构重组。这种做法的优点是把结构重组所涉及到的利益调整矛盾推到了立法部门，增加了改革的权威性，减轻了政府直接改革的阻力。1990年，英国开始了全面和彻底的电力工业结构重组。在对国有电力资产全面私有化的基础上，英国将过去全国垂直一体化垄断经营的电力工业进行纵、横向分割，在发、售电环节引入市场竞争机制，以提高电力产业的效率。

第二，结构演进的渐进性。从具有典型意义的角度，电力产业有四种基本的结构模式，即垂直一体化结构、买电型结构、批发竞争结构和零售竞争结构。这四种基本结构按先后顺序是逐渐从垄断性转向竞争性的。整体上看，国外电力产业结构重组并不是由垂直一体化结构一次直接转换成零售竞争结构的，而是逐步向竞争性的结构转化的。由于这种渐进性，结构重组的时间一般持续较长。国外电力产业结构重组一般开始于20世纪80年代中期，由于要经历几种结构模式的转换，而且涉及到复杂的利益和管理调整，因此，许多国家的市场化结构调整到现在还没有彻底完成。一些国家或地区结构重组到位后，又因为一些原因出现了反复。从这个角度来说，电力产业的结构重组过程将伴随着电力产业改革的整个过程，而不仅仅是改革的开始。

第三，在结构重组的切入点上，有多种选择：即分离发电业务形成发电侧市场；分离售电业务形成售电侧市场；交易中心独立形成批发市场。大多数国家或地区的改革首先是从发电侧竞价上网入手的，因为这种结构最容易从传统的垂直一体化结构演变出来；也有国家或地区选择从售电侧竞争入手进行结构重组的；有的国家或地区选择同时从发电侧和售电侧入手；还有国家或地区选择从输电独立开始，这种改革实际是从批发竞争开始进行电力产业改革。

根据上述分析，可以清楚地看出世界电力产业改革过程中的纵向结构重组的确存在着一定的规律。传统的垂直一体化结构模式在不同国家正在进行不同程度的分离，其中发电业务的分离、输电业务的独立和独立售电业务的产生是电力产业改革的主要内容和方向。

第四节　电力市场模式

电力市场交易，是指电作为商品，买方和卖方达成交易的完整过程，包括交易意向的传达、交易的达成、商品的配送、交易的结算。

电作为商品，交易的内容包括容量、电量、辅助服务；为了商品的送达，输电通道的安排必须考虑；为了节能环保，应设计可再生能源交易的组织模式。

电力市场运行是一个系统工程。在设计电力市场运行模式时，要考虑电力市场的不同环节及层面的相互衔接、配合和协调，包括发电、输电、配电、用户各个环节的配合；各种金融交易、物理交易的配合；容量、电量、辅助服务等品种的配合；从年、月到实时不同交易周期的配合，同时，还要考虑水电、火电、可再生能源等不同发电类型的特点，因此，设计电力市场模式需要全面、整体考虑，是比较复杂的过程。

电力市场运行模式包括批发市场交易模式和零售市场交易模式。本章首先重点介绍批发电力市场的交易运行模式，包括交易组织、交易类型、交易品种、交易周期等，最后对零售市场交易进行了简要讨论。

一、电力市场交易的组织模式

电网单一购买模式；第三方通道模式。

目前，国际上电力市场实际采用的交易组织模式，可分为集中竞价模式、招标模式、双边交易模式、代理公司模种。

（一）集中竞价模式

1. 集中竞价交易模式的基本含义

集中竞价就是交易买卖双方根据自己的判断申报交易价格和数量，交易中心按照价格优先的原则，根据申报的价格和数量，分别对买方和卖方进行排序，组织交易，确定交易价格和交易量。

集中竞价模式包括全电量集中竞价和部分电量集中竞价的方式。特殊情况下，会出现单边集中竞价的方式。

2. 集中竞价交易模式的特点

集中竞价交易的特点有四点：

一是集中决策。交易的价格和数量由交易中心统一计算、确定并发布。

二是交易合同是标准合同。集中竞价的产品是标准设计，所有的曲线、时段等是提前统一设定。合同也是标准合同。

三是无谈判协商过程。所有注册发电企业和售电公司必须在交易中心进行交易，交易中心根据交易双方的申报数据，确定交易结构，没有双边开展协商的过程。

四是达成交易时间较短，效率较高。由于集中竞价模式不需要双边协商，直接由计算机根据优化原则确定交易结果，用时较短，比较适合日前、日内现货市场和实时交易。

3. 集中竞价交易的流程

集中竞价分四步完成：

第一步，交易中心发布交易信息。

第二步，接受交易申报并确定有效申报。包括有限价的情况下是否越限；交易量是否符合等。

第三步：确定出清价格。首先，交易中心将所有的买入方按申报价格由高到低、卖出方按申报价格由低到高排序，即买方申报价格高的优先，卖方申报价格低的优先。申报价格相同时，按照申报数量等比例分配交易量。

确定交易价格的原则是：如果买方排序和卖方排序有交叉，即有相同报价，则该价格为出清价格，高于出清价格的买家和低于出清价格的卖家成交

第四步：确定并发布买方、卖方的交易结果，包括交易量和交易价格，没有交易对象。

4. 集中竞价交易模式的应用

英国电力体制改革初期采用的是交易组织模式为单边全电量集中竞价的模式。英国初期电力市场是全电量日前现货交易市场。所有市场成员全电量参加交易中心的交易。所有装机超过5万千瓦的电厂必须在电力市场平台进行公开交易，通过竞争形成价格。英国的集中竞价的另一个特点是单一购买者的单边竞价。购电方不需要提出报价，只是被动接受电力市场确定的价格。负荷预测也是由电力市场交易中心提出。

英国电力市场交易中心首先进行预测负荷并公布。二是发电商根据预测负荷申报数据并经交易中心确认。三是电力市场交易中心根据发电厂的报价排列优先序列，并与预测的负荷需求进行匹配，确定能够满足各竞价时段负荷需求的机组报价，作为各时段系统的边际价格（SMP），计算付给所有发电厂的买进价格（PPP）。三是电力市场交易中心在此价格基础上，加上调度运行服务费等形成卖出价（PSP）。

英国改革初期的集中竞价交易的特点，即：

（1）强制成员制。向电网输入输出电力超过5万千瓦的电厂、供电公司、批发商、零售商必须通过电力库来买卖电力。

（2）市场竞争采用全电量竞价模式。电力市场交易中心组织提前一天的电力现货交易市场，要求所有市场成员的所有电量只能通过市场平台买卖电力。

（3）市场成员通过签订差价合约（CFD）来避免价格波动的影响。

由于全电量集中竞价交易模式的种种不足，英国进行了二次改革，采用了以双边交易为主加部分电量集中竞价的交易模式。

北欧电力现货交易所NORDPOOL采用的日前市场、日内和实时市场是双边集中竞价交易模式。

（二）双边交易模式

1. 双边交易模式的基本含义

双边交易模式由交易的买方和卖方自由协商，协商的地点、时间、方式比较自由，可采用场外面对面的方式，也可在电力交易中心进行，交易合同的条款如交易的数量、方式、时间、交割地点等可双方自主协商，非常灵活方便。

2. 双边交易模式的特点

双边交易模式的特点是：一是自愿参加，市场成员可自主选择交易对象和交易方式；二是发电企业和售电侧自主协商，自主决策；三是供需直接见面，增强了信

息在供需间的流通；四是市场参与者有多样化的交易方式和交易品种选择，合同内容可协商。

3. 双边交易模式的流程

双边交易分四步完成：

第一步，交易中心发布交易信息。

第二步，交易双方开展协商和谈判，签订交易意向。

第三步：交易中心安全校核，确认交易合同。

第四步：确定并通知交易双方审核后的交易结果。

4. 双边交易模式的应用

英国第二轮改革提出了“新电力交易制度”，以双边交易为主的 NETA 模式取代了集中交易为主的 POOL 模式。

自 20 世纪 80 年代末英国电力体制改革的 10 年后，1997 年英国对 POOL 交易制度开展评估总结，评估结果显示，电力库 POOL 是强制市场成员交易，抑制了市场参与者开展创新性的交易活动，也消弱了电力库提供各种服务和创新的积极性。同时，电力库 POOL 在交易过程中缺少需求侧的参与。因此，英国实施了第二轮改革，提出了“新电力交易制度”，建立了新的双边交易为核心的电力交易机制 NETA。双边交易增强了负荷侧用户对市场的影响力，增大了发电商的竞争压力。

美国大部分电力市场如纽约电力市场、德州电力市场、PJM 电力市场均有双边交易的模式。改革前的加州电力市场只有日前市场，没有长期双边合同，在加州电力市场危机时出现价格飙升。

（三）招标模式

1. 招标模式的基本含义

招标模式是有组织开展的一种择优成交的方式，一般适用于较长期的交易品种，如长期电量合约、新项目装机、输电通道、新能源等。招标模式是以较低的价格获得最优的交易结果。招标人通过事先公布的采购和要求，吸引投标人按照同等条件进行平等竞争，按照规定程序并组织技术、经济和法律等方面专家对众多的投标人进行综合评审，从中择优选定项目的中标人的行为过程。

2. 招标模式的特点

一是公开。相对于集中竞价模式和双边交易模式，招标模式的信息更加透明。

二是公平。

三是流程规范。

四是相对复杂，过程较长。

3. 招标模式的流程

招标一般分四步。

一是招标人根据自己的需求，发布招标公告，提出邀约，提出所需采购的项目的性质及其数量、质量、技术要求，交货期、竣工期或提供服务的时间，以及其他供应商、承包商的资格要求等招标采购条件；

二是有意向的市场成员提供报价及其他条件，参加投标竞争。

三是招标人对报价及其他的条件进行审查比较后，从中择优选定中标者并公布。

四是签订合同。

4. 招标模式的应用

英国下一步电力体制改革中，计划建立发电容量市场，促进英国供电安全，减小可用容量与与需求的缺口。在政府授权下，英国国家电网公司将对未来电力需求做出评估并组织容量招标，新建和已有电源、需求侧资源、储能设施均可参加，由英国国家电网公司代表售电商购买容量，并在所有售电公司中分摊，以保障电力长期供应安全。2014 年将为 2018 年至 2019 年冬季的可用容量举办第一次招标。

巴西电力系统中新增的大水电项目和电网项目均需要通过竞标的方式确定开发商的特许经营权，以管制合约进入市场。近来，部分新建的风电和小水电项目也采用竞标方式确定开发商。

美国 PJM 的输电权交易采用招标模式。

二、交易商品的品种

电力市场的发展是人们认识的一个逐步提高的过程，电作为商品，也从最初的单一制市场向多部制市场发展。最初，只有电能量市场，现在发展到电能量市场、容量市场、辅助服务市场、输电通道市场和可再生能源市场。

（一）容量市场

1. 容量市场概述

容量市场的交易商品为提供的可供使用的电力容量。容量市场有两种方式，一种是政府或交易中心核定固定容量费，支付给发电企业或提供容量的市场成员；另一种是建立容量交易市场，通过市场交易确定交易方、交易价格、交易量、交易时间等。大部分容量市场采用比较长期的交易方式，包括招标方式、双边交易模式。

2. 各国电力市场容量市场的组织

美国在标准电力市场 SMD 设计中，提出了建设容量市场保障电能供应的能力，保证电能供给稳定。

美国 PJM 的容量市场比较成功。PJM 建立容量市场的目的就是要为发电容量资源和售电商提供一个长期价格信号，使 PJM 装机满足需求、电价的波动减少、装机在地区间分布更加合理。PJM 容量市场向投资者提供超前的经济信号，鼓励向发电领域投资。发电商即使在未出售能量的情况下，也可以通过容量的交易来获得一部分收入，为新建或扩建发电容量积累资金，确保了发电容量的稳定增长。

容量市场开放后，每个售电商都必须履行其容量义务。日容量义务的大小取决于每个负荷运行商所有终端用户的负荷之和。当负荷运行商可用的发电容量资源不能满足其容量义务时，该负荷运行商就必须在容量市场上购买差额的容量信用，否则将受到惩罚。

为了保证足够的容量资源，PJM 建立了可靠性标准，即容量充裕度（RTO）评估，评估的资源包括规划的和现有的发电资源，规划的和现有的需求侧资源以及可中断负荷（ILR），以确定需要多少容量才能够在规定的可靠性标准下满足电力需求。为 PJM 区域的用户提供可靠电力服务。

英国在初期和当前的电力市场没有容量市场，也没有容量电价。在目前计划进行的下一步改革中，将建立容量市场，有政府出面同意收购所需容量并在用户中分摊费用。

阿根廷采用固定容量费的方式。容量费是根据电厂峰荷时段的出力，按 10 阿根廷比索/千瓦·月计算，折合装机容量容量费用大约在 4～7 阿根廷比索/千瓦·月。发电公司获得的容量费用与其在峰荷时段被调度发电的容量比例有关。

（二）电能量市场

电能量市场是电力市场最基本的形式。电能量市场也是交易模式最丰富的市场。电能量市场的要素包括交易价格、电量、时间、交易方等。电能量市场的要点是如何提高资源配置和使用的经济性和合理性，有利于发电能力的充分发挥。

各国电能量市场的组织：

目前各国电能量市场是比较成熟的市场。交易周期包括日以上的长期合同、日前和日内的现货市场、实时市场等。交易模式有双边协商模式、集中竞价模式、招标模式。有场内交易有场外交易。

英国电力市场的电能量交易包括长期双边合同、现货交易、实时市场。

北欧电能量市场分北欧现货市场和多个期货交易市场。其中现货市场主要进行日前和日内现货及实时交易。期货市场主要开展金融期货交易。

美国电力市场的电能量交易主要形式为双边交易的长期双边合同和双边现货市场，同时实时市场为补充。

（三）辅助服务市场

1. 辅助服务概述

辅助服务是重要的一种商品。辅助服务是为保证电力系统安全、稳定、可靠运行和保证电能质量，满足电力系统运行调节要求，由市场主体提供的不以单纯发电为目标的服务。

2. 辅助服务的分类

辅助服务可以分为备用容量、电能平衡、自动调频、无功调节和黑启动四大类。

3. 各国电力市场辅助服务市场的组织

英国电力市场的辅助服务设计比较完备。在改革初期就设计了较为完备的辅助服务市场，包括调频、无功调节、备用、黑启动等，为我国电力市场建设中辅助服务的设计提供了重要参考。

北欧电力市场辅助服务包括备用容量市场、调频市场等。当系统频率出现较大波动时，将启动实时平衡市场，根据市场成员的报价排序在发电方调用机组的备用容量（正备用及负备用），或在购电方增加或减少电网负荷，以保证系统的实时发用电平衡。

当出现输电阻塞影响系统平衡时，通过对销交易（Countertrade）来消除阻塞，即同时在送电侧减少电力供应（减少发电出力或增加用电负荷）和在受电侧增加电力供应（增加发电出力或减少用电负荷）。

德州电力市场更加细化，将辅助服务分为13种，其中备用容量分为功率加、功率减、运行备用服务、非旋转备用、替代备用、可中断负荷服务。前两种为正常运行时的功率平衡，后四种为事故下的备用容量。同时德州辅助服务还考虑到网络约束导致的各种情况，包括必须运行机组服务，优先排序机组功率服务，优先排序机组能量服务，区域优先排序机组能量服务等。

美国NY-ISO要求运行备用容量为系统发生最大单一故障时损失容量的1.5倍，目前这一故障损失容量为1200兆瓦，则NY-ISO地区最小运行备用容量为1800兆瓦，其中1200兆瓦是10分钟备用，600兆瓦是30分钟备用。

（四）输电堵塞管理和输电权市场

1. 输电堵塞和输电权市场的基本概念

电力市场的所有商品必须经过输电网输送。不管是在计划经济模式下，还是在竞争性的电力市场中，输电网络都会发生堵塞。在计划经济模式下，只要调节物理参数即可，不存在经济利益的调整。在电力市场环境下，输电通道堵塞，意味着原本可以达成的交易不能达成，或者已经达成的交易不能执行。因此，输电堵塞管理就成为电力市场设计中重要的内容。输电堵塞管理就是在输电通道的需求超过通道传输能力时，如何进行交易安排和如何进行利益的调整。

2. 各国输电堵塞管理和输电权市场

美国PJM市场采用节点电价和金融输电权解决输电堵塞问题。随后，新英格兰电力市场、德州电力市场等也在电力市场中引入这种模式。德州先从分区电价开始，目前已经实施了节点电价。当发生输电堵塞时，不同节点产生不同电价，电价之差就是堵塞费用。当发生输电堵塞时，PJM提供输电阻塞管理的方案：支付输电堵塞费用；不愿支付阻塞费用可以削减交易量；可以事前购买金融输电权（FTR）。

金融输电权是一种金融合约，它赋予持有者获得收益（或收费）的权利，该收益来自于该输电路径两端日前小时电能价格之差。金融输电权提供了阻塞对冲机制，一是保护供电商避免输电阻塞带来的价格不确定，二是合理分配阻塞情况下收取的额外输电费用。金融输电权可以通过年度金融输电权拍卖、二级市场和月度金融输电权拍卖获得。

北欧电力市场通过隐性拍卖的方式进行堵塞管理，电网公司可以通过不同区域的边际价差获得堵塞收益。在日内市场，通过对销交易也称显性拍卖进行堵塞管理，电网公司在对销交易中将付出费用。

英国没有建立输电权市场。当发生输电堵塞时，通过约束上机组和约束下机组，强制调节机组的出力，由此产生的费用，由全网分担。

三、交易周期

1. 电力市场交易周期概述

电力市场的交易周期分为三大类：一是长期交易，为日以上的交易，一般包括年以上、年度、月度、多日交易；二是现货交易，包括日前和日内小时交易；三是实时交易。

2. 不同电力商品的交易周期

不同电力商品交易周期不一样，同时交易周期也与交易模式有关。

容量市场一般以长期交易为主，日前市场不活跃，实时市场作为平衡市场。

电能量市场以长期交易为主，但也存在5%～20%不等的现货市场，以日内的边际成本为机组展开竞争，以获得由于机组经济性能不同产生的效益。

辅助服务市场比较多的是现货市场和实时市场，特别是备用、调频等。一般黑启动为长期交易。

输电权市场为长期市场，比较多的是年度和月度。日前的很少。

四、零售市场交易模式

1. 市场主体

零售市场主体主要有售电商（包括代理商）、配电公司和电力用户。运行良好的零售市场中，各市场主体的角色和责任清晰，售电商负责提供售电服务，配电商是中立的市场载体，提供配电网络服务，用户用电并按时缴纳电费。

售电商不拥有配电网络，只提供售电服务，配电公司拥有和运行维护配电网络，也存在配电公司和售电商属于同一公司的情况，但是这两者分别属于垄断业务和竞争业务，至少在财务上或在管理上是分开的。由于存在竞争，售电商要在电价结构、合同种类和服务等方面不断创新，为用户提供各类服务。

零售市场中的用户主要是小型用户，包括居民用户和小型工商业用户。用户可以选择不同的售电商和服务，用户可以根据价格和售电商的品牌、电费账单的种类和期限、信息的详细程度、服务水平和发电燃料（如是否绿色电力）来选择售电商，并能够很容易地更换售电商。用户支付的是竞争形成的市场电价，并且只需要支付他们选择的产品和服务，不用承担交叉补贴。

在零售市场主体关系方面有不同的模式，一种是用户只与售电商签订供电合同，由售电商单方开具电费账单，账单包括了电能服务费和网络服务费，配电公司只在配网相关技术问题方面和出现紧急状态时与用户联系；另一种是售电商和配电公司分别与用户签订合同，分别开具电能服务费和网络服务费账单。

2. 市场准入

售电商要申请获得售电许可证才能进入电力零售市场，许可证由监管部门发放和管理，发放许可证前，需要由专门的资质认证机构对售电商的资质进行认证。许可证规定了售电商的服务范围、权利、义务。配电公司是垄断经营，也需要获得经营许可，执行监管价格。用户以与售电商和配电公司签订供电合同的方式进入市场，由合同规定各自的权利义务。

3. 交易方式

电力零售市场中买卖双方的交易通过签订供电服务合同来实现，供电服务合同有不同种类，包括：

（1）用户和售电商的电能服务合同；

（2）配电公司和用户签订的入网合同，配电公司和售电商签订的网络服务合同；

（3）配电公司和用户签订的入网合同和网络服务合同；

（4）售电商代表用户和配电公司签订的入网合同和网络服务合同等。

合同规定了双方的权利义务、供电服务的形式如连续服务、可中断服务、分时服务等，以及相对应的价格。合同条款包含的信息还有合同的起止时间，到期是否自动延续等。通常用户有两个合同，一个是竞争性的、与售电商签订的电能供应合同，规定了价格，发电燃料构成，合同起止时间等；另一个是与配电公司签订的配电网服务合同，规定了供电质量，不能达到电能质量标准时的补偿费用等。

在运行良好的零售市场，用户可以方便的更换售电商，更换过程清晰透明。用户更换售电商的模式主要有：

（1）用户直接更换售电商。用户向新的售电商购电，通知配电公司和原来的售电商；

（2）用户转向新的售电商，通知配电公司，由配电公司进行校核，认为符合条件才能更换转向新的售电商。

用户更换售电商后其供电合同的更换也有两种形式：

（1）供电合同随用户一起更换，用户通知原来的售电商和新售电商，售电商通知配电公司；

（2）供电合同与入网连接点有关，用户更换售电商，供电合同自动终止，用户联系售电商重新签订合同。

4. 零售市场价格

零售市场价格有不同的机制，有执行固定价格或变动价格，价格执行时间为一年、两年不等，有单一价格、分时价格或尖峰价格，有绿色电价等。有的零售市场除了保底服务以外，价格由市场决定；有的零售市场执行监管价格，可以由售电商制定电价，但是要得到监管部门的批准，或者由售电商制定电价，监管部门以价格上限的形式进行监管。

有的国家有普遍服务价格，有的国家没有。普遍服务价格有不同的形式，主要有：

（1）所有售电商都有义务为低收入者提供普遍服务价格，由此带来的售电商损失从全社会回收；

（2）普遍服务是保底服务公司的公共服务义务，保底公司提供普遍服务价格并得到补偿。

5. 计量和结算

抄表是给出电费单的基础，抄表公司要及时高效公平地向市场成员提供消费信息，同时保证数据保密。通常是配电公司拥有表计资产，负责抄表和检验表计数据，抄表的周期有不同规定，对于不同电压等级的用户抄表周期也不同，然后将消费数据传输给售电商，由售电商向用户发出电费单。也可以由配电公司或者用户拥有表计，配电公司负责抄表；还有配电公司拥有表计，但售电商负责抄表和检验表计数据，或委托第三方抄表。不同种类的表计能提供不同程度的消费数据，累计电表提供电能消费总量，但不能确定消费的时间，用户按消费总量付费；分时电表能够记录在不同时间区间的消费量，可以执行分时电价；智能电表也能够记录在不同时间区间的消费量，并能够在售电商和用户之间进行远程交互，能够远程读表和连接或断开用户，能够提供电价、排放量等有关电能消费的其他信息。

电费结算主要有两种形式，一种是由售电公司发出的单一电费单，包括了电能费用和网络服务费用，另一种是由售电公司发出电能费用账单，由配电公司发出网络服务费用账单。结算时间也有不同，主要是按月结算。

6. 信息交换

有效的零售市场中，系统运行者、市场主体和用户应能有效共享数据信息，市场成员之间应该能够高效地交换数据，同时做到用户数据保密。用户数据采集是为了提供更好的服务，例如设计更有效的需求响应机制等，用户数据保密是零售市场良好运转的前提条件，因此必须建立用户数据保密机制，用户应该了解谁能得到其数据，为什么能够得到这些数据。用户数据在计量主体（通常是配电公司）和售电商之间以标准化的方式进行交换，目前主要有 3 种模式：

（1）双方直接交换；

（2）通过一个数据交换器交换，在数据传送给接受方之前进行检查，这种方式的好处是只需要一个地址来接受和发出信息；

（3）数据交换器同时也是数据存储器。

用户应该能够容易地获得必要的信息，包括电能服务、合同种类和价格、更换售电商的过程等，以便了解和比较售电商并作出选择。用户应该能够及时准确地获得市场信息，并能以此为依据来调节电能消费行为。用户应该了解在市场中怎样投诉和怎样解决纠纷。

7. 零售市场监管

零售市场监管的主要目的是保护消费者，遵循一般商品的消费者保护条例，保护消费者利益不受侵犯如设置价格上限，对保底服务设置必要的要求和条件，信息披露和处理投诉，明确售电商的公共服务义务。同时消费者保护政策措施不应影响市场功能。发生纠纷时，用户可以向独立机构或监管部门投诉以解决纠纷。

第五节　电力市场容量机制和规划

一、容量机制的含义和作用

1. 容量机制的含义

在电力市场中，容量机制是为了保证发电商能够有效地回收投资，它能够激励电力系统投资，确保电力供应的充裕性。容量机制是指在电力市场中，容量供应如何满足容量需求。无论是发电容量还是输配电容量，都需要投资建设的过程，因此容量机制通常是长期的，并与电力系统规划密切相关，本文着重讨论发电容量机制。容量机制中包含了容量需求、电力系统可靠性水平、备用容量、容量市场和容量价格等要素。

容量需求与电力系统可靠性水平有关，要得到容量需求，首先要确定系统所需要的可靠性水平。电力系统可靠性是指电力系统持续供电的能力，是考核电能质量的重要指标，反映了电力工业对国民经济电能需求的满足程度。电力可靠性水平通常用失负荷概率 LOLP、失供电量期望值 EENS 等指标加以衡量。在一定的可靠性标准下，可以确定系统所需的备用容量，根据备用容量要求，可以得到系统的容量需求。

电力系统的容量需求和容量供应必须平衡。容量供应资源包括现有发电机组、在建发电机组、规划发电机组，以及包括需求响应资源和储能资源在内的其他容量资源。

容量供应满足容量需求的机制通常有长期双边合约、招投标和容量市场等形式。长期双边合约是以合约的方式确定固定成本的补偿方式，包括合约期限、合约价格、合约交易量等要素；招投标是以集中型决策方式来确定系统所需要的容量，如果系统没有出现容量短缺，将不会招标投资新的发电容量，如果出现容量短缺，将由一个集中管理机构通过市场招标的方式来获取必要的容量。容量市场是基于系统高峰负荷预测来确定系统所需要的容量，由容量供应方和容量需求方进行交易。

容量电价是指单位MW可用容量的价格，确定容量价格是容量机制的主要内容，与长期双边合约、招投标和容量市场等容量机制相对应，容量电价可以在双边合约中约定，通过招投标确定，或在容量市场中通过容量交易确定。

2. 容量机制的作用

电力市场中的容量机制能够起到投资激励的作用。一般认为，在市场机制的作用下，实时电价应当能够反映电力商品的供需情况，并且应当能够引导发电容量投资的最优化。但是，电力市场中的实际情况并非如此。电力系统中的发电机组可以分为基荷机组和峰荷机组，在充分竞争的市场中，电能现货市场一般是依据边际成本定价，即以市场中边际机组的成本作为市场的出清价格，在峰荷时段，市场出清价格就取决于峰荷机组的边际成本。基荷机组可以由出清价和机组成本的差额来补偿固定成本，而峰荷机组则难以回收固定成本，由于需求侧缺乏价格弹性，并且发电商可能会行使市场力，所以电力市场是不完全竞争市场，在供不应求时，可能会出现非常高的尖峰价格，为了保护消费者，监管机构会设定一个价格上限，限制价格的飙升。理论上合理的价格上限要既能保证峰荷机组的固定成本在仅有的峰荷时段内得到补偿，又能够抑制发电商通过市场力的作用获取超额利润。但是事实上，由于难以分辨哪些尖峰价格是发电容量稀缺的表现，哪些尖峰价格是发电商行使市场力的结果，所以要想确定合理的价格上限非常困难。如果价格上限过低，会导致峰荷机组的固定成本不能得到补偿，而且由于峰荷时段通常比较短，峰荷机组收回投资的风险比较大。此外，较高的尖峰价格对发电商而言意味着超额的利润，从而会激励发电商操纵市场力，而不是投资增加发电容量。上述因素都会对市场自发吸引投资产生消极的影响。

由此可见，完全通过单一电能市场价格信号来引导发电投资，难以保证发电容量充裕度。建立有效的容量机制，可以降低价格的波动程度，稳定发电商的利润，减少发电投资的风险，激励发电商积极地投资，并且可以降低价格限额以有效抑制市场力，保障电力供应的充裕性和稳定性。

二、电力市场中的主要容量机制

在国外进行电力市场化改革的初期，由于市场中大都有较为充裕的发电容量，或者市场设计者认为市场本身可以解决容量充裕度问题，这一问题的重要性在一些电力市场中被忽视了，部分电力市场出现了发电容量不足和由此带来的电价飙升现象，因此，如何建立有效的市场机制来引导足够且及时的发电投资，进而保证电力系统可靠性和电力市场稳定性，就成为电力市场化建设过程中一个至关重要的问题。

1. 容量市场

仅仅由电能市场来调节发电容量余缺的风险极大，因此一些国家开始建立容量市场，以期在电能价格之外由容量价格来引导发电投资，避免发电装机容量周期性的过度过剩与短缺，保证电力工业的稳定有序发展。容量市场在美国的新英格兰、PJM和纽约州电力市场运行了近十年，积累了较丰富的经验。

在美国的PJM电力市场里，成员必须遵守可靠性保障协议、运行协议和输电商协议。根据可靠性保障协议，负荷服务商必须持有足够的容量（不一定是自己的机组），以满足其容量义务，不能履行义务的负荷服务商将按照协议条款进行处罚。容量义务是容量市场的需求基础。

PJM 市场最初采用的是容量信用市场的模式。在这种模式下，负荷服务商和容量拥有者都可以在市场外通过双边交易买卖容量信用。负荷服务商购买容量信用，以满足全部或部分机组容量义务。容量信用市场分为日市场和月市场。如果市场成员在月容量信用市场上卖出了过多的容量信用，以致无法满足自己的容量义务，则必须通过日容量信用市场或双边交易获得足够的容量信用，否则将根据 PJM 的运行规则和可靠性保障协议进行处罚。在容量信用市场中，只有不到 10%的容量在拍卖市场中得到清算，其余部分都由自备发电和双边合约来完成。此外，容量信用市场里的成员受到的约束很少，一些有实力的市场成员可以通过月度市场买空卖空、控制日前市场供给等方式操纵市场，从而获取高额利润。

为了完善容量市场，PJM 电力市场于 2007 年用可靠性定价模式 RPM 取代了原来的容量信用市场。RPM 容量市场由多重拍卖市场组成，包括 1 个基本拍卖市场、3 个追加拍卖市场和 1 个双边市场。基本拍卖市场提前 3 年举行。PJM 根据 3 年后的负荷预测，组织容量拥有者竞价，以满足 3 年后的容量需求，购买容量的费用根据规则分摊给负荷服务商。市场成员可以在第一次和第三次追加拍卖中购买容量来替代其无法履约的售出容量，比如工程的延迟或取消、现有机组的故障等。在目标年份的前 1 年，PJM 将重新进行负荷预测，如果此次预测比基本拍卖前的预测高 100MW 以上，则组织第二次追加拍卖以补足差额，并将购买费用按规则分摊给负荷服务商。如果负荷服务商在容量拍卖中还有未满足的容量，可以通过双边交易市场获得。

RPM 模式加强了市场的准入管制，要求 PJM 区域内的现有机组必须参加拍卖市场并出售容量，还将机组参加基本拍卖市场作为参与其他拍卖市场的前提条件，这样推动容量拥有者参与基本拍卖市场，增加了市场的供给量，降低了卖方的市场力。在基本拍卖和第二次追加拍卖中，容量拥有者作为卖方进行单边报价，并形成供给曲线，PJM 根据一定规则确定需求曲线，并根据供给曲线和需求曲线确定出清价格。PJM 制定的需求曲线既有一定的价格弹性，又有价格上限，发挥了市场的作用，在一定程度上限制了市场成员操纵价格的行为。

除了进行容量交易，PJM 容量市场的另一个重要作用是向投资者提供超前的经济信号，鼓励向发电领域投资。发电商即使在未出售电能的情况下，也可以通过容量交易来获得一部分收入，为新建或扩建发电容量积累资金。PJM 设立容量市场充分考虑了发电商的利益，确保了发电容量的稳定增长。容量市场起到了鼓励发电投资的作用，按目前的经济增长率测算，PJM 的装机容量能够满足今后 15 年负荷增长的需求。

2. 招投标制

建立发电投资项目的招投标制是在投融资环节引入竞争，通过竞争机制形成发电容量价格，因此这种方式也是一种容量机制。在英国容量机制里，购买备用容量可以采用招投标制度。有两种招投标的方式，一种是由一个集中机构通过招标方式来购买容量。这种方式下容量合同的财务风险也由这个机构承担。另一种是由供电商通过市场集中招标方式来购买容量。采用这种方式时，供电商需要重新调整它们在二级市场中的位置以满足它们容量义务所发生的变化。

巴西电力市场中的新建装机容量是由政府监管机构 EPE 根据规划进行公开招标。政府制定最高采购电价，并将电厂建设和经营的特许权给予在此价格基础上提供最大折扣的竞标者。通过竞标方式获建的发电厂（约占总装机容量的 70%～80%）按照竞标时的价格，按需求比例将电力电量出售给供电商。竞标活动由矿业能源部（MME）指导和协调，在电力项目投产前 1 年至 5 年进行。EPE 对每个有资格参与竞标的发电项目进行可行性研究，为矿业能源部的决策提供支持。巴西电力管理局（ANEEL）直接或通过电力市场运行和管理机构（CCEE）间接以低价中标原则执行竞标。在竞标活动中，供电公司按照用户需求提前提出购买需求，供电公司不直接参与竞标活动，只是等待最终的卖方竞标结果。对于中标的新建电厂，水电的合同期为 30 年，火电的合同期为 15 年。

3. 长期双边合约

长期双边合约也是维持发电容量充裕度、规避市场风险、激励发电商投资的方法之一。长期双边合约一般是指用户和供应商签订的长期合同，明确电力供应商容量责任，确定容量及价格。长期合约以合约价格消除所签电量部分的风险，若不能按照合同执行，发电商将面临处罚。

各国电力市场都非常重视长期合同在确保发电容量充裕度方面的作用，各国电力市场中普遍以长期合约作为电力市场交易的主要形式，长期合约一般都占总的电量交易的 80%以上。

三、电力市场中的规划

1. 电源规划

电源规划是指研究规划期内各种电源的开发顺序，确定电源建设的项目、布局、容量及进度。其目的是根据某一时期的负荷需求预测，在满足一定可靠性水平的条件下寻求最经济的电源开发方案。

电源规划的主要内容有，确定发电设备总容量，选择电源结构，电厂建设条件调查，电源建设方案优化和提出电源建设项目表。同时在规划各类电源时，都要考虑对环境的影响。

（1）长期负荷预测和发电设备总容量的确定。

规划期内应该达到的发电总容量，是根据预测的电力负荷进行电力平衡所确定的，它由运行容量和备用容量组成。长期负荷预测的方法有很多，主要是在分析历史资料的基础上，综合考虑GDP增长、人口、燃料价格、电价、需求侧管理等因素，设置不同情景，预测负荷水平。

（2）选择电源结构。

根据国家能源政策，根据规划地区内拥有或可能从外部得到的发电能源的种类、数量和价格，来确定合理的电源结构，根据各类电厂的特点和在电力系统中的作用进行合理分工，正确选择各类发电厂的容量及功能。

（3）电厂建设条件调查。

通过调查和计算得到规划地区内可能建设的水电厂、火电厂、核电厂等类型电厂的厂址条件及技术经济指标。

（4）电源建设方案优化。

通过对方案进行技术经济比较，选择最优电源建设方案，以获得最大的经济效益。电源优化通常采用最小费用规划的数学模型，并引入风险评估和风险管理的方法。

（5）提出电源建设项目表。

根据推荐的电源建设方案，进行电力平衡，按电力负荷发展的需要及实现的可能性，列出规划期内的电源建设项目表，包括每一项目的建设规模、建设进度及投产年限。

2. 电网规划

电网规划确定在何时、何地投建何种类型的输配电线路，以达到规划周期内所需要的输电能力，其主要任务是配合电源规划，在研究规划期间负荷增长情况及电源规划方案的基础上，为满足全社会电力需求而确定最佳的电网规划方案，使整个电力系统的建设和运行费用最小。

电网规划分为近期（5年）、中期（5～15年）和远期（15年以上）规划，近期规划着重于对近期输变电建设项目的优化和调整，解决当前电网存在的主要问题，满足负荷需要，提高供电质量和可靠性；中期规划与近期规划相衔接，着重对电网网架进行多方案的对比论证，推荐电网扩展方案和输变电建设项目，提出合理的电网结构；远期规划主要考虑电网的长远发展目标，研究确定电源布局和规划网络，使之满足远期负荷预测水平的需要，侧重于对主网架进行战略性、框架性及结构性的研究和展望。

电网规划的工作原则主要遵循“近细远粗，远近结合”的思路展开。例如法国的RTE电网规划遵循“远近结合”的思路，首先制定全国范围内的10-15年长期发展规划，在此基础上编制5～10年的中期发展规划，将长期规划方案分解到中期规划中予以落实。在中期规划中通过细化输电线路、变电站和其他设备选择，分析电网薄弱环节，最终形成规划方案，提供给决策部门作为决策支撑依据。电网规划每2年滚动一次，考虑到发电项目建设时间最短需要2～3年，因此规划中的第三年开始的发电装机规划水平以及供需平衡预测更受关注。

电网规划的步骤如下：

（1）分析地区的经济发展情况。

收集当地的经济和社会发展情况，地区的发展规划和政府的相关政策，这些因素直接影响电网规划的编制。

（2）电网现状分析。

充分掌握电网的运行资料，包括网络结构、可靠性、经济性、设施管理情况、电力负荷特性和分布等，分析电网存在的问题。例如法国电网具有跨度小、输电线路短和稳定裕度大等典型特点，因此在其规划中并未强调系统的稳定问题，而是强调对各种类型电源和用户的公平接入。俄罗斯电网的特点是跨度大，俄罗斯在制订可靠性准则时突出考虑系统的稳定问题。

（3）电力需求预测。

根据地区总体发展规划、产业结构和布局、居民生活水平以及能源政策等，选择合适的预测模型，进行科学的负荷预测并确定负荷的地理分布。

（4）规划目标及技术原则。

满足当地经济社会发展的电力需求并适度超前，重点配合城市规划和工业布局，优化电网架构，提高环网率和供电可靠率，降低线损率和故障率，建设一个覆盖城乡的智能、高效、可靠、绿色的电网。

（5）编制规划方案。

优化各个电压等级的负荷点，优选输电网、高压和中低压配电网的网络结构。规划方案包括确定变电站的地理位置、电网线路的路径，确定分期建设的工程项目。

（6）电气计算。

电气计算是分别在正常运行方式和“N-1”运行方式下对规划电网的潮流计算校验和短路计算校验。

（7）专项规划。

专项规划包括调度规划、通信系统规划、继电保护规划、信息管理规划、无功规划、自动化规划。

（8）投资估算。

投资估算列出逐年投产的电网建设项目，包括项目名称、工程规模、建设性质、投产年份、总投资等。

3．规划协调机制

电源和电网规划实质上是一个不可分割的整体，但是由于两者的侧重点不同，而且统一解决这两个问题又十分困难，所以一般都是分别处理电源规划和电网规划问题，因此存在着电源电网规划的协调问题。

在世界范围内的电力工业市场化改革过程中，对于如何协调电源与电网的规划工作，各国具体的做法也不尽相同。但基本的思想都是通过在规划电网的过程中，设计出激励机制，引导电源的布局。

在英国，电网公司供电范围划分为北、中、南三片，为降低主干输电系统扩建成本，通过制定对分地区电厂收取系统使用费的标准不同的办法，影响电厂布局。

在澳大利亚，各州电力市场和国家电力市场没有集中的发电规划过程，发电决策留给市场，输电规划仍然由各州的电网公司负责，国家电力市场和电力系统运行机构负责互联电网的协调规划。

在挪威，同样没有集中的发电规划，电厂的新建、改造和退役完全由发电企业决定，同时自我承担风险，电厂的建设必须得到监管部门的特许经营权，即须政府批准，发给建设经营许可证；输电的可靠性、输电规划和输电定价由电网公司负责，没有征得用户的同意电网公司不能投资建设电网。

在美国，没有集中的发电规划，发电厂的新建、改造、退役由各个企业决定、风险自担。由于输电规划的责任不明确，市场参与者期望 ISO 或区域输电组织（RTO）来解决该问题，参与区域输电规划，但同时希望他们不拥有输电资产。因此，输电规划要适应各种可能的电力交易变得相当困难，存在潜在的可靠性问题。

4．容量机制趋势与认识

我国在低碳电力系统的建设过程中，主要表现出以下几个方面的特点：一是未来一段时期碳减排压力大，需要大规模的低碳电力投资；二是低碳电力投资面临着较高的不确定性，投资的经济性和可持续性堪忧；三是现役火电机组的关停和可再生能源发电规模的扩大给未来电网安全带来威胁；四是现有电力市场制度不能达到低碳电力系统的要求。因此，我国面临低碳电力所带来的挑战，未来为了实现碳减排目标和电能供应安全目标，我国的电力容量机制需要引入市场机制。首先，该机制有利于将备用容量的建设与电网的发展紧密联系起来，确保备用容量总量确定“类型选择”投资选址等切实满足系统运行发展需求；有利于避免市场调节的滞后性，确保各类备用容量及时投资；有利于在辅助服务市场或相关补偿机制正式建立之前，保证备用容量机组的合理收益，避免为吸引其他主体参与备用容量投资所带来的一系列市场设计问题。应当建立需求响应机制，使用户侧成为重要的容量资源。利用价格手段和政策措施，从用户侧入手实现用户用电方式的合理化，促进用户侧响应发电容量变化，促进可再生能源接入，实现电力行业低碳发展。

第六节　电力市场中的用户

一、电力用户分类及特点

（一）电力用户定义

电力用户是指注册的电能消费者。任何单位或个人可向供电企业提出申请，办理注册登记手续，签订供用电协议或供用电合同，即成为电力用户。

按照合同规定，电力用户有使用电力的权利，也有支付相应电费的义务；用户根据生产发展和生活的变化有权向供电企业提出新增用电、变更用电、停止用电，并按规定办理相应手续和承担规定的费用；无正当理由限电、停电对用户造成损害时，用户有权要求供电企业给予赔偿，但事先通知用户的停电，用户有义务给予配合。用户应接受国家规定的由供电企业依法进行的用电监察，对不符合规定的检查或显失公平的用电处罚，有权提出申诉。用户应按规定的标准和技术规范安全用电，供电企业责任事故造成用户财产损害时，用户有权要求供电企业给予合理赔偿；用户有权按计划规定的指标，进行计划用电，无正当理由而超指标用电时，应承担相应的经济责任。

（二）电力用户分类

根据管理的需要，通常将用户进行分类，法国、日本等国家将用户分为电灯用户与电力用户两大类。按供用关系可将用户分为：直供用户、非直供用户（包括趸售用户、转供用户）；按电价可分为：照明用户、非工业用户、普通工业用户、大工业用户、农业生产用户、趸售用户；按供电电源特征分为：高压用户、低压用户、双电源用户、专线用户；按用电性质分为：临时用户、季节性用户、重要用户；按用户所受管制程度可分为：管制用户和自由用户。具体分类如图 17.2 所示。

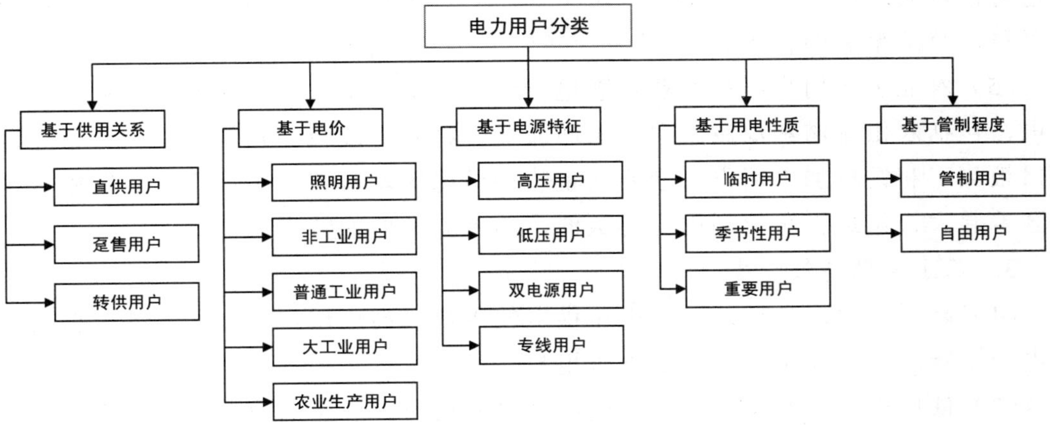

图 17.2　电力用户分类

1. 基于供用关系分类：

（1）直供用户：由供电企业直接供电，直接抄表收费的用户。

（2）趸售用户：从供电企业趸购电能，再将电能转售给消费者。对趸出电能的供电企业来说，趸售用户是直供用户，对趸售营业区内的电能消费者来说，趸售用户又是供电企业。

（3）转供用户：在供电企业的公用供电设施尚未到达或供电能力不足的地区，

为解决该地区消费者的用电，供电企业以委托代理的方式请该地区有供电能力的直供用户，就近向其他消费者供电，也称为委托代理供电。这里，受委托的直供用户又称转供用户。

2. 基于电价分类

（1）照明用户：按照明电价结算电费的用户，又称电灯户，包括居民生活用户和非居民照明用户。居民生活用户指仅有家庭生活用电的城乡居民用户。非居民照明用户是指其他非生产场所的照明和空调用电，信号、装饰和广告用电、道路照明用电、美容理发用电，以及用电总容量不足3kW的医疗器具用电等用户。具有地区差异大、用电时段集中、功率因素低的特点。

（2）非工业用户：按非工业电价结算电费的用户，指用电容量在3kW以上，属于科研试验性或非工业性用电的用户，包括非工业性电力拖动、电加热、电解和电化学等动力用电，交通运输，通信广播，基建施工以及营业性文化设施用电等。

（3）普通工业用户：按普通工业电价结算电费的用户，指受电变压器容量在315kVA以下，或低压受电的工业性生产用电，包括工业生产用电、事业性单位附属工厂生产用电、交通通信等修配厂用电、城镇自来水厂用电等。

（4）大工业用户：按两部制电价结算电费的用户，主要指受电变压器容量在315kVA及以上的工业生产用电，包括工业生产用电，事业单位附属工厂生产用电，交通通信等修配厂用电，自来水厂用电等。具有可靠性要求高，用电量大，电力负荷平稳，负荷率高的特点。

（5）农业生产用户：按农业优惠电价结算电费的用户，指农业养殖业和种植业用电，包括农田排涝和灌溉用电，田间作业、打井、脱粒、育苗用电，非营业性农民口粮加工和饲料加工用电，渔业、畜牧业用电等。具有季节性强、负荷密度小、地区差异大、年最大负荷利用小时数低、功率因数低的特点。

3. 基于电源特征分类

（1）高压用户：3kV及以上电压供电的用户。高压用户大多数自备一台或数台受电变压器。大工业用户一定是高压用户。

（2）低压用户：0.4kV及以下电压供电的用户。低压用户都无受电变压器，均由公用配电变压器供电。

（3）双电源用户：有两个或两个以上独立电源供电的用户。

（4）专线用户：有一条或两条以上供电线路专门供电的用户。专线用户通常采用高压供电的方式。

4. 基于用电性质分类

（1）临时用户：用电时间短暂，一般不超过6个月的用户。

（2）季节性用户：一年之中，用电的时间随季节成规律性变化的用户。如制糖、采暖等用电。

（3）重要用户：有重要负荷的用户。

5. 基于管制制度分类

（1）管制用户：消费者不能与电力供应商就其电价进行议价。电价构成是由每月固定的基本电费，加上按照实际月度耗电量计价的电度电费构成，由国家统一管理。例如德国 25%的用户是被动接受价格用户，包括居民用电，以及年消费电量不足 10000 千瓦时的家庭作坊、工业和商业用电。

（2）自由用户：这类用户可以就其用电价格与电力供应商进行议价，在考虑到全年用电量、其用电功率在一天内的分布情况等诸多方面的因素，单独确定自己的用电价格。这类消费者的用电合同的内容包括其合同执行期限及其价格，是不统一的，这类合同基本上都是基于双方的信用进行签订的。德国规定年用电量超过 10kKWh，并且有自己专用的多费率电度表的用户即为主动进行议价用户。

二、国际电力市场化改革在用电侧的主要做法

世界各国电力改革中售电侧改革与发电侧改革是同步进行的，具体做法都是逐步放开用户选择权和引入售电商。用户选择权从大用户到全体用户逐步开放。最初的售电商主要是从原有一体化公司的售电环节分离出来的，也有在原有一体化公司内部财务或法律分离的售电部门，逐渐有新的独立售电商进入市场，形成多买方的市场格局。售电侧的市场主体主要有售电商、代理商和大用户。目前各国售电侧开放的基本情况是，售电侧市场中，独立的售电商、从原来的电力公司分离出来的售电商、属于电力公司的财务或法律分离的售电部门等同时存在，为用户提供售电服务，允许用户选择售电商，同时一般一个供电区域有一个提供缺省保底服务的公司，为没有选择售电商的用户提供售电服务。这个缺省保底服务商一般是原来的电力公司分离出来的售电公司，但也有国家或地区是由监管机构通过招标确定缺省保底服务商。

（一）开放用户选择权

电力行业作为国家的基础产业和公用事业，长期以来各国政府都对其实行严格的控制，实施垄断经营，发电商生产的全部电量都出售给电网公司，再由电网公司转售给用户，发电商和用户被电网公司隔离开，电网公司是单一电能购买者，也是面向用户的唯一电能销售者。这种电力体制剥夺了电力用户选择供电商的权利，也限制了发电商基于更大利益的原则选择电能用户的权利。

20 世纪 90 年代前后世界各国纷纷开始了放松管制的电力市场化改革，1989 年英国颁布了新的电力法，推行开放用户选择权，大用户可以自由选择供电方，如可以从地区电力公司、电力联合运营中心（Pool，又称为电力库）和发电厂中任选供电方。除地区电力公司外，还允许持许可证的单位，从电力联合运营中心购电并向大用户供电，但必须支付过网费。其他国家也都分阶段放开用户选择权，用户可以根据自身情况和用电需求任意选择售电公司签订供用电合同，开放用电市场竞争。

各国用户开放都是从大用户开始，随着市场化进程，大用户的门槛逐渐降低，直至全体用户都可以选择自己的售电商。以英国为例，1990 年用电容量大于 1MW 的用户具有选择权，1994 年用电容量大于 100kW 的用户具有选择权，1999 年所有的用户都可以自由选择售电商。日本也是逐步开放了用户选择权，2000 年 3 月起，对用电容量 2000kW、电压 20kV 以上用户开放选择权，约占用户数的 30%。2004 年 4 月，对用电容量 500kW 以上，电压 6kV 以上的用户开放选择权，占用户数的 40%。2005 年 4 月，对 50kW 以上用户开放选择权，达到用户数的 63%。为了鼓励售电侧的市场竞争，发售一体化公司 PPS 的准入门槛较低，法律规定电力公司必须对 PPS 公平开放电网，所以自 2000 年 4 月起，PPS 的售电量逐步增加，与电力公司对大用户的争夺很激烈，以东京电力公司为例，自售电侧市场放开至 2006 年 9 月 1 日，有 1500 家用户脱离东京电力，其中竞争最激烈的是商业用电，约有 30% 商业用户为 PPS 所拥有。

（二）引入售电商

从国际经验看，只要零售环节与输配电网络或者配电网络没有分开，零售环节就可以依托电网实现对电厂和用户的双重垄断或者对用户的垄断。因此，电力改革必然要实行“放开两头、管住中间”的政策。在发电环节实现竞价上网，在售电环节引入售电商等市场主体，参与售电侧的市场竞争。

售电商是指从批发市场买电，向零售用户售电的电力市场主体，售电商不拥有配电网络，通过配电网络向零售用户售电，向配电公司支付网络使用费。售电商的主要功能有：从批发市场购电，向输电公司和配电公司购买网络服务，电力用户管理，客户服务，抄表、收费等。各国售电侧改革的普遍做法是把原有一体化电力公司的售电业务分离出来成立售电公司，可以是产权分离、法律分离或财务分离，同时允许其他主体进入电力零售市场成为售电商。在引入售电商的基础上，大多数国家已经建立了电力批发市场，发电商将电力卖给批发市场，零售商从批发市场购电并卖给零售市场，用户可以选择从不同零售商购电。以输电网络为载体的批发市场基本形成了竞争性的市场结构，建立完全自由的零售市场后，只有持有电力供应许可证的公司可从事电力销售，在批发市场上，各个售电主体（即发电商）和购电主体（即各地公用供电公司和享有直购电权“大用户”）在市场上相互竞争性售电、购电，由市场决定批发电价。

以英国为例，2000 年，根据公共事业法案，英国取消了地区配电公司对售电业务的垄断，要求将售电业务从配电公司中分离出来，配电公司命名为配电系统运行者（DNOs），开放售电竞争，售电商实行市场准入制，除了原来配售一体化公司分离出来的售电商以外，还允许新的售电商参与售电业务，任何个体都可以申请售电业务许可证，向整个英国范围内的任何客户售电。目前英国的售电服务主要由六个售电商提供，它们分别是 British Gas，EDF Energy，E.ON UK，npower，Scottish Power

和 SSE，这六个售电商是在 1990 年电力改革和私有化初期成立的，是从原来配售一体化公司分离出来的，又经过了一些整合和并购，它们是英国最大的能源供应公司，一直在英国售电市场占据主导地位，为工商业用户和 90%以上的居民用户供应电能和天然气，它们同时也是发电商，拥有英国 75%的发电容量，控制着大约 96%的英国电力和天然气供应市场。除了这六家公司，另外还有一些小的售电商。

三、电力需求响应

1. 需求响应的含义及其在电力市场中的作用

需求响应是指当电力批发市场价格升高或系统可靠性受威胁时，电力用户接收到供电方发出的减少负荷的直接补偿通知或者电力价格上升信号后，改变其习惯用电模式，减少或者推移某时段的用电负荷，从而保障电网稳定，并抑制电价上升。需求响应可以有效地减缓高峰负荷时用于供电和备用的发电投资和运行成本的增长，促进电力系统节能减排。通过价格和激励机制，需求响应成为电力系统安全可靠和经济运行的重要保障措施。

需求响应的参与方主要包括电网公司、参与用户、监管机构、服务提供商等，如图 17.3 所示。

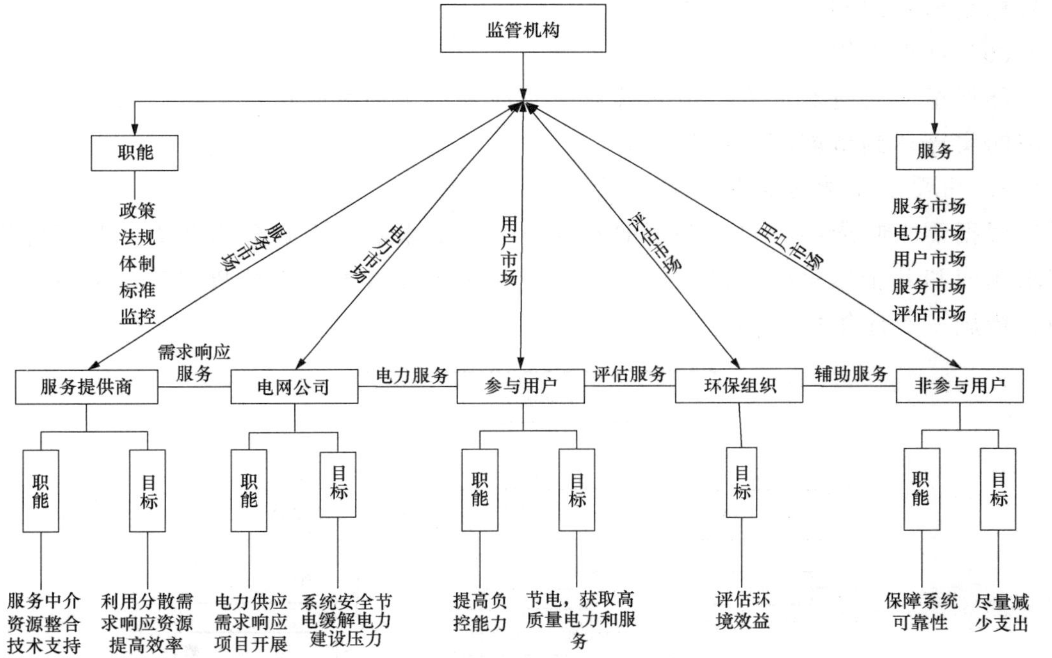

图 17.3　需求响应参与方

（1）电网公司。

电网公司是电力需求响应的发起者，也是需求侧经济激励的提供者；电网公司设计制定和推行需求响应项目，并负责项目的实施和管理。

（2）参与用户。

参与用户是电力需求响应项目实施的直接对象，在相关价格、激励或政策措施下改变其正常电力消费模式，中断或削减用电负荷。

（3）监管机构。

监管机构是监督需求响应措施得以实施的关键因素，负责市场设计方式的改进、电力市场的价格和需求响应激励机制的监管，同时将电力需求响应的相关措施纳入法规进行管理，对需求响应的有效执行起到监督管制作用。

（4）服务提供商。

服务提供商负责整合需求侧资源，代理用户参与需求响应。服务提供商的工作具体如下：集中零售用户的需求响应资源，在电网公司注册这些资源，提交需求削减信息给电网公司认证，参与需求响应事件后接收电网公司给予的补偿，按照协议给零售用户分配补偿份额。

（5）非参与用户。

非参与用户作为项目实施的间接对象，虽然没有直接参与，但电力公司在实施项目过程中会影响到他们的利益，如电价的分摊、税率的分摊和各种电价的实施等，其目标是自身的利益不受损。

（6）环保组织。

环保组织负责对需求响应实施对生态环境产生的影响进行评估，希望借助需求响应的实施达到节能减排的目的。

2. 主要需求响应措施及其效果

根据需求响应参与市场类型的不同，可将需求响应大致分为两类—基于价格的需求响应和基于激励的需求响应。另外，我国还加入了基于行政和政策手段的需求响应措施—有序用电（图 17.4）。

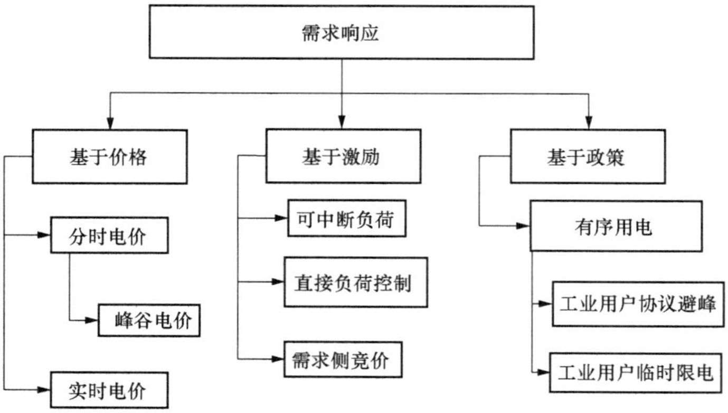

图 17.4　需求响应实施措施分类

（1）基于价格的需求响应。

基于价格的需求响应是指用户响应零售电价的变化并相应地调整用电需求。用户通过内部的经济决策过程，将用电时段调整到低电价时段，并在高电价时段减少用电，来达到减少电费支出的目的。参与此类需求响应项目的用户可以与需求响应实施机构签订相关的定价合同，但用户在进行负荷调整时是完全自愿的。通常有以下 3 种零售电价的执行方式：

1）强制用户执行某种电价，如强制大用户执行分时电价；

2）设定一种电价作为用户的默认电价，如果用户不接受，可以选择其他电价；

3）提供用户一个电价选择表，用户根据自身情况可以选择其中的一种。

基于价格的需求响应措施主要包括分时电价、实时电价和尖峰电价等。

（2）基于激励的需求响应。

基于激励的需求响应是指制定激励政策，在系统可靠性受到威胁或电价较高时得到用户的及时响应并削减负荷。激励费率一般独立于或叠加于用户的零售电价之上，主要包括电价折扣或切负荷赔偿 2 种方式。参与此类需求响应项目的用户一般需要与需求响应的实施机构签订合同，并在合同中明确用户的基本负荷消费量和削减负荷量的计算方法、激励费率的确定方法以及用户不能按照合同规定进行响应时的惩罚措施等。基于激励的需求响应措施主要包括直接负荷控制、可中断负荷、需求侧竞价、紧急需求响应和容量/辅助服务计划等。

（3）基于政策的需求响应。

基于政策的需求响应措施即有序用电，是我国根据实际情况制定的措施。有序用电是指运用法律、行政、经济和技术等手段，通过对电力用户进行用电管理，改变其用电方式，并通过采取轮休、让电、避峰、错峰、负控限电等措施，避免无计划的拉闸限电，对用电秩序进行规范，以达到将季节性、时段性的电力供需矛盾为企业和社会带来的不利影响降到最小的目标。有序用电由政府及相关政府部门主导和推动，通过充分调动供电企业和电力用户的积极性，促进其共同参与和配合。当电力供需不平衡时，坚持限制用电而不拉闸限电的方针，以保证用户的用电不受影响，保证重点企业的生产需要，保证各地区的生产生活能够正常有序进行。

随着电力市场的不断完善和智能电网的发展，各国都积极开展了需求响应项目。据美国能源信息署预计，美国需求响应以每年 1.5%的速度发展，到 2030 年通过需求响应能够减少 45%的用电量。美国的需求响应更倾向于家庭中的可中断负荷，如热水器、洗衣机、照明、空调等家用电器。

我国在北京、天津、苏州等地开展需求响应试点项目也取得了一定的效果，例如针对北京市用电特点，研究提出了中央空调综合管控、数据中心综合节电、主动需求响应等系统性解决方案，规划实施金融街电力需求侧管理综合改造、商业数据中心能效改造、城市照明系统综合节电改造等示范工程。目前，我国的需求响应功能更多的体现在缓解用电缺口方面，以有序用电为主要措施，具有实施迅速、易于操作的特点。江苏、浙江、安徽等许多省都制定了有序用电方案，减少尖峰用电，应对夏季高峰负荷压力。

四、用电侧保底服务和电力普遍服务

1. 保底服务的含义

保底服务，又称为最后的供应商服务，是指为那些因为某种原因，在竞争市场中未能从供应商那里获得服务的客户所提供的电力服务。保底服务为那些不在市场上购买电力的客户提供了一个选择，是一种保证竞争市场稳定运行的监管手段。电力行业的保底服务主要由管制实体负责，也可以由其他备选供电商提供。

保底服务对于小居民用户、小商业用户和低收入用户具有重要的意义。首先，能源竞争的概念有多大程度能被接受，一定程度上取决于由打破垂直垄断一体化向对一部分服务（输电和配电）进行价格管制而另一部分服务（发电）开放竞争的格局的转变。大多数立法者和监管者认为用户不会接受强制性的改变，也不会接受其享受的电力服务变的模糊不清。因此保底服务的出现，就是为了使用户什么都不做也能够在管制价格下继续享受该有的电力服务。其次，政策制定者们认为至少在竞争市场的发展初期，小用户既不会急于进入竞争市场，也不太可能享受更低的价格。因此，需要这样一种服务来确保这些用户能够得到电力服务。最后，低收入用户担心竞争电力服务商会因为其用电量少对其实施一些歧视行为，如拒绝向其提供电力服务等。在零售竞争的电力市场中，保底服务对于低收入用户来说也至关重要。

2. 保底服务商

保底服务商的职责不尽相同，但基本包括电能供应、辅助服务、价格风险管理、计量、计费、信息收集以及客户服务。管制实体就是保底服务商时，所有的这些职责都由管制实体承担。在有些情况下，管制实体不是保底服务商，那么就由批发供应商或零售供应商担任保底服务商的角色。批发保底服务商不直接接触终端客户，而是以签订批发电力合同的形式提供服务。而零售保底服务商则通过一系列计费、客户服务、信息收集和计量工作和客户直接交易。

3. 保底服务价格

保底服务价格指客户为保底服务所支付的价格。在竞争市场中，客户可以通过比较保底服务价格选择购买不同供应商提供的价格不等的电力服务。保底服务价格是由监管或立法过程决定的，该过程可能是行政手段干预，也可能是通过拍卖或电能交换等竞争手段实现的。保底服务价格是否包含反映零售价格的部分，如风险管理，客户服务和客户获取成本，要视情况而定。另外，由于保底服务价格不能反映供应商提供电能服务的内部成本，还有一些其他原因，搁置成本是从发电价格中分离出来的。有些地区会通过政治或协商过程形成一个固定的保底服务价格目录，如马萨诸塞州和宾夕法尼亚州。

4. 电力普遍服务

电力普遍服务是指由国家制定政策，由电力经营企业负责执行，确保所有用户都能以合理价格获得可靠的、持续的基本电力服务。其主要内容包括：①对任何人在任何时间、任何地点都必须提供电力服务；②对所有用户没有价格和质量的歧视；③制定电力用户可承受的服务价格。电力普遍服务是实现社会公共利益的具体体现。

传统的普遍服务形式：交叉补贴。交叉补贴是政府允许自然垄断产业内部垄断性业务与竞争性业务、盈利业务与亏损业务相互弥补，实现盈亏平衡的机制。交叉补贴发挥作用的前提条件，一是企业需取得垄断地位，否则就会因其他企业的“撇奶油”行为，导致原有企业交叉补贴的不可维持；二是这种交叉补贴需合法，即政府有关法规制度允许企业进行交叉补贴。中国电力产业的交叉补贴是指政府允许电力经营企业以利润率高的业务补贴利润率低甚至亏损的业务，以赢利地区的业务补贴亏损地区的业务。

长期以来，中国政府对电力服务实行价格差别政策，即对商业用电、工业用电等实行高价政策，而对广大居民的生活用电、农业用电实行低价政策。电力产品的价格不是按各种业务、各地区业务的实际成本定价，而是按照所有业务、所有地区的平均成本，以整个电力企业总体核算为基础，采取“算总账”的形式制定的，这就使电力经营企业通过内部业务间的交叉补贴，不仅能补偿亏损业务的成本，而且能取得一定的利润，保证电力经营企业具有提供电力普遍服务的能力。

交叉补贴是传统电力产业的普遍服务机制，电力产业的市场结构重组打破了交叉补贴机制的实现基础，随着电力体制改革的深入，市场竞争主体的增加，交叉补贴适用的范围将越来越小。

现行的普遍服务形式主要是政府补贴。作为一项公益事业，政府在电力产业的发展中有不可推卸的责任。事实上在各国的电力发展中，政府都出台了许多优惠条件和政策支持。中国政府和电力产业还没有实现完全的政企分离，电力产业的普遍服务是靠政府的行政指令和国有垄断企业共同运作的。

政府补贴显示出很强的计划经济特征，不符合电力市场引入竞争、提高效率、实现政企分开、公平竞争的改革目标，也不利于电力企业的发展。电力产业属于基础设施产业，随着社会经济的快速发展，客观上需要电力产业加速发展，政府财政远远不能满足电力产业建设的需要，这使政府财政补贴解决电力普遍服务越来越困难。普遍服务由政府主导，强制电力企业承担普遍服务义务并不是实现再分配和区域发展规划的必然结果。而且，阿科森—斯蒂格利茨定理也证明，实现收入再分配的最佳途径是直接对收入征税，而间接操作产品和服务的相对价格以进行收入再分配是低效率的。因此，中国电力产业的普遍服务义务由电网公司承担，国家、地方政府和电网企业共同筹资实施普遍服务只能是一种过渡方式，真正有效持久的普遍服务机制应该是由市场主导，政府和企业合作共同实现电力普遍服务，那就是尽快建立普遍服务基金。

普遍服务形式的展望：普遍服务基金。普遍服务基金是发达国家实现普遍服务的主要形式，是政府把来源于多方面的基金整合起来，通过市场手段以招标的方式来配置的，它是市场经济条件下政府实行的一项激励机制，相比较其他普遍服务机制具有公开、公平、透明、高效等优点。建立电力普遍服务基金也比较符合国际惯例，在管制改革较早的电信产业，许多发达国家或者发展中国家，都建立了电信普遍服务基金，保证电信产业的普遍服务。而电力产业改革后，一些国家也开始建立新的电力普遍服务机制，如美国是通过电力普遍服务基金来提供电力普遍服务的，资金筹集的方法是，在居民每月的电费中增加一个固定额度作为电力普遍服务基金，商业用户和工业用户按照其电费使用额度缴纳普遍服务基金；法国在提供电力普遍服务时建立了“公共电力生产服务基金”，用于补偿企业以特价向低收入家庭提供电力而造成的损失。

五、能源变革中用户侧的发展趋势

1. 新能源分布式发电

近年来，以分布式、间歇式能源利用为核心特征的新能源产业发展方兴未艾。新能源产业突破了传统大型火力发电机组与大范围电网系统所构架的集中式的能源供应模式，很可能成为引发新一轮产业变革的“火种”。

分布式能源具有技术选择多样性的特点，对传统集中式供电产业形成替代或者补充。

分布式能源是以小型发电技术为核心，集成了智能电网技术、储能技术等形成的一种主要分布于用户侧的小型电力系统。分布式能源的突出特征在于技术选择的多样性。从一次能源的来源来看，既可以利用天然气（含煤层气、沼气）这种清洁的化石能源，也可以利用太阳能、生物质能、风能、氢能、小型水电等可再生能源；从供能模式来看，可以用于发电、制热、制冷单双或者多联供；从运行模式来看，既可以独立运行，也可以并网运行；从发电技术来看，可以使用燃气轮机、内燃机、微燃机发电技术，也可以使用光伏发电、燃料电池发电、生物质发电和风力发电技术等；从储能技术来看，可以使用蓄电池、超级电容、飞轮储能、蓄冷蓄热储能、移动储能等多种技术形式。分布式能源这种技术选择的多样性，能够满足多种需求并提供差异化的供电服务。电力用户可以充分根据自身的资源禀赋、基础设施、土地空间、资金条件等选择适宜的技术集成模式，实现相应的经济收益、能源收益和环境收益。从经济收益来看，分布式能源发展可以有效降低需求侧的能源使用成本、甚至形成增量的售电收益。从能源收益来看，可以大规模推进可再生能源利用的规模，提高能源消费的清洁性、稳定性。从环境收益来看，则可以有效降低化石能源转换所导致的污染物、温室气体的排放等。

传统集中式供电产业在目前的市场中仍然占据主导地位，但是近年来，分布式能源产业链上关键技术研发、设备制造、系统集成和规模化应用均获得了不同程度的突破，使得其逐渐具备一定后发优势。

分布式能源产业相较传统集中式供电产业的突出竞争优势，来源于其较高的能源转换效率、大幅度降低的网络传输损失、燃料成本的低风险性、一次能源利用的多样性、系统运行的安全性和可靠性以及环境效率的提升。分布式能源将一般火力发电以及网络传输所造成的近 50%～60%的能源损失降低到 20%～30%以下。在能够满足电力需求并符合成本——收益平衡条件时，分布式能源产业可以对传统集中式供电产业形成渐进性、局部性的替代。另一方面，由于分布式能源可以有效降低电力需求峰谷差、实现电源结构的清洁化，可长期作为传统集中式供电系统的补充，由此所带来的间接收益表现在降低电力基础设施的投资成本、分摊电网的运营维护成本、分散电网的安全性风险、降低全网的环境治理成本等。

分布式能源产业可以创造多种商业模式，具有实现价值增值、创造多元利润、提升经济效率的巨大潜力。

分布式能源的用户群体非常广泛，从工业部门、商业楼宇到公共建筑、社区，都可以建设不同规模、不同的一次能源来源、不同投资模式和运营模式的分布式能源系统。分布式功能系统可以与智能用电管理终端、智能电表构成一个高效的需求侧电力管理系统。

当所有用电设备的数据可以实现与配电中心的实时回传和最优化控制之后，就会产生显著的节电收益。而后续的用电数据分析挖掘也可以实现新的经济价值和社会价值，创造新的利润来源。例如商业部门可以实现办公设备的自动节电管理、智能商业楼宇的一体化运行；工业部门可以实现生产过程的节能优化控制和过程管理。而基于这些数据所开发的行业景气预警预测、要素供需预警预测等则可以服务于公共部门或者私人部门，产生衍生的商业价值。这些系统的建设和维护既可以由用能主体直接承担，也可以交由公用事业部门、合同能源管理公司托管。这种多元的商业价值创造意味着多元的参与机制与利益分享机制，为分布式能源依靠网络效应实现规模化发展提供了有效载体。

各国政府对分布式能源发展寄予厚望。美国在 2001 年提出，到 2010 年其热电联供系统的装机容量要达到 92GW，而实际情况虽然没有达到预期目标，也达到了 85GW 的水平；奥巴马总统提出到 2020 年，要将现有装机容量再翻一番。德国计划到 2020 年，分布式能源占电力总装机容量的四分之一。而根据国际能源署的研究，中国将会成为继俄罗斯、德国之后分布式能源占比最高的国家，2015 年可达到 18%，2030 年可达到 28%。这种大发展会带动其互补性产业的发展，引发更大规模的产业变革。

分布式能源将是未来智能电网不可或缺的组成部分。

我国的智能电网建设是以“坚强、自愈、兼容、经济、集成和优化”为主要的发展方向。“坚强、自愈”主要是从集中式供电系统自身着手，通过信息技术、自动控制手段的运用来提高电网的安全性和稳定性、实现电力传输效率的提升。而“兼容、经济、集成和优化”则需要将电网从一个有限封闭系统逐渐转变为一个安全开放系统，允许更多分布式、间歇式电力的接入、实现需求侧、供应侧数据的互通和反馈，提高全网的经济、技术、环境效率。由于电网公司所具备的天然垄断特性，长期以来各国在电网公司的治理模式上一直存在很大争议。发达国家普遍限制电网公司垄断、实行网输价格管制并放开上游发电、下游配售电环节的市场竞争，这样的治理体制客观上就造成了电网竞争效率的丧失、投资不足引发建设滞后，进一步影响安全性和稳定性。而我国则仍然是采取国家办电网的方式，电网公司作为实际垄断部门，由于承担着公用事业单位的社会责任而受到政府管制，但集中式的管理运营模式使得电网建设得到有效保障。

可再生能源发展对电网的兼容性提出更高要求，市场化改革的深入要求电网公司开放关联市场。利益主体的分散化要求电网不仅能够确保电力供应的安全性和稳定性，还要通过各种技术集成和系统优化实现更广泛意义上的效率改进。这就需要将集中式、连续式的电网系统与分布式、间歇式的新能源系统相融合，这无疑是电网公司新的技术突破方向，也是其搭载新产业变革的高速列车，走向新的发展阶段的必由之路。

2. 电动汽车

电动汽车是用户侧的一种新型的用电方式。电动汽车改变了传统汽车燃油驱动的模式，主要采用电力驱动，它具有传统汽车不可比拟的优势。首先，电动汽车能源利用效率高。其总效率至少在 19%以上，而传统汽车效率低于 12%；其次，其环境污染小。电动汽车排出的废气非常少甚至不排出废气，产生的废热也明显少于传统汽车；再者，电动汽车具有噪音低的特点。即使靠近正在高速运转的电动机也不会让人感觉到恼人的噪音，而传统汽车内燃机的噪音则较大；最后，从日常使用的经济成本来看，电动汽车的运行费用远低于传统内燃机汽车，电动汽车一百公里只消耗大约 25 千瓦时的电量，按照商业用电电价仅需大约 20 元，而传统内燃机汽车一百公里耗油量将近 10 升，相当于 70 元左右。因此，电动汽车的发展近来受到关注，它的大规模应用被视为缓解能源紧缺和大气环境污染以及促进低碳经济实现的最有效方式之一。

近年来各国积极发展电动汽车。据预测，在 2020 年前全球电动汽车销量能够达到汽车总销量的 7%～12%，中国可达到 15%～20%。美国为了支持电动汽车的发展，在消费者购车、建设充电设施和设备，以及技术研发方面均予以财政补贴和支持。在保有量达到 20 万辆之前，根据电池功能情况，消费者购车抵税额最高可达 7500 美元；允许商用电动汽车供电设施建设成本的 30%抵税（最高不超过 3 万美元），对消费者购买家庭使用的合格充电设备抵税 1000 美元；另为电动汽车充电设备基础设施测试计划拨款 3.6 亿美元。在电动汽车技术研发方面，联邦政府在 2012 年已为电池、燃料箱、汽车系统和基础设施研发拨款 2.68 亿美元。在 2013 年，美国销售电动汽车（含混合式电动汽车）9.6 万辆，较 2012 年增长了 82.8%。日本早在 20 世纪 70 年代就已将电动车的发展列入汽车工业的产业规划，并且为电动车发展制定了诸如建设和改造充电站、研制新技术的蓄电池等计划。目前已有多款车型在全球范围上市，并且一直保持电动车销量第一。德国计划在 2020 年前投入使用的电动汽车总数达到 100 万辆。为了抢占全球电动汽车市场，德国动员了政界、学术界、与此相关的产业界、工会和社会团体的力量，并形成了一个联邦级的协调平台，用于发展电动汽车，以希望能够在 2020 年前后成为电动汽车的主要供应商和主导市场。更重要的是，德国专家已经在考虑零部件的统一和生产的标准化问题，制定电动汽车标准是抢占国际电动汽车市场非常关键的一步。

在我国，按照 2010 年工信部制订的《节能与新能源汽车规划》，中国的电动汽车（包括插电式混合动力汽车、纯电动汽车、氢燃料电池汽车等）到 2015 年应初步实现产业化，产销总量在 2020 年之前要达到 500 万辆的水平。2012 年国务院《关于印发节能与新能源汽车产业发展规划（2012—2020 年）的通知》也表明到 2015 年，纯电动汽车和插电式混合动力汽车累计产销量力争达到 50 万辆；到 2020 年，纯电动汽车和插电式混合动力汽车生产能力达 200 万辆、累计产销量超过 500 万辆。充电设施与车的配置一般是公交车 1：3、乘用车 1：5。目前，北京、上海等城市纷纷出台了电动汽车购买补贴的政策，据预计，上海市电动汽车的市场规模到 2020 年可达约 35 万辆。为适应电动汽车的发展需求，还开始建设与之配套的充电桩、充电站和换电站等充电设施。2009 年 8 月，国家电网上海市电力公司建成中国第一座具有商业运营功能的电动汽车充电站——上海漕溪电动汽车充电站。2010 年，国家电网公司与经营范围内的所有地市政府签订了电动汽车充电设施建设合作协议，并完成了 75 个充电站和 6029 个充电桩的建设。国家电网已经建成的充换电站 400 余座和近两万个充电桩；而此前的规划是到 2015 年要建成 2351 座充电站，22 万个充电桩；到 2020 年，充电站的建设目标高达 10000 座。2014 年 5 月，国家电网宣布向社会资本开放电动汽车充换电设施领域。同时，还对 10 千伏及以下配电网进行建设与改造，为充电设施系统的接入创造条件。充电配套设施的建设完善，也将进一步促进电动汽车的应用与推广。

电动汽车作为一种特殊的负荷，它的充电行为具有随机性和间歇性。普通的电力用户是固定不动的，而电动汽车需要在行驶过程中用电。电动汽车在时间和空间上的随机性、分散性、动态性等特点，会增加电网运营管理的难度。少数电动汽车接入电网充电时，对电力市场的影响微乎其微。但当其快速发展并大规模接入电网充电时，会对电力市场产生不可忽略的影响，尤其在无序充电的情况下，会带来新一轮的负荷冲击，造成负荷“峰上加峰”问题的出现，加剧电压的降落，从而影响电网的安全可靠性。此外，由于不同的电动汽车有不同的需求，所以电动汽车的用电需求又具有多样性的特点。

同时，随着电网智能水平的提高，电动汽车可以作为移动分布式储能单元，除了从电网接受电能，也能将车载电池的电能反送给电网系统，即电动汽车放电。这种电动汽车与电网之间能量双向互动的关系被称为V2G（Vehicle to Grid）。V2G现指电动汽车的能量在受控状态下能够实现与电网的双向交换，这一概念体现了电动汽车与电网之间的关系。电网与电动汽车之间能够进行互动。通过V2G技术，数量庞大的电动汽车如果能与电网良性互动，可以在增加售电量的同时，有效地调节电网负荷峰谷差、作为系统旋转备用和调峰备用的有效补充或者辅助电网有效接纳风能、太阳能等间歇性可再生能源的发电容量，从而提高电网运行的安全性与经济性。电动汽车灵活充电的特点也为电力需求侧响应的应用提供了平台。用户侧也就可以通过使用电动汽车，来参加电力需求响应。因此，电动汽车也是用户未来主动参与到电力市场中的一种形式，加强了用户与电网之间的互动性。

电力市场可以通过分时电价来引导用户调整其充电操作，用户为了节约充电成本，就会主动通过智能充电设施延时充电功能，将充电操作调整到凌晨以后。这样既不影响用户充电，又避免对电网产生负荷冲击，同时通过低谷电价降低了电动汽车用户的使用成本。

电动汽车的发展不仅是作为新型的汽车产业发展，也是能源变革中出现的一个趋势。如果调配得当，电动汽车不仅不会对电网造成冲击，其作为一种灵活的充电负荷及储能装置，还可为电力系统提供调频和削峰平谷等服务。在未来商业化使用时，应多方面考核电动汽车的经济性，采取以适应市场为导向，积极发挥政府效应，实现适合电动汽车特点的管理创新。保证参与充电站等基础设施建设的社会投资者的利益，使得在规模效应下促进电动汽车基础设施建设，最终做到电动汽车的普及。

六、认识

我国目前着力推动的发电侧电力市场改革，用户没有参与到其中，输配电仍然保持垄断经营，除了保持对电网建设、运营的垄断外，还保持对电力购销业务的垄断经营。输配电自然垄断属性与用户的选择权并不矛盾，需要垄断经营的部分是电网的规划、建设与调度运营，电力购销业务可引入竞争。合理地开放大用户参与市场，将电网作为公共输电网络，可在电网垄断经营的基础上实现用户和发电厂的自由交易。与开放用户参与市场直接相关的两项改革重点是输配分开和电力普遍服务。

开放用户直接参与竞争是引入购电竞争的主要方式，打破输配电垄断经营的另一种方式是输配分开，发电企业、配电企业作为购售电双方参与市场竞争。实施输配分开，在厂网分开的基础上，进一步将不同的生产环节分开，以促进输电、配电企业提高效率，并提高发电侧电力市场的竞争力度；使输电和配电成本透明化，打破电网企业单一购电格局，使购电主体多元化，形成多买多卖的竞争局面。输配分开后，配电企业可作为“大用户”，在输电企业提供的电网平台基础上，与发电企业之间开展双边电力购售业务，从而在购电中引入市场竞争。该方式可在一定程度上替代用户的直接开放，取得直接开放用户竞争的部分效益。

在没有开放用户的市场模型中，不管是否开放发电竞争，供电企业都是直接履行电力普遍服务的企业。一方面，法律法规授予供电企业垄断的地位，在一个区域内垄断经营供电业务；另一方面，供电企业也责无旁贷地承担起为供电区域内所有用户服务的义务，因此，供电企业直接承担电力普遍服务。在开放用户的市场模型中，多个企业在同一个区域内从事供电业务，比如开展大用户直购电，部分大用户直接从发电厂购电，相应的发电厂实质上也是在该地从事供电业务。在多个企业同时开展供电业务的情况下，如何分配电力普遍服务义务，如何建立电力普遍服务的成本补偿机制就显得尤为重要，这是开放用户参与市场的最重要的配套政策，否则供电企业就成为利益直接的受损企业，其合法利益得不到保障，没有能力履行电力普遍服务义务，不能实现“同网同质同价”，不利于形成良好的市场体系，损害社会公共利益。

另外，开放用户参与电力市场竞争还会对电力工业可持续发展产生重大影响。所谓电力可持续发展，即优化利用不可再生资源，持续利用可再生资源，全面提高电力系统效率，改善电力结构，使电力的发展与社会、经济、资源和环境相协调，使电力供应既满足当代人的需求，而又不对后代人满足其电力需求构成危害。正如上一节所提到的，未来能源变革中用户侧的发展趋势将更多的转向新能源分布式发电和电动汽车。

第七节　可再生能源和电力市场

一、概述

按照维基百科（WIKIPEDIA）的描述，可再生能源包括风能、水能、太阳能、生物质能、生物燃料、地热、海洋能等。这些能源的发电方式具有不同的特点，有的具有常规能源发电的可控性，如水电和生物质能；而有些则是间歇式（Intermittent）发电，不具备可控性，主要是风电和光伏发电。近年来，风电和光伏发电迅速发展，由于其明显的间歇性发电特点，如何并网消纳和进入电力市场，已经日益成为当前电力行业的重大问题。因此，本章所述及的主要是间歇式发电的可再生能源，不包括水电，以风电和光伏为主。

根据 REN21（Renewable Energy Policy Network for 21 Century）发布的《2014年全球可再生能源现状报告》，世界可再生能源发电近 10 年来发展迅速，可再生能源发电（风、光伏、太阳热、地热、生物质）装机容量已经从 2004 年初的 8500 万千瓦发展到 2013 年底的 5.6 亿千瓦，其中风电为 3.18 亿千瓦，光伏 1.39 亿千瓦。REN21 统计了截至 2013 年底各类可再生能源发电世界前五名国家的排名（见图 17.5），中国可再生能源发电装机总量排名第一，丹麦人均装机容量排名第一；美国地热和生物质能发电第一；德国光伏发电第一；中国风电第一；西班牙光热发电第一等。

根据 REN21 统计，世界水电发电量占总发电量比例为 16.4%，风电 2.9%，生物质 1.8%，光伏 0.7%，地热和海洋 0.4%。

TOTAL CAPACITY OR GENERATION[6] AS OF END-2013

POWER	1	2	3	4	5
Renewable power (incl. hydro)	**China**	United States	Brazil	Canada	Germany
Renewable power (not incl. hydro)	**China**	United States	Germany	Spain / Italy	India
Renewable power capacity *per capita* (not incl. hydro)[3]	**Denmark**	Germany	Portugal	Spain / Sweden	Austria
Biopower generation	**United States**	Germany	China	Brazil	India
Geothermal power	**United States**	Philippines	Indonesia	Mexico	Italy
Hydropower[4]	**China**	Brazil	United States	Canada	Russia
Hydropower generation[4]	**China**	Brazil	Canada	United States	Russia
Concentrating solar thermal power (CSP)	**Spain**	United States	United Arab Emirates	India	Algeria
Solar PV	**Germany**	China	Italy	Japan	United States
Solar PV capacity *per capita*	**Germany**	Italy	Belgium	Greece	Czech Republic
Wind power	**China**	United States	Germany	Spain	India
Wind power capacity *per capita*	**Denmark**	Sweden	Spain	Portugal	Ireland

图 17.5　世界各类可再生能源前五名国家排名

世界能源协会（WEC）在“世界能源 2013 观察”［2］中对 2020 年一次能源结构进行了预测，2020 年可再生能源在一次能源中的比例要从 2011 年的 11%增加到 2020 年的 16%。欧盟决定 2020 年这一比例要达到 20%，据此估算的可再生能源发电量的比例要远高于此。根据 REN21 统计，至 2014 年初，世界 144 个国家制定了可再生能源发展目标。在目前水平下，可再生能源发电比例仍然要继续增加。为解决可再生能源并网、消纳和加入电力市场的问题，世界有关国家采用了一系列的措施。以下对世界各国的经验和做法进行概要性介绍。

二、可再生能源的特点

（一）技术性特点

1. 波动性

风电和光伏发电出力的波动性是其电能消纳的主要困难之一，需要电网准备充足的调峰、调频和备用容量。季节、日、小时、分钟等不同时段的可再生能源发电出力波动性，均需要电网采取不同的措施。因此，对其波动性特点进行分析具有重要意义。一般意义上，由于光伏发电出力特性和负荷特性匹配较好，且装机比例也较低，以下主要分析风电的波动性特点。表 17.13 为一些国家的对风电的统计结果。

表 17.13　区域风电出力最大变化（占装机容量的百分比）（Hotinnen 2009）

			10-15minutes		1hour		4hours		12hours	
Region	Region size	Nr of sites	Max deceease	Max increase	Max deceease	Max increase	Max deceease	Max increase	Max deceease	Max increase
Denmark	300×300km²	＞100			−23%	+20%	−62%	+53%	−74%	+79%
−West Denmark	200×200km²	＞100			−26%	+20%	−70%	+57%	−74%	+84%
−East Denmark	200×200km²	＞100			−25%	+36%	−65%	+72%	−74%	+72%
Ireland	280×480km²	11	−12%	+12%	−30%	+30%	−50%	+50%	−70%	+70%
Portugal	300×800km²	29	−12%	+12%	−16%	+13%	−34%	+23%	−52%	+43%
Gemany	400×400km²	＞100	−6%	+6%	−17%	+12%	−40%	+27%		
Finland	400×900km²	30			−16%	+16%	−41%	+40%	−66%	+59%
Sweden	400×900km²	56			−17%	+19%	−40%	+40%		
US Midwest	200×200km²	3	−34%	+30%	−39%	+35%	−58%	+60%	−78%	+81%
US Midwest+ oklahoma	1200×1200km²	4	−26%	+27%	−31%	+28%	−48%	+52%	−73%	+75%

分钟级的超短期波动对电网运行影响较小，这主要是风电的聚集效应；短期波动（小时）也有类似特点，其波动性随着区域扩大而较小，当风电容量达到消纳区负荷的 5%～10%时，则需要考虑增加旋转备用容量；长期性（月、季）波动性则不仅影响到电力市场的价格，也是电力系统规划必须考虑的因素。电力系统规划中，风电只能按照其装机容量的很小比例参加电力平衡，中国经验上采用 5%。澳大利亚根据各州风电实际情况规定了夏季和冬季参加电力平衡的比例，其中维多利亚州的风电 2011 年对夏季高峰贡献率为 6.5%，冬季高峰为 7.2%。

2．平滑性

随着风电分布地区的扩大，其发电出力持续曲线更加平滑。图 17.6 比较了单个风机、丹麦和北欧地区的风电出力持续曲线。地区零出力和低出力小时数明显减少，地区同时最大出力数值也明显降低。因此，扩大电网互联是十分必要的，即降低了波动性，又降低了输电能力需求。

风电和光伏也具有互补作用，风电光伏联合出力曲线和负荷曲线的匹配度增加，也减少了风电的波动性。

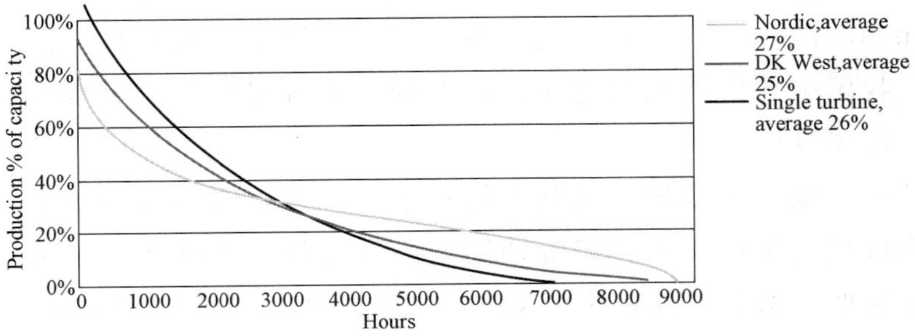

Source:Holttinen et al.(2007)

图 17.6　单机、丹麦和北欧地区风电出力持续曲线

3．低预测性

尽管风电预测技术和方法有了很大发展，但预测难度仍然很大，很大程度上取决于气象数据。因此，预测时段越长，则精度越低。电力系统运行中，需要根据日负荷曲线安排日发电计划，但风电出力的日前预测精度目前仍然很低。随着时段的缩短，精度会越来越高，其误差符合正态分布统计规律。例如，澳大利亚的预测结果，见图 17.7。

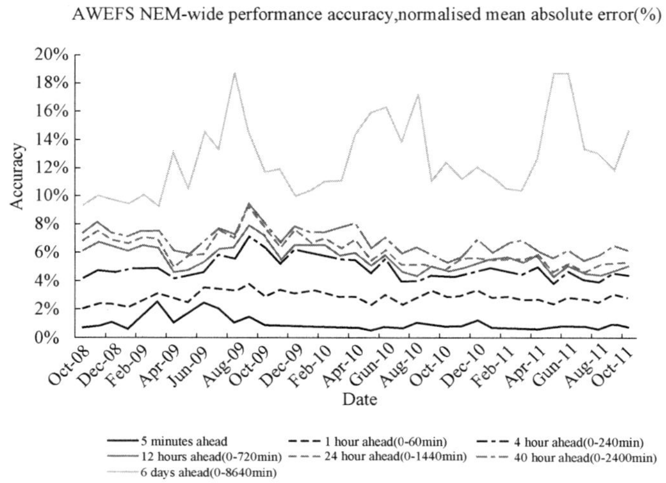

图 17.7　澳洲风电预测中心在国家电力市场范围的风电预测正态平均误差

在可再生能源参与电力市场后，日内市场的建立具有重要意义。例如，欧盟建立统一电力市场过程中，日内市场的融合也遇到了很多需要协调解决的问题，以可再生能源加入日内市场的问题为主。

（二）经济性特点

电力市场的竞价过程是以边际成本为主导的，而可再生能源发电的边际成本很低。常规电源参与竞价必须考虑本身的边际成本，市场出清价由最后中标发电厂报价决定，这符合经济调度的原则。可再生能源则可以低价甚至负电价（澳大利亚）参与竞价，当可再生能源出力较大时，则拉低市场价格。当对可再生能源采用固定电价（Feed-in tariff）时，一般不参与市场竞价，按照全额收购优先排序的原则安排发电。例如，我国可再生能源的有关法律和规定明确必须全额收购其电能，并在发电计划序位中优先排序。

为保证可再生能源的消纳，尤其是比例较高时，电力系统必须配备一定容量的调节能力强的机组提供调峰和备用等辅助服务以补偿其波动性的影响。这些机组的利用小时往往很低，例如，西班牙的 CCGT 机组 2010 年的利用小时比 2004 年降低了一半。因此，提供调峰和备用等辅助服务的机组应该得到经济补偿。

经济性的另一重要特点就是资源富集区域和负荷中心的距离，可再生能源的年度利用小时很低，长距离输电的经济性很差，需要进行认真的成本效益分析才能做出决策。

三、可再生能源的激励机制

（一）激励机制

根据 REN21 统计，至 2014 年初，138 个国家实施可再生能源激励政策。激励机制中基本以价格激励和配额激励为主，一些国家逐步转向招投标制。

1. 价格激励

顾名思义，就是对可再生能源在价格上给予补贴。具体有两种情况：

（1）固定电价（Feed-in Tariff，FIT）：按照成本加效益的原则确定上网电价，独立于电力市场，价格由终端用户承担，保证了无风险的发电收入。

（2）固定补贴（Feed-in Premium，FIP）：类似于 FIT，对单位上网电量的补贴是固定的，但可再生能源要加入电力市场，上网电价按市场价确定。

价格激励机制对可再生能源发展起了很大的促进作用，至今仍有很多国家采用，采用价格激励机制的国家和州（省）有 97 个（REN21 统计中将美国的州做为统计单位）。FIT 和 FIP 也存在一定问题，就是要需要根据情况进行调整，定价过高会导致可再生能源增长过快，过低则造成亏损而影响发展。有的采用 FIP 的国家对上网电量采用规定最高和最低限价的方法来避免出现上述情况。

2. 配额激励

国际上，配额激励机制有几个名词表述，其含义是一样的。通常的表述是 RPS（Renewable Portofolio Standard），美国联邦政府的表述是 RES（Renewable Electricity Standard），英国表述为 RO（Renewables Obiligation），也有国家表述为 Green Certificate（GC）等等。配额激励机制的主要特点是由电力监管机构按年度对每个售电公司规定承担的可再生能源电量配额，并规定配额单位电量的最高限价；发电公司的可再生能源电量参与市场竞价上网后同时产生并拥有配额证书，其以上网电量为计量单位的配额证书可同售电公司进行交易；售电公司购买配额证书并提交电力监管机构以满足其配额要求，不足部分按配额最高限价处理。相对于价格激励机制，RPS 引进了更多市场因素，不仅可再生能源电量参与市场竞价，而且以配额证书体现的价格补贴也可以进行竞价。当可再生能源发展过快时，补贴就低，反之亦然。通过市场之手，实现了对价格补贴的调节。采用 RPS 的国家和州（省）有 97 个。

3. 招投标

招投标制的标的会有区别，其标的主要有：需要的投资补贴、FIT 或 FIP 等。采用招投标制的国家和州（省）从 2009 年的 9 个增加到 2014 年初的 55 个。

（二）可再生能源暴露于电力市场的表现

如前所述，各激励机制在电力市场有不同的表现。

FIT和电力市场无关，无论市场价格怎样变化，FIT能保证固定收益，不存在价格风险，保护了发电公司的利益。FIP和RPS使可再生能源暴露于市场，则存在价格和消纳风险，但会促进其提高预测和运行水平以减少风险，当接受到负价格时也会主动限制出力。

不管采用何种机制，从电网运行角度来说，当调峰能力不足时，电网公司仍然可能限制可再生能源出力；从市场角度来说，若电网公司考虑火电机组的启停成本或因火电超低负荷运行增加的成本，仍然可能限制可再生能源出力。

四、可再生能源与辅助服务

（一）可再生能源对辅助服务的影响

辅助服务主要涉及对有功和无功功率的控制（调频、调峰、调压、事故备用）及黑启动。

如前所述，由于可再生能源的秒和分钟级的超短期波动的聚集效应和随机性，类似于负荷波动，其波动不大，远小于电网的一次调频备用，不会对一次调频能力造成影响。

可再生能源对二次调频、调峰和旋转备用容量的影响较大。由于可再生能源日前预测精度较低，不能准确安排日发电计划，当可再生能源超过最高负荷的一定比例（一般为5%～10%）时，需要增加备用容量以吸收日内小时级的短期波动，见图17.8。

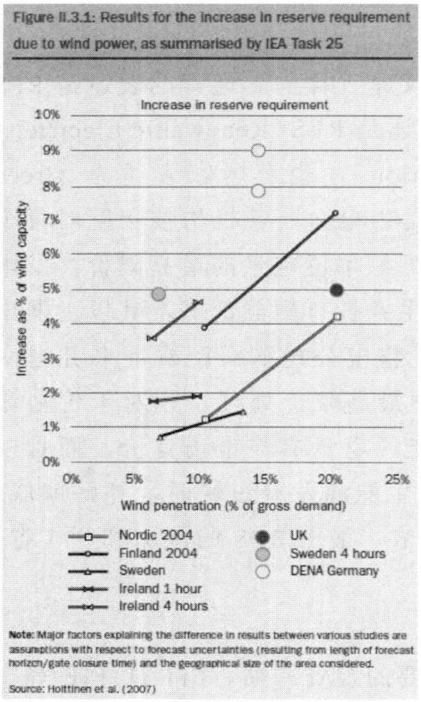

图17.8　风电增加造成备用需求增加

可再生能源在设计阶段考虑了装设无功补偿设备实现就地平衡，英国、法国、荷兰、爱尔兰、葡萄牙、美国的MISO、巴西和韩国等国家要求可再生能源机组跟踪P/Q曲线运行；黑启动的设置是按照电网大停电事故程度设定，和可再生能源没有直接关系。因此，可再生能源没有增加对无功和黑启定设定能力的要求。

（二）可再生能源加入辅助服务的讨论

如前所述，可再生能源造成了对二次调频、调峰和旋转备用要求的增加。一些国家采用市场化的手段解决这些问题，对于备用容量市场，尽管可再生能源由于其边际成本低而不应提供向上备用，但可以参加向下（Downward）备用容量市场而得到弃风降出力补偿，而火电机组降出力或停机会增加很大成本；采用日内市场很好实现了备用容量的动态管理和经济补偿；澳大利亚的5分钟为时段的超短期竞价方法将日前、日内和平衡市场融为一体，在日前市场基础上，每半小时再发布预调度计划，发电公司可再度竞价直至5分钟前；在电源出力大于需求情况下，负报价机制也使可再生能源机组接到负电价时选择降低出力，而调整能力低的火电机组即使接到负电价也不能降低出力从而间接为变动成本高的调频调峰机组提供了补偿。

显然，在没有建立市场机制情况下，在调峰调频能力不足时，只能直接调整和限制可再生能源发电出力，这也相当于直接安排可再生能源提供调频调峰服务。

总之，市场机制可以实现备用容量优化配置，一定程度上降低备用容量需求，是解决可再生能源辅助服务需求的有效手段之一。

五、可再生能源并网与运行

（一）可再生能源并网费用

根据国际大电网会议C5-11工作组的研究报告，可再生能源并网费用主要有以下3种机制。

深并网（Deep Connection）机制：可再生能源承担并网接入费和并网后加强电网的费用。接入费是发电厂出线至电网连接点线路及相关设备的费用。事实上各国很少采用，一是电网结构和潮流分布的复杂性，很难合理确定可再生能源需要分摊加强电网费用的具体数值；二是会降低投资者的积极性。

浅并网（Shallow Connection）机制：可再生能源仅承担接入费用，并网后加强电网的费用由电网公司承担。目前为大多数国家采用。

混合（Hybrid）机制：由于上述两种机制均没有反映新建可再生能源厂址位置因素，不同厂址位置对加强电网有不同的要求。有的国家以浅并网机制为基础再加上厂址位置因素。

法国2002年采用深并网机制，2005年改为浅并网；根据2010年国际大电网会议的调研，大多数国家采用浅并网机制，其中澳大利亚、德国、比利时、葡萄牙、西班牙和瑞典等国家对所有电厂均采用浅并网机制；英国采用混合机制；北美采用深并网机制。

西班牙曾因电网加强工程的滞后影响到风电的发展，有些国家也有类似情况造成已并网风电的限制出力。由于可再生能源同时达到满出力的时段很有限，普遍认为不应按满出力设计输电工程，极端情况下应允许限制出力。

（二）可再生能源输电费用

电网公司的输电费通常由发电公司和用户承担。国际大电网会议2010年的调研揭示，参加调研各国尚没有支持可再生能源发展而对输电费实行优惠的政策。由此，则产生一个很需要关注的问题：按照发电量还是按照容量支付输电费？按容量付费的有英国、巴西、爱尔兰和瑞典；按发电量付费的有法国、挪威和以色列等。需要关注的是：由于可再生能源的年利用小时很低，按容量付费对可再生能源发展没有促进作用。

（三）电网准则相关问题的讨论

很多国家都制定了电网准则（Network Codes），电网准则是一些涉及电网设计和运行技术问题的规则和规定。并网可再生能源比例的增加，要求修订或补充新的规定，保证正常状态的稳定运行（频率和电压控制）和事故时尽快恢复（低电压穿越和事故时提供动态无功的能力）至正常状态。我国制定的《风电接入电力系统技术规定》对风电调频、调压、故障穿越和远方控制等问题做了具体规定。国际大电网会议 C5-11 工作组的调研中揭示，澳大利亚、葡萄牙、巴西和爱尔兰等国为可再生能源并网制定了技术规定。欧洲电网公司联合会（ENTSO-E）在修订新的电网准则中，讨论的关键问题就是可再生能源的故障穿越、调频调压能力和远方控制问题。

可再生能源毕竟不同于常规电源，不可能完全达到常规电源的调控性水平。澳大利亚为此做了区分，对风电机组的可控性提出了具体要求，规定 3 万千瓦及以上风电场为“半可调”（Semi_scheduled）。澳大利亚规定的“半可调”要求是：超过电网安全限额时，按照调度控制指令 5 分钟内调至目标值，自动控制功率不超安全限额。

应注意到，在公众咨询（Public Consultation）中，一些风电设备厂商的协会组织也提出了要求风电具备类似常规机组的调控能力会使造价增加，从而影响投资者的积极性。

（四）解决可再生能源并网运行问题的措施

1. 加强预测和信息共享

提高预测精度和实现信息共享是减缓波动性影响的有效措施。风电的聚集效应在减少波动性的同时，也使预测精度得以提高，尤其是短期和超短期预测。信息共享亦同样重要，不仅提高精度，也节省了资金。如前所述，澳大利亚国家电力市场运行公司建立了面向国家电力市场的风电预测中心（Australian Wind Energy Forecasting System，AWEFS），收集全球气象信息、并网风电场的实时信息和基本信息，向 3 万千瓦及以上并网风电场按不同时段（日前、小时、30 分钟、5 分钟）提前发布风电预测结果。AWEFS 不要求每个风电场建立各自的风电预测系统，AWEFS 的预测精度已经满足电网运行和风电参与电力市场竞价的要求。

2. 快速市场

根据气象预测模型的预测误差不能满足日前甚至日内市场的精度要求，而小时和分钟级的短期和超短期预测精度很高。5 分钟竞价和关闭时间、半小时预调度和再竞价可以很好地满足可再生能源加入电力市场的要求。

3. 灵活调节电厂

增加灵活调节电厂的容量是吸纳可再生能源的重要措施。通常是常规水电、抽水蓄能和燃气电厂，但后两类电厂若没有建立相适应的市场或经济补偿机制，其经济性难以得到保证。

为此，增加常规火电的调节能力更加得到重视。丹麦风电比例很高，2013 年拥有 900 万千瓦常规火电机组和 450 万风电机组，其中火电机组全部是热电联产机组而且以煤电为主，几乎都是按基荷设计。今后可再生能源还要增加，火电机组容量还要减少。因此，丹麦采取技术改造措施，为增加常规火电的调节能力做出了巨大的努力。目前，丹麦燃煤（硬煤）电厂负荷变化速率达到 3%～4%额定功率，燃气电厂 8%～10%额定功率，欧洲 2011 年投运的 CCGT 电厂仅为 3%额定功率；丹麦燃煤（硬煤）电厂最低稳燃负荷为 10%～20%额定功率，欧洲 2011 年投运的 CCGT 电厂仅为 50%～52%额定功率。

4. 其他措施

需求侧管理：通常的削峰、填谷和移动负荷等，这些措施需要一定强度的经济激励才能实现。较有吸引力的措施是需求侧管理和分散式的储能相结合，例如热泵和锅炉、制冷机和蓄冷、电动汽车充电等。

储能：大规模电能储存技术主要可分为机械、化学和电磁储能。发展至今，只有抽水蓄能具有较好的经济性而得到广泛应用，见图 17.9。为促进储能技术的发展和应用，有些国家，如瑞士和奥地利，为并网储能设备制定了特殊的电价政策；德国对某些储能技术免除输电费至 2020 年等。

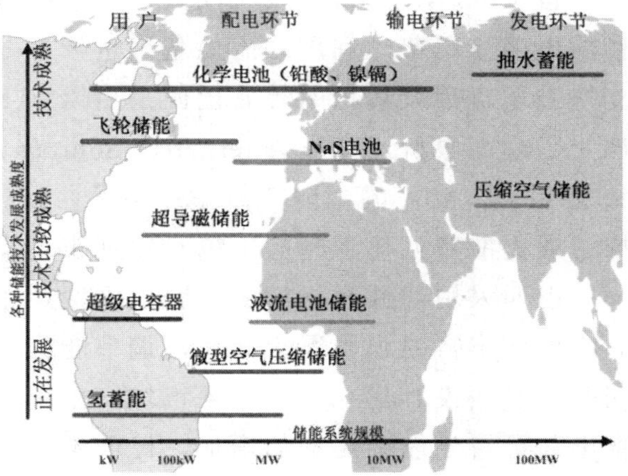

图 17.9　储能技术发展现状

电网互联：扩大联网范围显然可减少可再生能源的波动性，增加平滑性，从而增加消纳可再生能源的能力。扩大联网的方案需要统筹规划保证其技术经济可行。

六、案例

（一）澳大利亚

澳大利亚国家电网占全国电力负荷的 80%，2011 年夏季高峰 3500 万千瓦，用电量 2000 亿千瓦时。国家电网发电量以煤电为主，约 15%的气电和 5%～6%为水电。2012 年，国家电网风电发电量占总发电量的 3%。

澳大利亚制定的 2020 年发展目标是可再生能源发电量比例达到 20%。具体分为两部分，大型可再生能源目标（风能、太阳能、地热、生物质能和垃圾发电等），小型可再生能源目标（小型光伏和风电、微型水电等）。

采用配额激励机制，发放大型和小型可再生能源证书。监管机构每年确定售电公司承担的配额，发电公司的可再生能源发电量产生获得证书。售电公司在市场上从发电公司购买证书按照承担的配额上缴监管机构，不足配额部分按 65 澳元/兆瓦时缴纳。

大型可再生能源参与电力市场竞价，并与购电方以确定的价格签订长期购电（含证书）协议（PPA）以对冲市场价格波动风险，PPA 也是进行项目融资的必要条件。2010 年曾对小型可再生能源，主要是屋顶光伏实施 FIT，但由于政策过于优惠，导致发展超过预定计划，随后立即改变了政策。

澳大利亚国家电力市场（NEM）的 5 分钟竞价很好地适应了可再生能源加入电力市场的要求。辅助服务市场的品种只有调频、调压和黑启动服务由交易中心根据协议统一购买。NEM 将 3 万千瓦及以上可再生能源电厂确定为“半可调”，也要按照计算的责任分摊系数承担调频辅助服务费用。

可再生能源并网采用浅并网机制，增强电网的费用由用户承担。

（二）巴西

2011 年底，巴西总装机容量为 1.15 亿千瓦，其中水电 8900 万千瓦，核电 200 万千瓦，火电 1800 万千瓦，风电 100 万千瓦，生物质能 500 万千瓦。巴西可再生能源 2020 年目标是：风电达到 1200 万千瓦，生物质能 900 万千瓦。

自 1998 年以来，巴西制定了一系列的补贴性政策，主要有：降低可再生能源项目的电网使用费，利用政府性基金进行补贴以增加其竞争力，成本向用户侧转移，支持自发自用余量上网等。巴西采用以 FIT 为标的的招标制，政府主导招标过程并规定了最高限价，称作 Alternative Sources Auction（ASA），中标者同配电公司签订长期 PPA。ASA 的主要特点是：电量协议、差额（欠发电量）补偿以 4 年为周期、推迟或提前商业化运行的电量在短期市场交易中解决等。

巴西采用浅并网机制，加强电网费用由全体用户承担。

巴西丰富的水电得天独厚，调节能力强，可以很好吸收可再生能源的波动性。因此，巴西没有建立辅助服务市场，由电力调度中心统一安排。今后，随着径流式水电和可再生能源比例的增加，巴西电力系统规划和运行将面临新问题，将要考虑改变目前的做法。

（三）西班牙

西班牙 2011 年最大负荷 4390 万千瓦，年用电量 2548 亿千瓦时。电源构成丰富，2011 年发电量中，核电占 21%，煤电 15%，气电 31%，水电 11%，可再生能源 22%。2012 年 10 月早上 3 点零 3 分，风电出力达到创纪录的 1328.5 万千瓦，占当时用电负荷的 64.05%。

欧盟为西班牙分配的 2020 年可再生能源发电量目标为总发电量的 40%（含水电），西班牙为此制定了相应的年度计划。2010 年和 2011 年均超额完成计划。

1994 年开始采用 FIT，1998 年开始采用 FIP，并对 FIP 实行最高和最低限价，形成了 FIT 和 FIP 并行的激励机制并延续至今，允许发电公司自由选择。FIT、FIP、最高和最低限价按年度进行调整，调整依据是CPI和燃料价格等因素。目前，出于对获得高市场价格的预期，大部分发电公司选择市场机制FIP，仅有3%的发电公司选择FIT。

可再生能源参与辅助服务。选择FIT的电厂一般采用零报价，选择FIP电厂的行为则类似于常规电厂，日内市场关闭前是最后调整的机会。若还有偏差，则电网公司启动“偏差管理市场”，可再生能源电厂和有调节能力电厂对正或负偏差进行交易，用市场机制调用旋转备用解决由可再生能源电厂造成的偏差平衡问题；要求可再生能源电厂基本实现无功就地平衡，保证功率因数波动在规定范围；因没有一次调频能力，要为提供一次调频的电厂付费。

西班牙采用浅并网机制。

（四）德国

德国2011年风电量为489亿千瓦时，占总发电量的8.12%；光伏193亿千瓦时，占3.2%。风电装机为2910万千瓦，光伏2500万千瓦，总共相当于年度最大负荷的70%。

德国制定了雄心勃勃的发展目标：可再生能源（含水电）发电量占比2020年达到35%，2030年达到50%，2050年达到80%。

采用FIT和FIP并行的激励机制，发电公司可自由选择。FIP由监管机构不定期调整，2012年价格补贴为12欧元/兆瓦时，2015年逐步降低到7欧元/兆瓦时。2013年8月1日起，新建电厂一律实行FIP机制。

选择FIP机制的可再生能源电厂参与日前、日内和平衡市场。

德国采用浅并网机制。

（五）法国

法国2012年可再生能源发电量248亿千瓦时，占总发电量的4.6%，其中风电占2.8%，光伏占0.7%，垃圾、生物质和沼气等占1.1%。

法国同时采用多种激励机制：FIT、招投标和绿色证书，以FIT为主。FIT根据电力市场价格和收益率等因素定期进行调整，例如，光伏每季度调整一次。2004年至2011年，有11个项目以FIT为标的进行了招标。

法国采用浅并网机制。

第八节　电力管理与监管

电力管理和电力监管是两个既相互联系又存在区别的概念，其中电力管理是介于宏观管理和微观管理的范畴，其从电力行业的角度出发，出台相应政策保证电力行业的安全稳定可持续发展，电力监管则是政府机构对电力企业的微观活动进行干预，保障电力企业的行为不会损害社会整体利益。电力管理是电力监管的基础，电力监管是电力管理的保障。

一、电力管理与监管机构设置及其职责

大多数国家针对电力行业都采取了“政监分离”的方式进行管理和监管，即分别专设电力管理和监管部门，各自对电力行业进行专门的管理和监管，如美国的能源部和联邦能源监管委员会，英国的能源与气候变化部以及天然气与电力市场管理办公室，俄罗斯的能源部和联邦能源委员会等，只有少数国家如日本、巴西等采用“政监合一”的方式，即电力行业的管理和监管都由同一个政府机构执行，比如日本的经济产业省资源能源厅，巴西的矿产能源部等。具体如表 17.14 所示。

表 17.14 代表性国家电力行业监管机构设置

序号	国家	管理部门	监管部门
1	美国	能源部	联邦能源监管委员会、州公用事业委员会
2	加拿大	自然资源部	国家能源委员会
3	英国	能源与气候变化部	天然气与电力市场管理办公室
4	法国	工业、能源与数字经济部	能源监管委员会
5	德国	联邦能源署	网络传输管理局
6	澳大利亚	资源、能源和旅游部	能源市场委员会、能源监管局
7	日本	经济产业省资源能源厅	经济产业省资源能源厅
8	俄罗斯	能源部	联邦能源委员会
9	巴西	矿产能源部	矿产能源部

1. 电力管理机构设置及其职责

电力行业管理的核心在于保证以合理成本安全可靠的提供充足的电力供应。其基本内容应该包括

（1）各种电力生产形式的能源资源合理应用；

（2）电力生产技术研究与开发；

（3）电力生产资源的国际合作及安全；

（4）电力节能策略。比如美国《能源部组织法》明确规定，能源部设 8 名助理部长，承担以下职责：包括各种能源生产和利用形式的能源资源应用；能源研究与开发；环境保护的职责；国际项目和国际政策；与核武器管理、研究和开发相关的国家安全职责；政府间政策和交往，尤其与州政府与地方政府的关系；能源产业中的消费者保护与竞争；核废物管理；能源节约，包括制定统一的国家能源节约战略；电力市场建设；公众和与国会的关系。英国能源与气候变化部则规定了 8 项具体政策内容，包括：帮助居民减少能源账单支出；增加低碳技术应用；减少工商业能源需求；利用证据和分析推广能源和气候变化政策；保证英国能源安全；对能源产业和基础设施进行监管和许可；管理放射物以及核燃料及废物的使用和处置；到 2050 年降低英国 CO_2 排放 80%。具体如表 17.15 所示。

表 17.15　电力管理部门设置及职责

序号	机构	部门设置	职　　责
1	美国能源部	民用核废物管理办公室	各种能源生产和利用形式的能源资源应用
		电力提供和能源可靠性办公室	能源研究与开发
		能源效率和可再生能源办公室	环境保护的职责
		环境管理办公室	国际项目和国际政策
		化石能源办公室	与核武器管理、研究和开发相关的国家安全职责
		遗产管理办公室	政府间政策和交往，尤其与州政府与地方政府的关系
		核能办公室	能源产业中的消费者保护与竞争
		科学办公室	核废物管理
			能源节约，包括制定统一的国家能源节约战略
			电力市场建设
			公众和与国会的关系
2	加拿大自然资源部	地球科学局	承担和支持能源的研究与开发，开发和提高能源技术
		矿产与金属局	帮助将适用的科学引入政策、计划和法规中
		森林服务局	向自然资源部长提出政策建议
		能源政策局	提高能源效率，开发替代能源
		能源技术与计划局	分析能源资源的使用、市场、产品和供应
			与省政府及矿业公司谈判协议
			在国际上代表加拿大能源方面的利益
3	英国能源与气候变化部	国际，科学与策略小组	帮助居民减少能源账单支出
		消费者和居民小组	增加低碳技术应用
		市场和基础设施小组	减少工商业能源需求
		金融和公司服务小组	利用证据和分析推广能源和气候变化政策
			保证英国能源安全
			对能源产业和基础设施进行监管和许可
			管理放射物以及核燃料及废物的使用和处置
			到 2050 年降低英国 CO_2 排放 80%

续表

序号	机构	部门设置	职责
4	澳大利亚资源、能源和旅游部	澳大利亚地质局	提供法律和政策框架以确保能源供给的可靠性
		国家离岸石油安全局	为之后五年、十年、十五年的电力、天然气和液态能源制定供需蓝图
		澳大利亚旅游局	为应对未来可能的能源安全挑战发布国家能源白皮书
		澳大利亚太阳能机构	为国家能源市场改革制定框架，包括经济监管，电力传输和配送以及天然气市场准入
		澳大利亚可再生能源局	修订国家天然气法案，为天然气市场发展制定激励性政策
			发布国家能源传输计划
			作为 Snowy Hydro Corporation 的经营者负责有关事务
			完善国家清洁煤炭激励政策
			为国家清洁煤炭基金、可再生能源基金以及能源创新基金提供政策指导
			为二氧化碳排放和离岸能源储备提供监管政策
			为当下石油和矿产开发活动指定政策
			在联合油气资源开发区域 East Timor 合作开发油气
			对管理放射性废物提出解决措施
			推动国家液态天然气产业长期发展
			在有关领域提供就业机会

2. 电力监管机构设置及其职责

电力行业监管的核心在于对有可能损害社会利益的电力企业行为进行干预和纠正，确保其符合社会利益，重点在于对电力行业垄断环节的价格和服务进行监管和核准，以及电力行业的兼并重组进行监管和核准等。比如美国联邦能源监管委员会负责监管跨州输电价格和服务；监管电力批发市场，包括价格、服务和和输电网的开放；监管电力企业的兼并、重组、转让和证券发行；监管电力企业会计标准和电网可靠性标准；发放非联邦政府拥有的水电项目许可证，监管水电站大坝的安全等，具体如表 17.16 所示。

表 17.16 电力监管部门设置及职责

序号	机构	部门设置	职责
1	美国联邦能源监管委员会	行政法官办公室	监管跨州输电价格和服务
		行政诉讼办公室	监管电力批发市场，包括价格、服务和和输电网的开放
		电力可靠性办公室	监管电力企业的兼并、重组、转让和证券发行
		能源管制办公室	监管电力企业会计标准和电网可靠性标准
		能源政策与创新办公室	发放非联邦政府拥有的水电项目许可证，监管水电站大坝的安全
		能源项目办公室	负责组织实施联邦电力法、联邦天然气法和相关的能源政策法案
		执行办公室	监管州际天然气、石油管道和天然气批发价格
		外事办公室	审批发放天然气设施建设
			监管所有跨州天然气交易
			批准跨州天然气管道和储备设施的选择和废弃，保证 LNG 接受站的安全运行和可靠
			监管企业会计、财务报告和行为，对违反 FERC 能源法规的能源企业和个人处以民事惩罚
2	加拿大国家能源委员会	战略领导组	跨省和跨国的能源管道的建设和使用
		监管领导组	管道运输和收费
		综合事务组	跨国和指定跨省的输电线的建设和使用
			天然气进出口
			石油和电力出口
			边境地区石油和天然气活动
3	英国天然气与电力市场管理办公室	公关事业部门	促进适当的有效竞争
		综合职能部门	负责监管电力和天然气市场，特别是经营天然气管道和输电网络的自然垄断企业
		输电监管部门	促进燃气和电力供应企业的效率，以经济地满足用户的消费需求
		配电监管部门	在消费侧促进燃气和电力的高效合理利用
		市场监管部门	保证企业获得合理的投资回报，以促进长期投资
		可持续发展部门	保障公众安全
		E-服务部门	考虑普遍服务问题，特别是贫困群体和偏远地区的能源需求
			考虑环境影响，保障经济社会可持续发展的需求

续表

序号	机构	部门设置	职　　责
4	澳大利亚能源监管局	能源批发市场主管	防止能源运输网络形成垄断价格。
		能源零售市场主管	为电力和天然气小规模零售商提供保护，鼓励小规模零售商进入市场。
		能源网络运营与发展主管	保证能源批发市场的竞争性及市场参与者遵守法律。
		能源网络监管主管	通过分析市场价格促进灵活公开的市场竞争。
			制定通向消费者供能的能源运输网络使用的价格
			为输电网络提供商制定服务标准
			制定和输电业务有关的商业运营意见与指导
			监督电力和天然气批发市场以保证功能者遵守法律法规，必要时会采取强制措施
			调查违反或可能违反电力法案、电力规章和监管办法的行为。对相关市场主体进行法律诉讼
			发布能源市场信息，包括国家能源市场年度报告和细节报告，促进能源合作与沟通

二、电力行业准入管理与监管

世界各国对于电力行业的准入都有详尽地规定与监管。比如美国联邦和各州的电力及能源法中，对电力市场的准入都作了详细规定：除非得到监管机构的许可，任何个人或机构都不得建设新的电站或扩建老电站，不得新建、扩建、改造电网、管道项目，或者中止现有电网、管道的运行。火电项目、配电网的建设和配电、零售业务的许可由各州监管机构批准，水电和核电项目、提供跨州输电业务以及从事电力批发业务的许可由联邦能源监管委员会批准。同时对获得许可证的企业要求遵循许可证要求的一系列规定，如果违反将给予惩罚，例如英国 Ofgem 对获得许可证的企业履行这些规定的程度进行监管，如果发现有企业违背了有关规定，Ofgem 可以采取如下强制措施：

（1）对企业发出强制执行的指令；

（2）对企业进行经济惩罚，惩罚额度可以高达其许可证营业额度的 10%。具体如表 17.17 所示。

表 17.17　电力市场准入管理与监管

序号	国家	市场准入管理与监管
1	美国	建设新电站

续表

序号	国家	市场准入管理与监管
1	美国	扩建老电站
		新建、扩建、改造电网
		中止现有电网运行
2	英国	生产电力
		运行电力服务网络
		供给电力
3	法国	电力生产
		电力输配
		电力供应
4	德国	允许任何符合条件并获得政府有关部门经营许可的公司经营供电业务
		只有在不符合必要的技术、经济条件的情况下，供电的许可才会被拒绝

颁发许可证也需要遵循一定的程序，以美国对新建电厂颁发准入许可证为例。具体过程如下：

（1）监管机构接到新建电厂所有者申请后，主管项目审批的处室要进行初步审查，主要是对申请材料是否完整进行审查。若资料完整，就正式接收申请，并进入监管机构正式审批程序。

（2）工作人员对申请者所提供的数据进行逐项核实，同时进行实地考察。核实的主要内容是项目是否符合法律法规和各种技术环保标准的规定，是否符合环境和工程技术方面的要求，是否照顾了受影响的个人或团体的利益，是否有其他的替代方案等等。但许可不涉及是否符合电力规划（美国没有电源规划）、电厂在哪里建设、由谁建设、什么时间建设、投资规模、发电小时和上网价格等经济事项。在评估的过程中，工作人员会与地方政府，州政府的野生动物部门、水资源部门及有害物质控制部门，联邦政府环境保护署、美国军事工程协会、美国野生动物保护机构等进行密切合作。

（3）上述评估完成后，监管机构通过其网站向社会发布项目公告，公示项目要建造的地点。在公示期内，如有个人或团体提出反对意见，监管机构还要视情况举行相关的听证。公示期结束后，监管机构工作人员根据征求意见的结果，对评估报告进行修改，回答公众和其他相关方面在征求意见过程中提出的问题，并进行详细解释和分析，作出判断。最后向监管委员会提交是否批准该项目的建议。

（4）委员会的5位委员开会进行听证决策。会议地点和时间事先公布，任何人都可以参加，也可以通过视频系统参加会议，发表意见。决策会议由委员会主席主持，通常先听取申请单位的陈述，接着听取工作人员的评估建议，公众和有关方面可以提出异议，委员会的工作人员进行解答。会议由 5 位委员进行表决，3 票通过就通过许可申请。监管机构在发放许可证的过程中，按规定收取 50%的成本费用，标准为每千千瓦一万美元。发电许可证审批的时间一般在 2 年左右。

三、电力投资管理与监管

电力行业投资也受到政府部门的管理和监管，基本上发电的投资政府机构不进行审批，由电厂所有者自己承担并作出决定，电网投资则需要政府机构严格监管，包括投资范围，投资水平，投资效果等。例如美国电力法规定，任何个人或团体均可以投资火电项目。在美国没有电源规划（但美国加州有详细的电源点位置图，主要反映的是已建造电厂和正在建设的电厂位置情况，属于事后的描述），投资者需要自己选址（通常投资者会考虑适当的地理位置，是否有输电线路，当地有无输气管道，环境的要求等）。通常投资人在决定投资电站项目之前，会与配电公司签订长期合同（没有长期合同，投资人不会贸然建设电厂，银行也不会给项目发放贷款）。这些工作完成后，对于 5 万千瓦以上的火电项目（5 万千瓦以下的火电项目免于许可），投资人需要向州监管机构提交建设电厂的申请，获得相应的许可证，通过许可后就可以新建电厂了，但是电厂的投资水平高低由所有者自己承担，不会交由政府部门进行审批。相反，电网线路的投资是否恰当则在政府监管的范畴之内，遵循“有用且有效”的原则，即电网的投资必须是“有用”且“有效”的，“有用”指电网投资必须要用于电力输送，“有效”则指电网投资必须能够合理充分的提升电网输电能力。

加拿大的电力投资管理与监管也比较类似。发电投资由所有者自主决定，电网投资则需要经过严格审批。例如加拿大所有在联邦管理下跨省和跨国的输电线路在修建和对现有系统的增加之前都要向国家能源委员会提出申请。当申请的输电线路长度超过 40 千米或者需要委员会谨慎决定时，会举行相应的公开宣讲会或听证会。当输电线路只在一个省的范围内时由该省的监管部门监管。在决定输电线路投资的合适性时，委员会要考虑项目的技术可行性、对临近地区的影响和项目对环境带来的影响。当决定一个输电线路投资是否会被通过时，委员会要考虑经济、技术、金融可行性和环境、社会经济影响从而更加全面地评估一个项目。为了确保工程的建造、安全和环境方面达到相关的要求，委员会也会对工程进行审计和检查。从 1987 年 2 月，委员会的监管者还要根据相关法律对管道工人的职业安全和健康进行监管。另外，加拿大国家能源委员会还和安全委员会（Transportation Safety Board）一起负责进行事件的调查。国家能源委员会主要负责检查输电线路工程是否按照委员会的监管进行。运输安全委员会负责调查事件的原因和相关因素。

法国也同样对电网投资进行严格监管。法国能源监管委员会（CRE）是输配电网络的运营商或系统运营商的投资项目的监管者：它接收电力输配网络的开发项目的通知以及投资程序；CRE 批准公共电力传输系统网络的系统运营商的投资项目，并需要保证对网络发展所需的必要投资的实现。为了防止突然发生的严重的对能源网络、构架、设备或使用相关的管理条例的威胁，CRE 会采取一些预防措施以保证能源网络的持续正常运营 。当突发对电力公共输配网络或其操作质量等的严重威胁时，CRE 可以要求能源部部长保证其运作的顺畅。

四、电价管理与监管

电价管理与监管是政府部门对电力行业管理和监管的最核心内容，其涉及到电力行业相关利益方的利益分配和共享机制，本质思想是“电力行业竞争环节的价格由市场决定，垄断环节的价格由政府监管”。例如美国对发电价格采取市场化的形式，主要对输配电价进行监管。凡是跨州的输电业务和电力批发业务，其价格核定由联邦能源监管委员会负责，凡是提供配电及州内电力零售业务，其价格核定由各州公用事业监管委员会负责。根据联邦能源法的规定，任何电力公司在所提供服务前 120 天，必须向 FERC 提交资费表并告知公众。当 FERC 认为资费表不符合公众利益时，有权对电力公司的资费表进行调整和修改。未获批准的资费表一律不合法，获得批准的资费表不得擅自改动，纳入资费表管制的业务不得擅自取消。得到批准的资费表，既是电力业务的价格公告，也是对电力公司进行价格监管的主要依据，还是电力公司与用户之间的买卖合同。

英国对电力行业的监管也主要针对电力行业垄断环节的企业的价格进行管理和监管。英国电力产业重组后，具有垄断性质的环节主要包括输电网络和配电网络。英国能源监管机构（ofgem）对垄断企业的价格采用“价格帽”激励性监管方式，为满足低碳经济背景下能源供应可靠性要求，2010 年引入新的价格监管框架 RIIO。价格帽定价法，是在服务成本法基础上的一种改进。电网公司对一定时期内（一般为 5 年）的价格变化用价格帽公式进行调节。此法的原理是输配价格的增长等于预期增长的年度运行成本减去预期增长的生产率。价格帽方法是对管道公司提高效率和降低成本的一种激励。此外，英国定期对电力输配网路的价格进行审查，并且修订具体的价格制定方法，每次修订中都会结合现实引入创新方法，比如第四次配电公司价格审查（DPCR4）中，采用了激励相容的菜单合同方法来设定配电公司的资本支出限额。

2010 年 7 月英国 Ofgem 提出新的 RIIO 监管模型，旨在应对未来能源低碳发展趋势下如何满足能源消费者的需求问题。RIIO 监管模型继承了价格帽模型中的精华，同时添加了一些新的元素以应对低碳能源发展的未来及能源领域的创新趋势。RIIO 的含义指电网企业的收益（Revenue）的设定要参考激励水平（Incentives）、创新（Innovation）和产出（Outputs），即“收益=激励+创新+产出”。RIIO 模型综合考虑了电力网络的可靠性、安全性、环境友好性、社会责任等服务的质量，激励企业提供可持续的、长期的电力供应，并响应消费者的需求而进行一定的技术创新。

澳大利亚也同样对输配线路价格进行监管，其能源监管机构 AER 监管电力市场中的全部电力网络。经济监管局 ERA（Economic Regulation Authority）主要负责西澳大利亚电力网络的监管，Utilities Commission 监管北部地区的电力网络。国家电力法案（The National Electricity Law）为能源监管机构的建立提供的法律基础，法案中明确指出了国家电力目标（National Electricity Objective）：为了消费者的利益而促进电力能源投资和相关服务。还对电力产业的收益和定价制定了基本原则，保证电力网络产业的收益可以覆盖成本。

德国也主要监管电网价格，其联邦网络管理局只负责管理电网使用产生的费用。联邦网络管理局负责对由能源供应商要求的全国性的能源价格变化进行审查和审核，电网使用的费用约为整体居民用电价格的三分之一。零售终端的客户用电价格的监管不在联邦网络管理局的工作范围之内。对过高用电价格的处理将会继续由地方反垄断监管局或民事法庭来负责。在监管电网费用方面，现在德国放弃了传统的成本加价（也就是说电网的使用费用包括了成本加上一部分资本的合理收益）的方法，而是选择了一种以激励为基础的监管方法，新方法的目标在于激励网络操作者更加有效地使用成本并对于他们高效工作获取利润来进行奖励。为了更好地促进网络操作者的高效率，监管也应该是促进能源供给的可靠性和能源质量、降低监管成本、成为一个能给用户提供更多保护的长期稳定并且被大众接收的一种监管模式。

为了实现对输配电价的管理与监管，必须对输配线路的成本进行有效监管。成本包括资本成本和运营成本，以英国为例，这两方面成本的具体监管如下：

（一）资本成本监管

1. 资本的加权平均成本核算（WACC）

资本的加权平均成本核算包含如下内容：

（1）债务成本（the cost of debt）：债务成本的确定是依据以往长期的利率水平制定当期的债务成本水平。参考的往期利率的对象是 10 年期英镑债券的投资回报水平。

（2）产权成本（the cost of equity）：Ofgem 参考了资本资产定价模型（CAPM）。此外还参考了股息增长模型（DGM）以及资产价格市场（MAR）模型。

2. 投资和折旧成本（Capitalisation and Depreciation）

为了在投资监管过程中保持和以往相当的激励水平，监管机构对投资水平的核算采用 RAV（Replacement Asset Value）方式，即按照当期的通货膨胀率反映的企业往期的投资水平。相应的，用 RAV 标准衡量的折旧水平也是管输产业投资情况的重要指标。电力资产折旧年限设定为 40 年，2013 年开始输电线路折旧年限设定为 45 年。具体的折旧期计算有四种方法，分别是：直线方法（straight-line）、年度数据合计法（sum of year digits）、削减平衡法（reducing balance）以及每单位计算法（per unit），其中直线方法是 Ofgem 常用的方法。

投资水平和折旧水平的核算对于监管来说十分重要，如果核算的结果和企业真实需要的情况出入过大，则监管会失灵。为了在核算合理的投资率水平中更进一步，也在核算中考虑如下问题：

（1）如何在当期和未来消费者需求之间取得平衡。

（2）估算资产的寿命时存在不确定性。

（3）在业务扩充（opex）和资本支出（capex）上形成均衡的激励。

3. 对融资能力（financeability）的监管

多个指标可以用于评价输配企业的融资能力，Ofgem关注如下三个比率：

（1）机构投入资金/利息收入（funds from operations/interest cover）；

（2）维持的现金流/净负债（retained cash flow/net debt）；

（3）净负债/RAV。

其中，Ofgem认为第三种比率更为准确。

（二）运营成本监管

Ofgem制定了一系列政策对输配电企业的运营成本进行严格审核，运营成本主要集中于可控成本，可控成本分为直接成本和间接成本。直接成本包括进行线路检查、维护和网络资产维修所发生的成本，受资产重置政策、技术标准、网络缺陷、气候以及环境因素的影响；间接成本是为现场服务所发生的成本，如进行资产管理，网络设计等，主要是一般支持服务费用和管理费用。

Ofgem评估管道运营成本的方法有两种：第一种是自上而下的评估方法，比如将输配线路运营商和行业内部及国际同业之间进行比较，这种方法关注成本的两个方面——工程运营支出和管理费用。第二种是自下而上的评估方法，这种评估方法将成本分摊到输配线路运营商的单个关键活动中，从而确定成本应该产生的效率水平。Ofgem进行成本评估的数据通过给输配线路运营商的商业规划调查表获得。之后进行规范化的成本分析，比如将折旧以及某些预备项目和应计项目等非现金成本、非贸易重复收费、其他销售成本、为有关方面留出的余量等不接受成本（disallowed costs）从运营成本中去掉，这些部分算作可控运营支出成本。另外有一些独立核算的成本也要从可控运营支出中去除。

五、电力服务质量管理与监管

电力服务质量也是政府管理和监管部门关注的重点，各国政府机构往往对供电的可靠性指标定出相应的标准，并通过公开报告以及消费者投诉处理等做法对电力行业的服务质量进行监管。例如美国联邦能源监管委员会和各州公用事业监管委员会建立了非常完善的投诉举报机制。投诉举报的方式主要有两种，一种是热线电话，一种是书面举报投诉。FERC的热线电话设在执行局（Office of Enforcement），加州PUC的热线电话设在消费者保护处。对供电服务质量、电费帐单等的投诉举报案件，90%以上基本通过非正式的程序进行解决。监管机构接到投诉举报后，一般先由工作人员与电力公司进行协调，多数问题都能通过协调解决。如果非正式协调不能解决，则进入监管机构的正式程序，通常由监管机构的行政法官进行听证和裁决，直至最终上诉到法院判决。在厂网分开的新形势下，如何保证电力行业提供充足可靠的电力供应，保障电力服务质量，是美国乃至世界各国监管机构面临的新课题。以美国加州为例，其公用事业监管委员会在汲取2001年市场失败的教训基础上，创造性地制定了新的资源充足计划，以解决市场化条件下充足可靠供电的问题。其基本思路和做法如下：

首先，PUC和加州能源委员会共同确定资源充足标准（Resource adequacy requirements standard，RAS），要求电力公司的负荷储备必须达到高峰负荷的115%。其次，公用电力公司（在加州主要是三大供电公司）负责落实这一标准，并承担保证充足供电的法定责任。公用电力公司必须提前一年进行详细的负荷预测，并将负荷预测数据提交给监管机构，加州公用事业监管委员会接到数据后，与加州ISO一道对这些数据进行校核，确定下一年度需要的负荷容量。根据监管机构和ISO确认的负荷容量，公用电力公司负责落实下一年度的电力电量来源，并签订相应的合同。第三，加州PUC负责监督公用电力公司履行充足供电的责任。如果公用电力公司不履行其义务，PUC就要对其进行罚款和处罚。公用电力公司所交罚金上交PUC的财务部门或加州财政部的专用账号。拒不执行的，PUC可以采取一切法律授权的行动。

另外英国政府机构也对电力行业服务质量实行严格的监管。英国监管机构Ofgem要求所有的供电商每年都要提交供电服务质量报告，报告的主要内容包括：年度停电次数和停电时间能供电质量的情况；年度电话服务质量情况；年度所受奖励和处罚的情况；年度计划外停电的情况；历年营业区内每千米高压或低压架空及地下电缆线路故障情况等。还需要说明为进一步提高供电服务质量而采取的措施以及加大对电网建设的投入情况，此外还包括在年内因为恶劣天气等不可抗拒因素造成的供电服务质量所受到的影响及相应的解释。

六、电力交易管理与监管

电力行业的交易状况也受到政府机构的管理与监管。在电力市场运行中，电力供需双方交易完全通过自愿选择的方式进行，一般而言，交易量和价格由买卖双方竞价决定。同时由于电力市场的波动性，电力交易主要通过双边合同的方式完成，剩余部分通过竞价现货市场完成。

美国政府部门主要通过两种机制实现对电力交易的监管：一是调度交易机构（RTO或ISO）的市场实时监控机制，属于自律性监管，并承担大部分一线监管职能。以PJM市场监控为例，PJM市场监控办公室有人员30多人，负责对PJM运行的电力交易实行24小时监控，监控的主要内容包括：市场参与者的行为是否与PJM市场规则、标准、市场运行程序相一致；市场规则、标准、程序及市场结构是否存在缺陷；市场参与者是否存在串谋及操纵行为；市场价格是否发生异常波动等。监控的主要手段是通过一套专门的软件和方法对市场结构、市场集中度、市场份额、市场主体的竞价行为、市场主体履行规则的绩效等进行分析和考核。二是 FERC 的外部监管机制。FERC 对电力交易的监管由执行局的市场监管处负责。监管的主要内容包括：批准电力交易规则或对现有规则进行修改；批准市场的价格形成机制，并追回市场参与者违规获得的超额利润；纠正市场主体的违规行为并对违规行为进行处罚；监管调度交易机构的调度交易行为及其收费标准；制定电力交易的价格上限等。

英国电力交易规则也受到政府部门的监管。英国电力市场运行初期采取的是集中的电力库交易方式，是一种竞争性的投标竞价系统，但在运行中发现存在很多问题，包括：

（1）电网系统运行时，当电力进入网络系统后难以确定产权；

（2）电网局部发生的供电故障会对电网其他部分用户产生影响，这种外部性难以在电力定价中充分体现；

（3）为了应对波动较大的电力需求变化，保持电力供求平衡，发电部门需要保留适当的备用发电能力以防止在电网系统负荷高峰时期出现停电，这部分备用的发电能力也应当以机会成本的形式计入到电力价格中。因此英国电力监管机构于 1998 年提出了一套新的电力交易系统，以改善原有的定价机制。这套交易系统中包括：

1）远期电力市场；

2）在实际交易前 24 小时至 4 小时之间运行的短期双边市场，其作用在于使市场参与者在交易之前可以调整交易合同；

3）交易开始前 4 小时到交易开始之间运行平衡市场。其作用在于令国家电网公司作为电力市场交易系统的运行者通过最后的投标来解决输电限制和电网的平衡问题；

4）对系统运行者为维持交易系统稳定而做出的成本进行定价。这一新的电力市场定价系统于 2001 年 3 月底正式投入使用。在新的电力市场交易中，90%的电量由发电公司和供电商以及用户通过直接的双边合同进行交易，余下 10%通过平衡交易运行。这一市场交易系统扩大了电力消费者的选择范围。

澳大利亚对电力零售市场的监管自 2012 年 7 月开始成为 AER 的职责。AER 在国家能源消费者框架（National Energy Customer Framework）下进行监管工作。能源消费者框架包括国家能源零售法案（National Energy Retail Law）、国家能源零售规章（National Energy Retail Rules）和国家能源零售监管制度（National Energy Retail Regulations）。在该框架下，对能源零售市场的监管具体仍由州和辖区政府实施。AER 在零售市场监管中的具体工作有：

（1）监督并确保零售市场主体行为遵循能源零售市场法案、规章和制度；

（2）报告能源零售市场动态信息包括能源的供给等情况；

（3）评估能源零售商对进入市场许可的申请。给予那些特殊的零售商以税收优惠（比如一部分房屋出租机构购入电力后再销售给房屋租赁者的零售商）；

（4）为那些面临融资和经营困难的零售商提供一些帮助政策；

（5）对经营失败的零售商提供一定的保护和管理。AER并不制定电力能源的零售价格。不过在一些州和辖区，零售价格仍然由政府制定，比如在昆士兰州、新威尔士州、ACT辖区、南澳大利亚和塔斯马尼亚州。在维多利亚州电力的零售价格都是由零售商根据市场现状自由制定。AER提供了一个能源价格比较网站——Energy Made Easy用于帮助消费者根据价格选择各自的能源零售商。

澳大利亚AER在零售市场上采取的具体监管措施均是在对诸多利益相关者和专家的咨询基础之上制定并发布了有关文件。电力零售市场监管所依赖的能源消费者框架（customer framework）是在能源与资源常务理事会（前MCE）的主持下构建的。南澳大利亚议会于2011年3月通过了《南澳大利亚的国家能源零售市场法案2011》，其后零售规章和制度于2012年六月制定。任何一个加入这个国家能源零售监管体系的州或辖区都需要在上述立法基础上依据各州自己的情况进行具体的监管立法规章和制度的修订。所以各州具体在实施能源零售市场的监管过程中还存在不同的情况。

七、电力管理与监管的趋势及其启示

世界上大多数国家对电力行业的管理与监管都采取“放开两头，管住中间”的方式，即对电力行业中可以市场竞争的发电环节和销售环节主要由市场决定，政府机构只是监管其交易是否公平，而对具有垄断特性的输配环节则加强监管，包括其成本和价格核定都需要通过政府部门审批。国际上电力管理与监管的趋势及启示包括：

1. 电力经济性监管职能通常由专门机构承担

在国外，环境、安全、健康等方面社会性监管通常都分别由专门的监管机构负责。而涉及市场准入、价格、投资、成本、服务质量和市场交易秩序等方面的经济性监管职能则通常都集中到某一个部门。这是因为管价格首先要求管成本，只有在充分把握企业经营成本的基础上才能制定合理的管制价格，包括经营成本和资本成本；另外，为了防止企业通过降低服务质量来节约成本，还要求监管机构对产品质量进行监管。由此可见，各种经济性监管职能是一个有机体系，不能分割。

在机构设置上，存在两种模式：一是“政监合一”，即监管职能与公共服务和政策引导职能都集中到某一部门，如日本经济产业省下设的资源能源厅、巴西的矿产能源部。二是“政监分离”，及专设能源监管机构，如美国的能源监管委员会、英国的天然气与电力市场管理局、德国的网络传输管理局等。设立专业化的独立的能源监管机构是市场经济国家的主流模式。

2. 许可证制度是实现电力行业准入监管的重要手段

在监管范畴内，企业进入市场需要获得监管机构的业务许可，否则任何个人或者机构都不得从事相关的业务。比如在英国，任何想运行电力服务网络或者供给电力的企业都要获得天然气与电力市场办公室的许可证方能运营。获得许可证的企业要遵循许可证要求的一系列规定，监管机构负责监督获得许可证的企业履行相关规定。在美国，火电项目、配电网的建设和配电、零售业务的许可由各州监管机构批准，水电和核电项目、提供跨州输电业务以及从事电力批发业务的许可由联邦能源监管委员会批准。除了对电力业务实行准入管理外，调度交易机构（RTO 或 ISO）的设立和收费标准，电力企业的兼并、重组和证券发行，发电厂与公用电力公司签订的长期购电合同，从事相关电力交易的资格等等，都要得到监管机构的审查批准。

以加州火电许可证为例，在加州，没有电源规划（但加州有详细的电源点位置图，主要反映的是已建造电厂和正在建设的电厂位置情况，属于事后的描述），投资者需要自己选址（通常投资者会考虑适当的地理位置，是否有输电线路，当地有无输气管道，环境的要求等）。通常投资人在决定投资电站项目之前，会与配电公司签订长期合同（没有长期合同，投资人不会贸然建设电厂，银行也不会给项目发放贷款）。这些工作完成后，对于 5 万千瓦以上的火电项目（5 万千瓦以下的火电项目免于许可），投资人需要向州监管机构（在加州由能源委员会负责）提交建设电厂的申请，获得相应的许可证。

3. 输配电价监管是电力监管的核心内容

被监管企业的服务价格由监管机构制定。以美国电价核定为例，根据联邦电力法的规定，任何电力公司在所提供服务前 120 天，必须向 FERC 提交资费表并告知公众。当 FERC 认为资费表不符合公众利益时，有权对电力公司的资费表进行调整和修改。未获批准的资费表一律不合法，获得批准的资费表不得擅自改动，纳入资费表管制的业务不得擅自取消。得到批准的资费表，既是电力业务的价格公告，也是对电力公司进行价格监管的主要依据，还是电力公司与用户之间的买卖合同。如果电力公司对监管机构批准的资费表不满意，可以向法院申请裁决。受监管的电力公司要求调整电价时，首先应向监管机构提出调价申请，其中输电价格调整报联邦能源监管委员会，配电价格调整报各州公用事业监管委员会。申请材料应包括调价的详细原因、成本变动情况和支持性的财务报表。监管机构接到公司要求调价的申请后，一般会成立一个审查小组，小组由律师、会计、财务分析、经济和工程技术等人员组成。审查小组要对申请材料中的基础费率、投资回报、公司的收入和信贷、公司的运营成本、折旧、所得税和其他税费进行逐项审查。同时，审查小组会将公司要求调价的申请书面发给用户、有关利益相关方征求意见。多数分歧和意见一般通过审查小组的调解解决，如遇重大分歧时，审查小组要提请监管委员会举行必要的听证，并由行政法官作出裁决。价格调整自公司提出申请之日起实行，如果调价申请被监管机构驳回，则此前公司多收取的费用要全额退还给用户。

在英国，管制价格确定方法为价格帽定价法，是在服务成本法基础上的一种改进。电力输配公司对一定时期内（一般为 5 年）的价格变化用价格帽公式进行调节。

此法的原理是管输价格的增长等于预期增长的年度运行成本减去预期增长的生产率。公司确定初始运价时仍采用服务成本法，但用价格帽来限制一定时期的管道运价水平。价格帽方法是对电力输配公司提高效率和降低成本的一种激励。具体的价格模型为 RPI–X 价格监管模型，RPI–X 即通货膨胀率（RPI）减效率系数（X），设定价格上限旨在激励企业降低成本、提高效率，效率系数一般为 2~5。企业只要努力使自己的效率提高，超过 X 水平，就可以获得相应的收益。只要不超过最高限价，电力输配企业就可以根据价格调整公式自行调整在这个时期内的价格。RPI–X 的运行规则是在特定的监管周期内，对电网企业售电价格设置标准，在监管期满后对价格标准进行调整。在 RPI–X 模型的价格控制下，企业可以在价格控制的范围内调整每年的价格，增减比率等于上一年的通货膨胀率 RPI（零售价格指数）与企业效率扣减系数 X 的差值。2010 年 7 月 Ofgem 提出新的 RIIO 监管模型，旨在应对未来能源发展的低碳趋势下如何满足能源消费者的需求问题。RIIO 的含义指电网企业的收益（Revenue）的设定要参考激励水平（Incentives）、创新（Innovation）和产出（Outputs），即“收益=激励+创新+产出”。RIIO 模型综合考虑了电力网络企业的可靠性、安全性、环境友好性、社会责任等服务的质量，激励企业提供可持续的、长期的电力或天然气供应，并响应消费者的需求而进行一定的技术创新。RIIO 监管模型的主要内容仍然是对电力传输配送网络中有垄断的市场势力的企业的收益进行监管，以保证能源消费者支付合理的、反映市场效率的能源消费价格。RIIO 监管模型继承了 RPI–X 模型中的精华，同时添加了一些新的元素以应对低碳能源发展的未来及能源领域的创新趋势。

4. 严格的成本审查是核定输配电价的重要基础

无论采取什么样的价格监管方式，企业经营成本始终是确定管制价格的基础，因此在核定价格之前，需要进行严格的成本审查。按照规定，被监管企业必须对所提供业务的定义、提供范围、接受服务的条件、所要花费的成本（包括固定成本、运营成本、折旧、燃料费用、购电成本等）、投资回报率、要缴纳的税费等各种因素进行详细的说明。监管机构根据其颁布的统一会计标准对提交的资费明细表进行审查，确认这些业务的提供与限制条件是否符合公共利益、成本数据是否真实合理。

比如在英国，天然气与电力市场办公室（Ofgem）制定了一系列政策对电力输配企业的运营成本进行严格审核，运营成本主要集中于可控成本，可控成本分为直接成本和间接成本。直接成本包括进行管道检查、维护和网络资产维修所发生的成本，受资产重置政策、技术标准、网络缺陷、气候以及环境因素的影响；间接成本是为现场服务所发生的成本，如进行资产管理，网络设计等，主要是一般支持服务费用和管理费用。Ofgem 评估管道运营成本的方法有两种：第一种是自上而下的评估方法，比如将管道运营商和行业内部及国际同业之间进行比较，这种方法关注成本的两个方面——工程运营支出和管理费用；第二种是自下而上的评估方法，这种评估方法将成本分摊到管道运营商的单个关键活动中，从而确定成本应该产生的效率水平。Ofgem 进行成本评估的数据通过给管道运营商的商业规划调查表获得。之后进行规范化的成本分析，比如将折旧以及某些预备项目和应计项目等非现金成本、非贸易重复收费、其他销售成本、为有关方面留出的余量等不接受成本（disallowed costs）从运营成本中去掉，这些部分算作可控运营支出成本。另外有一些独立核算的成本也要从可控运营支出中去除。

5. 服务质量是电力管理与监管的重要内容

为防止企业通过牺牲服务质量来降低成本，要求监管机构对服务质量进行监管。在英国，Ofgem 要求所有的供电商每年都要提交供电服务质量报告，报告的主要内容包括：年度停电次数和停电时间以及供电质量的情况；年度电话服务质量情况；年度所受奖励和处罚的情况；年度计划外停电的情况；历年营业区内每千米高压或低压架空及地下电缆线路故障情况等。还需要说明为进一步提高供电服务质量而采取的措施以及加大对电网建设的投入情况，此外还包括在年内因为恶劣天气等不可抗拒因素造成的供电服务质量所受到的影响及相应的解释。Ofgem 对供电服务质量的监管集中在以下方面：

（1）供电服务质量：每年供电营业区内每 100 个用户中受到停电影响的用户数量和平均停电时间（停电持续 3 分钟以上的计入统计，同一故障造成的数次停电计为一次停电统计）。

（2）电话服务质量：通过第三方市场调查进行评估。在电话服务检查中，主要对电话服务质量和相应速度进行检查，重点采样调查对象是最近给供电商打过停电、保修或投诉电话的用户。对各供电商的电话服务质量要进行评分，然后根据评分结果对标准以下的企业进行一定的罚款，而高于标准的企业会获得奖励。比如 Ofgem 在 2007 年筹集了 100 万英镑作为奖励资金，奖励资金主要用于奖励对用户管理方面或通讯方面有创新建树的供电企业。

6. 电力交易公平性监管是电力市场运行的必要前提

在电力市场运行中，电力供需双方交易完全通过自愿选择的方式进行，一般而言，交易量和价格由买卖双方竞价决定。同时由于电力市场的波动性，电力交易主要通过双边合同的方式完成，剩余部分通过竞价现货市场完成。但是如果政府部门不对电力交易的公平公开进行管理和监管，将导致电力市场运行无法顺利进行。

比如美国政府部门主要通过两种机制实现对电力交易的监管，保证电力交易的顺利实施：一是调度交易机构（RTO 或 ISO）的市场实时监控机制，属于自律性监管，并承担大部分一线监管职能。以 PJM 市场监控为例，PJM 市场监控办公室有人员 30 多人，负责对 PJM 运行的电力交易实行 24 小时监控，监控的主要内容包括：市场参与者的行为是否与 PJM 市场规则、标准、市场运行程序相一致；市场规则、标准、程序及市场结构是否存在缺陷；市场参与者是否存在串谋及操纵行为；市场价格是否发生异常波动等。监控的主要手段是通过一套专门的软件和方法对市场结构、市场集中度、市场份额、市场主体的竞价行为、市场主体履行规则的绩效等进行分析和考核；二是FERC的外部监管机制。FERC对电力交易的监管由执行局的市场监管处负责。监管的主要内容包括：批准电力交易规则或对现有规则进行修改；批准市场的价格形成机制，并追回市场参与者违规获得的超额利润；纠正市场主体的违规行为并对违规行为进行处罚；监管调度交易机构的调度交易行为及其收费标准；制定电力交易的价格上限等。

7. 投诉举报制度是实施电力管理与监管的重要支撑

在美国，绝大多数电力市场违规行为都是通过利益相关方的举报而发现的。经过数十年的积累，联邦能源监管委员会和各州公用事业监管委员会建立了非常完善的投诉举报机制。投诉举报的方式主要有两种，一种是热线电话，一种是书面举报投诉。FERC的热线电话设在执行局（Office of Enforcement），加州PUC的热线电话设在消费者保护处。对电网接入、互联纠纷、供电服务质量、电费帐单等的投诉举报案件，90%以上基本通过非正式的程序进行解决。以用户投诉供电、供气服务质量为例，监管机构接到投诉举报后，一般先由工作人员与电力公司进行协调，多数问题都能通过协调解决。如果非正式协调不能解决，则进入监管机构的正式程序，通常由监管机构的行政法官进行听证和裁决，直至最终上诉到法院判决。对于电力市场违法违规行为，例如电网企业不向购电企业提供公平的输电服务或者收取过高的过网费等，受到损害的购电企业通常要向FERC进行举报，FERC接到举报后，将展开核实和调查。

参 考 文 献

[1] 国家经贸委电力司．英国电力工业改革［M］．北京：中国电力出版社，2001．

[2] 国网能源研究院．国外电力市场化改革 2010 分析报告［M］．北京：中国电力出版社，2011．

[3]［英］沃尔特·帕特森．电力革命［M］．曹乐人，等，译．北京：科学普及出版社，2007．

[4]［美国］Geoffrey Rothwelld 等．电力经济学管制与放松管制［M］．叶泽，等，译．北京：中国电力出版社，2007．

[5] Mark Newbery．EER-the European Energy Handbook 2012-UK［R］．UK：Herbert Smith，2013．

[6] 郭磊．英国新一轮电力市场化改革分析与启示［J］．管理观察，2013（10）：33～34．

[7] 曾鸣，等．英国电力容量机制改革思路及其启示［J］．华东电力，2013，41（9）：1937～1940．

[8] 王兴，等．英国新电力市场模式中的平衡调度机制［J］．电力系统自动化，2000（6）：4～8．

[9] 汪爱娟，等．英国电力市场的运作［J］．云南水力发电，1998（3）．47～50．

[10] David M Newbery．The Regulator's Review of the English Electricity Pool［R］．1998．

[11] DECC（Department of Energy & Climate change）．Electricity Market Reform： Capacity Market–Detailed Design Proposals［R］．2013．

[12] 英国驻中国大使馆．英国电力市场改革主要内容汇总［R］．2013．

[13] OFGEM．Electricity Distribution Annual Report for 2008～2009 and 2009～2010［R］．2011．

[14] OFGEM．Regulation energy networks for the future：RPI-X@20 Recommendations：Implementing Sustainable Network Regulation［R］．2010．

[15] DECC．Planning our electric future a White Paper for Secure affordable and low-carbon electricity［R］．2011．

[16] Joint Statement for Enhanced Cooperation on Electricity Markets between the European Commission and the State Electricity Regulatory Commission of China（《欧盟委员会和中国国家电监会关于加强电力市场合作的联合声明》）［Z］．Brussels（布鲁塞尔），3 May，2012（2012 年 5 月 3 日）．

[17] EU DG Energy，Andras Hujber．Electricity Trading Arrangements in Europe ［R］．Brussels：EU DG Energy，2012．

[18] EU DG Energy，Matti Supponen．EU electricity market by 2014 trAndras［R］．Brussels：EU DG Energy，2012．

[19] ENTSO-E．Building the grid of tomorrow［R］．Brussels：ENTSO-E，2012．

[20] CEER，Johannes Mayer．Unbundling［R］．Brussels：CEER，2012．

[21] David Halldearn．ICER Meeting global challenges［R］．Brussels：CEER，2012．

[22] Aude Le Tellier．Role and power of European energy regulators［R］．Brussels：CEER，2012．

[23] Francois Boulet．Leading coordination for enhanced reliability of supply［R］．Brussels：

ENTSO-E，2012.

［24］ENTSO-E. 10-Year Network Development Plan 2012［R］. Brussels.

［25］EU DG Energy，Ivo Schmidt. EU Renewables Policy［R］. Brussels：EU DG Energy，2012.

［26］Council of European Energy Regulators［EB/OL］. http：//www.ceer.eu.

［27］French Commission of Energy Regulation［EB/OL］. http：//www.cre.fr.

［28］Energie De France EDF［EB/OL］. http：//www.edf.fr.

［29］French Electricity Distribution Company［EB/OL］. http：//www.erdf.fr/.

［30］French Electricity Transmission Company［EB/OL］. http：//www.rte-france.com.

［31］EDF. Résultats Annuels 2013 du Groupe EDF［EB/OL］. http：//medias.edf.com/. communiques-de-presse/tous-les-communiques-de-presse/2014/resultats-annuels-2013-du-groupe-edf-287541.html&return=54%2526page%253D2.

［32］Florence Ninane，Alexandre Ancel，Liliana Eskenazi，Charlotte Beauchataud. Getting the Deal Through-Electricity Regulation 2014［M］. France：Allen&Overy LLP，2014.

［33］单人. 法国电力体制和巴黎电网规划建设［J］. 湖北电力，2009（06）：45～47.

［34］李卫平，秦勇. 法国电力公司电网公司的市场运营［J］. 华中电力，2006（04）：56～59.

［35］邹庚来. 法国电力公司管理与改革介绍［J］. 湖南电力，2005（02）：56－59.

［36］陈磊，郭铁民. 电力体制改革的国际比较与启示［J］. 福建论坛（人文社会科学），2012（06）：30～33.

［37］French Commission of Energy Regulation Electricity. Natural Gas and CO_2 market observatory 2013［EB/OL］. http：//www.cre.fr.

［38］Pierre Bauby，Frederic Varone. Europeanization of the French electricity policy：four paradoxes［J］. Journal of European Public Policy，2007（147）：1048～1060.

［39］Anna Creti，Jerome Pouyet，María-Eugenia Sanin. The NOME law：implications for the French electricity market［J］. Journal of Regulatory Economics，2013，43（2）：196～213.

［40］EDF. EDF ouvre le premier laboratoire européen dédié aux smart grids［EB/OL］. http：//medias.edf.com/communiques-de-presse/tous-les-communiques-de-presse/2013/edf-ouvre-le-premier-laboratoire-europeen-dedie-aux-smart-grids-283948.html&return=54%2526page%253D5.

［41］S.D.Thomas. Electricity industry reforms in smaller European countries and the Nordic experience［J］. Energy，2006，31（6）：788～801.

［42］Florian Holder. Electricity Market Reforms in New Zealand and Germany- A Comparative Study of the History，Development and Future of These Both Countries' Markets with A Special Focus on the Approach to Renewable Energy［M］. Victoria University of Wellington. 2008.

［43］李升，张强. 中德电力垄断规制模式比较［J］. 华北电力大学学报，2010（05）：16～20.

[44] 王晓春．德国电力体制改革及电力市场介绍 [J]．内蒙古石油化工，2005（02）：36～38．

[45] A.Lucia．Micklitz Consumers and Deregulation of the Electricity Market in Germany [M]．Reisch&Hans-W．2001

[46] Christian Growitschy，Rabindra Nepal．Efficiency of the German Electricity Wholesale Market [M]．EUROPEAN TRANSACTIONS ON ELECTRICAL POWER，2009．

[47] Anne Ku．German Electricity Market [M]．2001．

[48] IEA．Russian Electricity Reform 2013 Update，Laying an Efficient and Competitive Foundation for Innovation and Modernisation [EB/OL]．

[49] IEA．Toward a More Efficient and Innovative Electricity Sector in Russia [EB/ OL]．http://www.iea.org/publications/insights/name，15693，en.html．

[50] IEA．Russian electricity reform emerging challenges and opportunities [EB/ OL]．http://www.iea.org/publications/freepublications/publication/russianelec.pdf．

[51] Danila Logofet，Vasili Papkin．Getting the Deal Through-Electricity Regulation 2014 [M]．Russia：Herbert Smith Freehills CIS LLP，2014．

[52] 栾凤奎，郭磊，马莉，魏玢，柴高峰．俄罗斯电力改革进程及分析 [J]．电力技术经济，2009（02）：21～26，30．

[53] 朱治中，谢开，于尔铿．俄罗斯电力改革中的市场设计述评 [J]．电网技术，2005（14）：35～39．

[54] 傅霞飞，狄丹．俄罗斯的电力工业改革历程 [J]．电网技术，2004（22）：61～66．

[55] 湖北省社会科学院课题组，黄永明，叶学平．转型时期俄罗斯电力体制改革 [J]．湖北电业，2003（04）：50～51．

[56] Sergey I. Palamarchuk，Sergei V. Podkovalnikov，Nikolai I. Voropai．Getting the Electricity Sector on Track in Russia [J]．The Electricity Journal，2001（148）：52～58．

[57] M.R.Davidson，Yu.V. Dogadushkina，E.M. Kreines，N.M. Novikova，A.V. Seleznev，Yu.A. Udal'tsov，L.V. Shiryaeva．Mathematical model of power system management in conditions of a competitive wholesale electric power (capacity) market in Russia [J]．Journal of Computer and Systems Sciences International，2009（482）：243～253．

[58] E.D. Volkova，A.A. Zakharo，S.V. Podkoval'nikov，V.A. Savel'ev，K.A. Semenov，L.Yu. Chudinova．System and management problems of the electric power industry's development in Russia [J]．Studies on Russian Economic Development，2012：363～370．

[59] M.V. Sinitsyn．Foreign investments in Russia's electric power industry [J]．Studies on Russian Economic Development，2012（235）：527～528．

[60] E.V. Tuzlukova．Analysis of Parallel Operation of the United Power System of Russia and Power Systems of Eastern and Western Europe with Respect to the Conditions of Static Stability [J]．Power Technology and Engineering，2002，362：60～62．

[61] E. P. Volkov，V A. Barinov，A.S. Manevich. Main provisions of the strategy of development of power industry in Russia for the period until 2030 [J]. Thermal Engineering，2010（3）：35～38.

[62] A.V. Bobylev. Forecast of Electric Power Development of the Russian Federation until 2020 [R]. Agency for Forecasting Electricity，2009.

[63] Gamm A.Z.，Glazunov A，Grishin Y A，Kolosok IN，Korkina ES. Development of Algorithms for Estimating the State Electricity System [J]. Electricity，2009（6）：41～43.

[64] Russian Federal Government. FEDERAL LAWS on Restructuring the Electric Power Industry of the Russian Federation [EB/OL]. http：//www.rao-ees.ru/en/reforming/laws/FederalLaws_2006.pdf.

[65] Dmitry Kuleshov，Satu Viljainen，Salla Annala，Olga Gore. Russian electricity sector reform：Challenges to retail competition [J]. Utility Polity，2012（23）：40～49.

[66] Russian Electricity Market council [EB/OL]. http：//www.en.np-sr.ru/index.htm.

[67] Council of European Energy regulators [EB/OL]. http：//www.ceer.eu.

[68] Russian Federal Grid Company [EB/OL]. http：//www.fsk-ees.ru.

[69] Ercot. 2012 state of the market report for the ercotwhol-esale electricity markets [EB/OL]. http：//www.ercot.com.

[70] PJM. PJM 2013 annual report [EB/OL]. http：//www.pjm.com.

[71] 中国电力投资集团公司. 2010年巴西电力市场考察报告 [R].

[72] 国家电网公司. 2013年电力市场考察报告 [R].

[73] Latin American Power Market Dynamics and Risks [R].

[74] 拉美各国电力市场动态与风险介绍 [R]. 2012.

[75] 国家电力监管委员会. 国外电力市场规则和发电业务许可制度 [R]. 北京：中国电力出版社，2005.

[76] 李琼. 阿根廷电力市场与监管实践 [J]. 中国电力企业管理，2005（4）：17～21.

[77] 浙江省赴澳大利亚电力改革考察组. 澳大利亚电力市场化改革之路 [M]. 浙江：浙江人民出版社，2004.

[78] 国家电力监管委员会. 欧洲、澳洲电力市场 [M]. 北京：中国电力出版社，2005.

[79] 国家电力监管委员会. 国外发电市场规则和发电业务许可制度 [M]. 北京：中国电力出版社，2005.

[80] 国网能源研究院. 能源与电力分析年度报告系列：国外电力市场化改革分析报告（2013）[M]. 北京：中国电力出版社，2013.

[81] KPMG. National Electricity Market，A case study in successful microe-conomic reform [R]. 2013.

[82] The Energy Market Reform Working Group.COAG Energy Market Reform Imp lementation Plan [R]. 2014.

[83] The Energy Market Reform Working Group.Complete Energy Market Reform Imp lementation Update V2 [R]. 2014.

[84] 诸葛建. 澳大利亚的电力改革与电力市场 [J]. 经贸实践，2002（8）：50～52.

[85] 国家计委、华北电力集团联合考察团. 澳大利亚电力市场和价格考察 [J]. 中国物价，1996，（8）：31～35.

[86] 国汉海，朱富明. 澳大利亚国有电力企业的改革进程 [J]. 经济导刊，2003（1）：30～33.

[87] 陆一春. 澳大利亚电力改革简况 [J]. 华东电力，199826（3）：47～50.

[88] 布瑞恩·雷兰德. 新西兰电业改革的成与败 [J]. 国际水力发电，2003（5）：55～57.

[89] 井志忠. 从垄断到竞争——日美欧电力市场化改革的比较研究 [M]. 北京：商务印书馆，2009.

[90] 日本经济产业省制度改革评价小委员会. 体制改革评价小委员会报告书（制度改革评价小委员会报告书）[R]. 东京，2006.

[91] 日本经济产业省综合资源调查会电气事业分会. 未来电力体制状况报告书 [R]. 东京，2008.

[92] 日本经济产业省综合资源调查会电气事业分会. 对扩大包括家庭用户在内的零售自由化范围的分析报告 [R]. 东京，2007.

[93] 日本经济产业省综合资源调查会电气事业分会.未来电力体制设计报告 [R]. 东京，2008.

[94] 電力系統の円滑な利用に向けて [EB/OL]. http：//www.escj.or.jp/about_escj/chairman/index.html.

[95] 火力発電について [EB/OL]. http：//www.tepco.co.jp/solution/power_equipment/ thermal_power/index-j.html.

[96] 安定供給を支える電力設備 [EB/OL]. http：//www.tepco.co.jp/solution/power_equipment/index-j.html.

[97] 改革への取り組み [EB/OL]. http：//www.tepco.co.jp/kaikaku/index-j.html.

[98] 数表でみる東京電力 [EB/OL]. http：//www.tepco.co.jp/corporateinfo/company/ annai/shiryou/report/suuhyou/index-j.html.

[99] 栾凤奎，贾俊国，韩英豪，周文瑜，曾鸣. 日本电力工业改革及其对我国电力市场建设的借鉴 [J]. 华东电力，2006（9）：6～9.

[100] 李咏涛，吴著，许光建. 日本电力收费形成机制及改革情况介绍 [J]. 中国物价，2004，（5）：56～58.

[101] 魏学好，李瑞庆. 日本电力工业与市场化改革 [J]. 大众用电，2006（11）：3～4.

[102] 王峰峰. 日本电力体制改革最新动向分析 [J]. 电力技术经济，2009（6）：22～27.

[103] Ralf M，Dyllick-Brenzinger. Review of electricity sector reform in five large，oil-and gas-exporting MENA countries：Current status and outlook [J]. Energy Strategy Reviews，2013（6）：31～45.

[104] R. Bacon，J. Besant-Jones. Global electric power reform，privatization and liberalization of

the electric power industry in developing countries [J]. Annual Review of Energy and the Environment，2001（26，1）：331～359.

[105] Tooraj Jamasb. Between the state and market：electricity sector reform in developing countries [J]. Utilities Policy，2006（14，1）：14～30.

[106] Nagahide Sato，Sadayuki Matsudaira. Getting the Deal Through-Electricity Regulation 2014，Japan [J]. Law Business Research，2013，3（5）：20～23.

[107] P Davis，H Ohta. Ten Electric Power Companies & Market Liberalization [J]. Electricity Review Japan，2013：4～5.

[108] Takuya Yamazaki. Electricity System Reform in Japan [R]. 2013.

[109] 徐祖永，孔庆宝，俞燕山. 突然失明 [M]. 北京：新星出版社，2012：1～41.

[110] 张新闻. 印度电力建设市场的问题及前景分析 [J]. 中国电力交易，2010，183（32）：235～237.

[111] 董和平，倪海，程波等. 印度电力建设市场展望 [J]. 中国电力交易. 2009，6（11）：4～9.

[112] 齐放，张粒子. 印度电力市场化改革的新进展 [J]. 电力需求侧管理. 2010，2（10）：63～65.

[113] 马莉，魏玢. 印度电力市场化改革情况及最新进展 [J]. 中国电力. 2007，6（40）：71～73.

[114] C.V.J. 瓦尔马. 印度非常规能源发展概况 [J]. 水利水电快报，2009，3（30）：27～30.

[115] 纳拉辛哈·拉奥，葛丽仕·圣，苏德赫·切利亚·拉詹. 印度能源趋势概述：低碳增长与发展的挑战 [J]. 经济社会体制比较. 2009：69～75.

[116] 林志远. 纵观印度电力体制改革 [J]. 广东电力. 2008，21（4）：32～37.

[117] 李韩房，谭忠富. 印度电力市场化改革概况 [J]. 华东电力. 2007，7（35）：91～95.

[118] Power Grid Corporation of India Ltd [EB/OL]. http：//www.powergridindia.com.

[119] Eskom. Integrated Report for the year 2010-2013 [R/OL]. http：//www.eskom.co.za.

[120] NERSA. Annual Report 2012/2013 [R/OL]. http：//www.nersa.org.za.

[121] SAPP Coordination Centre. Southern Africa Power Pool annual report 2010-2013 [R/OL]. http：//www.sapp.co.zw/docs/22867%20Annual%20Report%20New.

[122] Africa Energy Outlook 2040：Study on Programme for Infrastructure Development in Africa (PIDA) [R/OL]. http：//www.pidafrica.org/PIDA-Sector-speccific%20Terms%20of%20 Reference%20for%20Energy%20Sector.pdf.

[123] Integrated Resource Plan For Electricity 2010-2030 [R/OL]. http：//www.energy.gov.za/IRP/irp%20files/IRP2010_2030_Final_Report_20110325.pdf.

[124] 沙苒，杨宝荣，邓锡广. 南非电力市场发展与中南电力合作 [J]. 西亚非洲，2012（6）：113～134.

[125] 谢绍雄. 非洲国家电力改革中的教训 [J]. 国际电力，2003，4（17）：16.

[126] 蔡丹君. 直面忧患　稳步改革——南非电网发展及体制改革现状 [J]. 国家电网，2009：

57～59.
[127] 海普伯恩．南部非洲的电力联营与水力发电［J]．水利水电快报，2008，16（22）：26～27.
[128] S·诺里斯，等．非洲电力合作开发的前景［J]．水利水电快报，2004．9（25）：18～21.
[129] Brian H. Bowen，Energy．The Economic Benefits of a Fully Integrated Middle East Power Grid［R]．Zayed University，Dubai，UAE：MEEA 6th International Conference，2004.3.14～16.
[130] ESMAP．Potential of Energy Integration in Mashreq and Neighboring Countries［R]．2010.
[131] ICEM，Ensuring Sustainability of GMS Regional Power Development Final report［R]．Prepared for ADB-TA 7764 REG，2013.
[132] Siegfried Grunwald，Fichtner GmbH & Co. KG，Stuttgart，Germany，Central Asia Regional Economic Cooperation：Power Sector Regional Master Plan［R]．2012.
[133] 王冬明，李道强．美国 PJM 电力容量市场分析［J]．浙江电力，2010，10：50～53.
[134] 梁青，许诺，童建中．美国 PJM 容量市场的新模式及其对华东电力市场的启示［J]．华东电力，2009，7：1148～1151.
[135] 文福拴，吴复立，倪以信．电力市场环境下的发电容量充裕性问题［J]．电力系统自动化，2002，10：16～22.
[136] 魏学好，冯冬涵，卢永，甘德强．容量市场环境下高报行为的分析与防范［J]．电网技术，2010，8：139～144.
[137] 蓝毓俊．现代城市电网规划设计与建设改造［M]．中国电力出版社，2004.
[138] Erie Miller．Renewables and the smart grid．Renewable Energy focus．2009，10（2）：67～69.
[139] Mason Willrich．Electrieity Transmission Policy for Ameriea：Enabling a Smart Grid，End to End．The Eleetricity Journal．2009，22（10）：77～82.
[140] 程林，焦岗，田浩．可靠性与经济性相协调的配电网规划方法．电网技术，2010，34（11）：107～110.
[141] 刘文霞，刘春雨，高丹丹．配电网建设项目优化模型及求解［J]．电网技术，2011，35（5）：115～120.
[142] 王瑜．城区配电网规划的研究与实践［D]．浙江大学．2008：58～61.
[143] 陈章潮，程浩忠．城市电网规划与改造［M]．中国电力出版社，2007.
[144] 曹流．基于节能降损的中压配电网规划方法研究［D]．上海交通大学．2009：58～61.
[145] 田鹏．城市电网规划设计的关键技术问题研究［D]．华中科技大学．2008：58～61.
[146] Laurens de Vries，Petra Heijnen．The impact of electricity market design upon investment under uncertainty：The effectiveness of capacity mechanisms［J]．Utilities Policy．2008（16）：215～227.
[147] Masoud Hasani，Seyed Hamid Hosseini．Dynamic assessment of capacity investment in electricity market considering complementary capacity mechanisms［J]．Energy．201（36）：277～293.

[148] 马军杰，马向春，韩锦瑞等. 市场环境下发电容量机制的对比与分析 [J]. 水电能源科学. 2011，29（4）：185～188.

[149] 张钦，王锡凡，王建学，冯长有，刘林. 电力市场下需求响应研究综述 [J]. 电力系统自动化，2008（03）：97～106.

[150] EIA (Energy Information Administration). Annual Energy Outlook 2006 [EB/OL]. Washington D.C.，U.S. 2013，06，http：//www.scag.ca.gov/rcp/pdf/publications/1_2006AnnualEnergyOutlook.pdf.

[151] 财政部，电力需求侧管理城市综合试点工作中央财政奖励资金管理暂行办法 [EB/OL]. 2012，http：//www.mof.gov.cn/mofhome/ningxia/lanmudaohang/zhengcefagui/201207/t20120731_670512. html.

[152] Piette M A，Kiliccote S，Ghatikar G. Design and Imple mentation of an Open Interoperable Automated Demand Response Infrastructure. 2012. http：//drrc.lbl. gov/publications.

[153] 季强，李志祥，周昭茂等. 新时期电力需求侧管理 [J]. 电力需求侧管理，2006（05）：1～4.

[154] Rahman S，Rinaldy. An efficient load model for analyzing demand side management impacts [J]. IEEE Transactions on Power Systems，1993，8（3）：1219～1226.

[155] 杜滨. 电力需求侧管理技术研究 [D]. 华北电力大学（河北），2008.

[156] Boshell F，Veloza O P. Review of developed demand side management programs including different concepts and their results [C]. Proceedings of IEEE Transmission and Distribution Conference and Exposition：Latin America. 2008：13～15.

[157] 陈江华，徐杰彦. 电网企业电力需求侧管理目标的实现途径和影响因素分析 [J]. 电力需求侧管理，2011（02）：4～7.

[158] Rahman S，Rinaldy. An efficient load model for analyzing demand side management impacts [J]. IEEE Transactions on Power Systems，1993，8（3）：1055～1059.

[159] Christophe Guille，George Gross，A conceptual framework for the vehicle-to-grid（V2G）implementation [J]. Energy Policy，2009：4379～4390.

[160] Tomic J，Kempton W. Using fleets of electric-drive vehicles for grid support [J]. Journal of Power Sources，2007，168（2）：459～468.

[161] 赵俊华，文福拴，薛禹胜. 计及电动汽车和风电出力不确定性的随机经济调度 [J]. 电力系统自动化，2010，34（20）：22～29.

[162] Taff Tschamler. Designing competitive electricmarkets：the Importance of default service and its pricing [J]. The Electricity Journal，2000（3）：75～82.

[163] 蔡建刚. 电力普遍服务的科学内涵与行为主体分析 [J]. 怀化学院学报，2012，31（3）：33～35.

[164] 李俊雄，李龙，黎灿兵. 智能电网建设环境下电力普遍服务的实施 [J]. 电力需求侧管

理，2011，13（4）：63.

[165] Wu Jiekang，Li Jiayu. Capacity payments in competitive electricity markets-a bilateral trade model. Power System Technology 2004 International Conference，2004，11（1）：373～378.

[166] Chyou-Jong Lin，Yu，O.S.，Yung-Tien Chen，Chung-Liang Chang，Yuh-Fa Chuang. Impacts and challenges of electricity industry liberalization in Taiwan. Transmission and Distribution Conference and Exhibition 2002：Asia Pacific 2002，10（2）：722～727.

[167] 李晓军，谭富忠，赵娟. 从国际经验看我国大用户直购电的发展. 国际电力，2004，8（4）：10～14.

[168] Sander H.，Schwab J.，Muhr M. The deregulation of the electricity market in the view of a regional Austrian utility. Electricity Distribution，2001，6（6）：5.

[169] Littlechild，S.C. Privatization，competition and regulation in the British Electricity Industry [J]. Advances in Power System Control，Operation and Management，2000，11（1）：10.

[170] 吴天明. 日本开放电力市场 [J]. 大众用电，2000（5）：21.

[171] Watanabe，T. Prospects of deregulated power market in Japan and challenges to realizestable operation. Transmission and Distribution Conference and Exhibition，2002，10（2）：1486-1488

[172] Torre S.，Arroyo J.M.，Conejo A.J.，and Contreras J. Price maker self-scheduling in apool-based electricity market a mixed integer LP approach [J]. IEEE Trans. Power System，2002，17（4）：1037～1042.

[173] 黄志伟. 批发竞争区域电力市场及供电公司交易策略初探 [D]. 武汉：武汉大学. 2004.

[174] 梁锐，徐辉，夏会军. 大用户直购电对电网企业影响的测算分析 [J]. 电力需求侧管理. 2005，7（6）：16～18.

[175] REN21 Steering committee. Renewables 2014 Global Status Report [R]. 2014.

[176] Arthur Henroit，Some CIGRE WG C5-11 Members and Partners. Market Design for Large Scale integration of intermittent Renewable Energy Sources [R]. 2012.

[177] Fans Van Hulle，Paul Gardner and Partners. Part 2 Grid Integration，Wind Energy The Facts [R].

[178] AEMO（Australia Electricity Market Operator）. 2012 Electricity Statement of Opportunities [R]. 2012.

[179] 沈鸿星. 储能技术现状简介 [R]. 2010.